Tabous

W0325293

NORA ROBERTS

Tabous

BestSellers

Collection : BEST-SELLERS

Titre original : GENUINE LIES
Publié par BANTAM BOOKS

Traduction française de CLAIRE NEYMON

HARLEQUIN®
est une marque déposée par le Groupe Harlequin

BEST-SELLERS®
est une marque déposée par Harlequin S.A.

Ce roman a déjà été publié dans la même collection
en juillet 1996 et novembre 2002

Photos de couverture
Clé : © JOSH WESTRICH/CORBIS
Labyrinthe : © GARRY GAY/GETTY IMAGES

Si vous achetez ce livre privé de tout ou partie de sa couverture, nous vous signalons qu'il est en vente irrégulière. Il est considéré comme « invendu » et l'éditeur comme l'auteur n'ont reçu aucun paiement pour ce livre « détérioré ».

Toute représentation ou reproduction, par quelque procédé que ce soit, constituerait une contrefaçon sanctionnée par les articles 425 et suivants du Code pénal.

© 1991, Nora Roberts
Ce livre a été publié avec l'accord de BANTAM BOOKS, une division de BANTAM DOUBLEDAY DELL PUBLISHING GROUP, Inc.
© 1996, 2002, 2012, Harlequin S.A.

83/85, boulevard Vincent-Auriol, 75646 PARIS CEDEX 13.
Service Lectrices — Tél. : 01 45 82 47 47
www.harlequin.fr

SBN 978-2-2802-4832-7 — ISSN 1248-511X

A Pat et Mary Kay
En souvenir de nos fous rires
et de nos déjeuners.

Prologue

Tant bien que mal, l'orgueil et la terreur aidant, elle parvint à ne pas broncher, à garder la tête haute, et à réprimer la nausée qui l'assaillait. Oh, elle n'était pas victime d'un cauchemar, ni de quelque obscur fantasme qui se dissiperait avec le jour. Et pourtant, comme dans un rêve, il lui semblait que le temps, soudain, s'écoulait au ralenti… Elle luttait pour se frayer un chemin à travers la foule de visages qui l'entouraient. Des yeux avides. Des bouches qui s'ouvraient et se fermaient, comme pour l'avaler. Des voix qui affluaient et refluaient, semblables à la mer qui se retire puis revient se briser sur les rochers. Mais plus insistant encore, et couvrant ce fracas, son cœur battait à coups sourds dans son corps glacé.

Avance, avance, ordonnait son cerveau à ses jambes tremblantes tandis que des mains la poussaient fermement, vers la sortie, et vers les marches du palais de justice.

Dehors, la lumière aveuglante fit jaillir les larmes de ses yeux. Elle tâta ses poches à la recherche de ses lunettes de soleil. Ils allaient penser qu'elle pleurait. Il ne fallait pas. Elle ne pouvait pas leur donner ses émotions en pâture. Le rempart du silence était la seule arme qu'elle possédât.

Elle trébucha, fut prise de panique. Ne pas tomber surtout. Sinon, les reporters, les curieux, allaient se précipiter sur elle, toutes dents dehors, hurlant, prêts à la dépecer comme l'aurait fait une meute sauvage. Il fallait qu'elle reste debout, digne, réfugiée dans son silence pendant quelques mètres encore. Eve lui avait au moins appris cela : « Laisse-leur ta tête, Julia, mais jamais tes tripes. »

Eve. Elle avait envie de crier. D'enfouir son visage entre ses mains et de crier, crier jusqu'à ce que la rage, la peur, le chagrin se tarissent en elle. On hurlait des questions sur son passage. On braquait les micros comme autant de flèches meurtrières tandis que les équipes de presse envoyaient à la hâte le rapport de la lecture de l'acte d'accusation pour meurtre qui l'inculpait.

— Salope ! cria quelqu'un, la voix dure de haine et de larmes. Salope sans cœur !

Elle eut envie de s'arrêter, de crier à son tour : « Que savez-vous de moi ? Que savez-vous de ce que j'éprouve ? » Mais la porte de la limousine s'ouvrait déjà. Elle s'y engouffra, aussitôt enveloppée par l'air frais que soufflait la climatisation, et protégée par les vitres teintées.

La foule se ruait contre les barrières, le long du trottoir. Des visages menaçants l'encerclaient, vautours s'acharnant sur un corps encore sanguinolent.

La voiture glissa silencieusement.

Elle regardait droit devant elle, les poings serrés sur ses genoux, mais les yeux secs. Elle ne dit pas un mot à son compagnon tandis qu'il lui servait à boire. Deux doigts de brandy. Et lorsqu'elle eut avalé la première gorgée, il demanda, d'un ton calme, presque désinvolte, de cette voix qu'elle s'était mise à aimer :

— Julia, est-ce toi qui l'as tuée ?

1

Elle était entrée de son vivant dans la légende. Le temps, le talent et une ambition implacable avaient fait d'elle ce qu'elle était aujourd'hui : Eve Benedict. Des hommes de trente ans plus jeunes qu'elle la désiraient. Les femmes l'enviaient. Les directeurs de studios la courtisaient, conscients qu'en ces temps où les films sont affaire de gros sous, son nom rapportait de l'or en barre. Certes, au fil d'une carrière qui avait duré près de cinquante ans, Eve Benedict avait connu des hauts et des bas. Mais elle avait su tirer parti des deux pour se façonner elle-même comme elle le souhaitait.

Elle ne faisait jamais que ce qui lui plaisait, tant dans sa vie privée que professionnelle. Aujourd'hui encore, si un rôle l'intéressait, elle s'employait à le décrocher avec la même détermination, la même férocité que celles dont elle avait fait preuve pour obtenir le tout premier. Et si elle désirait un homme, elle le séduisait, ne lâchant sa proie qu'après en avoir obtenu ce qu'elle en attendait. On disait que tous ses anciens amants — et ils étaient légion —, demeuraient ses amis. Du moins avaient-ils le bon sens de le prétendre…

A soixante-sept ans, Eve conservait un corps magnifique grâce à une discipline de fer et aux prouesses de la chirurgie esthétique. En un demi-siècle, elle s'était forgé un tempérament d'acier, fondant déceptions et triomphes en un même métal — celui de la lame qui lui servait d'arme dans le royaume d'Hollywood, où elle était redoutée et respectée.

Elle avait été une déesse. A présent, elle était une impératrice, une reine. Et si quelques rares privilégiés connaissaient son cœur, personne ne connaissait ses secrets.

— C'est nul !

Eve jeta le manuscrit sur le sol dallé du solarium, lui balança un solide coup de pied et se mit à marcher de long en large. Elle se déplaçait de cette démarche si caractéristique, à la fois distinguée et extrêmement sensuelle.

— Tout ce que j'ai lu ces deux derniers mois était nul.

Son agent, une femme ronde, au visage doux mais à la volonté de fer, haussa les épaules et but une gorgée de son cocktail.

— Je vous avais dit que ça ne valait pas grand-chose, Eve, mais vous teniez à le lire.

— Pas grand-chose, dites-vous ?

Eve prit une cigarette dans un boîtier Lalique et tâta les poches de son pantalon à la recherche d'allumettes.

— Il y a toujours un élément pour sauver le tout quand ça ne vaut pas grand-chose. J'ai tourné plein de trucs qui ne valaient pas grand-chose et j'en ai fait des succès. Mais ça, dit-elle, se délectant d'un second coup de pied dans le manuscrit, c'est absolument nul !

Margaret Castle but une gorgée de son jus de pamplemousse arrosé de vodka.

— Certes. Les miniséries télévisées…

Eve tourna brusquement la tête, lui jeta un regard foudroyant.

— Vous savez combien je hais ce mot.

Maggie saisit une pâte d'amande et la porta à sa bouche.

— Quoi que vous pensiez de ce scénario, le rôle de Marilou est fait pour vous. Il n'y a pas eu d'héroïne sudiste aussi fascinante et dotée d'un tel tempérament depuis Scarlett O'Hara.

Eve le savait et elle avait décidé d'accepter le rôle. Mais elle n'aimait pas céder trop vite. Ce n'était pas seulement une question d'orgueil, mais aussi d'image.

— Trois semaines de tournage en extérieur en Géorgie, marmonna-t-elle. Il va falloir se faire à ces saletés d'alligators et de moustiques.

— Vous vous faites qui vous voulez, ma chère. Vos goûts ne regardent que vous.

Eve salua l'humour de la réponse par un éclat de rire.

— Ils ont engagé Peter Jackson pour le rôle de Robert, poursuivit Maggie.

Eve la fixa de ses yeux verts lumineux, méfiante.

— Quand l'avez-vous appris ?

— Ce matin, au petit déjeuner.

Maggie sourit et se cala dans les coussins pastel de la banquette d'osier blanc.

— J'ai pensé que cela pourrait vous intéresser.

Eve évalua la situation tout en continuant à marcher. Elle exhala lentement la fumée de sa cigarette.

— Il a tout l'air du play-boy du mois, mais il fait de l'excellent travail. Ça rendrait presque supportable l'idée d'aller patauger dans les marigots de Georgie.

Eve avait mordu à l'hameçon. Maggie s'empressa d'assurer sa prise.

— Ils songent à confier le rôle de Marilou à Justine Hunter.

— A cette idiote ?

Eve tira sur sa cigarette et se mit à marcher plus vite.

— Elle va ruiner le film. Elle n'a ni le talent ni l'intelligence nécessaires pour interpréter le rôle. Vous l'avez vue dans *Midnight* ? La seule chose qui n'était pas désespérément plate, c'était ses seins. Seigneur…

La réaction était exactement celle que Maggie attendait.

— Je l'ai trouvée très bien dans *Right of Way*.

— C'est parce que le rôle lui collait à la peau : une traînée avec un cerveau gros comme un petit pois. Mon Dieu, Maggie, cette fille est une vraie catastrophe.

— Les téléspectateurs la connaissent et…

Maggie choisit une nouvelle pâte d'amande, l'examina et sourit.

— Elle a exactement l'âge du rôle. Marilou est une femme de quarante-cinq ans.

Eve fit volte-face. Elle était debout dans une tache de soleil, la cigarette saillant entre ses doigts telle une arme. Splendide, songea Maggie en se préparant à l'explosion, Eve Benedict était splendide avec son visage aux traits fins, aux pommettes saillantes, cette bouche rouge sensuelle et ces cheveux d'ébène coupés très court. Son corps était tout ce dont un homme pouvait rêver, long, délié, avec une poitrine haute et ferme. Un corps entièrement vêtu de soie rouge — sa couleur, sa griffe.

Elle sourit. De ce sourire éblouissant qui coupait le souffle à la terre entière. Puis, rejetant la tête en arrière, elle se mit à rire.

— Dans le mille, Maggie. Nom de nom, vous me connaissez trop bien.

Maggie croisa ses jambes rondelettes.

— Au bout de vingt-cinq ans, le contraire serait surprenant.

Eve se dirigea vers le bar et se servit un grand verre

d'orange pressée. Les oranges de sa propriété. Elle y ajouta une dose généreuse de champagne.

— Commencez à négocier le contrat.

— C'est fait. Ce projet va faire de vous une femme riche.

— Je suis déjà une femme riche.

Eve écrasa sa cigarette avec un haussement d'épaules.

— Nous le sommes toutes les deux.

— Eh bien, nous le serons davantage.

Maggie porta un toast à Eve, but une gorgée, puis fit tinter les glaçons dans son verre.

— Si vous me disiez plutôt pourquoi vous m'avez demandé de venir aujourd'hui ?

Eve s'adossa au bar, but une gorgée. Des diamants étincelaient à ses oreilles. Elle était pieds nus.

— Vous me connaissez décidément trop bien. J'ai un autre projet en tête. Un projet auquel je pense depuis un certain temps déjà, et pour lequel j'ai besoin de votre aide.

Maggie leva ses fins sourcils.

— Mon *aide,* pas mon avis ?

— Votre avis est toujours le bienvenu, Maggie. C'est l'un des rares, d'ailleurs.

Eve prit place dans un grand fauteuil d'osier garni de coussins rouges. De là, elle pouvait voir toute sa propriété, les massifs de fleurs méticuleusement entretenus, les haies parfaitement taillées. De l'eau jaillissait d'une fontaine de marbre, étincelait dans le bassin. Au-delà se trouvaient la piscine, la maison des invités, reproduction exacte d'un pavillon d'architecture Tudor, décor d'un de ses films les plus célèbres. Derrière un bouquet de palmiers, il y avait les terrains de tennis dont elle se servait au moins deux fois par semaine, un green de golf qui ne l'intéressait plus, un stand de tir qu'elle avait fait installer après les meurtres des Manson, vingt ans plus tôt. Il y avait également une orangeraie, un garage pouvant accueillir dix voitures, un lagon artificiel et un mur de pierre de cinq mètres de haut pour protéger le tout.

Elle avait travaillé dur pour s'offrir chaque mètre carré de ce domaine de Beverly Hills. Travaillé dur aussi pour faire d'un sex-symbol à la voix rauque une actrice respectée. Cela ne s'était pas fait sans sacrifices… Elle y pensait rarement. Mais quand elle y pensait, elle avait encore mal. Elle n'oubliait pas — jamais — qu'elle avait sué sang et eau pour se hisser en haut de l'échelle et s'y maintenir. S'y maintenir seule…

— Parlez-moi de ce projet, dit Maggie. Je vous donnerai mon avis, et ensuite, mon aide.

— Quel projet ?

Au son de la voix masculine, les deux femmes se retournèrent. C'était une voix affectée d'une légère pointe d'accent britannique — comme une patine sur un bois précieux. Pourtant, l'homme n'avait guère passé plus de dix ans en Angleterre. En fait, Paul Winthrop habitait depuis vingt-cinq ans le sud de la Californie.

— Tu es en retard.

Eve avait dit cela en souriant, sans la moindre rancune. Et elle lui tendait déjà les mains.

— Vraiment ?

Il les embrassa, puis posa un baiser sur sa joue qu'il trouva douce comme un pétale de rose.

— Bonjour, princesse.

Il lui prit son verre des mains, en but une gorgée et sourit.

— Les meilleures oranges de toute la région. Bonjour, Maggie.

— Paul… ! C'est inouï, vous ressemblez de plus en plus à votre père. Je pourrais vous décrocher un bout d'essai en moins de temps qu'il ne faut pour le dire.

Il but une seconde gorgée, rendit son verre à Eve.

— Un de ces jours, je vais vous prendre au mot…

Il gagna le bar. Il était élancé — mince, avec juste ce qu'il fallait de muscle. Le vent avait balayé ses cheveux châtains aux reflets d'acajou sombre — il aimait conduire vite dans sa décapotable. Son visage, presque trop parfait lorsqu'il était enfant, avait mûri… Eve l'observait. Le nez était fin et droit, les pommettes saillantes, les yeux d'un bleu profond, avec de petites rides, cauchemar des femmes, mais chance pour les hommes de prendre du caractère. La bouche, infléchie par un léger sourire, était ferme et merveilleusement dessinée. Paul avait hérité cette bouche de son père. Et Eve était tombée amoureuse de cette bouche, vingt-cinq ans plus tôt.

— Ton cher père… Comment va cette vieille crapule ? demanda-t-elle avec affection.

— Il partage agréablement son temps entre sa cinquième femme et les tables de jeu de Monte-Carlo.

— L'expérience ne lui servira donc jamais ! Les femmes et le jeu ont toujours été les deux points faibles de Rory.

Paul avait prévu de travailler ce soir-là ; aussi but-il un jus de fruits sans alcool. Il avait interrompu sa journée pour Eve, ce qu'il n'aurait fait pour personne d'autre.

— Fort heureusement pour lui, il a toujours eu une chance insensée et avec les femmes et avec le jeu.

Eve pianotait sur l'accoudoir de son fauteuil. Elle avait été mariée à Rory Winthrop pendant une brève et tumultueuse période de deux ans, vingt-cinq ans plus tôt, et elle ne partageait pas vraiment l'opinion de son beau-fils.

— Quel âge a-t-elle ? Trente ?

— D'après les communiqués de presse.

Eve sortit une cigarette d'un geste brusque. Amusé, Paul pencha la tête.

— Allons, princesse, ne me dis pas que tu es jalouse.

Si quelqu'un d'autre s'était permis une telle remarque, Eve l'aurait mis en pièces. Elle se contenta d'un haussement d'épaules.

— Je déteste le voir se ridiculiser. De plus, chaque fois qu'il replonge, les journalistes publient la liste de ses ex.

Un nuage de fumée voila un instant le visage d'Eve avant d'être aspiré par la colonne d'air du ventilateur.

— Je déteste voir mon nom associé à des médiocres.

— Il n'en brille que davantage, dit Paul, levant son verre en son honneur. Ce qui est bien normal.

— Toujours le mot juste.

Satisfaite, elle se cala dans son fauteuil. Mais ses doigts se promenaient nerveusement sur l'accoudoir.

— C'est la marque de l'écrivain accompli, ajouta-t-elle. Voilà d'ailleurs l'une des raisons pour lesquelles je t'ai demandé de venir aujourd'hui.

— L'une des raisons ?

— L'autre étant que je ne te vois pas assez lorsque tu es plongé dans l'écriture d'un de tes romans.

De nouveau, elle lui tendit la main.

— Je n'ai peut-être été ta belle-mère qu'un temps très bref, mais tu demeures mon seul fils.

Emu, il lui baisa les doigts.

— Et toi, tu demeures la seule femme que j'aime.

— Parce que tu es beaucoup trop difficile.

Eve pressa tendrement la main de Paul avant de dégager la sienne.

— Bon, dit-elle, je ne vous ai pas conviés ici tous les deux pour faire du sentiment. J'ai besoin d'un avis professionnel.

Elle tira lentement sur sa cigarette, soucieuse de ménager son effet.

— J'ai décidé d'écrire mes mémoires.

— Oh, seigneur ! s'exclama Maggie.

Paul se contenta de hausser un sourcil.

— Pour quelle raison ?

Eve n'hésita qu'une fraction de seconde, et seule une personne exceptionnellement avertie aurait pu s'en apercevoir. Eve était plus célèbre pour son sens de la repartie que pour son indétermination…

— Le fait qu'on m'ait collé un Oscar pour l'ensemble de ma carrière a commencé à me faire réfléchir, répondit-elle.

— Il s'agissait d'un honneur, Eve, pas d'un coup de pied au derrière, dit Maggie.

— C'était les deux, rétorqua Eve. Il était tout à fait juste de voir l'ensemble de mon travail mis à l'honneur, mais ma vie et ma carrière sont loin d'être terminées. Cela m'a amenée à réfléchir aux cinquante années que j'ai passées dans le métier et qui ont été tout sauf tristes. Même une personne possédant l'imagination de Paul ne pourrait rêver d'une histoire aussi passionnante, avec des personnages aussi variés.

Un petit sourire, mélange d'humour et de méchanceté, effleura les lèvres d'Eve.

— Certaines personnes ne vont guère apprécier de voir leurs noms et leurs petits secrets publiés…, conclut-elle.

— Et il n'est rien que tu aimes autant que de remuer la boue, murmura Paul.

— Rien, en effet, convint Eve. Et pourquoi pas ? Il faut remuer la sauce de temps en temps, sinon elle attache. J'ai l'intention de dire la vérité, sans prendre de gants. Je n'ai aucune envie de perdre mon temps à écrire une biographie qui ne soit que propos encenseurs comme un dossier de presse ou une lettre d'admirateur. J'ai besoin d'un écrivain qui n'atténue en rien mes propos et ne cherche pas non plus à les exploiter. Quelqu'un qui écrira mon histoire telle qu'elle est et non pas telle que certains auraient envie qu'elle soit.

Eve surprit l'expression de Paul et sourit.

— Ne t'inquiète pas, je ne te demande pas d'assumer cette tâche.

— J'en conclus que tu as quelqu'un en tête.

Paul prit son verre, la resservit.

— C'est pour cela que tu m'as envoyé la biographie de Robert Chambers, la semaine dernière ?

Eve saisit le verre qu'il lui tendait et sourit.

— Qu'en as-tu pensé ?

Paul eut un haussement d'épaules.

— Ce n'est pas mal, dans son genre.

— Ne joue pas les snobs.

Amusée, elle pointa sa cigarette vers lui.

— Comme tu le sais certainement, le livre a obtenu d'excellentes critiques et il est resté sur la liste des meilleures ventes du *New York Times* pendant vingt semaines.

— Vingt-deux, corrigea Paul.

Eve sourit.

— C'est un livre intéressant pour qui accepte de jouer le jeu de la provocation et du machisme de Robert. Mais ce que j'ai trouvé fascinant, c'est que l'auteur a réussi à débusquer un certain nombre de vérités derrière les mensonges savamment ficelés.

— Julia Summers, intervint Maggie, s'efforçant de résister à une nouvelle pâte d'amande. Elle est passée dans l'émission *Today,* au printemps dernier, lorsqu'elle assurait la promotion du livre. Très sûre d'elle, très attirante. Le bruit courait que Robert et elle étaient amants.

— Si c'était le cas, elle n'en a pas pour autant perdu son objectivité...

Eve fit un dernier rond de fumée avant d'écraser sa cigarette.

— … Mais sa vie privée n'est pas le sujet.

— La tienne le sera, lui rappela Paul.

Il posa son verre, s'approcha d'elle.

— Eve, je n'aime pas l'idée que tu te livres ainsi. Quoi qu'on en dise, les mots frappent fort, surtout lorsqu'ils sont maniés par un écrivain intelligent. On n'en mesure pas toujours les effets.

— Tu as tout à fait raison, c'est pourquoi j'entends bien que ces mots soient avant tout les miens.

Il s'apprêtait à protester, mais elle l'arrêta d'un geste impatient et il comprit que sa décision était déjà prise.

— Paul, sans monter sur tes grands chevaux littéraires, que penses-tu de Julia Summers, professionnellement ?

— Elle réussit assez bien dans ce qu'elle fait. Trop bien, peut-être.

… Ce qui n'était pas fait pour le rassurer.

— Eve, à quoi bon t'exposer de la sorte à la curiosité du public ? Tu n'as besoin ni de l'argent ni de la publicité que cela pourrait te rapporter.

— Cher Paul, je ne fais cela ni pour l'argent ni pour la publicité. Je le fais, comme la plupart des choses que j'accomplis, pour ma seule et entière satisfaction personnelle.

Eve jeta un coup d'œil à son agent. Elle connaissait suffisamment Maggie pour savoir que les choses étaient déjà en route dans la tête de celle-ci.

— Appelez l'agent de Julia Summers, Maggie, dit-elle laconiquement. Lancez le projet. Je vous donnerai une liste de mes exigences.

Puis elle se leva, posa un baiser sur la joue de Paul.

— Cesse de froncer les sourcils et fais-moi confiance. Je sais ce que je fais.

Elle gagna le bar de sa démarche de déesse et rajouta du champagne dans son jus d'orange. En espérant tout de même que la machine qu'elle venait de lancer ne finirait pas par l'écraser.

Julia ne savait pas si on venait de lui faire le cadeau de Noël le plus merveilleux du monde, ou de lui confier une tâche insensée. Debout devant la baie vitrée de sa maison du Connecticut, elle regardait le vent balayer la neige en tourbillons blancs aveuglants. De l'autre côté de la pièce, les bûches craquaient, grésillaient dans la grande cheminée de pierre. Un bas de laine rouge vif était suspendu à chaque extrémité du manteau. D'un geste absent, elle accrocha une étoile d'argent à une branche du sapin bleu.

L'arbre se trouvait juste devant la fenêtre, à l'endroit exact où Brandon l'avait voulu. Ils avaient choisi ensemble ce sapin de deux mètres de haut, l'avaient traîné en haletant et en soufflant jusque dans le salon, et avaient passé toute la soirée à le décorer. Brandon savait très précisément où il voulait mettre chaque ornement. Et tandis qu'elle aurait volontiers jeté les guirlandes par poignées sur les branches, il avait insisté pour les accrocher une par une.

Il avait déjà choisi l'emplacement où ils le planteraient, le jour du premier de l'an, instaurant une nouvelle tradition, dans leur nouvelle maison, pour la nouvelle année.

A dix ans, Brandon était déjà farouchement attaché aux traditions. Peut-être, songea-t-elle, parce qu'il n'avait jamais eu un foyer *traditionnel,* justement... Elle baissa les yeux vers les cadeaux empilés au pied du sapin. Pour les cadeaux aussi, tout se passait dans les règles. Comme tous les enfants de son âge, Brandon ne pouvait résister à l'envie de secouer, ausculter les boîtes aux papiers brillamment colorés. Il était curieux, malin et finissait toujours par avoir une petite idée de ce qu'elles contenaient. Mais ensuite, il remettait toujours la boîte parfaitement à sa place.

Et dans quelques heures, il commencerait à la supplier de le laisser en ouvrir une, une seule, en cette veille de Noël. Cela aussi, c'était la tradition. Elle refuserait. Il la câlinerait. Elle se ferait tirer l'oreille. Il tenterait de la convaincre...

Cette année, enfin, ils allaient fêter Noël dans une vraie maison. Pas un appartement du centre de Manhattan, non. Une maison avec un jardin pour faire des bonshommes de neige, une grande cuisine pour faire des gâteaux. Elle avait tant rêvé de pouvoir un jour offrir tout cela à Brandon. Elle espérait ainsi compenser un peu l'absence du père qu'elle n'avait pas été capable de lui donner.

Se détournant de la fenêtre, elle se mit à flâner dans la pièce. Petite, fine, elle portait une grande chemise de flanelle et un jean large. A la maison, elle s'habillait confortablement pour se reposer de son rôle d'investigatrice professionnelle toujours impeccablement coiffée et habillée. Julia Summers se flattait de l'image qu'elle présentait aux éditeurs, aux téléspectateurs, aux célébrités qu'elle interviewait. Elle était également très satisfaite de sa grande maîtrise des entretiens, au cours desquels elle obtenait toujours beaucoup d'informations sans jamais se dévoiler elle-même.

Son dossier de presse informait quiconque désirait le savoir qu'elle avait grandi à Philadelphie, et qu'elle était la fille unique de deux célèbres avocats. Il indiquait également qu'elle avait fait ses études à la Browm University et qu'elle était célibataire et mère d'un enfant. Il dressait la liste de ses œuvres, des distinctions qu'elle avait obtenues...

... Mais il ne parlait pas des trois ans d'enfer qu'elle avait vécus avant que ses parents ne divorcent, ni du fait qu'elle avait accouché seule de son fils à l'âge de dix-huit ans. Il ne disait rien du chagrin qu'elle avait éprouvé à la disparition de sa mère, puis de son père à moins de deux ans d'intervalle alors qu'elle n'avait que vingt-cinq ans.

Bien qu'elle n'en ait jamais fait un secret, peu de gens savaient qu'elle avait été adoptée à l'âge de six semaines et, que pratiquement jour pour jour, dix-huit ans plus tard, elle avait donné naissance à un petit garçon dont l'acte de naissance portait la mention « père inconnu ».

C'était un mensonge par omission. Julia connaissait parfaitement le nom du père de Brandon.

Elle se savait aussi suffisamment fine pour ne pas divulguer l'information…

… Tout en continuant à faire tomber, avec talent, les masques des autres. Et elle se plaisait à incarner ainsi la très professionnelle Julia Summers qui portait ses cheveux blond foncé coiffés très lisses, affectionnait les élégants tailleurs cintrés et pouvait passer dans n'importe quelle émission pour lancer un nouveau livre sans manifester la nervosité et le trac qui l'habitaient intérieurement.

Puis, lorsqu'elle rentrait chez elle, elle ne voulait plus être que Julia, la mère de Brandon. Une femme qui aimait faire la cuisine pour son fils, épousseter les meubles, jardiner. Faire de sa maison un vrai foyer était une tâche primordiale et l'écriture lui en laissait le loisir.

Pour l'instant, en attendant que Brandon fasse irruption dans la maison et lui raconte ses exploits de luge avec les petits voisins, elle songeait au coup de fil de son agent, à l'offre qu'elle venait de lui faire.

Une offre pour le moins inattendue.

Emanant d'Eve Benedict.

Julia allait et venait dans la pièce. Elle déplaçait et replaçait des babioles, tapotait les coussins du canapé, arrangeait la pile de magazines. Le salon n'était jamais très rangé — moins du fait de Brandon, que de son propre désordre, d'ailleurs. Et tandis qu'elle rectifiait la position d'un vase de fleurs sèches ou l'inclinaison d'une assiette en porcelaine de Chine, elle enjambait une paire de chaussures abandonnées, passait sans y prêter la moindre attention à côté d'une corbeille de linge qui attendait d'être plié.

En fait, elle était plongée dans ses pensées.

Eve Benedict. Le nom résonnait dans sa tête tel un mot magique. Ce n'était pas seulement une vedette, mais une star dans la pleine acception du terme. Son talent, son tempérament étaient aussi connus, célébrés, et respectés que sa beauté. Une beauté qui avait illuminé les écrans de cinéma pendant près de cinquante ans, dans plus d'une centaine de films. Deux Oscar, un Tony, quatre maris, ce n'était là que quelques-uns des trophées qui jalonnaient sa carrière. Elle avait connu Hollywood au temps de Bogart et de Gable. Elle avait survécu, triomphé même, en ces temps où les studios de cinéma avaient cédé leur pouvoir aux comptables.

Cinquante ans passés sous les feux de la rampe !

Et la première biographie que Benedict autoriserait…

C'était en effet la toute première fois que la star contactait un écrivain et lui proposait sa collaboration.

Assortie de conditions. Julia s'en souvint brusquement et se laissa tomber dans le canapé. C'étaient ces conditions qui l'avaient contrainte à demander à son agent un délai de réflexion.

Julia entendit claquer la porte de la cuisine et sourit. Il n'existait qu'une personne qui puisse la faire hésiter à saisir cette occasion en or. Et elle venait juste de rentrer.

— Maman !

— J'arrive.

Elle passa dans le couloir. Devait-elle parler tout de suite de la proposition qu'on lui avait faite ou attendre la fin des vacances ? Pas un instant, il ne lui était venu à l'esprit de prendre seule la décision de travailler avec Eve Benedict, et de n'en informer Brandon qu'ensuite. Elle pénétra dans la cuisine et s'immobilisa, un large sourire aux lèvres. Un monticule de neige, aux yeux sombres, tout excité se tenait sur le seuil.

— Tu as marché ou roulé pour rentrer ?

— C'était génial !

Brandon luttait de toutes ses forces pour se débarrasser de l'écharpe humide nouée autour de son cou.

— On était sur la luge et le frère aîné de Will l'a vraiment poussée très fort. Lisa Cohen n'a pas arrêté de crier tout le long. Quand on s'est renversés, elle s'est mise à pleurer et sa morve a gelé.

— Oh, le joli tableau !

Julia s'accroupit pour tenter de dénouer l'écharpe.

— Je suis parti en l'air et hop, en plein dans le talus de neige !

Des flocons glacés volèrent en tout sens lorsque Brandon frappa soudain l'une contre l'autre ses moufles couvertes de neige.

— C'était super !

Julia ne lui fit pas l'insulte de lui demander s'il s'était fait mal. De toute évidence, il était ravi. Et qu'importe que la luge se soit renversée et qu'il ait atterri dans la neige. A sa place, elle aurait été aussi ravie que lui, ce qui la retint de laisser échapper les mots de réprobation toute maternelle qui lui brûlaient les lèvres. Finalement, elle parvint à dénouer l'écharpe et elle mit du lait à chauffer pour préparer du chocolat tandis que Brandon s'extirpait de son anorak.

Lorsqu'elle se retourna, il avait déjà suspendu le vêtement trempé. A ce genre de choses il était plus rapide qu'elle. Et il attrapait déjà un cookie dans la corbeille en osier posée sur le buffet. Ses cheveux étaient mouillés, sombres, de la même teinte chamois foncé que les siens. Comme elle, il était de petite taille, ce qui le préoccupait beaucoup, elle le savait. Son visage fin avait très tôt perdu ses rondeurs enfantines, et du côté du menton volontaire, elle ne pouvait vraiment pas le renier. Mais ses yeux, contrairement aux siens — gris et distants —, étaient d'un beau brun chaud. L'unique héritage de son père…

— Pas plus de deux cookies, dit-elle machinalement. On dîne dans moins de deux heures.

Brandon croqua la tête d'un biscuit en forme de renne, se demandant à quel moment il parviendrait à convaincre sa mère de le laisser ouvrir un cadeau. Il sentait la sauce des spaghettis qui mijotait sur le feu. L'odeur riche, corsée lui plaisait — presque autant que de lécher le sucre coloré des biscuits. Ils mangeaient toujours des spaghettis le soir de Noël. Parce que c'était son plat préféré.

Cette année, ils fêteraient Noël dans leur nouvelle maison, mais en dépit de ce changement de lieu, Brandon savait exactement ce qui se passerait et à quel moment. Ils dîneraient dans la salle à manger, car c'était un jour exceptionnel, puis ils feraient la vaisselle. Ensuite, sa mère mettrait de la musique et ils joueraient à des jeux de société devant le feu. Plus tard, chacun à son tour, ils rempliraient les bas de laine.

Il savait que le Père Noël n'existait pas, et cela ne le dérangeait pas vraiment. C'était amusant de jouer à être soi-même le Père Noël… ! Avant qu'ils ne remplissent les bas de laine, il aurait réussi à ouvrir l'un des cadeaux. Il avait déjà choisi celui qu'il avait envie de déballer. Celui qui était enveloppé d'un papier argenté et vert, et qui faisait du bruit lorsqu'on le secouait. Et il espérait de tout son cœur qu'il s'agissait d'un Meccano.

Il se mit à rêver au lendemain matin, lorsqu'il réveillerait sa mère avant le lever du soleil. Ils descendraient, allumeraient le sapin. Puis ils mettraient de la musique et ouvriraient les cadeaux.

— Ça va être affreusement long jusqu'à demain matin, commença-t-il lorsqu'elle posa la chope de chocolat sur la table. Peut-être qu'on pourrait ouvrir tous les cadeaux ce soir ? Il y a des tas de gens qui le font, comme cela ils n'ont pas besoin de se lever tôt le lendemain.

— Oh, ça ne me dérange pas de me lever tôt, répondit Julia.

Elle s'assit à la table et lui sourit. Un petit sourire amusé, légèrement provocateur. Voilà, leur petit jeu avait commencé.

— Mais si tu préfères faire la grasse matinée, nous ouvrirons nos cadeaux à midi, Brandon.

— C'est mieux quand il fait nuit. Il fait nuit, maintenant.

— C'est vrai.

Elle tendit la main, écarta les cheveux de son front.

— Je t'aime très fort, Brandon.

Il s'agita sur son tabouret. Ce n'était pas ainsi que se passait le jeu, d'habitude…

— Oui. Bon.

Elle ne put s'empêcher de rire. Elle fit le tour de la table, s'assit sur le tabouret à côté de celui de son fils, et cala ses pieds sur le barreau.

— Il faut que je te parle de quelque chose. J'ai reçu un coup de fil d'Ann tout à l'heure.

Brandon savait qu'Ann était l'agent de sa mère et qu'il s'agissait donc de travail.

— Tu vas repartir en tournée ?

— Non. Pas tout de suite… C'est au sujet d'un nouveau livre. Il y a une femme, en Californie, une très grande star, qui veut que j'écrive sa biographie.

Brandon eut un haussement d'épaules. Sa mère avait déjà écrit deux livres sur des stars de cinéma. Des vieux. Pas des gens super comme Arnold Schwarzenegger ou Harrison Ford.

— Oui. Et alors ?

— C'est un peu compliqué. Cette femme, Eve Benedict, est une grande star. J'ai certains de ses films en cassette.

Le nom ne lui disait rien. Il but une grande lampée de chocolat qui laissa une ligne de mousse brune au-dessus de sa lèvre. Comme la première moustache d'un jeune homme.

— Ces trucs nuls en noir et blanc ?

— Certains sont en noir et blanc, pas tous… Le problème, reprit-elle, c'est que pour écrire ce livre, il faudrait que nous allions en Californie.

Il leva les yeux, le regard méfiant.

— Il faudrait qu'on déménage ?

— Non.

Le visage grave, Julia posa les mains sur les épaules de son fils. Elle savait ce que cette maison représentait pour lui. Il avait été suffisamment déraciné en dix ans de vie… Jamais elle ne lui ferait revivre cela.

— Non, il faudrait simplement aller vivre là-bas quelques mois.

— Ce serait comme une visite ?

— Une longue visite. Voilà pourquoi cela demande réflexion. Il faudrait que tu changes d'école. Encore. Alors que tu viens juste de t'habituer à celle-ci… Tu vois qu'il faut donc que nous y réfléchissions tous les deux.

— Pourquoi est-ce qu'elle ne vient pas ici ?

Julia sourit.

— C'est elle, la star, pas moi. L'une de ses conditions, c'est que j'aille en Californie et que j'y reste jusqu'à ce que le premier jet soit terminé. Je ne sais pas trop ce que je vais faire…

Julia détourna le regard, fixa le paysage par la fenêtre. La tempête de neige avait cessé et la nuit était tout à fait tombée.

— C'est loin la Californie, tu sais.

— Mais après on reviendrait ici ?

C'était du Brandon tout craché. Sauter tout de suite à la conclusion.

— Oui. C'est ici, notre maison. Pour toujours.

— On pourrait aller à Disneyland ?

Surprise et amusée, elle se tourna de nouveau vers lui.

— Bien sûr.

— Et je pourrais rencontrer Arnold Schwarzenegger ?

Julia se mit à rire, posa son front contre le sien.

— Je ne sais pas. On demandera.

— Alors, d'accord.

Et, satisfait, Brandon termina son chocolat d'un trait.

2

« Tout est en ordre, tout va bien », se dit Julia tandis que l'avion amorçait sa descente vers l'aéroport de Los Angeles. La maison était fermée. Les dispositions de rigueur avaient été prises. Son agent et l'agent d'Eve Benedict étaient en contact permanent, par téléphone ou par fax, depuis les trois dernières semaines. Et Brandon, ravi, sautait sur son siège, impatient que l'avion atterrisse.

Il n'y avait aucune raison de s'inquiéter. Mais chez elle c'était une seconde nature, elle en était consciente. Voilà qu'elle se rongeait de nouveau les ongles… après avoir passé tant de temps à les manucurer. Elle détestait le rituel qui consistait à faire tremper les doigts, puis à limer les ongles. Sans parler du choix cornélien de la teinte de vernis. Lilas Tendre ou Fuchsia Flamboyant ? Comme d'habitude, elle s'était finalement décidée pour deux couches d'incolore. On ne peut plus fade, mais passe partout.

Elle se surprit à mordiller ce qu'il lui restait d'ongle du pouce et croisa fermement les mains sur ses genoux. Voilà qu'à présent elle pensait à une teinte de vernis qui lui aurait plu ! Raisin. Un coloris un peu frivole mais somptueux.

Allaient-ils atterrir un jour ?

Elle remonta les manches de sa veste, puis les baissa de nouveau tandis que Brandon regardait par le hublot, les yeux écarquillés. Au moins, avait-elle réussi à ne pas lui communiquer son angoisse de l'avion…

Elle poussa un long soupir intérieur et ses doigts se détendirent un peu lorsque l'avion toucha le sol. « Un vol de plus auquel tu auras survécu, Jules », songea-t-elle avant de renverser la tête contre le dossier. Maintenant, il ne lui restait plus qu'à survivre à la première rencontre avec Eve la Sublime, à faire de leur résidence temporaire une véritable maison, et à veiller à ce que Brandon s'intègre bien dans sa nouvelle école.

Ce n'était pas si terrible, songea-t-elle, ouvrant son poudrier pour vérifier qu'elle n'était pas trop pâle. Elle retoucha son rouge à lèvres, se poudra le nez. Elle excellait généralement à cacher sa nervosité. Et Eve Benedict ne verrait en elle qu'une femme parfaitement sûre d'elle.

Tandis que l'avion s'immobilisait en face du terminal, Julia sortit de la poche de sa veste une pastille contre les aigreurs d'estomac.

— Nous y voilà, lança-t-elle à Brandon avec un clin d'œil. Prêt ?

Il empoigna son sac de sport et elle son attaché-case. Main dans la main, ils quittèrent l'avion. Avant même qu'ils n'aient franchi la porte de débarquement, un homme en uniforme sombre et casquette s'approchait d'eux.

— Madame Summers ?

Julia serra Brandon contre elle.

— Je suis Lyle, le chauffeur de Mlle Benedict. Je vais vous conduire à la propriété. Vos bagages vous y rejoindront.

Il n'avait pas plus de trente ans, constata Julia, acquiesçant d'un signe de tête. Et sa stature de joueur de football américain, sa façon de plastronner, démentaient la discrétion de son uniforme… Il les précéda à travers le terminal. Brandon, de son côté, lambinait, voulait tout voir à la fois.

La voiture les attendait le long du trottoir. La voiture… une interminable limousine blanche étincelante.

— Waou…, murmura Brandon.

Mère et fils échangèrent un regard médusé et s'installèrent en gloussant. L'intérieur sentait bon le cuir, les roses et un parfum de femme qui s'attardait.

— Elle a la télé et tout, murmura Brandon. Quand je vais raconter ça aux copains… !

— Bienvenue à Hollywood, dit Julia, délaissant le champagne pour leur servir à tous deux un Pepsi.

Elle leva son verre d'un air grave, puis sourit.

— A ta santé !

… Brandon parla tout le long du trajet, des palmiers, des skaters, du voyage à Disneyland. Cela aida Julia à se détendre. Elle le laissa allumer la télévision mais refusa qu'il se serve du téléphone. Et lorsqu'ils arrivèrent à Beverly Hills, Brandon avait décidé qu'être chauffeur, c'était un bon job.

— Tu sais, certaines personnes pensent qu'il vaut mieux avoir un chauffeur qu'être chauffeur soi-même.

— Oh, ben alors, on conduit plus jamais !

Oui, c'était aussi simple que cela, songea Julia. Une gratification se paie d'une frustration. Pour avoir déjà travaillé avec des célébrités, Julia savait que l'addition de la notoriété est élevée, très élevée. Par exemple, se dit-elle tandis qu'elle ôtait sa chaussure pour laisser son pied s'enfoncer dans l'épaisse moquette, on est obligé d'embaucher un chauffeur bâti comme un garde du corps.

… Ou de se protéger du monde des anonymes par un haut mur de pierre comme celui qu'ils longèrent avant d'arriver devant une imposante grille en fer forgé.

Un gardien, en uniforme lui aussi, jeta un coup d'œil par la fenêtre d'une petite guérite de pierre. Il y eut un long bourdonnement et la grille s'ouvrit lentement, majestueusement. Puis elle se referma derrière eux dans un cliquètement de serrures. « Nous voilà coupés du monde... », songea Julia.

Le parc était merveilleux, agrémenté d'arbres magnifiques, de buissons impeccablement taillés qui fleuriraient de bonne heure dans ce climat doux. Un paon se pavanait sur le gazon et sa femelle poussa un cri pareil à celui d'une femme. Julia rit devant l'air interloqué de Brandon.

Il y avait un bassin parsemé de nénuphars, enjambé par un joli petit pont. Voilà quelques heures seulement, ils avaient laissé derrière eux la neige et le vent glacé du Nord-Est et ils se retrouvaient au paradis. Le paradis d'Eve. Julia avait l'impression d'avoir quitté une gravure de Currier et Ives pour pénétrer dans un tableau de Dali.

La maison apparut alors et Brandon et elle restèrent bouche bée. Elle était immense, entièrement blanche. Répartie sur trois niveaux et plusieurs ailes, elle s'agrémentait de jolis patios ombragés. Elégante, raffinée, elle possédait le charme temporel de sa propriétaire. Arches et fenêtres en courbe en adoucissaient les lignes sans rien lui enlever de la force, de la puissance qui se dégageaient de son architecture. Des balcons aux balustrades de fer forgé blanc, ouvragées comme de la dentelle, ornaient les étages supérieurs. Des fleurs aux couleurs vives grimpaient effrontément le long des treillis, éclaboussant d'écarlate, de saphir, de pourpre et de safran les murs blancs, infiniment blancs.

Lorsque Lyle ouvrit la portière, Julia fut frappée par le silence. Pas un bruit du monde extérieur ne pénétrait ici. Aucun moteur de voiture, ni bus pétaradant ni crissement de pneus n'aurait osé rompre cette quiétude. On n'entendait que le chant des oiseaux, le délicieux chuchotis de la brise dans les feuilles odorantes, le murmure d'une fontaine dans la cour. Au-dessus, le ciel était d'un bleu de rêve, émaillé de quelques petits nuages ronds et légers comme des houpettes.

De nouveau, Julia éprouva la sensation étrange et très déboussolante de se trouver dans un tableau.

— Vos bagages seront portés directement au pavillon des invités, madame Summers, dit Lyle.

Il l'avait examinée dans le rétroviseur pendant toute la durée du trajet, spéculant sur la meilleure façon de lui donner envie de venir faire un petit tour dans sa chambre, au-dessus du garage.

— Mlle Benedict m'a demandé de vous conduire d'abord ici.

Elle demeura de marbre devant la petite lueur égrillarde qui brillait dans son regard.

— Merci.

Se tournant alors vers l'envolée de marches de marbre blanc, elle saisit la main de son fils.

A l'intérieur, Eve s'écarta de la fenêtre. Elle avait voulu les voir la première. Elle en avait absolument besoin. C'était fait.

Julia était de constitution plus délicate que ne le laissaient supposer les photos qu'elle avait vues. Son goût vestimentaire était parfait — Eve aimait beaucoup le tailleur de couleur fraise, près du corps, et les bijoux discrets. Et sa façon de se tenir aussi.

Et le gamin… Elle lui avait trouvé un joli visage et l'air plein d'énergie. Il ferait l'affaire, se dit-elle, et elle ferma les yeux. Tous deux feraient très bien l'affaire.

Elle s'approcha de la table de nuit. Dans le tiroir se trouvaient les comprimés que seuls le médecin et elle savaient indispensables. Il y avait également une feuille de papier ordinaire avec une phrase griffonnée à la hâte :

IL NE FAUT PAS RÉVEILLER LE CHAT QUI DORT.

Si cela se voulait une menace, Eve la trouvait ridicule. Et encourageante. Elle n'avait pas encore entrepris ses mémoires que, déjà, les gens s'affolaient ! Que plusieurs personnes aient pu rédiger ce mot ne rendait le jeu que plus intéressant. Un jeu dont elle seule dictait les règles. Tout le pouvoir était entre ses mains. Il était grand temps qu'elle s'en serve.

Elle prit la carafe de Baccarat, se versa un peu d'eau et avala le médicament, maudissant cette faiblesse. Après avoir remis les comprimés en place, elle s'approcha de la psyché à cadre d'argent. Il fallait qu'elle cesse de se demander si elle n'était pas en train de faire une bêtise. Pourquoi irait-elle reconsidérer une décision qui était déjà prise ? Il n'en était pas question. Ni maintenant. Ni jamais.

D'un regard froid, honnête, elle étudia attentivement son reflet dans le miroir. La combinaison de soie émeraude était flatteuse. Elle s'était maquillée et coiffée elle-même une heure plus tôt. L'or étincelait à ses oreilles, sa gorge, ses doigts. Rassurée de constater que c'était bien Eve Benedict, la star, qui lui faisait face, elle descendit l'escalier. Fidèle à elle-même, elle entendait faire une entrée remarquée.

Une gouvernante aux yeux glaçants et aux bras de déménageur qui se faisait appeler Travers avait conduit Julia et Brandon dans le salon. Du thé allait leur être servi, leur avait-on dit. Qu'ils fassent comme chez eux.

Mais Julia doutait que quiconque puisse se sentir chez soi dans une pièce pareille. Les couleurs vibraient sur un fond de moquette blanche, de cuir blanc et de murs blancs. Coussins et tableaux, fleurs et bibelots tranchaient de façon saisissante sur cet ensemble immaculé. Le plafond très haut était orné de moulures, les fenêtres habillées de soie sauvage.

Mais c'était le portrait, plus grand que nature, suspendu au-dessus de la cheminée de marbre blanc qui captait toute l'attention. Malgré la majesté du décor, il dominait tout, hypnotisait le regard.

Tenant toujours Brandon par la main, Julia l'examina. Il représentait Eve Benedict, près de quarante ans plus tôt, époustouflante beauté au pouvoir terrifiant. Le satin pourpre dénudait ses épaules, drapait son corps sublime tandis qu'elle vous souriait de toute sa hauteur. Pas un simple sourire : un sourire *entendu*. Ses cheveux étaient lâchés, flot sombre comme l'ébène. Elle ne portait aucun bijou — elle n'en avait pas besoin.

— Qui est-ce ? demanda Brandon, curieux. On dirait une reine.

— Oui.

Julia se pencha, posa un baiser sur ses cheveux.

— C'est Eve Benedict. Et elle a tout d'une reine, tu as raison.

— Carlotta, dit Eve de sa voix rauque et chaude en entrant dans la pièce. Dans *No Tomorrows*.

Julia se retourna.

— MGM 1951. Vous étiez la partenaire de Montgomery Clift. Le rôle vous valut votre premier Oscar.

— Félicitations.

Eve ne quitta pas Julia des yeux tandis qu'elle traversait la pièce à sa rencontre, la main tendue.

— Bienvenue en Californie, madame Summers.

— Merci.

Julia sentit soudain sa main emprisonnée par une poigne déterminée, tandis qu'Eve la dévisageait. Consciente que ces premiers instants décideraient de la suite de leur relation, elle soutint ce regard sans faiblir. Pourtant, la beauté, le charisme d'Eve semblaient avoir encore augmenté, l'âge venant.

Ne laissant cependant rien filtrer de ses impressions, Eve se pencha vers Brandon.

— Et je présume que tu es M. Summers, dit-elle.

Brandon gloussa, surpris, et jeta un coup d'œil à sa mère.

— Oui. Mais vous pouvez m'appeler Brandon.

— Merci.

Elle eut l'envie soudaine de poser la main sur ses cheveux mais elle réprima son geste.

— Tu peux m'appeler… Miss B, faute de mieux. Ah ! Travers, vous voilà. Toujours diligente.

Elle fit un petit signe de tête et la gouvernante déposa le plateau du thé.

— Asseyez-vous, je vous en prie. Je ne vous retiendrai pas longtemps. Je me doute que vous avez hâte de vous installer.

Elle s'assit sur une chaise blanche à haut dossier et attendit que Julia et Brandon aient pris place sur le canapé.

— Nous dînerons à 19 heures. Mais comme je sais que les repas servis dans les avions sont épouvantables, j'ai pensé que vous aimeriez peut-être prendre un petit quelque chose.

Brandon — que l'idée de prendre le thé n'avait pas enthousiasmé —, constata que le petit quelque chose incluait toutes sortes de gâteaux, de petits sandwichs, et un pichet de jus de fruits. Un large sourire s'épanouit sur son visage.

— C'est très gentil à vous, dit Julia.

— Gentil, n'est-ce pas… Nous allons passer pas mal de temps ensemble, vous découvrirez que je suis rarement gentille. Votre avis, Travers ?

Travers se contenta d'un petit grognement et disposa de

délicates assiettes de porcelaine sur la table basse avant de quitter la pièce.

— Toutefois, je ferai en sorte que vous vous sentiez bien ici. Il me plairait que vous fassiez du bon travail.

— Je ferai du bon travail, que je me sente bien ici ou non. Un seul, ajouta aussitôt Julia à l'intention de Brandon qui tendait déjà la main vers un second gâteau. Mais j'apprécie votre hospitalité, Miss Benedict.

— Je peux avoir deux gâteaux, si je prends deux sandwichs ?

Julia se tourna vers son fils. Eve remarqua aussitôt la spontanéité du sourire, la douceur du regard.

— Mange d'abord les sandwichs…

Puis Julia se tourna de nouveau vers elle. Le sourire redevint protocolaire.

— J'espère que vous ne vous sentez pas tenue de vous occuper de nous pendant notre séjour. Nous sommes très conscients du fait que vous devez avoir un emploi du temps des plus exigeants. Dès que vous le jugerez opportun, nous pourrons d'ailleurs décider des plages horaires qui vous conviennent le mieux pour nos entretiens.

— Impatiente de vous mettre au travail ?

— Bien sûr.

Eve ne s'était donc pas trompée. Elle avait affaire à une femme à qui l'on avait appris — ou qui l'avait appris toute seule —, à prendre les choses en main et à foncer.

Elle but quelques gorgées de thé, et réfléchit.

— Très bien. Mon assistante vous communiquera mon emploi du temps. Semaine par semaine.

— J'aurai besoin du lundi matin pour conduire Brandon à l'école. Je souhaiterais également louer une voiture.

— C'est inutile, dit-elle, balayant le problème d'un geste de la main. Il y en a une demi-douzaine dans le garage.

Vous en trouverez certainement une qui vous conviendra. Lyle, mon chauffeur, conduira votre fils à l'école et ira le chercher.

— Dans la grande voiture blanche ? demanda Brandon, la bouche pleine, les yeux écarquillés.

Eve rit et but une gorgée de thé.

— Je ne pense pas. Mais nous ferons en sorte que tu montes dedans de temps en temps.

Elle remarqua qu'il regardait de nouveau le plateau avec des yeux gourmands.

— A une époque, j'ai vécu avec un petit garçon de ton âge. Il raffolait des petits-fours.

— Il y a d'autres enfants ici ?

— Non.

La tristesse voila un instant le regard d'Eve, vite dissipée. Elle se leva, prit congé rapidement, sans cérémonie.

— Je suis certaine que vous avez tous deux envie de vous reposer avant le dîner. Si vous sortez par la porte de la terrasse et que vous suivez le chemin qui conduit à la piscine, vous verrez le pavillon des invités sur votre droite. Voulez-vous que je vous fasse accompagner ?

— Merci, nous trouverons.

Julia se leva, posa une main sur l'épaule de Brandon.

— Merci encore.

Parvenue à la porte, Eve s'arrêta, se retourna.

— Brandon, si j'étais toi, j'envelopperais quelques-uns de ces gâteaux dans une serviette et je les emmènerais avec moi. Ton estomac est encore à l'heure de la côte Est.

Elle avait raison. Le premier vol côte Est-côte Ouest de Brandon avait complètement chamboulé son organisme. A 17 heures, il avait faim et Julia lui prépara un repas léger dans la cuisine entièrement équipée du pavillon des invités. A 18 heures, rendu grognon par la fatigue et l'excitation de la journée, il piquait du nez devant la télévision. Julia le monta dans sa chambre où l'une des domestiques très efficaces d'Eve avait déjà rangé sa valise.

C'était un lit inconnu, dans une chambre inconnue, malgré la présence du Meccano, des livres et des jouets préférés qui avaient voyagé avec eux. Mais, comme à son habitude, Brandon dormait à poings fermés. Il ne se réveilla même pas lorsqu'elle ôta ses chaussures puis son pantalon.

Dès qu'elle l'eut bordé, Julia appela la Résidence pour s'excuser auprès de Travers de ne pouvoir venir dîner ce soir-là. Elle était suffisamment fatiguée pour ne songer qu'à se plonger dans le bain à remous ou à se glisser dans l'immense lit de la suite principale…

Hélas, son esprit refusait de déconnecter. Une sorte de voix intérieure — la sienne — lui disait que le pavillon des invités était à la fois luxueux et de très bon goût, avec ses poutres de bois chaud, ses murs aux teintes pastel très fraîches. L'escalier en courbe et la galerie du premier étage renforçaient l'impression d'espace et de décontraction. Et Julia préférait de loin les parquets de chêne cirés et les tapis, aux kilomètres carrés de moquette blanche éclaboussée de couleurs claquantes de la Résidence.

Elle se demandait qui avait pu séjourner au pavillon, y profiter de son très joli jardin anglais, de la brise parfumée. Laurence Olivier avait été l'ami d'Eve. Le grand acteur avait-il préparé son thé dans la charmante cuisine de style campagnard, avec ses pots en cuivre et sa petite cheminée de brique ? Katharine Hepburn s'était-elle occupée du jardin ? Gregory Peck ou Henri Fonda s'étaient-ils endormis sur le confortable canapé du salon ?

Depuis sa plus tendre enfance, Julia était fascinée par

les acteurs de théâtre et de cinéma. Pendant un temps très bref, à l'adolescence, elle avait rêvé de devenir actrice. Pour franchir l'obstacle des auditions au lycée, il lui avait fallu vaincre une timidité qui la paralysait. Mais elle était prête à tout. Sa détermination lui avait valu ses premiers rôles, avait alimenté le rêve… Puis il y avait eu Brandon. Etre mère à dix-huit ans avait changé le cours des choses. Et elle avait dû survivre à la trahison, à la peur, au désespoir. Julia avait le sentiment que certains êtres sont destinés à mûrir plus tôt, plus vite.

On change de rêves, songea-t-elle, se glissant dans son vieux peignoir en éponge. Elle écrivait sur les acteurs, aujourd'hui, et n'appartiendrait jamais à leur monde. Et savoir son fils en sécurité, paisiblement endormi dans la pièce voisine, savoir que sa force, sa compétence de femme et de mère l'aideraient à lui donner une enfance longue et heureuse lui suffisaient à n'avoir aucun regret.

Elle s'apprêtait à ôter les épingles qui retenaient ses cheveux lorsqu'elle entendit frapper à la porte. Elle jeta un bref coup d'œil à son peignoir fané puis haussa les épaules. Si ce lieu devait être le sien, autant accepter qu'on la voie telle qu'en elle-même tout de suite.

Julia ouvrit donc la porte. Et découvrit une jolie jeune fille blonde aux yeux bleu azur et au sourire éclatant.

— Salut, je suis CeeCee. Je travaille pour Miss Benedict. Je suis venue garder votre fils pendant que vous dînerez.

Julia leva un sourcil étonné.

— C'est très gentil à vous, mais j'ai déjà téléphoné pour m'excuser.

— Miss Benedict a dit que le petit garçon… Brandon, c'est bien cela ?… était épuisé. Je le garderai pendant que vous dînerez à la Résidence.

Julia s'apprêtait à refuser, mais CeeCee entrait déjà, l'air tout à fait à l'aise. Elle portait un jean et un T-shirt, ses cheveux blonds décolorés par le soleil californien balayaient ses épaules et elle avait les bras chargés de magazines.

— C'est génial ici, hein ? poursuivit-elle de sa voix pétillante comme du champagne. J'adore faire le ménage dans cette maison. C'est moi qui me chargerai de l'entretien pendant que vous serez là. Prévenez-moi si vous avez besoin de quoi que ce soit.

— Tout est parfait…

Julia ne put s'empêcher de sourire. La jeune fille était si enthousiaste, si débordante d'énergie.

— … Mais je ne pense pas que pour la première nuit, je doive laisser Brandon avec quelqu'un qu'il ne connaît pas.

— Ne vous faites aucun souci. J'ai deux petits frères et je fais du baby-sitting depuis l'âge de douze ans. Mon petit frère Dustin n'a que dix ans, mes parents l'ont eu très tard, mais c'est un véritable monstre.

De nouveau, elle adressa à Julia un sourire éclatant, véritable publicité pour un dentifrice.

— Il sera très bien avec moi, madame Summers. S'il se réveille et vous réclame, j'appellerai la Résidence. Vous n'êtes qu'à deux minutes.

Julia hésita. Elle savait que Brandon ne se réveillerait pas. Et que cette jeune fille blonde pleine d'entrain était exactement le genre de baby-sitter qu'elle aurait choisie elle-même. Alors ?… Voilà qu'elle se montrait de nouveau prudente à l'excès et surprotectrice, deux travers qu'elle essayait de corriger.

— Très bien, CeeCee, conclut-elle. Je vais me changer à l'étage. J'en ai pour deux minutes.

Lorsque Julia redescendit, CeeCee était installée sur le canapé et feuilletait un magazine. La télévision était allumée et diffusait l'un de ces brillants feuilletons du samedi soir. Elle leva la tête et observa Julia.

— C'est une couleur qui vous va très bien, madame Summers. Je souhaite devenir créatrice de mode, alors je fais très attention à tout ce qui est lignes, tons, matières. Tout le monde ne peut pas se permettre de porter un rouge aussi franc.

Du plat de la main, Julia lissa la veste qu'elle avait mariée avec un pantalon du soir noir. C'était une tenue qui lui donnait de l'assurance, voilà pourquoi elle l'avait choisie.

— Merci du compliment. Miss Benedict a dit très simple.

— C'est parfait. C'est Armani ?

— Vous avez l'œil.

CeeCee rejeta ses longs cheveux en arrière.

— Peut-être qu'un jour vous porterez un McKenna. C'est mon nom de famille. A moins que je ne choisisse d'utiliser mon prénom, comme Cher ou Madonna.

Julia sourit, reprenant soudain un air grave lorsqu'elle se tourna vers l'escalier.

— Si Brandon se réveille…

— Tout se passera bien, dit CeeCee, rassurante. Et s'il est inquiet, j'appellerai aussitôt.

Julia hocha la tête, tournant et retournant sa pochette noire entre ses doigts sans se décider à partir.

— Je ne rentrerai pas tard.

— Amusez-vous. Miss Benedict donne toujours des dîners fantastiques.

Julia se fit la leçon pendant le court trajet qui la séparait de la Résidence. Brandon n'était ni un enfant timide ni un enfant perdu sans elle. S'il se réveillait, non seulement il accepterait la baby-sitter mais il serait ravi. Et elle, elle avait un travail à accomplir. Et pour ce faire, quoi qu'il lui en coûtât, il lui fallait rencontrer du monde. Plus tôt elle s'y mettrait, mieux ce serait.

La lumière déclinait et elle huma le parfum des roses, du jasmin, l'odeur des massifs que l'on vient juste d'arroser. La piscine, demi-lune d'eau bleu pâle, était alimentée par une fontaine d'angle. Julia espérait que les privilèges attachés au pavillon des invités incluaient l'usage de la piscine sinon Brandon allait faire un malheur !

Elle hésita en arrivant devant la terrasse et jugea qu'il serait plus correct de faire le tour. Elle passa devant une autre fontaine, une haie de chèvrefeuille au parfum enivrant et aperçut deux voitures garées dans l'allée. L'une était le tout dernier modèle de chez Porsche d'un rouge flamboyant, l'autre une vieille Studebaker en parfait état et d'un superbe coloris crème. Les deux étaient synonymes de… beaucoup d'argent.

Le comprimé contre les brûlures d'estomac avait fini de fondre sur sa langue lorsqu'elle sonna à la porte d'entrée. Travers ouvrit, la salua d'un signe de tête glacé et la conduisit dans le salon.

L'heure des cocktails battait son plein. Un prélude de Debussy s'égrenait doucement et l'on avait emprisonné le parfum délicat du soir en composant un énorme bouquet de roses rouges. L'éclairage était subtil, flatteur.

De la porte, Julia inspecta rapidement les personnes présentes. Il y avait une rousse à la poitrine plantureuse, moulée dans une robe noire brillante et qui avait l'air de s'ennuyer à mourir. A son côté se trouvait un adonis bronzé aux cheveux décolorés par le soleil. La Porsche, probablement.

Il portait un costume gris perle très élégant et très cher, et buvait son cocktail accoudé à la cheminée tout en discutant à voix basse avec la rousse. Une femme très soignée, aux cheveux clairs coupés très court, et vêtue d'un fourreau bleu glacier servait une coupe de champagne à Eve. La maîtresse de maison était époustouflante, dans son ensemble pantalon fluide bleu dur rehaussé de vert vif. Et elle souriait à l'homme à côté d'elle.

Julia reconnut tout de suite Paul Winthrop. D'abord, à cause de sa ressemblance avec son père, et ensuite, grâce aux photos des quatrièmes de couverture des livres qu'il avait écrit. Comme son père, il ne manquerait jamais d'attirer les regards, de susciter les fantasmes. Il n'avait pas une allure aussi sophistiquée que celle de l'adonis aux cheveux décolorés mais son charme n'en était que plus dangereux.

Il paraissait plus coriace qu'en photo. Moins intellectuel, plus abordable. Et lui, au moins, avait pris à la lettre les consignes de simplicité : il portait un pantalon de toile, des tennis, et une veste.

Il sourit en allumant la cigarette d'Eve. Puis il se retourna. Et quand il aperçut Julia son sourire s'évanouit.

— Il semblerait que ta dernière invitée soit arrivée…, dit-il.

— Ah, madame Summers.

Eve traversa la pièce dans un bruissement de soie.

— J'en conclus que CeeCee a la situation en main.

— Oui. Elle est adorable.

— Assez épuisante, mais c'est la jeunesse. Que désirez-vous boire ?

— De l'eau minérale, tout simplement.

Une gorgée d'alcool ajoutée au décalage horaire, et Julia risquait le coma.

— Nina, appela Eve, nous avons une buveuse d'eau qui a besoin d'un Perrier. Julia, laissez-moi vous présenter. Mon neveu, Drake Morrison.

— J'étais impatient de faire votre connaissance.

Il prit la main de Julia et sourit. Sa paume était douce et chaude, le regard de ses yeux verts plus tendre mais tout aussi irrésistible que celui d'Eve.

— C'est donc vous qui allez exhumer tous les secrets d'Eve. Même sa famille n'y est jamais parvenue.

— Parce que cela ne regarde en rien ma famille, à moins que je n'en décide autrement.

Eve souffla lentement la fumée de sa cigarette.

— Et voici… quel est votre nom déjà ? Carla ?

— Darla, corrigea la rousse avec un mouvement de lèvres boudeur. Darla Rose.

— C'est charmant.

La pointe d'ironie dans la voix d'Eve n'échappa pas à Julia. Un peu plus, et le coup de griffe atteignait la chair.

— Notre Darla est une actrice-mannequin. Une fonction tout à fait fascinante. Beaucoup plus accrocheur que ce terme péjoratif de starlette que nous utilisions auparavant. Et voici Nina Soloman, mon bras droit… et mon bras gauche.

— Bête de somme et bouc émissaire, répondit la blonde très soignée en tendant son verre à Julia.

Il y avait de la bonne humeur dans la voix de Nina et une parfaite assurance dans son attitude. Julia constata qu'elle était plus âgée qu'il n'y paraissait à première vue. Plus près de cinquante que de quarante. Mais elle possédait cette sorte de classe que l'âge n'entame pas.

— Je vous préviens, il vous faudra davantage que de l'eau minérale si vous travaillez longtemps avec Miss B.

— Si Mme Summers a fait correctement son travail, elle sait déjà que je suis une vraie garce… Et voici mon seul véritable amour, Paul Winthrop.

C'est tout juste si Eve ne roucoulait pas lorsque ses doigts effleurèrent le bras de Paul.

— Malheureusement, j'ai épousé le père au lieu d'attendre le fils.

— Si cela te tente, Princesse…

La voix était chaude pour Eve, le regard froid pour Julia. A qui il ne tendit pas la main.

— Avez-vous fait correctement votre travail, madame Summers ? demanda-t-il.

— Oui. Mais je prends toujours le temps de me forger ma propre opinion.

Il leva son verre et observa Julia qu'on entraînait déjà dans une conversation à bâtons rompus. Elle était plus petite qu'il ne l'avait imaginée et de constitution plus fine. Et en dépit de l'éclat de Darla et de l'élégance de Nina, elle était la seule ici à pouvoir rivaliser avec la beauté d'Eve. Néanmoins, il préférait le rentre-dedans flamboyant de la rousse à la parfaite maîtrise de Julia. Pas besoin d'être grand clerc pour découvrir tout ce qu'il y avait à savoir sur Darla Rose. La distante Mme Summers, en revanche, était une tout autre affaire… Mais dans l'intérêt d'Eve, Paul entendait bien découvrir tout ce qu'il y avait à savoir sur elle aussi.

Julia ne parvenait pas à se décontracter. Même au cours du repas, lorsqu'elle accepta un unique verre de vin, il lui fut impossible de se détendre. Elle pensa que c'était la nervosité qui lui faisait imaginer de l'hostilité. Il n'y avait aucune raison pour que quiconque lui en veuille. En effet, Drake se montrait on ne peut plus charmant avec elle. Darla avait cessé de se morfondre et se gavait de truite farcie et de riz sauvage. Eve marchait au champagne et Nina s'amusait d'un commentaire que venait de faire Paul à propos d'un certain Curt.

— Curt Dryfuss ? intervint Eve, attrapant au vol la fin de la phrase. Il aurait été meilleur metteur en scène s'il avait su garder sa braguette fermée. S'il n'avait pas passé son temps avec le rôle féminin principal, lors du dernier tournage, il aurait peut-être pu obtenir d'elle une prestation correcte. A l'écran, je veux dire.

— S'il avait été eunuque, il n'aurait pas obtenu mieux, corrigea Paul. A l'écran, bien sûr.

— Tout n'est qu'affaire de sexe, de nos jours, dit Eve en regardant Darla.

Julia prit une grande inspiration. Elle espéra ne jamais devoir affronter ce regard froid, sarcastique.

— Dites-nous, madame Summers, que pensez-vous de nos actrices actuelles ?

— Je dis qu'il y a une justice… Vous en êtes la preuve.

— Si j'avais attendu quoi que ce soit de la justice, comme vous dites, j'en serais encore à tourner des séries B avec des metteurs en scène de second ordre. Je me suis battue bec et ongles pour arriver au sommet et j'ai passé la moitié de ma vie à me bagarrer pour y rester.

— Je poserai donc la question logique qui suit, dit Julia. Le jeu en vaut-il la chandelle ?

Eve la fixa, le regard brillant, et un sourire effleura ses lèvres.

— Ça en vaut sacrément la peine.

— Et si c'était à refaire ?

— Je ne changerais rien. Non. Rien.

Eve avala une gorgée de champagne. La migraine commençait à s'installer et cette douleur sourde derrière les yeux la mettait en rage.

— On ne peut rien changer sans tout changer.

Paul posa une main sur le bras d'Eve, mais son regard ne quitta pas Julia. Et elle comprit d'où venait l'hostilité qu'elle avait confusément ressentie.

— Ne pouvez-vous attendre les heures ouvrables pour commencer l'interview ?

— Ne sois pas aussi déplaisant, Paul, dit Eve d'une voix douce.

Elle se mit à rire et lui tapota la main. Puis elle se tourna vers Julia.

— Il désapprouve le projet. Je suis certaine qu'il pense que je vais dévoiler ses secrets en même temps que les miens.

— Tu ne les connais pas.

Cette fois, il y eut une pointe d'ironie dans le rire d'Eve.

— Mon cher Paul, dit-elle, il n'est pas un secret, un mensonge, un scandale qui m'échappe. A une époque, tout le monde pensait que c'était de Parsons et Hopper dont il fallait se méfier. Mais ils étaient incapables de garder un secret au chaud… jusqu'au moment opportun.

Elle but une nouvelle gorgée de champagne comme si elle portait un toast à une victoire personnelle.

— Nina, combien de coups de fil de sommités inquiètes avez-vous reçus au cours des deux dernières semaines ?

Nina poussa un soupir.

— Des dizaines.

— Et voilà.

Satisfaite, Eve se cala contre le dossier de sa chaise. A la lueur des bougies, ses yeux brillaient du même éclat que les bijoux à ses oreilles et son cou.

— Il est infiniment gratifiant de savoir qu'on est celle qui va remuer la boue et faire du bruit. Et toi qui es mon attaché de presse, Drake, que penses-tu de ce projet ?

— Je pense que tu vas te faire beaucoup d'ennemis. Et beaucoup d'argent.

— J'ai déjà consacré cinquante ans de ma vie à ces deux activités. Et vous, madame Summers, qu'espérez-vous tirer de toute cette histoire ?

Julia posa son verre.

— Un bon livre.

Elle surprit le regard méprisant de Paul et son corps se crispa. Elle aurait aimé lui jeter son verre à la figure, mais il convenait de garder de la dignité avant tout.

— Bien entendu, j'ai l'habitude qu'on dédaigne mon travail. Les biographies de célébrités sont considérées par certains comme de la sous-littérature. Au même titre que les romans populaires.

Eve renversa la tête en arrière et se mit à rire. Paul prit sa fourchette, chipota sur les restes de truite dans son assiette. Son regard bleu s'était assombri mais sa voix était calme lorsqu'il demanda :

— Madame Summers, dans quelle catégorie rangez-vous ce que vous écrivez ?

— Le divertissement. Et vous, dans quelle catégorie classez-vous vos œuvres ?

Il ignora la question, rebondissant sur la réponse de Julia.

— Ainsi, vous trouvez « divertissant » d'exploiter le nom, la vie de personnes célèbres ?

Cette fois, Julia n'avait plus aucune raison de se gêner et elle passa à l'attaque.

— Je doute que Sandburg ait « exploité » Lincoln en écrivant sa biographie. Je doute qu'une biographie « autorisée », quelle qu'elle soit, « exploite » son sujet.

— Vous n'entendez tout de même pas comparer votre œuvre à celle de Sandburg ?

— La vôtre l'a bien été avec celle de Steinbeck.

Elle eut un petit haussement d'épaules désinvolte. Pourtant, cet homme commençait sérieusement à l'agacer.

— Contrairement à vous, reprit-elle, je n'invente rien. Mes histoires s'appuient sur des faits réels, des souvenirs. Mais peu importe… quelle que soit la technique, ce qui compte, c'est que l'œuvre, une fois terminée, soit lue et appréciée.

— Je peux vous dire que j'ai lu et apprécié des livres écrits par chacun de vous, dit Nina, jouant les conciliatrices. J'ai toujours éprouvé un immense respect pour les écrivains, moi qui ne rédige que du courrier. Drake, lui, a au moins ses brillants dossiers de presse.

— Qui sont un mélange de vérités et de mensonges, répondit Drake.

Il se tourna vers Julia et lui sourit.

— Je présume que vous interviewerez d'autres personnes qu'Eve, pour compléter le tableau.

— C'est la procédure habituelle.

— Je suis à votre entière disposition.

— Il semblerait que Darla soit prête pour le dessert, lança Eve d'un ton sec avant de sonner. Le cuisinier nous a fait un fraisier. Vous en apporterez à Brandon.

— Ah oui, votre petit garçon…, dit Nina.

Ravie que la conversation se soit un peu calmée, elle resservit du vin.

— … Nous espérions faire sa connaissance ce soir.

— Il était épuisé.

Julia jeta en douce un coup d'œil à sa montre. Minuit. Rien que de le savoir, elle se sentait encore plus fatiguée.

— A 4 heures du matin, je suis certaine qu'il aura les yeux grands ouverts et qu'il s'étonnera de ne pas voir le soleil levé.

— Il a dix ans, je crois, dit Nina. Vous paraissez très jeune pour avoir un enfant de dix ans.

Pour tout commentaire, Julia se contenta d'un sourire poli. Elle se tourna vers Eve tandis qu'on servait le dessert.

— Je voulais vous demander s'il est des secteurs de la propriété qui sont interdits.

— Votre fils peut aller où il le veut. Il sait nager ?

— Oui. Très bien.

— Dans ce cas, la piscine est à lui. Nina vous fera simplement savoir à quel moment j'y reçois des invités.

Consciente de ses devoirs, Julia s'efforça de rester attentive jusqu'au bout. A la fin du repas, ne songeant plus qu'à se jeter dans son lit, elle s'excusa, remercia son hôtesse. Paul insista pour la raccompagner, ce qui lui déplut fortement.

— Je connais le chemin.

— Il n'y a pas de lune, ce soir.

Il la prit par le bras, l'entraîna vers la terrasse.

— Il est facile de se perdre dans le noir. Vous pourriez vous endormir et tomber dans la piscine.

Julia s'écarta instinctivement.

— Je nage très bien.

— Peut-être, mais le chlore a un effet désastreux sur la soie.

Il sortit un petit cigare de sa poche et, repliant les doigts autour de son briquet, il l'alluma. Il avait remarqué plusieurs choses, concernant Julia. Notamment qu'elle n'avait pas voulu que son fils soit un sujet de la conversation.

— Vous auriez pu dire à Eve que vous étiez aussi épuisée que votre fils.

— Je vais très bien.

Elle pencha la tête, et reprit tandis qu'ils marchaient :

— Vous ne tenez pas ma profession en très haute estime, n'est-ce pas, monsieur Winthrop ?

— Non. Mais de toute façon, cette biographie est l'affaire d'Eve, pas la mienne.

— Je n'en compte pas moins sur une interview de vous.

— Et vous obtenez toujours ce sur quoi vous comptez ?

— Non, mais j'obtiens toujours ce que je veux vraiment.

Parvenue à la porte de la maison, elle se retourna.

— Merci de m'avoir raccompagnée.

Très calme, songea Paul. Parfaitement à l'aise et maîtresse d'elle-même. Il aurait pu s'y tromper… s'il n'avait noté l'ongle du pouce complètement rongé. Décidé à mettre Julia à l'épreuve, il s'approcha d'elle. Elle ne bougea pas, mais il sembla à Paul qu'un mur invisible venait de se dresser entre eux. Il serait intéressant de voir si elle agissait de même avec tous les hommes ou seulement avec lui. Mais pour l'instant, il n'avait qu'une priorité.

— Eve Benedict est ce que j'ai de plus précieux dans la vie.

La voix était grave, inquiétante.

— Faites attention, madame Summers. Faites très attention. Vous ne voudriez pas m'avoir pour ennemi, n'est-ce pas ?

Elle sentit les paumes de ses mains devenir moites, ce qui la mit en rage. Elle dissimula sa colère derrière une froideur de glace.

— Il semblerait que ce soit déjà fait. Mais sachez une chose, monsieur Winthrop, j'écrirai cette biographie et je dirai la vérité, toute la vérité. Bonne nuit.

3

A 10 heures, le lundi, Julia était prête. Elle avait passé le week-end avec son fils, profitant de la douceur du temps pour s'acquitter de sa promesse et emmener l'enfant à Disneyland. Elle lui avait offert le grand tour.

Et ce matin, ils s'étaient tous deux sentis très nerveux, tandis qu'ils pénétraient dans la nouvelle école. Ils avaient eu un entretien avec le principal avant que Brandon, l'air si petit et si courageux, ne rejoigne sa salle de classe. Julia avait rempli des dizaines d'imprimés, serré la main du principal et elle était parvenue à garder son calme pendant tout le trajet de retour.

Puis elle avait craqué et pleuré un long moment.

Le visage rafraîchi et soigneusement remaquillé, son magnétophone et son bloc dans son attaché-case, elle sonnait à présent à la porte de la Résidence. Au bout d'un moment, Travers vint ouvrir.

— Miss Benedict est en haut, dans son bureau, annonça-t-elle avec une moue désapprobatrice. Elle vous attend.

Sur ce, elle tourna les talons et précéda Julia dans l'escalier.

Le bureau se trouvait dans l'aile centrale de la maison. L'un des murs était tout entier occupé par une immense baie vitrée en forme de demi-lune. Sur les trois autres s'alignaient des étagères où étaient exposés tous les trophées de la longue carrière d'Eve. Au milieu des statuettes et des plaques, se trouvaient nombre de photos, d'affiches et de souvenirs de ses films.

Julia reconnut l'éventail de dentelle blanche qui avait été son accessoire dans un film situé avant-guerre, puis les chaussures rouges à hauts talons si sexy qu'elle portait lorsqu'elle avait interprété le rôle d'une sulfureuse chanteuse de saloon, et enfin la poupée de chiffon qu'elle avait tenue serrée contre son cœur lorsqu'elle avait joué la mère d'un enfant disparu.

Elle remarqua également que le bureau n'était pas aussi bien rangé que les autres pièces de la maison. En revanche, il était tout aussi luxueusement décoré d'antiquités et de couleurs éclatantes. Les murs étaient tendus de soie, la moquette semblait épaisse et douce. A côté de l'énorme bureau de merisier auquel était installé Eve, s'élevait une pile de manuscrits. Une cafetière électrique avec un reste de café était posée sur une petite table ancienne. Des numéros du magazine *Variety* jonchaient le sol, et le cendrier placé à côté du téléphone dans lequel Eve hurlait, regorgeait de mégots.

— Ils peuvent prendre leur diplôme d'honneur et le ficher en l'air !

Elle fit signe à Julia d'entrer, puis tira une longue bouffée de la cigarette qui se consumait entre ses doigts.

— Je me fous éperdument que ça fasse bonne presse, Drake. Je ne vais pas à Tombouctou pour me faire suer dans un dîner minable avec ces fichus républicains. Ça a beau être la ville importante du pays, pour moi c'est Tombouctou. Je n'ai pas voté pour cet imbécile et je ne dînerai pas avec lui.

Elle poussa un grognement et écrasa sa cigarette sur les cadavres des autres.

— Débrouille-toi. Tu es payé pour cela.

Eve raccrocha et invita d'un geste Julia à s'asseoir.

— La politique ! C'est fait pour les imbéciles ou les acteurs ratés !

Julia posa son attaché-case à côté de sa chaise.

— Dois-je citer ?

Eve se contenta de sourire.

— J'en déduis que vous êtes prête à commencer. J'ai pensé qu'il était préférable que notre premier entretien ait lieu dans un cadre de travail.

— Je vous laisse décider de l'endroit où vous vous sentez le mieux.

Julia jeta un coup d'œil à la pile de manuscrits.

— Tous refusés ?

— La moitié de ces scénarios me font jouer des rôles de grand-mère et les autres veulent que je me déshabille.

Eve leva un pied chaussé de Nike rouges et en donna un vigoureux coup dans la pile. Les scénarios s'effondrèrent comme autant de rêves brisés.

— Un bon auteur est une denrée rarissime de nos jours.

— Et un bon acteur ?

Eve se mit à rire.

— C'est quelqu'un qui sait transformer tout ce qu'il touche en or, comme n'importe quel magicien.

Elle leva un sourcil méfiant en voyant Julia s'emparer de son magnétophone et l'installer sur la table basse.

— C'est moi qui décide de ce qui doit ou non être enregistré.

— Naturellement.

Julia entendait simplement s'assurer du bon fonctionnement de l'appareil.

— Je n'ai pas pour habitude de trahir la confiance des autres, précisa-t-elle.

— Nous finissons tous par le faire un jour ou l'autre…, répliqua Eve. Mais avant que je ne commence à trahir mes secrets, j'aimerais en savoir un peu plus sur vous, en dehors des banalités que raconte votre dossier de presse. Vos parents ?

— Ils sont tous deux décédés.

— Des frères et sœurs ?

— Non. J'étais fille unique.

— Vous ne vous êtes jamais mariée ?

— Non.

— Pourquoi ?

En dépit du petit pincement au cœur qu'elle éprouvait, Julia demeura calme et sûre d'elle.

— Je n'ai pas fait ce choix.

— L'ayant fait moi-même quatre fois pour y renoncer ensuite, je ne peux guère le recommander. Mais il me semble que ce doit être difficile d'élever seule un enfant…

— Cela comporte des avantages et des inconvénients.

— Par exemple ?

La question la mit si mal à l'aise qu'elle dut faire un effort sur elle-même pour garder la face.

— Décider seule.

— C'est un avantage ou un inconvénient ?

Un léger sourire effleura les lèvres de Julia.

— Les deux.

Elle sortit son bloc-notes et un crayon de son attaché-case.

— Puisque vous ne pouvez me consacrer que deux heures aujourd'hui, j'aimerais que nous nous mettions au travail. Bien évidemment, je connais toutes les informations qui ont été divulguées au public. Vous êtes née à Omaha, la cadette de trois enfants. Votre père était représentant.

Très bien, décida Eve, elles allaient se mettre au travail. Ce qu'elle voulait savoir, elle le découvrirait au fur et à mesure.

— Oui. Il était représentant de commerce, dit Eve, tandis que Julia pressait le bouton d'enregistrement du magnétophone. J'ai toujours pensé que je devais avoir des frères et sœurs dispersés un peu partout. En fait, j'ai été plusieurs fois contactée par des gens qui se disaient parents avec moi et qui comptaient sur ma générosité.

— Et que ressentez-vous à ce sujet ?

— Rien. C'était l'affaire de mon père, pas la mienne. Qu'il assume.

Eve joignit les mains et se cala dans son fauteuil.

— Moi, je me suis faite toute seule. A la force du poignet. Croyez-vous que si j'étais encore Betty Berenski d'Omaha, ces gens se soucieraient de moi ? Mais Eve Benedict, c'est une tout autre affaire ! J'ai laissé Betty et les champs de maïs derrière moi à dix-huit ans. Et il n'est pas dans mes habitudes de regarder en arrière.

C'était une philosophie que Julia comprenait et respectait. Elle commençait d'ailleurs à ressentir ce léger frisson d'excitation que procure la naissance de l'intimité entre un biographe et son sujet.

— Parlez-moi de votre famille. Comment fut l'enfance de Betty ?

Eve renversa la tête en arrière et se mit à rire.

— Oh, je vois d'ici la tête de ma sœur lorsqu'elle saura que j'ai dit de mon père qu'il était un coureur de jupons ! Mais pourquoi refuser de voir la vérité en face ? Il partait sur les routes vendre ses plats et ses casseroles. Et il en vendait toujours suffisamment pour nous mettre à l'abri du besoin. Ensuite, il revenait avec toutes sortes de babioles pour ses filles. Des chocolats, des mouchoirs, des rubans…

Il nous faisait toujours des cadeaux. C'était un bel homme, grand, avec des cheveux noirs, une moustache et le teint vif. Nous l'adorions… mais nous nous passions également de lui cinq jours sur sept !

Eve sortit une cigarette du paquet et l'alluma.

— Nous lavions son linge le samedi. Ses chemises empestaient le parfum. Le samedi, curieusement, ma mère perdait tout odorat. Pas une fois, je ne l'ai entendu poser de questions, ni accuser ou se plaindre. Elle n'était pas lâche, elle était… résignée. Elle acceptait la vie telle qu'elle est et l'infidélité de son mari dans la foulée. Sans doute parce qu'elle savait qu'il n'aimait qu'elle. Lorsqu'elle est morte, très soudainement — j'avais seize ans à l'époque —, mon père s'est retrouvé comme une âme en peine. Il l'a pleurée jusqu'à sa propre mort, cinq ans plus tard.

Elle s'interrompit, se pencha.

— Qu'écrivez-vous donc ?

— Des observations, lui dit Julia. Des commentaires.

— Et qu'avez-vous observé ?

— Que vous aimiez votre père et qu'il vous décevait.

— Si je vous disais que tout cela n'est que foutaises ?

Julia tapota le bloc de l'extrémité de son crayon. Il fallait qu'il y ait connivence, songea-t-elle. Que les pouvoirs soient équilibrés.

— Alors, répondit-elle, nous perdrions toutes les deux notre temps.

Au bout d'un moment de silence, Eve s'empara du téléphone.

— Qu'on me monte du café.

Le temps qu'Eve donne ses instructions dans la cuisine, Julia avait décidé de laisser provisoirement tomber le sujet de la famille. Lorsqu'elle connaîtrait un peu mieux Eve, elle y reviendrait.

— Vous aviez dix-huit ans lorsque vous êtes arrivée à Hollywood la première fois, commença-t-elle. Seule. Fraîchement débarquée de la ferme, si l'on peut dire. J'aimerais savoir ce que vous avez éprouvé, à l'époque. Quelle impression a ressentie la jeune fille d'Omaha en descendant de l'autobus à Los Angeles ?

— C'était très excitant.

— Vous n'aviez pas peur ?

— J'étais trop jeune pour avoir peur. Trop orgueilleuse pour imaginer que je pouvais échouer.

Eve se leva et se mit à arpenter la pièce.

— Nous étions en guerre et nos soldats partaient par bateaux entiers pour l'Europe pour se battre et mourir. J'avais un cousin, un gamin très drôle, qui s'était engagé dans la marine et avait été envoyé dans le Pacifique sud. Il est revenu dans un cercueil. Son enterrement a eu lieu en juin. En juillet, je faisais mes bagages. Je venais soudain de comprendre que la vie pouvait être très courte et très cruelle. Et je ne voulais pas en perdre une seconde de plus.

Travers apporta le café.

— Posez-le là, ordonna Eve, désignant d'un geste la table basse. Nous nous servirons.

Eve prit son café noir. Elle s'assit sur l'angle du bureau. Julia griffonna quelques observations : la force d'Eve émanait de son visage, de sa voix, des lignes de son corps.

— J'étais naïve, dit Eve d'une voix rauque, mais pas stupide. Je savais que je venais de franchir un pas qui allait changer toute ma vie. Et j'étais consciente qu'il y aurait des sacrifices à faire, des périodes difficiles. Beaucoup de solitude. Vous comprenez ?

Julia se revit allongée sur son lit d'hôpital à dix-huit ans, un petit être sans défense dans les bras.

— Oui, je comprends.

— J'avais trente-cinq dollars en poche lorsque je suis descendue du bus, mais je n'avais pas l'intention de mourir de faim. J'avais un dossier bourré de photos et de coupures de presse.

— Vous aviez déjà fait quelques essais comme mannequin ?

— Oui, et un peu de théâtre. A cette époque, les studios de cinéma envoyaient des éclaireurs — davantage pour se faire de la publicité que pour rechercher des talents, d'ailleurs. De toute façon, je savais pertinemment que je pouvais toujours attendre que l'un d'entre eux vienne me dénicher à Omaha ! Alors, j'ai décidé de venir à Hollywood. Et voilà comment tout a commencé. J'ai pris un job de serveuse dans un café, je me suis débrouillée pour faire quelques extra à la Warner Bros. Le truc, c'était de se montrer sur le site, sur un plateau, à la coopérative. Je me suis portée volontaire pour servir à Hollywood Canteen. Pas par altruisme, pas à cause des G. I.'s , mais parce que je savais que je côtoierais les stars. Les grandes causes, les bonnes actions étaient les dernières choses que j'avais à l'esprit. Je ne me préoccupais que de moi, c'est tout. Vous trouvez cela très égoïste de ma part, madame Summers ?

Julia ne voyait pas en quoi son opinion pouvait avoir de l'importance, mais elle réfléchit tout de même avant de répondre.

— Oui. C'était faire preuve d'opportunisme.

— En effet.

La bouche d'Eve se fit plus dure.

— L'ambition requiert une certaine dose d'opportunisme. Je dois dire que ce fut une expérience grisante de voir Bette Davis servir le café et Rita Hayworth les sandwichs. Et moi, je faisais partie de ce monde-là. C'est là que j'ai rencontré Charlie Gray…

*
* *

G.I.'s et jolies filles se pressaient sur la piste de danse. Les odeurs de parfum, d'after-shave, de cigarette et de café noir se mêlaient, saturaient l'air. Harry James jouait et la musique swinguait. Eve aimait quand le son de la trompette s'élevait soudain au-dessus du brouhaha et des rires. Après sa journée de service au café et les heures passées à harceler les agents, elle ne sentait plus ses pieds. Pour couronner le tout, les chaussures qu'elle avait achetées d'occasion étaient une demi-pointure trop justes.

Elle prenait bien garde à ce que la fatigue ne se lise pas sur ses traits. On ne savait jamais qui pouvait passer, vous remarquer. Et elle était absolument certaine qu'il lui suffirait d'être remarquée une fois — une seule — pour que commence son ascension.

Flottant juste sous le plafond, la fumée de cigarette s'enroulait autour des lustres. La musique se faisait langoureuse. Uniformes et robes de soirée dérivaient ensemble, tanguaient à l'unisson.

Rêvant au moment où elle pourrait enfin faire une pause, Eve servit un énième café à un énième G. I. émerveillé par les stars.

— Je vous ai vue tous les soirs, cette semaine.

Elle leva les yeux, observa l'homme grand et maigre qui lui parlait. Il ne portait pas d'uniforme mais un costume de flanelle grise. Il avait des cheveux blonds coiffés en arrière qui dégageaient un visage osseux. Et de grands yeux bruns et tristes de chien battu.

Elle le reconnut tout de suite. Alors, elle se composa un sourire. Ce n'était pas une grande vedette. Charlie Gray jouait invariablement le rôle du copain du héros. Mais il avait un nom dans le cinéma. Et surtout, il l'avait remarquée.

— Chacun de nous participe à l'effort de guerre, monsieur Gray.

Elle leva la main, écarta la longue mèche de cheveux qui ombrait son regard.

— Un autre café ?

— Volontiers.

Il s'accouda au comptoir tandis qu'elle le servait. Et tout en la regardant travailler, il sortit un paquet de Lucky Strike et en alluma une.

— J'étais de service à table, ce soir. Je viens juste de terminer et je me suis dit que j'allais passer par ici dire quelques mots à la fille la plus jolie de la salle.

Elle ne rougit pas. Elle aurait pu si elle l'avait voulu, mais elle opta pour une stratégie plus élaborée.

— Mlle Hayworth se trouve dans la cuisine.

— Je préfère les brunes.

— Votre première femme était blonde.

Il sourit.

— La seconde aussi. Voilà pourquoi je préfère les brunes. Quel est votre nom ?

Elle l'avait déjà choisi, avec soin, délibérément.

— Eve, répondit-elle. Eve Benedict.

Il pensait peut-être avoir tout deviné d'elle ? Une fille avec des rêves plein la tête, attendant qu'on la découvre...

— Et vous voulez faire du cinéma ?

— Non.

Le regard planté dans le sien, elle lui prit la cigarette des doigts, en tira une bouffée et exhala lentement la fumée avant de la lui rendre.

— Non, je ne veux pas faire du cinéma. Je *vais* en faire.

La façon dont elle prononça ces mots, son expression à ce moment-là firent que Charles Gray reconsidéra sa première impression. Intrigué, il porta la cigarette à ses lèvres, captura le goût fugitif de celles d'Eve.

— Depuis combien de temps êtes-vous en ville ? demanda-t-il.

— Cinq mois, deux semaines et trois jours. Et vous ?

— Trop longtemps.

Attiré comme toujours par les femmes qui avaient de la repartie et l'air téméraire, il la dévisagea. Elle portait un tailleur bleu très sage métamorphosé en tenue hyper sexy par le corps sublime qu'il habillait si discrètement. Son pouls se mit à battre plus vite. Et lorsque son regard croisa de nouveau celui d'Eve pour y surprendre une lueur amusée, il sut qu'il avait envie d'elle.

— Que diriez-vous d'une danse ?

— J'en ai encore pour une heure à servir les cafés.

— J'attendrai.

Tandis qu'il s'éloignait, Eve craignit d'en avoir trop fait. Ou pas assez. Elle repassa chaque mot, chaque geste dans sa tête, en essaya des dizaines d'autres. Pendant ce temps, elle continuait à servir le café, à flirter avec de jeunes G.I.'s au visage rose, fraîchement savonné. Ses nerfs étaient à fleur de peau, malgré le sourire charmeur qu'elle affichait. Et lorsque son service fut enfin terminé, elle fit tranquillement le tour du bar, s'avança avec une apparente nonchalance.

— Vous avez une démarche extraordinaire.

Charlie venait de la rejoindre. Eve laissa échapper un petit soupir de soulagement.

— Elle me transporte d'un endroit à un autre.

Ils passèrent sur la piste de danse et Charlie referma les bras autour d'elle. Ils restèrent ainsi enlacés près d'une heure.

— D'où venez-vous ? murmura-t-il.

— De nulle part. Je suis née il y a cinq mois, deux semaines et trois jours.

Il rit, frottant sa joue contre les cheveux d'Eve.

— Vous êtes déjà trop jeune pour moi. N'aggravez pas ma situation.

Mon Dieu, il lui semblait tenir entre ses bras la sensualité faite femme, le sexe à l'état pur.

— Il fait trop chaud ici, dit-il.

— J'aime la chaleur.

Elle renversa la tête en arrière et lui sourit. C'était une nouvelle expression qu'elle essayait : ébauche d'un sourire, lèvres à peine entrouvertes et regard langoureux sous des paupières à demi closes. A la façon dont les doigts de Charles Gray pressèrent les siens, elle supposa que ça marchait.

— Mais nous pouvons faire un tour en voiture, si vous voulez vous rafraîchir.

Il conduisait vite, un peu imprudemment, et il la fit rire. De temps à autre, il dévissait le bouchon d'une flasque de bourbon et en buvait une rasade. Elle refusa de l'accompagner. Par bribes, elle le laissa lui arracher des informations — seulement ce qu'elle voulait qu'il apprenne. A savoir : qu'elle n'avait pas encore réussi à trouver un agent mais qu'elle s'était débrouillée pour s'introduire sur un tournage et faire de la figuration dans *The Hard Way* avec Ida Lupino et Dennis Morgan. L'essentiel de l'argent gagné comme serveuse, elle le consacrait à des cours d'art dramatique. C'était un investissement. Elle voulait être une grande actrice. Oui, elle avait la ferme intention de devenir une star.

Elle lui posa des questions sur son travail — pas sur les stars prestigieuses avec lesquelles il travaillait, mais sur le travail lui-même. Il avait juste assez bu pour se sentir à la fois flatté et attendri. Et lorsqu'il la déposa devant la pension où elle logeait, il était totalement fou d'elle.

— Vous n'êtes qu'une petite biche dans les bois d'Hollywood. Ils regorgent de loups qui ne rêvent que de vous dévorer toute crue.

Le regard somnolent, elle renversa la tête en arrière sur le siège.

— Personne ne me mange toute crue… à moins que je ne l'y autorise.

Lorsqu'il se pencha pour l'embrasser, elle attendit que ses lèvres effleurent les siennes avant de s'écarter et d'ouvrir la portière.

— Merci pour la promenade.

Sur ce, elle gagna la porte d'entrée du vieux bâtiment gris. Là seulement, elle se retourna, lui adressa un sourire par-dessus l'épaule.

— A un de ces jours, Charlie !

Les fleurs arrivèrent le lendemain — une douzaine de roses rouges qui mirent en émoi toute la population féminine de la pension. Et tandis qu'Eve les disposait dans un vase qu'elle avait emprunté, ce n'était pas de simples fleurs qu'elle voyait… mais son premier succès.

Charlie Gray l'emmena à quantité de soirées. Eve troquait des bons d'alimentation contre du tissu et se cousait des robes. Les vêtements étaient un investissement, eux aussi. Elle prenait bien soin de les prévoir un tout petit peu trop justes pour elle, se servant sans vergogne de son corps pour obtenir ce qu'elle voulait. Il était à elle, après tout.

Les maisons immenses, les armadas de domestiques, les femmes somptueuses drapées dans la soie et les fourrures ne l'impressionnaient pas — elle ne pouvait pas se permettre de se laisser impressionner. Les soirées dans les palaces ne l'intimidaient pas non plus — elle découvrit qu'on pouvait apprendre énormément de choses en allant se refaire une beauté dans les toilettes chez Ciro. Qui allait avoir tel ou tel rôle, qui couchait avec qui, quelle actrice se trouvait momentanément exclue d'Hollywood et pourquoi... Elle observait, écoutait, emmagasinait les informations.

La première fois qu'elle vit sa photo dans le journal, après un dîner avec Charlie chez Romanoff, elle passa une heure à détailler sa coiffure, son expression, sa façon de se tenir.

Elle ne demandait rien à Charlie et gardait une certaine distance, bien que ce jeu-là commençât à être difficile. Elle le savait : il aurait suffi qu'elle fasse allusion à un bout d'essai pour que Charlie Gray le lui obtienne. Elle savait également qu'il avait envie de coucher avec elle. Elle avait envie du bout d'essai et elle avait envie d'avoir Charlie pour amant, mais elle résistait. Parce qu'elle avait déjà mesuré toute l'importance de savoir choisir le bon moment.

Le soir de Noël, Charlie organisa une soirée chez lui. A sa demande, elle se rendit très tôt au grand manoir de brique qu'il possédait à Beverly Hills. La robe de satin rouge avait coûté une semaine de tickets d'alimentation, mais Eve considérait que cela valait la peine. Profondément décolletée devant et moulante aux hanches, cette robe épousait parfaitement les lignes de son corps. Elle l'avait légèrement modifiée en ouvrant une fente audacieuse sur le côté, que terminait une broche de strass. Pour accrocher le regard.

— Tu es magnifique, dit Charlie en l'accueillant dans le hall.

Il caressa ses bras nus.

— Tu n'as pas d'étole ?

Ses finances ne lui avaient pas permis d'en acheter une qui soit digne de la robe.

— J'ai le sang chaud, répondit-elle en lui tendant un petit paquet orné d'un nœud rouge flamboyant.

— Joyeux Noël...

C'était un petit livre de poésies choisies de Byron. Pour

la première fois depuis qu'elle avait rencontré Charlie, Eve se sentait ridicule, mal à l'aise.

— Je voulais t'offrir quelque chose qui m'appartienne, expliqua-t-elle. Quelque chose qui ait de la valeur pour moi.

Gênée, elle farfouilla dans son sac à la recherche d'une cigarette.

— Je sais que ce n'est pas grand-chose, mais…

Il posa la main sur la sienne qui tremblait.

— C'est beaucoup, au contraire.

Très ému, il lâcha sa main pour caresser tendrement sa joue.

— C'est la première fois que tu me donnes véritablement quelque chose de toi.

Lorsqu'il se pencha vers elle, elle sentit la chaleur de ses lèvres, et le désir en lui. Cette fois, elle ne résista pas lorsqu'il prit sa bouche, lorsque son baiser se fit plus profond. Elle s'abandonna à l'instant, refermant les bras autour de son cou, goûtant la nouveauté de ce contact intime. Jusque-là, seuls des garçons l'avaient embrassée. Aujourd'hui, c'était un homme, expérimenté et ardent, un homme qui connaissait tout du désir.

Elle sentit ses doigts glisser sur le satin de la robe, enflammer sa peau.

Oh oui, songea-t-elle, elle aussi avait envie de lui. Leur désir ne pourrait attendre longtemps… Or, ce n'était pas le moment le plus opportun. Prudente, elle s'écarta.

— Les fêtes de fin d'année me rendent sentimentale.

Elle sourit, essuya le rouge qu'elle avait laissé sur la bouche de Charlie. Il saisit son poignet, pressa les lèvres contre sa paume.

— Viens en haut avec moi, dit-il.

Le cœur d'Eve se mit à battre plus fort. C'était la première fois qu'il lui faisait une telle demande.

— Pas sentimentale à ce point, s'empressa-t-elle d'ajouter, s'efforçant de recouvrer son calme. Tes invités vont arriver d'une minute à l'autre.

— Qu'ils aillent au diable.

— Je sais que c'est moi que tu veux, Charlie. Mais pour l'instant, tu vas me servir une coupe de champagne.

— Et plus tard ?

— Ne songeons qu'à l'instant présent, Charlie. Le sublime, le merveilleux instant présent.

Elle franchit la double porte qui ouvrait sur une vaste pièce où scintillait un immense arbre de Noël, couvert de guirlandes et de boules de couleur. C'était une pièce très masculine et elle l'aimait rien que pour cela. Le mobilier était simple, les fauteuils profonds et confortables. Un feu crépitait dans l'immense cheminée face à un long bar d'acajou.

Eve se hissa sur l'un des grands tabourets de cuir et sortit une cigarette.

— Barman, dit-elle, je prendrais volontiers un verre.

Elle observa Charlie tandis qu'il débouchait le champagne. Il portait un smoking et la tenue de soirée lui allait très bien. Certes, il ne pourrait jamais rivaliser avec les grands du cinéma — il n'était ni Gable ni Grant —, mais il possédait à la fois une grande force et une extrême douceur. Et surtout, il aimait son métier.

— Tu es un homme extra, Charlie.

Eve leva son verre.

— A toi, mon premier véritable ami dans le métier.

— A l'instant présent, dit-il, trinquant avec elle. Et à ce que nous en faisons.

Il fit le tour du bar et alla chercher l'un des cadeaux déposés au pied du sapin.

— Ce n'est pas un présent aussi intime que Byron, mais lorsque je l'ai vu j'ai pensé à toi.

Eve posa sa cigarette pour ouvrir le paquet.

Le collier de diamants brillait de tous ses feux sur le velours noir de l'écrin. Au centre, pareil à une larme de sang au milieu des étoiles, pendait un énorme rubis.

— Oh, Charlie…

— Ne me dis pas que je n'aurais pas dû.

Elle secoua la tête.

— Jamais je ne me permettrais une réplique aussi rebattue.

Mais ses yeux brillaient d'émotion et elle avait une boule dans la gorge.

— J'allais dire que tu avais un goût excellent. Nom de nom, je ne trouve rien de pertinent à dire. Il est tout simplement fantastique.

— Comme toi.

Il prit le collier, le laissa couler entre ses doigts.

— Atteindre les étoiles, Eve, se fait au prix de larmes de sang. Il ne faudra jamais que tu l'oublies.

Il glissa le collier autour de son cou, l'attacha.

— Certaines femmes sont nées pour porter des diamants.

— Je suis certaine que c'est mon cas.

Elle rit, chercha son poudrier dans son sac. Puis elle l'ouvrit et étudia le collier dans le petit miroir carré.

— Mon Dieu… Il est splendide.

Elle pivota sur son tabouret, embrassa Charlie.

— Je me sens comme une reine.

— Je veux que tu sois heureuse.

Il emprisonna son visage entre ses mains.

— Je t'aime, Eve.

Charlie vit le regard d'Eve exprimer la surprise, puis la détresse. Réprimant un juron, il ôta ses mains.

— J'ai autre chose pour toi.

— Autre chose ? s'exclama-t-elle, s'efforçant de garder un ton léger.

Elle savait qu'il la désirait, qu'il était fou d'elle. Mais qu'il l'aimait… ? Elle ne voulait pas qu'il l'aime ! Elle se sentait incapable de partager ce sentiment. Pire encore, elle ne voulait pas être tentée ! Sa main tremblait légèrement lorsqu'elle saisit sa coupe de champagne.

— Je me demande quel cadeau tu me réserves… Tu vas avoir du mal à faire mieux que ce collier, reprit-elle.

— Je ne crois pas.

De la poche de sa veste de smoking, il sortit un petit morceau de papier qu'il posa devant elle, sur le bar.

— 12 janvier. 10 heures. Plateau 15.

Elle leva un sourcil intrigué.

— Qu'est-ce que c'est ? Des indices pour une chasse au trésor ?

— Ton premier essai.

Il vit ses joues pâlir, son regard se troubler, ses lèvres s'entrouvrir, tremblantes… mais elle ne put que secouer la tête, incrédule. Il comprenait parfaitement et il sourit.

— Je ne m'étais pas trompé. Je savais que cela serait encore plus précieux pour toi que des diamants.

Et il savait aussi qu'une fois lancée, elle le laisserait loin derrière elle…

Elle replia soigneusement le papier et le rangea dans son sac.

— Merci, Charlie. Je n'oublierai jamais ce que tu viens de faire.

— J'ai couché avec lui, cette nuit-là, dit Eve.

Sa voix était plus rauque mais aucune larme ne brillait

dans ses yeux. Il y avait longtemps qu'elle ne pleurait plus — sinon sur commande.

— Il fut délicat, incroyablement doux et passablement bouleversé lorsqu'il découvrit qu'il était mon premier amant. Une femme n'oublie jamais la première fois. Et ce souvenir est d'autant plus précieux que la première fois a été douce… J'avais gardé le collier pendant que nous faisions l'amour.

Elle rit, prit sa tasse de café froid.

— Puis nous avons encore bu du champagne, fait de nouveau l'amour. Je me plais à penser que je lui ai donné davantage que du sexe, cette nuit-là et toutes les autres, pendant les quelques semaines où nous avons été amants. Il avait trente-deux ans. Son dossier de presse faisait état de quatre de moins, mais il me l'a dit. Charlie Gray ignorait le mensonge.

Elle reposa sa tasse avec un soupir et fixa ses mains.

— Il m'a lui-même préparée pour mon essai. C'était un très bon acteur, injustement sous-estimé. Deux mois plus tard, je décrochais un rôle dans le film qu'il allait tourner.

Le silence retomba. Julia posa son bloc. Elle n'en avait pas besoin. Elle n'oublierait rien de ce qui s'était dit ce matin-là.

— *Desperate Lives,* avec Michael Torrent et Gloria Mitchell. Vous jouiez le rôle de Cecily, la sulfureuse traîtresse qui séduit et abandonne le jeune avocat idéaliste interprété par Torrent. L'un des moments les plus érotiques du cinéma de l'époque — et c'est encore vrai aujourd'hui —, c'est lorsque vous entriez dans son bureau, veniez vous asseoir sur le coin de sa table et commenciez à dénouer sa cravate.

— J'avais dix-huit minutes à l'écran et j'en ai tiré le meilleur parti possible. On m'avait dit d'y aller dans l'érotisme, et j'ai relevé le défi.

Elle eut un haussement d'épaules.

— Le film n'a pas révolutionné la planète. Aujourd'hui, il passe sur le câble à 3 heures du matin. Mais j'avais fait suffisamment impression pour que le studio me propulse aussitôt dans un autre rôle de séductrice. J'étais devenue le nouveau sex-symbol et ils se sont fait un fric fou sur mon dos — car je ne touchais qu'un salaire d'actrice au contrat. Mais je ne leur en veux pas. Mine de rien, ce film m'a beaucoup apporté.

— Y compris un mari.

— Oui. Ma première erreur.

Elle eut un haussement d'épaules insouciant, une ébauche de sourire.

— Seigneur, que Michael était beau. Hélas, il n'avait pas plus de cervelle qu'un oiseau. Au lit, ça allait. Mais dès qu'il s'agissait d'avoir une conversation, zéro !

Elle se mit à pianoter du bout des doigts sur le merisier du bureau.

— Charlie portait tout le poids du film sur ses épaules, mais Michael avait pour lui son physique, sa présence. Je m'en veux encore aujourd'hui d'avoir eu la stupidité de croire que ce minable avait quelque chose en commun avec les hommes qu'il interprétait à l'écran.

— Et Charlie Gray ?

Julia surveillait attentivement le visage d'Eve.

— Il s'est suicidé. Ses finances étaient dans un état catastrophique et sa carrière stagnait. Toutefois, personne n'a considéré comme un hasard le fait qu'il se soit tiré une balle dans la tête le jour où j'ai épousé Michael Torrent.

La voix d'Eve demeura neutre ; son regard, parfaitement calme.

— Vous voulez savoir si je suis désolée de ce qui est arrivé ? Oui. Charlie était un homme exceptionnel et je l'aimais. Même si je ne l'ai jamais aimé comme il m'aimait lui-même. Est-ce que je me sens coupable ? Non. Charlie et moi menions chacun notre barque. Pour survivre, il faut assumer ses choix.

Elle inclina légèrement la tête.

— N'est-ce pas, Julia ?

4

L'ombre fraîche des arbres, parfumée de jasmin, vibrait de l'écho assourdi d'une tondeuse à gazon, derrière le bouquet de palmiers, du bourdonnement des abeilles ivres de nectar, et du battement des ailes d'un oiseau-mouche venu se nourrir dans l'hibiscus tout proche.

Pour survivre, il faut faire des choix… Julia relisait ses notes, et songeait que tout choix se paie. Quel prix Eve avait-elle payé… ? Il semblait bien que la star n'eût jamais décroché que des récompenses.

Trompeuses apparences.

Ici, dans son univers de luxe et de privilèges, elle n'était entourée que de gens dont elle rémunérait la présence. Et c'était cela, le prix à payer : après avoir gravi tous les sommets, Eve Benedict était une femme seule.

Pour autant, Julia ne voyait pas en Eve une star en proie aux regrets. Plutôt quelqu'un de prompt à les ensevelir sous les succès. Ainsi, lorsqu'elle lui avait soumis la liste des personnes qu'elle voulait interviewer — ex-maris, amants d'un jour, anciens employés… —, Eve s'était contentée d'un haussement d'épaules pour signifier son accord.

Pensive, Julia entoura à deux reprises le nom de Charlie Gray. Elle voulait s'entretenir avec ceux qui l'avaient connu — des gens qui pourraient lui parler sincèrement de sa relation avec Eve.

Elle but une gorgée de jus de fruits glacé et se mit à écrire.

« Elle n'est pas parfaite, c'est évident. On la sent généreuse mais également égoïste. Parallèlement à la gentillesse, on trouve indifférence, mépris pour les sentiments des autres. Elle peut se montrer brusque, froide, dure, grossière, en un mot humaine. Les défauts font d'elle, à la ville, une femme aussi vivante, aussi fascinante que les héroïnes qu'elle a pu interpréter à l'écran. Son charisme est impressionnant. La force est partout présente, dans son regard, sa voix, chaque mouvement de son corps parfaitement maîtrisé. La vie semble pour elle un perpétuel défi, un rôle qu'elle a accepté de jouer avec brio et pour lequel elle n'admet aucune directive. Les erreurs d'interprétation, les scènes ratées sont de sa responsabilité. Elle ne blâme personne. Au-delà du talent, de la beauté, de cette voix rauque et chaude et de cette intelligence aiguë, elle force l'admiration par le sens qu'elle a de sa propre valeur. »

— Vous ne perdez pas de temps, visiblement.

Julia sursauta, se retourna vivement. Elle n'avait pas entendu Paul approcher et ne savait absolument pas depuis combien de temps il se trouvait là, derrière elle, à lire par-dessus son épaule. D'un geste qui en disait long, elle retourna son bloc. La pince métallique qui groupait les feuillets claqua sèchement sur le verre de la table.

— Dites-moi, monsieur Winthrop, que feriez-vous si vous surpreniez quelqu'un en train de lire ce que vous écrivez sans y avoir été invité ?

Il sourit et s'installa sur la chaise en face d'elle.

— Je crèverais ces yeux indiscrets. J'ai la réputation d'avoir très mauvais caractère.

Il prit le verre de Julia, but une gorgée.

— Et vous, que feriez-vous ?

— On m'attribue généralement un caractère docile. C'est une erreur.

L'arrivée de Paul Winthrop la dérangeait. Il interrompait son travail, empiétait sur sa vie privée. Elle portait un short, un T-shirt délavé et elle était pieds nus, les cheveux attachés à la va-vite en queue-de-cheval. L'image soigneusement entretenue de la professionnelle impeccable venait d'en prendre un coup et il lui déplaisait fortement d'être surprise ainsi.

Elle jeta un regard significatif au verre que Paul portait de nouveau à ses lèvres.

— Je peux aller vous chercher à boire, lui dit-elle.

— Non, ça ira.

La gêne évidente de Julia l'amusait et il lui plaisait de la voir si facilement troublée.

— Vous avez eu votre premier entretien avec Eve.

— Hier.

Il sortit un cigare, manifestant clairement l'intention de rester. Julia remarqua qu'il avait de grandes mains, des doigts longs. Des mains d'aristocrate. En tout cas, pas les mains d'un écrivain qui imagine des meurtres complexes et souvent sinistres.

— Dites, reprit-elle, je sais que ça n'en a pas l'air, mais je vous signale que je travaille.

— Oui, je vois.

Il sourit agréablement. Elle allait devoir se montrer nettement plus directe si elle voulait se débarrasser de lui.

— Désirez-vous partager vos impressions sur ce premier entretien ? demanda-t-il.

— Non.

Pas vexé le moins du monde, il alluma son cigare, posa son bras sur le dossier de la chaise en fer forgé.

— Pour quelqu'un qui souhaite ma coopération, je vous trouve particulièrement peu aimable.

— Pour quelqu'un qui désapprouve le travail que je fais, je vous trouve bien curieux.

— Je ne désapprouve pas le travail que vous faites.

Jambes confortablement étendues, pieds croisés, il tira une bouffée de son cigare, souffla lentement la fumée. L'odeur de tabac envahit l'air, importunant Julia, s'insinuant dans le parfum des fleurs, tel le bras d'un homme qui enlacerait une femme réticente.

— Je désapprouve seulement votre projet actuel. Parce que je suis directement impliqué.

Tandis qu'il parlait, Julia se rendit soudain compte que c'était ses yeux qui lui donnaient tant de charme… et qui, de ce fait, lui posaient problème. Pas la couleur des prunelles — encore que les femmes devaient être nombreuses à se pâmer devant ce bleu si pur, si profond. Non, le regard. Cette incroyable intensité qui donnait l'impression que Paul Winthrop voyait en elle.

Un regard de chasseur, conclut-elle. Et elle n'avait aucune intention d'être la proie d'un homme, quel qu'il soit.

— Si vous craignez que j'écrive quoi que ce soit qui vous nuise, rassurez-vous. Je doute que vous occupiez plus que quelques pages, dans la biographie d'Eve.

Cela aurait pu être une remarque blessante. Mais l'orgueil de Paul n'était pas en jeu. Il rit donc, savourant la repartie.

— Dites-moi, Jules, c'est seulement moi ou c'est tous les hommes ?

L'usage de son surnom la déboussola encore plus que la question. Un peu comme si on l'avait embrassée au lieu de lui serrer la main.

— Je ne vois pas ce que vous voulez dire.

— Je suis certain que si…

Le sourire était plus amical, mais le regard continuait à la défier.

— … Je parle de toutes ces flèches empoisonnées que vous me décochez depuis notre rencontre.

Elle tripotait son stylo, ne souhaitant qu'une chose : voir Paul s'en aller. Il était beaucoup trop décontracté et cela ne faisait que la mettre mal à l'aise. Les hommes à ce point confiants lui faisaient toujours perdre sa propre assurance.

— Si je me souviens bien, c'est vous qui avez lancé la première attaque, répliqua-t-elle.

— C'est possible.

Il se balança sur sa chaise et prit du recul pour observer Julia. Non… il ne savait pas encore ce qu'elle valait… mais ça viendrait.

Elle fronça le sourcil lorsqu'il se leva et jeta le mégot de son cigare dans le seau de sable au bord de la terrasse. Il avait un corps dont il fallait se méfier, se dit-elle, un corps fait de muscles longs et de grâce. Un corps d'escrimeur. Et comme il n'était pas du genre à reculer devant l'adversaire, mieux valait pour une femme avisée n'avoir jamais à croiser le fleuret avec lui. Sauf dans la salle d'armes de ses fantasmes.

— Il faudra que nous négociions une trêve, reprit Paul. Dans l'intérêt d'Eve.

— Je ne vois pas pourquoi. Dans la mesure où vous serez très occupé et moi aussi, je doute que nous ayons l'occasion de nous côtoyer suffisamment pour avoir besoin d'un drapeau blanc.

— Détrompez-vous.

Il revint vers la table mais ne s'assit pas. Il resta debout, en face de Julia, les mains dans ses poches.

— Il va falloir que je vous surveille. Pour le compte d'Eve. Et pour le mien aussi, je pense.

Le stylo de Julia claqua sur le verre de la table. Elle l'y laissa, croisa ses doigts fébriles.

— Si c'est une façon détournée de me faire des avances…

— Vous me plaisez davantage aujourd'hui, coupa-t-il. Pieds nus et déboussolée. La femme que j'ai rencontrée l'autre soir était fascinante mais très intimidante.

Julia éprouva toutes sortes de sensations contre lesquelles elle pensait depuis longtemps être endurcie. Comme l'attirance physique pour quelqu'un qu'on n'aime pas du tout.

— Je suis la même, avec ou sans chaussures.

— Pas du tout.

Il se rassit, les coudes sur la table, le menton posé sur ses mains, et il l'observa.

— Ne pensez-vous pas que ce serait affreusement lassant de se réveiller tous les matins avec la sensation d'être exactement la même personne que la veille ?

C'était le genre de question qu'adorait Julia, à laquelle elle aurait aimé répondre, qu'il lui aurait plu d'explorer. Mais avec cet homme, elle était certaine que toute exploration se terminerait inévitablement en terrain miné. Elle reprit donc son bloc, feuilleta les pages jusqu'à ce qu'elle en trouve une qui soit vierge.

— Puisque vous êtes là, et visiblement enclin à discuter, peut-être pourriez-vous m'accorder l'entretien que je vous ai demandé.

— Non. Pour cela, il faudra attendre, voir comment progressent les choses.

Il savait que c'était faire la mauvaise tête et il y prit un très grand plaisir.

— Quelles choses ? demanda Julia.

— Toutes sortes de choses.

Il y eut alors un bruit de porte qui claque, le cri joyeux d'un enfant.

— C'est mon fils.

Julia rassembla en toute hâte ses notes et se leva.

— Si vous voulez bien m'excuser, il faut que…

Mais Brandon faisait déjà irruption sur la terrasse. Il portait sa casquette orange visière en arrière, un jean large, un T-shirt Mickey et des chaussures de sport toutes râpées. Un large sourire illuminait son visage maculé de poussière.

— J'ai marqué deux paniers ! annonça-t-il, triomphant.

— Tu es mon héros.

Déjà Julia lui tendait les bras. Paul nota aussitôt le changement. Plus question d'élégance glacée ou de vulnérabilité exacerbée. Elle n'était plus que chaleur, amour. C'était partout, dans son regard, son sourire, tandis qu'elle glissait son bras autour des épaules de Brandon. Elle l'attira contre elle. Le subtil langage du corps disait très clairement : c'est mon petit garçon.

— Brandon, je te présente M. Winthrop.

— Salut.

Un large sourire édenté éclaira de nouveau le visage de Brandon.

— Quelle position, dans l'équipe ? demanda Paul.

Le regard de Brandon s'illumina.

— Attaquant ! Je ne suis pas très grand mais je suis rapide.

— J'ai un panier de basket, chez moi. Un de ces jours, il faudra que tu viennes me montrer ce que tu sais faire.

— Vrai ?

Brandon ne tenait déjà plus en place. Il cherchait le regard de Julia, quêtant son approbation.

— Je pourrai y aller ?

— Nous verrons.

Elle tira un petit coup sur sa casquette.

— Tu as des devoirs ?

— Seulement un peu de vocabulaire et une division à rallonge débile.

Tâches qu'il se faisait une obligation de repousser jusqu'à la dernière minute.

— Je peux avoir à boire ?

— J'y vais, dit Julia.

— Tiens, c'est pour toi, maman, ajouta Brandon en extirpant une enveloppe de sa poche.

Puis il se tourna vers Paul.

— Ça vous arrive d'aller voir jouer les Lakers ou une autre équipe ?

— De temps à autre.

Julia les laissa à leur conversation sur les points gagnants et les matchs perdus. Pour faire plaisir à son fils, elle remplit de glace un verre puis elle ajouta le jus de fruits. Bien qu'elle n'en ait aucune envie, elle prépara aussi un verre pour Paul ainsi qu'une assiette de cookies. Elle aurait de loin préféré envoyer promener l'importun visiteur mais c'eût été donner le mauvais exemple à son fils.

Après avoir placé le tout sur un plateau, elle jeta un coup d'œil à l'enveloppe qu'elle avait jetée sur la table. Son nom y était inscrit en lettres capitales. Elle fronça les sourcils. Elle avait d'abord pensé qu'il s'agissait d'un bulletin envoyé par l'institutrice de Brandon…

Elle la décacheta, lut le court message qu'elle contenait. Et aussitôt son sang se glaça.

LA CURIOSITÉ EST UN VILAIN DÉFAUT.

C'était ridicule. Des mots ridicules, oui. N'empêche, le petit morceau de papier tremblait dans sa main. Qui pouvait lui envoyer pareil message et pourquoi ? Etait-ce un avertissement, une menace ? Elle fourra le papier dans sa poche. Allons, il n'y avait aucune raison pour qu'une phrase aussi banale lui fasse peur.

Elle s'accorda quelques secondes pour se remettre, puis elle prit le plateau et sortit sur la terrasse où Paul, assis à côté de Brandon, le régalait avec le compte rendu des actions d'un match des Lakers.

— Nous avons vu les Knicks une fois, lui dit Brandon. Mais maman n'y comprend pas grand-chose. Elle est assez bonne en base-ball, ajouta-t-il comme pour l'excuser.

Paul leva les yeux et son sourire s'évanouit dès qu'il aperçut Julia.

— Il y a un problème ?

— Non. Deux cookies, dit-elle, tandis que Brandon se jetait sur l'assiette.

— M. Winthrop a vu des tas de matchs, dit-il, se fourrant un cookie dans la bouche. Il a rencontré Larry Bird.

— C'est bien.

— Elle ne sait même pas qui c'est, dit Brandon à mi-voix.

Il sourit, d'homme à homme, et but une grande gorgée de jus de fruits pour faire passer le cookie.

— Elle s'intéresse davantage à des trucs de fille.

La vérité sort de la bouche des enfants, songea Paul. C'était peut-être là le moyen d'obtenir des réponses.

— Quoi, par exemple ?

— Eh bien…

Brandon réfléchit tout en choisissant un autre cookie.

— … Les vieux films où les gens passent leur temps à se regarder. Et les fleurs. Elle adore les fleurs.

Un pâle sourire effleura les lèvres de Julia.

— Peut-être devrais-je laisser ces messieurs à leurs discussions d'hommes ?

— C'est normal d'aimer les fleurs quand on est une fille, lui dit Brandon.

— Sacré petit misogyne.

Elle attendit qu'il ait avalé sa dernière gorgée de jus de fruits.

— Les devoirs.

— Je ne peux pas… ?

— Non.

— Je déteste apprendre ce vocabulaire stupide.

— Et moi, je déteste les maths.

Elle lui tapota affectueusement le bout du nez.

— Fais les maths. Après, je t'aiderai pour le vocabulaire.

— D'accord.

Il savait que s'il parvenait à la convaincre de repousser les devoirs après le repas, en retour, il n'aurait pas le droit de regarder la télévision. Il ne pouvait pas gagner, face à elle.

— A un de ces jours, dit-il à Paul.

— J'espère.

Paul attendit que la porte de la cuisine se soit refermée puis conclut :

— C'est un gentil gamin.

— Oui, en effet. Désolée, mais il faut que je rentre m'occuper de lui.

— Un instant.

Il se leva.

— Que s'est-il passé, Julia ?

— Je ne vois pas de quoi vous voulez parler.

Il la prit par le menton, immobilisa son visage. Ses doigts étaient chauds, fermes, leurs extrémités légèrement rugueuses, à cause du travail ou de quelque sport masculin. Elle dut combattre une irrésistible envie de se sauver.

— Chez certaines personnes, tout se lit dans le regard. Le vôtre dit que vous avez eu peur de quelque chose. De quoi s'agit-il ?

Julia s'en voulut d'avoir envie de se confier, de partager.

Depuis plus de dix ans, elle s'occupait toute seule de ses problèmes.

— Les divisions à rallonge, dit-elle d'un ton détaché. Elles me font une peur bleue.

Paul ne s'était pas attendu à ressentir une déception aussi vive. Il ôta sa main.

— Très bien. Je ne vois pas pourquoi vous me feriez confiance, après tout. Passez-moi un coup de fil, nous fixerons une date pour l'entretien.

— Entendu.

Lorsqu'il se fut éloigné en direction de la Résidence, Julia s'assit lentement. Elle n'avait pas besoin d'aide. Pour la bonne raison qu'il n'y avait aucun problème. D'une main ferme, elle attrapa le papier froissé dans sa poche, le lissa et le relut.

Elle se leva, poussa un profond soupir et commença à débarrasser la table. Dépendre des autres, c'était toujours une erreur, une erreur qu'elle ne commettrait pas. Mais elle aurait préféré que Paul Winthrop fût allé passer ailleurs son moment de détente cet après-midi-là.

Tandis que Brandon pataugeait dans la baignoire au premier étage, Julia s'accorda un verre du pouilly fumé qu'Eve lui avait fait apporter. Puisque son hôtesse désirait qu'elle se sente tout à fait bien, Julia se ferait un plaisir d'exaucer son souhait. Mais tandis qu'elle buvait dans le verre de cristal ce vin d'une belle teinte dorée, elle ne put s'empêcher de songer au feuillet froissé dans sa poche.

Etait-ce Paul qui l'avait déposé à son intention ? Elle tourna un moment cette idée dans son esprit et la rejeta. Paul Winthrop était un homme trop direct pour agir de manière sournoise et anonyme.

Alors, un des visiteurs, peut-être ? Mais qui ? Julia ignorait jusqu'au nombre de personnes ayant franchi les énormes grilles de la propriété, ce jour-là.

Quant à ceux qui vivaient dans l'enceinte de ces grilles, elle n'en savait pas encore suffisamment à leur sujet pour faire des hypothèses.

Jetant un coup d'œil par la fenêtre de la cuisine, elle aperçut de la lumière dans l'appartement, au-dessus du garage. Lyle — le chauffeur à la carrure d'athlète et au physique provocant —, Julia l'avait tout de suite jaugé. Il se prenait pour l'étalon de l'Ouest. Lui et Eve avaient-ils… ? Non. Eve s'offrait peut-être tous les hommes dont elle avait envie, mais certainement pas quelqu'un comme Lyle.

Travers. La gouvernante rôdait dans la maison, la désapprobation crispant ses lèvres déjà naturellement pincées. Julia lui déplaisait, c'était évident. Et pas à cause de son parfum. A cause du travail qu'elle était venue accomplir. Peut-être Travers avait-elle déposé ce message anonyme et énigmatique dans l'espoir de voir Julia regagner le Connecticut aussi vite qu'elle était venue… ? Si tel était le cas, elle allait en être pour ses frais.

Enfin, il y avait Nina. Elégante et efficace. Pourquoi une femme comme elle se satisfaisait-elle d'une vie assujettie à celle d'une star ? Julia n'avait rassemblé sur Nina que quelques maigres informations. Depuis quinze ans au service d'Eve, elle n'était pas mariée, n'avait pas d'enfant. Au cours du dîner, elle était parvenue à sauvegarder discrètement la paix. Craignait-elle que la publication de la biographie d'Eve ne compromette à tout jamais cette paix-là ?

Julia songeait encore à Nina lorsqu'elle la vit justement arriver d'un pas pressé sur le chemin, une grande boîte en carton sous le bras.

Elle ouvrit la porte de la cuisine.

— Livraison spéciale ?

Nina rit, essoufflée, et entra, brandissant la boîte.

— Je vous avais bien dit que j'étais une bête de somme.

Elle la laisser tomber sur la table de la cuisine en rouspétant.

— Ce sont des documents qu'Eve m'a demandé de réunir pour vous. Des photos, des coupures de presse, des photos de studio. Elle a pensé que cela pourrait vous être utile.

Sa curiosité aussitôt éveillée, Julia souleva le couvercle.

— Génial !

Et elle se mit à fouiller dans la boîte.

— C'est merveilleux !

Elle sortit une vieille photo, un peu fanée.

— Oh, seigneur, c'est Gable, dit-elle en sentant brusquement vaciller son cœur de femme.

— Oui. Le cliché a été pris ici, près de la piscine, lors d'une soirée donnée par Eve. C'était juste avant qu'il tourne *The Misfits*. Juste avant qu'il ne meure.

— Dites à Eve que non seulement cela va m'aider pour le livre, mais qu'en plus je vais passer de merveilleux moments. J'ai l'impression d'être une enfant dans un magasin de jouets.

— Je me sauve, je vous laisse en profiter.

— Attendez…

Julia parvint à se détourner de la boîte magique avant que Nina n'ouvre la porte.

— … Avez-vous quelques minutes à me consacrer ?

Par habitude, Nina jeta un coup d'œil à sa montre.

— Bien sûr. Voulez-vous que nous regardions quelques-unes de ces photos ensemble ?

— Non. En fait, j'aimerais que vous m'accordiez un entretien. Ce sera court, ajouta-t-elle très vite en voyant le visage de Nina se fermer. Je sais combien vous êtes occupée et je répugne vraiment à mordre sur vos heures de travail.

Julia sourit, et se félicita intérieurement. C'était une excellente tactique de retourner ainsi la situation et de jouer les embarrassées.

— Je vais chercher mon magnétophone. Servez-vous un verre de vin, je vous en prie.

Elle quitta très vite la pièce, consciente de n'avoir pas laissé à Nina l'opportunité de refuser.

Lorsqu'elle revint, Nina leur avait servi un verre de vin, et s'était assise. Elle sourit, très à l'aise dans le rôle de la femme belle et habituée à jongler avec son temps.

— Eve m'a demandé de coopérer, mais à vrai dire, Julia, je ne vois pas ce que je pourrais vous révéler d'intéressant.

— Permettez-moi d'en juger.

Julia prit son bloc-notes, mit le magnétophone en route. Elle savait reconnaître un sujet réticent. Avec Nina, il lui faudrait agir avec un très grand doigté. Prenant un ton léger, elle commença :

— Nina, vous savez certainement combien les gens seraient ravis d'entendre parler des habitudes d'Eve. Ce qu'elle prend pour son petit déjeuner, le genre de musique qu'elle préfère, si elle grignote devant la télévision le soir… Mais cela, je peux le découvrir par moi-même et je ne veux pas vous faire perdre de temps en détails triviaux…

Nina conserva son imperturbable sourire poli.

— Comme je vous l'ai dit, Eve m'a demandé de coopérer.

— Je vous en remercie. Ce que j'aimerais vous entendre me confier, ce sont vos impressions personnelles… ce que vous pensez d'elle en tant que femme. Pour avoir travaillé à ses côtés depuis quinze ans, vous la connaissez probablement mieux que quiconque.

— J'aime à croire que, outre la relation professionnelle, nous partageons une amitié.

— Est-ce difficile de vivre et de travailler sous le même toit qu'une star très exigeante, selon ses propres dires ?

— Je n'ai jamais trouvé cela difficile.

Nina pencha légèrement la tête, dégustant son vin.

— C'est un défi, certainement. Au cours des années passées ensemble, Eve m'en a lancé plus d'un.

— Quel est selon vous le plus mémorable ?

— Oh, c'est facile…

Nina se mit à rire.

— … Il y a cinq ans environ, en plein tournage de *Heat Wave,* elle décida de donner une soirée. Rien d'extraordinaire à cela. Eve adore les fêtes. Mais le tournage en extérieurs sur l'île de Nassau l'avait tellement emballée qu'elle a insisté pour que la soirée ait lieu sur une île et ce… dans un délai de deux semaines.

Ce souvenir chassa le sourire poli que Nina arborait jusque-là et fit naître un véritable sourire.

— Avez-vous déjà tenté de louer une île dans les Caraïbes, Julia ?

— Non, pas vraiment.

— Ce n'est pas sans problèmes, surtout si vous voulez y trouver tout le confort — l'électricité, les sanitaires… J'ai réussi à en trouver une. Un lieu magnifique à une cinquantaine de kilomètres au large de la côte de St Thomas. Nous y avons transporté des générateurs électriques au cas où un orage éclaterait. Puis, bien entendu, il a fallu mettre en place toute la logistique pour acheminer la nourriture, les boissons, la vaisselle et l'argenterie, la sonorisation. Et enfin les tables, les chaises, la glace…

Nina ferma les yeux.

— … Des tonnes de glace.

— Comment avez-vous fait ?

Nina battit des paupières, ouvrit les yeux.

— Par air et par mer. Et vraiment de justesse. J'ai moi-même passé trois jours sur place avec les menuisiers, parce que Eve voulait qu'on construise deux grandes paillotes et qu'on rende le décor plus luxuriant, plus tropical. Mon Dieu ! les traiteurs étaient les plus ronchons qui soient. Ce fut, disons… l'une de ses idées les plus intéressantes.

Fascinée, se représentant mentalement ce que cela avait dû être, Julia écoutait.

— Et la soirée ?

— Extraordinaire. Il coula suffisamment de rhum pour faire flotter un navire de guerre. Il y avait de la musique locale, et Eve, véritable reine de l'île, s'était drapée dans un sarong de soie bleue.

— Dites-moi, comment apprend-on à louer une île ?

— A force d'essais et d'erreurs. Avec Eve, on ne sait jamais très bien à quoi s'attendre, il faut donc être prêt à toute éventualité. J'ai suivi des cours de droit, comptabilité, décoration, immobilier et danse de salon. Entre autres.

— Et vous n'avez jamais eu envie d'approfondir l'un de ces domaines, de poursuivre une autre carrière ?

— Non, répondit Nina sans un instant d'hésitation. Je ne quitterais Eve pour rien au monde.

— Comment en êtes-vous venue à travailler pour elle ?

Nina fixa son verre de vin. Lentement, elle laissa son doigt glisser sur le bord.

— Je sais que cela fait très mélodramatique, mais Eve m'a sauvé la vie.

— Au sens propre ?

— Quasiment.

Elle eut un haussement d'épaules comme pour écarter les doutes qui auraient pu l'empêcher de poursuivre.

— Peu de gens connaissent mon passé. Je préfère ne pas en parler, mais puisque Eve est prête à tout raconter… Autant que je vous en parle moi-même.

— C'est souvent préférable.

— Ma mère était une faible femme qui allait d'un homme à l'autre. Nous avions très peu d'argent. Nous vivions dans des meublés.

— Et votre père ?

— Il nous avait quittées. J'étais très jeune lorsque ma mère s'est remariée. Un chauffeur de poids lourds, plus souvent sur les routes qu'à la maison. Une bénédiction, en fin de compte.

La blessure était profonde, fêlait la voix. Les doigts de Nina se crispaient sur le pied du verre tandis qu'elle fixait le vin comme s'il avait recelé un secret.

— Les choses allaient un peu mieux financièrement et… ce ne fut pas si mal pendant un temps. Et puis, je n'ai plus été une petite fille.

Au prix d'un énorme effort, elle leva les yeux.

— J'avais treize ans lorsqu'il m'a violée.

— Oh, Nina…

Julia sentit une douleur glacée l'étreindre — celle que toute femme ressent lorsqu'on mentionne un viol.

— Je suis désolée.

Instinctivement, elle tendit la main, la posa sur celle de Nina.

— Sincèrement désolée.

— J'ai fait pas mal de fugues après ça, poursuivit Nina, visiblement touchée par ce geste de sympathie. Les deux premières fois, je suis revenue de moi-même.

Elle eut un sourire triste.

— Je ne savais pas où aller… Ensuite, les autres fois, c'est la police qui m'a ramenée.

— Et votre mère ?

— Elle ne m'a pas crue. Elle n'a même pas pris la peine d'essayer. Je pense qu'elle ne supportait pas l'idée que sa fille puisse être en compétition avec elle.

— C'est monstrueux.

— La réalité l'est souvent. Enfin, peu importent les détails. Je suis finalement partie pour de bon. J'ai menti sur mon âge, trouvé un emploi de serveuse dans les cocktails, gravi les échelons jusqu'au poste de directrice.

Elle s'était mise à parler plus vite, non pas comme si le pire était passé mais comme si elle devait prendre son élan pour le reste.

— Mon expérience, jusque-là, m'avait appris à tout miser sur le travail. Pas d'homme, pas de distractions. C'est alors que j'ai commis une erreur. Je suis tombée amoureuse. J'avais presque trente ans et ce fut très dur.

Quelque chose brilla dans ses yeux — larmes ou souvenirs anciens —, très vite obscurci par la frange de ses cils lorsqu'elle porta le verre de vin à ses lèvres.

— Il était merveilleux avec moi, généreux, attentif, tendre. Il voulait que nous nous mariions, mais j'ai laissé mon passé se mettre en travers de notre histoire. Une nuit, excédé que je ne veuille pas m'engager plus avant dans notre relation, il a quitté mon appartement. Et il s'est tué en voiture.

Nina ôta sa main de celle de Julia.

— J'ai craqué. J'ai voulu me suicider. C'est à ce moment-là que j'ai rencontré Eve. Elle travaillait le rôle de la femme suicidaire dans *Darkest at Dawn*. J'avais manqué mon coup, faute d'avoir avalé suffisamment de comprimés, et je me trouvais à l'hôpital en observation. Elle est venue me parler, elle m'a écoutée. Les choses ont peut-être commencé par une curiosité de comédienne, mais Eve est revenue. Elle m'a demandé si je voulais gâcher ma vie avec des regrets ou si je préférais utiliser mes souvenirs pour avancer. Je me suis mise à hurler, je l'ai insultée. Elle m'a laissé son numéro. Je n'avais qu'à l'appeler, quand je déciderais de me tirer d'affaire. Puis elle est sortie avec cet air de vous envoyer au diable qu'elle sait si bien prendre. Finalement, je l'ai appelée. Elle m'a donné un foyer, un travail, ma vie.

Nina termina son verre de vin.

— Voilà pourquoi je suis prête à louer toutes les îles qu'elle veut et à faire tout ce qu'elle me demande.

Plusieurs heures plus tard, Julia ne dormait toujours pas. Le récit que lui avait fait Nina l'obsédait. Eve Benedict. La personne privée était tellement plus complexe que la personne publique. Combien se seraient-ils comme elle intéressés à la tragédie de Nina, cette étrangère ? Combien auraient trouvé le moyen d'offrir l'espoir ? Pas seulement en rédigeant un chèque — ce qui n'est pas difficile lorsqu'on a de l'argent. Ni en faisant des discours — les paroles ne coûtent rien. Mais en ouvrant son cœur.

Du coup, Julia devenait ambitieuse. Pour elle, désormais, il ne s'agissait plus seulement d'écrire une biographie supplémentaire… mais de raconter Eve Benedict.

Tandis que des plans s'échafaudaient dans son esprit, Julia songea de nouveau au message demeuré dans sa poche. Il l'inquiétait davantage, depuis que Brandon lui avait dit avoir trouvé l'enveloppe posée sur le seuil de la porte d'entrée. Elle laissa ses doigts glisser sur le papier, puis les retira soudain avant de céder à l'irrésistible envie de sortir le message de l'enveloppe, et de le relire encore une fois. Mieux valait l'oublier.

La nuit fraîchissait. La brise chargée du parfum des

roses faisait bruisser les feuilles des arbres. Au loin, un paon poussa un cri strident. Julia l'avait reconnu mais elle ne put s'empêcher de frissonner. Il fallait absolument qu'elle se souvienne que le seul risque auquel elle était confrontée, c'était celui de s'accoutumer au luxe.

Il y avait peu de chance, toutefois, songea-t-elle en se penchant pour ramasser une sandale abandonnée. Elle ne se voyait pas porter des diamants et des fourrures. Certaines sont nées pour cela — elle lança la sandale en direction du placard —, d'autres non.

D'autres qui, comme elle, égarent leurs boucles d'oreilles, ou laissent traîner une veste dans la malle de sa voiture…

Mieux valait pour elle porter de l'étoffe et du strass !

Et puis, sa maison lui manquait. La simplicité, les gestes quotidiens pour ranger ses propres affaires, dégager elle-même la neige du chemin…

Passant devant la chambre de Brandon, elle jeta un coup d'œil à l'intérieur. L'enfant dormait à plat ventre, le visage enfoui dans l'oreiller. Sa toute dernière construction de Meccano était fièrement disposée au centre de la pièce. Toutes ses petites voitures étaient alignées sur son bureau en un embouteillage parfaitement organisé. Pour Brandon, chaque chose avait sa place.

Cette chambre, où nombre de célébrités avaient dû dormir, était devenue celle de son petit garçon, songea Julia. On y sentait son odeur — mélange de crayons de couleur et du parfum étrangement douceâtre et un peu animal de la transpiration enfantine.

Julia s'adossa au chambranle de la porte et sourit. Pourquoi s'était-elle inquiétée de bousculer les habitudes de Brandon ? Qu'elle l'emmène au Ritz ou dans une grotte, en une journée il trouvait ses repères et semblait satisfait.

D'où tenait-il cette confiance, cette capacité à se faire une place partout ?

Pas d'elle, en tout cas. Ni de l'homme avec lequel elle l'avait conçu. C'était dans des moments comme celui-ci qu'elle se demandait quel sang coulait dans ses propres veines, et forcément dans celles de Brandon. Elle ignorait tout de ses parents biologiques et n'avait jamais rien voulu savoir d'eux. Sauf certains soirs, lorsqu'elle était seule, qu'elle regardait son fils et… qu'elle s'interrogeait.

Elle laissa la porte de Brandon ouverte — une vieille habitude qu'elle était incapable de rompre. Elle gagna sa chambre, se sachant pertinemment trop agitée pour travailler ou se coucher. Elle enfila un caleçon et un sweat-shirt, puis elle descendit et sortit dans la nuit.

Le clair de lune baignait le jardin en longs doigts de lumière argentée. Tout était calme, un calme exquis qu'elle avait appris à apprécier après des années passées dans le bruit, à Manhattan. Elle entendait la respiration de l'air dans les arbres, ce flux et reflux très doux qu'est le chant des insectes. Ici, quelle que fût réellement la qualité de l'air à Los Angeles, chaque inspiration donnait l'impression de boire le parfum des fleurs, la lumière des étoiles.

Julia contourna la table où l'après-midi même elle était assise, engagée dans une joute verbale avec Paul Winthrop. C'était étrange de penser que cette conversation avait été la plus personnelle qu'elle ait eue depuis longtemps avec un homme. Et pourtant, ils ne se connaissaient pas mieux pour autant.

Son travail consistait aussi à découvrir quelle place tenait Paul Winthrop dans l'univers d'Eve. Julia en avait l'intime certitude : le petit garçon dont Eve avait parlé à Brandon — celui qui aimait les petits-fours — c'était sûrement Paul. Difficile, pourtant, de se le représenter en petit garçon quêtant une friandise... Quelle sorte de mère Eve Benedict avait-elle été pour lui ? Julia pinça les lèvres, réfléchissant à la question. Voilà un aspect qu'il lui faudrait explorer. Avait-elle été indulgente, indifférente, attentive, distante ? Après tout, Eve n'avait jamais eu d'enfant né de ses entrailles. Comment s'était-elle comportée face aux beaux-fils et belles-filles qui étaient passés dans sa vie ? Et eux, quel souvenir gardaient-ils d'elle ?

Et son neveu, Drake Morrison ? Il existait un lien de sang entre Eve et lui. Il serait intéressant de parler à Drake de sa tante, et pas seulement de la cliente qu'elle était pour lui...

Ce n'est que lorsqu'elle entendit la rumeur des voix que Julia se rendit compte : elle s'était aventurée très loin dans le jardin. Elle reconnut immédiatement les accents rauques de la voix d'Eve, puis, après qu'un imperceptible changement se fut opéré, le timbre plus tendre, plus doux, plus dense que prend une femme quand elle parle à un amant.

L'autre voix était aussi facile à identifier qu'une empreinte.

Une voix profonde, rugueuse comme si les cordes vocales avaient été passées au papier de verre.

Victor Flannigan.

L'acteur légendaire des années quarante et cinquante, le superbe et redoutable héros romanesque des années soixante et même soixante-dix. Aujourd'hui, malgré ses cheveux blancs, son visage profondément ridé, il continuait d'incarner l'élégance et la sensualité à l'écran. Sans compter qu'il était toujours considéré par beaucoup comme l'un des meilleurs acteurs au monde.

Il avait tourné trois films avec Eve, des films passionnés, pleins de fougue, qui avaient fait naître toutes sortes de bruits concernant la nature de leurs relations. Mais Victor Flannigan était marié à une fervente catholique. Et bien qu'on parlât souvent de sa possible liaison avec Eve, ni lui ni la star ne se livraient au moindre commentaire susceptible d'attiser le brasier.

Julia entendit leurs rires mêlés et elle sut à quoi s'en tenir. La rumeur n'avait pas menti…

Son premier réflexe fut de faire demi-tour et de regagner rapidement la maison. Elle avait beau être journaliste, il lui paraissait indécent de s'immiscer dans un moment aussi intime. Les voix se rapprochaient. Alors, instinctivement, Julia s'écarta du chemin et se réfugia dans l'ombre pour laisser passer les amants.

— Moi ? Ne pas savoir ce que je fais ? disait Eve d'une voix feutrée.

Elle avait glissé un bras sous celui de Flannigan et posait la tête sur son épaule. Julia n'avait jamais vu Eve aussi belle et aussi heureuse.

— Oui, toi.

Il s'arrêta, prit le visage d'Eve entre ses mains. Il n'était que de quelques centimètres plus grand qu'elle, bâti comme un taureau, et couronné d'une toison blanche qui accrochait la lumière de la lune.

— J'ai le privilège de pouvoir dire cela sans que tu m'étripes.

— Vic, cher Vic.

Eve fixait ce visage qu'elle avait connu et aimé pendant la moitié de sa vie. Le regarder aujourd'hui, marqué par le temps, et se souvenir de sa jeunesse lui nouait la gorge d'émotion.

— Ne te fais aucun souci pour moi. J'ai mes raisons pour écrire ce livre. Lorsqu'il sera terminé…

Elle referma les doigts autour du poignet de Vic. Elle avait terriblement besoin de sentir la vie battre tout près d'elle.

— … Nous nous blottirons tous les deux devant le feu et nous nous ferons la lecture.

— Pourquoi remuer le passé, Eve ?

— Parce qu'il est temps. Tout n'a pas été négatif. En fait...

Elle rit, pressa sa joue contre la sienne.

— ... Depuis que j'ai pris la décision de raconter ma vie, je me suis mise à penser, à me souvenir, à réévaluer les choses. J'ai pris conscience du bonheur qu'il y a à être en vie.

Il emprisonna ses mains, les porta à ses lèvres.

— Rien ni personne ne m'a jamais autant apporté que toi. Si seulement j'avais...

— Non.

Elle l'arrêta, secouant la tête. Julia vit les larmes briller dans ses yeux.

— Pas de regrets. Nous avons eu notre part. Pour rien au monde je ne voudrais changer un mot de notre histoire.

— Même pas nos querelles d'ivrognes ?

Elle rit.

— Surtout pas ! Tu vois, il y a des moments où je regrette vraiment que tu aies laissé Betty Ford te désintoxiquer. Ivre, tu étais l'homme le plus sexy que j'ai jamais rencontré !

— Tu te souviens de ce jour où j'avais volé la voiture de Gene Kelly ?

— C'était celle de Spencer Tracy, Dieu ait son âme.

— Oh, qu'importe ! C'étaient tous deux des Irlandais, comme moi. On avait foncé jusqu'à Las Vegas et on l'avait appelé.

— Sa réponse n'avait pas manqué d'à-propos si tu te souviens.

Eve se serra contre lui, s'enivrant de son parfum, mélange de tabac, de peppermint et de cet after-shave aux essences de cèdre qu'il portait depuis des années.

— Nous avons eu de si bons moments, Victor.

— Oui.

Il s'écarta légèrement, scrutant son visage, son regard, les trouvant fascinants, comme toujours. Etait-il le seul, songea-t-il, à connaître ses faiblesses, les points sensibles qu'elle dissimulait à la meute des curieux ?

— Je ne veux pas que tu souffres, Eve. Ce que tu entreprends va mécontenter beaucoup de monde, des gens qui deviendront tes ennemis.

Il vit son regard briller tandis qu'elle souriait.

— Tu es le seul à m'avoir traitée de vieille coriace et à t'en être tiré, l'aurais-tu oublié ?

— Non.

Sa voix se fit plus rauque.

— Mais tu es « ma » vieille coriace, Eve.

— Fais-moi confiance.

— A toi, oui. Mais cet écrivain, c'est une autre affaire.

— Je suis certaine qu'elle te plairait.

Elle s'appuya contre lui, ferma les yeux.

— Elle respire la classe, l'intégrité. J'ai fait le bon choix, Vic. Elle est suffisamment forte pour terminer ce qu'elle entreprend, suffisamment orgueilleuse pour en faire quelque chose de bien. Je crois que je vais aimer voir ma vie à travers son regard.

Il laissa ses doigts glisser sur le corps d'Eve et sentit le feu se réveiller en lui. Avec elle, le désir n'avait jamais vieilli, jamais perdu de son intensité.

— Je sais qu'il est inutile d'essayer de te dissuader une fois que ta décision est prise. Dieu sait si je m'y suis pourtant employé avant que tu n'épouses Rory Winthrop.

Eve rit. Un rire doux, séducteur, comme la main qu'elle posa sur la nuque de Vic.

— Et tu es encore jaloux ?

Il sentit son cœur se serrer.

— Je n'avais pas le droit de te retenir, Eve. Pas plus à l'époque qu'aujourd'hui.

— Tu n'as jamais essayé.

Et Eve se cramponna à ce qu'elle avait toujours désiré sans jamais l'avoir vraiment.

— Voilà pourquoi personne n'a jamais autant compté que toi.

La bouche de Victor prit la sienne pour un millième baiser. Avec passion. Avec une sorte de désespoir silencieux.

— Mon Dieu, que je t'aime, Eve.

Il rit lorsqu'il se sentit devenir dur comme l'acier.

— Il y a encore dix ans, je t'aurais carrément renversée ici. Aujourd'hui, il me faut un lit.

— Alors, viens dans le mien.

Sur ces mots, main dans la main, ils s'éloignèrent…

Julia resta un long moment dans l'ombre. Ce n'était pas de la gêne qu'elle éprouvait, ni même le frisson d'avoir découvert un secret. Les larmes coulaient sur ses joues. Des larmes pareilles à celles qui lui venaient d'habitude quand elle écoutait une musique très belle ou qu'elle contemplait un coucher de soleil sublime.

C'était cela le véritable amour. Celui qui dure et vous comble par sa générosité. Et Julia se rendit compte que c'était l'envie, qui l'envahissait soudain.

Ce soir, comme tous les autres soirs, elle allait regagner seule un lit vide. Il n'y avait personne pour se promener avec elle au clair de lune. Personne pour faire naître l'émotion dans sa voix. Personne.

5

Le box d'angle, chez Denny's, n'était pas exactement l'endroit branché où prendre son petit déjeuner, mais au moins Drake était-il certain de n'y rencontrer personne qu'il connût. Personne qui ait de l'importance. Après sa seconde tasse de café, il commanda du jambon et des œufs. Il mangeait toujours beaucoup lorsqu'il était nerveux.

Delrickio était en retard.

Drake mit trois morceaux de sucre dans son café et, pour la troisième fois en cinq minutes, vérifia l'heure à sa Rollex. Il s'efforçait de ne pas transpirer.

S'il avait osé prendre le risque de quitter la table, il se serait précipité dans les toilettes pour vérifier sa mise. Il passa la main dans ses cheveux afin de s'assurer qu'ils étaient en place. Ses doigts glissèrent jusqu'au nœud de cravate. Parfaitement en place lui aussi. Il brossa méticuleusement les manches de sa veste Uomo. Ses boutons de manchette en or martelé brillèrent sur le tissu ivoire impeccablement repassé de sa chemise à monogramme.

L'image comptait plus que tout. Pour son rendez-vous avec Delrickio, il fallait absolument qu'il ait l'air calme, sûr de lui. Mais intérieurement, il n'était plus que le petit garçon aux jambes flageolantes que l'on emmenait autrefois dans la grange pour le punir.

Cependant, aussi sévères qu'aient pu être les corrections que lui infligeait sa mère, elles n'étaient rien en comparaison de ce qui l'attendait s'il ne menait pas à bien cette entrevue. Car, de la grange, il était toujours sorti *vivant*…

Il se rappela le credo de sa mère : « Qui aime bien châtie bien. » Et elle avait manié le châtiment, l'œil étincelant de ferveur religieuse !

Le credo de Delrickio, en revanche, était d'un autre genre. « Les affaires sont les affaires » lui ressemblait davantage, et en cas de besoin, il n'hésiterait pas à mutiler Drake de quelque partie vitale. Avec la désinvolture d'un homme qui se coupe les ongles.

Drake consultait sa montre pour la quatrième fois lorsque Delrickio arriva.

— Tu bois trop de café.

Il s'assit, sourit.

— Ce n'est pas bon pour ta santé.

Michael Delrickio approchait la soixantaine et gérait son taux de cholestérol avec autant de sérieux que l'affaire que lui avait léguée son père. En conséquence, il était aussi riche que robuste. Son teint mat, dorloté par un soin du visage hebdomadaire, formait un contraste superbe avec ses cheveux gris argent et sa belle moustache. Il avait des mains lisses, de longs doigts de violoniste. Pour seul bijou, il portait une alliance en or. Son visage fin, élégant, était à peine ridé et il avait des yeux d'un brun profond qui pouvaient bienveillamment sourire à ses petits-enfants, pleurer à l'envolée sublime d'une aria, et se vider de toute expression lorsqu'il donnait l'ordre de liquider quelqu'un.

Les affaires n'émouvaient que rarement Delrickio.

Il aimait beaucoup Drake, un peu à la manière d'un oncle, bien qu'il le considérât comme un imbécile. C'était d'ailleurs cette affection qui l'avait fait se déplacer en personne quand il aurait très bien pu envoyer moins délicat que lui pour arranger la jolie petite gueule de Drake.

Delrickio fit signe à une serveuse. Le restaurant était bondé, bruyant, résonnant de cris d'enfants et du fracas des couverts qui s'entrechoquent, mais la fille ne se fit pas attendre. En fait, l'autorité naturelle de Delrickio était aussi incontestable que l'élégance de son costume italien.

— Un jus de pamplemousse, dit-il avec son léger accent de Boston. Un bol de billes de melon, très froides, et un toast de pain complet, sans beurre. Alors, Drake, commença-t-il, lorsque la serveuse se fut éloignée, ça va ?

— Oui.

Drake sentit ses aisselles devenir moites.

— Et vous ?

— Je me porte comme un charme.

Delrickio s'écarta de la table, se calant contre le dossier, et tapota son estomac extra plat.

— Ma Maria cuisine toujours les meilleurs linguinis de toute la Californie, mais j'ai réduit les portions, je ne mange qu'une salade au déjeuner et je vais en salle de gymnastique trois fois par semaine. Mon cholestérol est à 170.

— C'est formidable, monsieur Delrickio.

— Il faut soigner son corps, on n'en a qu'un.

Justement, Drake n'avait aucune envie de voir le sien découpé en morceaux comme celui d'un poulet.

— Et votre famille ?

— Elle va on ne peut mieux.

Il sourit, en papa attendri.

— Angelina m'a encore donné un petit-fils la semaine dernière. Cela me fait quatorze petits-enfants à présent.

Il en eut le regard tout embrumé.

— Voilà ce qui fait l'immortalité d'un homme. Et toi,

Drake, tu devrais épouser une fille bien, faire des enfants. Cela équilibrerait ta vie.

Il se pencha vers Drake, l'air grave, comme un père inquiet prêt à dispenser de sages conseils.

— C'est une chose de baiser de belles femmes. Un homme est un homme. Mais rien ne peut remplacer la famille.

Drake prit sa tasse, s'efforçant de sourire.

— Je cherche.

— Lorsque tu cesseras de raisonner avec ta queue et que tu raisonneras avec ton cœur, tu trouveras.

Il laissa échapper un soupir tandis qu'on leur servait leurs plats, puis haussa les sourcils, regardant celui de Drake en faisant le compte des graisses.

— Bien…

Delrickio réprima une grimace en voyant couler le sirop dont Drake nappait ses crêpes et piqua délicatement une bille de melon du bout de sa fourchette.

— Tu es prêt à régler ta dette, je présume.

La bouchée de jambon resta coincée dans le gosier de Drake. Il s'efforça de l'avaler, sentit une goutte de transpiration couler sous son bras.

— Comme vous le savez, j'ai traversé une passe difficile. J'ai quelques problèmes de liquidités en ce moment.

Il rajouta du sirop, inondant ses crêpes, tandis que Delrickio mangeait ses fruits d'un air grave.

— Je peux vous donner dix pour cent.

— Dix pour cent.

Lèvres pincées, Delrickio étala un dé à coudre de confiture de fraise sur son toast.

— Et les quatre-vingt-dix pour cent restant ?

Quatre-vingt-dix pour cent. Ces mots résonnèrent tels des coups de marteau dans le crâne de Drake.

— Dès que les choses iront mieux pour moi. Tout ce qu'il me faut, c'est un gagnant.

Delrickio tamponna délicatement ses lèvres avec la serviette.

— Tu m'as déjà dit cela.

— Je sais, mais cette fois…

Delrickio n'eut qu'à lever la main pour interrompre les explications précipitées de Drake.

— Je t'aime bien, Drake, aussi vais-je te dire une bonne chose : les paris sont un jeu d'imbécile. Ils font partie de mes affaires, mais je suis inquiet de te voir risquer ta… ta santé à ce jeu-là.

— Je vais me refaire dans le Super Bowl.

Drake se mit à manger très vite pour chasser la peur qui lui nouait le ventre.

— Je ne vous demande qu'une semaine.

— Et si tu perds ?

— Je ne perdrai pas.

Il eut un sourire désespéré. La transpiration coulait le long de son dos.

Delrickio continuait de manger. Une bouchée de melon, une bouchée de toast, une gorgée de jus de fruits. A la table voisine, une femme installa un gamin dans une chaise haute. Delrickio fit un clin d'œil au gamin puis reprit son enchaînement, melon, toast, jus de fruits. Drake sentit les œufs se figer dans son estomac.

— Ta tante va bien ?

— Eve ?

Drake se lécha les lèvres. Il savait, et ils n'étaient pas nombreux à être au courant, que Delrickio et sa tante avaient eu une liaison brève et torride. Drake n'avait jamais su si cela jouait ou non en sa faveur.

— Elle va très bien.

— J'ai entendu dire qu'elle avait décidé de publier ses mémoires.

— Oui.

Malgré les protestations de son estomac, Drake but une gorgée de café.

— En fait, elle a engagé un écrivain de la côte Est pour rédiger sa biographie.

— Une jeune femme.

— Julia Summers. Elle a l'air compétente.

— Et sais-tu ce que ta tante a l'intention de rendre public, au juste ?

Drake éprouva un léger soulagement devant le tour que prenait la conversation. Il étala une bonne couche de beurre sur son pain.

— Qui sait ? Avec Eve, tout dépend de l'humeur du moment.

— Mais tu vas le savoir.

Le ton était tel que Drake s'immobilisa, le couteau en l'air.

— Elle ne me parle pas de ce genre de choses.

— Tu vas le savoir, répéta Delrickio. Et je t'accorderai ta semaine. Donnant donnant.

Delrickio sourit.

— C'est ainsi que ça se passe entre amis. Et avec la famille.

Eve plongea dans la piscine. La soirée avec Victor, la veille, lui avait fait recouvrer l'éclat de ses vingt ans. Mais ce matin, elle s'était réveillée plus tard qu'à l'accoutumée, avec une migraine épouvantable. Les médicaments et l'eau fraîche rendaient à présent la douleur supportable.

Elle enchaîna les longueurs de bassin, méthodiquement, prenant plaisir à sentir ses bras, ses jambes se mouvoir avec précision. Ce n'était pas grand-chose, apparemment, que de pouvoir se servir de son corps, mais elle avait appris à apprécier cette faculté.

La nuit précédente avait été un grand moment. Faire l'amour avec Victor était toujours aussi fantastique. Il pouvait être passionné ou doux, lent ou fougueux. Et Dieu sait qu'ils avaient fait l'amour de toutes les façons possibles, au fil des années.

Oui, vraiment, la nuit dernière avait été très belle. Se retrouver dans les bras l'un de l'autre, toute passion consommée, dormant comme deux adversaires épuisés par la bataille, et se réveiller un peu plus tard, et sentir de nouveau Victor venir en elle…

De tous les hommes qu'elle avait connus, de tous ses amants, pas un n'égalait Victor. Parce qu'il était le seul qui ait conquis son cœur.

Il avait été un temps, jadis, où les sentiments qu'elle éprouvait pour lui l'avaient mise au désespoir, où elle avait hurlé, maudit le destin qui les empêchait d'être réunis. Ce temps était révolu. Aujourd'hui, elle se réjouissait de chaque heure qui leur était accordée.

Eve sortit de la piscine, frissonna lorsque l'air frais caressa sa peau mouillée. Elle enfila un long peignoir en éponge rouge. Comme si elle attendait ce signal, Travers se précipita avec le plateau du petit déjeuner et un flacon de lait hydratant.

— Nina l'a appelée ? demanda Eve.

Travers inspira par le nez. On eût dit un bruit de vapeur dans une bouilloire.

— Elle arrive.

— Bien.

Eve prit le flacon, le secoua négligemment tout en observant la gouvernante.

— Inutile d'afficher aussi ostensiblement votre désapprobation.

— Ce que je pense me regarde.

— Et ce que vous savez aussi, ajouta Eve avec un petit sourire. Pourquoi lui en voulez-vous ?

Travers s'affairait, disposait le petit déjeuner sur la table blanche étincelante.

— Mieux vaut la renvoyer d'où elle vient et oublier toute cette histoire. C'est chercher les ennuis. Personne ne vous en saura gré.

D'une main experte, Eve passa le fluide hydratant sur son visage.

— J'ai besoin d'elle, dit-elle simplement. Je ne peux pas écrire ce livre toute seule.

Travers pinça les lèvres.

— Toute votre vie, vous vous êtes débrouillée seule et pour tout. Cette fois, vous faites erreur.

Eve s'assit, mangea une framboise.

— J'espère que non. Ce sera tout, Travers.

La gouvernante regagna la maison d'un pas de grenadier. Eve sourit, chaussa ses lunettes de soleil et attendit Julia. Elle n'eut pas longtemps à attendre. A l'abri derrière les verres foncés, elle vit la jeune femme arriver, observa les chaussures plates, le pantalon cigarette bleu dur, le chemisier de popeline rayée. Légèrement plus décontractée que d'habitude mais encore sur la défensive, conclut Eve…

— J'espère que cela ne vous dérange pas de travailler ici, dit-elle en désignant un fauteuil à Julia.

— Non, pas du tout…

Combien sommes-nous, se demanda Julia, à avoir vu Eve sans maquillage ? Combien savent que la beauté de son visage réside dans l'éclat du teint, le modelé et non dans l'artifice ?

— … L'important, c'est que vous soyez dans un lieu où vous vous sentiez détendue.

— Je pourrais en dire autant pour vous, répliqua Eve.

Puis elle lui servit du jus de fruits et leva un sourcil étonné lorsque Julia refusa le champagne.

— Vous arrive-t-il de vous détendre ? demanda-t-elle.

— Bien sûr. En dehors du travail.

Songeuse, Eve but une gorgée de son mimosa. Il était à son goût. Elle en but une deuxième.

— Que faites-vous ? Pour vous détendre, je veux dire.

Prise au dépourvu, Julia bafouilla.

— Eh bien, je… je…

— Piégée, lança Eve en éclatant de rire. Laissez-moi vous dire ce que je pense, voulez-vous ? Vous êtes jeune et très séduisante. Vous êtes mère d'un enfant qui est le centre de votre existence et que vous êtes déterminée à élever du mieux possible. Votre travail vient en second, bien que vous l'abordiez avec un sérieux extrême. Vous êtes très attachée aux convenances, à la bienséance, aux bonnes manières, d'autant plus que derrière tout cela se cache une femme de caractère, au tempérament passionné. L'ambition est un vice secret dont vous avez presque honte. Quant aux hommes, ils sont très loin sur votre liste de priorités. Je dirais qu'ils viennent… après « penser à plier les chaussettes de Brandon ».

Il fallut à Julia toute sa volonté pour garder un visage serein, impassible. Et elle ne put contenir un mouvement de colère.

— A vous entendre, je suis une personne très terne.

— Non, admirable, corrigea Eve avant de piquer une framboise. Quoique les deux soient parfois synonymes. En fait, j'espérais vous faire sortir de vos gonds, ébranler votre calme imperturbable.

— Pourquoi ?

— Il me plairait de savoir que je vais dévoiler mon âme à un être de chair et de sang, comme moi. Quelqu'un d'humain.

Eve coupa l'extrémité d'un croissant avec un petit haussement d'épaules.

— Lors de votre petit échange verbal avec Paul, l'autre soir, au dîner, j'ai cru déceler une belle personnalité. J'admire les gens qui ont du cran.

— Nous ne sommes pas toujours en position de laisser la personnalité s'exprimer, rétorqua Julia. Mais soyez rassurée : je suis humaine, mademoiselle Benedict.

— Eve.

— Je suis humaine, Eve. Suffisamment pour détester qu'on me manipule.

Julia ouvrit son attaché-case, sortit son bloc et son magnétophone.

— C'est vous qui l'avez envoyé me voir, hier ? demanda-t-elle.

Un large sourire illumina le visage d'Eve.

— Envoyé qui ?

— Paul Winthrop.

— Non.

Julia sonda Eve. Celle-ci paraissait sincèrement surprise, intriguée même. Talent d'actrice... ?

— Paul vous a rendu visite ? reprit la star.

— Oui. Il se sent visiblement très concerné par ce livre et par mon travail.

— Il a toujours eu à cœur de me protéger.

Eve avait un appétit très capricieux, ces derniers temps. Elle laissa de côté le reste du petit déjeuner et prit une cigarette.

— De plus, je suis certaine que vous l'intriguez.

— Je ne suis pas en cause.

— Vous ne devriez pas vous avancer.

Eve rit — une idée commençait à germer dans son esprit.

— Chère Julia, la plupart des femmes sont folles de lui au bout de cinq minutes. Il est très gâté. Comment pourrait-il en être autrement, d'ailleurs, avec son physique, son charme, cette sensualité à fleur de peau… ? Je suis bien placée pour le savoir, ajouta-t-elle, soufflant la fumée de sa cigarette. Je n'ai pas pu résister au père.

— Parlez-moi de lui, dit Julia, profitant de cette ouverture.

Elle pressa la touche enregistrement.

— Parlez-moi de Rory Winthrop.

— Ah, Rory… Le visage d'un ange déchu, l'âme d'un poète, le corps d'un dieu et autant de tête qu'un doberman chassant une chienne en chaleur.

Elle rit de nouveau, sans la moindre méchanceté, avec bonne humeur.

— J'ai toujours pensé qu'il était dommage que ça n'ait pas marché entre nous. J'aimais ce salaud. Le problème avec Rory, c'est que chaque fois qu'il avait une érection, il se croyait tenu de ne pas la gaspiller ! Les domestiques françaises, les cuisinières irlandaises, ses partenaires au cinéma… n'importe quelle idiote bien roulée. S'il bandait, il fallait qu'il colle son machin quelque part.

Elle sourit, remplit de nouveau son verre avec du jus de fruits et du champagne.

— J'aurais pu tolérer son infidélité, elle ne m'enlevait rien. Mais Rory a commis l'erreur de se croire obligé de mentir. Je ne pouvais pas rester mariée à un homme qui me pensait suffisamment bête pour croire ses bobards lamentables.

— Vraiment, son infidélité ne vous dérangeait pas ?

— Je n'ai pas dit cela. Le divorce est un moyen bien

trop propre et vraiment trop peu imaginatif pour se venger d'un homme infidèle… Je crois beaucoup en la vengeance.

Elle savoura le mot comme on savoure un bon champagne.

— Si j'avais tenu davantage à Rory et moins à Paul, disons que les choses auraient pu se terminer de manière nettement plus explosive.

Julia comprenait tout à fait. Elle-même avait été trop attachée à Brandon pour détruire son père.

— Bien que séparée de Rory depuis des années, vous conservez des liens très tendres avec Paul, n'est-ce pas ?

— J'aime Paul. Il est l'enfant que je n'ai pas eu.

Elle chassa cette pensée d'un geste mais alluma une nouvelle cigarette aussitôt après avoir écrasé l'autre. Comme il lui avait été difficile de faire cet aveu…

— Je n'avais guère le profil d'une mère, dit-elle avec un pâle sourire. Mais j'avais envie de materner cet enfant. Je venais d'avoir la quarantaine, le moment où une femme se rend compte qu'il est quasiment trop tard. Et il y avait ce beau petit garçon, du même âge que votre Brandon…

Elle but de nouveau, pour se donner le temps de reprendre le contrôle.

— Paul était ma seule chance.

— Et la mère de Paul ?

— Marion Heart ? Une actrice fantastique, un peu snob pour Hollywood. Il faut dire qu'elle venait du théâtre… Rory et elle passaient leur temps à trimbaler le gamin de New York à Los Angeles. Marion éprouvait une sorte d'affection distante pour Paul, comme s'il s'était agi d'un animal domestique qu'elle aurait acheté sur un coup de tête et qu'il lui fallait à présent nourrir et promener.

— C'est terrible…

Eve dressa l'oreille. C'était la première fois qu'elle

entendait de l'émotion percer dans la voix de Julia — une émotion qui s'accordait avec l'émoi du regard.

— Il existe bien des femmes dans cette situation. Vous ne me croyez pas, à cause de Brandon. Mais je vous assure que beaucoup de femmes ne se sentent pas mères. Paul n'était pas maltraité. Ni Rory ni Marion n'auraient songé à lui faire le moindre mal. Ils ne le négligeaient pas non plus. Il s'agissait plutôt d'une sorte d'indifférence à son égard.

— Il a certainement souffert de ce manque d'amour, murmura Julia.

— Pas forcément. On ne souffre que de ce qu'on connaît.

Eve remarqua que Julia avait cessé de prendre des notes, qu'elle l'écoutait tout simplement.

— Lorsque j'ai rencontré Paul, c'était un enfant intelligent et très indépendant. Il n'était pas possible de débarquer dans sa vie et de jouer à la maman. Par contre, lui témoigner de l'attention, oui. Et j'en ai été récompensée. En fait, je crois que j'ai épousé Rory parce que j'adorais son fils.

Eve se cala dans son fauteuil, savourant ce souvenir.

— Je connaissais Rory depuis un certain temps. Nous naviguions dans le même milieu. Nous étions attirés l'un par l'autre, il y avait quelque chose, mais le hasard ne nous avait jamais réunis. Lorsque j'étais libre, il était occupé et vice versa. Puis nous avons tourné un film ensemble.

— *Fancy Face.*

— Oui, une comédie romanesque. Excellente. Ce fut l'une de mes meilleures expériences. Un scénario intelligent, plein d'esprit, un metteur en scène très créatif, des costumes superbes et un partenaire qui savait mettre le feu aux poudres. Au bout de deux semaines de tournage, le feu ne prenait pas qu'aux poudres de la scène…

*
* *

Un peu ivre, très téméraire, Eve pénétra dans la maison de Rory à Malibu. Le tournage s'était terminé tard et ils étaient allés se réfugier dans un café minable où ils avaient bu de la bière et mangé de la cuisine grasse. Rory n'avait cessé de mettre des pièces dans le juke-box, si bien que rires et jeu de la séduction s'étaient déroulés sur fond de musique des Beach Boys.

Le Flower Power en était à ses premiers balbutiements, en Californie. La plupart des convives étaient des adolescents et des étudiants de l'université aux cheveux longs et aux jeans pattes d'éléphant.

Une jeune fille qui avait fumé beaucoup d'herbe passa un collier de perles autour du cou de Rory lorsqu'il mit deux dollars de monnaie dans le juke-box.

Ils étaient déjà des stars tous les deux, mais ils passèrent incognito. Les gamins qui peuplaient le café ne dépensaient pas leur argent à aller voir des films avec Eve Benedict et Rory Winthrop. Ils le dépensaient en concerts, à acheter de l'herbe et de l'encens. Trois ans plus tard, ce serait Woodstock.

Eve et Rory ne s'intéressaient pas particulièrement au Viêt-nam ni à la musique indienne. Ils avaient quitté le café, gagné Malibu dans la Mercedes décapotée, ivres de bière et de désir. Eve avait soigneusement planifié cette soirée. Il n'y avait pas de tournage le lendemain, elle n'avait donc pas à se préoccuper de la tête qu'elle aurait au réveil.

Elle avait décidé en toute connaissance de cause de prendre Rory pour amant. Il y avait des vides dans sa vie, des vides dont elle savait qu'ils ne seraient plus jamais comblés. Mais elle pouvait au moins tenter de les oublier, ne serait-ce que pour un temps.

Les cheveux ébouriffés par le vent, pieds nus, ses chaussures abandonnées à l'arrière de la voiture, Eve fit rapidement le tour du salon. Les plafonds hauts aux poutres cirées, les immenses baies vitrées, le bruit des vagues… Ici, songea-t-elle, s'asseyant sur le tapis devant l'énorme cheminée. Ce serait ici et maintenant.

Elle sourit à Rory. Dans la lumière des bougies qu'il avait allumées en toute hâte, il était superbe. Teint bronzé, cheveux sombres, yeux saphir. Elle connaissait déjà le goût de ses lèvres — ils s'étaient embrassés sur le plateau, pour les besoins du film — mais aujourd'hui, elle voulait sa bouche, son corps, sans script ni metteur en scène pour leur dicter leurs gestes et leur tourner autour. Elle voulait faire l'amour sauvagement, au-delà des limites, pour pouvoir oublier, quelques heures, ce avec quoi elle allait devoir vivre le restant de ses jours.

Il s'agenouilla devant elle.

— Sais-tu depuis quand j'ai envie de toi ?

Il n'existe pas de pouvoir plus grand que celui d'une femme sur le point de se donner à un homme, elle le savait.

Il enfouit les mains dans ses cheveux.

— Depuis combien de temps nous connaissons-nous ?

— Cinq, six ans.

— Si longtemps…

Il effleura ses lèvres, les mordilla doucement.

— Tu vois, j'ai passé beaucoup trop de temps à Londres alors que j'aurais pu être ici, à faire l'amour avec toi.

Cela faisait partie du charme de Rory de faire croire à sa partenaire qu'elle était unique, incomparable. Et qu'importe qu'il eût une autre femme dans sa vie, au même moment, l'illusion était presque parfaite.

Elle prit entre ses mains le visage de Rory, laissa ses doigts en explorer la beauté époustouflante. Physiquement, Rory Winthrop était irréprochable. Et pour cette nuit, au moins, il était tout à elle.

— Prends-moi, maintenant.

Elle accompagna cette invitation d'un rire légèrement rauque tandis qu'elle ôtait la chemise qu'il portait. Dans la lueur des bougies, les yeux d'Eve brillaient de désir et de promesses.

Il sentit qu'elle voulait quelque chose d'intense, de violent. Lui, il aurait préféré davantage de préludes, de séduction, pour la première fois. Mais il était toujours prêt à satisfaire les désirs d'une femme. Cela aussi faisait partie de son charme… et de sa faiblesse.

Il la déshabilla, enivré par la façon dont elle se cramponnait à ses épaules, griffait son dos. Le corps d'une femme l'excitait toujours, qu'elle soit mince ou pulpeuse, jeune ou plus mûre. Il se délecta de la chair d'Eve, s'appropriant les courbes délicieuses de son corps, rendu fou par le contact de sa peau, son odeur, gémissant de plaisir tandis qu'elle dégrafait son pantalon, saisissait son sexe déjà dur.

Pour Eve, cela n'allait pas assez vite. Elle avait encore la faculté de penser. Elle entendait encore le bruit des vagues se brisant sur le sable, les battements de son propre cœur, le halètement de sa respiration. Elle voulait le vide que procure le sexe, lorsqu'il n'y a plus rien, plus rien que les sensations. Prête à tout, elle roula sur lui, le corps agile, souple comme une liane. Il devait lui faire tout oublier. Elle ne voulait pas se souvenir de la caresse d'autres mains sur son corps, du goût d'une autre bouche, de l'odeur de la peau d'un autre.

L'oubli était sa seule chance de survie. Et ce soir, elle s'était promis que l'oubli aurait pour nom Rory Winthrop.

La lumière de la bougie dansa sur sa peau lorsqu'elle se cambra sur lui. Ses cheveux déferlèrent dans son dos, cascade d'ébène. Lorsqu'elle le prit en elle, elle laissa échapper un cri, comme une prière. Et elle lui fit sauvagement l'amour jusqu'à ce qu'enfin, l'extase la libère de tout.

Epuisée, elle se laissa glisser sur lui. Elle sentait les battements violents de son cœur résonner contre sa poitrine et elle sourit, reconnaissante. Si elle parvenait à se donner à lui, si elle trouvait le plaisir, la passion avec cet homme, elle guérirait et redeviendrait elle-même. Comme avant.

— Sommes-nous toujours vivants ? murmura Rory.

— Oui, je crois.

— Bien.

Il trouva l'énergie de laisser glisser une main le long de son dos, de caresser ses fesses.

— C'était délicieux, Evie.

Elle sourit. Personne ne l'avait jamais appelée Evie, mais elle aimait la façon dont sonnait ce diminutif, prononcé par cette belle voix d'acteur de théâtre. Elle souleva la tête, regarda Rory. Il avait les yeux fermés, et souriait de béatitude. Cela la fit rire et elle l'embrassa, vraiment reconnaissante.

— Qu'est-ce qu'on essaie pour le deuxième round ?

Il ouvrit lentement les yeux. Elle y lut du désir et de l'affection. Jusqu'à cet instant précis, elle ne s'était pas rendu compte à quel point cela lui avait manqué. Aime-moi, rien que moi, songea-t-elle, et je ferai tout mon possible pour t'aimer, moi aussi.

— Ecoute, j'ai un immense lit au premier et un bain chaud sur la terrasse. Que dirais-tu d'essayer les deux ?

C'est ce qu'ils firent, s'ébattant dans l'eau, arrachant les draps de satin du lit. Comme deux jeunes animaux voraces, ils se donnèrent l'un à l'autre jusqu'à ce que leurs corps repus ne songent plus qu'à sombrer dans le sommeil.

Ce fut une faim d'un type très différent qui réveilla Eve un peu après midi. Rory dormait à côté d'elle, étendu de tout son long, le nez dans l'oreiller, épuisé, vaincu. Le corps encore engourdi de plaisir, elle posa un petit baiser sur l'épaule de son amant et se leva pour se doucher.

Il y avait tout un choix de peignoirs féminins dans le placard, certains achetés par lui, les autres oubliés par d'autres conquêtes. Eve en choisit un — de soie bleue — qui s'harmonisait parfaitement avec son humeur, et descendit pour s'occuper d'un petit déjeuner léger qu'ils pourraient prendre au lit.

Elle suivit le son de la télévision jusqu'à la cuisine. Ce devait être l'employée de maison. Encore mieux. Il lui suffirait de commander le petit déjeuner ! Elle n'aurait même pas besoin de le préparer. Elle se mit à fredonner, sortant le paquet de cigarettes qu'elle avait glissé dans la poche du peignoir.

En fait d'employée de maison, ce fut un petit garçon qu'elle trouva dans la cuisine.

Depuis la porte, elle nota tout de suite la ressemblance avec Rory. Les mêmes beaux cheveux sombres, la bouche harmonieuse, les yeux d'un bleu intense…

Tandis que le petit garçon étalait soigneusement, presque religieusement, le beurre de cacahuètes sur son pain, le programme changea soudain, passant des publicités aux dessins animés. Bugs Bunny fit irruption sur l'écran, bondissant hors de son terrier, croquant une carotte d'un air désabusé.

Eve hésitait — fallait-il entrer ou s'éclipser sans bruit —, lorsque le petit garçon leva la tête, comme un jeune loup humant l'air. Et quand son regard croisa celui d'Eve, il s'arrêta de tartiner son pain et l'observa.

A l'époque déjà, Eve avait été jaugée, évaluée, par un nombre incalculable de regards masculins. Mais l'œil aigu, étonnamment adulte de cet enfant la laissa sans voix.

Elle devait en rire plus tard, mais en l'instant précis, il lui semblait qu'il la devinait jusqu'à l'âme. C'était la femme, qu'il voyait. Betty Berenski, celle qui rêvait de réussir, de devenir une star, et qui s'était forgé le personnage d'Eve Benedict.

— Bonjour, dit-il d'une voix dont le timbre, plus tard, serait celui de son père. Je m'appelle Paul.

— Bonjour.

Elle ressentit le besoin ridicule d'arranger ses cheveux, de lisser le peignoir.

— Moi, c'est Eve.

— Je sais. Je vous ai déjà vue en photo.

Eve se sentit mal à l'aise. Il la regardait comme si elle était aussi drôle que Bugs Bunny cherchant à se montrer plus malin qu'Elmer Fudd... Il était clair qu'il savait parfaitement ce qui se passait dans la chambre de son père. Il y avait un tel cynisme dans son sourire...

— Vous avez bien dormi ?

Le petit merdeux, songea Eve, que la situation commençait à amuser.

— Très bien, merci.

Elle entra dans la cuisine, majestueuse, comme une reine dans un salon.

— Je n'avais pas compris que tu vivais avec Rory.

— Parfois.

Il prit un pot de confiture et commença à tartiner un autre morceau de pain.

— Je n'aimais pas l'école où j'étais. Mes parents ont décidé de me transférer en Californie pour un an ou deux.

Il plaqua les deux tranches de pain l'une contre l'autre, souda soigneusement les bords.

— Je rendais ma mère folle.

— Vraiment ?

— Oh, oui.

Il se tourna vers le réfrigérateur, sortit une grande bouteille de Pepsi.

— Je suis assez doué pour ce genre de chose. D'ailleurs, d'ici à l'été, j'aurai rendu mon père complètement dingue et il me renverra à Londres. J'adore prendre l'avion.

— Ah bon ?

Fascinée, Eve le regarda s'installer à la table de la cuisine.

— Ça te dérange si je me fais un sandwich ?

— Pas du tout. Vous tournez un film avec mon père, je suppose.

Il avait dit cela d'un ton désinvolte, comme s'il trouvait normal de voir toutes les partenaires de son père défiler dans la cuisine, le samedi matin, dans un peignoir d'emprunt.

— C'est exact. Tu aimes le cinéma ?

— Ça dépend. J'ai vu l'un de vos films à la télé. Vous chantiez dans un saloon et les hommes s'entretuaient pour vous.

Il mordit dans son sandwich.

— Vous avez une voix très agréable.

— Merci.

Eve le regarda plus attentivement pour s'assurer que c'était bien avec un enfant qu'elle discutait.

— Tu veux être acteur, plus tard ? L'amusement se lut dans son regard tandis qu'il mordait de nouveau dans son sandwich.

— Non. Si je devais travailler dans le cinéma, je ferais metteur en scène. J'imagine qu'il est très satisfaisant de dire aux autres ce qu'ils doivent faire.

Eve décida, tout compte fait, de ne pas préparer de café. Elle prit une boisson dans le réfrigérateur et s'installa à la table. Il n'était plus question de monter un petit déjeuner à Rory pour ensuite batifoler au lit avec lui tout l'après-midi...

— Quel âge as-tu ?

— Dix ans. Et vous ?

— Un peu plus.

Elle mordit dans son sandwich au beurre de cacahuètes et à la confiture et fut aussitôt transportée dans le passé. Pendant tout un mois, avant qu'elle rencontre Charlie Gray, elle n'avait mangé que cela. Et de la soupe en boîte.

— Qu'est-ce qui te plaît le plus en Californie ?

— Le soleil. A Londres, il pleut beaucoup.

— Il paraît, oui.

— Vous avez toujours vécu ici ?

— Non, bien que parfois j'en aie l'impression.

Elle but une longue gorgée de Pepsi.

— Dis-moi, Paul, qu'est-ce qui te déplaisait tant dans ta dernière école ?

— Les uniformes, répondit-il sans hésiter. Je déteste les uniformes. Comme si on voulait nous habiller tous pareils pour nous faire penser tous pareils.

Eve reposa sa bouteille de Pepsi.

— Es-tu certain de n'avoir que dix ans ?

Il eut un petit haussement d'épaules, termina son sandwich.

— J'ai presque dix ans. Et je suis précoce, déclara-t-il d'un ton si grave qu'Eve refoula son envie de rire. Et je pose trop de questions.

Sous ce vernis de petit bêcheur se cachait un garçon solitaire, un poisson hors de l'eau, songea Eve. Un état qu'elle connaissait très bien.

— Les gens vous disent toujours que vous posez trop de questions lorsqu'ils ne savent pas y répondre.

Il la dévisagea longuement de ses yeux d'adulte. Puis il sourit et redevint un petit garçon de presque dix ans avec une dent en moins.

— Je sais. Et ça les rend dingues qu'on continue à les poser.

Cette fois, elle ne résista pas : elle rit, et lui ébouriffa les cheveux. Ce petit sourire édenté l'avait conquise.

— Tu iras loin, toi. Mais pour l'instant, que dirais-tu d'une promenade sur la plage ?

Il la fixa, interloqué. Eve aurait parié tout ce qu'elle avait que les petites amies de Rory ne s'occupaient jamais de lui. Et que le petit Paul Rory Winthrop avait désespérément besoin d'un ami.

Il laissa son doigt glisser le long de la bouteille de Pepsi, dessinant des arabesques sur la buée.

— Si vous voulez.

Il ne fallait surtout pas paraître trop empressé.

— Bon.

Eve éprouvait le même sentiment. Elle se leva, sans hâte.

— Je vais enfiler quelque chose.

— Nous avons marché pendant deux heures, dit Eve. Elle souriait à présent et la cigarette, à laquelle elle n'avait pas touché, s'était consumée dans le cendrier.

— Nous avons même fait des châteaux de sable. Ce fut l'un des après-midi les plus… intimes que j'ai connus. Lorsque nous sommes revenus, Rory était réveillé et j'étais complètement folle de son fils.

— Et Paul ? demanda Julia.

Elle n'avait eu aucune difficulté à se le représenter, petit garçon solitaire se préparant seul un sandwich, un samedi à midi.

— Il était plus prudent que moi. Je me suis rendu compte plus tard qu'il m'avait soupçonnée de l'utiliser pour mieux conquérir son père.

Nerveuse, brusquement, Eve changea de position, prit une cigarette.

— Comment lui en vouloir ? Son père était un homme très désirable, très influent dans l'industrie cinématographique, et riche. De son propre fait mais aussi par sa famille.

— Vous vous êtes mariée avec Rory avant même que sorte le film que vous tourniez ?

— Oui. Un mois après ce samedi à Malibu.

Pendant un moment, Eve fuma en silence, fixant le bosquet d'orangers.

— Je dois reconnaître que je me suis battue pour l'avoir, avec ténacité. Il n'avait guère de chance de m'échapper. C'était un sentimental et j'en ai profité. Je voulais ce mariage, cette famille toute faite. J'avais mes raisons.

— Lesquelles ?

Eve regarda Julia et sourit.

— Nous dirons pour l'instant que Paul y était pour beaucoup. C'est vrai et je n'ai aucune intention de mentir. Et à cette époque de ma vie, je croyais encore au mariage. Rory savait me faire rire, il était — il est toujours — intelligent, doux, et juste assez extravagant pour être intéressant. J'avais besoin de croire que ce mariage marcherait. Cela n'a pas été le cas, mais de mes quatre mariages, c'est le seul que je ne regrette pas.

— Et les autres raisons que vous évoquiez ?

— Il n'y a pas grand-chose qui vous échappe, murmura Eve. Oui…

Elle écrasa sa cigarette à petits coups saccadés, nerveux.

— … Mais c'est une autre histoire, pour un autre jour.

— Très bien. Alors, dites-moi pourquoi vous avez engagé Nina…

Eve était très rarement prise au dépourvu. Pour gagner un peu de temps, elle se composa un air étonné, et sourit.

— Je vous demande pardon ?

— J'ai parlé avec Nina, hier soir. Elle m'a raconté votre rencontre à l'hôpital après sa tentative de suicide. Elle m'a dit que vous lui aviez donné non seulement du travail mais la volonté de vivre.

Eve prit son verre, observa un moment le reste de jus de fruits et de champagne.

— Je vois. Nina ne m'a pas dit que vous l'aviez interviewée.

— Nous avons parlé, lorsqu'elle est venue m'apporter les photos hier soir.

— Ah… Je ne l'ai pas encore vue ce matin. Ceci explique cela.

Eve reposa son verre.

— Mes raisons pour engager Nina étaient de deux ordres… et tout cela est trop complexe pour que j'aborde ce sujet tout de suite. Je dirai simplement que je déteste le gâchis.

— Je me suis demandé, insista Julia, plus intéressée par l'expression du visage d'Eve que par sa réponse, si vous n'aviez pas vu là une façon de payer une dette ancienne. Charlie Gray s'était suicidé et vous n'aviez rien pu faire pour l'en empêcher. Cette fois, avec Nina, vous pouviez intervenir…

Une brusque tristesse envahit le regard d'Eve, s'attarda. Julia vit le vert de ses yeux s'assombrir.

— Vous êtes très perspicace, Julia. Ce que j'ai fait, je l'ai fait en partie pour Charlie. Mais dans la mesure où j'y ai gagné une employée efficace et une amie dévouée, on pourrait dire que ça ne m'a rien coûté.

D'instinct, Julia tendit la main, la posa sur celle d'Eve.

— Quoi que vous ayez gagné dans cette histoire, la compassion et la générosité importent plus que tout. Toute ma vie je vous ai admirée en tant qu'actrice. Depuis que je suis arrivée ici, c'est la femme que je me suis mise à admirer.

Tandis qu'Eve fixait leurs mains unies, une foule d'émotions confuses passa sur son visage. Elle leur livra une guerre sans merci et reprit le contrôle.

— Vous aurez tout le temps de vous faire votre opinion de moi. Et je ne forcerai pas toujours votre admiration, croyez-moi… En attendant, j'ai des affaires à régler.

Elle se leva, agita la main en direction du magnétophone. Julia l'éteignit à contrecœur.

— Il y a un dîner dansant ce soir, pour les œuvres de charité. J'ai un billet pour vous.

— Ce soir… ?

Julia leva la tête, protégeant ses yeux du soleil.

— … Je ne crois pas que je vais pouvoir y assister.

— Si vous voulez écrire ce livre, vous ne pourrez pas le faire en restant ici. Je suis un personnage public, Julia. Je veux que vous m'accompagniez dans ce genre de manifestation. Soyez prête pour 19 h 30. CeeCee s'occupera de Brandon.

Julia se leva à son tour. Elle préférait gérer debout les situations d'urgence.

— Je viendrai, bien sûr. Mais autant que vous sachiez tout de suite que je ne suis pas liante…

Puis, avec une ironie mordante, elle ajouta :

— … Et si par hasard je fais connaissance, j'ai la fâcheuse habitude d'agacer les gens en leur posant trop de questions.

Eve rit et, satisfaite, s'éloigna en direction de la maison. La soirée promettait d'être intéressante.

6

S'il était une chose que Julia détestait plus encore que de recevoir des ordres, c'était de n'avoir d'autre choix que d'obéir. Non pas qu'elle ne fût pas capable de s'amuser — surtout dans une soirée mondaine, laquelle d'ailleurs faisait partie de son emploi du temps professionnel. Non, le problème, c'était qu'on lui dise qu'elle était tenue d'y assister.

On ne l'avait pas priée, ni invitée. On lui avait intimé l'ordre d'y assister.

Et bien entendu, comme une idiote, elle avait passé une grande partie de l'après-midi à se demander comment elle allait s'habiller ! Un temps précieux qu'elle aurait dû consacrer à son travail.

Sa colère à l'encontre d'Eve atteignait son paroxysme lorsque Nina était arrivée, apportant trois robes — des robes qu'Eve avait personnellement sélectionnées parmi les siennes au cas où Julia n'aurait pas prévu.

Despotique, mais prévenante.

Et Julia avait été tentée, vraiment tentée, de choisir l'une de ces robes chatoyantes, scintillantes. Elle les avait étalées toutes les trois sur le lit — des milliers de dollars de soie et de paillettes. Elle avait même eu la faiblesse d'en essayer une — un fourreau de soie corail. Il était un tout petit peu trop ample pour elle, mais elle l'imagina moulant à la perfection le corps d'Eve.

Et devant le miroir, tandis qu'elle s'observait, vêtue de cette robe de star, le teint soudain plus éclatant, rehaussé par le tissu lumineux, elle eut l'impression d'avoir été transformée par un coup de baguette magique.

Si sa vie n'avait pas commencé par un drame, aurait-elle eu une maison à Beverly Hills, une penderie remplie de robes exquises ? Son visage, son nom auraient-ils coupé le souffle à des millions de fans lorsque son image serait apparue à l'écran ?

Peut-être, peut-être pas, avait-elle pensé. Et quelle importance ! Sa vie avait pris une autre direction et lui avait donné bien plus précieux que la gloire.

Finalement, elle jugea préférable de renoncer aux robes de star et de rester elle-même.

Elle mit la seule tenue de soirée qu'elle avait apportée, un long fourreau tout simple, bleu nuit, avec un petit boléro ajusté cousu de perles. Depuis deux ans qu'elle l'avait acheté en solde chez Saks, elle ne l'avait porté qu'une fois.

Elle attachait ses longues boucles d'oreilles en perles lorsque le rire de Brandon lui parvint du rez-de-chaussée. Très vite devenus amis, CeeCee et lui disputaient une partie de cartes endiablée.

Julia fit rapidement un dernier inventaire de sa pochette, enfila de superbes chaussures malheureusement très inconfortables, puis elle descendit.

— Hé, m'man… !

Brandon la regardait descendre. Elle était si jolie, si différente… Il éprouvait toujours beaucoup de fierté — et une étrange sensation au creux de l'estomac — lorsqu'il se rendait compte combien elle était belle.

— … Tu es très bien.

— Vous êtes fantastique, corrigea CeeCee.

Ils jouaient à plat ventre sur la moquette. La jeune fille se releva, se mit à genoux.

— Ce n'est pas une robe de Miss B.

— Non.

Intimidée, Julia lissa son boléro.

— Je ne me sentais pas à l'aise dans les robes d'Eve. J'ai pensé que cette tenue conviendrait.

— Tout à fait, dit CeeCee avec un hochement de tête admiratif. Elle est d'une élégance très classique, mais avec vos cheveux relevés comme ça, elle fait très sexy. Que souhaiter de mieux ?

Etre invisible, songea Julia. Mais elle se contenta de sourire.

— Je ne devrais pas rentrer très tard. J'ai l'intention de m'éclipser tout de suite après le dîner.

— Pourquoi ? C'est un grand événement !

CeeCee s'assit sur ses talons.

— Le Tout-Hollywood sera là. Et c'est pour une grande cause. Vous savez, le Fonds d'Aide aux Acteurs. Vous devriez vraiment passer une bonne soirée. Je me coucherai dans la chambre d'amis, si je suis fatiguée.

— Est-ce qu'on peut faire du pop-corn ? demanda Brandon.

— D'accord. Mais surtout…

On frappa brusquement. Julia se retourna. Paul se tenait dans l'encadrement de la porte.

— Mets beaucoup de beurre ! ajouta-t-il.

Il entra, fit un clin d'œil à Brandon.

CeeCee passa très vite une main dans ses cheveux pour les faire bouffer.

— Bonsoir, monsieur Winthrop.

— Bonsoir, CeeCee. Comment vas-tu ?

— Très bien, merci.

Son cœur de vingt ans s'était mis à battre la chamade.

Paul portait le smoking avec une grâce nonchalante qui le rendait irrésistible. Et CeeCee se demanda s'il existait une femme au monde qui ne rêvât pas de lui ôter son nœud papillon.

— Eve m'a dit que vous seriez prête, dit-il à Julia.

Paul se dit qu'elle paraissait troublée. C'était vraiment comme cela qu'elle lui plaisait…

— Je n'avais pas compris que vous veniez aussi. Je pensais faire le trajet avec Eve.

— Elle est partie avec Drake. Ils avaient des affaires à régler.

Un sourire effleura lentement ses lèvres.

— Nous sommes seuls, vous et moi, Jules.

— Je vois.

Cette seule phrase avait suffi à la rendre nerveuse.

— Brandon : au lit à 21 heures.

Elle s'accroupit, posa un baiser sur sa joue.

— Et n'oublie pas : c'est CeeCee qui commande.

Il sourit, songeant qu'il tenait là une chance de faire davantage durer la soirée… Disons jusqu'à 21 h 30.

Elle se redressa.

— Ne le laissez pas vous embobiner, CeeCee. Il est malin.

— Je connais déjà son petit jeu. Amusez-vous bien, ajouta-t-elle, les regardant partir avec un petit soupir.

« Rien ne se passe comme je l'avais prévu », songea Julia en gagnant l'étroite allée de graviers où se trouvait garée la Studebaker de Paul. Pour commencer, la tranquille soirée de travail à laquelle elle se préparait s'était, contre son gré, transformée en obligations mondaines. Soit, s'était-elle dit, elle en profiterait pour faire parler les invités — façon comme une autre de travailler. Mais voilà qu'on lui envoyait une escorte qui allait certainement se sentir obligée de la distraire.

— Je suis désolée qu'Eve vous ait imposé cette soirée en ma compagnie, commença-t-elle tandis qu'il lui ouvrait la portière.

— Que voulez-vous dire ?

— Vous aviez peut-être d'autres projets.

Appuyé à la portière ouverte, il la regarda se glisser dans la voiture, admira le genou mince entrevu par la fente de la robe, les mollets au galbe parfait, la main fine, sans bijou, qui lissait le fourreau. Enormément de classe.

— En fait, dit-il, j'avais prévu de boire beaucoup trop de café, de fumer beaucoup trop et de me battre avec mon chapitre dix-huit.

Elle leva la tête, le regarda très sérieusement dans la lumière déclinante.

— J'ai horreur qu'on bouleverse mon planning de travail. Vous devez éprouver la même chose.

— En effet…

Mais ce soir, curieusement, il n'éprouvait pas ce sentiment.

— … Cela dit, en pareil cas, je m'efforce de me souvenir qu'il ne s'agit tout de même pas d'une question de vie ou de mort. Mon chapitre peut attendre vingt-quatre heures…

Il referma la portière, fit le tour de la voiture pour venir s'installer au volant.

— … Et Eve me sollicite très peu.

Julia eut un petit frisson lorsqu'il mit le moteur en marche. Comme dans la robe d'Eve un moment plus tôt, elle se sentait soudain une autre, dans cette voiture. Une jeune fille prête à faire son entrée dans le monde, cette fois ; et qui descend les marches du perron, drapée dans son vison blanc, pour rejoindre le cavalier qui la conduit jusqu'au bal.

Décidément, son imagination n'avait plus de limites, songea Julia avant de se tourner vers Paul.

— Merci d'être passé me chercher. Ce n'était pas vraiment nécessaire. Je n'ai pas besoin d'escorte.

— Non. J'en suis persuadé…

Il engagea la voiture dans l'allée qui contournait la Résidence.

— Vous donnez l'impression d'être une femme qui se débrouille très bien toute seule. Vous a-t-on déjà dit que c'était très intimidant ?

— Non. Et vous, vous trouve-t-on intimidant ?

— Sans doute.

Paul alluma la radio en sourdine, davantage pour l'ambiance que pour la musique. Julia portait un parfum au charme étrange, un peu désuet. L'air qui s'engouffrait par les vitres le lui offrait tel un cadeau.

— J'aime assez déstabiliser les gens, reprit-il.

Il tourna la tête juste le temps de lui jeter un regard.

— Pas vous ?

— Je n'ai jamais réfléchi à la question.

S'imaginer ce genre de pouvoir la fit sourire. Six mois sur douze, elle vivait quasiment seule avec Brandon, divorcée du monde extérieur…

— A propos du dîner de ce soir, poursuivit-elle. Vous assistez à beaucoup de soirées de ce genre ?

— Quelques-unes par an, généralement à l'instigation d'Eve.

— Pas parce que cela vous plaît ?

— Oh, c'est assez distrayant, en général.

— Mais vous y allez parce qu'Eve vous le demande ?

Paul arrêta la voiture devant la grille, attendant que le portail s'ouvre.

— Oui, j'y vais pour elle.

Julia se tourna légèrement pour observer son profil. Elle vit son père… puis le petit garçon qu'Eve avait décrit… puis l'homme qu'il était devenu.

— Ce matin, Eve m'a parlé de votre première rencontre.

Il sourit. Ils longeaient maintenant la rue déserte, bordée de palmiers.

— Dans la maison de Malibu, en mangeant des sandwichs au beurre de cacahuètes et à la confiture.

— Parlez-moi de la première impression qu'elle vous a faite.

Son sourire s'évanouit et il sortit un cigarillo de sa poche.

— Le travail, toujours le travail, n'est-ce pas ?

— Toujours. Vous devriez comprendre.

Il pressa l'allume-cigare, haussa les épaules. Oui, il comprenait parfaitement.

— D'accord… Je savais qu'une femme avait passé la nuit à la maison. Quelques vêtements traînaient dans le salon.

Il surprit le regard de Julia, haussa un sourcil.

— Choquée, Jules ?

— Non.

— Vous désapprouvez.

— J'imagine Brandon en pareille circonstance. Je n'aimerais pas qu'il pense que j'ai…

— Fait l'amour ?

Le ton amusé la crispa.

— Que je fais tout et n'importe quoi ou que je m'en fiche.

— Chez mon père, c'était… c'est un peu les deux. A l'âge de Brandon, j'étais déjà habitué. Ça ne m'a pas traumatisé.

Julia n'en était pas si sûre.

— Et la rencontre avec Eve ?

— J'étais prêt à n'accorder aucune attention à cette femme. J'étais un gamin plutôt cynique.

Il souffla la fumée de son cigarillo, très à l'aise.

— Je l'ai reconnue dès qu'elle est entrée dans la cuisine, mais j'ai été surpris. La plupart des femmes avec lesquelles mon père couchait accusaient plutôt la fatigue, le lendemain matin. Eve, elle, était belle. Cela m'a impressionné. Et puis, il y avait une étrange tristesse dans son regard.

Il s'interrompit, eut une petite moue.

— Ça, ça ne va pas lui plaire, que je parle de sa tristesse… Enfin, plus important que tout à mes yeux, elle ne se croyait pas obligée de minauder avec moi comme tant d'autres le faisaient.

Julia se mit à rire. Elle comprenait parfaitement ce qu'il voulait dire.

— Brandon déteste qu'on lui tapote la tête en lui disant qu'il est mignon.

— C'est insupportable.

Il avait dit cela avec une telle véhémence qu'elle rit de nouveau.

— Et vous prétendez ne pas avoir été traumatisé ?

— Je dirais plutôt que j'ai été marqué — jusqu'à l'adolescence. Mais revenons-en à Eve… Nous avons discuté, Eve et moi. Elle s'intéressait à moi. Vous savez, les enfants sentent si l'on feint ou pas de s'intéresser… Eve ne faisait pas semblant. Nous avons marché sur la plage et j'ai pu lui parler comme à personne. De mes goûts. De mes désirs. Elle a été extraordinaire avec moi. Dès ce jour-là. Et je suis devenu complètement fou d'elle.

— Est-ce que vous…

— Un instant. Nous sommes presque arrivés et c'est vous qui avez posé toutes les questions.

Lentement, il tira une dernière bouffée de son cigarillo, puis l'écrasa dans le cendrier.

— Pourquoi écrivez-vous des biographies de célébrités ?

— Je n'ai pas suffisamment d'imagination pour écrire des romans.

Paul arrêta la voiture au feu de circulation, et pianota sur le volant au rythme de la musique.

— C'est une réponse beaucoup trop simple pour être vraie. Il va vous falloir trouver mieux, Julia.

— Très bien. J'admire les gens qui non seulement supportent les feux des projecteurs, mais encore adorent se trouver en pleine lumière. Moi qui suis plus à l'aise en coulisses, je m'intéresse à ceux qui occupent le devant de la scène.

— Encore un peu trop simple, Julia, et partiellement vrai.

Paul démarra lentement lorsque le feu passa au vert.

— Car si c'est la vérité, comment expliquez-vous que vous ayez songé à devenir actrice à une époque ?

— Comment le savez-vous ?

Le ton était plus vif qu'elle ne l'aurait voulu et il en fut ravi. Il était grand temps de faire tomber le masque.

— Je le sais, répondit-il. Comme je sais d'autres choses...

Il lui jeta un regard en biais.

— ... Je fais mes petites enquêtes, moi aussi.

— Vous voulez dire que vous avez pris des renseignements sur moi ?

Julia crispa les poings, s'efforçant de contenir sa colère.

— Mon passé ne vous regarde pas. C'est avec Eve que je travaille et elle seule. Je n'apprécie pas du tout ce genre d'incursion dans ma vie privée.

— Que vous les appréciiez ou non m'est égal. Et encore, estimez-vous heureuse : si j'avais trouvé quoi que ce soit qui cloche, vous seriez déjà renvoyée.

Cette fois, c'en était trop. Julia se tourna brusquement vers lui.

— Vous n'êtes qu'un sale type arrogant.

— Oui.

Il arrêta la voiture devant le Beverly Wilshire et se tourna vers Julia.

— Et souvenez-vous : au retour, c'est moi qui pose les questions.

Elle s'apprêtait à ouvrir la portière. Il posa la main sur son bras.

— Si vous sortez comme une furie en claquant la portière, les gens vont se poser des questions, eux aussi…

Il l'observa, la vit lutter pour recouvrer son calme, y réussir.

— Je savais que vous en étiez capable. Vous êtes très forte.

Julia inspira profondément et lorsqu'elle se fut composé un visage parfaitement serein, elle regarda Paul.

— Allez-vous faire voir, Winthrop, dit-elle d'un ton très calme.

Il haussa un sourcil puis se mit à rire.

— Je n'y manquerai pas.

Il descendit, tendit les clés au groom. Julia l'attendait de l'autre côté de la voiture. Il prit son bras, la trouva très raide, et la conduisit vers l'entrée.

— Eve veut que vous rencontriez du monde, dit-il tandis qu'ils avançaient au milieu d'une haie de reporters équipés de caméras. Ce soir, il y aura beaucoup de gens curieux de vous connaître. Voire de vous arracher quelques indiscrétions sur ce qu'Eve vous raconte.

— Je connais mon métier, rétorqua Julia, crispée.

— Je n'en doute pas, Jules…

Le ton parfaitement décontracté la mit en rage.

— … Mais il est des gens qui adorent séduire les jeunes femmes pour leur arracher leurs secrets et les laisser tomber ensuite.

— Je suis au courant.

Julia résista à l'envie de repousser violemment son bras. Hélas, ce n'eût pas été très convenable. D'autant que deux reporters se dirigeaient droit vers eux.

— Je sais cela, murmura Paul.

Il prit son autre bras, l'obligea à lui faire doucement face.

— Je n'ai pas l'intention de m'excuser pour avoir fourré mon nez dans vos affaires, mais sachez que ce que j'ai découvert est admirable. Tout à fait fascinant, même.

Le contact était trop intime — presque une étreinte — et Julia ne le supportait pas.

— Je n'ai que faire de votre admiration et de votre fascination.

— Vous les avez, néanmoins, dit-il avant de se tourner et d'adresser son sourire le plus charmeur à la caméra.

— Monsieur Winthrop, est-il vrai que Mel Gibson a été choisi pour jouer le rôle principal dans la version filmée de *Chain Lightning* ?

— Vous feriez mieux de poser la question aux producteurs ou à Mel Gibson lui-même.

Paul entraîna Julia tandis que les reporters faisaient cercle autour d'eux.

— On dit que vos fiançailles avec Sally Bowers sont rompues.

— Ne trouvez-vous pas votre question un peu indélicate, alors que je me trouve en compagnie d'une très jolie femme ?

D'autres reporters accouraient. Paul conserva un sourire affable mais il avait senti que Julia s'était mise à frissonner.

— Ces fiançailles étaient une pure invention de la

presse. Sally et moi ne sommes même pas ce que l'on peut appeler de bons amis. Tout juste des relations.

— Peut-on savoir votre nom ?

Quelqu'un brandit un micro sous le nez de Julia. Elle se crispa, s'efforça aussitôt de se détendre.

— Summers. Julia Summers.

— L'écrivain qui prépare la biographie d'Eve Benedict ?

Avant qu'elle ait eu le temps de répondre, un flot de questions l'assaillait.

— Vous n'aurez qu'à acheter le livre, dit-elle, soulagée de pénétrer enfin dans la salle de bal.

Paul se pencha et dit à son oreille.

— Ça va ?

— Oui. Pourquoi ?

— Vous tremblez.

Elle s'en voulut d'être aussi faible, se dégagea de l'emprise de Paul.

— Je n'aime pas être agressée de la sorte.

— Dans ce cas, c'est une bonne chose que vous soyez venue avec moi plutôt qu'avec Eve. Vous auriez assisté à une véritable curée !

Il fit signe à un serveur d'approcher, prit deux coupes de champagne sur son plateau.

— Ne devrions-nous pas gagner notre table ?

— Jules, personne ne va s'asseoir maintenant…

Il fit tinter son verre contre celui de Julia, but une gorgée.

— … Ce serait le plus sûr moyen de passer inaperçu !

Julia haussa les épaules. Il n'y prêta aucune attention et glissa de nouveau un bras autour de sa taille.

— Est-il vraiment indispensable que vous ayez toujours une main sur moi ? demanda-t-elle à voix basse.

— Non.

Mais il ne l'ôta pas pour autant.

— A présent, dites-moi, de qui aimeriez-vous faire la connaissance ?

Puisque la colère ne semblait avoir aucun effet dissuasif, elle tenta la froideur.

— Je n'ai aucun besoin de votre intermédiaire. Je me débrouillerai parfaitement par moi-même.

— Eve va m'arracher les yeux si je vous laisse seule…

Il la guida à travers le brouhaha des rires et des conversations.

— … D'autant plus qu'elle a décidé de parrainer la naissance d'une idylle.

Julia faillit s'étrangler avec le champagne.

— Je vous demande pardon ?

— Elle s'est mis en tête de multiplier les rencontres. Pour que nous finissions par nous plaire.

Julia pencha légèrement la tête avec une petite moue ironique.

— Quel dommage qu'il nous faille la décevoir.

— En effet, ce serait dommage d'en arriver là.

Voilà. Il était clair qu'ils allaient s'affronter. Elle lut du défi dans le regard de Paul, et sentit l'air se charger d'électricité. Quelle attitude adopter ? Il continua de sourire. Son regard descendit vers les lèvres de son compagnon, s'y attarda, sensation aussi troublante qu'un baiser.

— Je me demande ce qui se passerait si…

Une main se referma sur l'épaule de Paul.

— Paul ! Nom de nom, comment ont-ils réussi à t'attirer ici ?

— Victor !

Paul serra chaleureusement la main de Victor Flannigan.

— Il a suffi de deux jolies femmes.

— Il n'en faut pas plus.

Il se tourna vers Julia.

— Et voici l'une des deux, je présume.

— Julia Summers. Victor Flannigan.

— Je vous avais reconnu.

Victor prit la main que Julia lui tendait.

— Vous travaillez avec Eve, n'est-ce pas ?

— Oui.

Julia se souvenait parfaitement de ce moment d'intimité, de passion qu'elle avait surpris dans le jardin, au clair de lune.

— C'est pour moi un grand plaisir de faire votre connaissance, monsieur Flannigan. J'ai toujours admiré votre talent.

— Vous m'en voyez très soulagé, surtout si je dois faire l'objet d'une note en bas de page dans la biographie d'Eve.

— Comment va Muriel ? demanda Paul, faisant référence à l'épouse de Victor Flannigan.

— Elle n'est pas très bien. Je suis célibataire, ce soir.

Il brandit son verre et poussa un soupir.

— Club soda… Et je peux vous dire que ce genre de soirée n'est pas facile à affronter sans un remontant. Que pensez-vous de l'assemblée, mademoiselle Summers ?

— Il est encore trop tôt pour juger.

— Très diplomate, à ce que je vois. Eve m'avait prévenu… Bien, je vous reposerai la question dans une heure ou deux. Dieu sait ce qu'ils vont nous servir à dîner ! C'est trop que d'espérer du ragoût de bœuf aux pommes de terre. Oh, je ne supporte pas leur cuisine française !

Il surprit la lueur de connivence dans le regard de Julia, et sourit.

— On peut arracher le paysan à l'Irlande mais pas le paysan de l'Irlandais.

Il fit un clin d'œil à Julia.

— Je me mets sur les rangs pour une danse, tout à l'heure.

— J'en serai ravie.

— Alors, vos impressions ? demanda Paul lorsque Victor se fut éloigné.

— Les acteurs sont souvent moins impressionnants à la ville qu'à l'écran, mais, lui, c'est le contraire. Et pourtant, je me verrais bien assise au coin du feu à jouer aux cartes avec lui.

— Vous avez un excellent sens de l'observation…

Il posa un doigt sous son menton, leva son visage vers le sien.

— … Et votre colère vous a passé.

— Pas du tout. Je la garde en réserve.

Il rit et ce fut un bras amical, cette fois, qu'il glissa autour des épaules de Julia.

— Bon Dieu, Jules, je vous trouve de plus en plus de charme. Allons à la recherche de notre table. Peut-être parviendrons-nous à dîner avant 10 heures.

— Nom de nom, Drake, j'ai horreur qu'on me tarabuste.

Le ton était agacé mais Eve conservait un visage parfaitement serein. Elle ne tenait pas à ce qu'on colporte partout qu'on l'avait vue s'accrocher avec son attaché de presse.

— Je n'aurais pas besoin de te tarabuster si tu acceptais de me répondre…

Contrairement à sa tante, Drake n'était pas acteur. Il plongea le nez dans son verre, l'air courroucé.

— … Comment veux-tu que je m'occupe de la promotion d'un truc dont tu ne veux pas me dire un traître mot ?

— Pour l'instant, il n'y a rien à promouvoir.

Eve adressa un petit salut de la main à des relations assises à une table voisine, et sourit à Nina qui riait avec un groupe de personnes, plus loin, au centre du grand salon.

— De toute façon, si on dévoile à tout le monde le

contenu de ce livre, où est le suspense ? Il faut bien que les gens transpirent un peu !

Cette seule perspective la fit sourire. Elle avait vraiment envie que certains suent à grosses gouttes.

— Concentre-toi donc sur la promotion de mon projet pour la télévision.

— Les miniséries…

Eve fit la grimace. Elle ne supportait pas ce mot, c'était physique.

— Répands simplement la nouvelle qu'Eve Benedict prépare un « événement » télé.

— C'est mon travail de…

— … De faire ce que je te dis, trancha Eve. Ne l'oublie pas.

Elle termina son verre d'un geste sec.

— Va me chercher une autre coupe de champagne.

Non sans mal, et seulement parce qu'il connaissait l'importance des apparences, Drake se retint d'envoyer promener Eve. Il bouillait intérieurement lorsqu'il se leva. Il aperçut alors Julia et Paul qui traversaient la salle. Julia… Voilà comment il allait obtenir les informations que voulait Delrickio. C'était à elle qu'il les soutirerait.

— Ah, vous deux, enfin ! s'exclama Eve.

Elle tendit les mains. Julia les prit, sentit la petite saccade et comprit qu'Eve attendait d'elle qu'elle se penche, l'embrasse sur la joue. C'était ridicule mais elle s'exécuta.

— Paul…

Consciente que tous les regards s'étaient tournés vers eux, Eve répéta le petit cérémonial avec son beau-fils.

— Quel couple superbe vous faites, tous les deux.

Elle jeta un coup d'œil par-dessus son épaule.

— Drake, champagne pour tout le monde.

Julia surprit la crispation de la bouche, l'étincelle meurtrière dans le regard, aussitôt remplacées par un sourire éblouissant.

— Ravi de te voir, Paul, dit Drake. Julia, vous êtes superbe. Je vous demande un instant, le temps de jouer les serveurs.

— C'est vrai que vous êtes superbe, dit Eve. Paul vous a-t-il présentée ?

— Je n'en ai pas vu la nécessité, dit Paul.

Il s'assit, jeta un regard circulaire à la salle.

— Dès qu'ils la verront assise avec toi, Eve, ils sauront qui elle est et viendront se présenter d'eux-mêmes.

Il ne s'était pas trompé. Avant même que Drake soit revenu avec le champagne, le défilé avait commencé.

Pendant tout le dîner, Eve demeura assise, telle une reine tenant audience tandis que d'autres célébrités allaient de table en table, finissant toujours par prendre le chemin de son trône. Alors qu'on servait la crème brûlée, un homme énorme, le cheveu rare, s'approcha en se dandinant.

Anthony Kincaide, le deuxième mari d'Eve, ne s'avantageait pas en vieillissant. Ces vingt dernières années, il avait pris tant de poids qu'il ressemblait à un tas de graisse sanglé dans un smoking. Chaque respiration faisait trembler la masse de son estomac, tressauter ses bajoues et son triple menton. Et la pénible traversée de la salle avait donné à son visage une teinte cramoisie.

Lui, l'homme costaud et cultivé, metteur en scène de films majeurs, était devenu un obèse lamentable qui ne dirigeait plus que des films mineurs. L'essentiel de sa fortune s'était fait dans l'immobilier, au cours des années cinquante et soixante. Alors, paresseux avant tout, il se satisfaisait désormais de rester assis sur son confortable portefeuille… et de manger.

Le seul fait de le regarder fit frémir Eve. Dire qu'ils avaient été mariés cinq ans… !

— Tony…

— Eve.

Il s'appuya lourdement sur sa chaise, le temps que l'air se fraye un passage jusqu'à ses poumons.

— C'est quoi ces conneries que j'ai entendues à propos d'un livre ?

— Je l'ignore, Tony. Tu vas me le dire.

Elle se souvint alors qu'il avait eu de très beaux yeux, en son temps. Puis elle regarda sa main épaisse, ses doigts boudinés. Autrefois, il avait eu des mains solides, brusques et exigeantes. Des mains qui avaient exploré, savouré son corps.

— Tu connais Paul et Drake, dit-elle.

Elle attrapa une cigarette pour tromper la nausée qui montait en elle.

— Et voici Julia Summers, ma biographe.

Il se tourna vers Julia.

— Faites attention à ce que vous écrivez…

Le souffle lui était revenu et sa voix avait presque recouvré l'ampleur gutturale de sa jeunesse.

— … J'ai suffisamment d'argent et suffisamment d'avocats pour vous coller des procès jusqu'à la fin de votre vie.

— Ne la menace pas, Tony, dit Eve d'une voix tranquille.

Elle ne fut pas surprise de voir que Nina s'était approchée et se tenait à son côté, prête à la défendre.

— C'est grossier, ajouta-t-elle, lui soufflant délibérément une bouffée de fumée au visage. Et souviens-toi : Julia ne peut écrire que ce que je lui dis.

Il lui empoigna fermement l'épaule. Paul se levait déjà mais elle lui fit signe de se rasseoir.

— Ne t'aventure pas en terrain glissant, Eve, reprit Kincaide.

Il prit une bouffée d'air.

— Tu es trop vieille pour prendre des risques.

— Je suis trop vieille pour ne pas les prendre, corrigea-t-elle. Du calme, Tony, Julia n'écrira rien que la stricte vérité.

Elle leva sa coupe de champagne, certaine d'avoir l'épaule meurtrie le lendemain.

— La vérité ne blesse que ceux qui le méritent.

— Vérités ou mensonges, murmura-t-il, la tradition veut que l'on tue le messager.

Sur ces paroles, il s'éloigna, se frayant un passage dans la foule des invités.

— Ça va ? murmura Nina.

Et malgré le sourire affable qu'elle arborait en se penchant vers Eve, Julia lut l'inquiétude dans son regard.

— Bien sûr. Mon Dieu… quel être répugnant.

Eve posa sa coupe de champagne, fit la grimace devant la crème brûlée. Décidément, cette conversation lui avait coupé l'appétit.

— Difficile de croire qu'il y a trente ans, c'était un homme dynamique et intéressant, conclut-elle.

Elle regarda Julia et rit.

— Ah, je vois que l'écrivain gamberge déjà ! Nous parlerons de Tony, promit-elle en lui tapotant la main. Très bientôt.

L'esprit de Julia gambergeait, en effet. Elle écouta les conversations, observa les gens tandis que le Tout-Hollywood donnait son grand show. Anthony Kincaide était absolument furieux à l'idée qu'Eve puisse révéler leurs secrets conjugaux, se dit-elle. Et il s'était montré très menaçant. Ce qui — elle n'en doutait pas un instant — avait dû faire immensément plaisir à Eve…

Les réactions des hommes présents pendant cette conversation étaient aussi très instructives. On sentait que Paul aurait volontiers attrapé Kincaide par le col pour lui infliger une correction. Et ni l'âge ni la santé de l'obèse n'y auraient rien changé.

Drake s'était contenté d'observer, n'en perdant pas une miette. Le sourire au coin des lèvres. Julia avait l'impression qu'il n'aurait pas bougé, qu'il aurait continué de sourire même si Kincaide avait emprisonné de ses grosses pattes le cou d'Eve Benedict.

— Vous réfléchissez trop.

Julia sursauta.

— Pardon ?

— Vous réfléchissez trop, répéta Paul. Allons danser.

Il se leva, l'entraîna.

— Il paraît que, dès que je prends une femme dans mes bras, elle devient incapable de réfléchir.

— Comment réussissez-vous à loger votre ego dans ce smoking cintré ?

Ils rejoignirent les autres couples sur la piste de danse. Paul attira Julia contre lui.

— La pratique, répondit-il à sa perfide question. Des années de pratique.

Il lui sourit, ravi par la façon dont elle s'était glissée dans ses bras, excité par le fait que le décolleté de la robe plongeait si profondément dans le dos qu'en remontant imperceptiblement la main il pouvait caresser la peau de sa partenaire.

— Vous vous prenez trop au sérieux, ajouta-t-il.

Elle avait le profil le plus joli qui soit, songea-t-il. Ferme, le menton légèrement pointu. S'ils avaient été seuls, il n'aurait pas résisté à l'envie d'effleurer ses lèvres, de remonter jusqu'à l'oreille, de la mordiller doucement.

— Ici, au pays des rêves, il faut se laisser porter par le flot.

Julia ne voyait pas comment, sans perdre contenance, lui dire d'ôter sa main. Les doigts de Paul jouaient avec l'ourlet de son décolleté, faisant naître sur sa peau de petits frissons qui troublaient son assurance.

Elle savait ce que c'était, de désirer un homme. Et elle ne voulait plus s'y laisser prendre.

— Pourquoi restez-vous à Hollywood ? demanda-t-elle. Vous pourriez écrire n'importe où.

— L'habitude…

Il jeta un coup d'œil vers leur table.

— … Et Eve.

Lorsque Julia voulut poser une autre question, il secoua la tête.

— Je ne dois pas m'y prendre comme il faut puisque vous trouvez encore le moyen de réfléchir.

Cette fois, il l'attira plus près et elle dut tourner la tête pour éviter sa bouche.

— Vous me rappelez un après-midi où j'ai pris le thé sur la terrasse d'un manoir dans la campagne anglaise. C'était dans le Devon, je crois.

— Pourquoi ?

— Votre parfum.

Cette fois, de ses lèvres, il effleura son cou, faisant courir un long frisson à travers tout son corps.

— Erotique, aérien, étrangement envoûtant.

— Pure imagination, murmura-t-elle, prise d'une irrésistible envie de fermer les yeux. Je ne suis rien de tout cela.

— D'accord. Une mère seule qui travaille beaucoup et possède un esprit essentiellement pratique… Pourquoi avez-vous étudié la poésie à l'université, alors ?

— Parce que ça me plaisait. La poésie satisfait mon esprit rationnel, parce que c'est une discipline.

— C'est également de l'émotion…

Il s'écarta pour la regarder.

— Vous êtes une tricheuse, Jules. Une tricheuse fascinante et complexe.

Avant qu'elle ait eu le temps de songer à une réponse, Drake s'approchait, tapait sur l'épaule de Paul.

— Tu ne vois pas d'inconvénient à partager ?

— Si.

Mais en même temps qu'il disait cela, Paul s'écarta.

— Comment se passe l'installation ? demanda Drake, dès que ses pas se furent ajustés à ceux de Julia et au rythme avec la musique.

— Très bien.

Julia se sentit immédiatement soulagée. Comment avait-elle pu oublier que, d'un homme à l'autre, les sensations changent radicalement… ?

— Eve me dit que vous avancez à grands pas. Elle a vraiment eu une vie incroyable, n'est-ce pas ?

— Oui, la raconter noir sur blanc est un véritable défi.

Il la faisait tourner avec élégance, souriant et saluant des connaissances au passage.

— Sous quel angle allez-vous aborder les choses ?

— Sous quel angle ?

— Oui, chacun de nous a son point de vue.

Surtout lui… songea Julia.

— Les biographes sont en général des écrivains très directs, répondit-elle. Sans détours.

— Parlons du ton, alors. Retracerez-vous la vie d'une star, année après année ?

— Il est un peu tôt pour le dire, mais je crois que j'adopterai l'approche la plus simple : la vie d'une femme qui a choisi une carrière exigeante et atteint le succès — un succès qui dure. Le fait qu'Eve occupe encore une position importante dans le monde du cinéma après cinquante ans de carrière en dit très long.

— Vous avez donc l'intention de mettre l'accent sur sa vie professionnelle.

— Non.

A présent, Julia en avait la certitude : Drake cherchait à lui arracher des informations. Prudemment mais sûrement.

— Sa vie professionnelle et sa vie privée sont étroitement liées. Ses liaisons, sa famille… tout est important. Je vais utiliser non seulement les souvenirs d'Eve, mais également des documents, des interviews de ceux dont elle a été ou est encore proche…

— Vous voyez, Julia, reprit alors Drake, j'ai un problème. Si vous pouviez me tenir informé de la progression du livre, sur sa teneur… au fur et à mesure…, cela me permettrait de planifier les communiqués de presse, de prévoir la publicité, les opérations de promotion…

Il lui décocha son plus beau sourire.

— Nous voulons tous que ce livre fasse un énorme succès.

— Bien entendu. Je crains toutefois de ne pas avoir grand-chose à vous dire pour l'instant.

— Mais vous coopérerez à mesure que le livre prendra forme ?

— Dans la mesure du possible.

La soirée avançait et Julia mit fin à la conversation. L'ingénue se réveilla en elle et elle fut bouleversée lorsque Victor Flannigan la fit danser — premier d'une série de héros de l'écran qui se succédèrent pour l'inviter.

Il y avait des dizaines d'impressions et d'observations qu'elle avait envie de noter avant que la soirée ne s'évanouisse tel un rêve. Et c'est fatiguée mais aussi plus détendue qu'elle ne l'aurait cru possible, qu'elle se glissa dans la voiture de Paul à 2 heures du matin.

— Vous vous êtes bien amusée, n'est-ce pas ?

Elle haussa les épaules. Elle n'allait pas le laisser lui gâcher la soirée avec son ironie.

— Oui. Et alors ?

— C'était une constatation, pas une critique.

Il lui jeta un coup d'œil. Elle avait les yeux mi-clos et un léger sourire flottait sur ses lèvres. Le moment semblait mal choisi pour lui poser les questions qu'il avait envie de poser. D'autres occasions se présenteraient… Il la laissa sommeiller jusqu'à l'arrivée.

Lorsqu'il gara la voiture devant la maison, Julia dormait profondément. Il poussa un petit soupir, sortit un cigarillo et le fuma en observant la jeune femme.

Julia Summers était une sorte de défi. Un véritable paradoxe. Mais Paul adorait éclaircir les mystères. Il avait voulu approcher cette femme, s'assurer que les intérêts d'Eve étaient bien protégés. Et puis…

Il sourit, jeta son cigarillo par la vitre. Après tout, aucune loi n'interdisait de profiter de ce rapprochement.

Il caressa les cheveux de Julia. Elle murmura dans son sommeil. Il laissa un doigt glisser le long de sa joue. Elle poussa un soupir.

Une violente émotion l'assaillit soudain, le prenant totalement au dépourvu. Il s'écarta, tenta de comprendre. Puis, comme toujours, il fit ce qu'il avait envie de faire et posa les lèvres sur celles de Julia.

Douces, accueillantes, elles s'abandonnèrent à sa caresse, s'entrouvrirent lorsqu'il en dessina le contour du bout de la langue. Il sentait son souffle, à présent, il en goûtait la douceur sur ses lèvres. Son désir s'éveilla. Ses mains avaient envie de toucher, de prendre… Mais il existait des règles qu'il ne fallait pas enfreindre.

Julia rêvait, un rêve merveilleux. Elle flottait sur un fleuve, paisiblement, dérivant avec le courant, sommeillant dans l'onde bleue et fraîche. Le soleil descendait sur elle en longs rayons dorés, chauds, bienfaisants.

Son esprit, embrumé par la fatigue et le champagne, ne fit qu'un faible effort pour dissiper le brouillard. Elle était si bien dans ce rêve…

Mais le soleil dardait plus violemment ses rayons, le courant s'accélérait. La fièvre la gagnait, faisait frissonner son corps.

Paul sentit les lèvres de Julia s'entrouvrir sous les siennes. Elle poussa un petit gémissement. Sans hésiter, il pénétra la douceur de sa bouche, mêla sa langue à celle de la jeune femme, perdant soudain toute réserve lorsqu'elle répondit à son baiser. Ivre de désir, il approfondit encore son baiser.

Julia s'éveilla brusquement, interdite, choquée.

— Que faites-vous ?

Elle s'écarta, le repoussa d'un geste violent, indigné. Lorsque de la main elle lui frappa la poitrine, il se rendit compte qu'elle avait beaucoup plus de force qu'il n'y paraissait.

— Je satisfais ma curiosité, répondit-il, et je nous précipite tous les deux dans les ennuis.

Elle attrapa sa pochette mais résista à l'envie de la lui jeter à la figure. Les paroles porteraient davantage.

— J'ignorais que vous étiez à ce point en manque. Ou tellement cynique. Il faut être tordu, en tout cas, pour embrasser une femme de force pendant qu'elle dort.

Un éclair de colère traversa le regard de Paul. Lorsqu'il parla, sa voix était faussement calme.

— De force ? Nous en étions loin… Mais il y a peut-être du vrai dans ce que vous dites.

Il la prit par les épaules, l'attira contre lui.

— Seulement maintenant, vous êtes réveillée.

Cette fois, il ne fut plus question de douceur, de séduction. Il prit sa bouche en un baiser violent, exigeant, qui disait tout de sa colère, de sa frustration. Le désir enflamma le corps de Julia telle une coulée de lave.

Elle avait envie de lui. Elle se rappelait ce que c'était, désirer vraiment un homme. Avoir soif de lui comme on a soif d'eau. Ses défenses soudain brisées, elle était assaillie par les sensations les plus folles — désirs oubliés, enfouis. Bouleversée, si faible tout à coup, elle se cramponna à lui… mais pour mieux s'abîmer dans ce baiser, s'y abandonner tout entière.

Elle avait refermé les bras autour de son cou, les enlaçant fermement l'un à l'autre. Et sa bouche, sa bouche était chaude, impatiente, fiévreuse.

Paul sentait frissonner le corps de Julia contre le sien, et trembler son souffle. Il oublia sa colère et la frustration fut soudain balayée par la violence de la passion, ne laissant subsister que le désir.

Il enfouit les doigts dans ses cheveux, serra très fort. Il la voulait ici, sur le siège de la voiture. Il se sentait soudain comme un adolescent maladroit, impatient de prendre. Un homme en train de perdre la tête, de se précipiter dans l'inconnu.

— Venez…

Le sang battait dans ses tempes tandis que les lèvres de Julia, fébriles, parcouraient son visage.

— Laissez-moi vous emmener au lit.

Lorsqu'il effleura son cou, lorsque ses dents en mordillèrent doucement la chair, elle faillit crier de désir. Mais elle se retint, lutta. Elle s'était toujours montrée responsable, maîtresse d'elle-même, prudente.

— Non, dit-elle très vite.

Elle appela au secours les années difficiles, les souvenirs douloureux.

— Je ne veux pas.

Il prit son visage entre ses mains.

— Vous mentez très mal, Julia.

Il fallait qu'elle reprenne le contrôle. Elle le regarda fixement. Il était trop dangereux, trop séduisant dans la lumière du clair de lune. Téméraire, irrésistible.

— Je ne veux pas de tout cela, dit-elle.

Elle attrapa la poignée de la portière, mais s'y reprit à deux fois avant de parvenir à l'ouvrir.

— Vous avez fait une erreur, Paul.

Elle traversa la petite pelouse et entra dans la maison.

— C'est évident, murmura-t-il.

Une fois la porte fermée, Julia s'y adossa. Elle ne pouvait se précipiter à l'étage dans cet état. Elle inspira plusieurs fois à fond pour calmer les battements désordonnés de son cœur, éteignit la lumière que CeeCee avait laissée allumée pour elle et monta l'escalier. Elle jeta un coup d'œil dans la chambre d'amis — CeeCee dormait. Puis elle entra dans la chambre où se trouvait son fils, en face.

Cela suffit à la calmer, à la rassurer. Elle avait fait le bon choix en se refusant à Paul. Les désirs, même les plus tumultueux, ne lui feraient jamais mettre en péril ce qu'elle avait construit. Il n'y aurait pas de Paul Winthrop dans sa vie. Pas d'amants persuasifs qui séduisent, envoûtent et vous laissent tomber ensuite.

Elle prit le temps de border Brandon, de tendre consciencieusement les couvertures avant de gagner sa chambre.

Lorsqu'elle se mit à trembler de nouveau, elle jura, lança

violemment sa pochette sur le lit. La pochette glissa et son contenu se répandit sur le sol. Julia résista à l'envie de balancer un coup de pied, d'éparpiller les objets aux quatre coins de la pièce. Elle s'accroupit, récupéra le poudrier, le peigne, le petit portefeuille plat.

Et le papier plié.

Etrange… elle ne se souvenait pas d'avoir mis un quelconque papier dans sa pochette… Elle le déplia et il lui fallut l'appui du lit pour ne pas chanceler.

NE FONCEZ PAS DANS LE BROUILLARD.

Julia abandonna le contenu du sac sur le sol et s'assit sur le lit. Que signifiait tout cela ? Et qu'allait-elle faire ?

7

Brandon partait pour l'école. Julia l'accompagna à la porte, rassurée de le voir s'installer dans la discrète Volvo noire avec Lyle au volant. Elle le savait en sécurité, avec Lyle.

De toute façon, il n'y avait aucune raison de s'inquiéter. Voilà ce qu'elle n'avait cessé de se répéter tout au long d'une nuit très agitée. Deux messages ridicules ne pouvaient représenter une réelle menace, ni pour elle ni pour Brandon. Tout de même… elle se sentirait mieux dès qu'elle aurait élucidé ce mystère. Ce qu'elle entendait faire sans tarder.

Elle songea soudain à l'impression étrange qu'elle éprouvait à voir son petit garçon s'en aller vers son école, ses jeux, un monde sur lequel elle n'avait aucune prise.

Lorsque la voiture eut disparu, elle referma la porte sur l'air frais du matin. CeeCee chantait gaiement au son de la radio tout en mettant de l'ordre dans la cuisine. C'étaient des bruits heureux, les assiettes qui s'entrechoquent, cette voix jeune, pleine d'entrain, rivalisant avec celle de Janet Jackson.

Elle gagna la cuisine pour se resservir du café.

— C'était un petit déjeuner génial, madame Summers.

Les cheveux relevés en queue-de-cheval, CeeCee frottait énergiquement l'évier en battant la mesure du dernier succès au hit-parade.

— Je n'arrive pas à imaginer que quelqu'un comme vous puisse faire la cuisine.

Le regard encore ensommeillé, Julia remplit sa tasse.

— Quelqu'un comme moi ?

— Oui, célèbre et tout.

Julia sourit. C'était si agréable de pouvoir oublier un instant ses soucis.

— Presque célèbre. Ou célèbre parce qu'on m'a vue avec Eve, la nuit dernière.

Grands yeux bleus écarquillés, visage fraîchement savonné, CeeCee poussa un soupir.

— Comment c'était ?

Julia se revit dansant avec Paul, se réveillant, bouleversée, ses lèvres pressant follement les siennes. Oui, elle avait soudain senti battre en elle un désir insensé, comme un tempo entêtant.

— C'était… inhabituel.

— Vous ne trouvez pas M. Winthrop sublime ? Chaque fois que je lui parle, j'ai la gorge sèche, les mains moites.

Elle ferma les yeux, rinça son éponge.

— Il est trop génial.

— C'est le genre d'homme qu'il est difficile de ne pas remarquer, dit Julia avec une petite pointe d'ironie.

— Vous pouvez le dire. Les femmes sont folles de lui. Je ne crois pas l'avoir jamais vu deux fois avec la même. Monsieur séduction, vous connaissez ?

— Humm.

Julia avait déjà son opinion sur le genre d'homme qui passe aussi facilement d'une femme à l'autre.

— Il semble très attaché à Miss Benedict.

— Oui, très. Je crois qu'il ferait n'importe quoi pour elle, sauf se fixer et lui donner les petits-enfants dont elle a tant envie.

CeeCee rejeta en arrière quelques mèches folles.

— C'est drôle, non, d'imaginer Miss B. grand-mère ?

Drôle n'était pas le mot qui serait venu à l'esprit de Julia. Incroyable, lui paraissait plus approprié.

— Depuis combien de temps travaillez-vous pour elle ?

— Vraiment, depuis deux ans. Mais du plus loin que je me souvienne, j'ai toujours été dans les parages. Je venais voir Tante Dottie le week-end et l'été.

— Tante Dottie ?

— Travers.

— Travers ?

Comment imaginer le moindre lien entre cette gouvernante sévère et méfiante et la si expansive CeeCee ?

— C'est votre tante ?

— Oui, la sœur aînée de mon père. Travers est une sorte de nom de scène. Je crois qu'elle a été actrice dans les années cinquante. Mais elle n'a jamais percé. Elle travaille depuis toujours pour Miss Benedict. C'est étrange quand on pense qu'elles ont été mariées au même homme.

— Je vous demande pardon ?

— Anthony Kincaide, expliqua CeeCee. Vous savez, le metteur en scène. Tante Dottie était sa femme, avant Eve.

CeeCee aperçut soudain l'heure à la pendule. Elle bondit littéralement de l'évier auquel elle était adossée.

— Oh ! là ! là ! il faut que j'y aille. J'ai cours à 10 heures.

Elle fila en trombe vers le salon pour récupérer son sac et ses livres.

— Je passerai demain changer les draps. Ça vous dérange si j'amène mon petit frère ? Il a très envie de faire la connaissance de Brandon.

Julia acquiesça d'un signe de tête, encore tout étonnée de ce qu'elle venait d'apprendre.

— Pas du tout. Nous serons ravis de l'avoir avec nous.

CeeCee lui lança un sourire par-dessus l'épaule tout en courant vers la porte.

— Vous n'en direz peut-être plus autant au bout d'une heure ou deux.

Lorsque la porte claqua, Julia était déjà perdue dans ses réflexions. Anthony Kincaide. Cette montagne de chair aigrie avait donc été mariée à la superbe Eve et à cette gouvernante si peu communicative. La curiosité lui fit traverser le salon en trombe, se précipiter dans la pièce qu'elle avait provisoirement transformée en bureau pour consulter ses documents. Pendant quelques minutes, elle pesta, cherchant en vain ce qui ne se trouvait jamais à la place où elle l'avait laissé.

Elle allait s'organiser, jura-t-elle, implorant tous les saints de la terre. Dès qu'elle aurait trouvé ce qu'elle cherchait, elle passerait une heure… bon, disons, un quart d'heure, à tout mettre en ordre. Elle en faisait le serment.

Visiblement, les saints l'avaient entendue. Elle bondit, poussant un cri de joie. Le *Who's Who* était là. Elle le feuilleta rapidement et lut : *Anthony Kincaide. Né à Hackensack, New Jersey le douze novembre 1920…* Julia passa sur le compte rendu de ses œuvres, les succès, les échecs. *Epouse Margaret Brewster en 1942, deux enfants, Anthony Jr et Louise. Divorce en 1947. Epouse Dorothy Travers en 1950, un enfant, Thomas, décédé. Divorce en 1953. Epouse Eve Benedict en 1954. Divorce en 1959.*

Il y avait encore deux autres mariages, mais ils n'intéressaient pas Julia. Il était infiniment plus passionnant de se pencher sur l'histoire de cet étrange trio. Dorothy Travers, ce nom lui disait vaguement quelque chose, avait été mariée trois ans avec Anthony Kincaide et elle lui avait donné un fils. Un an après leur divorce, Kincaide avait épousé Eve. Aujourd'hui, Travers travaillait comme gouvernante chez Eve.

Comment deux femmes qui avaient partagé le même homme pouvaient-elles partager la même maison ?

C'était une question qu'elle avait l'intention d'élucider. Mais auparavant, elle voulait montrer à Eve les messages qu'elle avait reçus. Elle espérait une réaction, et peut-être une explication. Julia repoussa le livre, oubliant déjà les pauvres saints à qui elle avait juré de mettre de l'ordre.

Quinze minutes plus tard, Travers lui ouvrait la porte. Comment la gouvernante au visage renfrogné, au corps lourd, avait-elle pu attirer le même homme que l'époustouflante Eve au corps de déesse ?

— Dans la salle de gym, marmonna Travers.

— Pardon ?

— Dans la salle de gym, répéta-t-elle, la précédant avec la mauvaise grâce qui lui était habituelle.

Elle tourna dans l'aile Est, longea un couloir aux murs ornés de niches contenant chacune une statue d'Erté. Sur la droite se trouvait une immense fenêtre en demi-cercle donnant sur la cour centrale. Julia aperçut le jardinier, avec ses grosses lunettes et son casque sur les oreilles, en train de tailler les haies.

Au bout du couloir se trouvait une double porte peinte d'un bleu éclatant. Travers ne prit pas la peine de frapper. Elle poussa l'un des battants avec énergie. Le couloir résonna aussitôt d'une musique vive, dynamique, ponctuée par les protestations d'Eve.

Julia n'aurait jamais songé à utiliser un terme aussi modeste que salle de gym pour désigner cet endroit. Malgré les divers appareils, les bancs de musculation, le mur tout en miroir et la barre pour les exercices, la pièce était d'une grande élégance. Un palais de la forme, plutôt, songea Julia, observant le plafond haut décoré de silhouettes élancées style Art déco. La lumière pénétrait par trois vitraux magnifiques, projetant à l'intérieur tout l'éventail des couleurs de l'arc-en-ciel. Non, pas un palace, corrigea Julia. Plutôt un temple érigé au dieu tyrannique de l'effort.

Le sol était de bois superbement ciré et un bar de verre fumé, comprenant également réfrigérateur et four à micro-ondes, occupait l'un des murs. La musique coulait à flots par les enceintes high-tech flanquées de jardinières de bégonias et d'énormes ficus.

Auprès d'Eve allongée sur un banc de musculation en train de faire des abdominaux, se trouvait Monsieur Muscles. Julia le fixa, fascinée. Il devait mesurer à peu près deux mètres, dieu nordique au corps de bronze moulé dans un justaucorps très minimaliste. L'unique bande de stretch blanc enveloppait le bas de son torse luisant, emprisonnait ses hanches, moulait étroitement ses fesses hypermusclées.

Ses cheveux dorés étaient tirés en arrière en queue-de-cheval, ses yeux bleu glacier souriaient à Eve, l'encourageaient tandis qu'elle ponctuait ses efforts de jurons.

— Nom de Dieu, Fritz, c'est assez !

— Encore cinq, Beauté, dit-il dans un anglais parfait, musical, qui fit danser dans l'esprit de Julia des images de lacs de montagne et de torrents.

— Tu vas me tuer.

— Je vous muscle.

Tandis qu'Eve terminait le dernier mouvement en haletant, il posa son énorme main sur sa cuisse, la tâta.

— Vous avez la tonicité musculaire d'une femme de trente ans.

Puis il lui donna deux ou trois petites tapes affectueuses sur la fesse.

Eve s'effondra, en nage.

— Si jamais je remarche un jour, je te fiche un coup de pied dans ton énorme machin.

Il rit, lui donna encore une petite tape, puis sourit à Julia.

— Salut.

Elle eut du mal à avaler sa salive. La dernière remarque d'Eve lui avait fait instinctivement baisser le regard et elle avait pu constater par elle-même que l'adjectif n'avait rien d'exagéré.

— Je suis désolée. Je ne voulais pas vous interrompre.

Eve parvint à ouvrir les yeux. Si elle en avait eu l'énergie, elle aurait ri. La plupart des femmes avaient cet air stupéfait, complètement ahuri, la première fois qu'elles voyaient Fritz. Elle était heureuse que Julia ne fasse pas exception.

— Dieu merci, vous voilà, Travers. Servez-moi quelque chose de très froid et mettez un peu d'arsenic dans le verre de Fritz.

Il rit de nouveau, un rire profond, gai, qui faisait fi de tout ce qu'Eve pouvait inventer comme injures.

— Vous buvez un petit peu et nous travaillons les bras. Vous n'avez pas envie que votre peau pende comme celle d'un poulet ?

— Je peux revenir plus tard, dit Julia tandis qu'Eve se tournait.

— Non, restez. Il a presque fini de me torturer. N'est-ce pas, Fritz ?

— Pratiquement.

Il prit le verre que Travers lui tendait et l'avala d'un trait. Eve s'épongeait le visage et il observa Julia. Elle se sentit brusquement mal à l'aise. Son regard avait la même expression que celui de Brandon devant un morceau de pâte à modeler.

— Vous avez de bonnes jambes. Vous vous entraînez ?

— Euh, non.

Une faute impardonnable en Californie. On avait pendu des gens pour moins que ça. Peut-être devrait-elle s'excuser, songeait Julia lorsqu'il s'approcha et se mit à lui tâter les bras.

— Maigrichons.

Elle resta bouche bée lorsqu'il passa la main sur son estomac.

— Bons abdominaux. Nous pouvons faire quelque chose pour vous.

— Merci.

Il avait une poigne d'acier et elle ne tenait pas à le contrarier.

— Mais je n'ai vraiment pas le temps.

— Vous devez le trouver pour vous occuper de votre corps, dit-il d'un ton tellement sérieux qu'elle ravala un rire nerveux.

— Venez lundi. Nous démarrerons le programme.

— Je ne pense vraiment pas que…

— Excellente idée, s'exclama Eve. J'aurai au moins de la compagnie pendant qu'on me torturera.

Elle fit la grimace lorsque Fritz installa les poids sur la barre pour lui faire travailler les bras.

— Asseyez-vous, Julia. Vous pouvez me parler, cela me fera oublier mes souffrances.

— Lundi, tu peux toujours courir, marmonna Julia.

— Pardon ?

Elle sourit tandis qu'Eve se mettait en position pour l'exercice suivant.

— Je me demandais seulement si ce temps allait durer.

Eve, qui avait parfaitement entendu ce qu'elle avait dit la première fois, se contenta de hausser un sourcil.

— C'est bien ce que j'avais compris.

Lorsqu'elle fut en place, Eve prit une grande inspiration et descendit la barre sur sa poitrine avant de la remonter de nouveau.

— La soirée vous a plu hier ?

— Oui, beaucoup.

— Qu'elle est polie !

Elle lança un petit sourire à Fritz.

— Ce n'est pas elle qui vous injurierait comme je le fais.

Julia vit les muscles d'Eve se contracter sous l'effort, la transpiration perler de nouveau.

— Détrompez-vous.

Eve rit malgré l'effort qui lui coupait le souffle.

— Vous voyez, Julia, le problème d'être belle c'est que les gens sont à l'affût du moindre défaut et se réjouissent lorsqu'ils en trouvent. Alors, il faut se maintenir en forme.

Tendue dans l'effort, Eve inspira et souffla au rythme de la contraction et de la détente de ses muscles.

— C'est une véritable religion. Je suis déterminée à faire de mon mieux pour préserver le corps que Dieu et les chirurgiens m'ont donné. Et pour ne donner à personne la satisfaction de dire : elle était belle… à une époque.

Elle se tut, lança un chapelet de jurons. Ses bras tremblaient.

— Il y a des gens qui prétendent ne pouvoir se passer de ce genre de torture. A mon avis, ils ne tournent pas rond. J'en ai encore combien, Fritz ?

— Vingt.

— Salaud.

Mais elle ne ralentit pas la cadence.

— Quelles sont vos impressions sur la soirée d'hier ?

— Qu'une très forte proportion des gens présents se souciaient davantage de la publicité que leur ferait l'événement que de l'événement en lui-même. Que le nouvel Hollywood n'aura jamais la classe de celui d'autrefois. Et qu'Anthony Kincaide est un homme déplaisant et potentiellement dangereux.

— Je me demandais si vous seriez subjuguée. Apparemment non. Combien encore, salopard ?

— Cinq.

Eve les fit en jurant de plus belle, haletant comme une femme en train d'accoucher. Plus ses jurons devenaient haineux, plus le sourire de Fritz s'épanouissait.

— Attendez-moi ici, ordonna-t-elle à Julia.

Elle se leva en gémissant et disparut par une porte.

— C'est une femme très belle, dit Fritz. Et forte.

— Oui.

Julia s'imaginait à sa place, en train de soulever des poids à soixante ans passés et elle fut parcourue d'un frisson. Elle accepterait son corps comme il serait et elle l'aimerait.

— Vous ne croyez pas que tout cela est un peu trop pour son âge ?

Fritz haussa un sourcil et jeta un coup d'œil vers la porte par laquelle Eve venait de sortir. Si elle avait entendu cela, il savait qu'elle ne se serait pas contentée de jurer.

— Pour quelqu'un d'autre, oui, peut-être. Pas pour Eve. Je suis son professeur particulier. Le programme que je lui ai fait est adapté à son corps, son esprit, son mental. Les trois sont forts.

Il s'avança vers la fenêtre où se trouvaient une table de massage et une étagère couverte de flacons d'huiles et de lotions.

— Pour vous, je mettrai au point quelque chose de différent.

Julia s'empressa de changer de sujet.

— Depuis combien de temps êtes-vous son professeur particulier ?

— Cinq ans.

Après avoir choisi ses huiles, il changea la musique avec la commande à distance, passant à un morceau de musique classique très douce.

— Grâce à elle, je me suis fait une clientèle importante. Mais si je ne devais m'occuper que d'une seule personne, ce serait d'Eve.

Il avait prononcé son nom avec respect, vénération presque.

— Elle donne envie de lui être fidèle.

— C'est une grande dame.

Fritz passa une minuscule bouteille sous son nez et Julia lui trouva le même air un peu stupide que le taureau Ferdinand lorsqu'il respire des fleurs.

— C'est vous qui écrivez son livre.

— Oui.

— N'oubliez pas de dire que c'est une grande dame.

Eve reparut, drapée dans un peignoir blanc, les cheveux humides, le teint rose, éclatant. Sans un mot, elle s'approcha de la table, se dévêtit sans la moindre gêne et s'étendit à plat ventre. Fritz drapa pudiquement une serviette autour de ses hanches et se mit au travail.

— Après l'enfer, le paradis, soupira Eve.

Elle posa son menton sur ses mains. Son regard croisa celui de Julia.

— Vous pourrez ajouter que je me soumets à cet horrible supplice trois fois par semaine. Et que si j'en déteste chaque seconde, je sais que c'est grâce à cela que mon corps demeure suffisamment beau pour que Nina se voie obligée de refuser chaque année les offres de *Play-boy* et ma résistance suffisamment grande pour que je puisse tourner jusqu'à douze heures d'affilée sans m'effondrer. J'enlèverai Fritz lorsque j'irai tourner en extérieurs en Géorgie. Il n'y a pas un homme au monde qui ait ses mains.

Le compliment fit rougir Fritz comme un gamin.

Tandis que les mains en question massaient, détendaient les muscles d'Eve, Julia centra la conversation sur la santé, l'exercice, les habitudes quotidiennes. Puis elle attendit patiemment pendant qu'Eve renfilait son peignoir et échangeait un baiser très ardent et très intime avec son professeur. Julia songea à la scène qu'elle avait surprise dans le jardin. Comment une femme aussi amoureuse d'un homme pouvait flirter aussi effrontément avec un autre ?

— A lundi, dit-il, adressant un petit signe de tête à Julia avant d'enfiler son survêtement. Nous démarrerons le programme.

— Elle sera au rendez-vous, lança Eve, avant que Julia ait eu le temps de décliner poliment l'invitation.

Elle arborait un grand sourire lorsque Fritz jeta son sac de sport sur l'épaule et sortit.

— Considérez cela comme faisant partie de votre recherche, dit-elle. Bon, comment l'avez-vous trouvé ?

— Pourquoi, j'avais l'air béate d'admiration ?

— Un peu seulement.

Eve fit jouer ses muscles souples, puis elle sortit un paquet de cigarettes de la poche de son peignoir.

— Seigneur, je mourais d'envie d'en fumer une. Je n'ai pas le cœur, ou peut-être pas le cran, de fumer devant Fritz. Préparez-nous quelque chose à boire, vous voulez bien ? Avec beaucoup de champagne pour moi.

Tandis que Julia se levait, Eve tira une longue bouffée de sa cigarette.

— Pour aucun autre homme au monde je renoncerais à ça, même pour quelques heures.

Elle exhala une autre bouffée lorsque Julia lui tendit son verre. Puis elle partit d'un rire spontané comme si elle s'amusait de quelque chose de personnel.

— Plus je vous connais, plus je trouve facile de lire en vous, Julia. En ce moment précis, vous vous efforcez de ne pas juger, mais vous vous demandez comment je peux justifier d'une aventure avec un garçon qui pourrait être mon fils.

— Juger ne fait pas partie de mon travail.

— Non, en effet. Et vous êtes absolument déterminée à faire votre travail et rien que votre travail. Pour votre information, sachez que je ne chercherais même pas à me justifier d'une telle chose, je profiterais, c'est tout. Mais il se trouve que je n'ai pas d'aventure avec cette magnifique bête, et cela parce qu'il n'y a pas plus homo que lui.

Elle rit de nouveau et but une gorgée de son cocktail.

— Vous êtes choquée à présent et vous vous en voulez de l'être.

Mal à l'aise, Julia but une gorgée.

— Le but de l'opération, c'est que j'explore vos sentiments, pas vous les miens.

— Ça marche dans les deux sens.

Eve quitta la table de massage pour se lover tel un chat dans les coussins d'un gros fauteuil en rotin.

Son corps était souple comme une liane, chacun de ses mouvements d'une grâce, d'une séduction toute féminine. Julia songea que la jeune Betty Berenski avait parfaitement choisi son nom. Elle était toutes les femmes, aussi atemporelle et mystérieuse que la première.

— Avant que ce livre ne soit terminé, nous nous connaîtrons aussi bien qu'il est possible de se connaître, vous et moi. Plus intimement que des amants, encore mieux qu'un parent et son enfant. Lorsque nous aurons appris à nous faire mutuellement confiance, vous en comprendrez la raison.

Désireuse de ramener les choses sur le terrain professionnel, Julia sortit son magnétophone et son bloc.

— Quelles raisons aurais-je de ne pas vous faire confiance ?

Eve sourit à travers un voile de fumée. Des secrets qui ne demandaient qu'à être cueillis, tels des fruits mûrs, brillaient dans ses yeux.

— Quelles raisons, en effet ? Allez-y, Julia, posez les questions qui foisonnent dans votre tête. Je suis d'humeur à y répondre.

— Anthony Kincaide. Pourquoi ne m'avez-vous pas dit comment vous l'aviez connu, épousé et comment sa seconde femme était passée des rôles dans des films de série B à une place de gouvernante chez vous ?

Eve ne répondit pas. Elle fuma un instant en silence, perdue dans ses pensées.

— Vous avez questionné CeeCee.

Il y avait une petite pointe d'agacement dans la voix, ce qui ne fut pas pour déplaire à Julia. Peut-être parviendraient-elles à un certain degré de confiance et d'intimité, mais ce serait d'égale à égale.

— Je lui ai parlé, tout simplement. S'il y avait quelque chose que vous ne vouliez pas qu'elle me dise, il fallait le lui signaler.

Eve demeura silencieuse et Julia se mit à frapper son bloc du bout de son crayon.

— Elle m'a dit qu'elle était souvent venue ici lorsqu'elle était enfant, rendre visite à sa tante Dottie. Naturellement, j'ai appris qui était Tante Dottie.

— Et vous avez approfondi la question.

— Cela fait partie de mon travail d'exploiter les informations, répondit Julia, assez contente de voir grandir l'irritation d'Eve. C'était peut-être un peu mesquin, mais très satisfaisant de savoir qu'elle était finalement parvenue à ouvrir une brèche dans cette garde sans faille.

— Il vous suffisait de me poser la question.

— C'est très précisément ce que je suis en train de faire.

Julia inclina légèrement la tête. A la fois un défi et une façon de dire qu'elle était prête à se défendre.

— Si vous vouliez garder des secrets, vous n'avez pas choisi la bonne biographe. Je ne travaille pas avec des œillères.

— C'est mon histoire, rétorqua Eve, lui décochant un regard tranchant comme un rasoir.

Julia sentit la morsure du fil mais refusa d'esquiver.

— En effet. Toutefois c'est vous qui avez choisi qu'elle devienne également la mienne.

Julia avait enfoncé ses dents dans la chair et elle maintenait sa proie, la mâchoire serrée tel un étau. C'était sa volonté contre celle d'Eve et la partie était rude. Elle avait l'impression d'avoir des braises dans l'estomac tant la brûlure était intense.

— Si vous voulez quelqu'un qui applaudisse pendant que vous tirerez les ficelles, autant mettre tout de suite un terme à notre collaboration. Je rentre dans le Connecticut et nous laissons à nos avocats le soin de régler l'affaire.

Julia se levait déjà.

— Asseyez-vous.

La voix d'Eve tremblait de colère.

— Asseyez-vous, nom de nom. Vous avez dit ce que vous aviez à dire, j'ai compris.

Julia eut un petit signe de tête entendu et se réinstalla.

Elle glissa discrètement la main dans sa poche et dégagea du rouleau une pastille pour l'estomac.

— Je préférerais que ce soit vous qui disiez ce que vous avez à dire. Mais cela me semble peu probable si vous bloquez chaque fois que je touche à quelque chose qui vous gêne.

Eve demeura un moment silencieuse, la colère cédant malgré elle le pas à un respect certain pour Julia.

— Je ne suis pas née d'hier, dit-elle finalement. J'ai l'habitude de faire les choses comme je l'entends. Nous verrons, Julia. Nous verrons s'il est possible de faire coïncider votre façon de voir les choses avec la mienne.

— Très bien.

Elle glissa la pastille sur sa langue, espérant que le médicament et cette petite victoire allaient calmer les brûlures.

Eve porta son verre à ses lèvres, but une gorgée, s'apprêtant à ouvrir une porte depuis bien longtemps fermée.

— Dites-moi ce que vous avez appris.

— Il a été relativement simple de vérifier le fait que Dorothy Travers a été la seconde femme de Kincaide et qu'il a divorcé quelques mois seulement avant de vous épouser. Je n'arrivais pas très bien à la situer au départ, puis je me suis souvenue qu'elle avait tourné dans une dizaine de séries B, pour l'essentiel des films fantastiques et des films d'horreur, avant de disparaître de la scène. Pour venir travailler pour vous, j'imagine.

— Les choses ne sont pas aussi simples.

Bien qu'agacée de n'avoir pas été la première à parler de cette parenté, Eve haussa les épaules et développa.

— Elle est venue travailler pour moi quelques mois après que Tony et moi ayons divorcé. Ça doit faire, oh seigneur, plus de trente ans. Vous trouvez cela étrange ?

— Que deux femmes puissent entretenir une relation

proche et durable pendant trois décennies après avoir aimé le même homme ?

Chez Julia, la tension se dissipait, laissant la place à la curiosité.

— J'avoue que oui.

— Aimé ?

Eve s'étira voluptueusement. Elle se sentait toujours merveilleusement bien après une séance avec Fritz. Détendue, revigorée, pleine d'énergie.

— Oh, Travers l'a peut-être aimé brièvement. Mais Tony et moi nous sommes mariés par pure attirance sexuelle et ambition. Une tout autre affaire. A cette époque, c'était un très bel homme. Grand, costaud et assez pernicieux. Lorsqu'il m'a dirigée dans *Separate Lives*, son mariage battait déjà de l'aile.

— Travers et lui ont eu un enfant qui est mort.

Eve hésita, but une gorgée. Julia l'avait peut-être coincée mais il n'existait qu'une façon de raconter cette histoire. La sienne.

— La perte de cet enfant a détruit leur mariage. Travers ne pouvait pas, ne voulait pas oublier. Tony, lui, était déterminé à oublier. Il avait toujours été extrêmement égocentrique. Cela faisait partie de son charme. Je ne connaissais pas tous les détails lorsque nous avons commencé à nous voir. Notre aventure et le mariage qui en a résulté ne firent qu'un scandale mineur à l'époque.

Julia avait déjà noté d'aller jeter un coup d'œil dans les numéros de l'époque de *Photoplay* » et du *Hollywood Reporter.*

— Travers n'était pas une actrice suffisamment connue pour déclencher la compassion ou l'hostilité des foules. Vous devez trouver cela méprisant de ma part, fit observer Eve. Ce n'est que la simple vérité. Notre trio a fait l'objet de quelques lignes dans les journaux avant de tomber complètement dans l'oubli. Les gens se sont autrement passionnés lorsque Taylor a carrément enlevé Eddie Fisher des bras de Debbie Reynolds.

Eve trouvait cela amusant. Elle écrasa sa cigarette.

— En fait, j'ignore si j'ai ou non été la goutte d'eau qui a fait déborder le vase dans ce mariage.

— Je poserai la question à Travers.

— Je n'en doute pas.

Elle eut un petit geste désinvolte de la main.

— Je doute par contre qu'elle accepte de vous parler, mais qui ne tente rien n'a rien. Pour l'instant, il serait peut-être utile de reprendre au début. Le commencement de mon histoire avec Tony. Comme je vous l'ai dit, c'était un homme très attirant, dangereusement attirant. J'avais beaucoup d'admiration pour lui en tant que metteur en scène.

— Vous l'avez rencontré sur le tournage de *Separate Lives* ?

— Oh, nous nous étions déjà croisés auparavant, comme tout le monde dans ce petit bateau remplis de fous qu'est Hollywood. Mais un plateau de cinéma est un monde minuscule, replié sur lui-même, coupé de la réalité. Protégé de la réalité.

Un sourire effleura les lèvres d'Eve.

— On ne vit que dans le rêve, l'imaginaire. C'est pourquoi tant d'acteurs s'illusionnent en croyant être tombés désespérément amoureux d'un autre personnage présent comme eux dans cette bulle dorée, le temps d'un tournage.

— Vous n'êtes pas tombée amoureuse de votre partenaire, dit Julia. Mais de votre metteur en scène.

Eve ferma les yeux, revivant le passé.

— C'était un film difficile, très sombre, épuisant. L'histoire d'un mariage voué à l'échec. Une histoire de trahison, d'adultère, de dépression profonde. Nous avions passé la journée sur la scène où mon personnage reconnaît finalement l'infidélité de son mari et envisage de se suicider. Je devais me déshabiller, ne garder qu'un petit slip de dentelle noire, me maquiller soigneusement la bouche, me mettre du parfum. Puis je devais allumer la radio pour danser, seule. Ouvrir ensuite une bouteille de champagne et boire, à la lueur des bougies, tout en avalant un à un les somnifères.

— Je me souviens de cette scène, murmura Julia.

Et elle la revoyait, en effet, avec une incroyable précision.

— Elle était terrifiante, tragique.

— Tony voulait de la fièvre, presque de l'exaltation en même temps que le désespoir. Prise après prise, il n'était jamais satisfait. J'avais l'impression d'être à vif, de saigner, l'impression qu'on m'arrachait mes émotions, tout cela pour les réduire en poussière. Heure après heure, la même scène. Après avoir vu les rushes, j'ai compris qu'il avait obtenu de moi très exactement ce qu'il voulait. L'épuisement, la rage, la douleur et cette lueur dans le regard que seule la haine peut provoquer.

Eve sourit, triomphante. Ce moment avait été, et demeurerait, l'un de ses plus beaux à l'écran.

— Lorsque la projection a été terminée, j'ai regagné ma loge. J'avais les mains qui tremblaient. Nom de nom, je tremblais jusqu'au tréfonds de l'âme. Il est entré derrière moi, il a fermé la porte à clé. Je me souviens de lui, debout en face de moi, son regard brûlant rivé au mien. J'ai crié, pleuré, craché suffisamment de venin pour tuer dix hommes. Lorsqu'il m'a empoignée, je l'ai frappé. Il saignait. Il m'a arraché mon peignoir. Je l'ai griffé, mordu. Il m'a renversée sur le sol, il a déchiré le petit slip de dentelle noire, sans dire un mot, un seul. Oh seigneur, nous avons fait l'amour comme deux chiens enragés.

Julia dut avaler sa salive pour chasser la boule dans sa gorge.

— Il vous a violée.

— Non. Il serait plus facile de mentir et de dire qu'il l'a fait, mais au moment où nous avons atterri sur le sol de ma loge, j'étais plus que consentante. Si je ne l'avais pas été, il m'aurait violée. Et c'était incroyablement excitant de le savoir. Certainement très dépravé aussi, ajouta-t-elle en allumant une cigarette, mais sacrément émoustillant. Dès le départ, notre relation fut perverse. Mais pendant les trois premières années de notre mariage, j'ai fait l'amour comme jamais. Avec lui, c'était presque toujours violent, presque toujours à la limite de l'indicible.

Eve rit, se leva pour se servir un autre verre.

— En tout cas, lorsqu'on a vécu cinq ans mariée avec lui, plus rien ni personne ne peut vous choquer. Je me croyais très bien informée…

Lèvres pincées, Eve rajouta du champagne jusqu'au bord de son verre et servit la même chose pour Julia.

— C'est humiliant d'admettre que je me suis lancée dans ce mariage aussi innocente que l'agneau qui vient de naître. C'était un maître de la déviance, de pratiques dont on n'osait même pas prononcer le nom, à l'époque. Fellation, sodomies variées, sado-masochisme, voyeurisme… Tony avait un plein placard de petits jouets pervers. Certains d'entre eux m'amusaient, d'autres me dégoûtaient. Il y en avait de très érotiques. Et puis il y eut la drogue…

Eve but une longue gorgée de champagne pour ne pas renverser son verre lorsqu'elle rejoignit Julia. Julia accepta le verre qu'elle lui tendait. Brusquement, il ne lui semblait plus si aberrant de boire du champagne, même avant le déjeuner.

— Tony était très en avance sur son temps en ce qui concernait la drogue. Il adorait les hallucinogènes. Je les ai essayés moi aussi, mais cela ne m'a jamais beaucoup emballée. Dans tous les domaines, Tony était un vorace et il abusait de tout. La nourriture, l'alcool, la drogue, le sexe. Les épouses.

Ce souvenir la déchirait, c'était évident, et Julia se découvrit l'envie soudaine de la protéger. Elles avaient eu leur moment d'affrontement, mais Julia ne voulait pas que sa victoire soit synonyme de souffrance pour Eve.

— Eve, nous ne sommes pas obligées de parler de tout cela maintenant.

Eve s'efforça de chasser la tension en elle, se réinstallant dans son fauteuil avec la souplesse, la grâce d'un chat.

— Comment entrez-vous dans une piscine d'eau glacée, Julia ? Centimètre par centimètre ou d'un seul coup ?

Un sourire effleura les lèvres de Julia.

— La tête la première.

— Bien.

Eve but une gorgée. Elle en avait besoin avant de plonger.

— Le début de la fin fut la nuit où il m'a attachée au lit. Des menottes en velours. Rien de nouveau, rien que nous n'ayons déjà expérimenté et beaucoup apprécié. Je vous choque ?

Julia ne parvenait pas à imaginer quel effet cela pouvait faire d'être livrée totalement aux mains d'un autre, sans défense. Etait-ce la preuve d'une confiance absolue ? Elle ne parvenait pas davantage à imaginer une femme comme Eve se soumettant de son plein gré, acceptant d'être domptée.

— Je ne suis pas si prude, rétorqua-t-elle avec un petit haussement d'épaules.

— Mais si, vous l'êtes. C'est d'ailleurs l'une des choses que je préfère chez vous. Sous cette apparence blasée bat le cœur d'une puritaine. Ne soyez pas vexée, dit Eve avec un petit geste de la main, ça change un peu. C'est réconfortant.

— Je pensais que c'était une critique.

— Pas du tout. Et je peux vous dire, petite Julia, que lorsqu'une femme est sexuellement sous la coupe d'un homme, elle accepte de faire des choses dont elle rougirait au grand jour. Même si elle ne songe qu'à une chose : recommencer.

Elle se cala dans son fauteuil, altière, tenant son verre à deux mains.

— Mais assez de sagesse féminine, vous découvrirez tout cela par vous-même. Si vous avez de la chance.

Si j'ai de la chance, songea Julia, ma vie se poursuivra exactement telle qu'elle est.

— Vous me parliez d'Anthony Kincaide.

— En effet. Il aimait… ah, je suppose que nous pouvons appeler cela : se déguiser. Cette nuit-là, il portait une large ceinture de cuir noir et un masque en satin. Il avait déjà commencé à grossir à cette époque, et il ne me faisait plus autant d'effet. Il a allumé des bougies. Noires. De l'encens. Puis il m'a enduit le corps d'huile jusqu'à ce qu'il luise. Alors, il m'a fait des choses… des choses merveilleuses, s'arrêtant chaque fois à l'instant où j'allais jouir. Et lorsqu'il a vu que je n'en pouvais plus, que j'étais folle de désir, d'envie qu'il me prenne — que n'importe qui me prenne, à la limite —, il s'est levé et a ouvert la porte. Un jeune garçon est entré.

Eve s'interrompit pour boire. Lorsqu'elle reprit, sa voix était froide, désincarnée.

— Il ne devait pas avoir plus de seize ou dix-sept ans… Je me souviens que j'ai insulté Tony. Je l'ai menacé, supplié, même, pendant qu'il déshabillait cet enfant, pendant qu'il le touchait de ses mains expertes, perverses. Et j'ai découvert que, malgré quatre années de mariage avec cet homme, j'ignorais encore certaines choses. Des choses terribles.

« Je ne pouvais pas regarder ce qu'ils étaient en train de faire, alors j'ai fermé les yeux. Puis Tony a conduit le garçon vers moi et lui a dit de faire ce qu'il voulait. Lui, il jouait les spectateurs, pendant ce temps… C'est là que je me suis rendu compte que ce garçon était beaucoup moins innocent que moi. Il m'a prise de toutes les façons possibles, utilisée de toutes les manières dont on peut utiliser une femme. Alors qu'il était encore en moi, Tony s'est agenouillé derrière lui et…

La main d'Eve tremblait légèrement lorsqu'elle porta sa cigarette à ses lèvres, mais sa voix était dure.

— … Et nous avons fait l'amour à trois. Ça a duré des heures. Ils changeaient continuellement de position. J'ai cessé de les injurier, de les supplier, de pleurer et j'ai commencé à planifier la suite. Lorsque le garçon est parti, Tony m'a détachée. J'ai attendu qu'il soit endormi. Je suis descendue dans la cuisine et j'ai pris le plus gros couteau que j'ai pu trouver. Lorsque Tony s'est réveillé, je tenais son sexe et je brandissais le couteau. Je lui ai dit que si jamais il me touchait encore, je le castrerais, que nous allions divorcer rapidement et sans histoires, qu'il allait me laisser la maison et tout ce qu'elle contenait, la Rolls, la Jaguar et le petit chalet isolé en pleine montagne que nous avions acheté. J'ai ajouté que s'il n'était pas d'accord, j'allais lui montrer sur le champ de quoi j'étais capable.

Eve se souvint de son air, de la façon dont il avait bafouillé, et elle sourit. Jusqu'à ce qu'elle regarde Julia.

— Inutile de pleurer, dit-elle d'une voix calme tandis que les larmes ruisselaient sur les joues de Julia. J'ai été payée.

— Il n'existe pas de prix assez élevé pour cela.

Sa voix était rauque, chargée de toute la haine qu'elle éprouvait pour cet homme sans le connaître vraiment.

— C'est possible, reprit Eve. Mais quand vous aurez écrit tout cela dans notre livre, j'aurai ma revanche. Il y a assez longtemps que j'attends.

— Pourquoi ?

Julia essuya ses larmes d'un revers de main.

— Pourquoi avez-vous attendu ?

— Vous voulez la vérité ?

Eve poussa un soupir et termina son verre. Le mal de tête revenait, les élancements.

— J'avais honte. Honte qu'on se soit servi de moi ainsi, qu'on m'ait humiliée de la sorte.

— On s'était servi de vous, justement. Vous n'aviez pas à en avoir honte.

Eve ferma les yeux. C'était la première fois qu'elle parlait de cette nuit-là, mais pas la première fois qu'elle la revivait. La différence, c'est qu'elle n'était pas seule, aujourd'hui… Cela faisait mal quand même. Elle n'aurait pas cru. Pas plus qu'elle n'aurait cru que la compassion si spontanée de Julia puisse lui apporter un tel réconfort.

— Julia…

Elle rouvrit les yeux. Des yeux secs.

— … Pensez-vous réellement qu'il n'y ait aucune honte à avoir été utilisée ainsi ?

Confrontée à cette question, Julia ne put que secouer la tête. On s'était servi d'elle, également. Pas de manière aussi atroce, aussi horrible, mais elle comprenait que la honte puisse poursuivre pendant des années et des années, sorte de chien attaché aux talons de sa victime.

— Je ne sais pas comment vous avez pu vous retenir de tuer Tony Kincaide, ou de raconter cette histoire.

— Il fallait survivre, répondit simplement Eve. Et à cette époque de ma vie, je n'avais aucune envie que tout cela se sache. Et puis il y avait Travers. Je suis allée la voir quelques semaines après mon divorce, alors que je venais de découvrir des bobines de film que Tony avait cachées. On nous y voyait, lui et moi, dans toutes sortes d'acrobaties sexuelles. Et on le voyait aussi avec d'autres hommes, et avec deux filles très jeunes. J'ai pris conscience à ce moment-là de ce que c'était que mon mariage… Je crois que je suis allée voir Travers pour me prouver qu'une autre avait été abusée, piégée, séduite… Elle vivait seule dans un petit appartement du centre-ville. L'argent que Tony était contraint de lui verser chaque mois couvrait à peine le loyer et les autres frais — l'institution dans laquelle était placé son fils, notamment.

— Son fils ?

— Oui. Cet enfant que Tony voulait faire passer pour mort. Il s'appelle Tommy. Il est mentalement très retardé — un handicap que son père n'a jamais accepté. Il préfère considérer que le petit n'existe pas.

— Toutes ces années ?

Une colère d'une autre nature s'était emparée de Julia. Elle se leva, marcha jusqu'à la fenêtre. Elle avait besoin d'air.

— Il a tourné le dos à son fils, il l'a ignoré pendant toutes ces années ?

— Il n'est pas le premier ni le dernier, non ?

Julia se retourna. Elle sentit de la solidarité chez Eve, de la compréhension, et elle se ferma aussitôt.

— C'est moi qui ai voulu qu'il en soit ainsi. Et je n'étais pas mariée avec le père de Brandon. Travers l'était, elle, avec celui de Tommy.

— Oui, c'est vrai. Et Tony avait déjà de sa première

femme deux enfants très beaux et très gâtés. Il a choisi de ne pas reconnaître celui-ci.

— Vous auriez dû lui couper les couilles.

— Ah…

Eve sourit, préférant voir Julia en colère que malheureuse.

— … Pour cela, il est trop tard. Mais, symboliquement, peut-être…

— Parlez-moi du fils de Travers.

— Tommy a presque quarante ans. Il est incontinent, il ne peut ni s'habiller ni manger tout seul. Il n'était pas censé vivre jusqu'à l'âge adulte. Mais encore une fois, c'est sa tête qui pose problème, pas son corps.

— Comment a-t-elle pu laisser croire que son fils était mort ?

— Ne lui jetez pas la pierre, Julia.

La voix d'Eve s'était radoucie.

— Elle souffrait. Elle a accepté tout ce que voulait Tony parce qu'elle avait peur de ce qu'il pouvait faire à l'enfant. Et parce qu'elle se sent responsable de l'état de Tommy. Elle est convaincue que les pratiques sexuelles assez malsaines au cours desquelles l'enfant a été conçu sont responsables de son handicap. C'est ridicule, bien sûr, mais elle le croit. Peut-être a-t-elle besoin de le croire. Quoi qu'il en soit, elle a refusé ce qu'elle considérait comme de la charité de ma part, mais elle a accepté de venir travailler pour moi. Ce qu'elle fait depuis plus de trente ans et j'ai toujours gardé son secret.

Non, songea Julia, elle ne lui jetait pas la pierre. Elle comprenait trop bien les choix qu'une femme seule est parfois contrainte de faire.

— Vous avez gardé ce secret jusqu'à aujourd'hui.

— Oui.

— Pourquoi voulez-vous en parler ?

Eve se cala dans son fauteuil.

— Tony ne peut plus faire de mal à Travers ni à son fils. Je m'en suis assurée. Mon mariage avec lui fait partie de ma vie et j'ai décidé de parler de ma vie. Sans mentir, Julia.

— S'il se rend compte de ce que vous m'avez dit, de la possibilité que tout cela soit publié, il va tenter de vous en empêcher.

— Il y a fort longtemps que Tony a cessé de me faire peur.

— Est-il capable de violence ?

Eve eut un haussement d'épaules.

— Tout le monde est capable de violence.

Julia ne répondit pas. Elle plongea la main dans son sac, en sortit les deux messages et les tendit à Eve.

Elle les lut, pâlit légèrement. Puis son regard s'assombrit et elle leva les yeux vers Julia.

— Où les avez-vous trouvés ?

— Le premier a été déposé sur le seuil de la maison ; l'autre, glissé dans mon sac au cours de la soirée d'hier.

— Je vais m'en occuper, dit Eve en les mettant dans la poche de son peignoir. Si vous en recevez d'autres, donnez-les-moi.

Julia secoua lentement la tête.

— Cela ne me suffit pas. Ils m'étaient adressés, Eve, j'estime avoir droit à certaines réponses. Dois-je les considérer comme des menaces ?

— Je dirais plutôt de lamentables avertissements lancés par un lâche.

— Qui aurait pu apporter celui qui se trouvait sur le seuil ?

— C'est ce que j'ai la ferme intention de découvrir.

— Très bien.

Julia ne pouvait mettre en doute la détermination du ton et du regard.

— Dites-moi, y a-t-il quelqu'un en dehors d'Anthony Kincaide que cette biographie pourrait déranger au point d'écrire ces messages ?

Eve souriait à présent.

— Oh que oui, chère Julia ! Et plus d'un.

8

Eve ne pensait pas souvent à Tony, ni à cette période de sa vie où elle avait été l'esclave de la sexualité la plus sordide qui soit. Après tout, cela ne représentait que cinq ans sur soixante-sept. Elle avait assurément commis d'autres erreurs, fait de bonnes actions, connu d'autres plaisirs. C'était ce livre, ce projet dont elle était l'instigatrice, qui l'amenait à revivre sa vie par segments. Comme les morceaux d'un film dans une salle de montage. Et de ce film-là, elle ne couperait rien.

Tout y serait, songea-t-elle tout en avalant ses médicaments avec un verre d'eau minérale. Chaque scène, chaque prise, y seraient. Au diable les conséquences.

Elle se massa au milieu du front, là où la douleur semblait se concentrer ce soir, tel un poing serré. Elle avait le temps, suffisamment de temps. Elle y veillerait. Elle pouvait faire confiance à Julia pour ce travail. Il le fallait de toute façon…

Eve ferma un instant les yeux, priant pour que le médicament fasse effet, atténue la douleur.

Julia… Penser à elle la soulageait autant que les médicaments qu'elle prenait en secret. Julia était compétente, elle avait l'esprit vif, une intégrité à toute épreuve. Et de la compassion. A ce sujet, Eve ne savait trop que penser des larmes qu'elle avait versées. Elle ne s'attendait pas à cette réaction. Elle avait plutôt imaginé que Julia serait choquée, qu'elle manifesterait sa désapprobation.

Et surtout, elle ne s'était pas attendue à être elle-même touchée.

Tout cela parce qu'elle se croyait la plus forte... !

Elle était tellement persuadée de pouvoir diriger l'écriture du scénario, tellement certaine que tous les personnages joueraient le rôle qu'elle leur avait assigné. Mais... Julia — Julia et le gamin — ne collaient pas tout à fait à ce qu'elle avait prévu pour eux. Comment diable aurait-elle pu prévoir qu'elle s'attacherait à eux deux alors qu'elle avait seulement songé les utiliser ?

Et puis il y avait les messages.

Eve les étala sur le dessus de la coiffeuse. Deux pour elle et deux pour Julia, jusqu'à présent. Tous les quatre rédigés en majuscules d'imprimerie, tous les quatre reprenant des dictons rebattus qui pouvaient être interprétés comme des mises en garde. Ou des menaces.

Les siens avaient amusé Eve, l'encourageant même à poursuivre. Depuis longtemps, elle ne craignait plus rien de personne. Mais que Julia aussi fût concernée, cela changeait tout. Il fallait désormais trouver qui les écrivait et mettre un terme à ce manège.

De ses longs ongles couleur corail, elle martelait le bois de rose de la coiffeuse. Ainsi, nombre de gens n'avaient aucune envie de la voir écrire ses mémoires ? Ne serait-il pas intéressant, très amusant même, de les rassembler tous sous le même toit, au même moment ?

On frappa à la porte. Eve glissa rapidement les messages dans le tiroir de la coiffeuse. Pour l'instant, c'était son secret. Le sien et celui de Julia.

— Entrez.

— Je vous ai apporté du thé, dit Nina en entrant, un plateau à la main. Et quelques lettres à signer.

— Posez le thé près du lit. J'ai encore un ou deux scénarios à lire ce soir.

Nina posa la théière et la tasse sur la table de nuit.

— Je croyais que vous deviez vous octroyer un peu de repos après les miniséries.

— Tout dépend.

Eve saisit le stylo que lui tendait Nina et, d'un geste ample, parapha les lettres sans prendre la peine de les lire.

— Quel est l'emploi du temps pour demain ?

Toujours efficace, Nina ouvrit un agenda à couverture de cuir.

— Vous avez un rendez-vous à 9 heures chez Armando pour un soin, puis vous déjeunez chez Chasen à 13 heures avec Gloria Dubarry.

— Ah, oui… Voilà qui explique le soin chez Armando.

Eve sourit et ouvrit un pot de crème hydratante.

— Je ne voudrais pas que cette vieille chouette repère quelque nouvelle ride.

— Allons, Gloria Dubarry est quelqu'un que vous aimez beaucoup.

— Naturellement. Et comme elle va passer son temps à me détailler en chipotant ses trois feuilles de salade, il faut que je sois à mon avantage. Lorsque deux femmes d'un certain âge déjeunent ensemble, Nina, ce n'est pas seulement pour faire des comparaisons mais pour se rassurer. Mieux je serai, plus Gloria sera soulagée. Qu'est-ce qui est prévu, ensuite ?

— A 16 heures, vous prenez un verre avec Maggie. Polo Lounge. Puis vous recevez M. Flannigan à dîner à 20 heures.

— Assurez-vous que la cuisinière a prévu des pâtes fraîches.

— C'est déjà fait.

Nina referma l'agenda.

— Et il y aura du sabayon pour dessert.

— Vous êtes un trésor, Nina.

Eve étudia son visage dans la glace tandis qu'elle appliquait la crème hydratante sur son cou, ses joues, son front.

— Dites-moi, quand pouvons-nous envisager de donner une soirée ?

— Une soirée ?

Le sourcil froncé, Nina rouvrit son agenda.

— Quelle sorte de soirée ?

— Grandiose. Disons, deux cents personnes. Tenue de soirée. Orchestre sur la pelouse. Dîner dansant sous les étoiles. Champagne à profusion. Oh, sans oublier quelques membres influents de la presse…

Nina feuilleta l'agenda tout en se livrant à un petit calcul mental.

— Je pense que dans deux mois…

— Beaucoup trop tard.

Nina soupira en songeant déjà aux coups de fil affolés aux traiteurs, aux fleuristes, aux musiciens… Enfin, si elle était capable de louer une île, elle pouvait tout aussi bien organiser une soirée en moins de deux mois.

— Six semaines.

Elle vit l'expression d'Eve et soupira encore.

— Très bien : trois semaines. Nous la caserons juste avant que vous ne partiez tourner en extérieurs.

— Parfait. Dimanche, nous mettrons au point la liste des invités.

— Et que nous vaut l'honneur ? demanda Nina tout en prenant note dans son agenda.

— L'honneur…

Eve sourit en se calant dans le fauteuil de la coiffeuse. Dans le miroir, en pleine lumière, son visage était superbe, son expression implacable.

— Nous dirons que c'est l'occasion de revivre les souvenirs. Une rétrospective Eve Benedict. Les vieux amis, les vieux secrets, les vieux mensonges.

Nina avait l'habitude qu'Eve oublie son thé. Elle s'approcha de la table de nuit pour le lui servir. Ce n'était pas le geste d'une employée mais celui d'une amie, présente depuis longtemps et qui faisait attention aux autres.

— Eve, pourquoi êtes-vous si déterminée à mettre la pagaille ?

Avec l'habileté d'une artiste, Eve appliqua le fluide hydratant autour de ses yeux.

— La vie est tellement ennuyeuse.

— Je parle sérieusement.

Nina posa la tasse de thé sur la coiffeuse, au milieu des crèmes et des lotions. Le parfum qui flottait dans la pièce était délicieusement féminin, ni floral ni trop chargé, mais mystérieux, érotique.

— Vous savez… Enfin… Je vous ai déjà dit ce que j'en pensais. Et en plus, à présent, il y a cette réaction d'Anthony Kincaide qui m'inquiète beaucoup.

— Tony ne vaut pas la peine qu'on s'inquiète une seconde.

Elle tapota la main de Nina avant de prendre sa tasse de thé.

— Il est repoussant, dit-elle, humant le parfum subtil du jasmin avant de goûter le thé. Il est grand temps que quelqu'un raconte quel genre de perversions habitent ce corps monstrueux.

— Il n'est pas le seul concerné par ce livre.

— C'est vrai.

Eve se mit à rire, se réjouissant par avance de l'effet produit sur un certain nombre d'autres personnes.

— Ma vie a été une mosaïque où vérités et mensonges s'entremêlent. Si l'on déplace une pièce, c'est tout le dessin qui se trouve modifié. Même le bien qu'on a fait est parfois lourd de conséquences, Nina. Je suis tout à fait prête à affronter ces conséquences.

— Tout le monde ne l'est pas.

Eve buvait son thé, observant Nina par-dessus le bord de la tasse. Lorsqu'elle parla de nouveau, sa voix s'était radoucie.

— La vérité, lorsqu'elle éclate en pleine lumière, n'est jamais aussi destructrice qu'un mensonge laissé dans l'ombre.

Elle pressa la main de Nina.

— Inutile de vous inquiéter.

— Il vaut souvent mieux ne pas remuer le passé, insista Nina.

Eve poussa un soupir et reposa sa tasse.

— Faites-moi confiance. J'ai mes raisons d'agir comme je le fais.

Nina hocha la tête avec un pâle sourire.

— Je l'espère.

Elle prit son agenda, se dirigea vers la porte.

— Ne lisez pas trop tard, vous avez besoin de repos.

Lorsque la porte se fut refermée, Eve fixa son reflet dans le miroir.

— Du repos, j'en aurai, dit-elle. Et bien assez tôt.

Julia passa la majeure partie du samedi à travailler. Brandon se trouvait avec CeeCee et son petit frère Dustin, qu'elle avait baptisé « le petit monstre ». Il était l'opposé de Brandon, disait tout ce qui lui passait par la tête. Nullement timide, il n'avait aucune difficulté à demander, questionner, voire exiger. Et alors que Brandon pouvait jouer des heures dans un silence total, absolu, Dustin ne trouvait amusant que ce qui faisait du bruit.

De son bureau, Julia les entendait frapper, cogner dans la chambre à l'étage. Dès que les jeux devenaient trop destructeurs, CeeCee criait de l'endroit où elle se trouvait occupée à faire le ménage et à ranger.

Il n'était pas facile pour Julia de concilier les cris des enfants, le bruit de l'aspirateur, le rythme endiablé de la musique avec l'écriture de l'histoire sordide qu'elle transcrivait à partir de ses enregistrements.

Elle ne s'était pas attendue à écrire ce genre de choses. Comment s'y prendre ? Eve voulait la vérité, la vérité sans fard. Julia la voulait aussi, d'ailleurs. Elle en avait fait sa devise. Toutefois, était-il nécessaire, voire sage, d'exhumer des choses aussi douloureuses, aussi destructrices ?

Cela ferait vendre, songea Julia avec un soupir. Mais à quel prix ? Cela dit, son travail n'était pas de censurer mais de raconter la vie d'une femme, avec ses bons et ses mauvais côtés, ses tragédies et ses triomphes.

Ses propres réticences dérangeaient Julia. Qui cherchait-elle à protéger ? Certainement pas Anthony Kincaide. Il méritait bien pire que la gêne et la disgrâce que le livre allait occasionner pour lui.

Eve. Pourquoi ressentait-elle ce besoin de protéger une femme qu'elle connaissait à peine et ne comprenait pas encore très bien ? Parce que Eve ne sortirait pas indemne de la publication de sa biographie ? Car elle avait elle-même reconnu son attirance pour les perversions du sexe, et elle admettait avoir participé de son plein gré — et même avec enthousiasme — à ce qu'elle décrivait… jusqu'à cette fameuse nuit. Les gens pardonneraient-ils cela à la reine de l'écran ? Le public lui pardonnerait-il la drogue ?

Peut-être. Eve semblait s'en moquer totalement, en tout cas. Elle n'avait pas manifesté le moindre remords. Ni cherché à s'attirer la sympathie en racontant ces événements. Ensuite, c'était la responsabilité de Julia que de restituer l'histoire en l'éclairant à sa façon. Et son instinct de biographe lui disait que le mariage d'Eve avec Kincaide était une pièce maîtresse dans la vie de la star. Le livre n'eût été ni complet ni véridique, sans cet épisode.

Elle s'obligea à écouter une nouvelle fois la bande, prenant des notes sur les intonations de voix, les pauses, les hésitations. Elle y ajouta ses propres souvenirs, le nombre de fois où Eve avait pris son verre, l'avait reposé, avait fumé une cigarette, la façon dont la lumière entrait dans la pièce à ce moment-là, dont le parfum de l'huile de massage s'attardait.

Il fallait que cette partie soit racontée de la voix d'Eve elle-même, décida Julia. Au style direct. Cela ajouterait de l'intensité, renforcerait le côté poignant.

Elle passa près de trois heures à rédiger ce chapitre, puis elle se rendit dans la cuisine. Il fallait qu'elle se coupe de ce qu'elle venait d'écrire, de ce souvenir si vivace qu'elle avait presque l'impression d'avoir elle-même vécu ces événements. Elle allait cuisiner.

Les tâches ménagères avaient toujours eu le pouvoir de l'apaiser. Au cours des premières semaines, juste après qu'elle eut appris qu'elle était enceinte, elle avait passé des heures à cirer les meubles et les boiseries. Pendant ce temps, bien entendu, les vêtements traînaient un peu partout, les chaussures étaient introuvables. Mais les meubles rutilaient. Plus tard, elle s'était rendu compte que la monotonie, le caractère répétitif de cette tâche toute simple lui avait évité plus d'une crise de nerfs.

C'était à ce moment-là qu'elle avait décidé, très calmement, de refuser l'avortement ou l'abandon — deux solutions qu'elle avait dû envisager, la mort dans l'âme. Dix ans plus tard, elle savait qu'elle avait fait le bon choix.

Elle décida de confectionner une pizza, l'un des plats préférés de Brandon qui considérait comme normal qu'elle les fît elle-même, désormais. Le temps qu'elle y consacrait, la peine qu'elle prenait aidaient à la soulager un peu du sentiment de culpabilité qu'elle éprouvait à partir des semaines loin de la maison, ou à se plonger des heures dans l'écriture d'un livre et à en oublier de préparer les repas.

Elle mit la pâte de côté, le temps qu'elle lève, et prépara la sauce. Pendant qu'elle travaillait, elle se mit à penser à sa maison de la côte Est. Le voisin penserait-il à secouer la neige des ifs et des genévriers ? Serait-elle de retour à temps pour replanter les delphiniums et les pois de senteur ? Parviendrait-elle ce printemps à acheter le petit chien dont Brandon avait tant envie ?

Les nuits seraient-elles aussi solitaires à son retour qu'elles commençaient à l'être ici ?

— Humm. Ça sent très bon.

Julia sursauta et jeta un coup d'œil par-dessus son épaule. Tranquillement adossé au chambranle de la porte, les mains dans les poches de son jean délavé, Paul lui souriait. Julia se crispa instantanément. Peut-être avait-il oublié le baiser passionné qu'ils avaient échangé lors de leur dernière rencontre. Elle, non. Elle en restait marquée.

— CeeCee m'a fait entrer, dit-il, voyant que Julia demeurait silencieuse. Apparemment, vous avez fait la connaissance de Dustin, le prince du chaos.

— C'est bien, pour Brandon, d'avoir un ami de son âge.

Julia continua de tourner sa sauce, toujours très raide.

— Tout le monde a besoin d'un ami, murmura Paul. Je sais ce que vous pensez…

Bien qu'elle ait le dos tourné, Julia devina qu'il souriait tout en traversant la pièce.

— Vous attendez que je m'excuse pour mon attitude… indigne d'un gentleman, l'autre soir.

D'un geste désinvolte, il laissa ses doigts glisser sur la nuque de Julia.

— Désolé de ne pouvoir vous satisfaire.

Elle écarta sa main d'un geste qu'elle savait désagréable.

— Je n'attends pas d'excuses. Et vous, Paul, qu'espérez-vous ? ajouta-t-elle, lui lançant un regard dur.

— Discuter un peu, me faire une amie.

Il se pencha vers la casserole, huma l'odeur.

— Peut-être un repas chaud.

Lorsqu'il tourna la tête vers elle, leurs deux visages n'étaient qu'à un souffle l'un de l'autre. Une lueur amusée, provocante, brillait dans son regard. Julia le maudit pour l'onde de chaleur intense que sa présence fit naître en elle, et jusque dans son ventre.

— Et je prends tout ce qui se présentera d'autre.

Elle se détourna d'un mouvement brusque.

— Je ne doute pas que vous n'ayez déjà tout cela ailleurs.

— Bien sûr. Mais c'est ici que ça me plaît.

D'un mouvement doux, il posa les mains sur la cuisinière, emprisonna Julia entre ses bras.

— Il est très satisfaisant pour mon ego de voir à quel point je vous rends nerveuse.

— Je ne suis pas nerveuse, rétorqua Julia. Vous m'agacez, c'est tout.

— C'est déjà cela. Au moins, je ne vous laisse pas indifférente.

Il sourit, certain qu'elle pourrait monter indéfiniment cette sauce plutôt que de courir le risque de se retourner et de se retrouver dans ses bras… A moins qu'il ne réussisse à la mettre en colère.

— Le problème avec vous, Jules, c'est que vous êtes trop coincée pour prendre un baiser pour ce qu'il est, sans plus.

Julia se crispa.

— Je ne suis pas coincée.

— Oh que si.

Il respira l'odeur de ses cheveux, plus troublante encore que celle des herbes aromatiques qui mijotaient.

— Je me suis renseigné, vous vous souvenez ? Vous n'avez pas eu de relation sérieuse avec un homme depuis dix ans.

— Ma vie privée est ce qu'elle est. Et le nombre d'hommes que je choisis d'y faire entrer ne regarde que moi.

— Exact. Mais il est tout de même incroyable que ce nombre soit zéro. Ma chère Julia, vous devriez savoir qu'il n'est rien de plus tentant pour un homme qu'une femme qui refuse à ce point la passion qui est en elle. Chacun se dit qu'il sera le premier à lui faire perdre le contrôle.

Très adroit, il posa sur ses lèvres un baiser furtif, insolent, qui l'agaça plus qu'il ne la troubla.

— Je n'ai pas pu résister.

— Tâchez de faire un effort, suggéra Julia en le repoussant.

— J'ai essayé.

Il y avait une corbeille de raisin sur la table. Il en prit un grain, le croqua. Ce n'était vraiment pas de cela qu'il avait envie mais il s'en accommoderait. Pour le moment.

— Le problème, c'est que j'aime céder à mes impulsions. Vous avez de si jolis pieds.

Julia se retourna, son moule à la main, et fixa Paul, interloquée.

— Je vous demande pardon ?

— Chaque fois que je passe à l'improviste, vous êtes pieds nus.

Il fixa ses pieds d'un air gourmand.

— J'ignorais que des doigts de pied pouvaient être à ce point érotiques.

Julia n'avait aucunement l'intention de rire. Elle ne le voulait surtout pas. Mais ce fut plus fort qu'elle.

— Désormais, je porterai des chaussettes et de grosses chaussures.

— Trop tard.

Elle se mit à beurrer le moule avec des gestes experts, gracieux, qu'il trouva incroyablement séduisants.

— Cela ne servirait qu'à me faire fantasmer sur ce qu'il y a dessous. Vous pouvez me dire ce que vous préparez ?

— Une pizza.

— Ça existe autrement que surgelé ou livré à domicile ?

— Chez moi, oui.

— Si je promets de ne pas me jeter sur vos adorables orteils, vous m'invitez à déjeuner ?

Julia réfléchit tandis qu'elle allumait le four, farinait une planche de bois.

— Je vous invite à déjeuner si vous acceptez de répondre très honnêtement à quelques questions.

Il se pencha de nouveau sur la casserole, puis cédant à la tentation, il y plongea la cuillère de bois et goûta la sauce.

— Marché conclu. Vous mettez du poivron ?

— Oui. Et une quantité d'autres choses.

— Vous n'auriez pas une bière, par hasard ?

Julia se mit à pétrir la pâte et il oublia la bière. Ses doigts avaient la dextérité de ceux des cuisinières d'antan, mais n'évoquaient pas pour autant les solides ménagères d'autrefois. C'étaient ceux d'une jeune femme experte qui savait apparemment toucher et caresser. Elle dit quelque chose qu'il n'écouta même pas. Tout ceci avait commencé comme un jeu et il ne comprenait pas très bien pourquoi la voir accomplir cette tache si simple le troublait à ce point.

— Vous avez changé d'avis ?

Il sursauta, leva la tête.

— Pardon ?

— Je disais que CeeCee stockait toujours des boissons fraîches dans le réfrigérateur. Je suis pratiquement certaine qu'il y a de la bière.

— Parfait.

Il ouvrit la porte du réfrigérateur, s'éclaircit la voix.

— Vous en voulez une ?

— Non. Plutôt quelque chose sans alcool.

Il sortit une Coors et une bouteille de Pepsi.

— Vous avez réussi à faire des interviews ?

— Quelques-unes. Je m'entretiens régulièrement avec Eve, bien entendu. J'ai également parlé avec Nina, posé quelques questions à Fritz.

— Ah, Fritz. Le dieu Viking de la forme. Que pensez-vous de lui ?

— Il est charmant, très dévoué et superbe.

— Superbe ?

Paul s'arrêta de boire, le sourcil froncé.

— Il est bâti comme un taureau. Ne me dites pas que les femmes sont attirées par tous ces muscles saillants ?

Julia ne put résister. Elle se tourna vers lui et sourit.

— Nous adorons nous retrouver dans les bras d'un homme fort.

Il but une gorgée de bière, l'air renfrogné, résistant à l'envie soudaine de tâter ses biceps.

— C'est tout ?

— Tout quoi ?

— Vous avez parlé avec d'autres personnes ?

Ravie d'être parvenue à l'agacer, Julia se remit au travail.

— J'ai quelques rendez-vous la semaine prochaine. La plupart des gens que j'ai réussi à contacter se sont montrés très coopératifs.

Elle sourit en étalant la pâte.

— Je crois qu'ils espèrent me tirer les vers du nez…

C'était exactement ce qu'il avait eu l'intention de faire avant qu'elle ne le distraie de son propos.

— Et que comptez-vous leur dire ?

— Rien qu'ils ne sachent déjà. Que j'écris la biographie d'Eve, avec son autorisation.

Ça allait mieux, songea Julia, maintenant qu'ils avaient dépassé ce moment de gêne causé par ce qui s'était passé entre eux. Occupée à préparer la pizza, avec les enfants en haut, Julia sentait revenir sa confiance en elle.

— Peut-être pourriez-vous me parler un peu des gens que je vais rencontrer ?

— Qui par exemple ?

— Drake Morrison est le premier sur ma liste, lundi matin.

Paul but une gorgée de bière.

— C'est le neveu d'Eve, le seul qu'elle ait. Après lui, sa sœur aînée a eu des jumeaux mort-nés et ensuite elle n'a plus juré que par Dieu et la religion. Quant à la sœur cadette d'Eve, elle ne s'est jamais mariée.

Comme scoop, on faisait mieux.

— Drake est son seul parent par le sang. Ce n'est un secret pour personne, rétorqua Julia.

Paul la regarda étaler la pâte, mettre la sauce dessus avant de poursuivre.

— Il est ambitieux, assez orgueilleux. Attiré par les vêtements de prix, les voitures, les femmes. Dans cet ordre.

Julia leva un sourcil étonné et se tourna vers lui.

— Vous n'avez pas l'air de l'aimer beaucoup.

— Je n'ai rien contre lui.

Paul sortit un petit cigare tandis qu'elle fouillait dans le réfrigérateur. De nouveau détendu, il s'abandonna au plaisir tout simple de contempler ses longues jambes nues sous le short.

— Il fait plutôt bien son travail. Cela dit, Eve est sa principale cliente et on ne peut pas dire qu'elle soit difficile à vendre. Il adore les beaux objets et il se retrouve parfois dans des situations difficiles à cause de son amour immodéré pour les paris.

Il surprit le regard de Julia et eut un haussement d'épaules.

— Ce n'est pas vraiment un secret, bien qu'il soit très discret à ce propos. Il traite avec le même bookmaker que mon père lorsqu'il vient aux Etats-Unis.

Julia décida de laisser ce sujet de côté. Elle y reviendrait lorsqu'elle aurait un peu plus de temps et que ses recherches seraient plus avancées.

— J'espère pouvoir obtenir un entretien avec votre père. Eve semble avoir beaucoup d'affection pour lui.

— Leur divorce s'est très bien passé, sans rancune. Mon père compare souvent leur mariage à une excellente pièce qui n'aurait pas tenu l'affiche. Néanmoins, je ne sais pas s'il acceptera de discuter du scénario avec vous.

Julia se mit à couper le poivron vert en dés.

— Je sais me montrer très persuasive. Il est à Londres en ce moment ?

— Oui. Il joue le *Roi Lear*.

Paul vola un morceau de poivron avant qu'elle ait eu le temps de le poser sur la pizza. Julia hocha la tête. Elle espérait bien s'épargner le voyage outre-atlantique.

— Et Anthony Kincaide ?

— Je ne m'en approcherais pas de trop près à votre place.

Paul souffla la fumée de son cigare.

— C'est un être dangereux. Et tout le monde sait qu'il préfère les femmes jeunes. Faites attention à vous.

Julia piqua à son tour un morceau de poivron.

— Jusqu'où pensez-vous qu'il serait capable d'aller pour empêcher qu'on révèle certains aspects de sa vie privée ?

— Pourquoi ?

Julia réfléchit à ce qu'elle allait dire tandis qu'elle disposait la mozzarella sur la pizza.

— Il avait l'air très en colère l'autre soir. Menaçant, même.

Paul marqua un temps d'arrêt.

— Il est difficile de donner une réponse alors qu'on ne vous pose qu'une partie de la question.

— Il vous suffit de répondre à la partie qu'on vous demande.

Julia glissa la pizza dans le four, mit le minuteur en route.

— Je ne le connais pas suffisamment pour avoir une opinion.

Paul écrasa son cigare sans quitter Julia des yeux.

— Vous a-t-il menacée, Julia ?

— Non.

Il s'approcha d'elle, sourcils froncés.

— Quelqu'un d'autre l'aurait-il fait ?

— Pour quelle raison ?

Paul secoua la tête.

— Pourquoi vous rongez-vous les ongles ?

Prise en flagrant délit, Julia ôta rapidement la main de sa bouche. Avant qu'elle ait eu le temps de se dérober, Paul la saisit par les épaules.

— Que vous raconte Eve ? Qui compromet-elle, dans

ce voyage dans le passé ? Je présume que vous n'allez pas me répondre, dit-il avec un soupir. Et Eve non plus.

Mais il le découvrirait par lui-même. D'une manière ou d'une autre.

— Vous adresserez-vous à moi s'il y a le moindre problème ?

Julia ne voulait surtout pas être un jour tentée de le faire.

— Je n'en prévois aucun que je ne puisse gérer seule.

— Dans ce cas, laissez-moi présenter les choses différemment.

Il laissa ses mains glisser le long de ses bras, les caressa doucement. Puis il les referma soudain, l'attira contre lui, posa les lèvres sur les siennes.

Il la serra, prit sa bouche avant même que Julia réagisse, qu'elle songe à s'écarter. Elle crispa les poings, résistant avec peine à l'envie d'enlacer Paul. Et tandis qu'elle luttait désespérément pour ne rien lui donner, sa bouche s'abandonna au baiser.

Un baiser plein de fougue, de passion, de promesses. Elle sentit les larmes affluer dans ses yeux tandis que les émotions l'assaillaient, menaçant de faire se rompre toutes ses défenses. Mon Dieu, comme elle avait envie d'être désirée ainsi. Comment avait-elle pu l'oublier ?

Beaucoup plus troublé qu'il ne voulait l'admettre, Paul laissa ses lèvres glisser le long du cou de Julia, caresser sa gorge. Elle était incroyablement douce, délicieusement ferme. Et en plus de cette douceur, de ce parfum troublant, il y avait ce léger frémissement sur sa peau qu'il trouvait extrêmement excitant.

Il pensait trop souvent à elle. Depuis leur premier baiser, il n'avait cessé d'espérer davantage. Et elle était actuellement la seule femme qu'il se sentît prêt à conquérir à tout prix.

— Julia…

Il murmura son nom, effleura de nouveau ses lèvres. Avec plus de douceur cette fois, de persuasion.

— J'ai envie que vous veniez vers moi, que vous me laissiez vous caresser, vous montrer comment ce pourrait être entre nous.

Julia l'imaginait sans peine. Elle se donnerait à lui et, satisfait de sa conquête, il partirait sans même un regard en arrière, la laissant totalement anéantie. Jamais, plus jamais elle ne revivrait cela. Mais le corps de Paul était si désirable, pressé contre le sien. Si elle parvenait à se convaincre qu'elle pouvait être aussi forte que lui, aussi insensible aux blessures, aux déceptions, alors peut-être pourrait-elle vivre une aventure et en sortir indemne.

— Il est trop tôt…

Qu'importe que sa voix tremblât. A quoi bon vouloir prétendre qu'il ne la troublait pas ?

— Tout va trop vite.

— Non, Julia, murmura-t-il.

Mais il s'écarta. Il n'allait tout de même pas la supplier. Jamais il n'avait supplié qui que ce soit pour quoi que ce soit.

— Très bien. Restons-en là pour le moment. Séduire une femme dans une cuisine avec un trio de gamins à l'étage n'est pas mon style habituel.

Il récupéra sa bouteille de bière.

— Vous… changez les règles du jeu, Julia. Sans doute vaudrait-il mieux pour moi que je m'éloigne et que je me montre aussi prudent que vous.

Il but une gorgée, plaqua la bouteille sur la table d'un geste sec.

— Mais je n'en ai aucune envie.

Et avant qu'il ait eu le temps de faire un pas vers elle, une cavalcade résonnait dans l'escalier.

9

Gloria Dubarry se trouvait à un âge critique, pour une actrice. Sa biographie officielle situait cet âge critique à cinquante ans. Son certificat de naissance, au nom d'Ernestine Blofield, ajoutait à ce compte cinq redoutables années de plus.

La nature avait été suffisamment généreuse avec elle pour qu'elle n'ait eu besoin que de quelques interventions chirurgicales mineures afin de conserver son physique d'ingénue. Elle portait ses cheveux blonds couleur miel coupés court — dans un style garçonne qu'avaient adopté des millions de femmes, à l'époque de sa gloire. Et son air espiègle était adouci par d'immenses yeux bleus candides.

La presse l'adorait. Elle faisait tout ce qu'il fallait pour. De tout temps, elle avait gracieusement accordé des interviews. Véritable rêve des attachés de presse, elle avait fourni nombre de photos de son seul et unique mariage, diffusant ensuite avec largesse les clichés de ses enfants, et les petites anecdotes à leur sujet.

Elle était connue pour être une amie fidèle, et l'ardent défenseur des causes justes. En ce moment, elle s'occupait de protection des animaux.

Dans les années soixante — les années rebelles —, l'Amérique bien pensante avait placé Gloria sur un piédestal, faisant d'elle le symbole de l'innocence, de la moralité, et de la fidélité. Et la même Amérique l'y maintenait encore, après plus de trente ans.

Dans le seul et unique film qu'elles avaient tourné ensemble, Eve avait interprété le rôle de la dévoreuse qui séduit et trahit le très faible mari de la patiente et innocente Gloria. Ces rôles avaient fixé à tout jamais l'image de chacune des deux actrices. L'ange et le démon. Curieusement, elles étaient devenues amies.

Les cyniques auraient prétendu qu'elles ne devaient cette amitié qu'au hasard : celui de ne s'être jamais trouvées en compétition pour un rôle, ou pour un homme. Et c'était en partie vrai…

Lorsque Eve entra chez Chasen, Gloria était déjà installée, ruminant devant un verre de vin blanc. Peu de gens la connaissaient suffisamment pour repérer l'insatisfaction profonde que cachait son expression placide. Eve faisait partie de ces gens-là. L'après-midi allait être long…

— Champagne, mademoiselle Benedict ? demanda le garçon après que les deux femmes se furent embrassées.

— Naturellement.

Déjà, Eve sortait une cigarette. Un sourire effleura ses lèvres lorsque le garçon se pencha pour lui donner du feu. Elle se savait très en beauté après le soin du matin, le visage lisse et reposé, les cheveux brillants et doux, les muscles souples.

— Alors, Gloria, comment vas-tu ?

— Assez bien…

Sa bouche pulpeuse se crispa un instant avant qu'elle ne lève son verre.

— … Compte tenu de la façon dont *Variety* a démoli mon dernier film.

— Ce qui ne veut pas dire qu'il n'aura pas de succès.

Tu es dans le métier depuis trop longtemps pour te laisser impressionner par une espèce de petit morveux de critique.

— Je ne suis pas une dure à cuire comme toi, répondit Gloria avec un petit air supérieur. Toi, tu aurais dit au critique…

— Allez vous faire foutre ! lança Eve d'une voix mélodieuse juste au moment où le garçon posait le champagne sur la table.

Elle se mit à rire et lui tapota la main.

— Désolée. Ça ne vous était pas destiné.

— Eve, vraiment…, dit Gloria, qui pouffait dans sa main.

La petite fille bien élevée prise en flagrant délit de ricaner à l'église, songea Eve, attendrie. Voilà où cela mène de croire ce que dit de vous la presse…

— Comment va Marcus ? reprit Eve. Vous nous avez manqué tous les deux au dîner de bienfaisance, l'autre soir.

— Oh, nous sommes désolés de n'avoir pu venir. Marcus avait une migraine épouvantable. Pauvre chéri. Tu ne peux pas savoir comme c'est difficile d'être dans les affaires de nos jours.

Parler de Marcus Grant, marié à Gloria depuis vingt-cinq ans, ennuyait toujours profondément Eve. Elle se contenta de hocher la tête et s'empara du menu.

— Et c'est dans le milieu de la restauration que ça va le plus mal, poursuivit Gloria, toujours prompte à partager les soucis d'argent de son mari bien qu'elle n'y comprît rien. Les services sanitaires n'arrêtent pas de venir fourrer leur nez partout et les gens ne songent plus qu'à leur taux de cholestérol, désormais, et aux graisses qu'ils avalent. Ils ne se rendent même pas compte que Quick and Tasty nourrit pratiquement toute la classe moyenne américaine !

— La petite boîte rouge à chaque angle de rue, rétorqua Eve, songeant au logo de la chaîne de fast-food de Marcus.

Ne t'inquiète pas, Gloria, cholestérol ou pas, les américains mangeront toujours des hamburgers.

— C'est déjà ça.

Elle sourit au garçon qui s'était approché.

— Une salade verte sans sauce, avec une pointe de citron et du poivre.

C'était une plaisanterie. Que Gloria ne comprenait pas, songea Eve avant de commander un chili.

— Bon, dit-elle en se saisissant de sa flûte de champagne. Si tu me racontais un peu les derniers potins, à présent.

— En fait, c'est toi qui fais la une, dit Gloria, martelant un instant son verre de ses ongles courts, vernis d'un ton très clair. Tout le monde parle de ton livre.

— J'en suis ravie. Et que dit-on ?

— Il intrigue beaucoup les gens.

Elle hésita un instant, en profita pour passer du vin à l'eau.

— Il y en a beaucoup qui n'apprécient pas.

— J'espérais plutôt qu'ils auraient peur.

— Il y en a qui ont peur. Peur d'y figurer. Peur d'en être exclu.

— Ma chérie, tu ne peux pas me faire davantage plaisir.

— Cela t'amuse, n'est-ce pas ? commença Gloria.

Elle se tut aussitôt tandis que le garçon apportait le pain.

— Mais les gens s'inquiètent.

— Plus précisément ?

— Eh bien, ce qu'éprouve Tony Kincaide, par exemple, n'est un secret pour personne. J'ai aussi entendu dire qu'Anna Del Rio parlait de poursuites pour diffamation.

Eve sourit, étendant une couche de beurre sur son pain.

— Dieu sait qu'Anna est une créatrice adorable et très douée. Mais est-elle assez stupide pour croire que le grand public s'intéresse à ce qu'elle sniffe dans son arrière-boutique ?

— Eve…

Les joues en feu, très gênée, Gloria avala une gorgée de vin. Elle jeta un regard inquiet autour d'elle pour vérifier si quelqu'un avait entendu.

— Tu ne peux pas répandre ce genre de bruit. Je n'approuve absolument pas l'usage de la drogue, tu le sais, j'ai d'ailleurs pris trois fois la parole en public à ce sujet. Mais Anna est une personne très influente. Et si elle en prend un peu, par-ci par-là, pour s'amuser…

— Gloria, ne te fais pas plus bête que tu n'es. C'est une droguée qui consomme cinq mille dollars de came par jour.

— Comment peux-tu savoir…

— Je le sais.

Pour une fois, Eve fit preuve de discrétion et se tut tandis que le garçon apportait leurs plats. Sur un signe de tête, il leur resservit à boire.

— Dévoiler ce que fait Anna pourrait lui sauver la vie, poursuivit Eve. Mais je mentirais, en prétendant que je lui veux du bien… Qui d'autre s'inquiète ?

— Ils sont trop nombreux pour les citer.

Gloria fixa sa salade. Comme elle le faisait pour chacun de ses rôles, elle avait dû répéter ce repas pendant des heures.

— Eve, ces gens sont tes amis.

— Si peu.

Eve attaqua son chili d'un solide appétit.

— Pour l'essentiel, ce sont des gens avec lesquels j'ai travaillé, ou qui m'ont accompagnée à des réceptions. J'ai couché avec certains. Quant à l'amitié, je peux compter sur les doigts d'une main ceux que je considère comme de vrais amis dans ce métier.

Gloria eut la moue qui avait charmé des millions de spectateurs.

— J'en fais partie ?

— Bien sûr.

Eve se régala d'une autre cuillère de chili avant de poursuivre :

— Gloria, certaines des choses que je vais dire feront mal, d'autres risquent de soulager. Mais la question n'est pas là.

— Où est-elle alors ? demanda Gloria, se penchant vers elle, la fixant du regard intense de ses grands yeux bleus.

— Je veux raconter l'histoire de ma vie, toute l'histoire, sans rien dissimuler. Et les gens qui l'ont traversée sont bien entendu concernés. Je ne mentirai ni sur moi ni sur eux.

Gloria tendit la main par-dessus la table, saisit le poignet d'Eve. Ce geste aussi avait été répété. Mais les doigts de Gloria étaient crispés par une émotion véritable.

— Je te faisais confiance…

— Et pour cause, lui rappela Eve.

Eve savait que cette mise au point viendrait forcément… Elle était désolée de ne pouvoir l'éviter.

— Tu n'avais personne d'autre vers qui te tourner.

— Cela te donne-t-il le droit d'utiliser quelque chose d'aussi personnel, d'aussi intime, et de me détruire ?

Eve poussa un soupir et saisit son verre de sa main libre.

— Dans cette histoire, toutes sortes d'événements sont liés, des gens se croisent dont il est impossible de ne pas parler. Si je néglige quoi que ce soit, pour ménager quelqu'un, tout s'écroule.

— En quoi ce que j'ai fait il y a tant d'années peut-il avoir eu une influence sur ta vie ?

— Ce serait trop long à t'expliquer, murmura Eve.

Et c'était douloureux. Une douleur que les médicaments ne pourraient jamais soulager.

— Je dirai tout et j'espère de tout mon cœur que tu comprendras.

— Tu vas ruiner ma vie, Eve.

— Ne sois pas ridicule. Crois-tu vraiment que les gens seront choqués ou effarés d'apprendre qu'une fille naïve de vingt-quatre ans, tombée amoureuse d'un homme qui s'est moqué d'elle, a choisi d'avorter ?

— Quand cette fille est Gloria Dubarry, oui.

Elle ôta sa main d'un geste brusque. Elle hésita un instant au-dessus du verre de vin puis opta pour l'eau. Elle ne pouvait se permettre le moindre laisser-aller en public.

— Je suis devenue une institution, Eve. Et je crois fondamentalement à ce que je représente. L'intégrité, la pureté, les valeurs traditionnelles et l'amour. Sais-tu ce qu'ils me feront, s'ils apprennent que j'ai eu une aventure avec un homme marié, que j'ai avorté, et tout cela pendant que je tournais *The Blushing Bride,* ce film on ne peut plus moral ?

Eve repoussa son bol de chili d'un geste agacé.

— Gloria, tu as cinquante-cinq ans.

— Cinquante.

— Oh, seigneur.

Elle arracha une cigarette de son paquet.

— Tu es aimée, respectée. C'est tout juste si tu n'es pas canonisée. Tu as un mari riche qui n'est pas dans le milieu du cinéma — c'est une chance pour toi. Deux enfants adorables qui mènent des vies tout à fait normales. Certains doivent d'ailleurs penser qu'ils sont le fruit de l'immaculée conception et que tu les as trouvés dans des choux. Crois-tu vraiment que ce soit un problème, à ce stade, alors que tu es une véritable institution, comme tu dis, que les gens apprennent que tu as déjà couché avec un homme ?

— En dehors des liens du mariage, Eve ! Ma carrière...

— Ta carrière ? Ecoute, nous savons toutes les deux que tu n'as pas décroché un rôle valable depuis cinq ans.

Gloria ouvrait la bouche, outrée. Eve leva la main pour lui imposer le silence.

— Tu as fait du bon travail et tu en feras encore, mais ça fait déjà un moment que le métier n'est plus le centre de ta vie. Rien de ce que je pourrais révéler du passé ne va changer ce que tu vis aujourd'hui ni ce que tu vivras.

— Les journaux à scandale ne vont pas me rater.

— Vraisemblablement, reconnut Eve. Tout ce que ça risque de te valoir, c'est un rôle intéressant. Personne ne te jettera la pierre parce que tu as fait face, un jour, à une situation difficile.

— Tu ne comprends pas, Eve. Marcus n'est pas au courant.

Eve la regarda, interloquée.

— Comment est-ce possible ?

Gloria l'ingénue rougit, son regard candide se durcit.

— Nom de nom, Eve, il a épousé Gloria Dubarry. Il a épousé une image et j'ai fait en sorte qu'elle ne soit jamais ternie. Il n'y a pas eu l'ombre d'un scandale. Tu vas tout ruiner, tout gâcher.

— Dans ce cas, je suis désolée. Sincèrement. Mais je ne me sens aucunement responsable des mystères que tu fais à ton mari. Crois-moi, lorsque je raconterai cette histoire, je le ferai avec la plus grande honnêteté.

— Jamais je ne te le pardonnerai.

Gloria se saisit de la serviette qui se trouvait sur ses genoux et la lança sur la table.

— Et je ferai tout ce qui sera en mon pouvoir pour t'en empêcher.

Elle fit sa sortie, l'œil sec, élégante, menue dans son tailleur Chanel blanc.

A l'autre bout de la salle, un homme mangeait sans se presser. Il avait déjà pris une demi-douzaine de photos avec son minuscule appareil et il était satisfait. Avec un peu de chance, il terminerait le travail à temps pour rentrer chez lui regarder le Superbowl.

Drake regardait le match tout seul. Pour une fois dans sa vie, il n'avait aucune envie qu'une femme soit là. Il ne voulait pas d'une blonde boudeuse vautrée sur son canapé, en train de faire la tête parce qu'il lui consacrerait moins d'attention qu'au match.

Drake était installé dans la salle de jeu de sa maison de pierre et de cèdre située sur les collines d'Hollywood. Le grand écran de télévision, sur lequel le match venait juste de commencer, occupait pratiquement tout un mur. Autour de lui se trouvaient tous les jouets qui compensaient ceux que sa mère lui avait refusés dans son enfance. Machines à sous, table de billard, panier de basket, et le dernier cri en matière de flipper et de hi-fi. Sa vidéothèque atteignait les cinq cents cassettes et chaque pièce de la maison était équipée d'un magnétoscope. Chez lui, on n'aurait rien trouvé d'autre à lire que des journaux de courses et des magazines spécialisés…

… Mais Drake avait d'autres distractions à offrir.

Dans la pièce contiguë se trouvaient en effet entreposés des joujoux d'un tout autre genre — sublime ou ridicule. Parce qu'on avait enseigné à Drake, dès son plus jeune âge, que le sexe est un vice, il en avait conclu que rien ne sert de se gêner, et s'y était investi à fond. D'autant que certaines stimulations contribuaient toujours à exciter son appétit.

Bien qu'ayant lui-même un goût très modéré pour les drogues, il avait toujours en réserve toutes sortes de pilules et de poudres pour se remonter le moral si jamais une soirée menaçait de devenir ennuyeuse. Bref, Drake Morrison savait recevoir.

Ce dimanche, il avait refusé une bonne dizaine d'invitations pour aller regarder le Superbowl chez des amis. Pour lui, il ne s'agissait pas d'un simple match. C'était une question de vie ou de mort. Il avait cinquante mille dollars engagés sur le résultat de la partie et il ne pouvait pas se permettre de perdre.

Avant que la première période ne soit terminée, il avait déjà avalé deux bières et la moitié d'un paquet de chips dégoulinant de guacamole. Lorsque son équipe marqua un but, il se détendit un peu. Le téléphone sonna deux fois mais il laissa le répondeur se charger de faire la conversation, convaincu que cela lui porterait malheur de quitter sa place, même pour aller aux toilettes. Alors ne parlons pas de répondre au téléphone.

Au bout de deux minutes en seconde période, Drake jubilait. Les joueurs de son équipe se défendaient comme de beaux diables. Personnellement, il détestait ce sport. Un sport de brutes, beaucoup trop physique. Mais le besoin de parier était plus fort que tout. Il songea à Delrickio et sourit. Il rembourserait ce salaud d'Italien, jusqu'au dernier centime. C'en serait fini de transpirer lorsqu'il entendrait sa voix polie au téléphone.

Peut-être alors s'accorderait-il quelques jours de vacances. Du côté de Puerto Rico pour jouer dans les casinos et se faire quelques filles de la haute. Il ne l'aurait pas volé, vu ce qu'il venait de traverser comme déveine.

Et sans l'aide d'Eve, songea-t-il en ouvrant une autre bouteille de bière. Cette vieille garce refusait de lui prêter un centime, tout cela parce qu'il avait manqué de chance ces derniers temps. Si elle avait su qu'il continuait à traiter avec Delrickio… Enfin, il n'avait guère de souci à se faire à ce sujet. Drake Morrison savait se montrer discret.

Quoi qu'il en soit, elle n'avait pas le droit d'être aussi radine avec son fric. Où irait-il, lorsqu'elle claquerait ? Tout ce qu'il lui restait de famille, c'étaient ses sœurs et elle n'en avait rien à faire. Il n'y avait donc plus que lui, son seul lien de sang. Et il avait passé toute sa vie à cultiver ses bonnes grâces pour qu'elle ne l'oublie pas.

Il fut brusquement ramené à la réalité par les cris des supporters et vit alors avec horreur un joueur de l'équipe adverse sprinter et marquer le but.

Il sentit se crever la jolie petite bulle dans laquelle il flottait jusque-là. Il prit une pleine poignée de chips. Les miettes tombèrent sur sa chemise, ses genoux, tandis qu'il fourrait la nourriture dans sa bouche. Ça n'avait pas d'importance, se dit-il. Cela ne faisait jamais que trois points d'écart. Quatre, corrigea-t-il aussitôt, tandis que le ballon passait entre les poteaux.

Ils allaient se refaire. Le match était loin d'être terminé.

Dans sa maison, sur la plage de Malibu, Paul était penché sur son ordinateur. Son roman lui donnait du fil à retordre. Mais il était déterminé à vaincre ce blocage. Une course d'obstacles, voilà comment il lui arrivait très souvent de considérer l'écriture. Il éprouvait pour elle une sorte d'attraction répulsion. Il l'aimait et la détestait tout à la fois, un peu à la manière de ce qu'éprouvent parfois les gens dans une relation amoureuse. Il ne pouvait se passer d'écrire. Oh, pas financièrement — il avait tout l'argent qu'il lui fallait. Non, l'écriture lui était aussi indispensable que la nourriture ou le sommeil.

Il se cala contre son dossier, fixant l'écran, le petit curseur clair qui clignotait à la fin du dernier mot qu'il avait écrit.

Ce mot, c'était meurtre.

Il éprouvait une grande satisfaction à écrire des romans policiers, à nouer des intrigues, compliquant à plaisir la vie des personnages qui naissaient de son imagination. Mais plus que tout, il aimait les voir jouer avec la vie et la mort. En cet instant précis, pourtant, il ne parvenait pas à s'y intéresser.

Trop de distractions, songea-t-il, jetant un coup d'œil par-dessus son épaule à la télévision qui retransmettait à plein volume l'action de la troisième période. Il savait que c'était puéril de l'avoir allumée et de faire semblant de regarder. En vérité, il se moquait éperdument du football américain. Mais chaque année il se faisait piéger par le Superbowl. Il avait même choisi son équipe, se dédouanant de sa propre faiblesse en encourageant ceux qu'il considérait comme perdus d'avance puisqu'ils avaient déjà un retard de trois points en fin de première période.

Le football était incontestablement une distraction, mais ce n'était pas cela qui l'empêchait de se plonger dans son travail depuis plus de deux semaines. Ce qui absorbait son esprit était autrement plus fascinant qu'une poignée d'hommes aux épaules caparaçonnées passant leur temps à plaquer au sol. C'était une blonde au regard imperturbable et aux jambes de rêve nommée Julia.

Il ne savait même pas très bien ce qu'il attendait d'elle — en dehors de ce qu'attend normalement un homme. Bien sûr, il rêvait de la prendre dans ses bras, elle qui passait si facilement de la plus grande réserve aux élans de passion. Mais si c'était là tout ce qu'il voulait, pourquoi était-il incapable de la chasser de son esprit et de travailler, comme il avait toujours su le faire avec les autres femmes ?

Peut-être était-ce la nature complexe de Julia qui l'intriguait, ce mélange de professionnalisme accompli, ambitieux, et de discrétion, de tranquillité domestique. Il avait découvert que ce qu'il prenait pour de la distance était en fait de la timidité, qu'elle était plus prudente que cynique. Cependant, elle avait eu le courage, l'audace, de traverser un continent avec son petit garçon pour répondre aux caprices d'une des légendes d'Hollywood.

A moins qu'elle n'ait pas fait cela par cran. Seulement par ambition.

Il s'était renseigné et pouvait donc apporter lui-même des réponses à certaines des questions qu'il se posait. Il savait qu'elle avait été élevée par deux grands avocats, qu'elle avait survécu à leur séparation, à une grossesse alors qu'elle était encore adolescente, puis à la disparition de ses deux parents. Malgré la vulnérabilité qu'il avait découverte en elle, elle était très forte. Il avait bien fallu qu'elle le soit.

Nom de nom, songea-t-il en riant, elle lui rappelait Eve. Peut-être à cause de Brandon, pourtant très différent de l'enfant qu'il avait lui-même été.

Eve ne l'avait pas materné au sens traditionnel du terme, Paul le savait. Mais elle l'avait sauvé. Même si elle n'était restée que peu de temps la femme de son père, elle avait changé toute sa vie. Elle lui avait prodigué l'attention dont il manquait tant, les éloges qu'il avait cessé d'espérer, les critiques si formatrices. Mais par-dessus tout, elle lui avait donné son amour, tout son amour.

Brandon était élevé de la même façon, alors comment aurait-il pu ne pas être un enfant attachant ? C'était étrange, se dit Paul, il n'avait jamais été particulièrement attiré par les enfants. Disons plutôt qu'il les aimait bien, les trouvait amusants, souvent intéressants et certainement nécessaires à la préservation de l'espèce... Cependant, il aimait passer du temps avec Brandon. La veille, il s'était senti très bien avec lui, à manger de la pizza et à se raconter des histoires de basket. Il faudrait vraiment qu'il se débrouille pour l'emmener assister à un match un de ces jours. Et si d'aventure sa mère les accompagnait, ce serait encore mieux.

Il jeta un coup d'œil à la télévision. Son équipe n'avait pas comblé le retard de trois points et on entrait en quatrième période. Paul songea un instant à tout l'argent qui allait être perdu et gagné dans les quinze minutes à venir, puis il se remit au travail.

Drake était assis au bord du fauteuil. Le tapis sous ses pieds était couvert de miettes de toutes les chips et bretzels qu'il n'avait cessé d'engloutir. Du carburant pour tenter de calmer la peur qui lui nouait les tripes. Il en était déjà à son second pack de bière et il avait les yeux brillants, injectés de sang, comme s'il souffrait d'une épouvantable gueule de bois. Mais il continuait de fixer l'écran.

Plus que quatre minutes et vingt-six secondes de jeu. Son équipe avait déjà rattrapé trois points. Elle était parvenue à marquer un but mais n'avait pas gagné le point de transformation.

Ils allaient gagner. Il allait se refaire grâce à eux. Drake fourra une pleine poignée de bretzels dans sa bouche. Sa chemise de sport Ralph Lauren était trempée de sueur, et dessous, son cœur cognait dans sa poitrine.

Le souffle court, saccadé, il porta un toast aux gladiateurs, sur l'écran, avec sa bouteille de bière à demi vide. Puis soudain, il se recroquevilla comme si le défenseur venait de lui donner un coup dans le bas-ventre. Le joueur de l'équipe adverse récupéra une longue passe et parvint sans interception dans la zone de but. La transformation fut réussie. La foule devint hystérique.

Trois minutes, dix secondes, et Drake voyait sa vie tout entière chavirer.

Des minables ! songea-t-il, arrosant de bière son gosier sec. Ils n'avaient fait qu'accumuler les erreurs au cours des dix dernières minutes ! Même lui aurait pu faire mieux. De vraies lopettes. Il but encore de la bière, engloutit des chips… et pria.

Peu à peu, les joueurs descendirent tout le terrain. A chaque mètre gagné, Drake se rapprocha du bord du fauteuil. Et ses yeux larmoyèrent lorsqu'ils se heurtèrent au mur solide de la défense adverse.

— Un but, rien qu'un foutu but ! hurla-t-il, se levant d'un bond pour arpenter la pièce.

Il ne restait plus que deux minutes de jeu.

Il avait l'impression que ses jambes n'étaient plus que deux ressorts rouillés.

Cinquante mille dollars. Il marchait de long en large, faisant craquer ses doigts tandis que la publicité s'écoulait, monotone. Il ne supportait pas de penser à ce que Delrickio lui ferait s'il ne pouvait pas le rembourser.

Il pressa ses mains tremblantes sur ses yeux. Comment avait-il pu faire ça ? Comment avait-il pu parier cinquante mille dollars sur ce sale match alors qu'il en devait quatre-vingt-dix mille à ce bandit ?

Le jeu reprit alors et son désespoir aussi. Drake ne se rassit pas. Il resta debout devant l'écran géant. Le regard du quart arrière semblait plonger dans le sien. Désespoir plongeant dans le désespoir. Il y eut des grognements. Une action. Des hommes énormes, en sueur, se bousculèrent sur l'écran à quelques centimètres du visage de Drake.

Trois mètres de gagné. Interruption.

Drake se mit à se ronger les ongles.

Les deux équipes se reformèrent. A quoi bon ? Quelle différence cela faisait-il pour lui ? songea-t-il, complètement désespéré. Quelle putain de différence cela faisait-il ?

Quart arrière sanctionné. Six mètres de perdus.

Il pleurait, à présent, tandis que le temps s'écoulait. Adulte sanglotant dans une pièce pleine de jouets. Le besoin d'uriner devint si pressant qu'il se mit à danser d'un pied sur l'autre. Moins d'une minute à jouer. La défense tenait. En avant. Deux mètres de gagné. Course, passe ou coup de pied de volée ? Après un arrêt de jeu insupportable pendant lequel Drake courut se soulager aux toilettes, ils optèrent pour la course. Les gros uniformes formèrent une montagne de couleur maculée d'herbe.

Il haletait tandis que les joueurs se percutaient, se poussaient sans ménagement. Les arbitres se jetèrent dans la mêlée pour séparer les plus belliqueux. Drake avait envie de les voir le mettre en pièces, se battre jusqu'au sang. Les larmes emplirent ses yeux lorsqu'il vit qu'on mesurait.

— Mon Dieu, je vous en supplie, je vous en supplie, implora-t-il.

Trop court. A quelques centimètres seulement du but. A des kilomètres de tous ses espoirs. Lorsque le ballon changea de main, le match était quasiment terminé.

Drake pleurait tandis que la foule acclamait les vainqueurs. Les joueurs ôtèrent leurs casques, révélant leurs visages triomphants ou défaits.

Et plus d'une vie se trouva bouleversée lorsqu'on siffla la fin du match.

10

Julia pénétra dans le hall de réception circulaire du bureau de Drake Morrison à 10 heures précises. Elle réprima une grimace de douleur en gagnant l'accueil situé au centre pour s'annoncer auprès de la brune très élégante qui semblait être en charge des opérations.

— M. Morrison vous attend, dit-elle d'une voix suave propre à faire saliver les hommes.

Et si la voix ne suffisait pas, son tour de poitrine, et le petit pendentif en brillant niché à la naissance des seins étaient là pour assurer.

— Si vous voulez bien vous asseoir quelques instants.

Rien ne pouvait faire davantage plaisir à Julia. Elle poussa un soupir en s'installant dans l'un des fauteuils et fit semblant de s'absorber dans la lecture du magazine *Première*. Elle avait l'impression d'avoir été lentement et méthodiquement rouée de coups.

Une séance d'une heure avec Fritz, et elle était prête à demander grâce. Il était patient, savait se montrer encourageant, flatteur, mais c'était à n'en pas douter Conan le Barbare en personne.

Julia pensa soudain à tourner une page du magazine tandis que la réceptionniste répondait au téléphone en imitant de son mieux la voix de Lauren Bacall. De profil, son époustouflante poitrine faisait ressembler Dolly Parton à une gamine. Curieuse, Julia jeta un coup d'œil furtif autour d'elle. Aucun des hommes qui se trouvaient là n'avait l'air de saliver.

Elle se cala avec précaution dans le fauteuil, laissa son esprit vagabonder.

Malgré la souffrance, la matinée avait été très intéressante. Apparemment, les femmes devenaient plus expansives lorsqu'elles partageaient les mêmes tortures. Eve s'était montrée aimable et drôle, en particulier lorsque Julia, oubliant toute dignité, avait laissé échapper un chapelet de jurons pendant la dernière série d'abdominaux.

Et il était assez difficile, voire impossible, de garder une distance toute professionnelle quand on se retrouvait à deux sous la douche, nues et épuisées.

Au cours de cette séance, elles n'avaient pas parlé d'Hollywood mais de tas d'autres choses. Des jardins qu'Eve adorait. De la musique qu'elle écoutait, de ses villes préférées… Une conversation à bâtons rompus plutôt qu'une interview. Au cours de laquelle, tout compte fait, Eve en avait beaucoup plus appris sur Julia que l'inverse.

Plus les exercices la faisaient souffrir, plus Julia s'était sentie décontractée pour parler d'elle. Et elle avait tout naturellement décrit sa maison du Connecticut, raconté combien quitter New York avait fait du bien à Brandon. Elle avait également confié sa phobie de l'avion, son goût pour la cuisine italienne et parlé de sa peur lorsqu'elle avait dû sacrifier à une séance de signature pour son premier livre, avec tous ces gens qui se pressaient autour d'elle…

Qu'avait dit Eve, au juste ? Julia sourit en retrouvant la phrase : « Donne ton cerveau en pâture, ma fille, jamais tes tripes. » La formule lui plaisait.

Julia changea de position en prenant d'ultimes précautions. Mais lorsque les muscles de ses cuisses protestèrent, elle ne put retenir un petit gémissement. Les hommes en face d'elle levèrent un instant le nez de leur magazine, puis reprirent leur lecture. Pour distraire son esprit de toutes les douleurs qu'elle éprouvait, elle tenta de deviner qui ils pouvaient être.

Deux acteurs espérant se faire représenter par un gros bonnet du métier ? Non. Deux acteurs ne viendraient jamais courtiser ensemble un même attaché de presse. Même s'ils étaient amants.

Julia songea qu'il n'était pas très juste de les ranger dans la catégorie homo tout simplement parce qu'ils ne bavaient pas d'envie devant Dolly Bacall. Peut-être étaient-ils de loyaux et fidèles maris qui ne regardaient jamais d'autres femmes que les leurs.

Non. Ridicule.

Deux agents du fisc venus inspecter la comptabilité de Drake, voilà qui lui paraissait beaucoup plus vraisemblable. Ils avaient l'allure froide, détachée, impitoyable qu'elle prêtait aux employés du fisc… ou aux hommes de main de la mafia. Etaient-ce des calculatrices ou des calibre 32 qu'ils dissimulaient sous leurs impeccables vestes noires ?

Elle souriait lorsque l'un d'eux leva soudain la tête et la surprit en train de les observer. Vu son air, Julia conclut qu'il était préférable d'avoir ses comptes à jour.

Un bref coup d'œil à sa montre lui indiqua qu'elle attendait depuis dix minutes déjà. La double porte blanche, avec le nom de Drake apposé bien en évidence, était hermétiquement close. Julia la fixa, se demandant ce qui pouvait bien le retarder ainsi.

*
* *

Dans la pièce écrue et émeraude qui se voulait du dernier cri, Drake était assis, les mains tremblantes, croisées sur la surface polie de son bureau. On aurait dit que son corps s'était rétréci. Il paraissait comme avalé par l'énorme fauteuil directorial de cuir.

Derrière lui, l'immense baie vitrée offrait une vue imprenable sur Los Angeles. Il lui plaisait de savoir qu'à tout moment, il pouvait embrasser d'un seul coup d'œil le panorama que les producteurs de *Los Angeles District* avaient rendu célèbre.

Il lui tournait le dos en ce moment, le regard baissé. La veille, ne parvenant pas à trouver le sommeil tant la peur le tenaillait, il avait fini par se lever et aller chercher deux Valium et une bouteille de whisky.

— Je me suis déplacé, en personne, pour venir te voir, disait Delrickio, parce qu'il me semble que nous sommes très liés.

Drake se contenta d'un hochement de tête et Delrickio pinça les lèvres d'un air de dégoût.

— Tu imagines ce qui se passerait maintenant si nous n'étions pas liés ?

La question exigeait une réponse. Drake humecta ses lèvres.

— Oui.

— Mais l'amitié a ses limites, en affaires. Et nous avons atteint cette limite. Hier, tu n'as pas eu de chance. Je peux compatir en tant qu'ami. Mais en tant qu'homme d'affaires… Drake, tu me coûtes de l'argent.

— Cela n'aurait pas dû se produire.

La panique menaçait de nouveau de prendre le dessus. Elle troubla un instant le regard de Drake.

— Tout était encore possible à cinq minutes de la fin.

— Le problème n'est plus là, aujourd'hui. Tu as fait une erreur de jugement et l'heure des comptes a sonné.

Delrickio n'élevait que rarement la voix. Mais ses paroles retentirent dans la tête de Drake, se répercutant tel un écho.

— Qu'as-tu l'intention de faire ?

— Je… je pourrais vous rembourser dix mille dollars dans deux semaines, peut-être trois.

Delrickio sortit de sa poche un rouleau de pastilles à la menthe, en poussa une du pouce et la posa délicatement sur sa langue.

— C'est loin d'être satisfaisant. Je veux le reste de la somme dans une semaine.

Il s'interrompit, pointant son index sur Drake.

— Non. Puisque nous sommes amis, dans dix jours.

— Quatre-vingt-dix mille dollars dans dix jours ?

Drake attrapa la carafe en cristal posée sur son bureau, mais ses mains tremblaient trop et il ne put se servir.

— C'est impossible.

Le visage de Delrickio demeura de marbre.

— Lorsqu'un homme a une dette, il doit la payer. Ou assumer les conséquences. Un homme qui ne paie pas ses dettes peut subitement devenir maladroit. Tellement maladroit qu'il peut se prendre la main dans une porte et s'écraser les doigts. Ou être tellement préoccupé qu'il en devient distrait et risque de se lacérer le visage ou… de se trancher la gorge en se rasant. Il peut même être démoralisé au point de se jeter par une fenêtre.

Delrickio regarda la grande baie vitrée dans le dos de Drake.

— Celle-ci, par exemple.

La pomme d'Adam de Drake bloqua contre le nœud de cravate lorsqu'il avala sa salive pour chasser la boule d'angoisse dans sa gorge. Sa voix sortit, semblable au sifflement de l'air s'échappant d'un ballon crevé.

— J'ai besoin de plus de temps.

Delrickio soupira, tel un père déçu à la lecture du mauvais livret scolaire de son fils.

— Tu me demandes une faveur alors que tu ne m'accordes même pas celle que je t'avais demandée.

— Elle n'a rien voulu me dire.

Drake prit une pleine poignée d'amandes enrobées de sucre dans le bol Lalique posé sur son bureau.

— Vous savez combien Eve peut se montrer déraisonnable.

— Je le sais, en effet. Mais il doit bien exister un moyen.

— J'ai tenté de soutirer des informations à la biographe.

Drake aperçut la petite lueur d'espoir au bout du tunnel et fonça.

— D'ailleurs, elle est là, ce matin. Elle m'attend.

— Oui. Et alors ? dit Delrickio, haussant imperceptiblement le sourcil, seul signe apparent d'intérêt.

— Je suis en train de la ferrer. C'est le genre carriériste solitaire qui a besoin d'une petite histoire avec un homme. Deux semaines et elle me mangera dans la main. Tout ce qu'Eve lui dira, je le saurai.

Un léger sourire effleura les lèvres de Delrickio tandis qu'il lissait sa moustache.

— Tu sais t'y prendre avec les femmes. Moi aussi, dans ma jeunesse, j'avais cette réputation.

Lorsqu'il se leva, Drake sentit le soulagement envahir son corps moite.

— Trois semaines. Si tu m'apportes des informations utiles, nous négocierons un prêt à plus long terme. Et pour me montrer ta bonne volonté, dix mille dans une semaine. En liquide.

— Mais…

— C'est un excellent marché, Drake.

Delrickio gagna la porte puis se retourna.

— Crois-moi, d'autres ne t'en auraient pas offert autant. Ne me déçois pas, ajouta-t-il, brossant du bout des doigts le poignet de sa chemise. Il serait dommage que ta main se mette à trembler pendant que tu te rases.

Julia vit sortir du bureau un homme distingué d'une soixantaine d'années. Il possédait l'assurance, l'élégance que confèrent l'argent et le pouvoir et un physique assez impressionnant auquel l'âge avait donné une grande classe.

Les deux hommes assis en face de Julia se levèrent. L'homme qui était sorti du bureau s'inclina légèrement devant elle. A son regard, elle vit qu'il savait encore apprécier une jeune et jolie femme.

Elle sourit. S'incliner devant une femme était un geste tellement galant et démodé. Puis il s'éloigna, flanqué des deux hommes en noir.

Cinq minutes s'écoulèrent encore avant que l'Interphone ne sonne et que la réceptionniste n'introduise Julia dans le bureau de Drake.

Il s'efforçait de se remettre. Il n'avait pas osé prendre encore un Valium, mais il s'était précipité dans les toilettes pour vomir toute sa peur. Après s'être aspergé le visage, rincé la bouche et avoir lissé ses cheveux et son costume, il accueillit Julia avec une poignée de main toute hollywoodienne.

— Désolé de vous avoir fait attendre. Que puis-je vous offrir ? Café, Perrier, jus de fruits ?

— Rien, merci.

— Installez-vous. Nous allons pouvoir discuter.

Il jeta un coup d'œil à sa montre, désirant prouver par là qu'il était un homme très pris, très occupé.

— Alors, comment se passe l'installation avec Eve ?

— Très bien. Nous avons eu une séance avec Fritz ce matin.

— Fritz ?

Son regard resta vide quelques secondes, puis il eut un sourire ironique.

— Ah, oui, la reine de la gymnastique. Pauvre chéri.

— J'ai beaucoup apprécié. La séance. Et l'homme, rétorqua Julia d'une voix très froide.

— Je suis certain que vous êtes un vrai petit soldat. Et le livre, il avance ?

— Je crois que nous pouvons être optimistes.

— Ce sera un best-seller, il n'y a aucun doute. Eve a eu une vie fascinante. Toutefois, je me demande si elle ne risque pas de manquer un peu d'objectivité dans sa façon de raconter les choses. Enfin, il n'y en a pas deux comme cette bonne vieille Eve.

Eve n'aurait guère apprécié de s'entendre appeler de la sorte, Julia en était certaine.

— Parlez-vous en tant que neveu ou attaché de presse ?

Il rit en plongeant les doigts dans les amandes.

— Les deux. Je dois dire qu'avoir Eve pour tante a ajouté du piment à ma vie, et l'avoir pour cliente a mis du beurre dans les épinards.

Julia ne prit même pas la peine de commenter. Quelque chose ou quelqu'un faisait transpirer Drake Morrison dans ses chaussures en crocodile. L'homme distingué aux cheveux argentés et aux manières si courtoises ? Elle conclut que cela ne la regardait pas. A moins qu'il n'y ait un rapport avec Eve. Elle mit la question en réserve dans un coin de son esprit.

— Si vous me parliez de votre tante, d'abord ? Nous parlerons de la cliente ensuite.

Julia sortit son magnétophone et regarda Drake. Il lui signifia son accord d'un hochement de tête. Son bloc installé sur les genoux, elle sourit. Il prenait les amandes dans une main puis les attrapait une à une et les lançait dans sa bouche. Je lance, je croque, j'avale. Et ainsi de suite. Julia se demanda s'il lui arrivait de manquer une étape et d'en avaler une tout rond. Prise de fou rire, elle dut détourner un moment le regard sous prétexte de mettre en route le magnétophone.

— Votre mère est la sœur aînée d'Eve, c'est cela ?

— Oui, c'est exact. Il y avait trois filles Berenski. Ada, Betty et Lucille. Bien entendu, Betty était déjà devenue Eve Benedict lorsque je suis né. Elle était déjà une star, une légende même. En tout cas, elle était une légende à Omaha.

— Y revenait-elle parfois pour vous rendre visite ?

— Je ne me souviens que de deux fois. La première, je devais avoir cinq ans.

Il lécha le sucre sur ses doigts et prit bien soin d'avoir l'air suffisamment peiné. C'était bien le diable si une mère seule avec un petit garçon ne compatissait pas à ce qu'il allait dire.

— Mon père nous a abandonnés. Ma mère ne s'en est jamais remise. J'étais trop jeune pour comprendre. Je me demandais seulement pourquoi mon père ne rentrait pas à la maison.

— Je suis désolée.

Bien. Elle compatissait.

— Cela a dû être très difficile.

— Oui, ce fut terriblement douloureux. Parfois, je doute de jamais m'en remettre.

En plus de vingt ans, Drake n'avait pas accordé une seule pensée à son père. Il sortit un mouchoir brodé à ses initiales et s'essuya les doigts.

— Il est parti un beau matin et n'est jamais revenu. Pendant des années, j'ai cru que c'était ma faute. Je le crois peut-être encore, quelque part.

Il s'interrompit, comme pour laisser passer l'émotion, tournant légèrement la tête, le regard perdu au-delà de la vitre qui le protégeait du brouillard mêlé de gaz d'échappement de Los Angeles. Rien, il en était certain, ne touchait davantage une femme qu'une histoire dramatique relatée avec courage.

— Eve est venue, bien qu'à vrai dire ma mère et elle n'aient jamais été d'accord sur grand-chose. Elle a été très gentille... à sa façon, s'assurant que nous ne manquions de rien. Ma mère a fini par trouver un travail à temps partiel dans un grand magasin, mais ce fut l'argent d'Eve qui nous a permis d'avoir toujours un toit décent. Elle a également veillé à mon éducation.

Bien que Julia ne fût pas dupe de la petite comédie qui se jouait à son intention, elle n'en était pas moins intéressée par le récit de Drake.

— Vous disiez qu'Eve et votre mère ne voyaient pas les choses de la même façon. Pouvez-vous développer ?

— Je ne peux pas vous dire exactement comment les choses se sont passées lorsque ma mère et Eve étaient jeunes. Mais j'ai eu le sentiment que les trois sœurs rivalisaient pour attirer l'attention du père. Il était souvent parti. C'était une sorte de représentant de commerce. D'après ce que m'a dit ma mère, ils tiraient souvent le diable par la queue et Eve n'était jamais satisfaite. Mais c'était peut-être encore plus simple que cela, ajouta-t-il avec un sourire. J'ai vu des photos, des photos des trois sœurs lorsqu'elles étaient jeunes. Ça n'a pas dû être facile pour trois jolies femmes comme elles de vivre sous le même toit.

Julia ferma un instant les yeux et faillit perdre le fil de ses pensées. Cet homme se rendait-il compte qu'il brillait comme un arbre de Noël ? Du bracelet en or de sa Rollex jusqu'aux boutons de manchette en passant par le gel qui plaquait ses cheveux.

— Je… euh.

Elle baissa précipitamment les yeux vers ses notes, sans se rendre compte que Drake jubilait, persuadé que c'était son charme irrésistible qui la troublait.

— Donc, Eve est partie de la maison.

— Oui. Et la vie a suivi son cours. Ma mère s'est mariée. J'ai entendu dire que mon père avait été amoureux d'Eve. Ma mère n'était pas particulièrement jeune lorsqu'elle s'est mariée, et à mon avis, tomber enceinte n'a pas été facile. Il lui a fallu des années. Vous êtes certaine de ne rien vouloir boire ? demanda-t-il de nouveau, gagnant le bar qui se trouvait sur le côté de la pièce.

— Non, merci. Poursuivez, je vous en prie.

— Enfin, quoi qu'il en soit, je suis resté enfant unique.

Il se versa un verre d'eau gazeuse avec de la glace. Il aurait préféré de l'alcool, mais il était certain que Julia désapprouvait ce genre d'habitude le matin. Il but, la tête légèrement inclinée, lui offrant son autre profil.

— Lucille a consacré sa vie à voyager. Je crois même qu'elle a vécu quelques années dans une communauté. C'était la mode dans les années soixante. Elle est morte dans un accident de chemin de fer au Bengladesh ou à Bornéo, un coin perdu comme ça, il doit y avoir environ dix ans.

Il passa sur la vie et la mort de sa tante avec un simple haussement d'épaules.

Julia le nota sur son bloc.

— J'en déduis que vous n'étiez pas très proches ?

— De tante Lucille ?

Il se mit à rire. Rire qu'il masqua aussitôt sous une petite toux.

— Je ne crois pas l'avoir vue plus de trois ou quatre fois.

Il ne mentionna pas qu'elle lui apportait toujours un beau jouet ou un livre passionnant. Ni qu'à sa mort, elle ne possédait guère plus que les vêtements qu'elle portait et quelques pièces de monnaie dans sa poche. Pas d'héritage pour Drake, pas de souvenirs affectueux de Lucille.

— Elle ne m'a jamais paru très… très réelle, si vous voyez ce que je veux dire.

— Oui, je crois.

Julia se radoucit un peu. Il n'était pas juste de le juger trop durement parce qu'il n'éprouvait pas d'affection pour une tante qu'il connaissait à peine. Ou parce qu'il n'était qu'un petit coq qui s'ébrouait, un peu trop convaincu de son charme.

— Votre famille s'est donc trouvée éparpillée.

— Oui. Ma mère a gardé la petite ferme qu'elle avait achetée avec mon père. Et Eve…

— Qu'avez-vous éprouvé la première fois que vous l'avez vue ?

— Le monde a toujours semblé trop petit pour elle.

Il s'assit sur le coin du bureau, position stratégique pour jouir de la vue sur les jambes de Julia. Exploiter cette femme serait tout sauf une expérience désagréable. Et pour être équitable avec elle, il ferait en sorte qu'elle y trouve du plaisir.

— Je l'ai trouvée très belle, bien sûr, avec en plus une

qualité que peu de femmes possèdent. Ce que l'on pourrait appeler une sorte de sensualité naturelle, je présume. Même un enfant y est sensible, sans savoir ce que c'est au juste. Je crois qu'à l'époque elle était mariée avec Anthony Kincaide. Elle a débarqué avec des montagnes de bagages, des lèvres rouges, des ongles rouges et ce qui devait être un tailleur de chez Dior. Et cette éternelle cigarette plantée au bout des doigts. En un mot, elle était fabuleuse.

Il but une gorgée, surpris par la vivacité du souvenir.

— Je me rappelle une scène, juste avant qu'Eve ne s'en aille. Elle se disputait avec ma mère. Elle arpentait le linoléum craquelé de la cuisine en soufflant la fumée de sa cigarette tandis que ma mère était assise à la table, les yeux rouges, furieuse…

— Nom de Dieu, Ada, tu as pris quinze kilos. Ce n'est pas étonnant qu'Eddie se soit barré avec une petite serveuse.

Ada pinça les lèvres. Elle avait le teint aussi livide qu'un bol de porridge rance.

— On ne jure pas chez moi.

— On ne fera bientôt plus rien du tout, chez toi, si tu ne te ressaisis pas !

— Me ressaisir ? Sans mari, presque sans le sou, et avec un gamin à élever ?

Eve agita sa cigarette. La fumée zigzagua dans l'air.

— Tu sais très bien que l'argent ne sera pas un problème. Et il y a plein de femmes dans le monde qui n'ont pas de mari. Pour leur plus grand bien, parfois.

Eve plaqua les mains sur la table, la cigarette plantée entre les doigts.

— Ecoute-moi, Ada. Maman est morte. Papa est mort.

Lucille aussi. Et même ce bon à rien que tu as épousé est parti. Ils ne reviendront plus.

— Je t'interdis de parler de mon mari…

— Oh, la ferme !

Eve balança un coup de poing sur la table. Si violent que salière et poivrière s'entrechoquèrent et tombèrent.

— Il ne vaut pas la peine que tu le défendes, ni que tu pleures, nom de nom ! C'est une chance qui t'est donnée, l'opportunité d'un nouveau départ ! Nous sommes sorties de ces foutues années cinquante, Ada. Pour une fois, nous allons avoir un président qui n'est pas un gâteux, à la Maison Blanche. Les femmes vont jouer un rôle nouveau. Il y a du changement dans l'air, Ada. Tu ne le sens pas ? C'est en route !

— J'ai pas envie qu'un catholique, un papiste, soit élu. C'est une honte nationale, voilà ce que c'est !

Elle jeta le menton en avant.

— Et de toute façon, qu'est-ce que ça a à voir avec moi ?

Eve ferma les yeux, simplement, consciente qu'Ada ne goûterait jamais au changement, qu'elle n'en savourerait jamais le parfum frais, nouveau. Elle avait bien trop d'amertume pour cela.

— Vends la maison, Ada, dit-elle. Prends le gamin et viens vivre avec moi en Californie.

— Et pourquoi ferais-je cela ?

— Parce que nous sommes sœurs. Quitte ce lieu paumé et viens t'installer dans un endroit où tu trouveras un travail décent, où tu auras une vie sociale, où le gamin aura une vie, lui aussi.

— Une vie dans le genre de la tienne ? lança Ada d'un ton méprisant, les yeux rouges pleins de ressentiment et d'envie. Elle est belle, ta vie ! Te montrer sur les écrans à moitié nue, pour que n'importe qui ayant trois sous en poche puisse te voir. Te marier et divorcer selon tes caprices et te donner au premier homme qui te fait de l'œil. Merci, mais mon fils restera ici, où il pourra être élevé avec des valeurs décentes et selon la volonté de Dieu.

— Fais ce que tu voudras, dit Eve d'un ton las. Mais que tu penses que c'est la volonté de Dieu que d'être une femme amère et desséchée avant même d'avoir atteint la quarantaine me dépasse. Je t'enverrai de l'argent pour le gamin. Tu en feras ce que tu voudras.

— Bien entendu, elle a pris l'argent, poursuivit Drake. En pestant contre le péché, l'impiété et tout le reste tandis qu'elle encaissait le chèque.

Il eut un haussement d'épaules, trop habitué au goût de l'amertume pour se rendre compte qu'elle l'envahissait.

— Pour autant que je sache, Eve lui envoie encore un chèque chaque mois.

L'absence totale de gratitude choqua Julia. Drake se rendait-il compte qu'il ressemblait à sa mère ?

— Si vous avez eu si peu de contact avec Eve, au départ, comment se fait-il que vous soyez venu travailler pour elle ?

— L'été où j'ai fini le lycée, je suis venu en stop à Los Angeles avec trente-sept dollars en poche.

Il sourit, et pour la première fois, Julia décela un peu du charme de sa tante.

— Il m'a fallu presque une semaine pour parvenir à la contacter. Ce fut une véritable aventure. Elle est venue me chercher elle-même dans ce tripot du quartier Est de L. A. Elle est entrée vêtue d'une robe à tomber à la renverse et chaussée de talons aiguilles propres à empaler un homme jusqu'au cœur. J'étais parvenu à la joindre alors qu'elle partait pour une soirée. Elle m'a fait signe de l'index, puis elle a tourné les talons et elle est sortie. Je l'ai suivie comme une flèche. Elle ne m'a pas posé la moindre question pendant le trajet jusqu'à la Résidence. Lorsque nous sommes arrivés, elle m'a dit de prendre un bain et de raser ce qui me tenait lieu de barbe. Et Travers m'a servi le meilleur repas que j'ai jamais mangé.

Quelque chose s'émut en lui à l'évocation de ce souvenir, de cette tendresse pour Eve que l'ambition, la cupidité lui avaient fait oublier.

— Et votre mère ?

L'émotion s'évanouit aussitôt.

— Eve s'est arrangée avec elle. Je n'ai jamais demandé comment. Elle m'a mis à travailler avec le jardinier puis m'a inscrit à l'université. J'ai fait mes premières armes avec Kenneth Stockley, son assistant de l'époque. Nina n'est venue qu'ensuite, juste avant que Kenneth et Eve ne se brouillent. Lorsqu'elle a considéré que j'avais les capacités suffisantes, elle m'a confié le poste d'attaché de presse.

— Eve a très peu de famille, commenta Julia. Mais elle est loyale et généreuse envers ce qu'il en reste.

— Oui, à sa façon. Mais parent ou employé, il faut obéir.

Drake posa son verre, se souvenant qu'il valait mieux passer sur les aspects négatifs.

— Eve Benedict est la femme la plus généreuse que je connaisse. Elle n'a pas toujours eu une vie facile, mais elle s'en est sortie, elle a réussi. Et elle donne à ceux qui l'entourent l'envie de faire de même. En un mot, je l'adore.

— Vous considérez-vous un peu comme un fils pour elle ?

Ses dents étincelèrent soudain en un sourire trop suffisant pour être affectueux.

— Absolument.

— Et Paul Winthrop ? Comment décririez-vous sa relation avec Eve ?

— Paul ?

Drake fronça les sourcils.

— Il n'existe aucun lien de sang entre eux, mais il est indéniable qu'elle l'aime beaucoup. Je dirais qu'il fait partie de sa cour, des hommes séduisants et plus jeunes qu'elle dont elle aime s'entourer.

Non seulement il n'éprouvait aucune gratitude, songea Julia, mais il n'hésitait pas à sortir des vacheries.

— C'est étrange, Paul Winthrop m'a plutôt fait l'effet d'un homme très indépendant.

— Il a sa vie, c'est certain, sa propre réussite en tant qu'écrivain.

Il esquissa un sourire.

— Mais si Eve claque des doigts, vous pouvez être sûr qu'il accourt. Je me suis souvent demandé… Je peux vous confier quelque chose hors enregistrement ?

— Bien sûr.

Julia pressa le bouton arrêt du magnétophone.

— Eh bien, je me suis demandé s'ils ne se seraient pas laissés aller à des relations d'un caractère plus intime.

Julia se raidit. C'était plus qu'une vacherie. Sous le vernis, se cachait un homme dévoré par la méchanceté.

— Elle a trente ans de plus que lui.

— La différence d'âge n'a jamais arrêté Eve. Cela fait partie de la légende, de son charme éternel. Quant à Paul, il ne les épouse peut-être pas comme le fait son père, mais il a la même faiblesse que lui pour les jolies femmes.

Julia trouvait le sujet déplaisant. Elle ferma son bloc. Elle avait obtenu de Drake Morrison tout ce qui l'intéressait pour l'instant.

— Eve me dira elle-même quelle place elle souhaite accorder à sa relation avec Paul dans sa biographie.

Il tenta de se glisser par la brèche entrouverte.

— Elle vous parle de sujets aussi personnels ? Eve a plutôt tendance à garder les choses pour elle, d'habitude.

— Il s'agit de sa biographie, dit Julia en se levant. A quoi bon l'écrire si elle ne parle pas de choses personnelles ? J'espère avoir l'occasion de m'entretenir de nouveau avec vous.

Elle lui tendit la main et réprima une grimace lorsqu'il la porta à ses lèvres.

— A vous de choisir l'heure et le lieu. Pourquoi ne dînerions-nous pas ensemble un de ces soirs ?

Il retint sa main, effleura légèrement ses doigts avec son pouce.

— Je suis certain que nous trouverons d'autres sujets de conversation qu'Eve, aussi fascinante soit-elle.

— Désolée. Ce livre me prend tout mon temps.

— Vous ne travaillez tout de même pas tous les soirs.

Il laissa sa main remonter le long de son bras, caressa la perle au lobe de son oreille.

— Pourquoi ne passeriez-vous pas chez moi, en toute simplicité ? Je possède pas mal de coupures de presse et de photos qui pourraient vous intéresser.

— J'essaie autant que faire se peut de passer les soirées avec mon fils. Mais j'aimerais beaucoup voir ces coupures de presse si vous voulez bien me les faire parvenir.

Il eut un petit rire.

— Je me montre trop subtil, apparemment. J'aimerais vous revoir, Julia. Pour des raisons personnelles.

— Vous ne vous êtes pas montré trop subtil.

Elle prit le magnétophone, le rangea dans son sac.

— Votre proposition ne m'intéresse pas, c'est tout.

Drake parvint à ne pas crisper la main qu'il avait posée sur l'épaule de Julia. Il posa l'autre sur son cœur, mima une grimace de douleur.

— Touché !

Elle ne put s'empêcher de rire et s'en voulut d'avoir été désagréable.

— Désolée, Drake, ce n'était pas très gentil. J'aurais dû dire que j'étais flattée de votre offre et de l'intérêt que vous me portez, mais que le moment ne s'y prête pas. Entre le livre et Brandon, je n'ai guère de temps pour la vie mondaine.

— C'est un peu mieux.

Il garda la main posée sur son épaule et l'accompagna à la porte.

— J'ai une autre proposition à vous faire. Je suis certainement la personne qui peut le plus vous aider dans ce projet. Pourquoi ne me montreriez-vous pas vos notes au fur et à mesure, ou ce que vous avez rédigé ? Je pourrais peut-être remplir certains blancs, suggérer quelques noms, voire suppléer aux trous de mémoire d'Eve. Et pendant ce temps…

Le regard de Drake parcourut lentement son visage.

— Nous pourrions faire plus ample connaissance.

— C'est très gentil à vous.

Julia avait déjà la main sur la poignée. Elle s'efforça de garder son calme lorsque Drake posa la sienne à plat sur la porte pour l'empêcher d'ouvrir.

— Si je rencontre des obstacles, je penserai à votre proposition. Mais dans la mesure où il s'agit de la vie d'Eve, c'est avec Eve qu'il faudra que je voie cela.

La voix de Julia était douce, aimable, lorsque la jeune femme ouvrit la porte.

— Merci, Drake. Ne vous inquiétez pas, je vous appellerai si j'ai besoin de quoi que ce soit.

Julia sourit en traversant le hall d'accueil. Elle était certaine qu'il se tramait quelque chose. Et que Drake Morrison en était partie prenante.

11

Julia ôta ses chaussures et passa dans son bureau. Le freesia, que le jardinier lui avait si galamment offert la veille, apportait une touche printanière à la pièce mal rangée. Elle buta soudain contre une pile de livres entassés par terre et jura sans grande conviction. Il allait vraiment falloir qu'elle mette de l'ordre. Et sans tarder.

Fidèle à son habitude, elle sortit de son attaché-case les enregistrements effectués dans la journée pour les étiqueter et les ranger dans le tiroir de son bureau. Elle ne songeait déjà plus qu'à un bon verre de vin et peut-être à un petit plongeon dans la piscine avant que Brandon ne rentre de l'école.

Et soudain, l'évidence la frappa de plein fouet. Elle se laissa tomber sur sa chaise.

Quelqu'un était entré ici.

Lentement, elle passa en revue les cassettes. Il n'en manquait aucune, mais elles étaient en désordre. Ce qui n'arrivait jamais. Etiquetés, datés, les enregistrements étaient toujours rangés par ordre alphabétique. Ce qui n'était plus le cas, à présent.

Elle ouvrit précipitamment un autre tiroir, en sortit la première ébauche dactylographiée. Un bref coup d'œil la rassura. Il ne manquait aucune page. Mais elle sentit, elle sut, que quelqu'un les avait lues. Elle referma le tiroir d'un coup sec, en ouvrit un autre. Tout, absolument tout avait été fouillé. Pourquoi ?

Prise de panique, elle se précipita à l'étage. Elle ne possédait que peu d'objets de valeur, mais elle tenait beaucoup aux quelques bijoux hérités de sa mère. Elle courut jusqu'à sa chambre, se maudissant de ne pas avoir demandé à Eve de les mettre dans le coffre. Elle en avait sûrement un. Et elle avait également un système de sécurité.

Personne n'avait pris les bijoux. D'ailleurs, pourquoi diable quelqu'un se serait-il introduit dans la maison pour dérober une poignée de bijoux ? Soulagée, Julia se dit qu'elle était vraiment idiote. Le rang de perles et les boucles d'oreilles en goutte assorties, les petites boucles en diamant et la broche en or représentant la balance de la justice, tout était là, intact.

Julia sentit ses jambes se dérober. Elle s'assit sur le lit, serrant la vieille boîte à bijoux contre sa poitrine. C'était ridicule d'être ainsi attachée à ces objets. D'autant qu'elle ne les portait quasiment jamais et ne les sortait qu'occasionnellement pour les regarder.

Elle avait douze ans lorsque son père avait offert cette broche à sa mère. Un cadeau d'anniversaire. Et elle se souvenait encore de la joie de sa mère. Et du fait qu'elle avait porté le bijou chaque fois qu'elle plaidait. Même après le divorce.

Julia se leva, remit la boîte en place. Il était possible qu'elle ait mal rangé les cassettes, après tout. Possible, mais peu probable. De même qu'il était peu probable que quelqu'un ait trompé le système de sécurité de la propriété, en plein jour, pour s'introduire sans le moindre problème dans la maison.

Eve, songea Julia en riant. Bien sûr, c'était elle, la suspecte la plus plausible ! Elles ne s'étaient pas vues depuis trois jours. La curiosité avait peut-être poussé la star à vouloir se rendre compte de la progression du travail…

Dans ce cas, il faudrait mettre les choses au point.

Julia descendit, décidée à jeter un dernier coup d'œil aux cassettes avant de téléphoner à Eve. Elle se trouvait encore dans l'escalier lorsque Paul frappa à la porte.

— Bonsoir, lança-t-il, entrant avant même d'y avoir été invité.

— Ne vous gênez pas, faites comme chez vous !

Le ton lui fit marquer un temps d'arrêt.

— Il y a un problème ?

— Un problème ?

Julia n'avait pas bougé, campée dans l'escalier, le menton levé en signe de défi.

— Pourquoi y aurait-il un problème à ce que les gens entrent ici comme dans un moulin ? Après tout, ce n'est pas chez moi. Il se trouve que j'y vis, c'est tout.

Paul leva les mains en signe d'apaisement.

— Désolé. Je présume que je suis un peu trop habitué à la décontraction californienne. Si vous voulez, je ressors et je frappe.

— Non, rétorqua Julia d'un ton sec.

Il ne voulait tout de même pas, par-dessus le marché, qu'elle se sente ridicule.

— Que voulez-vous ? Vous tombez mal. Je vous demanderai d'être bref.

Paul n'avait pas besoin qu'elle lui dise qu'il tombait mal. Son visage était parfaitement calme, elle était très douée à ce petit jeu-là. Mais elle n'arrêtait pas de se tordre les doigts. Il n'en fut que plus déterminé à rester.

— En fait, ce n'est pas vous que je suis venu voir mais Brandon.

— Brandon ? demanda-t-elle, brusquement inquiète. Que lui voulez-vous ?

— Allons, Jules, détendez-vous.

Il s'assit sur l'accoudoir du canapé. Il aimait cette maison. Sincèrement. Il y avait quelque chose dans la façon dont Julia se l'était appropriée l'avait investie, l'avait fait sienne. Un certain désordre plein de charme qui permettait de la retrouver partout. La boucle d'oreille oubliée sur la table basse, les chaussures à talons abandonnées là où elle les avait ôtées, quelques mots griffonnés sur un morceau de papier, un bol en porcelaine rempli de pétales de rose et de romarin.

Si d'aventure il passait dans la cuisine, il trouverait d'autres signes d'elle laissés çà et là. A l'étage également. Dans la salle de bains, la chambre de son fils, dans celle où elle dormait… Que trouverait-il d'elle dans ce dernier lieu, intime entre tous ?

Il la regarda brusquement et sourit.

— Excusez-moi. Vous avez dit quelque chose ?

— Oui. En effet, répondit-elle avec un soupir agacé. Je vous ai demandé pourquoi vous désiriez voir Brandon.

— Je n'ai pas l'intention de le kidnapper, ni de l'emmener chez moi pour lui montrer le dernier numéro de Penthouse. Il s'agit d'une affaire d'hommes.

Elle descendit les dernières marches d'un pas lourd. Il sourit.

— La journée a été rude ?

— Longue. Brandon n'est pas encore rentré de l'école.

— Je peux attendre.

Paul jeta un petit coup d'œil à ses pieds.

— Pieds nus. Je suis heureux que vous n'ayez pas changé vos habitudes.

Nerveuse, elle enfouit les mains dans les poches de sa

veste. Un tel timbre de voix... Une loi aurait dû l'interdire. Elle pouvait faire se damner une femme.

— Je suis vraiment très occupée, Paul. Pourquoi ne me dites-vous pas carrément de quoi vous voulez parler avec Brandon ?

— La maman protège son fiston. C'est admirable... Je veux lui parler de basket. Les Lakers sont en ville samedi soir. Je me suis dit que cela lui ferait sûrement plaisir de voir le match.

— Oh.

Le visage de Julia refléta soudain les pensées les plus contradictoires. L'envie de faire plaisir à son fils, mais aussi l'inquiétude, le doute, l'amusement.

— Il serait certainement content, mais...

— Vous pouvez vérifier auprès de la police, Jules. Je n'ai jamais tué personne.

Machinalement, il prit un pétale de rose dans le bol, le frotta entre le pouce et l'index.

— En fait, j'ai trois places. Vous pouvez nous accompagner si vous voulez.

C'était donc cela, songea Julia, déçue. Ce n'était pas la première fois qu'un homme se servait de Brandon pour l'approcher elle. Eh bien, Paul Winthrop allait en être pour ses frais. Il s'était proposé de distraire un petit garçon de dix ans, et c'était exactement ce qu'il allait obtenir.

— Le basket n'est pas mon fort, dit-elle. Je suis certaine que vous serez bien mieux sans moi, tous les deux.

— D'accord, répondit Paul si spontanément qu'elle en demeura interdite. Ne le faites pas dîner. Nous achèterons des trucs sur place.

— Je ne suis pas sûre que...

Elle s'interrompit en entendant une voiture arriver.

— On dirait que l'école est finie, dit Paul.

Il glissa le pétale dans sa poche.

— Je ne veux pas vous retenir. Je suis certain que Brandon et moi pouvons mettre au point les détails.

Julia n'entendait pas lâcher un pouce de terrain. Brandon fit irruption, son sac d'école sur le dos.

— J'ai fait tout juste dans l'interro d'orthographe !

— Bravo, champion !

— Et Millie a eu ses bébés.

Brandon jeta un regard vers Paul.

— Millie, c'est notre cochon d'Inde à l'école.

— Je suis content pour elle, dit Paul.

— Elle était vraiment grosse…

Brandon était impatient de raconter toute l'histoire.

— … Elle avait l'air malade. Elle était couchée et elle respirait fort. Et puis ces petites choses humides sont sorties. Il y avait du sang aussi, ajouta-t-il, plissant le nez de dégoût. Si j'étais une dame, j'aimerais pas faire ça.

Paul ne put s'empêcher de sourire. Il tendit la main, rabattit la visière de Brandon sur son nez.

— Heureusement qu'elles sont plus courageuses que toi.

— Je suis sûr que ça devait faire mal.

Brandon regarda sa mère.

— Ça fait mal ?

— Tu peux le dire !

Julia se mit à rire, glissa un bras autour des épaules de son fils.

— Mais parfois, nous avons de la chance et cela vaut vraiment la peine. Te mettre au monde, toi, cela valait la peine.

Le moment n'était pas le mieux choisi pour entreprendre une discussion sur l'éducation sexuelle et la naissance. Aussi Julia enchaîna-t-elle aussitôt.

— C'est toi que M. Winthrop est venu voir.

— Moi ?

Du plus loin que Brandon s'en souvienne, c'était la première fois qu'un adulte s'intéressait à lui. Surtout un homme.

— Les Lakers sont en ville samedi, commença Paul.

— Oui. Ils jouent contre les Celtics. Et ça risque d'être le plus grand match de la saison et…

Une pensée traversa soudain l'esprit de Brandon. Une pensée si extraordinaire qu'il en resta bouche bée.

Paul sourit en voyant l'espoir se peindre dans le regard du petit garçon.

— Et il se trouve que j'ai des billets. Ça te dit de venir ?

— Oh, ouais ! hurla Brandon.

Les yeux lui sortaient presque de la tête.

— Oh, c'est super. Maman, je peux y aller ?

Il se tourna, la prit par la taille, le visage suppliant.

— S'il te plaît.

— Comment pourrais-je dire non à quelqu'un qui a si brillamment réussi son interrogation d'orthographe ?

Brandon laissa échapper un cri de triomphe et étreignit sa mère. Puis, au grand étonnement de Paul, il la lâcha brusquement et se jeta dans ses bras.

— Merci, monsieur Winthrop. C'est génial. Vraiment génial.

Emu par cette soudaine marque d'affection, Paul tapota le dos de Brandon, ôta le sac de classe qui pesait sur ses épaules. Cela ne lui avait rien coûté. En fait, il achetait chaque année deux billets pour la saison de basket et il avait soutiré le troisième à un ami qui ne serait pas en ville pour le match. Tandis que Brandon lui souriait, le visage rayonnant de plaisir et de gratitude, Paul regretta de n'avoir pas eu à jouer les héros et à terrasser quelques dragons pour les obtenir.

— Je suis content que cela te fasse plaisir. Ecoute, il me reste un billet. Tu vois quelqu'un qui aimerait nous accompagner ?

Le rêve se poursuivait. C'était presque trop. Comme de s'endormir au mois d'août et de se réveiller le matin de Noël. Brandon s'écarta, se demandant soudain s'il convenait de se jeter ainsi dans les bras d'un homme. Et il ne voyait pas à qui proposer le billet…

— Maman, peut-être ?

— J'ai déjà décliné l'offre. Merci, répondit Julia.

— Dustin ! s'exclama soudain Brandon. Ça va le rendre dingue.

— Il l'est déjà, dit Paul. Si tu lui téléphonais pour voir s'il peut venir ?

— Sans blague, c'est super !

Brandon se précipita dans la cuisine.

— Je ne voudrais pas m'immiscer dans vos affaires d'hommes, dit Julia, mais savez-vous bien dans quoi vous vous êtes engagé, Paul ?

— Une soirée entre garçons.

— Paul…

Julia n'avait aucune envie d'être désagréable avec lui, surtout après la joie qu'il venait de faire à Brandon.

— Si je ne m'abuse, vous étiez enfant unique. Vous ne vous êtes jamais marié et vous n'avez jamais eu d'enfant…, dit-elle pourtant.

Paul fixa les doigts de Julia occupés à jouer avec les boutons de sa veste.

— Jusqu'à présent, non.

— Vous avez déjà fait du baby-sitting ?

— Je vous demande pardon ?

— Je m'en doutais.

Julia poussa un soupir et ôta sa veste qu'elle jeta sur le

dossier d'une chaise. Elle portait un body de couleur brique sans manches et Paul fut ravi de constater qu'en plus de très belles jambes elle avait aussi des épaules magnifiques. Harmonieusement musclées, la peau claire et veloutée.

— Et comme première expérience, vous emmenez deux gamins de dix ans à un match de basket professionnel. Et tout seul.

— Ce n'est pas comme si nous partions faire du trekking en Amazonie, Jules. Je suis un homme raisonnablement compétent.

— Je n'en doute pas. Dans des circonstances normales... Mais justement, elles ne le sont jamais avec deux gamins de dix ans. C'est un très grand stade, non ?

— Et alors ?

— Ce sera amusant de vous imaginer avec deux petits garçons déchaînés qui voudront tout voir.

— Si je m'en sors bien, m'inviterez-vous à prendre un verre après le match ?

Julia avait posé les mains sur les épaules de Paul et une irrésistible envie de glisser les doigts dans ses cheveux la prenait soudain.

— Nous verrons, murmura-t-elle.

Son regard changea, se troubla. Cédant à une impulsion soudaine, elle inclina la tête comme pour se laisser embrasser.

— Il peut venir ! hurla Brandon de la porte de la cuisine. Sa mère dit que c'est d'accord, mais elle veut te parler pour être sûre qu'il ne raconte pas d'histoires.

— D'accord.

Paul fixait Julia. Il vit le désir de la jeune femme laisser soudain la place à l'étonnement, l'embarras.

— Je reviens, dit-elle en se ressaisissant brusquement.

A quoi pensait-elle donc ? Non, la question était mal

choisie. Elle ne pensait pas, justement. Elle s'était laissée aller à ce qu'elle éprouvait. Et il était toujours dangereux d'agir ainsi.

Seigneur, Paul Winthrop était vraiment séduisant, attirant, sexy. Il avait toutes les qualités pour faire plonger une femme. Heureusement, Julia connaissait les embûches.

Elle sourit en entendant la voix tout excitée de Brandon se mêler aux accents plus graves de celle de Paul. Que ce soit prudent ou non, elle ne pouvait s'empêcher d'apprécier cet homme, de lui trouver du charme. S'était-il seulement rendu compte de l'expression qu'il avait eue, lorsque Brandon s'était jeté dans ses bras ? L'étonnement absolu, d'abord, puis, peu à peu, le plaisir. Peut-être s'était-elle trompée à son sujet ? Peut-être avait-il invité Brandon sans aucune arrière-pensée.

On verrait bien.

A présent, elle ferait peut-être mieux de commencer à penser au dîner… Elle jeta un coup d'œil à la cheminée pour vérifier l'heure à la pendule ancienne. Mais plus de pendule… Déroutée, Julia fixa le mur vide. Et soudain, son sang se glaça.

Quelqu'un s'était bien introduit dans la maison.

S'efforçant de ne pas céder à la panique, elle passa alors le salon au peigne fin. Outre la pendule, il manquait une figurine de Dresde, deux chandeliers de jade et trois petites tabatières anciennes qui se trouvaient exposées dans la vitrine.

Gardant le compte des objets disparus en tête, elle passa dans la salle à manger. Il manquait également plusieurs petites pièces de valeur. Un papillon d'améthyste, notamment, qui tenait dans la paume de la main et devait valoir plusieurs milliers de dollars. Et une salière et une poivrière datant de l'époque géorgienne.

Quand avait-elle vu ces objets pour la dernière fois ? Une journée, une semaine ? Deux semaines ? Elle porta la main à son estomac douloureux.

Il existait une explication simple. Peut-être Eve avait-elle décidé d'enlever ces pièces. S'accrochant à cet espoir, Julia rejoignit Brandon et Paul qui mettaient au point les détails du grand soir.

— On partira de bonne heure, lui expliqua Brandon. Pour aller voir les joueurs au vestiaire.

— Bonne idée, dit Julia, s'efforçant de sourire. Ecoute, passe prendre un petit quelque chose à grignoter dans la cuisine. Nous verrons pour les devoirs un peu plus tard.

— O.K.

Il se leva d'un bond, sourit à Paul.

— A plus tard.

— Vous devriez vous asseoir, conseilla Paul lorsqu'ils furent seuls. Vous êtes blanche comme un linge.

Julia se contenta d'un hochement de tête.

— Il manque un certain nombre d'objets dans la maison. Il faut que j'appelle Eve immédiatement.

Il se leva, la prit par le bras.

— Quels objets ?

— La pendule, des boîtes anciennes. Des choses, lança-t-elle vivement, craignant de se mettre à bafouiller. Des objets de valeur. Les cassettes…

— Les cassettes ? Que s'est-il passé ?

— Elles sont en désordre. Quelqu'un…

Elle prit une longue inspiration avant de poursuivre :

— … Quelqu'un s'est introduit ici.

— Montrez-moi les cassettes.

Julia le précéda dans le bureau.

— Elles sont placées n'importe comment, expliqua-t-elle en ouvrant le tiroir. Je les range toujours par ordre alphabétique.

Il obligea Julia à s'asseoir, observa lui-même les cassettes.

— Vous n'avez pas chômé, murmura-t-il en voyant les noms, les dates. Se peut-il que vous ayez travaillé tard et que vous les ayez replacées dans un ordre qui n'est pas le bon ?

— Non, c'est peu vraisemblable.

Elle surprit le regard que Paul jetait sur la pièce en désordre.

— Ecoutez, je sais qu'on peut en douter, à voir cette pièce, mais s'il est une chose pour laquelle je suis très maniaque, ce sont mes enregistrements. Ils sont toujours parfaitement classés, cela fait partie de ma méthode de travail.

Il hocha la tête, convaincu.

— Brandon aurait-il pu jouer avec ces cassettes ?

— Non, impossible.

— Je m'en doutais.

La voix de Paul était calme, mais son regard d'une gravité inhabituelle.

— Julia, y a-t-il quelque chose… d'absolument confidentiel, sur ces cassettes ?

Elle hésita.

— Oui.

Paul pinça les lèvres, referma le tiroir.

— Visiblement, vous ne souhaitez pas vous étendre sur le sujet. Manque-t-il des cassettes ?

— Non. Elles sont toutes là.

Une pensée soudaine traversa l'esprit de Julia. Elle sortit précipitamment le magnétophone de son attaché-case, s'empara d'une cassette au hasard. Quelques instants plus tard, une voix fluète, nasillarde, montait de l'appareil.

— Mon opinion sur Eve Benedict ? Une actrice dotée d'un immense talent et une emmerdeuse.

Julia poussa un soupir de soulagement et pressa la touche stop.

— Alfred Kinsky, expliqua-t-elle. Je l'ai interviewé lundi après-midi. Il a dirigé Eve dans trois films, à ses débuts.

— Je sais.

Julia hocha la tête, replaça la cassette dans sa boîte.

— Je craignais que quelqu'un les ait effacées. Il faudra que je les vérifie toutes, mais…

Elle glissa une main dans ses cheveux, ôta les épingles.

— C'est ridicule. Pourquoi aurait-on fait cela ? Je peux toujours réinterviewer les gens. Je ne sais vraiment plus ce que je raconte, murmura-t-elle.

Elle posa la boîte, pressa les mains sur son visage.

— Quelqu'un est entré ici pour voler. Il faut que j'appelle Eve. Et la police.

Paul referma la main sur son poignet au moment où elle s'apprêtait à décrocher le téléphone.

— Je vais l'appeler. Détendez-vous. Allez vous servir un whisky.

Il composa le numéro de la Résidence.

— Servez-m'en un aussi, tant que vous y êtes. Et laissez la bouteille en vue, pour Eve.

Julia détestait les ordres, mais elle s'exécuta. Cela l'occupait. Elle replaçait le bouchon de la carafe lorsque Paul entra dans le salon.

— Elle arrive. Avez-vous vérifié vos affaires personnelles ?

— Oui. Mes bijoux. Quelques pièces héritées de ma mère.

Elle lui tendit son verre.

— Il ne manque rien.

Il fit tourner le whisky dans le verre, observa Julia tandis qu'il buvait.

— C'est ridicule. Vous n'avez aucune raison de vous sentir responsable.

Elle arpentait la pièce, incapable de s'arrêter.

— Vous ne savez pas ce que je ressens.

— Julia, vos pensées se lisent clairement sur votre visage. Je suis certain que vous vous dites : c'est ma faute, j'aurais pu empêcher cela.

Il but une gorgée de whisky.

— Vos jolies épaules ne sont-elles pas fatiguées de porter tous les problèmes du monde ?

— Fichez-moi la paix !

— Ah, j'oubliais. Julia est capable d'affronter seule la fureur de la terre entière.

Elle fit volte-face, gagna la cuisine. Paul l'entendit parler à Brandon à voix basse, puis la porte de derrière claqua. Elle avait dû envoyer le petit jouer dehors. Aussi perturbée soit-elle, sa première préoccupation était tout de même de protéger son fils… Il la rejoignit dans la cuisine. Elle était debout, les mains posées sur le bord de l'évier et elle regardait par la fenêtre.

— Ne vous inquiétez pas, au sujet des pièces dérobées, elles sont très bien assurées.

— Le problème n'est pas là, vous le savez parfaitement.

— Oui.

Paul posa son verre, s'approcha, massa les épaules tendues de la jeune femme.

— Votre territoire a été violé. C'est ce qu'on peut dire puisque c'est vous qui l'habitez.

— Je n'aime pas l'idée que quelqu'un ait pu s'introduire ici, fouiller dans mes affaires, sélectionner les objets qui l'intéressaient et ressortir sans même être inquiété.

Julia s'écarta de l'évier.

— Voilà Eve…

Eve fit irruption dans la maison, Nina sur les talons.

— Que diable se passe-t-il ici ? demanda-t-elle.

Prête à affronter la situation, Julia lui raconta aussi brièvement et clairement que possible ce qu'elle avait découvert.

— Nom de Dieu !

Ce furent les seuls mots d'Eve avant qu'elle ne passe dans le salon. Elle jeta un rapide coup d'œil à la pièce, vit tout de suite ce qui manquait.

— J'adorais cette pendule.

— Eve, je suis désolée…

Eve interrompit Julia d'un geste impatient.

— Nina, faites le tour de la maison avec votre inventaire. Paul, pour l'amour du ciel, sers-moi un whisky.

Paul se contenta de hausser un sourcil. C'était exactement ce qu'il était en train de faire. Eve prit le verre, but une longue gorgée.

— Où est le gamin ?

— Je l'ai envoyé jouer dehors.

— Bien.

Eve but encore une gorgée.

— Où avez-vous installé votre bureau ?

— Dans la pièce du fond. Par ici.

Eve y précéda Julia, ouvrant les tiroirs avant que cette dernière ait eu le temps de dire quoi que ce soit.

— Donc, vous prétendez que quelqu'un a fouillé dans les cassettes.

— Je ne prétends pas, dit Julia sur le même ton. J'en suis sûre.

Un sourire amusé effleura les lèvres d'Eve.

— Ne montez pas sur vos grands chevaux.

Elle passa un doigt sur les tranches des cassettes et eut un petit rire.

— Joli travail. Vous n'avez pas perdu de temps. Kinsky, Drake, Greenburg, Marilyn Day. Doux Jésus, vous avez même rencontré Charlotte Miller !

— N'est-ce pas pour cela que vous m'avez engagée ?

— Si. Les vieux amis, les vieux ennemis, murmura Eve. Tous soigneusement répertoriés. Je suis sûre que cette chère Charlotte a dû vous en raconter…

— Elle vous respecte autant qu'elle vous déteste. Eve leva brusquement les yeux. Puis elle rit et se laissa tomber dans un fauteuil.

— Vous êtes une garce, Julia. Bon sang, vous me plaisez.

— Je vous retourne les deux compliments, Eve. Mais pour l'affaire qui nous occupe, que faisons-nous à présent ?

— Humm. Vous n'auriez pas une cigarette, par hasard ? Je suis partie sans les miennes.

— Non, désolée.

— Ce n'est pas grave. Où est donc mon whisky ? Ah, Paul…

Elle sourit, lui tapota la joue lorsqu'il s'approcha et lui tendit son verre.

— … C'est une chance que tu te sois trouvé là, juste au moment où nous avons un problème.

Il ne releva pas l'insinuation perfide.

— Julia est très contrariée par le fait que quelqu'un ait pu s'introduire dans la maison et fouiller dans son travail. Et elle se sent un peu responsable du vol de tes objets.

Eve écarta cette idée d'un geste de la main.

— Ne sois pas ridicule !

Puis elle se cala contre le dossier, ferma les yeux pour réfléchir.

— Nous vérifierons auprès du gardien. Il est peut-être venu des livreurs, des ouvriers…

— La police, coupa Julia. Il faut absolument l'appeler.

— Non.

Planifiant déjà la suite, Eve faisait tourner le whisky dans son verre.

— Je pense que nous pouvons nous occuper nous-mêmes de cet incident avec plus de doigté que la police.

— Eve ?

Nina parut dans l'encadrement de la porte, sa liste à la main.

— J'ai fait une première estimation.

— Combien ?

— Trente, peut-être quarante mille dollars. Le papillon d'améthyste a disparu, ajouta-t-elle d'un air compatissant. Je suis désolée. Je sais combien vous y teniez.

— En effet. Victor m'en avait fait cadeau il y a près de vingt ans. Bon, je pense qu'il serait sage de faire également l'inventaire de la Résidence. J'aimerais savoir si quelque chose a disparu.

Eve termina son whisky et se leva.

— Désolée, Julia. Paul avait raison de prendre ce ton sentencieux pour me dire que vous étiez bouleversée. Vous pouvez être certaine que je m'entretiendrai personnellement avec la sécurité. Je déteste qu'on perturbe mes invités.

— Puis-je vous parler un instant en tête à tête ?

Eve fit un petit signe à Nina et à Paul. Julia referma la porte derrière eux.

— Je suis vraiment désolée, Julia, commença-t-elle.

D'une main, elle pianotait sur le bureau tandis que de l'autre elle se massait la tempe.

— Je vous donne peut-être l'impression de prendre les choses à la légère, mais je suis absolument furieuse que quelqu'un ait eu l'audace de pénétrer ici.

— Je crois que vous devriez appeler la police, Eve.

— Les stars n'ont pas beaucoup de vie privée. Quarante mille dollars de bricoles ne valent pas le risque de retrouver ma photo placardée dans tous les journaux à scandale.

Tant qu'à faire, mieux vaut encore qu'elle y soit parce que j'aurai eu une aventure avec un culturiste de trente ans.

Julia ouvrit le tiroir et en sortit une cassette.

— Elle contient vos souvenirs de mariage avec Anthony Kincaide. Quelqu'un a très bien pu la copier, Eve. Quelqu'un qui pourrait en informer Kincaide.

— Oui. Et alors ?

— Il me fait peur. Et je crains également ce qu'il pourrait faire pour empêcher que ce récit ne devienne public.

— Ne craignez rien de Tony, Julia. Il ne peut pas me faire de mal et je ne le laisserai pas vous en faire. Vous n'êtes pas convaincue ?

Elle haussa légèrement la voix.

— Nina ?

La porte s'ouvrit.

— Oui, Eve ?

— Prenez une lettre en sténo, je vous prie. Pour Anthony Kincaide. Vous connaissez son adresse actuelle ?

— Oui.

Nina tourna une page de son bloc et se mit à écrire sous la dictée :

— Très cher Tony…

Eve croisa lentement les doigts, comme si elle priait. Son regard était dur.

— … J'espère que cette lettre te trouvera au plus mal. Il ne s'agit que de quelques lignes pour t'informer que mon livre avance à grands pas. Je sais combien tu t'intéresses à ce projet. Tu n'ignores sans doute pas que plusieurs personnes se préoccupent beaucoup de son contenu, au point de tenter des manœuvres d'intimidation pour le faire avorter. Tony, mieux que personne, tu sais que je ne suis pas du genre à céder facilement à la pression. Aussi, pour t'épargner des ennuis au cas où tu aurais de mauvaises intentions, je tiens à te faire savoir que j'envisage sérieusement d'accepter l'offre que m'a faite la télévision de venir discuter de ma bio. Si dans ton entourage on essaie de se mettre en travers de mon chemin, je n'hésiterai pas à livrer aux téléspectateurs quelques détails croustillants de nos fascinantes années ensemble. Un petit aperçu de tes exploits, à une heure de grande écoute, promet de me faire vendre par avance des milliers d'exemplaires. Bien sincèrement. Eve.

Eve sourit.

— Voilà qui devrait donner une crise d'apoplexie à ce salaud !

Julia s'assit à son tour sur le bureau. Elle ne savait pas si elle devait rire ou pleurer.

— J'admire votre cran, sinon votre stratégie.

— C'est parce que vous ne comprenez pas encore très bien ma stratégie. Ça viendra. Maintenant, prenez un bon bain chaud, buvez un verre de vin et laissez Paul vous emmener au lit. Croyez-moi, cette combinaison va faire des merveilles sur vous.

Julia se mit à rire, secoua la tête.

— Le bain et le vin, peut-être.

De manière totalement inattendue, Eve glissa un bras autour des épaules de Julia. C'était un geste de réconfort, de soutien et, indéniablement, d'affection.

— Cher Jules... C'est ainsi qu'il vous appelle, n'est-ce pas ? N'importe quelle femme peut avoir les deux premiers. Venez me voir demain matin, à 10 heures. Nous parlerons.

— Eve ? intervint Nina. Vous avez votre premier essayage pour la minisérie demain matin.

— C'est vrai. Voyez avec Nina, dit-elle, se dirigeant vers la porte. Elle connaît ma vie mieux que moi.

Nina attendit qu'Eve soit sortie.

— Je sais combien vous devez être bouleversée, Julia. Vous n'avez qu'un mot à dire et nous pouvons vous installer à la Résidence, Brandon et vous.

— Non. Nous sommes très bien ici.

Nina fronça ses sourcils fins, l'air dubitatif.

— Si vous changez d'avis, cela peut se faire très rapidement et sans le moindre dérangement. En attendant, y a-t-il quelque chose que je puisse faire pour vous ?

— Non. J'apprécie votre offre, mais je me sens déjà beaucoup mieux.

Nina tendit la main, prit celle de Julia.

— Si vous ne vous sentez pas bien cette nuit ou si vous avez besoin de parler à quelqu'un, n'hésitez pas à appeler la Résidence.

— Merci. Ça devrait aller, en vous sachant si proche.

— A deux minutes à peine, dit Nina, pressant une dernière fois sa main.

Une fois seule, Julia remit les cassettes dans l'ordre. Ce n'était pas grand-chose, mais cela suffit à l'apaiser. Elle ramassa le verre vide d'Eve et se dirigea vers la cuisine.

Une odeur délicieuse flottait dans l'entrée. Elle s'arrêta, huma l'air puis s'avança vers la cuisine. Et à la porte, elle demeura stupéfaite : Paul Winthrop s'affairait aux fourneaux.

— Que faites-vous ?

— Je prépare le dîner. Des pâtes à la tomate et au basilic.

— Pourquoi ?

— Parce que c'est bon pour le moral, et parce que vous ne pourrez pas me refuser une invitation si c'est moi qui fais la cuisine.

Il s'empara de la bouteille de bourgogne qu'il avait ouverte et servit un verre à la jeune femme.

— Tenez.

Julia prit le verre, le garda entre ses mains, mais ne but pas.

— Vous avez des dons ?

Un sourire illumina le visage de Paul. Profitant que Julia avait les mains prises, il s'approcha, referma les bras autour de la taille de la jeune femme.

— Dans quel domaine ?

C'était merveilleux, bien trop merveilleux, de se retrouver dans ses bras dans un moment pareil.

— Les pâtes à la tomate et au basilic.

— Je suis un spécialiste.

Il se pencha vers elle, poussa un soupir.

— Si vous continuez à trembler, vous allez renverser votre vin.

Il glissa une main sous sa nuque, ce qui l'empêcha effectivement de trembler mais fit courir un long frisson dans tout son corps.

— Détendez-vous, Jules. Un baiser ne tue pas.

— C'est cette façon que vous avez de vous y prendre…

Il souriait lorsque ses lèvres se posèrent sur celles de sa compagne.

— Humm…, c'est merveilleux, murmura-t-il, nichant son visage au creux du cou de Julia. Dites-moi si je provoque en vous le même genre de bouleversement que vous provoquez en moi, lorsque je fais ça ?

Il lui mordilla l'oreille, tira doucement sur le lobe.

— Je ne sais pas…, répondit Julia.

Paul se crispa un instant, mais il s'efforça de se détendre.

— C'était exactement ce qu'il fallait dire pour me faire souffrir.

Il s'écarta afin d'observer le visage de Julia. Le gris de ses yeux s'était intensifié, réchauffé par le feu des émotions qu'elle s'efforçait de dissimuler. Rêvait-il, ou le parfum de la jeune femme était-il soudain plus enivrant sur sa peau chaude, rosie par l'émoi ? Dommage, songea Paul, dommage qu'il ait des scrupules.

— Vous avez repris des couleurs, dit-il. Lorsque vous êtes anxieuse, vous devenez si pâle… Vous donnez envie de prendre les choses en main.

Julia se tendit instantanément.

— Je n'ai pas besoin qu'on me prenne en charge.

— Ce qui ne peut que rendre certains hommes encore plus déterminés à le faire. Vulnérabilité et indépendance… je n'imaginais pas à quel point cette combinaison pouvait être irrésistible.

Julia porta le verre à ses lèvres, s'efforça d'adopter un ton léger pour dire :

— Contentez-vous de faire à dîner.

Le regard plongé dans le sien, Paul lui ôta son verre des mains.

— Nous pourrions partager beaucoup plus que cela, tous les deux.

— Peut-être.

Il la regardait de ce regard bleu profond, intense. Un regard bien trop troublant et dans lequel il était beaucoup trop facile de se noyer.

— Je ne suis pas sûre de pouvoir assumer davantage.

Paul se rendit compte qu'elle en était convaincue.

— Dans ce cas, il nous faudra progresser par étapes.

C'était plus rassurant que ce « bouleversement » dont elle venait de faire l'expérience et elle acquiesça, prudente.

— Je présume…

— Prochaine étape : vous m'embrassez, dit Paul.

— Je l'ai déjà fait, il me semble.

Il secoua la tête.

— C'est moi qui vous ai embrassée, précisa-t-il comme s'il lui lançait un défi.

Julia réfléchit un instant et décida d'agir en adulte. Un adulte n'a pas à relever tous les défis qu'on lui lance, mais…

Alors, doucement, elle posa les lèvres sur celles de Paul. Un instant suffit pour prendre conscience que cette étape était déjà en soi très troublante. Toutefois, elle s'accorda quelques instants de plus, laissa ses lèvres presser doucement celles de son compagnon, goûtant le frisson du risque.

— Il faut que je fasse rentrer Brandon, dit-elle en s'écartant.

Elle avait besoin de beaucoup de temps pour réfléchir avant de passer à l'étape suivante.

12

Michael Delrickio cultivait des orchidées dans une serre de cinquante mètres carrés reliée à sa forteresse de Long Beach par un large passage vitré. Il prenait son passe-temps très au sérieux et faisait partie du club floral local, apportant sa contribution financière mais aussi son savoir-faire lors de conférences amusantes et très documentées sur les différentes familles d'orchidées. L'une de ses plus grandes fiertés était d'avoir créé un hybride qu'il avait nommé la Madone.

C'était un passe-temps qui revenait cher, mais Delrickio était riche. Ses fructueuses affaires — pour lesquelles, d'ailleurs, il payait très scrupuleusement ses impôts — allaient du transport de marchandises aux fournitures pour cinémas et restaurants, en passant par l'immobilier, la restauration, la prostitution, le jeu, l'électronique, le piratage d'ordinateur. Il était propriétaire ou associé de plusieurs magasins de vins et spiritueux, clubs, boutiques, et il possédait même des actions sur un boxeur catégorie poids lourds. Dans les années soixante-dix, après avoir résisté longtemps à cause d'une répugnance toute personnelle, la Delrickio Enterprises avait mis un pied dans la drogue. Il considérait comme un déplorable signe des temps que ce secteur de son conglomérat fût aussi rentable.

C'était un mari attentionné qui gérait ses aventures extra-conjugales avec tact et discrétion, un père qui adorait ses enfants et qui les avait élevés tous les huit avec fermeté mais équité, et un grand-père très libéral incapable de refuser quoi que ce soit à ses petits-enfants.

Il n'était pas homme à commettre des erreurs, mais lorsque cela lui arrivait, il les reconnaissait. Eve Benedict avait justement été l'une de ces erreurs… Il l'avait aimée d'un amour fou, passionné, qui leur avait fait oublier à tous deux prudence et discrétion. Aujourd'hui, quinze ans après, il se souvenait encore de ce qu'il avait vécu avec elle. Et ce souvenir avait toujours le pouvoir de le bouleverser.

Ce matin, tout en s'affairant autour de ses orchidées, tout en les soignant, les choyant, il attendait le neveu d'Eve. Malgré tous ses défauts, le gamin n'était pas mal. Delrickio lui avait même permis de sortir avec une de ses filles. Bien entendu, il n'aurait jamais autorisé que cela devînt sérieux. Pas d'hybride, en dehors de l'horticulture. Pas d'intrus dans la famille.

Car Michael Delrickio croyait aux unions assorties — raison pour laquelle il ne s'était jamais pardonné de s'être laissé séduire par Eve.

Conscient d'avoir jadis été en faute, il se montrait patient avec ce bon à rien de neveu d'Eve. Beaucoup plus patient que ne le lui dictaient les affaires.

— Parrain…

Delrickio était en train d'examiner trois orchidées araignées. Il se redressa. Le jeune Joseph se tenait dans l'encadrement de la porte. C'était une belle et solide brute qui aimait lever des poids et s'entraîner à la boxe dans la salle de gym dont Delrickio possédait des parts. Fils d'un cousin de sa femme, Joseph se trouvait dans l'entreprise familiale depuis près de cinq ans. Delrickio l'avait fait former par son premier lieutenant, conscient que le gamin n'était pas très brillant, mais loyal et toujours prêt à rendre service. Or on ne demande pas au muscle d'être intelligent, mais souple.

— Oui, Joseph ?

— Morrison est là.

— Bien, bien.

Delrickio s'essuya les mains sur le tablier blanc qu'il portait toujours lorsqu'il s'occupait de ses fleurs. C'était un cadeau de sa benjamine qui l'avait confectionné elle-même, peignant sur le tissu immaculé une caricature très réussie de son papa, un grand sourire aux lèvres et une pelle de jardinage à la main, tenant lovée contre lui une femme orchidée aux longues jambes et aux formes voluptueuses.

— Amène-le ici. On dirait que ton rhume va mieux ?

Delrickio était un bon patron, très attentif.

Joseph eut un petit haussement d'épaules, gêné.

— Je me sens très bien.

— Encore congestionné, je trouve. Mange du potage de Thérésa. Et bois beaucoup, Joseph, pour chasser le virus. La santé est notre bien le plus précieux.

— Oui, Parrain.

— Et reste dans les parages, Joseph. Il se peut que Drake ait besoin d'un petit stimulant.

Joseph sourit, hocha la tête et s'éclipsa.

Dans le spacieux salon, Drake, confortablement installé dans un fauteuil à oreillettes, pianotait sur ses genoux. Quand cela ne suffit plus à l'apaiser, il se mit à faire craquer ses doigts. Il ne transpirait pas encore — enfin pas beaucoup. A ses pieds se trouvait un attaché-case contenant sept mille dollars. C'était loin du compte, et il se maudissait de n'avoir pas davantage. Il avait eu quinze mille dollars en poche après avoir piqué les babioles chez Eve. Il avait beau s'être fait arnaquer en les écoulant, la somme correspondait largement à ce qu'il lui fallait…

… Avant qu'il ne joue.

Il était tellement persuadé de pouvoir transformer les quinze mille dollars en trente voire quarante… ! La pression aurait été levée pendant un petit moment, au moins. Alors, il s'était plongé dans les journaux de courses, calculant soigneusement ses paris. Il avait même une bouteille de Dom Pérignon qui l'attendait à la maison et une superbe brune pour lui garder son lit au chaud.

Seulement, au lieu de rentrer triomphant, il avait perdu la moitié de son investissement.

Mais ça irait quand même.

Il fit de nouveau craquer ses doigts.

Ça irait.

En plus des sept mille dollars, il avait trois copies de cassettes dans son attaché-case.

L'opération avait été d'une facilité déconcertante. Il avait suffi d'embarquer quelques pièces bien choisies — des objets qui ne feraient même pas défaut à Eve. Elle ne se rendait pas plus d'une ou deux fois par an au pavillon des invités. Et puis, elle possédait tant d'objets qu'il était impossible qu'elle se souvînt de tous… Il avait vraiment eu une idée de génie en emportant ces cassettes vierges ! Il en aurait copié beaucoup plus s'il n'avait brusquement entendu quelqu'un entrer par la porte de derrière. Drake sourit à ce souvenir : voilà qui représentait une petite assurance supplémentaire. Dissimulé dans la penderie, il avait pu voir la personne passer les cassettes en revue, les écouter. Cela pourrait servir, à l'occasion.

— Il vous attend, dit Joseph en le précédant.

Drake suivit, animé d'un sentiment de supériorité. Des gangsters, songea-t-il avec mépris. Le vieil homme s'entourait de gangsters. Pas grand-chose dans la tête, et du muscle, le tout habillé de costumes italiens propres à dissimuler le renflement du holster sur l'épaule. Un homme intelligent n'avait vraiment rien à craindre de ce genre de gorille.

Oh, seigneur, ils allaient dans la serre. Drake leva les yeux au ciel. Il détestait cet endroit, la chaleur humide, la lumière tamisée, la jungle de fleurs à laquelle il devait faire semblant de s'intéresser. Connaissant la musique, il se plaqua un sourire sur le visage et entra.

— J'espère que je ne vous dérange pas ?

— Pas du tout.

Delrickio vérifia l'humidité de la terre avec le pouce.

— Je m'occupe de mes protégées. Je suis content de te voir, Drake.

Il fit un signe de tête à Joseph qui disparut aussitôt.

— Je suis ravi que tu sois dans les délais.

— Merci de me recevoir un samedi.

Delrickio l'arrêta d'un petit geste de la main. Le système de contrôle de température de sa serre était le plus performant du marché, mais il la vérifia néanmoins à l'un des six thermomètres répartis sur la longueur du bâtiment.

— Tu es toujours le bienvenu chez moi. Que m'as-tu apporté ?

L'air suffisant, Drake posa l'attaché-case devant Delrickio et s'écarta pour lui permettre d'en inspecter le contenu.

— Je vois.

— Ah, je suis un petit peu juste au niveau de la somme.

Il sourit, avec l'air contrit d'un jeune homme qui avoue avoir gaspillé l'argent de poche qu'on lui a donné.

— Je pense que les cassettes compenseront la différence.

— Ah bon ?

Ce fut tout ce que dit Delrickio. Il ne prit même pas la peine de vérifier la somme, mais s'avança pour examiner un superbe spécimen d'*Odontoglossum triumphans*. Combien manque-t-il ?

— Il y a sept mille.

Drake sentit la transpiration commencer à couler sous ses aisselles, mais c'était sans doute l'humidité.

— Donc, tu estimes les cassettes à mille dollars pièce ?

— Je… euh. Cela n'a pas été facile de les copier. Il y a des risques. Mais je savais que vous étiez intéressé.

— Intéressé, oui.

Delrickio prit son temps, passant d'une fleur à l'autre.

— Ainsi, après des semaines de travail, Mme Summers n'a que trois cassettes.

— Non. Mais je n'ai pu en copier que trois.

Delrickio circulait tranquillement entre les plantes, examinant, chouchoutant, réprimandant ses petites chéries.

— Combien y en a-t-il ?

— Je ne suis pas sûr du chiffre exact…

Il desserra le nœud de sa cravate, humecta ses lèvres.

— … Peut-être six ou sept.

Il pensa le moment venu d'improviser.

— Julia Summers a été très prise, nous n'avons pas encore passé beaucoup de temps ensemble, mais nous…

— Six ou sept, coupa Delrickio. Et tu ne m'en apportes que trois avec un paiement incomplet.

La voix de Delrickio se faisait plus douce. C'était mauvais signe.

— Tu me déçois, Drake.

— Récupérer ces cassettes était dangereux, j'ai failli me faire prendre.

— Ce n'est absolument pas mon problème.

Delrickio poussa un soupir.

— Je te décerne tout de même un bon point pour l'initiative. Et je veux les autres.

— Vous voulez que je retourne là-bas ?

— Je veux les cassettes, Drake. La méthode pour les obtenir te regarde.

— Je ne peux pas. Si je me fais prendre, Eve réclamera ma tête sur un plateau.

— Je te suggère de ne pas te faire prendre. Ne me déçois pas de nouveau… Joseph ?

La silhouette imposante de Joseph se découpa dans l'encadrement de la porte.

— Joseph va te raccompagner, Drake. J'aurai de tes nouvelles bientôt, d'accord ?

Drake ne put qu'acquiescer d'un signe de tête, soulagé de sortir dans le passage où la température était nettement plus fraîche.

Il ne fallut que quelques secondes à Delrickio pour donner ses ordres. Il fit signe à Joseph d'approcher.

— Une petite leçon. Pas de marque au visage. J'aime bien ce garçon.

Drake reprenait confiance à chaque pas. Cela ne s'était pas si mal passé, finalement. Il avait mis le vieil homme dans sa poche et il trouverait le moyen de copier les autres cassettes. Delrickio passerait peut-être même sur le reste de la dette s'il agissait vite. Au bout du compte, songea Drake, il avait sacrément bien mené sa barque.

Il fut très surpris lorsque Joseph l'attrapa par le bras et l'entraîna vers un bosquet.

— Qu'est-ce que…

Ce fut tout ce qu'il put dire avant qu'un poing de la taille et du poids d'une balle de bowling ne s'enfonce dans son ventre. L'air gicla hors de ses poumons tandis qu'il se pliait en deux, son petit déjeuner menaçant de suivre.

La raclée fut administrée sans passion, avec méthode et efficacité. D'une main, Joseph tenait Drake debout, de l'autre il frappait, écrasait, limitant son champ d'action aux organes internes sensibles. Reins, foie, intestins. En moins de deux minutes, tandis que les gémissements de Drake ponctuaient le son mat du poing frappant la chair, il en eut terminé et il le laissa glisser mollement sur le sol. Les paroles étant tout à fait superflues pour faire passer le message, il s'éloigna sans un mot.

Drake luttait pour reprendre son souffle tandis que des larmes brûlantes roulaient sur ses joues. Respirer le faisait souffrir le martyre. Il ne comprenait pas ce genre de douleur, une douleur qui irradiait tout son corps, jusqu'au bout des doigts. Il vomit sous les buissons et seule la crainte que quelqu'un ne revienne pour achever le travail le fit se lever sur ses jambes flageolantes et tituber jusqu'à sa voiture.

Paul venait de comprendre ce que c'est qu'être parent.

C'était une tâche incroyablement difficile, complexe et exténuante. Il avait beau ne jouer les pères que pour une soirée, à la moitié du match, il avait déjà l'impression d'avoir couru le Marathon de Boston à cloche-pied.

— Je peux… ?

Paul se contenta de lever un sourcil avant que Dustin n'achève sa phrase.

— Si tu manges encore quelque chose, tu vas exploser.

Dustin but une gorgée de son Coca géant et sourit.

— On n'a pas encore eu de pop-corn.

C'était bien la seule chose qu'ils n'aient pas mangée, en effet ! Ces gamins devaient avoir des estomacs d'ogre.

Paul se tourna vers Brandon qui examinait les autographes récoltés avant le match sur la visière de sa casquette des

Lakers. Le petit leva les yeux. Il rougit, sourit et remit la casquette sur sa tête.

— C'est le plus beau jour de ma vie, dit-il avec une simplicité, une sincérité propres aux enfants.

Paul se sentit ému. Depuis quand avait-il un marshmallow à la place du cœur ?

— Allez, on va faire un tour du côté du pop-corn.

Ils regardèrent la deuxième mi-temps les doigts graisseux et l'œil rivé sur l'action. Le score n'arrêtait pas d'osciller, provoquant les clameurs de la foule et des joueurs. Un panier manqué, une balle récupérée au rebond par l'adversaire… et la foule s'enflammait. Une bagarre sous le panier se solda par un avertissement et une expulsion.

— Il l'a bloquée, hurla Brandon, éparpillant son pop-corn. Vous avez vu ?

Au comble de l'exaltation, il grimpa dans le fauteuil tandis que les huées du public emplissaient les tribunes.

— Ils n'ont pas expulsé le bon joueur.

Paul s'amusait tellement de voir la réaction de Brandon qu'il manqua un peu de la bousculade qui avait lieu sur le terrain. Le gamin sautait sur son siège et agitait sa banderole des Lakers d'un bras frénétique. Sur son visage perlait la transpiration du juste.

— Merde ! lança-t-il.

Puis il se rendit compte de ce qu'il venait de dire et lança un regard contrit à Paul.

— Hé, ne compte pas sur moi pour te rappeler à l'ordre. C'est exactement ce que j'aurais dit.

Tandis qu'ils se réinstallaient pour regarder jouer ce coup déloyal, Brandon savoura sa petite victoire. Il avait dit merde et avait été traité comme un homme. Il était vraiment content que sa mère ne soit pas là !

*
* *

Il était tard et Julia travaillait. A travers les enregistrements, les transcriptions, elle revivait les années d'après-guerre, lorsque Hollywood brillait de ses plus grandes stars et qu'Eve était une comète étincelante. Ou comme l'affirmait Charlotte Miller : un crocodile qui voulait être seul dans son grand marigot.

On ne se faisait pas de cadeau dans ce milieu, songea Julia en s'écartant de l'ordinateur. Charlotte et Eve avaient rivalisé pour bien des rôles, elles avaient été courtisées par les mêmes hommes. Deux fois, elles s'étaient trouvées en compétition pour l'Oscar.

Un metteur en scène particulièrement courageux les avait réunies sur un tournage. Un film historique dont l'action se situait en France, juste avant la Révolution. La presse s'était abondamment fait l'écho des querelles concernant le nombre de gros plans accordés à l'une et à l'autre, le choix des loges et des coiffeurs, et même la profondeur des décolletés... Ce qu'on avait appelé la bataille des roberts avait amusé le public pendant des semaines.

Résultat : le film avait été un fiasco.

La plaisanterie qui courait à Hollywood, c'est que le metteur en scène était en thérapie depuis cette époque. Et bien entendu, les actrices ne se parlaient plus. Par contre, chacune parlait de l'autre...

Episode assez intéressant des mœurs hollywoodiennes... D'autant que si l'on insistait un peu, Charlotte rendait hommage au talent d'Eve.

Mais ce qui intriguait davantage Julia, c'était la brève liaison qu'elle avait eue avec Charlie Gray.

Pour se rafraîchir la mémoire, Julia se repassa l'enregistrement de Charlotte.

« Charlie était un homme délicieux, drôle et plein de vie. »

La voix sèche, presque saccadée, de Charlotte se radoucissait lorsqu'elle parlait de Charlie Gray. Cette voix — de même que la beauté de sa propriétaire — s'était un peu durcie avec l'âge, mais le timbre en était toujours aussi caractéristique et admirable.

« C'était un acteur méconnu, bien meilleur qu'on ne l'a laissé entendre à l'époque. Il lui manquait la prestance, le brio que le public et les studios de cinéma attendaient des jeunes premiers à ce moment-là. Bien entendu, il s'est complètement gâché avec Eve. »

Il y eut soudain un concert d'aboiements aigus qui fit sourire Julia. Charlotte possédait un trio de loulous de Poméranie grincheux qui avaient à leur disposition la totalité de son manoir de Bel Air.

« Ce sont mes bébés, mes chéris », dit Charlotte, roucoulant et gloussant.

Julia se souvenait qu'elle avait livré à ces trois boules de poil hurlantes le bol de caviar en baccarat, le posant carrément par terre, sur le tapis d'Aubusson.

« Ne sois pas aussi gloutonne, Lulu. Laisse tes sœurs avoir leur part elles aussi. Là… On est une gentille fille. Le bébé de sa maman, hein ? Bon, où en étais-je ?

— Vous étiez en train de me parler de Charlie et d'Eve. »

Julia se souvint combien elle avait eu envie de rire. Fort heureusement, Charlotte ne s'était aperçue de rien.

« Oui, en effet. Elle lui avait complètement tourné la tête. Ce pauvre Charlie n'avait pas le jugement très sûr en matière de femmes et Eve était dénuée de tout scrupule. Elle s'est servie de lui pour obtenir un bout d'essai, elle l'a amusé jusqu'à ce qu'elle obtienne ce rôle dans *Desperate Lives,* avec Michael Torrent. Si vous vous souvenez, elle avait le rôle d'une garce dans le film et c'était exactement ce qui lui convenait. »

Charlotte avait eu une moue dédaigneuse tout en nourrissant ses chiens voraces de petits morceaux de saumon fumé.

« Il fut anéanti lorsque Michael et elle devinrent amants.

— N'est-ce pas à cette époque que votre nom a commencé à être associé au sien ?

— Nous étions amis, dit Charlotte d'un air pincé. Je me félicite d'avoir été là pour le consoler et d'avoir pu, en l'accompagnant à certaines manifestations et soirées, l'aider à sauver la face. Cela ne veut pas dire que Charlie n'était pas un peu amoureux de moi, mais je crains qu'il n'ait pensé qu'Eve et moi appartenions à la même espèce. Ce qui n'était pas le cas et ne l'est toujours pas. A l'époque, Charlie avait également des problèmes d'argent à cause d'une de ses ex. Il y avait un enfant en jeu — vous voyez ce que je veux dire —, et elle voulait que Charlie paye les yeux de la tête pour que le bébé ait une éducation grand style. Charlie a payé, bien sûr.

— Savez-vous ce qu'il est advenu de cet enfant ?

— Non, pas vraiment. Quoi qu'il en soit, j'ai fait ce que j'ai pu pour Charlie, mais lorsque Eve a épousé Michael, il ne l'a pas supporté. »

Il y eut un long silence puis un soupir.

« — Même la mort de Charlie a servi la carrière d'Eve. Le fait qu'il se soit tué par amour pour elle a fait les gros titres des journaux et contribué à la légende. Eve, la femme pour laquelle les hommes se tuent… »

La légende, songea Julia. Le mythe. La star. Cependant, là n'était pas le propos du livre. C'était un récit personnel, intime, sincère. Elle prit un crayon et inscrivit sur son bloc : EVE. LA FEMME. Voilà. Elle tenait son titre.

Elle commença à taper sur son ordinateur et fut bientôt

absorbée dans un récit dont elle ne connaissait pas encore la fin. Plus d'une heure s'écoula avant qu'elle ne s'interrompe pour attraper son verre de Pepsi allongé d'eau et pour ouvrir un des tiroirs de son bureau. Voulant vérifier un détail mineur dans les pages qu'elle avait déjà imprimées, elle les feuilleta. Un petit carré de papier s'en échappa soudain et atterrit sur ses genoux. Elle le fixa, incrédule.

Le sort avait voulu qu'il tombe du bon côté. Les mots effrontément tracés en majuscules d'imprimerie semblaient la défier.

MIEUX VAUT PRÉVENIR QUE GUÉRIR.

Julia s'obligea à rester assise, à ne pas céder à la panique. Tous ces clichés, ces aphorismes étaient ridicules, risibles. Des plaisanteries pour le moins douteuses.

Mais de qui venaient-elles ? N'avait-elle pas feuilleté ces pages, juste après le cambriolage ?

S'efforçant de garder son calme, elle ferma les yeux.

La présence du message lui avait échappé, à ce moment-là, c'était la seule explication. Seule la personne qui avait lu ces pages avait pu le placer là.

Elle ne voulait pas croire, ne pouvait pas croire que quelqu'un se fût introduit une seconde fois dans la maison depuis que la sécurité avait été renforcée. Depuis qu'elle fermait portes et fenêtres chaque fois qu'elle s'absentait.

Julia prit le morceau de papier et le froissa. Voilà probablement des jours que ce message était là, entre les pages. Et le fait qu'elle n'ait pas réagi — et pour cause — ne pourrait que décourager son auteur.

Toutefois, il lui parut soudain insupportable de rester seule dans la maison silencieuse, noyée dans la nuit. Sans prendre le temps de réfléchir, elle monta dans sa chambre pour se changer, et enfiler son maillot de bain. La piscine était chauffée. Elle allait faire un plongeon, étirer ses muscles, se distraire l'esprit. Elle jeta son vieux peignoir en éponge sur ses épaules, glissa une serviette autour de son cou.

De la vapeur montait de l'eau d'un bleu profond lorsqu'elle ôta son peignoir. Elle frissonna, inspira rapidement et plongea. Elle fendit l'eau, s'y enfonça profondément, imaginant toute la tension accumulée en elle flottant à la surface de l'eau, s'évaporant en vapeur légère avant de se dissoudre dans l'air.

Une bonne minute et demie plus tard, elle émergea à l'autre extrémité de la piscine. Elle se sentait merveilleusement bien. Elle se hissa hors du bassin… et sursauta lorsqu'une serviette lui atterrit soudain sur la tête.

— Séchez-vous, dit Eve.

Elle était assise à la table. Devant elle, il y avait une bouteille et deux verres. Elle tenait entre ses doigts une énorme fleur de géranium blanc cueillie dans l'un de ses massifs.

— Et venez boire un verre.

Julia se frotta les cheveux avec la serviette.

— Je ne vous ai pas entendue arriver.

— Vous étiez trop occupée à tenter de battre le record olympique d'apnée.

Elle respira le géranium puis le mit de côté.

— Vous a-t-on déjà dit qu'on peut aussi nager tranquillement ?

Julia sourit, se redressa et attrapa son peignoir.

— Je faisais partie de l'équipe de natation à l'université. Je nageais toujours la dernière en relais et je gagnais toujours.

— Ah, on a l'esprit de compétition.

Le regard d'Eve brilla, admiratif, tandis qu'elle servait deux flûtes de champagne.

— Buvons à la victoire, dans ce cas.

Julia s'assit, accepta le verre qu'elle lui tendait.

— De l'alcool, déjà ?

Eve partit d'un éclat de rire.

— Oh, Julia, je vous aime bien.

Touchée, Julia fit tinter son verre contre celui d'Eve.

— Moi aussi, je vous aime bien.

Il y eut un silence, le temps pour Eve d'allumer une cigarette.

— Alors, dites-moi…

Elle souffla la fumée qui s'évanouit dans l'obscurité.

— … Qu'est-ce qui vous a fait vous réfugier dans l'eau ?

Julia songea à parler du message, puis écarta l'idée. Elle ne voulait pas gâcher cette atmosphère si agréable. Et pour être honnête, ce n'était pas seulement ce petit bout de papier qui l'avait fait plonger dans la piscine. C'était la solitude, le poids écrasant de cette maison vide.

— La maison était trop calme. Brandon est sorti, ce soir.

Eve sourit, leva son verre à sa santé.

— C'est ce que j'ai cru comprendre, en effet. J'ai croisé votre fils, hier, sur le court de tennis. Il a un sacré service.

— Vous… vous avez joué au tennis avec Brandon ?

— Oh, de manière tout à fait informelle, répondit Eve en croisant les jambes. Et je préfère de loin sa compagnie à celle de cette épouvantable machine à balles qui envoie de véritables boulets de canon ! Quoi qu'il en soit, il m'a dit que les hommes sortaient ce soir pour le grand match. Ne vous inquiétez pas, ajouta Eve, Paul est peut-être parfois un peu insouciant, mais il ne laissera pas le petit se soûler et draguer les filles.

Julia aurait pu rire si elle ne s'était pas sentie autant ridicule de s'inquiéter.

— Je n'ai pas l'habitude de le laisser sortir le soir.

Enfin, il lui arrive d'aller dormir chez des amis, évidemment, mais…

— Mais pas de sortir avec un homme.

Eve écrasa sa cigarette dans un cendrier en forme de cygne.

— Avez-vous beaucoup souffert ?

Julia cessa de siroter son verre et se redressa.

— Non.

Eve se contenta de hausser un sourcil.

— Dites donc… Une menteuse patentée comme moi sait reconnaître le mensonge. Ne trouvez-vous pas… destructeur de toujours faire semblant ?

Julia but une longue gorgée de champagne.

— Je trouve très constructif d'oublier.

— Lorsque c'est possible. Mais vous avez tous les jours sous les yeux quelqu'un qui vous rappelle le passé.

D'un geste décidé, Julia se resservit, resservit Eve.

— Brandon ne me rappelle pas son père.

— C'est un bel enfant. Je vous envie.

A ces mots, l'agacement naissant de Julia se dissipa.

— Vous savez, je vous crois lorsque vous dites cela.

— Vous pouvez.

Eve se leva rapidement, ôta son pyjama émeraude, laissant la soie tomber négligemment sur les dalles.

— Je prends un bain rapide.

Nue, elle écrasa sa cigarette.

— Soyez un amour, Julia, allez me chercher un peignoir dans la douche.

Sur ce, elle plongea dans l'eau sombre.

Amusée, intriguée, Julia obéit, choisissant un long peignoir en éponge de velours bleu marine. Elle le tendit à Eve, ainsi qu'une serviette assortie, lorsque la star sortit de l'eau.

— Seigneur, il n'existe rien de meilleur que de nager nue sous les étoiles.

Revigorée, elle se glissa dans le peignoir.

— Si, nager nue sous les étoiles avec un homme, corrigea-t-elle.

— Désolée. Je ne suis pas qualifiée pour en juger.

Eve se laissa tomber dans son fauteuil avec un long soupir d'aise et leva son verre de champagne.

— Aux hommes, Julia ! Croyez-moi, certains valent presque la peine du mal qu'on se donne pour eux.

— Presque… c'est déjà quelque chose, convint Julia.

— Pourquoi n'avez-vous jamais mentionné le nom du père de Brandon ?

C'était une attaque sournoise, mais Julia en fut plus lasse qu'agacée.

— Pas dans l'intention de le protéger. Il ne méritait ni loyauté ni protection. Mais mes parents, si.

— Et vous les aimiez beaucoup.

— Assez pour ne pas leur faire plus de mal que je ne leur en avais déjà fait. Cela a dû être un choc, pour eux, d'entendre leur fille de dix-sept ans leur annoncer qu'elle était enceinte. Mais ils ne m'ont ni réprimandée ni jugée. Lorsqu'ils m'ont demandé qui était le père, j'ai su que je ne pourrais jamais le leur dire… sauf à enfoncer encore le couteau dans la plaie.

Eve attendit un moment.

— Vous n'en avez jamais parlé à personne ?

— Non.

— En parler aujourd'hui ne peut plus leur faire de mal, Julia. Et s'il est quelqu'un qui n'est pas en position de juger le comportement d'une autre femme, c'est moi.

Julia ne s'attendait pas à une telle offre. Ni à éprouver

soudain le besoin d'y répondre. Le moment, le lieu, la femme : tout se prêtait à la confidence...

— Il était avocat, commença Julia. Ce n'est guère surprenant. Mon père l'avait engagé juste après l'obtention de son diplôme. Il trouvait à Lincoln un très grand potentiel, du talent en matière d'affaires criminelles. Mon père ne l'aurait jamais avoué, il ne l'a peut-être jamais pensé consciemment d'ailleurs, mais il avait toujours rêvé d'avoir un fils — un fils qui puisse en quelque sorte perpétuer le nom des Summers dans les cours de justice.

— Et ce Lincoln remplissait toutes les conditions.

— Merveilleusement. Il était à la fois ambitieux et idéaliste, dévoué et tout feu tout flamme. Cela plaisait beaucoup à mon père de voir son protégé gravir brillamment les échelons de la profession.

— Et vous, demanda Eve, vous étiez attirée par l'ambition, l'idéalisme ?

Julia réfléchit quelques instants et sourit.

— Si l'on veut. Je travaillais comme clerc pour mon père après les cours, le soir et le samedi. Il m'avait beaucoup manqué après le divorce, et c'était une façon de passer un peu plus de temps avec lui. Mais ce temps, j'ai commencé à le passer avec Lincoln.

Julia sourit encore. A y repenser aujourd'hui, il était difficile de jeter la pierre à la jeune fille qu'elle avait été alors, si romantique et rêvant d'amour.

— C'était un homme assez impressionnant. Grand et blond, toujours élégant, avec cette légère tristesse dans le regard.

Eve rit.

— Rien ne séduit davantage une femme qu'une légère tristesse dans le regard.

Julia s'entendit rire à son tour. C'était étrange, jamais

elle n'aurait cru pouvoir un jour trouver drôle une situation aussi tragique.

— Je trouvais tout cela très exaltant, dit-elle, avant de rire de nouveau. Et d'autant plus excitant que Lincoln était plus âgé que moi. De quatorze ans.

Eve écarquilla les yeux.

— Julia, vous auriez dû avoir honte de séduire ce pauvre garçon. Une fille de dix-sept ans, c'est fatal pour un homme.

— La première que je verrai tourner autour de Brandon, je lui arracherai les yeux. Mais… j'étais amoureuse, ajouta-t-elle d'un ton désinvolte, mesurant l'absurdité de la chose. Vous savez, c'était ce genre d'homme mûr, séduisant, brillant… et marié. Mais, bien entendu, son mariage était fini.

— Bien entendu…

— Il a commencé par me demander de faire quelques petits travaux supplémentaires pour lui. Mon père venait de lui confier sa première affaire importante et il voulait être fin prêt. Alors commencèrent ces longs regards lourds de sens échangés par-dessus les livres de droit et les pizzas froides. Ces effleurements de mains… Ces secrets soupirs de désir… Enfin, vous savez.

— Oh, ça devient intéressant, dit Eve en posant son menton dans sa main. Ne vous arrêtez surtout pas maintenant.

— Il m'a embrassée dans la bibliothèque de droit, au-dessus du dossier « Wheelwright contre le Ministère Public ».

— L'incroyable fleur bleue !

— C'était mieux que Tara et Manderley réunis. Déjà il m'entraînait vers le canapé, ce gros canapé de cuir bordeaux. Moi je lui disais que je l'aimais et lui me disait que j'étais belle. Ce n'est que plus tard que j'ai compris la différence. Je l'aimais et il me trouvait belle. Enfin, dit Julia avant de boire une gorgée de champagne, la chose s'est déjà faite pour des raisons moins nobles, n'est-ce pas ?

— Et celui qui aime est en principe celui qui va souffrir.

— D'une certaine façon, Lincoln a payé aussi.

Julia ne protesta pas lorsque Eve remplit de nouveau les verres. C'était si bon d'être là, assise dans la nuit, à boire un peu trop et à parler à une femme qui la comprenait.

— Nous avons été amants une semaine sur cet affreux canapé bordeaux. Une semaine dans une vie, c'est si peu de chose. Puis Lincoln m'a avoué très gentiment, très honnêtement, que sa femme et lui avaient décidé de donner une seconde chance à leur mariage. Je lui ai fait une scène épouvantable… et une peur bleue.

— Bravo.

— Ce fut satisfaisant, mais d'un effet limité. Lincoln fut absent du bureau pendant les deux semaines qui suivirent. Il plaidait. Il a gagné le procès, bien entendu, et commencé son illustre carrière avec mon père qui s'empressait autour de lui comme un papa comblé. Aussi, lorsque j'ai découvert que je n'avais pas simplement… du retard, ou la grippe, mais que j'étais enceinte, ce ne sont ni mon père ni ma mère que je suis allée voir mais Lincoln qui venait juste d'apprendre de son épouse, avec laquelle il était réconcilié, qu'elle aussi attendait un heureux événement.

Eve sentit son cœur se serrer, mais elle parvint à garder un ton détaché.

— Notre homme avait été très occupé.

— Très. Il a proposé de payer un avortement ou de s'occuper de l'adoption. Il ne lui est pas venu un instant à l'idée que je pouvais garder le bébé. En réalité, je n'avais pas non plus envisagé cette solution. Et je me suis rendu compte, tandis qu'il réglait ce petit problème épineux avec son efficacité habituelle, que je ne l'avais jamais aimé pour de bon. Lorsque, finalement, ma décision fut prise et que j'eus informé mes parents que j'attendais un enfant, Lincoln a vécu quelques mois d'angoisse à se demander si, oui ou non, j'allais un jour faire savoir qu'il était le père. C'était une punition suffisante, pour un homme qui avait poussé une jeune ingénue à devenir une femme.

— Suffisante, vraiment? Je ne crois pas. Vous avez Brandon, et c'est une forme de justice.

Julia sourit. Oui, décidément, elle avait bien choisi le moment, le lieu et la femme à qui se confier…

— Vous savez, Eve, je crois que je vais essayer un bain nue sous les étoiles, avant de rentrer.

Eve attendit que Julia ait ôté son maillot de bain et qu'elle ait plongé dans l'eau sombre. Là, elle laissa venir à ses yeux les larmes silencieuses, puis les essuya avant qu'elles ne s'accrochent à ses cils.

Julia se relaxait devant le dernier journal télévisé. La maison était toujours vide, mais elle s'y sentait beaucoup mieux, à présent. Et quoi qu'il advienne de la biographie, elle serait éternellement reconnaissante à Eve pour cette heure passée au bord de la piscine.

La tension désagréable qui lui étreignait la nuque et le dos un moment plus tôt s'était envolée. Elle se sentait si détendue qu'elle aurait presque pu fermer les yeux et se laisser couler dans le sommeil.

Mais elle sursauta, et son cœur se mit à battre à toute allure, lorsqu'un bruit de voiture se rapprocha soudain. La lumière des phares transperça la fenêtre, stria les murs de la chambre. Elle avait déjà la main sur le téléphone. Elle entendit la portière s'ouvrir, claquer. Prête à composer le 911 de la police, elle jeta un coup d'œil à travers les stores…

… Et ne put retenir un rire nerveux en reconnaissant la Studebaker de Paul. Et quand elle l'accueillit à la porte, elle avait recouvré son calme.

Brandon dormait, niché contre l'épaule de Paul Winthrop. L'espace d'un instant, en voyant son compagnon qui tenait dans ses bras son petit garçon endormi, elle éprouva un regret, un désir soudain qu'elle refusa d'identifier. Elle écarta bien vite cette sensation et tendit les bras pour prendre Brandon.

— Il est épuisé, précisa Paul inutilement. Il y a des choses à récupérer dans la voiture. Je vais le monter si vous voulez aller les chercher.

— D'accord. C'est la première porte à gauche.

L'air frais fit frissonner Julia. Elle courut jusqu'à la voiture. Elle trouva trois posters roulés, une banderole, un maillot officiel de l'équipe NBA, un programme en couleur, une chope souvenir pleine de pin's, de stylos et de porte-clés… En rassemblant le tout, elle crut déceler une légère odeur âcre très caractéristique. Elle secoua la tête, regagna la maison au moment où Paul descendait.

— Alors, on a cédé à tous les caprices, je vois.

Paul enfonça les mains dans ses poches et haussa les épaules.

— Ils m'ont racketté. Si cela peut vous intéresser, nous avons gagné 143 à 139.

— Félicitations.

Julia posa les trophées de Brandon sur le canapé.

— Qui a été malade ?

— Rien n'échappe à une mère, n'est-ce pas… ? Dustin. J'étais en train d'ouvrir la portière. Il n'a pas plus tôt eu le temps de dire un mot qu'il vomissait sur ses chaussures.

— Et Brandon ?

— Il a une santé de fer.

— Et vous ?

Paul se laissa tomber sur les marches avec un grognement qui en disait long.

— Je boirais bien quelque chose.

— Servez-vous. Je monte embrasser Brandon.

Paul la saisit par le poignet lorsqu'elle passa à côté de lui.

— Il va très bien.

— Je vais voir, dit-elle.

Elle trouva son petit garçon couché, bien bordé, mais la casquette encore vissée sur la tête. Elle jeta alors un coup d'œil sous les draps : Paul avait tout de même pensé à lui ôter ses chaussures et son jean. Elle le laissa dormir et redescendit.

Paul avait servi deux verres de vin.

— Je me suis dit que vous ne me laisseriez pas boire seul.

Il lui tendit son verre, trinqua avec elle.

— Aux mères ! Vous avez mon admiration éternelle.

— Ils vous en ont fait voir, j'ai l'impression.

— Huit fois, dit Paul avant de boire une gorgée. Ces gamins ont demandé huit fois à aller aux toilettes…

Julia rit et s'assit sur le canapé.

— Je ne peux pas dire que je regrette d'avoir manqué ça.

— Brandon dit que vous vous y connaissez en base-ball.

Paul poussa les affaires de Brandon au bout du canapé et s'assit à côté de Julia.

— Oui, c'est vrai.

— Peut-être viendrez-vous voir jouer les Dodgers, alors ?

— Je verrai, si nous sommes encore ici.

— Avril n'est pas si loin…

Il posa un bras sur le dossier du canapé, se mit à jouer avec les cheveux de Julia.

— … Et Eve a sans doute beaucoup à vous raconter.

— C'est ce que je découvre. A propos du livre… j'aimerais que vous m'accordiez le plus tôt possible l'entretien dont nous avons parlé.

Les doigts de Paul glissèrent dans ses cheveux, s'aventurèrent jusqu'à sa nuque.

— Pourquoi ne viendriez-vous pas chez moi ? Disons... demain soir ? Nous pourrions dîner tranquillement et discuter...

Julia se crispa. Elle avait à la fois peur et envie de dire oui.

— J'ai toujours jugé préférable de mener mes interviews dans un cadre de travail.

— Il ne s'agit pas que d'une interview, Julia.

Il lui prit son verre des mains, le posa à côté du sien.

— Laissez-moi vous montrer.

Elle l'arrêta aussitôt, en appuyant les mains à plat sur sa poitrine.

— Il se fait tard, Paul.

— Je sais.

Il prit l'une des mains de Julia, la porta à ses lèvres, puis mordilla doucement ses doigts.

— J'aime quand vous vous troublez, Julia...

Du bout de la langue, il caressa la paume de sa main.

— ... Une telle bataille se livre dans vos yeux... Le plaisir contre le Bien.

— Je sais ce qui est bien pour moi, en effet.

Lorsqu'elle serra le poing, il embrassa son poignet, sourit.

— Et savez-vous ce qui vous plaît ?

... Ce qu'il était en train de faire, songea-t-elle. Voilà ce qui lui plaisait beaucoup.

— Je ne suis pas une enfant qui ne voit que son plaisir. Je connais trop bien les conséquences de ce genre de caprice.

— Il est des plaisirs qui valent leurs conséquences...

Paul emprisonna entre ses mains le visage de Julia.

Le désir qu'elle lisait sur ses traits ne le rendait que plus séduisant encore.

— Pensez-vous que je poursuis avec autant de détermination toutes les femmes qui m'attirent ?

— Je n'en ai pas la moindre idée.

— Alors, laissez-moi vous le dire.

Il lui renversa la tête en arrière avec une brusquerie qui la surprit, et l'excita.

— Vous me faites un effet fou, Julia. Jusqu'à présent, je ne suis pas parvenu à endiguer cela, ni y changer quoi que ce soit. Aussi ai-je décidé de ne plus essayer, et de prendre les choses comme elles viennent.

Sa bouche n'était qu'à quelques centimètres de celle de Julia. Et elle se sentait irrésistiblement entraînée là où elle avait peur d'aller.

— Mais il faut être deux pour cela…

— Oui… il faut être deux.

De la langue, il dessina le contour de ses lèvres.

— Nous savons très bien tous les deux qu'il suffirait que je pousse les choses un peu plus loin pour que nous passions le restant de la nuit à faire l'amour. N'est-ce pas, Julia… ?

Julia aurait voulu dire non, secouer la tête, mais déjà les lèvres de Paul prenaient possession des siennes. Il avait raison, absolument raison. Et le goût de ses lèvres était merveilleux.

— J'ai envie de vous, Julia. Et d'une manière ou d'une autre, je parviendrai à mes fins.

Julia avait le souffle court. Le désir l'assaillait déjà, violent.

— D'une manière ou d'une autre ? Mon désir ne compte donc pas ?

— Si vous écoutiez votre désir, nous serions déjà amants. Ce que j'éprouve pour vous est très fort, très violent. Dieu sait ce qui se passera lorsque je laisserai libre cours à ma passion…

— Cela vous intéresse-t-il de savoir ce que j'éprouve ?

— J'y ai beaucoup réfléchi au cours de ces dernières semaines, peut-être trop d'ailleurs.

Julia avait besoin de distance. Elle fut reconnaissante à Paul de ne pas chercher à la retenir lorsqu'elle se leva.

— Moi aussi, j'ai beaucoup réfléchi à cette situation et je me dois d'être totalement honnête avec vous. Ma vie me plaît telle qu'elle est, Paul. Il n'a pas été facile de trouver un équilibre, des habitudes, un environnement qui conviennent pour mon fils. Et je ne risquerais tout cela pour rien au monde. Pour rien… ni personne.

— Je ne vois pas en quoi notre liaison pourrait mettre Brandon en danger.

— Ce ne serait peut-être pas le cas. Mais il faudrait que j'en sois certaine. J'ai organisé ma vie avec beaucoup de précaution, de détermination, et les aventures sans lendemain ne sont pas dans mes projets.

Paul se leva d'un bond, l'attira contre lui. Puis il la repoussa.

— Avez-vous vraiment le sentiment qu'il s'agit d'une aventure sans lendemain, Julia ? lança-t-il. Ou d'une contrainte de plus à ajouter sur la liste de vos priorités ?

Furieux, il s'empara de son verre. Ce n'était pas ainsi qu'il avait prévu de passer la soirée avec elle. En perdant la maîtrise de lui-même.

— Je n'aime pas qu'on me bouscule, en amour, Paul.

— Vous avez tout à fait raison. Pour cette fois, du moins, je m'excuse.

Il sourit, plus calme.

— Je vous ai prise au dépourvu, n'est-ce pas ? Ce qui

est sans doute la meilleure façon d'agir avec vous, Jules. L'inattendu vous désarme.

D'un doigt, il caressa sa joue, devenue très pâle.

— Je ne voulais pas vous effrayer.

— Je ne l'ai pas été.

— Je crois vous avoir fait une peur bleue, au contraire. Ce qui n'est pas dans mes habitudes. Mais vous êtes différente des autres femmes, murmura-t-il. Peut-être est-ce cela qui me déroute.

Il prit sa main, embrassa tendrement ses doigts.

— Au moins, je vais rentrer à la maison certain que vous penserez à moi ce soir…

— Dans la mesure où il me reste encore plus d'une heure de travail, j'en doute.

— Oh si, vous allez penser à moi, dit Paul en gagnant la porte. Et je vais vous manquer.

Julia souriait presque lorsqu'il referma la porte derrière lui. Parce qu'il avait raison.

13

C'était bon de reprendre le collier. Pour Eve, il n'y avait rien de tel que de tourner un film pour se sentir de nouveau le corps et l'esprit en éveil. Même la période qui précédait le tournage était excitante — long travail d'approche en attendant le bonheur suprême de se retrouver en face de la caméra.

Un tournage était une grande histoire d'amour impliquant des centaines de personnes, et Eve était contente de reprendre contact avec les accessoiristes, les éclairagistes, les preneurs de son, et même avec les assistants des assistants... Tous étaient les participants d'une immense orgie de travail qui, bien menée, serait pour tous une source d'intense satisfaction.

Eve s'était toujours montrée coopérative et patiente avec les techniciens, à moins qu'ils ne soient incompétents ou paresseux. Et depuis un demi-siècle, sa décontraction et sa simplicité lui valaient l'affection des équipes de tournage.

En professionnelle, Eve tolérait des heures de maquillage et de coiffure sans jamais se plaindre. Elle détestait les geignardes. Jamais elle n'était en retard pour un essayage ou une répétition. Lorsque c'était nécessaire, et c'était souvent le cas, elle était capable de rester sous un soleil ardent ou de frissonner sous la pluie pendant qu'on refaisait une prise.

Certains metteurs en scène la trouvaient difficile car elle n'était pas une marionnette docile dont il suffisait de tirer les ficelles. Elle questionnait, discutait, contestait… De son propre aveu, elle reconnaissait avoir eu aussi souvent tort que raison. Mais il n'existait pas un metteur en scène honnête qui ne reconnût en elle une grande professionnelle. Lorsque le moment était venu de passer à l'action, Eve Benedict fonçait. Elle était généralement la première à savoir parfaitement son texte, et lorsque les lumières s'allumaient et que la caméra tournait, elle se glissait dans son personnage avec autant de facilité qu'une femme se glisse dans son bain.

Aujourd'hui, après une semaine passée en rendez-vous de dernière minute, changements de scénario, séances photo et essayages, elle était prête pour l'aventure. Elle était assise, silencieuse, fumant une cigarette pendant qu'on arrangeait sa perruque. Ce matin, on tournait la scène du bal où Marilou, le personnage interprété par Eve, rencontre Robert, joué par Peter Jackson.

Suite à un problème d'emploi du temps, les repérages et les essais de chorégraphie avaient été réalisés avec la doublure de Jackson. Eve savait que l'acteur serait là en personne, aujourd'hui. Elle avait entendu plusieurs femmes chuchoter sur le plateau.

Lorsqu'il entra, elle comprit pourquoi. Cette virilité presque agressive, cette sensualité qui l'avaient frappée à l'écran, faisaient partie de l'homme au même titre que la couleur de ses yeux. Le smoking soulignait sa silhouette superbe à la carrure large. Et comme on lui demandait d'être torse nu pendant la majeure partie du film, Eve supposa qu'il avait les muscles qu'il fallait sous la soie de la chemise. Ses beaux cheveux blonds portés flous ajoutaient à son visage un charme juvénile. Quant au regard de ses yeux brun doré, c'était une véritable provocation.

D'après son dossier de presse, il avait trente-deux ans. Possible, songea Eve en l'observant attentivement.

— Mademoiselle Benedict…

Il s'arrêta à sa hauteur, voix douce, manières raffinées, charme dévastateur.

— … C'est un plaisir de faire votre connaissance, un honneur d'avoir la chance de travailler avec vous.

Eve tendit la main et ne fut pas déçue lorsqu'il la porta galamment à ses lèvres. Le gredin, songea-t-elle, et elle sourit. Peut-être ces quelques semaines en Géorgie ne seraient-elles pas si éprouvantes, finalement.

— Vous avez tenu quelques rôles intéressants, monsieur Jackson…

— Merci.

Il sourit à son tour. C'était bien un gredin, songea Eve. Le genre d'homme dont toute femme a besoin au moins une fois dans sa vie.

— Je dois vous avouer quelque chose, mademoiselle Benedict. Lorsque j'ai appris que vous aviez accepté le rôle de Marilou, je me suis trouvé partagé entre l'extase et la terreur. Et ça n'a pas changé.

— Tant mieux. Dites-moi, monsieur Jackson…

Eve prit une cigarette, la tapota légèrement sur le dessus de la coiffeuse.

— … Etes-vous suffisamment bon acteur pour convaincre le public qu'un homme viril et ambitieux peut être complètement séduit par une femme qui a près du double de son âge ?

Ses yeux ne quittèrent pas un instant ceux d'Eve tandis qu'il s'emparait d'une pochette d'allumettes, en enflammait une et se penchait pour allumer la cigarette.

— Cela, mademoiselle Benedict…

Il soutint son regard par-dessus la petite flamme.

— … ne me demandera aucun effort.

Eve sentit un petit frisson d'excitation animale la parcourir.

— Et êtes-vous un acteur qui se donne totalement, monsieur Jackson ?

— Totalement, répondit-il.

Puis il souffla l'allumette.

En rentrant chez elle, Eve avait le corps fatigué mais l'esprit en alerte. Ce frisson qu'elle éprouvait invariablement à la perspective d'une nouvelle aventure agissait comme un coup de fouet. Peter Jackson serait un amant intéressant et très inventif, elle en était certaine.

Elle monta l'escalier, appela :

— Nina, demandez au cuisinier de me préparer de la viande rouge. Je me sens comme un lion, aujourd'hui.

— Voulez-vous qu'on vous la monte ?

— Je ne sais pas encore, je vous le dirai.

Eve leva un sourcil étonné en apercevant Travers sur le palier.

— C'est M. Flannigan, lui dit-elle. Il attend dans le salon. Il a bu.

Eve hésita un bref instant puis continua à gravir les marches.

— Faites préparer deux parts de viande rouge, Nina. Nous dînerons dans le salon. Et allumez un feu, vous voulez bien ?

— Bien sûr.

— Dites à Victor que j'arrive.

Eve s'accorda pratiquement une heure, très égoïstement. Elle avait besoin de ce temps pour se préparer aux problèmes qui l'attendaient. Avec Victor, il y en avait systématiquement.

Victor Flannigan était toujours solidement marié. Il ne pouvait pas ou ne voulait pas quitter sa femme. Pendant des années, Eve s'était battue, insurgée, elle avait pleuré et finalement accepté cet état de fait. Et elle ne parvenait pas à quitter Victor, lui qui l'avait fait pleurer comme aucun autre.

Dieu sait pourtant si elle avait essayé, songea-t-elle en se glissant dans une robe de soie rouge. Elle s'était mariée, une fois, deux fois. Elle avait pris des amants. Rien n'y faisait.

Tête renversée, yeux clos, elle vaporisa quelques gouttes de parfum le long de son cou. Puis, lentement, elle referma le col haut de la robe afin que les effluves imprègnent la soie.

Dès le premier jour de leur rencontre, elle avait appartenu à Victor Flannigan. Et il en serait ainsi jusqu'à sa mort. Il existait pire destinée dans la vie, après tout…

Elle le trouva dans le salon, faisant les cent pas, un verre de whisky à la main. Il remplissait la pièce comme il remplissait son costume, avec arrogance et classe. Pour Eve, l'arrogance ne pouvait pas aller sans la classe.

Victor aurait pu monter à l'étage, venir la voir dans sa chambre pour lui dire ce qui le troublait. Mais il avait toujours respecté son travail et son intimité lorsqu'elle l'exigeait.

— J'aurais dû me douter que tu replongerais et que je te retrouverais un jour à ma porte.

La voix d'Eve était douce ; elle ne jugeait pas.

— Je le paierai demain, assura Flannigan.

Il avala une gorgée de feu, regrettant de ne pas avoir la force d'écarter le verre.

— Les gènes irlandais, Eve. Tous les Irlandais aiment leur mère et le whisky. Ma mère est morte, Dieu ait son âme. Mais le whisky sera toujours là.

Il sortit une cigarette. Cela l'obligeait au moins momentanément à poser son verre.

— Je suis désolée de t'avoir fait attendre.

Elle gagna le bar, ouvrit le petit réfrigérateur et décida d'ouvrir une vraie bouteille de champagne plutôt qu'une demie. Elle avait l'impression que la nuit allait être longue.

— Il fallait que je chasse la fatigue de la journée.

Il l'observa tandis qu'elle ouvrait la bouteille d'une main experte, faisait sauter le bouchon avec un bruit étouffé.

— Tu es superbe, Eve. Douce, sexy, sûre de toi.

Elle sourit, se servit un verre.

— Ce sont là trois des raisons pour lesquelles tu m'aimes, non ?

D'un mouvement brusque, il se tourna vers le feu que Nina avait allumé. Les flammes et la boisson aidant, il lui semblait voir sa vie s'écouler devant ses yeux. Et à chaque image de ce long, long film, il y avait Eve.

— Oh, mon Dieu, oui, je t'aime. Plus qu'un homme sensé ne le devrait. S'il suffisait de tuer pour t'avoir à moi, ce serait facile.

Ce n'était pas le fait qu'il ait bu qui dérangeait Eve, mais le ton désespéré de sa voix dont elle savait pertinemment qu'il n'était dû ni aux gènes ni au whisky irlandais.

— Qu'y a-t-il, Victor ? Que s'est-il passé ?

— Muriel est de nouveau hospitalisée.

A la seule évocation de sa femme, il replongea dans son verre et dans la bouteille de whisky.

— Je suis désolée.

Eve posa une main sur celle de Victor. Pas pour l'empêcher de boire mais pour offrir, comme elle l'avait toujours fait et le ferait toujours, tout le réconfort dont elle était capable.

— Je sais quel enfer c'est pour toi, mais tu ne peux pas continuer à te considérer comme responsable de tout.

— Crois-tu vraiment ?

Il se resservit et but, avec désespoir, sans plaisir. Eve savait qu'il avait envie de s'enivrer, qu'il en avait besoin. Qu'importe s'il devait le payer demain.

— Elle, elle continue à me tenir pour responsable, Eve, et pourquoi ne le ferait-elle pas ? Si j'avais été là, si je m'étais trouvé à ses côtés lorsque le travail a commencé… si je ne m'étais pas trouvé à Londres en train de tourner ce foutu film… nous serions probablement tous libres aujourd'hui.

— Cela s'est passé il y a presque quarante ans, dit Eve d'un ton impatient. N'est-ce pas une pénitence suffisante ? Ta présence n'aurait pas sauvé le bébé.

— Je n'en serai jamais tout à fait certain.

Et voilà pourquoi Victor ne trouverait jamais l'absolution.

— Elle est restée des heures prostrée avant d'avoir l'énergie d'appeler au secours. Nom de nom, Eve, jamais elle n'aurait dû être enceinte, fragile comme elle était.

— C'est elle qui l'avait voulu, rétorqua Eve d'un ton sec. Et c'est de l'histoire ancienne.

— Ce fut le commencement de la fin. La perte de ce bébé l'a affectée au point qu'elle est devenue aussi fragile mentalement que physiquement. Muriel ne s'en est jamais remise.

— Et elle a fait en sorte que tu ne t'en remettes pas non plus. Je suis désolée, Victor, mais cela me peine et me met en rage de la voir te faire souffrir. Je sais qu'elle ne va pas bien, mais sa maladie te gâche la vie. Et elle gâche la mienne, ajouta-t-elle d'un ton amer. Oh, seigneur, oui, la mienne.

Il la regarda, plongea dans ses yeux verts où il lut la douleur, compta les années perdues.

— Je sais qu'il est difficile pour une femme comme toi d'éprouver de la compassion envers les faibles.

— Je t'aime. Je hais ce qu'elle t'a fait. Ce qu'elle m'a fait.

Eve secoua la tête avant qu'il ait le temps de répondre. Elle tendit les mains, les posa sur celles de Victor. Ils avaient déjà parlé de tout cela. Il était inutile d'y revenir.

— Je survivrai. Je l'ai fait, je le ferai encore. Mais j'aimerais pouvoir croire qu'avant de mourir, je te verrai un jour heureux, vraiment heureux.

Incapable de répondre, Victor pressa tendrement les doigts d'Eve, puisant le réconfort dans ce contact. Il s'obligea à respirer plusieurs fois à fond et put enfin lui dire ce qu'il craignait par-dessus tout.

— Je ne suis pas certain qu'elle s'en sorte cette fois-ci. Elle a pris du Seconal.

— Oh, mon Dieu.

Ne pensant qu'à lui, Eve le prit dans ses bras.

— Oh, Victor, je suis désolée.

Il avait envie de se serrer contre elle, de s'abandonner à la tendresse de ses bras. Mais cette envie le déchirait, il ne pouvait chasser de son esprit le visage blême de sa femme.

— Ils lui ont fait un lavage d'estomac, mais elle est dans le coma.

Il passa les mains sur son visage. Ne put en effacer la fatigue.

— Je l'ai fait transporter discrètement à Oak Terrace.

Eve aperçut Nina à la porte. Elle secoua la tête. Le dîner attendrait.

— Quand cela s'est-il produit, Victor ?

— Je l'ai trouvée ce matin.

Il n'opposa aucune résistance lorsque Eve le prit par le bras, l'entraîna vers un fauteuil. Il s'y installa, le dos au feu, à la fois troublé par Eve et taraudé par le remords.

— Elle était dans sa chambre. Elle portait le peignoir de dentelle que je lui avais offert pour notre vingt-cinquième anniversaire de mariage, lorsque nous avions tenté une fois de plus de nous raccommoder. Elle s'était maquillée. C'était la première fois depuis plus d'un an que je lui voyais du rouge à lèvres.

Il se pencha, enfouit son visage dans ses mains. Eve lui massa les épaules.

— Elle serrait entre ses doigts les petits chaussons blancs qu'elle avait tricotés pour le bébé. Je croyais avoir débarrassé la maison de tous ces souvenirs, mais elle avait dû les cacher quelque part. Le tube de comprimés se trouvait à côté du lit, avec un mot.

Derrière eux, le feu crépitait, plein de chaleur et de vie.

— Elle disait qu'elle était fatiguée, qu'elle voulait retrouver sa petite fille.

Il se renversa contre le dossier, chercha la main d'Eve.

— Le pire, c'est que nous nous étions disputés la nuit précédente. Elle était sortie, elle devait voir quelqu'un. Elle n'a pas voulu me dire qui, mais cette personne lui avait parlé de ton livre. Lorsqu'elle est rentrée, elle était hors d'elle, dans une rage terrible. Il fallait que je t'empêche d'écrire ce livre, il le fallait absolument. Elle ne supporterait pas de voir les tragédies, les humiliations qu'elle avait vécues écrites noir sur blanc. La seule chose qu'elle m'avait jamais demandée, c'était de garder secrète ma relation coupable, de lui épargner la douleur d'une révélation publique. N'avait-elle pas honoré sa part du contrat ? N'avait-elle pas failli mourir en essayant de me donner un enfant ?

… Et n'avait-elle pas, pendant près de cinquante ans, enchaîné à elle un homme, dans un mariage sans amour et destructeur ? songea Eve. Elle n'éprouvait ni compassion, ni culpabilité, ni regrets pour Muriel Flannigan. Et malgré son amour pour Victor, elle lui en voulait d'espérer qu'elle en éprouve.

— Ce fut une scène atroce, poursuivit-il. Elle maudissait mon âme, la tienne, les vouant au diable tandis qu'elle implorait l'aide de la Vierge.

Un pâle sourire effleura les lèvres de Victor.

— Il faut que tu comprennes, elle parle très sérieusement. Ce qui lui a permis de tenir toutes ces années, c'est sa foi. Elle lui a même permis de garder son calme la plupart du temps. Mais le livre, l'idée même de ce livre, lui a fait perdre tout contrôle et elle a fait une crise.

Il ferma les yeux. Il revoyait sa femme se tordant sur le sol, les yeux révulsés, le corps arc-bouté.

— J'ai appelé l'infirmière. A deux, nous sommes parvenus à lui faire prendre son médicament. Lorsque nous l'avons couchée, elle était calme. Elle pleurait, regrettait ce qui venait de se passer. Elle s'est accrochée à moi, me suppliant de la protéger. De la protéger de toi. L'infirmière est restée avec elle jusqu'à l'aube. C'est entre ce moment-là et celui où je suis venue la voir, vers 10 heures, qu'elle a avalé les comprimés.

— Je suis désolée, Victor.

Eve avait refermé les bras autour de lui. Son visage pressé contre le sien, elle le berçait, comme elle l'aurait fait avec un enfant.

— J'aimerais tant pouvoir t'aider.

— Tu peux.

Il posa les mains sur ses épaules, chercha son regard.

— Donne-moi l'assurance que tu ne parleras pas de nous dans ton livre.

— Comment peux-tu me demander une chose pareille ?

Eve s'écarta brusquement, stupéfaite que, après tant d'années, tant de douleur, il puisse encore lui faire du mal.

— Je te le demande, Eve. Pas pour moi, tu le sais, mais

pour Muriel. Je lui ai pris suffisamment. Nous lui avons pris suffisamment. Si elle s'en sort, ce livre l'achèvera.

— Pendant des années, des années, Muriel a eu tout ce qu'elle voulait...

— Eve...

— Non !

Elle fonça vers le bar, remplit son verre de champagne. Ses mains tremblaient. Nom de nom, il n'existait pas d'autre homme sur terre capable de la faire trembler. Mon Dieu, comme elle aurait voulu pouvoir le détester pour cela.

— Je lui ai pris quelque chose, moi ?

La voix d'Eve trancha l'air tel un scalpel, les isolant chacun dans leur monde. Des mondes qui ne pourraient jamais, jamais n'en former qu'un.

— Seigneur, la garce ! Elle est ta femme, la femme avec laquelle tu te sentais tenu de passer Noël, la femme qui était chez toi, nuit après nuit, tandis que je devais me contenter des restes.

— Elle est mon épouse, dit-il, rongé de honte. Toi, tu es la femme que j'ai toujours aimée.

— Crois-tu que cela rende les choses plus faciles, Victor ?

N'était-il pas plus facile d'avaler une poignée de comprimés ? D'en finir avec la douleur, d'effacer toutes les erreurs plutôt que de devoir les affronter ?

— Elle porte ton nom. Elle a porté ton enfant aux yeux du monde. Moi, il me reste tes secrets, tes désirs.

Il avait honte de n'avoir jamais pu lui donner davantage. Il souffrait de n'avoir jamais pu prendre davantage.

— Si je pouvais changer les choses...

— Tu ne le peux pas, coupa Eve. Et moi non plus. Ce livre est vital, pour moi. C'est une chose à laquelle je ne peux pas et ne veux pas renoncer. Me demander de le faire, c'est me demander de tourner le dos à ma vie.

— Je te demande seulement de garder notre histoire pour nous.

— Notre histoire ? répéta-t-elle dans un éclat de rire. La tienne, la mienne, celle de Muriel. Plus celles de tous les autres que nous avons mis dans la confidence au fil des années. Les serviteurs fidèles et les amis, les prêtres moralisateurs qui sermonnent et qui absolvent. Tu ne connais pas le dicton qui dit qu'un secret ne peut être gardé par trois personnes que si deux sont mortes ?

— Tu n'as pas besoin de rendre tout cela public.

Il se leva, s'empara de son verre.

— Il n'est pas indispensable que tu écrives notre histoire et que tu la vendes dans les librairies… ou les supermarchés.

— Ma vie est publique et tu la partages depuis des années. Pour rien ni personne, je ne censurerai cela.

— Tu vas nous détruire, Eve.

— Non. C'est ce que j'ai pensé à une époque, il y a longtemps.

Ce qu'il lui restait de colère s'envola tandis qu'elle regardait danser les bulles de champagne dans son verre et se souvenait.

— J'en suis venue à la conclusion que j'avais eu tort. La décision que j'avais prise n'était pas… la bonne. J'aurais pu nous libérer.

— Je ne vois pas de quoi tu parles.

Eve sourit discrètement.

— Pour l'instant, il suffit que moi je le sache.

— Eve…

Il tenta d'oublier sa propre colère et traversa la pièce à sa rencontre.

— Nous ne sommes plus des enfants. L'essentiel de nos vies est derrière nous. Ce livre ne changera rien ni pour toi ni pour moi. Mais pour Muriel, il peut signifier quelques années de paix ou d'enfer.

Et mon enfer à moi ? La question traversa l'esprit d'Eve mais elle ne voulut pas la poser.

— Elle n'est pas la seule qui aura dû porter sa croix, Victor.

— Si ça se trouve, elle est en train de mourir.

— Nous le sommes tous…

La mâchoire de Victor se crispa. Il serra les poings.

— Seigneur, j'avais oublié combien tu peux être dure.

— C'est mieux que tu t'en souviennes.

Mais Eve posa sur celle de son amant une main chaude, douce, tendre.

— Tu devrais retourner auprès de ta femme, Victor. Tu sais que je serai toujours là lorsque tu auras besoin de moi.

Il prit sa main, la tint un moment serrée dans la sienne, puis il sortit.

Eve resta un long moment debout dans la pièce qui sentait le feu de bois, le whisky et les rêves envolés. Mais lorsque sa décision fut prise, elle procéda très vite.

— Nina ! Nina, faites apporter mon repas au pavillon des invités.

Eve ouvrait déjà la porte de la terrasse lorsque Nina fit irruption dans la pièce.

— Au pavillon des invités ?

— Oui. Et tout de suite. Je meurs de faim.

Brandon se trouvait en pleine construction d'une station spatiale très élaborée. La télévision était allumée en face de lui, mais il ne s'intéressait pas au feuilleton. L'idée de construire une passerelle flottante entre la zone d'entrepôt et le laboratoire venait juste de lui traverser l'esprit.

Il était assis sur le tapis du salon, vêtu de son vieux pyjama de Batman — son préféré. Autour de lui était éparpillée toute une collection de pièces.

Lorsqu'on frappa, il leva la tête, aperçut Eve par la porte vitrée de la terrasse. Sa mère lui avait fait la leçon, il ne devait ouvrir à personne. Mais cela, bien sûr, ne s'appliquait pas à leur hôtesse. Il rampa jusqu'à la porte, pour ouvrir le loquet.

— Bonsoir. Vous voulez voir maman ?

— Oui, si c'est possible.

Eve avait oublié combien un enfant en pyjama, le visage fraîchement débarbouillé, pouvait être mignon. Elle fut assaillie d'une irrésistible envie de lui ébouriffer les cheveux.

— Alors, comment va Me Summers, ce soir ?

Il gloussa et lui sourit. Elle l'appelait souvent ainsi lorsqu'il leur arrivait de se croiser dans la propriété. Ces dernières semaines, Brandon s'était mis à l'apprécier. Elle faisait envoyer par le cuisinier des biscuits et des gâteaux que Julia partageait. Elle lui faisait souvent un petit signe ou l'appelait en passant lorsque sa mère et CeeCee le surveillaient à la piscine.

— Je vais très bien. Vous pouvez entrer si vous voulez.

— Merci.

Eve se glissa à l'intérieur, dans un froissement de robe de soie.

— Maman est au téléphone dans son bureau. Vous voulez que j'aille la chercher ?

— Nous pouvons attendre qu'elle ait terminé.

Ne sachant trop comment se comporter avec Eve, Brandon se leva, un peu gauche.

— Vous voulez quelque chose à manger ou à boire ? Il y a des brownies dans la cuisine.

— Ce serait avec plaisir mais je n'ai pas encore dîné. Mon repas arrive.

Eve se laissa tomber sur le canapé et sortit une cigarette. C'était la première fois qu'elle se trouvait seule avec Brandon, dans ce qui pouvait être considéré comme sa maison.

— Il serait logique que je te demande comment ça va à l'école et en sport, mais ni l'un et ni l'autre ne m'intéressent beaucoup, tu sais…

Elle baissa les yeux vers le tapis.

— Qu'est-ce que tu fais ?

— Je construis une station spatiale.

— Une station spatiale ?

Intriguée, Eve posa la cigarette qu'elle n'avait pas encore allumée et se pencha en avant.

— Comment fait-on pour construire ça ?

— Ce n'est pas difficile avec un plan.

Tout disposé à fournir des explications, Brandon se rassit.

— Vous voyez, ces trucs s'articulent et il y a toutes sortes de pièces qui peuvent venir se placer dessus pour faire des arrondis, monter des tours. Je vais construire un pont entre la zone des docks et le laboratoire.

— C'est une excellente idée. Tu me montres comment tu fais ?

Lorsque Nina arriva cinq minutes plus tard avec le plateau, Eve, assise par terre avec Brandon, s'efforçait d'assembler plusieurs pièces de plastique.

— Vous auriez dû le faire apporter par une domestique.

Elle désigna la table basse.

— Posez-le là.

— Je voulais vous rappeler que vous vous levez à 6 h 30 demain.

— Ne vous inquiétez pas.

Eve poussa un cri de triomphe lorsque les pièces s'assemblèrent soudain avec un petit claquement sec.

— Je serai fraîche comme une fleur.

Nina s'attardait, hésitait.

— Ne laissez pas refroidir votre repas.

Eve marmonna quelques mots et poursuivit sa construction. Brandon attendit que la porte de la terrasse se soit refermée.

— On a vraiment l'impression d'entendre une mère, s'exclama-t-il.

Eve leva la tête, surprise, et partit d'un grand éclat de rire.

— Mon Dieu, tu as tout à fait raison. Un jour, il faudra que tu me parles d'elle.

— Elle ne crie presque jamais…

Brandon pinça les lèvres, se concentrant sur la construction du pont.

— … Mais elle se fait tout le temps du souci. Elle a peur que je me fasse renverser en traversant la rue, que je mange trop de bonbons ou que j'oublie de faire mes devoirs. Mais cela n'arrive presque jamais.

— Quoi ? demanda Eve. Que tu te fasses renverser par une voiture ?

Brandon rit, amusé par la remarque.

— Non. Que j'oublie de faire mes devoirs.

— Je suppose qu'il est inévitable qu'une mère se fasse du souci, si c'est une bonne mère.

Eve leva la tête, sourit.

— Bonsoir, Julia.

Julia les regardait, passablement surprise de trouver Eve, assise par terre, en train de jouer avec son fils et de discuter des mères.

— Miss B est venue te voir, expliqua Brandon. Elle a dit qu'elle pouvait attendre que tu aies fini de téléphoner.

D'un geste absent, automatique, Julia éteignit la télévision.

— Je suis désolée de vous avoir fait attendre.

— Ce n'est pas grave.

Cette fois, Eve céda à la tentation et ébouriffa les cheveux de Brandon.

— Je me suis beaucoup amusée.

Elle se leva, à peine ankylosée d'être restée accroupie par terre.

— J'espère que vous ne voyez pas d'inconvénient à ce que je dîne pendant que nous parlons.

Elle désigna le plateau recouvert d'une cloche.

— Je n'ai pas encore eu le temps de dîner depuis que je suis rentrée du studio et il faut que je vous raconte quelque chose.

— Bien sûr que non. Allez-y, je vous en prie. Brandon, il y a école demain.

C'était le signal d'aller se coucher et il poussa un soupir.

— J'allais placer le pont.

— Tu le placeras demain.

Lorsqu'il se leva finalement, à contrecœur, Julia emprisonna son visage entre ses mains.

— Tu as construit une superbe station spatiale. Tu n'as qu'à tout laisser là.

Elle l'embrassa sur le front, puis sur le nez.

— Et n'oublie pas…

— … De te laver les dents, termina Brandon en levant les yeux au ciel. Maman !

— Brandon !

Elle se mit à rire, le serra un instant dans ses bras.

— Extinction des feux dans dix minutes.

— Oui, m'man. Bonne nuit, Miss B.

— Bonne nuit, Brandon.

Eve le regarda monter l'escalier avant de se tourner vers Julia.

— Est-il toujours aussi obéissant ?

— Oui, en général.

Julia sourit, massant sa nuque pour chasser la tension de la journée.

— Cela dit, il sait qu'il n'y a que quelques règles de base sur lesquelles je suis intraitable.

— Vous avez de la chance.

Eve souleva la cloche et jeta un coup d'œil à son tournedos.

— Je me souviens de l'époque où beaucoup de mes amis et partenaires élevaient des enfants. En tant qu'invitée, j'étais souvent soumise aux pleurnicheries, aux caprices et aux larmes. Cela m'a quelque peu dégoûtée des gosses.

— Est-ce pour cette raison que vous n'en avez jamais eu ?

Eve sortit la serviette de son rond de porcelaine et étala le carré de tissu rose sur ses genoux.

— Disons que cela m'a fait réfléchir, et me demander pourquoi les gens en font. Mais je ne suis pas venue ici ce soir pour discuter de ce qui fait qu'on devient ou non parent.

Eve piqua une pointe d'asperge.

— J'espère que cela ne vous dérange pas de parler ici ? Et à cette heure ?

— Non, pas du tout. Laissez-moi seulement le temps d'aller jeter un coup d'œil à Brandon et de récupérer mon magnétophone.

— Allez-y.

Eve se servit une tasse de thé et attendit.

Bien qu'elle appréciât le goût et la consistance de ce qu'elle avait dans son assiette, elle mangeait mécaniquement. Elle avait besoin de forces pour donner le meilleur d'elle-même sur le plateau, le lendemain. Et elle ne donnait jamais que le meilleur d'elle-même.

Lorsque Julia s'installa dans le fauteuil, en face d'elle, Eve en était déjà à la moitié de son repas.

— J'ai eu la visite de Victor, ce soir, c'est pourquoi j'ai décidé de venir vous parler immédiatement, tant que tout est encore frais dans mon esprit. Sa femme a fait une tentative de suicide ce matin.

— Oh, mon Dieu…

Eve haussa les épaules et coupa un morceau de viande.

— Ce n'est pas la première fois, et si les prouesses de la science la sortent d'affaire, ce ne sera pas la dernière. Il semblerait que Dieu ait décidé de protéger les imbéciles et les névrosés.

Eve glissa le morceau de viande dans sa bouche.

— Vous trouvez que je n'ai pas de cœur ?

— Vous êtes difficile à émouvoir, dit Julia après quelques secondes de réflexion. Ce n'est pas la même chose.

— En effet. Je ne suis pas une personne insensible, Julia. J'éprouve des sentiments, je peux vous l'assurer.

Eve prit son thé.

— Sinon comment expliquer que j'ai donné tant d'années de ma vie à un homme que je n'ai jamais pu avoir tout à moi ?

— Victor Flannigan.

— Oui, Victor Flannigan.

Eve recouvrit le plateau et se cala dans le canapé.

— Je l'aime et je suis sa maîtresse depuis trente ans. Il est le seul homme pour lequel j'aie jamais consenti de sacrifice. Le seul à m'avoir fait passer des nuits de solitude, à pleurer, désespérer, espérer…

— Vous vous êtes pourtant mariée deux fois au cours des trente dernières années.

— Oui. Et j'ai eu des amants qui m'ont donné beaucoup

de plaisir. Aimer Victor ne voulait pas dire cesser de vivre. Cesser de vivre, c'est la méthode de Muriel, pas la mienne.

— Je ne vous demande pas de justification, Eve.

— Non ?

Eve passa les doigts dans ses cheveux puis se mit à pianoter sur l'accoudoir du canapé. Julia n'avait rien demandé mais son regard parlait pour elle.

— Jamais je n'aurais essayé de le retenir en jouant les martyres. Et j'admets que j'ai tenté de l'oublier en remplissant ma vie avec d'autres hommes.

— Il vous aime.

— Oh, oui. Nos sentiments l'un pour l'autre ne sont pas à mettre en cause. C'est ce qui fait toute la tragédie et la beauté de notre histoire.

— Si cela est vrai, Eve, pourquoi est-il marié à Muriel plutôt qu'à vous ?

— Excellente question.

Eve alluma une cigarette et se cala dans les coussins du canapé.

— Je me la suis posée un nombre incalculable de fois au fil des années. Et même en sachant la réponse, je continuais à me la poser. Son mariage avec Muriel battait déjà de l'aile lorsque nous nous sommes rencontrés. Je ne dis pas cela pour justifier l'adultère, mais parce que c'est vrai.

Eve souffla très vite la fumée de sa cigarette.

— Je me moquerais pas mal d'avoir ruiné le mariage de Victor… mais il avait cessé d'aimer sa femme bien avant que j'entre en scène. Il est resté avec elle parce qu'il se sentait responsable, parce que la foi de Muriel rendait impossible toute perspective de divorce. Et parce qu'ils avaient perdu un enfant, une fille, à la naissance. Muriel ne s'en est jamais remise. Plus exactement, elle ne s'est jamais autorisée à s'en remettre. Elle a toujours été fragile physiquement. Elle est épileptique.

Eve ne put s'empêcher de sourire.

— Personne n'en a jamais rien su. Aujourd'hui, bien sûr, cette maladie n'a plus mauvaise presse…

— … Mais ce n'était pas le cas, il y a quarante ans, n'est-ce pas ? dit Julia.

— Et Muriel Flannigan est le genre de femme qui garde ces petits secrets pour elle et s'en délecte.

Julia fronça les sourcils.

— Vous voulez dire qu'elle se sert de sa maladie pour attirer la compassion ?

— Chère Julia, elle s'en sert avec la froideur, l'intelligence et l'esprit calculateur d'un général commandant ses troupes. C'est son bouclier contre la réalité et elle a passé sa vie à entraîner Victor avec elle derrière ce bouclier.

— Il est difficile d'entraîner un homme là où il ne veut pas aller…, fit remarquer Julia.

Eve pinça les lèvres, puis elle eut un sourire amer.

— Touché.

— Je suis désolée. Je m'autorise à juger. Mais c'est seulement parce que…

… Parce que je m'inquiète pour vous, songea Julia. Elle poussa un soupir agacé. Allons, Eve n'avait besoin de personne.

— Je ne devrais pas, conclut-elle. Vous connaissez les protagonistes mieux que moi.

— Très juste, murmura Eve. Tous les trois, nous sommes les acteurs d'un scénario sans fin. La maîtresse, l'épouse d'une patience à toute épreuve et l'homme déchiré entre son cœur et sa conscience.

Eve saisit brusquement une cigarette. Puis elle fixa un point au loin.

— Je lui offre le plaisir, elle le culpabilise. Et elle joue très finement. Combien de fois oublie-t-elle comme par hasard de prendre ses médicaments, généralement lorsqu'il y a une crise en vue ou une décision à prendre.

Julia leva la main.

— Excusez-moi, Eve, mais pourquoi le tolère-t-il ? Pourquoi quelqu'un permet-il qu'on l'utilise ainsi, année après année ?

— Réfléchissez, Julia. Qu'est ce qui nous pousse le plus à agir : l'amour ou la culpabilité ?

Il ne fallut pas longtemps à Julia pour trouver la réponse.

— Un savant dosage des deux a des chances de l'emporter sur tout autre sentiment.

— Et une femme aussi désespérée que Muriel a l'art des dosages…

Eve poussa un long soupir pour chasser l'amertume de sa voix.

— Victor a fait en sorte que la maladie de Muriel reste secrète. Sa femme y tient absolument, de manière hystérique. Depuis sa fausse couche, sa santé mentale a été au mieux instable. Nous savions tous les deux — et nous l'avons accepté — que tant que Muriel serait en vie, Victor ne pourrait jamais être à moi.

Le moment n'était ni à la censure ni à la critique, songea Julia. Comme l'heure qu'elles avaient passée au bord de la piscine, c'était un moment de compréhension, de partage.

— Moi aussi, je me suis crue amoureuse d'un homme qui ne m'aurait jamais appartenu, et j'ai beaucoup souffert, dit Julia. J'imagine ce que ce doit être d'aimer depuis si longtemps et sans espoir…

— Non, pas sans espoir, corrigea Eve.

Il lui fallut gratter l'allumette à trois reprises avant qu'elle ne s'enflamme.

— J'ai toujours gardé l'espoir.

Elle souffla lentement la fumée de sa cigarette.

— J'étais plus âgée que vous lorsque j'ai rencontré Victor, mais j'étais encore jeune. Suffisamment pour croire aux miracles, croire que l'amour peut tout conquérir. Aujourd'hui, je ne suis plus jeune et bien que j'aie un peu plus de recul je ne voudrais pour rien au monde changer ma vie. Quand je repense au vertige des premiers mois de ma rencontre avec Victor, je suis reconnaissante à la vie. Très reconnaissante à la vie de m'avoir donné cela.

— Racontez-moi, dit Julia.

14

— A l'époque je n'étais pas encore remise de mes désillusions avec Tony ni avec moi-même, commença Eve. C'était deux ans après notre divorce, mais j'étais encore écorchée vive. J'avais déménagé de la maison que nous avions partagée, Tony et moi, celle que je l'avais contraint de me laisser. Mais je l'avais gardée. J'aime bien me mêler un peu d'immobilier, en amateur, dit-elle avec désinvolture, passant sous silence plus de vingt millions de dollars de biens immobiliers. Voulez-vous du thé ? Il est encore chaud et Nina a apporté deux tasses.

— Merci.

— Je venais juste d'acheter cette propriété, poursuivit-elle tandis que Julia se servait. Je la faisais aménager et décorer, on peut donc dire que ma vie était en plein changement.

— Pas votre vie professionnelle.

— Non.

Eve sourit à travers la fumée de sa cigarette.

— Mais les choses avaient changé. Nous étions au début des années soixante. Garbo avait pris sa retraite et vivait recluse. James Dean était mort. Pour Monroe, ce n'était l'affaire que de quelques mois. Mais plus que ces deux jeunesses gâchées et que ce talent unique et discret, ce qui importait, c'était le changement de la garde. Fairbanks,

Flynn, Power, Gable, Crawford, Hayworth, Garson, Turner. Tous ces visages superbes, ces talents magnifiques étaient en train d'être remplacés, ou du moins défiés par d'autres visages, d'autres talents. L'élégant Paul Newman, le jeune et fringuant Peter O'Toole, la très délicate Claire Bloom, l'espiègle Audrey Hepburn.

Elle poussa un soupir, songeant que, depuis cette époque, la garde avait de nouveau changé.

— Hollywood est une femme, Julia, qui court perpétuellement après sa jeunesse.

— Et pourtant, Hollywood glorifie la longévité.

— Oui. En effet. Lorsque j'ai rencontré Victor sur le plateau de notre premier tournage ensemble, je n'avais pas encore quarante ans. J'étais entre deux eaux. Plus tout à fait jeune, mais pas encore assez vieille pour avoir droit au label de longévité. Seigneur, je ne m'étais même pas encore fait refaire le contour des yeux.

Julia ne put s'empêcher de sourire. Il n'y avait qu'à Hollywood que les gens mesuraient le temps qui passe au nombre d'opérations de chirurgie esthétique…

— Le film s'intitule *Dead Heat*. Il vous a valu votre deuxième Academy Award.

— Et il m'a valu Victor.

Paresseusement, Eve replia les jambes sur le canapé.

— Comme je le disais avant de commencer à radoter, je n'étais pas encore remise de mon dernier mariage. Je me méfiais des hommes, tout en sachant pertinemment qu'ils avaient leur utilité et n'hésitant pas à me servir d'eux. J'étais heureuse de faire ce film, d'autant plus que Charlotte Miller voulait à tout prix ce rôle et que je le lui avais soufflé. Et parce que j'allais travailler avec Victor qui avait une immense réputation d'acteur, aussi bien de théâtre que de cinéma.

— Vous l'aviez sans doute déjà rencontré.

— Non, jamais, en fait. J'imagine que nous avions dû assister parfois aux mêmes réceptions mais nos chemins ne s'étaient jamais croisés. Il était souvent dans l'Est, sur les planches, et lorsqu'il venait en Californie il fréquentait peu de monde, à l'exception des soirées qu'il passait à boire avec ses copains. Nous nous sommes rencontrés sur le plateau. Ça s'est passé très vite. A la vitesse des météores.

Perdue dans ses pensées, Eve caressait un pli de soie de sa robe. Elle avait les sourcils froncés, l'air concentré comme si elle luttait contre une douleur lancinante.

— Les gens parlent du coup de foudre avec désinvolture, humour ou nostalgie. Je ne crois pas que cela arrive souvent, mais lorsque c'est le cas, c'est irrésistible et très dangereux. Nous nous sommes fait toutes les politesses que se font des étrangers exerçant la même profession au départ d'un projet important. Mais derrière ces formules brûlait déjà la passion. Cela fait très cliché, n'est-ce pas ? Mais c'est pourtant la vérité.

Eve massa distraitement sa tempe.

— Vous avez mal à la tête ? demanda Julia. Souhaitez-vous que j'aille vous chercher quelque chose ?

— Non, ce n'est rien.

Eve tira une longue bouffée de sa cigarette et força son esprit à se remémorer, malgré la douleur.

— Au départ, tout s'est très bien passé. L'intrigue du film était relativement simple. Je jouais le rôle d'une nana qui n'a pas froid aux yeux et se retrouve par mégarde mêlée à un gang. Victor était le flic désigné pour me protéger. Et quel flic ! Quel film ! Les dialogues étaient percutants, les décors et les éclairages pleins d'atmosphère, la mise en scène solide, les seconds rôles extraordinaires… et il y avait aussi l'alchimie entre les stars.

— Je ne sais même plus combien de fois j'ai vu ce film, dit Julia avec un sourire, espérant soulager un peu de cette douleur qu'elle voyait se refléter dans les yeux d'Eve. Chaque fois que je le vois, je découvre quelque chose de nouveau, de différent.

— Un petit joyau dans ma couronne, dit Eve. Vous souvenez-vous de la scène où Richard et Susan se cachent dans une chambre d'hôtel minable, lui attendant les ordres et elle cherchant un moyen de se sortir du pétrin ? Ils se disputent, s'insultent, combattant l'attirance qu'ils éprouvent l'un pour l'autre depuis le début. Lui, le bon, le solide flic irlandais qui ne raisonne qu'en termes de bien et de mal, et elle, la fille des bas-quartiers et qui a vécu toutes sortes de galères.

— Je m'en souviens très bien. Je l'ai vue pour la première fois à la télévision, un soir où je faisais du baby-sitting. Je devais avoir quinze ans, peut-être seize, et j'étais folle de Robert Redford. Après avoir vu le film, je l'ai laissé tomber comme une vieille chaussette. J'étais tombée éperdument amoureuse de Victor Flannigan.

— Comme Victor serait flatté.

Eve but une gorgée de thé pour chasser l'émotion qui étreignait sa voix.

— … Et quelle déception pour M. Redford.

— Je crois qu'il s'en est remis.

— Continuez, je vous en prie. Je n'aurais pas dû vous interrompre.

— C'est tellement plus intéressant quand un dialogue s'établit entre nous, murmura Eve.

Elle se leva, se mit à arpenter la pièce tout en parlant.

— Ce que la plupart des gens ont oublié au sujet de cette scène, même ceux qui y ont participé, c'est qu'elle ne fut pas jouée du tout telle qu'elle avait été écrite. Victor changea tout… Et du même coup, il changea nos deux vies.

— Silence sur le plateau.

Eve se mit en place, se prépara mentalement.

— On tourne.

Elle ignora les chariots, les perches, les techniciens. Elle leva le menton, se déhancha et fit la moue. En un mot, elle devint Susan.

— Scène vingt-quatre, prise numéro trois.

Le clap retentit.

— Moteur.

— Tu ne sais rien de moi.

— Tu te trompes, je sais tout de toi.

Victor se pencha vers elle, menaçant, le regard soudain plein de fureur, de frustration.

— Tu as compris à douze ans qu'avec le physique que tu avais, rien ne te résisterait. Et tu ne t'es pas gênée pour en profiter, pour abandonner les hommes derrière toi.

Le gros plan viendrait plus tard. Eve savait que le plan rapproché ne capturerait pas la froideur de son regard, l'ironie sur ses lèvres. Mais elle s'en servait comme un bon menuisier se sert d'un marteau. Pour enfoncer le clou.

— Si c'était vrai, je ne serais certainement pas ici, dans cette baraque minable avec un loser comme toi.

— C'est toi qui t'es mise dans le pétrin.

Il planta les mains dans ses poches, se balança un instant sur ses talons.

— Tête baissée. Les femmes comme toi foncent toujours tête baissée. Mais tu t'en sortiras. C'est ton style.

Elle se détourna, prit la bouteille posée sur la commode et se servit un verre.

— Ce n'est pas mon style de balancer mes amis aux flics.

— Tes amis… !

Il rit, sortit une cigarette.

— … Tu appelles ça de l'amitié quelqu'un qui veut te trancher la gorge ? A toi de voir.

La cigarette se balançait au coin de sa bouche. Il plissa les yeux à cause de la fumée qui montait entre eux en volutes.

— Fais le bon choix, pour toi, et tu seras payée de retour. Le procureur fermera les yeux sur quelques petites choses en échange de l'information. Une femme comme toi…

Il sortit la cigarette de sa bouche, exhala un nuage de fumée.

— … doit avoir l'habitude qu'on la paie pour obtenir d'elle une faveur.

Elle le gifla, oubliant de retenir le coup à la dernière seconde. Flannigan encaissa. Il fronça les sourcils. Lentement, sans la quitter des yeux, il tira une longue bouffée de sa cigarette. Elle levait de nouveau la main… et fit soudain la grimace lorsqu'il emprisonna son poignet. Elle était prête pour le mouvement qu'ils avaient répété, prête à être projetée violemment sur la chaise, derrière lui.

Au lieu de cela, il jeta sa cigarette sur le sol. La surprise, la panique sur le visage d'Eve furent à jamais immortalisées sur la pellicule tandis que Victor Flannigan l'attirait violemment dans ses bras. Lorsque ses lèvres pressèrent les siennes, elle se débattit, lutta. Pas tant avec les bras qui la plaquaient sur lui que contre le feu qui brûlait en elle et qui n'avait rien à voir avec Susan mais tout à voir avec Eve.

Elle aurait titubé s'il ne l'avait tenue fermement. C'était terrifiant de sentir ses jambes se dérober, la passion rugir dans son sang. Lorsqu'il la libéra, elle suffoquait. Elle était d'une pâleur qui ne devait rien aux artifices de l'éclairage ou du maquillage. Ses lèvres tremblaient. Ses yeux brillants de larmes s'emplissaient de rage. Et tout en se rappelant son texte, elle s'aperçut qu'il était parfaitement en accord avec ce qu'elle ressentait.

— Salaud. Crois-tu vraiment que cela suffise pour qu'une femme tombe à tes pieds ?

Il eut un sourire ironique qui ne dissipa en rien la passion, la violence contenues dans l'air.

— Oui.

Cette fois, il la prit par le bras, la poussa violemment sur la chaise.

— Assieds-toi et ferme-la.

— Coupez ! On garde. Nom de nom, Vic !

Le metteur en scène s'était levé et traversait le plateau à grandes enjambées.

— Où donc es-tu allé chercher ça ?

Victor se pencha, ramassa la cigarette qui se consumait par terre et en tira une bouffée.

— Il m'a simplement semblé que c'était la chose à faire.

— Eh bien, c'était réussi. Bon Dieu, sacrément réussi. La prochaine fois qu'il vous vient ce genre d'idée brillante, mettez-moi au courant, O.K. ?

Il se tourna vers les caméras.

— On filme les gros plans.

Eve affronta encore trois heures de tournage. C'était son métier. Pas un signe ne révéla à quel point elle était bouleversée. Son orgueil ne l'aurait pas permis.

Dans sa loge, elle troqua les vêtements de Susan contre les siens. Les problèmes de Susan contre les siens. Elle avait la gorge sèche, aussi accepta-t-elle très volontiers le grand verre de thé glacé que lui apporta son assistante.

— Susan fume trop, dit-elle avec un petit rire. Vous pouvez rentrer chez vous. Je vais rester un petit moment ici. J'ai besoin de récupérer.

— Vous avez été extraordinaire, aujourd'hui, Miss Benedict. Vous et M. Flannigan êtes merveilleux, ensemble.

— Oui. Merci, Joanie. Bonne nuit.

— Bonne nuit, Miss Benedict. Oh, bonsoir, monsieur Flannigan. Je disais justement que le tournage avait été extraordinaire, aujourd'hui.

— Cela fait plaisir à entendre. C'est Joanie, votre nom ?

— Oh, oui, monsieur.

— Bonne nuit, Joanie. A demain.

Il entra. Eve resta assise, regarda approcher son reflet dans le miroir de la coiffeuse, méfiante. Elle se détendit un peu en voyant qu'il laissait la porte ouverte. Ce ne serait pas une répétition de ce qu'elle avait vécu avec Tony.

— J'ai pensé que je devais m'excuser, dit-il.

Mais il n'y avait pas la moindre trace de regret dans sa voix. Eve ne quittait pas son reflet des yeux, se demandant si elle parviendrait un jour à se guérir de sa faiblesse pour les acteurs trop sûrs d'eux. D'un geste désinvolte, elle prit sa brosse, se mit à coiffer ses cheveux.

— Vous excuser pour l'improvisation ? reprit-elle.

— Pour vous avoir embrassée. C'est quelque chose que j'ai eu envie de faire dès que je vous ai vue, la première fois.

— Eh bien, c'est fait.

— C'est pire, à présent.

Il passa une main dans ses cheveux. Des cheveux qui étaient encore bruns, avec seulement quelques fils argentés sur les tempes.

— J'ai passé l'âge de jouer à ces petits jeux, Eve.

Elle posa la brosse, reprit son verre.

— Ça ne passe jamais vraiment chez un homme.

— Je suis amoureux de vous.

Les glaçons tintèrent dans le verre lorsque la main d'Eve trembla brusquement. Elle posa le verre avec précaution.

— Ne soyez pas ridicule.

— Je le suis puisque c'est vrai. C'est arrivé à l'instant où je vous ai vue.

— Il y a une différence entre l'amour et le désir, Victor…

Elle se leva, attrapa le sac en toile qu'elle emmenait toujours au studio.

— … Et je ne suis pas vraiment tentée par une aventure, en ce moment.

— Que diriez-vous de prendre un café ?

— Pardon ?

— Une tasse de café, Eve. Dans un lieu public.

Il sourit en la voyant hésiter, un sourire presque ironique.

— Tu n'as pas peur de moi, baby, si ?

Elle ne put s'empêcher de rire. C'était Richard défiant Susan.

— Si je devais avoir peur, répondit-elle, se glissant aussitôt dans le rôle de Susan, ce ne serait pas d'un homme. C'est toi qui invites.

Ils restèrent près de trois heures ensemble, commandant finalement quelque chose à manger. Victor avait choisi un café à l'éclairage criard, avec des tables en Formica et des boxes aux banquettes affreusement dures. Le sol grisâtre n'aurait plus jamais l'air propre. Quant aux serveuses, elles ne savaient pas parler sans crier.

De toute évidence, songea Eve, il n'avait pas pour intention de la séduire.

Il parla de Muriel, de son mariage raté, de ses obligations. Il ne lui raconta pas, comme elle s'y attendait plus ou moins, que sa femme ne le comprenait pas ni que son mariage était très libre. Au contraire, il avoua que, à sa manière, Muriel l'aimait. Que plus que de l'amour, il y avait en elle un besoin désespéré de faire comme si leur mariage était intact.

— Elle ne va pas bien.

Il jouait avec la tarte aux myrtilles qu'il avait commandée pour terminer le repas, en songeant que sa mère aurait pu cuisiner ce genre de chose immangeable, autrefois, dans l'appartement étouffant du cinquième étage de la 132e Rue. Sa mère avait été une effroyable cuisinière.

— Ni physiquement ni psychologiquement, reprit-il. Je n'ai pas espoir que son état s'améliore et je ne peux pas la quitter. Elle n'a que moi.

Eve, qui sortait tout juste d'un mariage catastrophique, avait tenté de prendre la défense de l'épouse de Victor.

— Ce doit être difficile pour elle, votre travail, les voyages, tout le temps que ça ôte à votre couple.

— Non, en fait cela lui plaît. Elle adore la maison, et les domestiques ont l'habitude de s'occuper d'elle. Quand elle en a besoin. En réalité, elle n'aurait quasiment besoin de personne, mais elle oublie souvent de prendre ses médicaments et là…

Il eut un haussement d'épaules.

— Elle peint. Très bien d'ailleurs, lorsqu'elle en a envie. C'est comme cela que je l'ai rencontrée. J'étais un jeune acteur bohème et crève-la-faim et je travaillais comme modèle dans une école de dessin.

Eve lui vola une bouchée de sa tarte et sourit.

— Nu ?

— Oui.

Il sourit à son tour.

— J'étais plus mince, à l'époque. Après une séance de pose, Muriel m'a montré le dessin qu'elle avait fait de moi. Une chose entraîna l'autre. Elle était ce que l'on aurait pu appeler une femme émancipée… Aux idées très évoluées, à l'esprit libre.

Son sourire s'évanouit.

— Elle a changé. La maladie, le bébé. Les événements l'ont changée. On a découvert sa maladie un an à peine après notre mariage et elle a complètement laissé tomber l'idée de faire carrière dans l'art. Au lieu de ça, elle s'est engagée totalement dans la religion contre laquelle nous nous étions tous les deux rebellés. J'étais certain d'être capable de l'en sortir. Nous étions jeunes et j'étais persuadé que rien de grave ne pouvait nous arriver. Je me trompais. J'ai commencé à décrocher des rôles, à avoir de l'argent. Muriel a commencé à devenir ce qu'elle est aujourd'hui : une femme craintive, aigrie, malheureuse.

— Vous l'aimez encore.

— J'aime les rares, les très rares moments où je retrouve la jeune femme qui m'enchanta. Mais si cette jeune femme renaissait, je ne pense pas que le mariage tiendrait pour autant. Nous nous séparerions bons amis.

Eve se sentit soudain très lasse, agressée par l'odeur des oignons grillés, du café réchauffé et trop fort et par les couleurs criardes qui les entouraient.

— Je ne sais pas ce que vous attendez que je vous dise, Victor.

— Rien, peut-être. Peut-être que j'attends seulement que vous me compreniez.

Il tendit la main par-dessus la table, prit celle d'Eve. Lorsqu'elle le regarda, elle comprit que le mal était déjà fait, qu'elle était complètement piégée.

— J'avais vingt-deux ans lorsque je l'ai rencontrée. J'en ai quarante-deux aujourd'hui. Cela aurait pu marcher entre nous si le destin ne s'y était pas opposé. Cela, je ne le saurai jamais. Mais ce que j'ai su en vous regardant, c'est que vous étiez la femme qu'il me fallait, celle qui est faite pour vivre avec moi.

Eve sentit s'imposer, au plus profond de son cœur, la

vérité, la terrifiante vérité de ces paroles. Elle retira sa main et sa voix trembla.

— Vous venez pourtant de m'expliquer que rien n'est possible tant que vous êtes marié…

— En effet. Mais cela ne m'empêche pas d'être convaincu de ce qui devrait être. Je suis trop irlandais pour ne pas croire en la destinée. Eve, vous êtes faite pour moi. Et même si maintenant vous vous levez, si vous partez, cela ne changera rien.

— Et si je reste ?

— Je vous donnerai tout ce que je pourrai, aussi longtemps que je le pourrai. Ce n'est pas qu'une question de sexe, Eve, bien que j'aie terriblement envie de vous. C'est le besoin d'être là le matin lorsque vous ouvrez les yeux. D'être assis avec vous au soleil, sous un porche, et d'écouter le vent. De lire devant le feu. De partager une bière à un match de base-ball.

Il s'interrompit un instant.

— Il y a près de cinq ans que Muriel et moi n'avons plus été mari et femme au sens plein du terme. Je ne l'ai jamais trompée, ni pendant ces cinq années, ni depuis que nous sommes mariés. Bien sûr, je ne vous demande pas de me croire…

— C'est peut-être pour cela que je vous crois.

Eve se leva, tremblante, tendit la main pour arrêter Victor Flannigan lorsqu'il voulut se lever à son tour.

— J'ai besoin de temps, Victor, et vous aussi. Terminons le film, nous verrons ensuite où nous en sommes.

— Et si nous en sommes au même point qu'aujourd'hui ?

— Si nous en sommes au même point… nous verrons bien ce que nous réserve le destin.

*
* *

— Lorsque le film fut achevé, nous en étions au même point, dit Eve, tenant toujours sa tasse à la main.

Les larmes roulaient sur ses joues sans qu'elle s'en rendît compte.

— Le destin ne nous a pas ménagés. La route fut longue et difficile.

— La changeriez-vous si vous le pouviez ? demanda Julia.

— En partie, oui. Mais sur l'ensemble, cela ne modifierait pas grand-chose. Je serais toujours là, exactement comme je le suis aujourd'hui. Et Victor serait toujours le seul homme qui compte.

Elle rit, essuya une larme.

— Le seul qui soit capable de me faire faire ce geste-là.

— L'amour vaut-il la peine ?

— Il vaut plus que tout au monde.

Eve se ressaisit soudain.

— Cessons de pleurnicher. Grand Dieu, j'aurais bien besoin d'un verre. Mais j'en ai déjà bu un tout à l'heure et la caméra ne vous pardonne pas la moindre gorgée.

Elle se rassit, se cala dans les coussins. Puis elle ferma les yeux, se tut un long moment au point que Julia se demanda si elle ne s'était pas endormie.

— Votre maison respire le bonheur, Julia.

— C'est la vôtre.

— Humm. Elle m'appartient, c'est tout. C'est vous qui avez mis des fleurs dans le vase, abandonné vos chaussures sur le tapis, allumé les bougies sur la cheminée, placé la photo de ce petit garçon souriant sur la table, près de la fenêtre.

Eve ouvrit paresseusement les yeux.

— Je crois qu'il n'y a qu'une femme intelligente pour faire entrer le bonheur dans sa maison.

— Pas une femme heureuse ?

— Mais vous ne l'êtes pas. Satisfaite, certainement. Satisfaite de votre travail, comblée par votre rôle de mère, contente de vos capacités et toujours prête à les développer. Mais heureuse ? Pas complètement.

Julia se pencha, arrêta le magnétophone. Quelque chose lui disait qu'elle n'aimerait pas réécouter plus tard ce qui allait se dire.

— Et pourquoi ne serais-je pas heureuse, selon vous ?

— Parce que la blessure que vous a infligée le père de Brandon n'est pas cicatrisée.

La voix de Julia se durcit brusquement.

— Nous avons déjà parlé du père de Brandon. J'espère ne pas avoir à le regretter.

— Je ne parle pas du père de Brandon mais de vous. On s'est servi de vous et on vous a mise à l'écart. Et ce, à un très jeune âge. Cela vous a empêchée de rechercher une autre forme de plénitude.

— Il vous est sans doute difficile de le comprendre, mais toutes les femmes ne mesurent pas la plénitude au nombre d'hommes qu'elles ont eus.

Eve leva imperceptiblement les sourcils.

— Ah, il semblerait que j'aie touché un point sensible... Vous avez tout à fait raison : la femme qui mesure la plénitude de cette manière est aussi stupide que celle qui refuse d'admettre qu'un homme peut embellir sa vie.

Eve s'étira longuement, souplement.

— Julia, le magnétophone est éteint. Nous sommes seules toutes les deux. Pouvez-vous affirmer, de femme à femme, que vous n'êtes pas attirée, intriguée par Paul ?

Julia pencha la tête, croisa les mains sur ses genoux.

— Et quand bien même je le serais, est-ce que cela vous regarde ?

— Certes, non. Mais qui a envie de ne s'occuper que de

ce qui le regarde ? Vous, certainement mieux que personne, pouvez comprendre cet incroyable besoin que nous avons de mettre notre nez dans les affaires des autres. N'est-ce pas ?

Julia se mit à rire. Il était difficile de résister à une franchise aussi naturelle.

— Je ne suis pas une star, répliqua-t-elle aimablement. Aussi, fort heureusement, mes secrets m'appartiennent.

Cette conversation amusait Julia, finalement. Elle se cala dans son fauteuil, posa les pieds sur la table basse.

— En vérité, mes secrets ne sont pas très intéressants. Si vous me disiez plutôt pourquoi vous cherchez tant à me caser avec Paul ?

— Parce que chaque fois que je vous vois, j'ai vraiment l'impression que vous êtes faits l'un pour l'autre. Et le connaissant comme je le connais, je suis en mesure de juger de sa réaction. Vous l'impressionnez.

— Il est facilement impressionnable, alors.

— Détrompez-vous. A ma connaissance, et je le dis avec beaucoup de modestie, je suis la seule à l'avoir jamais impressionné avant vous.

— En toute modestie ? Vous voulez rire. Il n'y a pas une once de modestie en vous.

— Gagné.

Cédant à une brusque envie de brownies, Julia se leva, gagna la cuisine pour aller chercher l'assiette où étaient empilés les petits carrés au chocolat noir. Elle la posa sur la table basse. Les deux femmes les observèrent un instant, prudentes, puis elles plongèrent.

— Vous savez, dit Julia en grignotant, il m'a dit l'autre jour que nous nous ressemblions, vous et moi.

— Vraiment ?…

Eve lécha ses doigts, savourant le chocolat.

— … Imagination d'écrivain ou redoutable intuition ?

Devant l'air perplexe de Julia, elle secoua la tête.

— Seigneur, il faut que je m'en aille d'ici avant de manger un autre brownie.

— Si vous en reprenez un, j'en reprendrai un aussi.

Non sans regret, Eve résista.

— Vous, vous n'aurez pas à rentrer dans un costume fait sur mesure, demain matin. Avant que je ne parte, laissez-moi vous donner une pensée à méditer. Vous m'avez demandé si j'aurais souhaité changer quelque chose à ma relation avec Victor. Oui…

Eve se pencha vers Julia, le regard intense.

— … Si c'était à refaire, je n'attendrais pas que le film soit terminé : je ne perdrais pas une journée, pas une heure, pas un instant… Prenez ce qui vous fait envie, Julia, et au diable la prudence ! Vivez, profitez de l'existence, croquez-la à belles dents. Ou bien vous regretterez amèrement le temps perdu, à la fin de votre vie.

Lyle Johnson but une gorgée de sa bouteille de Bud et pressa mécaniquement la télécommande pour changer de chaîne. Il n'y avait vraiment rien de bien au programme, ce soir. Il était allongé sur son lit défait avec pour tout vêtement un string bleu pâle. De cette façon, s'il décidait de se lever pour aller chercher une autre bière dans le frigo, il pourrait, au passage, admirer son corps dans le miroir. Il était sacrément fier de sa plastique et nourrissait un amour tout particulier pour son pénis, dont bon nombre de femmes lui avaient dit que c'était un spectacle à ne pas manquer.

L'un dans l'autre, Lyle était satisfait de sa vie. Il conduisait la grosse limousine d'une star. Certes, Eve Benedict n'était ni Michelle Pfeiffer ni Kim Basinger, mais pour une nana de son âge, elle n'était pas mal fichue. En fait, Lyle aurait bien volontiers partagé avec elle son époustouflant pénis. Mais la dame s'en tenait strictement aux relations de travail.

Il avait néanmoins la belle vie. Son appartement au-dessus du garage était plus grand et plus confortable que ce taudis de Bakersfield où il avait passé son enfance et une adolescence insatisfaite. Il avait un micro-ondes, une télévision avec le câble, et quelqu'un pour changer les draps et faire le ménage une fois par semaine.

Cette petite pimbêche de CeeCee, la jeune bonne, avait refusé un voyage au paradis dans ces mêmes draps tout frais. Elle ne savait pas ce qu'elle ratait ! Mais en ce qui le concernait, c'était une de perdue, dix de retrouvées. Il en avait convaincu bien d'autres, nettement moins farouches, de venir faire un tour dans son lit.

Cela dit, il était très en colère qu'elle l'ait menacé d'aller tout raconter à Miss B s'il insistait trop.

Lyle laissa finalement la télé branchée sur MTV et comme il s'ennuyait à mourir, il décida de se lever et d'aller chercher un joint dans sa planque. Il en avait dix, soigneusement préparés et enveloppés dans du plastique, le tout caché dans une boîte de flocons d'avoine. Miss B ne plaisantait pas avec la drogue. Tu en prends, tu es viré. Et elle ne faisait pas seulement allusion aux drogues dures — elle le lui avait clairement dit lorsqu'elle l'avait embauché.

Comme la nuit était douce, il décida de faire encore mieux. Il enfila un pantalon de survêtement, ramassa la bière, le joint, et une paire de jumelles. Au dernier moment, il monta le son de la télé de façon à pouvoir l'entendre du toit.

Avec les jumelles autour du cou, le joint dans la bouche et la bouteille de bière coincée entre deux doigts, il parvint facilement à grimper sur le toit.

Une fois installé sur son perchoir, il alluma le joint. De

là, il voyait pratiquement tout le domaine. Au-dessus de lui, le ciel formait une voûte étoilée ornée d'un croissant de lune. La brise légère lui apportait les parfums mêlés du jardin et l'odeur de l'herbe fraîchement coupée par le jardinier l'après-midi même.

La vieille menait la grande vie et il respectait cela. Elle avait tout, piscine, courts de tennis, et ce parc superbe. Lyle gardait un souvenir ému du green de golf auquel Miss B ne s'intéressait plus du tout. Il y avait entraîné une serveuse lors d'une soirée mémorable et il lui avait fait sa fête sur le gazon frais et doux comme du velours. Quel nom lui avait-elle dit déjà ? Il tenta de s'en souvenir en aspirant la fumée de marijuana. Terri, Sherri ? Peu importe le nom, elle avait une bouche comme une pompe aspirante… Peut-être devrait-il lui faire signe un de ces jours ?

Lentement, il orienta les jumelles vers le pavillon des invités. On pouvait dire qu'il y avait un beau petit brin de nana là-dedans. Du premier choix. Dommage qu'elle soit si cul serré. Et froide comme un glaçon.

Et prudente. Pas une fois, il n'était parvenu à la surprendre en train de faire quelque chose d'intéressant les stores relevés. Il avait réussi à l'apercevoir passant devant une fenêtre éclairée, drapée dans un peignoir ou vêtue d'un grand T-shirt. Mais lorsqu'elle se déshabillait, hop, elle descendait les stores. Et comme Lyle la surveillait depuis des semaines, il commençait à se demander s'il lui arrivait de se déshabiller.

Miss B, elle, n'était pas si regardante. Lyle l'avait déjà vue se mettre nue et il aurait été le premier à la féliciter d'être aussi bien conservée.

Ce soir, les lumières étaient allumées dans le pavillon des invités. Il était donc permis d'espérer. De toute façon, Lyle considérait ce petit jeu de voyeur comme un travail.

Pour un homme dans sa position, avec ses ambitions, de l'argent en plus ne pouvait pas faire de mal. Peut-être que si Julia s'était montrée plus gentille, il aurait refusé de l'espionner comme on le lui avait demandé… Il rit, tandis que les effets commençaient à se faire sentir du mélange de Bud et d'herbe. Peut-être pas finalement ? La paie était bonne et le travail facile comme bonjour. Parce que tout ce qu'il avait à faire, c'était de surveiller les allées et venues dans le pavillon des invités, de relever l'emploi du temps de Julia, de consigner ses rendez-vous extérieurs. Même cela n'était pas difficile. Elle était tellement attachée à son fils qu'elle ne quittait jamais la propriété sans indiquer où l'on pouvait la joindre.

Travail facile. Bonne paie. Que pouvait-il demander de plus ?

Lyle se redressa lorsque la lumière de la chambre s'éclaira.

Il l'aperçut.

Elle était vêtue d'un pantalon, d'un T-shirt. Elle faisait les cent pas, nerveuse.

L'espoir fleurit dans l'esprit de Lyle, déjà très excité. Peut-être était-elle suffisamment perturbée pour oublier de baisser les stores ? Elle s'immobilisa, en plein devant la fenêtre et ôta le bandeau de ses cheveux.

— Oh, oui. Vas-y, baby. Continue.

Gloussant, Lyle prit les jumelles d'une main et glissa l'autre dans son pantalon où il commençait à prendre joliment forme.

Il avait toujours entendu dire que la patience est récompensée. Il n'en douta plus en voyant Julia faire glisser le T-shirt par-dessus sa tête. Dessous, elle portait un petit truc en dentelle. Une brassière. Lyle se targuait de connaître le nom exact de tous les articles de lingerie féminine.

Il lui murmura des encouragements tandis qu'il amorçait la pompe.

— Allez, baby, ne t'arrête pas en si bon chemin. Voilà, comme ça. Enlève-moi ce pantalon. Oh, seigneur. Regardez-moi ces jambes.

Il poussa un grognement lorsque les stores descendirent soudain, mais il lui restait son imagination. Et quand la lumière s'éteignit dans la chambre de Julia, Lyle s'était déjà expédié au septième ciel.

15

— C'est le grand branle-bas de combat, annonça CeeCee en entrant dans la cuisine où Julia préparait le repas pour Brandon et Dustin.

— Oui. J'entends l'agitation d'ici.

Agitation qui lui avait déjà coûté deux ongles rongés et la moitié d'un rouleau de pastilles pour l'estomac.

— Il m'a d'ailleurs fallu recourir à toutes les ruses pour empêcher les garçons de se précipiter là-bas et de se mettre au milieu.

— C'est très gentil à vous d'avoir emmené Dustin au parc.

— Ils ne s'ennuient jamais ensemble, Brandon et lui, répondit Julia en s'efforçant de disposer de façon attrayante les tranches de fruits et de légumes qu'elle entendait faire manger aux enfants. J'aime bien m'occuper d'eux.

CeeCee, désormais aussi à l'aise dans cette cuisine que dans la sienne, piqua un petit chausson aux pommes.

— Il faut voir le spectacle, à la Résidence, et les brassées de fleurs. Elles arrivent par camions entiers. Et il y a tous ces gens qui s'agitent en parlant des langues différentes. Miss Soloman court partout, tentant de tout coordonner, et il en arrive sans arrêt de nouveaux.

— Et Miss Benedict ?

— Elle est aux mains d'une équipe de trois personnes

qui la pomponnent, répondit CeeCee, la bouche pleine. Le téléphone n'a pas arrêté de sonner toute la journée. Et il y a eu ce type en veste blanche qui s'est carrément mis à crier parce que les œufs de caille n'étaient pas encore arrivés. C'est là que je suis partie.

— Bonne initiative.

— Franchement, Julia, Miss B a l'habitude de donner des soirées sensationnelles, mais celle-là c'est le summum. Comme si elle mettait le paquet parce qu'elle a peur que ce soit la dernière… Vous vous rendez compte, Tante Dottie m'a dit qu'elle se faisait expédier ces œufs de caille et des champignons spéciaux du Japon ou de Chine, enfin quelque part par là-bas.

— Elle se fait plaisir, c'est tout.

CeeCee piqua un cube de fromage.

— Ça va être super.

— Je m'en veux que vous manquiez cela parce que vous gardez Brandon.

— Ça ne me dérange pas du tout.

De toute façon, CeeCee avait prévu de se cacher dans les buissons avec les gamins pour pouvoir regarder pendant une petite heure…

— C'est tout aussi amusant de voir les gens s'affoler à tout préparer. Vous vous êtes acheté une nouvelle robe ? demanda CeeCee, suivant Julia dans l'entrée.

— Non. J'en avais l'intention, mais ça m'est sorti de l'esprit. Hé, les garçons ! appela Julia. Le repas est prêt.

Dans un concert de cris de guerre, les enfants dévalèrent l'escalier, et se précipitèrent dans la cuisine.

— Oh, je vais bien me trouver une tenue, dit Julia à CeeCee. Vous pouvez peut-être m'aider à choisir ?

CeeCee sourit et plongea les mains dans les poches de son jean.

— Volontiers. J'adore ça. Vous voulez qu'on s'en occupe maintenant ?

Julia jeta un coup d'œil à sa montre et poussa un soupir.

— Il vaudrait mieux, je crois. Il faut bien deux heures pour se préparer à une fête de ce genre.

— Je ne vous trouve pas très enthousiaste… Vu la tournure que ça prend, ça risque d'être la soirée hollywoodienne de l'année !

— Je me sens plus à l'aise dans les goûters d'anniversaire, avec vingt-cinq gamins tout excités en train de se gaver de gâteaux et de glace.

— Ce soir, vous n'êtes pas une maman, dit CeeCee, poussant Julia dans l'escalier. Ce soir, vous faites partie des invités d'honneur d'Eve Benedict.

Lorsque à ce même moment on sonna soudain à la porte, CeeCee bondit, et se mit en travers du chemin de Julia.

— Laissez, j'y vais. Vous n'avez qu'à monter, je vous l'apporte.

— M'apporter quoi ?

— Je veux dire… je vais aller voir qui c'est. Allez-y. Et si vous portez un soutien-gorge, enlevez-le.

— Si je…

Mais CeeCee courait déjà vers la porte. Julia secoua la tête et gagna sa chambre. Sans conviction, elle passa en revue le contenu de sa penderie. Il y avait bien sa robe de soie bleue, mais elle la portait déjà lorsque Paul et elle… Il y avait toujours la petite robe noire basique, songea-t-elle en sortant le vêtement tout simple qui lui avait rendu tant de services depuis cinq ans. Elle sourit en le posant sur le lit. Non, décidément non. CeeCee allait sans doute lever les yeux au ciel.

Julia reprit ses investigations dans la penderie.

— Je crains que mon choix ne soit des plus limités,

dit-elle lorsque CeeCee entra dans la chambre. Mais avec un peu d'ingéniosité, qui sait ?

Elle se retourna.

— Qu'est-ce que c'est ?

— On vient de la livrer.

CeeCee posa la boîte qu'elle tenait sous son bras, et s'écarta.

— Je crois que vous devriez l'ouvrir.

— Je n'ai rien commandé.

Comme la boîte ne portait aucune indication, Julia haussa les épaules et entreprit de l'ouvrir, tentant d'ôter le ruban adhésif.

— Laissez-moi faire, dit CeeCee, toute impatiente.

Elle attrapa une lime à ongles sur la table de nuit, coupa le ruban.

— J'aimerais vous voir devant les cadeaux, le matin de Noël, dit Julia en riant.

Elle rejeta ses cheveux en arrière, souleva le couvercle.

— Du papier de soie, dit-elle, en riant. J'ai toujours adoré ça.

Mais son amusement se mua en stupeur lorsqu'elle souleva le papier, révélant un chatoiement de soie, un éblouissement de strass…

Le souffle coupé, elle sortit la robe de la boîte. C'était un fourreau long, étroit, superbe, qu'elle imaginait déjà glissant sur le corps telle une caresse. Le col haut était souligné d'une rangée de strass qui se répétait au poignet des manches longues et moulantes. Quant au dos, il était dénudé jusqu'à la taille.

— Oh, mon Dieu…, parvint à articuler Julia.

— Il y a une carte, dit CeeCee en la lui tendant.

— C'est Eve. Elle dit qu'elle serait heureuse que je la porte ce soir.

— Qu'en pensez-vous ?

— Elle me met dans une position délicate.

A regret, Julia rangea la robe dans la boîte où elle scintilla une dernière fois.

— Je ne peux pas accepter.

CeeCee regarda la robe, puis de nouveau Julia.

— Pourquoi, elle ne vous plaît pas ?

— A moi ? Au contraire. Elle est fabuleuse.

Cédant à la tentation, Julia caressa la soie du bout des doigts.

— Epoustouflante.

— Vraiment ?

— Et sans doute horriblement chère.

Elle hésita.

— Je présume que je ne devrais pas m'inquiéter de ce que j'éprouverai demain matin. Ce n'est pas comme si…

— Pardon ?

— Non, rien.

Julia se reprit, rabattit le papier sur la robe. La soie émeraude scintilla au travers.

— Ça ne va pas. C'est très généreux de sa part, mais ça ne va pas.

— C'est la robe qui ne va pas ?

— Oh non, certes, non, CeeCee. Elle est magnifique. C'est une question de morale.

Julia était consciente de tergiverser. Elle avait envie de cette robe, envie de la sentir glisser sur elle, envie qu'elle fasse d'elle une femme élégante.

— Je suis la biographe d'Eve, c'est tout. Je me sentirais mieux si…

C'était un pur mensonge, elle le savait.

— … Il serait plus convenable que je porte une robe à moi.

— Mais elle est à vous.

CeeCee prit la robe, la mit devant Julia.

— Elle a été faite pour vous.

— J'admets que c'est mon style, et certainement ma taille…

— Non, je veux dire qu'elle a *vraiment* été faite pour vous. C'est moi qui l'ai dessinée.

— Vous ?

Stupéfaite, Julia se tourna vers le miroir pour étudier la robe que CeeCee tenait devant elle.

— C'est Miss B qui me l'a demandé. Elle voulait que vous ayez quelque chose de différent, pour cette soirée. Et elle adore les surprises. J'ai dû venir fouiller dans votre garde-robe.

Julia ne répondit pas. CeeCee frotta ses paumes moites sur son pantalon.

— Je sais que ce n'est pas très bien, mais il me fallait absolument vos mesures. Vous aimez les couleurs intenses, alors j'ai pensé que le vert émeraude ferait l'affaire. Quant au style… J'ai imaginé quelque chose de légèrement sexy. Vous voyez, une robe qui aurait de la classe sans être guindée.

A bout d'arguments, CeeCee se laissa tomber sur le lit.

— Elle vous déplaît. D'accord. Je ne suis pas susceptible, s'empressa-t-elle d'ajouter lorsque Julia fit mine de nier. Je comprends que vous ne la trouviez pas à votre goût.

Julia l'interrompit d'un geste.

— N'ai-je pas dit que je la trouvais très belle ?

— Si. Mais c'était pour ne pas me blesser.

— Je ne savais pas que c'était vous qui l'aviez créée, lorsque je l'ai dit.

CeeCee pinça les lèvres.

— C'est vrai.

Julia posa la robe sur le lit, prit CeeCee par les épaules.

— C'est une robe splendide, la plus belle que j'aie jamais eue.

— Vous allez la porter, alors ?

— Si vous croyez que je vais laisser passer la chance de porter un modèle exclusif de chez McKenna !

Julia se mit à rire lorsque CeeCee se leva d'un bond et lui sauta au cou.

— Miss B m'a dit que je pouvais également choisir quelques accessoires !

CeeCee farfouilla dans la boîte, en sortit un petit sac de velours.

— Et voici une barrette de strass. J'ai pensé que vous porteriez les cheveux relevés…

Elle fit une démonstration, relevant les siens.

— Voilà, vous pouvez la placer comme ceci. Et j'ai également prévu des boucles d'oreilles.

Les yeux brillants d'excitation, elle les sortit, les tendit à Julia.

— Qu'en pensez-vous ?

Julia laissa couler entre ses doigts les longs pendants de strass. Elle n'avait jamais pensé avoir l'allure qui convient pour porter ce genre de boucles qui descendent jusqu'aux épaules… mais puisque CeeCee semblait penser que si, elle voulait bien prendre le risque pour un soir.

— Je crois que je vais tous les époustoufler.

Deux heures et demie plus tard, après un long rituel très féminin de crèmes, huiles, poudres et parfums, Julia laissa CeeCee l'aider à enfiler sa robe.

— Alors ?

Elle se tournait déjà vers le miroir mais CeeCee l'arrêta.

— Pas encore. Les boucles d'oreilles d'abord.

Tandis que Julia fixait les pendants, CeeCee s'affaira, arrangeant une mèche de cheveux, tirant sur la robe, ajustant le col…

— Très bien. Vous pouvez vous regarder, à présent.

CeeCee retint son souffle.

Un seul regard suffit à Julia pour constater que la robe tenait ses promesses. Le strass ajoutait de l'éclat aux lignes longues, épurées : col haut, manches étroites, sobriété… Quant au décolleté dans le dos, il était on ne peut plus sexy.

— J'ai l'impression d'être Cendrillon, murmura Julia.

Elle se retourna, tendit les mains à CeeCee.

— Je ne sais vraiment pas comment vous remercier.

— C'est très simple. Lorsque les gens vous demanderont d'où vient votre robe, ne manquez pas de leur dire que vous avez découvert une jeune styliste de talent, CeeCee McKenna.

La panique était encore montée de plusieurs crans chez Julia lorsqu'elle prit le chemin de la Résidence.

Quel décor…

Un océan de fleurs encadré par un trio de sirènes sculptées dans de la glace.

Des tables couvertes de nappes aussi blanches que la lune qui montait dans le ciel et ployant sous les mets délicieux et le champagne à profusion.

Le tout rehaussé par l'éclat des lumières scintillant telles des étoiles à travers les branches des arbres…

Ce soir, le Hollywood des années de gloire rencontrait le Hollywood de l'avant-garde. Ce soir, on célébrait tout à la fois le mythe et la relève, qu'incarnaient parfaitement Victor Flannigan et Peter Jackson : le grand, l'éternel amour d'Eve et, s'il fallait en croire les regards échangés, sa toute dernière conquête.

Les bijoux scintillaient, dépassant en magnificence les lumières féeriques. Les senteurs fragiles des roses, des camélias, des magnolias flottaient autour des corps parfumés. La musique se mêlait aux rires, aux conversations incessantes…

Plus d'étoiles que dans un planétarium, songea Julia… C'était cela Hollywood. Un monde de gloire et de pouvoir.

Elle passa plus d'une heure à se mêler à la foule, prenant mentalement des notes, regrettant qu'il ne fût pas convenable en pareille occasion de se servir de son magnétophone. Puis elle eut soudain besoin d'air et s'éclipsa pour écouter la musique à la lisière du jardin.

— On se cache ? demanda Paul.

Dieu merci, elle lui tournait le dos. Car s'il avait pu voir le sourire qu'il lui était si spontanément venu aux lèvres, elle aurait été perdue…

— Je respire un peu, dit-elle.

Elle tenta de se convaincre qu'elle n'avait ni cherché ni attendu Paul Winthrop. Qu'elle n'avait pas souhaité sa présence.

— Il est de bon ton d'arriver en retard, je vois, dit-elle.

— Pas du tout. J'étais en plein chapitre sept, j'ai voulu finir.

Il lui tendit une des deux coupes de champagne qu'il tenait à la main et la regarda, se demandant pourquoi il lui avait paru si urgent d'en finir avec ce chapitre sept. Il songea que le parfum de Julia lui rappelait celui d'un jardin au crépuscule, et qu'elle était belle à se damner.

— Si vous me racontiez un peu comment ça se passe, Julia ?

— Eh bien, on m'a baisé la main, embrassé la joue et, je le déplore, pincé une fois les fesses.

Son regard se fit rieur, et elle poursuivit :

— J'ai esquivé, éludé, contourné un grand nombre de questions pleines de sous-entendus sur la biographie d'Eve, toléré d'innombrables regards et murmures vraisemblablement liés au même sujet, interrompu une petite querelle assez basse entre deux créatures superbes concernant un dénommé Clyde.

Il laissa un doigt glisser le long de la boucle d'oreille qui caressait la peau satinée de l'épaule.

— Quelle femme occupée…

— Vous comprenez pourquoi j'avais besoin de prendre un peu l'air.

Il hocha la tête d'un air absent, balayant du regard les groupes de convives rassemblés sur la terrasse et la pelouse. Pour Paul, ils évoquaient irrésistiblement d'élégants animaux en train de se pavaner dans un zoo de luxe.

— Lorsque Eve donne une fête, elle ne fait pas les choses à moitié.

— C'est une soirée extraordinaire. Il y a des œufs de caille et des champignons d'Extrême-Orient. Des truffes et du foie gras. Du saumon d'Alaska, du homard du Maine. Et je crois que les cœurs d'artichaut sont importés d'Espagne.

— Il y a bien davantage que cela. Vous voyez cet homme ? A l'allure assez frêle, avec les cheveux blancs. Il s'appuie sur une canne et il est accompagné d'une rousse bâtie comme…

— Oui, je le vois.

— C'est Michael Torrent.

— Torrent ? Je pensais qu'il s'était retiré sur la Riviera. Il y a plus d'un mois que j'essaie de le contacter pour obtenir une interview.

Paul laissa son doigt glisser le long du dos de Julia, juste pour voir. Et il fut ravi de la sentir frissonner.

— J'aime votre dos presque autant que vos pieds.

Mais Julia n'entendait pas se laisser distraire même si sa caresse avait laissé sur elle une trace brûlante. Elle s'écarta prudemment. Il eut un petit sourire.

— Nous parlions de Michael Torrent, dit-elle. Croyez-vous qu'il ait entrepris un tel voyage pour la bonne chère et le champagne ?

— De toute évidence, il a considéré que cette soirée valait le déplacement.

Julia allait demander à Paul de lâcher sa main, qu'il avait prise, mais elle s'aperçut au même moment qu'on la fixait.

— Anthony Kincaide, dit-elle. Je ne vois vraiment pas pourquoi Eve l'a invité.

— Vraiment ? Vous devriez, pourtant.

— Eh bien, deux de ses ex-maris…

— Trois, corrigea Paul. Damien Priest vient juste de sortir sur la terrasse.

Julia le reconnut aussitôt. Le seul des trois maris d'Eve qui ne fût pas du métier. Il n'en était pas moins une star dans son domaine : avant de prendre sa retraite — à trente-cinq ans — il avait été l'un des joueurs de tennis les plus riches du circuit. Et le vainqueur d'un Grand Chelem.

De haute taille, très mobile, il avait un revers redoutable.

Il possédait également cette sexualité à fleur de peau qu'une femme repère instantanément. A le voir aujourd'hui, le bras glissé autour de la taille d'une jeune femme, Julia comprenait pourquoi Eve l'avait épousé…

Ce mariage avait fait couler des litres d'encre. Damien Priest avait près de vingt ans de moins qu'Eve lorsqu'ils s'étaient enfuis à Las Vegas. Et leur mariage avait défrayé la chronique bien plus longtemps qu'il n'avait duré.

— Trois maris sur quatre, murmura Julia, se demandant quel parti elle allait pouvoir en tirer. Et votre père ?

— Désolé. Même cette fête n'a pas suffi à l'arracher à la scène et au *Roi Lear.*

Paul goûta le champagne, songeant combien il aurait préféré sentir sur ses lèvres le goût de la peau douce de Julia.

— J'ai toutefois pour mission de lui raconter ce qui pourrait l'intéresser.

— Il y aura matière, je l'espère.

— Trop, peut-être.

Il posa la main sur le bras de Julia.

— Car en plus des maris, je pourrais vous montrer nombre d'ex-amants, de rivales et d'amis mécontents.

— Je n'en attendais pas moins de vous.

Il se contenta de secouer la tête.

— Il y a également beaucoup de gens ici qui seraient sans doute très heureux de voir votre projet de livre abandonné une bonne fois pour toutes.

L'irritation se lut dans le regard de Julia.

— Y compris vous.

— Oui. J'ai eu tout le temps de réfléchir au fait qu'on s'est introduit chez vous et qu'on a fouillé dans vos affaires. Peut-être ne s'agissait-il que de simple curiosité… mais j'en doute. Je vous ai dit dès le départ que je ne voulais pas voir Eve courir le moindre risque. Vous non plus, je ne veux pas que vous couriez de risque.

— Nous sommes toutes les deux de grandes filles, Paul. Et si cela peut vous rassurer, je vous dirai que les confidences que j'ai reçues d'Eve sont embarrassantes pour certains, c'est vrai, mais pas au point de craindre des représailles.

— Elle n'en a pas encore fini. Et elle…

Les doigts de Paul se crispèrent sur le pied du verre.

— Que se passe-t-il ?

— Un autre Michael sur la liste d'Eve.

La voix de Paul était plus sourde, son regard était devenu de glace. Julia sentit l'air se charger d'électricité.

— Delrickio.

— Michael Delrickio ? répéta Julia, tentant d'apercevoir l'homme que fixait Paul. Serait-il utile que je fasse sa connaissance ?

— Non. Il vaut d'ailleurs mieux pour vous ne jamais avoir affaire à lui.

— Pourquoi ?

Au moment où Julia posait la question, elle reconnut l'homme qu'elle avait vu sortir du bureau de Drake.

— C'est bien cet homme à l'air distingué avec les cheveux argentés et la moustache, dont vous me parlez ?

— Les apparences sont souvent trompeuses.

Paul lui tendit son verre à demi vide.

— Si vous voulez bien m'excuser.

Alors, ignorant les gens qui l'appelaient ou posaient au passage une main sur son bras, Paul fonça droit sur Delrickio. L'expression de son regard, la détermination de son pas firent s'écarter plusieurs personnes et se rapprocher l'imposant Joseph. Paul lança un regard de défi au gorille, puis à Delrickio en personne. D'un imperceptible coup d'œil, ce dernier fit signe à Joseph de rester à distance.

— Paul… Cela fait longtemps.

— Le temps est une notion très relative. Comment êtes-vous parvenu à vous introduire ici, Delrickio ?

Delrickio poussa un soupir et choisit dans son assiette une des délicates bouchées de homard.

— Vous n'avez jamais su ce qu'est le respect. Eve aurait dû me laisser vous mettre au pas, à l'époque.

— Il y a quinze ans, j'étais un gamin, et vous une

immonde crapule. La différence aujourd'hui, c'est que je ne suis plus un gamin.

La rage était un sentiment que Delrickio avait depuis longtemps appris à contrôler. Son sang ne fit qu'un tour mais quelques secondes à peine lui suffirent à recouvrer son calme.

— Vos manières déshonorent l'hôtesse qui nous ouvre sa maison ce soir.

Lentement, avec un soin délibéré, il choisit un autre croque-en-bouche.

— Même des ennemis se doivent de respecter un terrain neutre.

— Cette maison n'a jamais été un terrain neutre. Si Eve vous y a invité, elle a commis une erreur de jugement. Le fait que vous vous y trouviez prouve que vous ne connaissez pas le sens du mot honneur.

La colère enflamma de nouveau Delrickio.

— Je suis ici pour jouir de l'hospitalité d'une femme très séduisante.

Il sourit mais son regard était glacial.

— Comme cela m'est souvent arrivé par le passé.

Paul fit un pas en avant. Joseph fit de même. Et, glissant la main dans la poche de son veston, il enfonça le canon de son 32 automatique dans les côtes de Paul.

— Oh… !

Julia venait de trébucher et de renverser le contenu de sa coupe de champagne sur les mocassins Gucci de Joseph.

— Oh, je suis désolée. C'est épouvantable. Vraiment, je me demande comment je peux être aussi maladroite !

Virevoltant, tout sourires, elle s'empara du mouchoir dans la poche de Joseph et s'accroupit.

— Laissez-moi les essuyer avant que le champagne ne les tache.

L'agitation occasionnée par Julia provoqua une cascade de rires chez les convives alentour. Souriant ingénument à Joseph, elle lui tendit la main, ne lui laissant guère d'autre choix que de l'aider à se relever, moment où elle s'interposa habilement entre Paul et lui.

— Je crains de n'avoir trempé votre mouchoir.

Il marmonna quelque chose et fourra le mouchoir dans sa poche.

— Ne nous sommes-nous pas déjà rencontrés ? demanda-t-elle.

— C'est une réplique très rebattue, Julia.

Eve venait de se glisser à côté d'elle.

— Une réplique qui gâche tous vos effets. Bonsoir, Michael.

— Eve…

Il prit sa main, la porta lentement à ses lèvres. Le désir d'autrefois l'assaillit, troubla son regard.

— Plus belle que jamais.

— Je te trouve l'air… prospère. Tu renoues avec d'anciennes connaissances et tu en fais de nouvelles, je vois. Tu te souviens de Paul, bien sûr. Et voici ma charmante, et non moins maladroite biographe, Julia Summers.

— Mademoiselle Summers…

Ses lèvres, sa moustache effleurèrent les doigts de Julia.

— Je suis enchanté de faire enfin votre connaissance.

Avant qu'elle n'ait pu répondre, Paul glissait un bras autour de sa taille et l'attirait contre lui.

— Que fait-il ici, Eve ? demanda-t-il à la star.

— Paul, ne sois pas grossier, je t'en prie. M. Delrickio est mon invité. Je me demandais justement, Michael, si tu avais eu l'occasion de parler avec Damien ? Je suis certaine que vous avez beaucoup de souvenirs du bon vieux temps à évoquer ensemble.

— Non.

Les yeux d'Eve brillaient, aussi froids que les diamants à son cou. Elle rit.

— Julia, il vous intéresse peut-être de savoir que j'ai rencontré mon quatrième époux par l'intermédiaire de Michael. Damien et Michael étaient… partenaires en affaires, pourrions-nous dire, non ?

Delrickio n'avait jamais connu personne capable de le défier avec autant d'aplomb qu'Eve Benedict.

— Nous avions… des intérêts communs.

— Quelle manière habile de présenter les choses. Damien a pris sa retraite de champion et tout le monde a eu ce qu'il voulait. Oh, à l'exception d'Hank Freemont. Quelle épouvantable tragédie. Vous suivez le tennis, Julia ?

Un relent désagréable — celui d'une vieille histoire —, remonta soudain de sous l'arôme des fleurs et des parfums du jardin.

— Non. Pas du tout.

— C'était il y a environ quinze ans. Comme le temps passe…

Eve but une gorgée de champagne du bout des lèvres.

— Freemont était le principal rival de Damien, son obsession pourrait-on dire. Ils étaient tête de série numéro un et numéro deux pour l'U.S. Open. Les paris allaient bon train à savoir qui remporterait la victoire. Mais pour abréger le suspense, Freemont a fait une overdose. Une injection d'héroïne et de cocaïne. Un speedball — c'est comme cela que ça s'appelle, je crois. Quelle fin tragique… Mais Damien a remporté le tournoi haut la main. Ceux qui avaient parié sur lui se sont fait une jolie petite somme.

Lentement, ses ongles carmin brillant dans la lumière, Eve passa le doigt sur le bord de sa flûte de champagne.

— Tu es joueur, Michael, non ?

— Tous les hommes le sont.

— Certains sont plus chanceux que d'autres. Mais je ne voudrais pas te retenir, t'empêcher de profiter du buffet, de la musique, de la compagnie de vieux amis. J'espère que nous aurons l'occasion d'échanger encore quelques mots avant la fin de la soirée.

— J'en suis certain.

Il fit volte-face et aperçut Nina, debout à quelques pas. Leurs regards se croisèrent, se défièrent. Nina fut la première à baisser les yeux avant de se précipiter à l'intérieur de la maison.

— Eve..., dit Julia.

Mais la star se contenta de secouer la tête.

— Seigneur, j'ai besoin d'une cigarette.

Puis elle se tourna, un sourire éblouissant aux lèvres.

— Johnny, cher Johnny, je suis si heureuse que vous ayez pu venir.

Déjà, elle s'éloignait vers d'autres embrassades.

Julia renonça à lui parler et se tourna vers Paul.

— J'aimerais bien comprendre ce qui vient de se passer.

Il tendit les mains, prit les siennes.

— Vous tremblez.

— C'est comme si je venais d'assister à un duel fatal. Je...

Paul saisit deux coupes de champagne sur le plateau d'un serveur.

— Trois gorgées, lentement, ordonna-t-il.

Julia avait besoin de recouvrer son calme. Elle obéit.

— Paul, cet homme avait-il un revolver braqué sur votre cœur ?

Paul lui sourit mais il dansait dans ses yeux une lueur dangereuse, meurtrière.

— Et tout ce champagne renversé était-il destiné à me sauver, Jules ?

— Ça a marché, rétorqua-t-elle avant de boire une deuxième gorgée. Je veux que vous vous expliquiez, au sujet de Delrickio…

— Vous ai-je déjà dit combien vous étiez belle, ce soir ?

— Répondez-moi.

Mais Paul ne répondit pas. Il posa son verre sur une table en fer forgé et emprisonna le visage de Julia entre ses mains. Avant qu'elle ait pu s'échapper ou même décider de ce dont elle avait envie, il l'embrassait avec plus de passion qu'il n'était raisonnable d'en montrer en public. Et sous la fougue, couvait une colère arrière.

— Gardez-vous de Delrickio, dit-il doucement avant de l'embrasser de nouveau. Et si vous voulez profiter de la soirée jusqu'au bout, ne m'approchez plus.

Il la laissa là et regagna la maison, en quête d'un alcool fort.

— Eh bien, quel spectacle !

Julia sursauta et laissa échapper un soupir de soulagement lorsqu'elle vit que c'était Victor qui lui tapotait l'épaule.

— Je regrette seulement que personne ne m'ait donné le script, ajouta-t-il.

— Eve préfère les adaptations libres.

Victor jeta un coup d'œil autour de lui en faisant tinter les glaçons dans son soda.

— Dieu sait si elle aime remuer le passé. Elle a réussi à rassembler quasiment tous ses souvenirs, ce soir.

— Je présume que vous n'allez pas vouloir me dire qui est Michael Delrickio, vous non plus… ?

— Un homme d'affaires. Voulez-vous faire quelques pas dans le jardin ?

Il ne lui restait plus qu'à trouver les réponses par elle-même.

— Oui, très volontiers.

Ils quittèrent la terrasse, traversèrent la pelouse sous le scintillement des lumières. L'orchestre jouait *Moonglow* lorsqu'ils s'enfoncèrent dans l'air parfumé. Julia se souvint alors que, trois semaines plus tôt, elle avait surpris Eve et Victor se promenant dans ce même jardin, par une nuit de clair de lune semblable à celle-ci.

— J'espère que votre épouse va mieux.

Julia vit à son expression qu'elle avait lancé trop tôt le sujet.

— Je suis désolée. Eve m'a mise au courant...

— Je suis certain qu'elle ne s'est pas contentée de vous mettre au courant.

Il avala une gorgée de soda et lutta contre l'envie d'aller se servir un whisky.

— Muriel est hors de danger. Mais la convalescence, je le crains, sera longue et difficile.

— C'est sans doute dur à vivre, pour vous.

— Oui. Et Eve ne me facilite pas la tâche.

Le regard las, Victor se tourna vers Julia. Son visage éclairé par la lune l'émut soudain sans qu'il sache vraiment pourquoi. Ce soir, le jardin était fait pour des hommes et des femmes jeunes. Et lui se sentait vieux.

— Je sais qu'Eve vous a parlé de nous.

— Oui, mais ce n'était pas nécessaire. Je vous ai aperçus ici même, tous les deux, un soir il y a quelques semaines.

Julia le vit se crisper. Elle posa la main sur son bras.

— Je ne vous espionnais pas. C'était le hasard...

— Un hasard très opportun, pour une biographe, dit-il d'un ton agacé.

Julia hocha la tête, profita du fait qu'il allumait une cigarette pour choisir ses mots.

— Je sais que c'était indiscret de ma part de m'attarder, mais comment pourrais-je le regretter ? Ce que j'ai vu, ce sont deux personnes qui s'aiment profondément. Cela ne m'a ni choquée ni fait courir vers ma machine à écrire pour tout raconter. Non. Cela m'a touchée, émue.

Victor se détendit un peu mais son regard demeura froid.

— Eve est ce que j'ai eu de mieux et de pire, dans la vie. Comprenez-vous que je puisse éprouver le besoin de garder secret ce que nous avons vécu ?

— Oui.

Julia ôta sa main.

— Mais je comprends aussi parfaitement qu'elle puisse éprouver le besoin d'en parler. Et même si je compatis, je dois avant tout respecter mes engagements envers elle.

— C'est admirable, la loyauté. Même lorsqu'elle est mal placée. Laissez-moi vous dire une chose à propos d'Eve. C'est une femme fascinante, dotée d'un talent incroyable, capable de sentiments très profonds et animée d'une force inouïe. Mais c'est aussi une impulsive, susceptible de commettre d'irréversibles erreurs, d'engager toute une vie sous le coup de la passion. Elle regrettera ce livre un jour, mais il sera sans doute trop tard.

Il jeta sa cigarette sur le sol et l'écrasa.

— Trop tard pour nous tous.

Julia le laissa s'éloigner. Il n'était aucun réconfort ni soulagement qu'elle puisse lui apporter. Et même si elle comprenait son inquiétude, c'était à Eve qu'elle se devait de rester fidèle.

Brusquement lasse, elle s'assit sur le banc de marbre. Le jardin était calme. L'orchestre attaquait maintenant *My Funny Valentine* interprété par la chanteuse du groupe. Eve était décidément d'humeur passéiste, ce soir…

Profitant de la solitude et de la douceur de la musique, Julia s'efforça de faire le bilan de ce qu'elle avait vu et entendu jusque-là.

Tandis que ses pensées vagabondaient, elle entendit soudain d'autres voix un peu plus loin, dans les bosquets. Elle en fut d'abord contrariée. Elle avait envie d'un quart d'heure de paix. Ce n'était pas beaucoup demander… !

Puis, en entendant les voix se rapprocher, sa curiosité prit le dessus. Un homme et une femme. Ils se disputaient, de toute évidence. Eve, peut-être ? songea-t-elle, ne sachant trop s'il valait mieux partir ou rester.

Elle entendit un juron violent, en italien, puis une série de mots très durs dans la même langue suivie des pleurs amers d'une femme.

Julia se leva et décida de partir, finalement.

Mais une autre voix de femme l'en empêcha. Une voix qui disait :

— Je sais très bien qui vous êtes !

Elle aperçut alors, vêtue d'un blanc virginal et qui titubait dans sa direction, Gloria Dubarry. Complètement ivre.

— Mademoiselle Dubarry, dit Julia, se demandant ce qu'elle était censée faire, à présent.

— Je sais très bien qui vous êtes, répéta Gloria. La petite moucharde d'Eve. Laissez-moi vous dire une chose : si vous publiez un mot sur moi, un seul mot, je vous traînerai en justice.

La vestale était soûle à rouler par terre. Et elle cherchait la bagarre.

— Peut-être devriez-vous vous asseoir.

— Ne me touchez pas !

Elle repoussa violemment la main de Julia et saisit la jeune femme par les bras, enfonçant les ongles dans sa chair. Julia grimaça, de douleur et de dégoût : Gloria ne sentait pas le champagne mais le whisky.

— C'est vous qui vous permettez de me toucher, mademoiselle Dubarry, fit-elle remarquer.

— Savez-vous qui je suis ? Savez-vous ce que je suis ? Une foutue institution !

Elle avait beau chanceler en parlant, elle tenait Julia avec la force d'un aigle qui tient sa proie.

— Si vous vous en prenez à moi, c'est à la Femme Américaine, à la Mère et à l'Epouse, que vous vous en prenez. Et à ce foutu drapeau américain !

Julia tenta de se libérer mais l'actrice se révéla beaucoup plus résistante qu'il n'y paraissait.

— Si vous ne me lâchez pas, dit alors Julia, je vous balance mon poing dans la figure.

— Vous allez m'écouter, rétorqua Gloria en la poussant si durement qu'elle faillit passer par-dessus le banc de marbre. Dans votre propre intérêt, je vous conseille d'oublier ce que vous a dit Eve. Ce ne sont que des mensonges. Des mensonges cruels, minables.

— Je ne vois pas de quoi vous voulez parler.

— C'est de l'argent que vous voulez ? lança Gloria. C'est cela ? Combien ? Combien voulez-vous ?

— Je veux que vous me laissiez tranquille. Si vous voulez me parler, nous le ferons lorsque vous aurez dessoûlé.

— Je ne suis jamais ivre.

Le regard plein de haine, Gloria la frappa à la poitrine du tranchant de la main.

— Je ne suis jamais ivre, tâchez de vous en souvenir. Et je n'ai pas besoin d'une sale petite moucharde engagée par Eve pour venir me dire que je suis ivre.

Le sang de Julia ne fit qu'un tour. Elle attrapa Gloria à la gorge, serra la robe autour de son cou.

— Vous me touchez encore une fois et…

— Gloria.

La voix de Paul était très calme. Il s'avança vers les deux femmes.

— Vous ne vous sentez pas bien ?

— Non.

Les larmes lui vinrent aussi facilement que si l'on avait ouvert un robinet.

— Je ne sais pas ce qui m'arrive. Je me sens si faible, comme si mes jambes ne me portaient plus.

Elle pressa son visage contre la poitrine de Paul.

— Où est Marcus ? Marcus va s'occuper de moi.

— Si vous alliez vous allonger un petit moment ? Je vous accompagne. J'irai chercher Marcus.

— J'ai tellement mal à la tête, sanglota-t-elle tandis que Paul l'entraînait vers la maison.

Il jeta un regard à Julia par-dessus son épaule.

— Attendez-moi.

Julia croisa les bras et s'assit sur le banc.

Dix minutes plus tard, Paul la rejoignait. Il s'assit à côté d'elle, poussa un long soupir.

— Je n'avais encore jamais vu Gloria Dubarry ivre. Qu'est-ce qu'elle avait, au juste ?

— Je n'en ai pas la moindre idée. Mais j'ai l'intention de prendre Eve entre quatre yeux pour le savoir.

— Etrange.

Paul laissa son doigt glisser le long de la nuque de sa compagne.

— Qu'auriez-vous fait si Gloria vous avait touchée encore une fois ?

— Je lui écrasais du poing son joli petit menton.

Il rit, l'attirant contre lui.

— Mon Dieu, quelle femme ! Je regrette de ne pas être arrivé quelques secondes plus tard.

— Je n'aime pas les altercations.

— Non, je vois. Eve en a déclenché de nombreuses, dans cette soirée bourrée de stars. Voulez-vous que je vous dise ce que vous avez manqué pendant que vous vous promeniez dans les jardins… ?

S'il s'efforçait de lui faire oublier l'incident qui venait d'avoir lieu, le moins qu'elle pouvait faire était de lui donner une chance.

— Je vous écoute…, dit-elle.

— Kincaide n'a pas arrêté de promener sa carcasse menaçante, cherchant à coincer Eve pour une petite conversation privée. En vain. Anna Del Rio, la styliste, a passé son temps à raconter des vacheries sur notre hôtesse, espérant, j'imagine, contrebalancer ainsi celles qu'Eve ne manquera pas de raconter à son sujet.

Paul sortit un cigare. Dans la lueur du briquet, son visage avait l'air tendu.

— Drake n'a pas cessé de s'agiter, comme s'il avait des charbons ardents dans son pantalon.

— C'est peut-être lié au fait que j'ai vu Delrickio et son gorille sortir de son bureau, la semaine dernière.

Paul souffla lentement la fumée de son cigare.

— Tiens, tiens… Mais revenons à notre soirée. Torrent a une mine pitoyable, surtout depuis son petit tête-à-tête avec Eve. Priest passe son temps à poser et à rire haut et fort. Pendant qu'Eve et lui dansaient, je l'ai vu transpirer.

— Je crois que je ferais bien d'y retourner et de me rendre compte par moi-même.

— Julia…

Paul l'arrêta au moment où elle se levait.

— … Il faut que nous parlions. Je passerai demain.

— Non, pas demain, dit-elle, consciente de retarder seulement l'échéance. Brandon et moi avons à faire.

— Lundi, alors, pendant qu'il sera à l'école. Ce sera mieux.

— J'ai rendez-vous à 11 h 30 avec Anna, à son studio.

— Dans ce cas, je viendrai à 9 heures.

Il se leva, lui offrit sa main. Elle marcha à côté de lui vers la musique, les rires.

— Paul, les mouchoirs, la sollicitude envers Gloria, c'était pour venir à mon secours ?

— Ça a marché.

— Nous sommes quittes, alors.

Il hésita un bref instant avant de mêler leurs doigts.

— Presque.

16

La soirée battit son plein jusque vers 3 heures du matin, heure à laquelle il ne restait plus que quelques acharnés terminant le champagne et léchant le Beluga à même leurs doigts. Peut-être étaient-ils finalement les plus sages, accueillant la journée à venir le regard embrumé, la tête dans les nuages et l'estomac plein. Beaucoup de ceux qui étaient partis à une heure plus raisonnable en avaient été quittes pour une nuit d'insomnie, sans les extra.

Son corps énorme drapé dans une veste de brocart, au bord de l'infarctus, Anthony Kincaide s'assit dans son lit, fumant un des cigares qui, selon ses médecins, finiraient par le tuer. Le garçon dont il avait choisi de se servir cette nuit-là était affalé dans les draps de soie et la plume des oreillers, et se remettait d'une bonne dose de drogue et des violents assauts de Kincaide. Son dos mince et délicat était zébré de marques rouges.

Kincaide ne regrettait rien de ce qu'il venait de faire — le gamin était bien payé. En revanche, il regrettait d'avoir dû se contenter d'un substitut. Car pendant tout le temps où il l'avait fouetté, où il l'avait pris avec brutalité, violence, il avait rêvé de faire souffrir Eve.

La salope. La sale pute. Il inspira, le souffle rauque, déplaçant sa chair pour atteindre le verre de porto posé à côté du lit. Pour qui se prenait-elle pour le menacer ? Croyait-elle pouvoir agiter sous son nez le spectre des révélations et du scandale ?

Elle n'oserait pas rendre public ce qu'elle savait. Mais si elle le faisait… Sa main trembla tandis qu'il buvait le vin à grand bruit. Ses yeux enfoncés dans la graisse brûlaient de haine. Si elle le faisait… combien d'autres trouveraient alors le courage de se glisser par la brèche qu'elle aurait ouverte ? Il ne pouvait permettre cela. Jamais de la vie.

Il risquait d'être arrêté, d'être jugé, peut-être même de faire de la prison.

Cela ne se produirait pas. Il ne la laisserait pas faire.

Il but, fuma, échafauda des plans. A côté de lui, le jeune prostitué murmura dans son sommeil.

A Long Beach, Delrickio, immergé dans son bain à remous, laissait l'eau chaude, délicieusement parfumée au jasmin, caresser son corps bronzé, parfaitement entretenu. Il avait fait l'amour à sa femme en rentrant chez lui. Doucement, tendrement. Et sa ravissante Maria dormait à présent du sommeil des bienheureux.

Nom de nom, il chérissait vraiment sa femme, et se maudissait d'avoir pensé à Eve tout le temps qu'avait duré leur étreinte. Eve était le seul péché dont il eût à se repentir. Quoi qu'elle fasse, quoi qu'elle menace de faire, le désir qu'il éprouvait pour Eve ne s'éteignait pas. Une sorte de pénitence.

Luttant pour empêcher la tension de l'envahir de nouveau, il regarda la vapeur monter, embuer les vitres, dissimuler les étoiles à sa vue. Eve avait eu le même effet sur lui, embuant ses sens, sa raison. Ne s'était-elle pas rendu compte qu'il l'aurait protégée, chérie, qu'elle aurait eu tout ce qu'une femme peut désirer ? Au lieu d'accepter ce qu'il lui offrait, elle l'avait repoussé, définitivement banni de sa vie, avec une dureté qui lui faisait encore mal. Et tout cela à cause des affaires.

Il ouvrit, referma sa main, obligeant ses doigts à se détendre, et attendit que la rage dans son cœur se dissipe. Un homme qui pense avec son cœur commet des erreurs. C'est ce qu'il avait fait. Si Eve avait découvert les activités inavouables de Delrickio Enterprises, il ne devait s'en prendre qu'à lui-même. Etre amoureux l'avait rendu imprudent. Toutefois, jusqu'à ce soir, il avait cru, ou s'était efforcé de croire qu'il pouvait faire confiance à Eve.

Et voilà que, maintenant, elle lui jetait Damien Priest dans les pattes.

Il revoyait encore son regard plein de mépris…

Priest n'était qu'un pion qui pouvait être éliminé à n'importe quel moment. Mais se débarrasser de lui n'arrangerait rien. C'était Eve, et elle seule, qui menaçait de porter atteinte à sa respectabilité.

Alors, il allait devoir régler le problème et il le regrettait. Mais cette fois, l'honneur passait avant l'amour.

Gloria Dubarry se blottit contre son mari endormi et laissa les larmes ruisseler sur son visage. Elle se sentait mal. Boire ne lui avait jamais réussi. C'était la faute d'Eve, si elle s'était laissée aller ainsi et si elle était passée si près de s'humilier.

Tout le blâme en revenait à Eve, et à cette sorcière venue de l'Est pour mettre son nez partout.

A elles deux, elles allaient tout gâcher : son mariage, sa réputation, peut-être même sa carrière. En dévoilant sa faute. Une seule faute dans toute une vie.

Elle renifla, caressa l'épaule de son mari — robuste, solide comme un quart de siècle de mariage. Elle aimait tant Marcus… Il était si attentionné avec elle… Combien de fois ne lui avait-il pas dit qu'elle était son ange, innocent et pur ?

Comment pourrait-il comprendre — qui le pourrait, d'ailleurs ? — que la femme qui avait construit sa carrière sur son image de vierge… que cette femme avait eu une aventure torride avec un homme marié ? Et qu'elle avait avorté illégalement pour se débarrasser du fruit de cette aventure ?

Oh, mon Dieu, comment avait-elle pu tomber amoureuse de Michael Torrent ? Le pire, c'est qu'alors même qu'elle le rejoignait dans des hôtels miteux, il jouait son père à l'écran. Son père…

Et ce soir, il lui avait fallu être confrontée à lui, vieux, à demi handicapé… si frêle. Ça la dégoûtait de songer qu'à une époque elle l'avait eu en elle. C'était terrifiant. Elle le haïssait. Elle haïssait Eve. Elle aurait voulu qu'ils soient morts tous les deux ! S'abandonnant au désespoir, elle se mit à pleurer dans son oreiller.

Michael Torrent avait l'habitude de passer de mauvaises nuits. Son corps était perclus d'arthrite et il souffrait quasiment en permanence. L'âge et la maladie l'avaient décharné, lui laissant juste assez de chair pour souffrir encore. Mais ce soir, c'était son esprit, pas son corps, qui l'empêchait de connaître le luxe du sommeil.

Il pouvait maudire l'âge qui avait ruiné son corps, sapé son énergie, et le privait du réconfort de l'amour physique. Il pouvait pleurer sur le passé — lui qui avait été un roi alors qu'aujourd'hui il n'était même plus un homme.

Tous les souvenirs de ce qu'il avait été l'assaillaient, ne laissant aucune paix à sa chair fatiguée. Mais cela, tout cela, n'était rien.

Aujourd'hui, Eve menaçait de lui enlever le peu qu'il lui restait. Son amour-propre, son image.

Certes, il ne pouvait plus jouer, mais il était parvenu à rester une légende. Il était vénéré, admiré, respecté, considéré par ses fans et par les autres acteurs comme un grand monsieur, comme le roi de l'époque romantique d'Hollywood. Grant et Gable, Power et Flynn étaient morts. Michael Torrent — qui avait achevé sa carrière d'acteur en jouant avec bonne grâce les patriarches —, était vivant. Il était vivant et on se levait encore pour l'acclamer lorsqu'il paraissait en public.

Il ne supportait pas l'idée qu'Eve puisse révéler au monde qu'il avait trahi son plus cher et plus fidèle ami, Charlie Gray. C'était pourtant vrai... Pendant des années, Michael avait usé de son influence auprès des studios et intrigué pour qu'on ne donne à Charlie que des rôles secondaires. Il avait passé son temps à le coiffer sur le poteau après moult manœuvres, mais aussi à le faire cocu avec chacune de ses épouses.

Personne ne voudrait admettre que cela n'avait été qu'un jeu — un jeu mesquin, puéril, provoqué par l'envie, et peut-être la jalousie. Car Charlie était plus intelligent, plus doué, nettement plus sympathique que Michael ne pourrait jamais espérer l'être.

Oh, il n'avait pas voulu faire de mal à Charlie, pas vraiment. Après son suicide, rongé de remords, il avait fini par tout raconter à Eve.

Il espérait du réconfort, de la sollicitude, de la compréhension de sa part. Elle ne lui avait rien donné de tout cela. Elle s'était enfermée dans une rage froide. Cette confession avait ruiné leur mariage. Et aujourd'hui, Eve entendait ruiner aussi les dernières années qu'il lui restait à vivre en lui infligeant une humiliation cuisante.

A moins que quelqu'un ne l'arrête…

Drake transpirait à grosses gouttes. Les yeux hagards, il arpentait les pièces, pas encore assez ivre pour trouver le sommeil. Il lui manquait toujours cinquante mille dollars, et le temps filait.

Il fallait qu'il se calme, il savait qu'il fallait qu'il se calme. Mais voir Delrickio, ce soir, lui avait flanqué une telle peur qu'il en avait les intestins changés en eau.

Delrickio lui avait parlé poliment, avec affection, et pendant tout ce temps Joseph était resté à côté, le fixant de son regard impassible, comme si la correction qu'il lui avait administrée n'avait pas eu lieu, comme si la menace qu'elle représentait n'existait même pas.

C'était encore pire, d'une certaine façon, de savoir que ce qui lui serait infligé le serait sans passion, avec la détermination froide, inébranlable, de ceux qui règlent leurs affaires.

Comment convaincre Delrickio qu'il avait la cote avec Julia maintenant que tout le monde l'avait vue en compagnie de Paul Winthrop ?

Bon sang ! Il devait exister un moyen d'arriver jusqu'à elle, jusqu'aux cassettes, jusqu'à Eve.

Il fallait qu'il trouve ce moyen. Quels que soient les risques à prendre, ce serait de toute façon moins dangereux que de ne rien faire.

*
* *

Victor Flannigan pensait à Eve. A sa femme. Il se demandait comment il avait pu se retrouver lié à deux femmes aussi différentes. Toutes deux avaient le pouvoir de détruire sa vie. L'une avec sa faiblesse, l'autre avec sa force.

Il savait qu'il ne devait blâmer que lui-même. Il les avait utilisées. Il ne leur en avait pas moins donné le meilleur de lui-même. Mais il avait dupé tout le monde. Et il s'était dupé, lui aussi.

Impossible de revenir en arrière ou de changer quoi que ce soit à la situation. Tout ce qu'il pouvait faire, c'était se battre afin que rien ne se sache.

Il se tourna, se retourna dans le grand lit vide. Il avait envie d'Eve et la redoutait en même temps. Tout comme il avait envie de whisky et peur de boire. Parce qu'il ne se rassasiait jamais ni d'Eve ni du whisky. Combien de fois n'avait-il pas tenté de se soustraire à ces deux drogues ? Il y revenait toujours. Et s'il avait appris à haïr la boisson alors même qu'il mourait d'envie de s'y adonner, il n'avait jamais réussi à haïr Eve.

Son Eglise ne le condamnerait pas pour une bouteille de trop, mais pour une nuit d'amour, si… Et il y en avait eu des centaines. Seulement, même la peur de la damnation ne lui arrachait aucun regret.

Pourquoi Eve ne pouvait-elle pas comprendre que, quel que fût son amour pour elle, il avait le devoir de protéger Muriel ? Après toutes ces années, pourquoi Eve s'était-elle mis en tête de révéler les secrets, les mensonges ? Ne savait-elle pas qu'elle souffrirait autant que lui ?

Il se leva, gagna la fenêtre. Le ciel s'éclaircissait. Dans quelques heures, il irait rejoindre sa femme.

Entre-temps, il fallait qu'il trouve le moyen de protéger Muriel et de sauver Eve d'elle-même.

*
* *

Dans sa suite au Beverly Wilshire, Damien Priest attendait que le jour se lève. Il ne voulait ni alcool ni drogue pour endormir son esprit. Il se voulait éveillé, alerte, pour pouvoir réfléchir.

Qu'entendait-elle révéler, au juste ? Qu'oserait-elle rendre public ? Il voulait croire que la fête, ce soir, avait été orchestrée pour le faire paniquer. La panique… Il n'avait pas donné à Eve ce plaisir. Au contraire, il avait ri, raconté des histoires, plaisanté avec les uns et les autres. Seigneur, il avait même dansé avec Eve.

Mais quel ton doucereux elle avait pris pour lui demander comment marchait sa chaîne de magasins de sport ! Et quelle malice dans son regard pour ajouter que Delrickio semblait se porter à merveille… !

Il s'était contenté de sourire. Si elle avait espéré lui faire peur, elle en avait été pour ses frais.

Il s'assit, fixant la nuit par la fenêtre.

Il avait peur, très peur.

Eve s'allongea dans son lit avec un long soupir de satisfaction. Réussite totale. Outre le plaisir de voir quelques privilégiés passer un mauvais quart d'heure, elle avait eu celui d'observer Paul et Julia ensemble…

Il y avait une étrange et réconfortante justice, dans tout cela, songea-t-elle en fermant les yeux. Et c'était bien de justice qu'il était question dans toute cette histoire, non ? De justice et de vengeance.

Eve regrettait que Victor lui en veuille encore. Il faudrait bien qu'il accepte la réalité, pourtant.

Allongée dans le grand lit vide, elle regrettait de tout son cœur qu'il ne soit pas resté avec elle ce soir. Faire l'amour avec lui aurait couronné la soirée. Puis ils auraient attendu le lever du soleil en discutant tranquillement, blottis l'un contre l'autre.

Allons, il y avait encore du temps pour cela.

Eve ferma très fort les yeux, se raccrochant à ce seul et unique vœu.

Elle glissait doucement vers le sommeil lorsqu'elle entendit Nina arriver au bout du couloir, entrer dans sa chambre et arpenter nerveusement la pièce avant de fermer la porte.

Pauvre fille. Elle se faisait trop de souci.

A 9 heures, le lundi matin, Julia avait déjà enroulé et déroulé son corps, écrasé et étiré ses muscles, et transpiré par tous les pores de la peau. Son corps avait été frotté, pétri, malaxé. Elle quitta la Résidence, charriant le sac de sport qui contenait son justaucorps mouillé de sueur et sa serviette.

Elle portait un survêtement peu sexy, mais tira néanmoins sur le haut en passant devant Lyle qui astiquait paresseusement la voiture devant le garage.

Elle n'aimait pas la façon dont il la regardait, ni le fait qu'il se trouve systématiquement sur son chemin lorsqu'elle revenait de la salle de gymnastique. Comme d'habitude, elle le salua poliment mais froidement.

— Bonjour, Lyle.

— Mademoiselle…

Il toucha le bord de sa casquette d'un geste plus suggestif que respectueux.

— … J'espère que vous ne vous fatiguez pas trop.

Il se plaisait à l'imaginer en petit short et haut moulant, transpirant comme une chienne en chaleur.

— Vous n'avez vraiment pas besoin de faire tant d'exercice.

— Ça me plaît, rétorqua-t-elle sans s'arrêter.

Elle savait qu'il la regardait. Elle songea qu'il ne faudrait pas qu'elle oublie de baisser les stores de sa chambre.

Paul l'attendait sur la terrasse, les pieds posés sur une chaise. Il sourit lorsqu'il l'aperçut.

— Vous avez l'air d'avoir besoin d'un grand verre de quelque chose de frais.

— C'est à cause de Fritz, dit-elle, fouillant dans son sac de sport à la recherche de ses clés. Il me fait travailler les deltoïdes. Je ne sens plus mes bras.

Après avoir ouvert la porte et jeté sac et clés sur la table de la cuisine, Julia fonça vers le réfrigérateur.

— Il n'aurait pas eu son pareil à l'époque de l'Inquisition espagnole. Aujourd'hui, pendant que je souffrais sur la planche à abdominaux, il est parvenu à me faire avouer que j'aimais Devil dogs et les Ho-Hos.

— Vous auriez pu mentir.

Elle secoua la tête, se servant un verre de jus de fruits.

— Personne ne peut regarder les grands yeux bleus candides de Fritz et mentir. On irait tout droit en enfer. Vous en voulez ?

— Non, merci.

Lorsqu'elle eut vidé son verre, elle se sentit mieux.

— Je dispose d'à peine plus d'une heure avant d'aller me changer pour mon rendez-vous.

Rafraîchie, prête à attaquer la journée, elle posa le verre vide sur la table.

— De quoi vouliez-vous me parler ?

— D'un certain nombre de choses.

Négligemment, il enroula autour de son doigt une mèche des cheveux de Julia.

— Des cassettes, notamment.

— Inutile de vous inquiéter à ce sujet.

— Fermer la maison à clé est une sage précaution, Jules, mais ce n'est pas suffisant.

— J'ai prévu mieux. Suivez-moi.

Elle traversa la maison en direction du bureau. Au passage, il remarqua qu'il y avait des vases, des pots de fleurs partout. Bon nombre de bouquets de la soirée avaient trouvé refuge ici.

— Allez-y, dit-elle, désignant le tiroir du bureau. Jetez un coup d'œil.

Paul ouvrit. Le tiroir était vide.

— Où sont-elles ?

Julia fut un peu agacée de ne lui voir manifester aucune surprise.

— En lieu sûr. Donc…

Elle referma le tiroir.

— … Si quelqu'un revient mettre son nez, il ou elle trouvera le tiroir vide.

— Si cela ne va pas plus loin…

— Que voulez-vous dire ?

— Que quelqu'un pourrait vouloir ces cassettes. Coûte que coûte.

Tout en l'observant, Paul s'assit sur le coin du bureau.

— Pensez à l'attitude de Gloria Dubarry, l'autre soir.

Julia haussa les épaules.

— Elle était ivre.

— Exactement. Ce qui en soi est déjà anormal. Je ne l'ai jamais vue ne serait-ce qu'éméchée.

Paul s'empara d'un presse-papiers, un globe de cristal à facettes qui projeta mille feux lorsqu'il le fit tourner. Il se demanda s'il en serait de même avec Julia ; si, de froide et distante, elle deviendrait passionnée, explosive, entre ses mains.

— Elle vous mettait en garde. Pourquoi ?

— Je l'ignore. Je vous assure, insista-t-elle en voyant Paul la regarder, le sourcil froncé. Eve ne m'a jamais parlé d'elle, lors de nos entretiens, si ce n'est en passant. Pas même aujourd'hui.

Aujourd'hui, il avait été question du voyage d'Eve en Géorgie, des fesses de Peter Jackson, des tests que Brandon devait bientôt passer à l'école, de l'envie qu'avait Julia de se couper les cheveux tout court... Eve l'en avait dissuadée.

Julia poussa un soupir et se laissa tomber sur une chaise.

— Gloria craignait pour sa réputation. Elle m'a même proposé de l'argent, pour que je renonce à écrire. Mais je pense qu'elle aurait préféré me supprimer carrément.

Le visage de Paul se figea.

— Pour l'amour du ciel, Paul, je plaisantais !

Elle se mit à rire, se balança sur sa chaise.

— Je vous imagine très bien décrivant la scène. Gloria Dubarry, dans l'habit de nonne qu'elle portait dans *McReedy's Little Devils,* se glisse derrière l'intrépide biographe et la tue... J'espère que vous me ferez porter quelque chose de sexy, après toutes ces heures que j'aurai passées à soigner ma silhouette !... Elle brandit le couteau... Non, c'est trop salissant. Elle sort un 22. Non plus. C'est trop banal. Ah, elle plonge en avant et étrangle sa victime avec son rosaire.

Julia mima la strangulation, et se mit à rire.

— Qu'en dites-vous ?

— Ce n'est pas drôle.

Paul reposa le presse-papiers.

— Julia, je veux que vous me fassiez écouter ces cassettes.

— Vous savez que ce n'est pas possible.

— Je veux vous aider.

Il semblait si tendu qu'elle ne put résister. Elle posa la main sur la sienne.

— J'apprécie votre offre, Paul, mais je ne crois pas avoir besoin d'aide.

Il baissa les yeux, regarda la main fine, délicate…

— Si vous en aviez besoin, me le diriez-vous ?

Julia ne voulait ni lui mentir ni se mentir à elle-même, aussi réfléchit-elle un moment avant de répondre.

— Oui, dit-elle finalement.

Puis elle sourit, constatant qu'il n'était pas si difficile ou si risqué de donner sa confiance.

— Oui, je vous le dirais.

— Voilà au moins un point positif.

Paul emprisonna la main de Julia.

— Et si Eve avait besoin d'aide ?

Cette fois, elle n'hésita pas une seconde.

— Vous seriez le premier que j'informerais.

Satisfait, il classa mentalement cette question, comme il l'aurait fait d'une intrigue qu'on laisse mûrir.

— Laissez-moi vous poser une autre question, à présent.

Pensant que le plus difficile était passé, Julia se détendit.

— C'est moi qui suis censée vous interviewer, non ?

— Votre tour viendra… Julia, me croyez-vous, quand je vous dis que vous comptez pour moi ?

La question ne la prenait pas vraiment au dépourvu, mais cela ne rendait pas la réponse facile pour autant.

— Je vous crois. Là, maintenant, en cet instant précis.

Cette phrase en apprit bien davantage à Paul que ne l'eût fait un oui ou un non.

— Il n'y a donc rien qui dure, dans votre vie ? demanda-t-il.

Julia pouvait résister à la pression des doigts de Paul, mais pas à son regard. Si mentir à Fritz était impossible, mentir à Paul était inutile. Il lisait en elle comme dans un livre ouvert.

— Rien. A l'exception de Brandon.

— Et cela vous convient-il ? Avez-vous envie que ça change ?

— Je n'y ai jamais vraiment réfléchi.

Elle se leva, espérant échapper à la tension soudaine que faisait naître cette conversation.

— Je n'ai pas eu à le faire.

— Le moment est peut-être venu. Et il est temps que je vous pousse à réfléchir.

Il s'approcha, l'embrassa. Avec trop de passion, de frustration, un reste de colère. Puis il la plaqua contre lui, avec témérité. Pour sa plus grande satisfaction, il sentit l'émoi la saisir, sa peau devenir soudain toute chaude. Son excitation grandit encore lorsqu'il cueillit sur ses lèvres un soupir affolé.

Alors, il emprisonna Julia entre ses cuisses, mordillant ses lèvres, les caressant du bout de la langue. Elle s'entendit gémir lorsqu'il glissa les mains sous son sweat-shirt, caressa son dos.

Sa peau était tour à tour froide, chaude, frissonnante et moite. Mais la peur l'avait quittée, dominée par la force des émotions qu'il faisait naître en elle. Des désirs trop longtemps ignorés la submergeaient soudain, comme une vague balayant tout sur son passage. Tout, sauf lui.

Elle avait la sensation de flotter, et de s'agripper à lui. Elle s'imaginait dérivant indéfiniment ainsi, bouleversée, trop faible pour résister à la main qui la guidait.

Lorsque Paul pencha la tête, laissant ses lèvres lui caresser le cou, la gorge, elle se rendit compte qu'elle ne flottait pas du tout ; qu'ils avaient quitté le bureau ; que Paul l'entraînait à travers le salon, vers les premières marches de l'escalier.

C'était cela, la réalité.

Et dans le monde réel, se laisser guider signifiait abandonner tout contrôle, être vulnérable.

— Où allons-nous ? demanda-t-elle.

Etait-ce sa voix, ce murmure rauque, essoufflé ?

— Dans votre chambre.

— Mais…

Elle tenta d'éclaircir ses idées. La bouche de Paul ne lui en laissa pas le temps.

— Au beau mileu de la matinée ? murmura-t-elle tout de même.

Paul eut un rire nerveux. Son cœur battait à se rompre. Il avait une envie folle de la caresser, de la sentir sous lui, d'être en elle.

— Mon Dieu, Julia, vous êtes adorable…

Son regard brûlant de désir croisa celui de la jeune femme.

— J'ai envie de vous.

D'un geste, il lui ôta son sweat-shirt. Elle ne portait rien en dessous si ce n'est le parfum délicieux de l'huile de massage.

— Alors… Voulez-vous que j'attende le coucher du soleil ?

Elle laissa échapper un soupir de plaisir lorsqu'il posa les mains sur elle.

— Non.

Il la plaqua contre le mur, laissant ses mains puissantes et expertes la séduire. Son souffle était rauque, déjà saccadé. Il allait devenir fou, s'il elle lui demandait d'attendre encore.

— Julia, dites-moi ce que vous voulez…

— Ça…

Elle l'embrassa. A présent, c'était elle qui l'entraînait vers la chambre.

— Je vous veux, vous, Paul.

Ses mains tremblaient lorsqu'elle entreprit de déboutonner sa chemise. Mais avec quelle maladresse… Elle se le reprocha à haute voix. Mon Dieu, elle avait tellement envie de lui, de le toucher… ! D'où que lui vint ce désir soudain, il la consumait tout entière.

— Je ne peux pas. Il y a trop longtemps, dit-elle soudain, renonçant à toute initiative.

Elle ferma les yeux, profondément humiliée.

— Vous vous débrouillez très bien.

Paul avait failli rire, mais il voyait bien qu'elle n'avait aucune idée de l'effet merveilleux que sa spontanéité, son inexpérience avaient sur lui.

— Détendez-vous, Julia, murmura-t-il, l'allongeant doucement sur le lit. Ce genre de choses ne s'oublient pas…

Elle parvint seulement à esquisser un petit sourire paniqué, et à dire :

— On prétend cela du vélo, aussi. Mais moi, j'ai tendance à perdre l'équilibre et à tomber.

Du bout de la langue, il suivit le dessin de son visage, stupéfait par la violence du désir que fit naître en lui le frisson qui la parcourut.

— Je vous avertirai, Julia, si je sens que vous commencez à tanguer.

Elle lui ouvrit les bras. Il embrassa ses poignets, caressa ses doigts de la langue, les mordilla. Tu vas trop vite, avec elle, se reprocha-t-il en la regardant. Il la bousculait, aiguillonné par son propre désir. Alors qu'elle avait besoin qu'on s'occupe d'elle, qu'on soit patient, tendre.

Dans le même temps, Julia songea que quelque chose avait changé. Quoi exactement ? Elle n'aurait su le dire. Elle n'était plus crispée, mais impatiente, le corps soudain tendu de désir. Et les mains de Paul n'étaient plus ni brusques ni possessives. Les mains de Paul découvraient son corps, l'exploraient. Lorsqu'il l'embrassa de nouveau, sa bouche était infiniment persuasive. Et c'était irrésistible.

Paul sentit Julia se détendre peu à peu, devenir liane, miel chaud fondant sous ses doigts. Il ignorait qu'un tel abandon, qu'une telle confiance pouvaient donner à l'homme qui les provoquait un si profond sentiment de virilité.

Il eut envie de donner encore davantage, de promettre encore davantage.

Lentement, enchaîné au regard de Julia, il ôta le bandeau qui retenait ses cheveux. Un soleil d'or sombre s'étala en corolle sur le dessus-de-lit rose pâle. Lorsque Julia entrouvrit les lèvres, il les effleura, laissant à sa compagne l'initiative d'approfondir ce baiser. Et quand sa langue le chercha, il plongea dans la douceur de sa bouche.

Le désir tua toute pensée. Julia reprit soudain son souffle. Ses doigts tremblaient encore mais elle parvint enfin à déboutonner la chemise de Paul et un long soupir de satisfaction lui échappa tandis qu'elle sentait contre elle la chaleur de son torse. Elle ferma les yeux, s'enivrant des battements de leurs cœurs.

Un nuage de sensations l'enveloppa, comme un voile de brume qui lui aurait permis de faire tout ce qu'elle souhaitait — avec sa bouche, avec ses mains, sans hésitation ni regret. Oui, c'était exactement ce qu'elle voulait. Elle était affamée — par la solitude, par le manque, par le désir. Et elle voulait un festin.

Ses lèvres, avides, couvrirent de baisers le visage, le cou de Paul alors qu'elle se grisait de son odeur animale. Il murmura quelque chose — un mot bref, cru —, et elle s'entendit rire, un rire qui s'étrangla dans sa gorge lorsque Paul pressa soudain son corps contre le sien, sexe contre sexe.

De la langue, il effleura la pointe de ses seins. Le plaisir la fit se cambrer sous lui ; une onde de choc se répercuta dans son corps tendu. Puis elle sentit une morsure, légère, puis encore l'avidité soudaine de la bouche, exprimant l'éternelle soif de la chair. Elle poussa un petit gémissement, attirant Paul contre ses seins, exigeant et offrant ce qu'il avait demandé.

Et davantage encore.

Et c'était une libération, cet assouvissement téméraire des désirs, désirs qu'elle avait niés, méprisés même, pendant si longtemps.

L'air embaumait du parfum des camélias disposés dans la coupe sur la table de nuit. Le lit gémissait sous le poids de leurs corps enlacés. Le soleil qui filtrait à travers les stores donnait à la pièce une teinte chaude et dorée. Et à chacune des caresses de Paul, cette lumière explosait en milliers d'arcs-en-ciel sous les paupières lourdes de Julia.

Paul songea que c'était précisément ainsi qu'il avait espéré Julia. Il montait, lentement, vers le plaisir. Résistait avec peine à l'envie de prendre. Donnait. Provoquait. Tourmentait. Et bientôt, il fut satisfait de l'entendre crier son nom.

Elle était douce comme la soie, parfumée par les huiles. Il brûlait de sentir son corps tout entier nu contre le sien. Alors, il la débarrassa de son pantalon, et retint son souffle en la découvrant nue en dessous.

Il trouva pourtant la force de résister encore, se délectant de la douceur de ses cuisses longues et fermes, de leur goût sous ses lèvres. Sa bouche se fit plus audacieuse. Et à la première caresse, Julia bascula dans l'extase.

Le plaisir explosa en elle, irradia tout son être, la laissant abasourdie, bouleversée, tremblante. Un plaisir d'une violence terrifiante, inouïe. Enivrante.

Paul l'avait soulevée vers lui. Il vit la passion brûler dans son regard, il sentit son corps frissonner, il la vit retenir son souffle sous le choc puis soupirer lorsque l'extase la submergea.

Et lorsqu'elle retomba sur le lit, il se pencha vers elle, le corps tremblant, attendant qu'elle ouvre les yeux, que leurs regards se rencontrent.

Alors, il se glissa en elle. Elle s'arqua à sa rencontre.

De l'acier dans un étau de velours.

Unis, ils bougèrent ensemble, de manière instinctive, ancestrale, magnifique. Julia attira Paul tout contre elle. Et cette fois, lorsqu'elle chavira de nouveau, elle l'emmena avec elle.

Paul était allongé, immobile, son sexe encore en elle. L'odeur de sa peau chaude après l'amour s'insinuait en lui, mêlée au parfum délicat des camélias. La lumière que laissaient passer les stores ne semblait appartenir ni au jour ni à la nuit, mais aux deux à la fois. Captive de ses bras, Julia respirait tranquillement et son corps se soulevait et se relâchait doucement. Il voyait son visage, ses joues encore roses du feu de la passion. Et il n'eut qu'à poser les lèvres sur celles de la jeune femme pour y goûter la douceur du plaisir partagé qui s'y attardait.

Il avait cru tout connaître du jeu amoureux, le maîtriser. Combien de fois n'en avait-il pas usé pour séduire une femme ? Combien de fois ne l'avait-il pas habilement introduit dans une de ses intrigues ? Mais aujourd'hui, c'était différent. Cette femme était différente. Elle l'avait emporté vers d'incomparables sommets. Et il entendait bien lui faire comprendre qu'ils pourraient encore les atteindre ensemble, encore et encore.

— Vous voyez, Julia, je vous l'avais dit : ce genre de choses ne s'oublient pas. Ça vous est revenu…

Elle ouvrit lentement les yeux. Ils étaient immenses, sombres, ensommeillés. Elle sourit. Inutile de lui dire que rien ne lui était revenu. Et pour cause. Elle n'avait jamais rien connu qui pût rivaliser avec ce qu'ils venaient de partager.

— Cela veut-il dire que… vous avez trouvé ça bon ?

Le visage de Paul s'éclaira d'un sourire, et il mordilla l'oreille de Julia.

— Mieux que cela. En fait, j'étais justement en train de me dire que nous pourrions avoir une journée très productive si nous ne sortions pas d'ici.

— Productive ?

Il lui caressa les cheveux, les laissa glisser voluptueusement le long de son dos, tandis qu'il l'embrassait dans le cou. Jamais elle ne s'était sentie aussi merveilleusement bien.

— Intéressante, peut-être. Agréable, certainement. Mais productive, c'est une autre affaire, Paul. Mon entrevue avec Anna devrait l'être, par contre…

Julia se tourna paresseusement vers le réveil. Elle poussa un cri, lutta pour se lever mais Paul la retint.

— Il est 11 h 15. Comment peut-il être 11 h 15 ? Il était à peine un peu plus de 9 heures lorsque nous…

— Le temps file, murmura-t-il, très flatté. Vous ne serez jamais à l'heure pour votre rendez-vous.

— Mais…

— Il va vous falloir près d'une heure pour vous habiller et vous rendre en voiture sur place. Reportez ce rendez-vous.

— Tout cela n'est pas du tout professionnel.

Julia se dégagea des bras de Paul et ouvrit le tiroir de la table de nuit pour prendre son carnet d'adresses.

— Je ne pourrai m'en prendre qu'à moi-même, si elle refuse de m'accorder un autre entretien.

— Je vous aime beaucoup, ainsi, dit-il tandis qu'elle tirait à elle le téléphone. Encore toute chaude et fatiguée.

— Taisez-vous. Laissez-moi réfléchir.

Julia repoussa les cheveux de son visage, composa le numéro et poussa soudain un petit cri.

Paul eut un large sourire et continua de lui mordiller les doigts de pied.

— Désolé. C'est un fantasme que j'avais envie d'assouvir depuis longtemps.

— Le moment est mal choisi…

Le plaisir l'assaillit soudain. Elle rejeta la tête en arrière.

— Paul, je vous en prie. Il faut que je… Oh-oh ! Pardon ?

Elle s'efforça de reprendre sa respiration tandis que la réceptionniste répétait son bonjour standard.

— Oui, je suis désolée.

Il entreprenait son autre pied, à présent, en caressait la cambrure du bout de la langue. Oh, Seigneur, qui aurait pu penser qu'une sensation peut vous traverser ainsi le corps et vous faire frissonner des pieds à la tête ?

— Je… Julia Summers à l'appareil. J'ai rendez-vous à 11 h 30 avec Mme Del Rio.

Paul s'était mis à caresser ses chevilles. Julia sentit le sang battre sourdement contre ses tempes.

— Je, oh… je dois repousser mon rendez-vous. J'ai eu un…

Les lèvres chaudes, humides, remontaient le long de son mollet.

— … Un empêchement de dernière minute. Je suis désolée. Pouvez-vous présenter à Mme…

— … Del Rio, compléta Paul avant de dessiner de paresseuses arabesques au creux de son genou.

Les doigts de Julia se crispèrent sur les draps froissés.

— Pouvez-vous lui présenter mes excuses et lui dire…
Il embrassait l'intérieur de sa cuisse, goûtait sa peau.
— Dites-lui que je la rappellerai. Merci.
Le téléphone heurta le sol avec un bruit sec.

17

Drake adressa un bonjour enjoué au gardien. Une fois la grille franchie, il se remit à se gratter les cuisses, tout crispé. Le stress lui avait valu une irruption de plaques rouges qui le démangeaient affreusement et qui résistaient aux crèmes et aux lotions. Si bien que lorsqu'il arriva devant le pavillon des invités, il gémissait, et se parlait à lui-même.

— Ça va aller. Il n'y a aucune raison de s'inquiéter. Tu seras rentré et sorti en moins de cinq minutes et le tour sera joué.

La transpiration perla soudain, transformant ses cuisses déjà à vif en un véritable brasier.

Il restait quarante-huit heures avant l'expiration de l'ultime délai. La seule perspective de ce que lui ferait Joseph avec ses poings gros comme des parpaings le fit se précipiter hors de la voiture.

Il n'y avait aucun danger, c'était déjà ça. Eve était en train de tourner à Burbank et Julia interviewait cette sorcière d'Anna. Tout ce qu'il avait à faire, c'était d'entrer, de dupliquer les cassettes et repartir comme il était venu.

Il secoua le loquet de la porte une bonne minute avant de prendre conscience que la maison était bel et bien fermée à clé. Le souffle court, il fit le tour, testant chaque porte, chaque fenêtre. Et lorsqu'il se retrouva finalement au point de départ, il dégoulinait de transpiration.

Il ne pouvait pas repartir les mains vides. Et il avait beau tenter de se convaincre du contraire, il savait pertinemment qu'il ne trouverait pas le courage de revenir. Il fallait agir maintenant. Grattant ses cuisses en feu, il courut, trébuchant jusqu'à la terrasse. Puis, jetant un coup d'œil furtif autour de lui, il s'empara d'un petit pot de pétunias. Il y eut un bruit de verre brisé qui sembla à Drake plus assourdissant qu'une rafale de mitraillette. Puis le pot tomba et se brisa à son tour sur la pierre de la terrasse.

Drake jeta encore un coup d'œil autour de lui, glissa la main par la vitre brisée, et ouvrit le loquet.

Se retrouver dans la maison vide lui procura une intense satisfaction et lui redonna courage. Il traversa la cuisine, gagna le bureau d'un pas alerte.

Il souriait encore en ouvrant le tiroir.

Son regard se figea un instant, puis il rit intérieurement et ouvrit un autre tiroir. Puis un autre encore.

Le sourire se mua en rictus.

Vides. Les tiroirs étaient vides.

Julia ne se souvenait pas avoir vécu une interview aussi épuisante que celle que lui avait accordée Anna. Cette femme avait un débit… Mais au milieu de ce flot de paroles, Julia était convaincue de pêcher des choses intéressantes. Quand elle trouverait l'énergie de réécouter la cassette.

Elle gara la voiture devant la maison et resta assise, les yeux fermés, la tête renversée en arrière. Au moins Anna ne s'était-elle pas fait prier pour parler. Les mots jaillissaient de la bouche de cette femme comme l'eau d'un tuyau crevé ! L'esprit constamment survolté, elle était incapable de rester en place plus de quelques minutes. Si bien que tout ce que Julia avait eu à faire, c'était de lui demander : « Comment cela se passe-t-il lorsqu'on a pour mission de dessiner la garde-robe d'Eve Benedict ? »

Anna s'était aussitôt lancée dans une grande diatribe sur les envies extravagantes et souvent irréalistes d'Eve, ses exigences, ses caprices de dernière minute. C'est moi qui ai fait d'Eve une reine dans *Lady Love,* disait Anna. Moi qui l'ai rendue époustouflante dans *Paradise Found.* Mais elle ne disait mot du fait que c'était Eve qui lui avait donné sa chance, en l'imposant comme responsable de la création des costumes de *Lady Love*…

Cette ingratitude lui rappelait celle de Drake.

Il commençait à pleuvoir. Julia poussa un soupir et descendit de la voiture. C'était une petite pluie fine, serrée, qui donnait l'impression de vouloir durer ainsi des jours et des jours.

Julia aurait préféré oublier son entretien avec Anna, et refermer la porte sur les mots entendus comme elle la refermerait bientôt sur cette petite pluie désagréable.

Pourtant, quels que fussent ses sentiments personnels, il faudrait bien qu'elle réécoute cet enregistrement. Et si Anna apparaissait dans le livre comme une peau de vache trop gâtée, tant pis pour elle.

Julia ouvrit la porte, tout en se demandant ce qu'elle allait cuisiner pour dîner. Une odeur âcre de fleurs renversées l'assaillit aussitôt. Le salon qu'elle avait laissé en ordre, pour une fois, n'était plus qu'un fouillis de tables, de lampes, de coussins déchirés. Le temps que son esprit enregistre ce qu'elle voyait, elle resta figée sur place, son attaché-case dans une main, ses clés dans l'autre. Puis elle lâcha le tout et s'avança au milieu du chaos qu'était devenue sa maison.

Et pas une pièce n'avait été épargnée : partout du verre

brisé, des meubles renversés. On avait arraché les tableaux, fracturé les tiroirs. Dans la cuisine, les boîtes, les bouteilles avaient été balayés des placards, et leur contenu répandu sur le sol formait un mélange dégoûtant.

Julia fit demi-tour et se précipita en haut. Dans sa chambre, ses vêtements étaient éparpillés. Le matelas avait été en partie tiré hors du lit, les draps arrachés, déchirés. Sa coiffeuse avait été retournée.

Mais ce fut l'état de la chambre de Brandon qui lui fit perdre le contrôle. Fouillée. Jouets, vêtements, et livres dispersés…

Julia ramassa un pyjama, le roula en boule dans ses mains. Puis elle empoigna le téléphone.

— Résidence de Mlle Benedict.

— Travers. J'ai besoin d'Eve.

Travers accueillit cet aveu avec un petit rire sec.

— Mlle Benedict est au studio. Je ne l'attends pas avant 19 heures.

— Contactez-la tout de suite. Quelqu'un est entré dans la maison et l'a mise sens dessus dessous. Je lui donne une heure, ensuite j'appelle la police.

Julia raccrocha, coupant court aux questions affolées de Travers.

Ses mains tremblaient. Tant mieux, décida-t-elle. C'était de colère et cela ne la dérangeait pas. Au contraire, elle voulait se raccrocher à cette colère, au dégoût, à toutes les envies de vengeance qui l'assaillaient.

D'un pas décidé, elle redescendit, gagna le salon. Elle s'accroupit devant un pan de lambris et pressa le mécanisme invisible, comme le lui avait montré Eve. Le panneau glissa, s'ouvrit, révélant un coffre secret. Julia composa la combinaison du code en la récitant mentalement. Et lorsque le coffre fut ouvert, elle en inventoria le contenu.

Ses enregistrements, ses notes, ses bijoux : tout y était. Satisfaite, elle le referma puis s'approcha de la fenêtre et attendit.

Une demi-heure plus tard, la Studebaker de Paul s'arrêtait devant la maison. Il avait le visage figé, inexpressif.

— Que s'est-il passé ?

— Travers vous a appelé ?

— Oui. Ce qu'apparemment vous avez négligé de faire.

— Cela ne m'est même pas venu à l'esprit.

Il attendit un instant avant de répondre, le temps de laisser passer la colère provoquée par cette dure remarque.

— De quoi s'agit-il : d'un nouveau cambriolage ?

— Voyez vous-même.

Julia s'écarta pour le laisser entrer. Le spectacle du salon dévasté ranima sa colère. Elle dut faire un effort surhumain pour se contenir, et serra les poings à se faire mal.

— Je pense que la personne est entrée dans une rage folle, quand elle n'a pas trouvé les enregistrements dans les tiroirs. Et il ou elle a décidé de tout retourner.

Du bout du pied, elle repoussa les débris d'un vase.

— Seulement, ses efforts ont été vains.

Paul fit volte-face. L'amertume et la rage se mêlaient dans sa gorge. La dureté de son regard laissa Julia interdite.

— Les enregistrements, n'est-ce pas ? Vous ne pensez donc qu'à cela !

— Ils sont à l'origine de tout. Quelqu'un les cherche, c'est évident. Sinon, pourquoi un tel acharnement ?

Paul secoua la tête, s'efforçant de ne pas imaginer le pire. Et s'il avait retrouvé Julia inerte ? Morte ?

— Les enregistrements sont en sécurité, donc tout va bien ? dit-il d'une voix glaciale.

— Non, tout ne va pas bien.

Julia desserra les poings. Et comme si par ce geste elle

avait renoncé à toute maîtrise d'elle-même, elle explosa soudain.

— Ils sont entrés dans la chambre de Brandon, ils ont fouillé dans ses affaires !

Elle donna des coups de pied dans le chaos ; ses yeux étaient aussi sombres que l'orage qui éclatait soudain en elle.

— Personne, personne n'a le droit de s'approcher ainsi de mon fils ! Lorsque j'aurai trouvé les coupables, ils vont le payer cher !

Paul préférait la voir en colère que figée dans sa dignité glacée. Mais il n'était pas pour autant satisfait.

— Vous m'aviez promis de m'appeler en cas de problème.

— Je me débrouille.

— Sûrement !

Il l'attrapa par les bras, la regarda droit dans les yeux, avec violence.

— Si ce sont les enregistrements qu'ils veulent, ils s'en prendront à vous la prochaine fois ! Pour l'amour du ciel, Julia, croyez-vous vraiment que ce livre vaille tant de risques ?

Aussi pâle que lui, Julia se dégagea d'un geste brusque, frottant ses bras meurtris. La pluie, projetée par le vent, cinglait furieusement les vitres du salon, maintenant.

— Vous savez très bien qu'il ne s'agit pas que de cela ! Vous devriez le savoir mieux que quiconque ! Ces enregistrements vont me permettre de faire un travail d'une qualité exceptionnelle. Ce que j'écrirai sur Eve sera plus riche, plus poignant, plus fort que n'importe quelle fiction.

— Et si vous vous étiez trouvée là lorsqu'ils sont entrés ?

— Ils ne seraient pas entrés si j'avais été là. De toute évidence, ils ont attendu que la maison soit vide. Soyez logique.

— Je me fous de la logique. Je ne veux pas que vous preniez de risques.

— Vous ne…

— Non, Julia, je refuse !

Paul repoussa une table basse d'un geste de colère.

— Qu'imaginez-vous ? Que je vais rester là, les bras croisés, à vous regarder faire ? La personne qui est entrée ici ne plaisantait pas, Julia. Elle voulait à tout prix ces enregistrements.

Paul attrapa un coussin éventré et le lui lança.

— Regardez ! Regardez, nom de nom, ce qui aurait pu vous arriver !

Julia ne s'était pas sentie personnellement en danger. Pas une seconde l'idée de sa propre mort ne lui avait traversé l'esprit. Aussi en voulut-elle à Paul d'avoir fait surgir l'épouvantable possibilité… Elle réprima un frisson, laissa tomber le coussin à terre.

— Mêlez-vous de vos affaires, Paul. Ce n'est pas parce que nous avons passé une matinée au lit qu'il faut vous croire responsable de moi.

Il attrapa sans brusquerie le revers de la veste qu'elle portait, referma lentement les doigts sur le tissu. En lui, la douleur se mêlait à l'angoisse, à la colère.

— C'était plus qu'une simple matinée au lit, mais nous en reparlerons… Pour l'instant, considérez le fait que ce foutu livre vous met en péril.

— Si j'avais une seule fois songé à renoncer, ce qui vient de se produire m'aurait fait changer d'avis. Je ne céderai pas à ce genre d'intimidation.

— Bravo ! lança Eve depuis la porte d'entrée.

Ses cheveux étaient mouillés, de même que le pull en cachemire qu'elle avait enfilé à la hâte après le coup de fil de Travers. Son visage était très pâle, mais sa voix était calme, assurée.

— Il semblerait que tout le monde ne soit pas dans le même état d'esprit, ajouta-t-elle.

— Eve, qu'est-ce qui te prend ? lança Paul, en proie à une flambée de colère qu'il n'avait encore jamais éprouvée à son égard. Est-ce que tout cela t'amuse vraiment ? Est-ce si jouissif, de savoir que tu peux pousser quelqu'un à de pareilles extrémités ? Quelle femme es-tu devenue, Eve, si désormais ta vanité, ton désir passent avant tout ?

Lentement, elle s'assit sur l'accoudoir du canapé éventré, sortit une cigarette et l'alluma. C'était étrange, elle avait toujours cru que Victor était le seul homme à pouvoir lui faire du mal. Mais la douleur était encore plus vive, plus profonde, infligée par Paul qu'elle considérait comme son fils.

— Est-ce que cela… m'amuse ? dit-elle lentement. Est-ce que voir ce qui m'appartient détruit, la vie privée de mes invités violée, m'amuse ?

Elle poussa un soupir, souffla la fumée de sa cigarette.

— Non. Pas du tout. Est-ce que cela m'amuse de savoir que quelqu'un a tellement peur de ce que je pourrais révéler qu'il en arrive à dérailler ? Oui. Absolument. Ça, ça m'amuse beaucoup.

— Tu n'es pas la seule à être impliquée dans cette histoire.

— Julia et Brandon seront protégés.

D'un geste négligent, elle laissa tomber sa cendre sur les débris qui jonchaient le sol. A chaque battement de cœur répondait un élancement horrible dans sa tête.

— Travers s'occupe de préparer les chambres d'amis à la Résidence. Julia, vous pourrez y rester le temps que vous souhaiterez ou réintégrer cette maison dès qu'elle sera de nouveau habitable…

Elle leva les yeux, s'efforça de garder un visage et un ton impassibles.

— … Mais vous êtes également totalement libre d'abandonner notre projet.

Mue par un élan qu'elle n'avait pas le moins du monde prémédité, Julia s'approcha d'Eve.

— Je n'ai aucune intention d'abandonner le projet. Ni de vous laisser tomber.

— L'intégrité, dit Eve en souriant, est une vertu très enviable.

— Pas l'entêtement aveugle, rétorqua Paul.

Il jeta un regard froid à Julia.

— Il est clair que vous n'avez ni l'une ni l'autre besoin de mon aide. Ni envie que je reste…

Eve se leva, très raide, tandis qu'il quittait la pièce. Sans un mot, elle observa Julia qui le suivait des yeux.

— L'orgueil masculin, murmura-t-elle.

Et elle glissa un bras autour des épaules de Julia.

— C'est quelque chose d'énorme et de très fragile à la fois. Je me le représente toujours comme un fantastique pénis de verre.

Malgré les émotions qui l'assaillaient, Julia ne put s'empêcher de rire.

— Voilà qui est mieux, dit Eve.

Elle se pencha pour ramasser un morceau de vase brisé qu'elle utilisa comme cendrier.

— Il reviendra. Fâché, furieux, sans doute. Mais il tient trop à vous pour garder longtemps ses distances.

Eve sourit, écrasa sa cigarette. Puis avec un haussement d'épaules, elle jeta le mégot ainsi que son cendrier de fortune au milieu des débris du salon.

— Vous croyez que ce qui s'est passé entre vous m'a échappé ?

— Je ne pense vraiment pas que…

— C'est cela, ne pensez pas.

Eve avait besoin d'air. Elle s'approcha de la porte restée ouverte. Elle aimait la pluie, sa fraîcheur sur son visage. Elle avait atteint un stade où l'on savoure les petites choses de la vie, les plaisirs simples.

— J'ai tout de suite su, reprit-elle. Su que vous m'aviez, tranquillement, sans effort, détrônée dans son cœur.

— Il était en colère, dit Julia.

Elle prit brusquement conscience qu'elle avait mal à la tête et ôta les épingles de ses cheveux.

— Oui. Et il a raison de l'être. J'ai mis sa femme — vous, Julia — dans une situation difficile, voire dangereuse.

— Ne restez pas sous la pluie, vous allez attraper froid, dit Julia.

Elle se hérissa sous le regard amusé d'Eve. Puis elle ajouta :

— Et sachez que je ne suis la femme de personne.

— C'est très bien.

Eve s'écarta sagement de la porte. Il lui plaisait d'avoir affaire à tant de jeunesse, de courage, de caractère.

— Même lorsqu'on appartient à un homme, reprit-elle, il faut savoir se préserver. Quel que soit l'amour que vous éprouvez pour lui — ou que vous éprouverez un jour —, ne renoncez jamais à vous.

A ce moment, la douleur fut si fulgurante, si vive, qu'elle arracha un cri à Eve. La star couvrit du dos de la main l'œil qui la faisait souffrir.

— Que se passe-t-il ?

Julia se précipita vers elle, la soutint, l'aida à s'asseoir.

— Vous êtes malade. J'appelle un médecin.

— Non. Non, dit Eve, la retenant par la main. C'est une

simple question de stress. Trop de travail et le contrecoup de cette histoire. Quoi qu'il en soit, j'ai souvent mal à la tête.

… Mal à la tête. Si seulement il ne s'était agi que de cela : un mal de tête. Un mal pénible mais passager.

— Si vous voulez bien aller me chercher un verre d'eau, Julia.

— D'accord. Je reviens tout de suite.

Lorsque Julia eut disparu, Eve plongea la main dans son sac, en retira son tube de comprimés. La douleur revenait plus souvent, désormais, comme le lui avaient prédit les médecins. Et c'était une douleur plus violente. Cela aussi, ils le lui avaient prédit. Elle sortit deux comprimés, s'obligea à en remettre un dans le tube. Elle ne céderait pas à la tentation de doubler la dose. Pas encore.

Lorsque Julia revint, elle avait remis le tube dans son sac et tenait l'unique comprimé dans sa main.

Julia avait également apporté un linge humide. Et, comme elle l'aurait fait avec Brandon, elle tamponna doucement le front d'Eve tandis que la star avalait son comprimé.

— Merci. Vous avez la main très douce.

— Ne bougez pas. Détendez-vous jusqu'à ce que ça aille mieux.

Julia se demanda alors d'où lui venait cette soudaine affection pour Eve ? Elle s'efforça de lui apporter un peu de soulagement, et sourit lorsque la star lui prit la main. Sans qu'elle s'en rende compte, une amitié était née. Un lien de femme à femme qu'aucun homme n'aurait pu comprendre.

— Vous m'êtes d'un grand réconfort, Julia. A bien des égards.

La douleur était presque supportable, à présent. Mais Eve demeura immobile, les yeux fermés, s'abandonnant à la main douce, apaisante, de Julia.

— Je regrette beaucoup que nos chemins se soient

croisés si tard. Tout ce temps perdu… Vous vous souvenez, je vous ai dit que c'était mon seul véritable regret.

— Je préfère penser que les choses arrivent lorsqu'elles doivent arriver…

— J'espère que vous avez raison.

Eve se tut de nouveau, réfléchissant à ce qu'il lui restait à faire.

— J'ai demandé à Lyle de ramener Brandon directement à la Résidence. J'ai pensé que vous préféreriez cela.

— Oui. Merci.

— C'est peu de chose, après ce que vous venez de vivre.

La douleur s'estompait. Eve ouvrit les yeux.

— Vous avez vérifié les cassettes ?

— Elles sont toutes là.

Eve se contenta de hocher la tête.

— Je pars pour la Georgie à la fin de la semaine. A mon retour, nous terminerons tout cela, vous et moi.

— Il me reste encore quelques interviews à réaliser.

— Il y aura tout le temps.

Je m'arrangerai pour cela, aurait-elle pu préciser.

— Pendant mon absence, je ne veux pas que vous vous fassiez de souci, Julia.

Julia jeta un regard circulaire à la pièce.

— Ce que vous me demandez est un peu difficile…

— Ça ne se reproduira pas. Je sais qui a fait ça.

Julia se raidit, s'écarta.

— Vous le savez. Alors…

— Il m'a suffi de vérifier auprès du gardien, à la grille.

Tout à fait remise, Eve se leva, posa une main sur l'épaule de Julia.

— Faites-moi confiance. Je vais régler le problème.

*
* *

Drake jetait frénétiquement ses effets dans une grande valise. Les chemises s'entassaient avec les chaussures, les ceintures, les pantalons fripés…

Il fallait qu'il file, et vite. Avec moins de cinq mille dollars en poche après un autre pari perdant… et pas une cassette à marchander. Il n'osait pas maintenir son rendez-vous avec Delrickio. Il irait donc quelque part où on ne pourrait pas le trouver.

En Argentine. Ou au Japon. Il posa une paire de grosses chaussettes par-dessus son maillot de bain. Peut-être ferait-il mieux d'aller à Omaha, d'abord, se faire oublier. Qui diable irait chercher Drake Morrison dans ce trou perdu ?

A son âge, sa mère ne pouvait plus le traîner derrière la grange pour le battre. Elle ne pouvait plus l'obliger à prier des heures, ni le mettre au pain sec et à l'eau pour le laver des impuretés de son corps et de son âme.

Il pourrait rester une semaine ou deux à la ferme, le temps de se remettre… Peut-être parviendrait-il à arracher quelques milliers de dollars à la vieille ? Dieu sait si elle s'était sucrée sur son dos avec l'argent qu'envoyait Eve, et qu'elle dépensait pour la ferme ou qu'elle donnait à l'Eglise !

Il méritait compensation, non ? Après tout, il était le seul enfant. Le seul neveu. N'avait-il pas vécu avec cette folle d'Ada, puis travaillé pour Eve ?

Elles lui étaient toutes deux redevables !

— Drake ?

Il avait les bras chargés de chaussettes et de sous-vêtements. Le tout lui tomba des mains. Eve venait d'entrer.

— Comment es-tu…

Elle tendit le trousseau de clés, le fit tinter.

— Tu as souvent abusé de la gentillesse de Nina. Elle arrosait tes plantes en ton absence.

Eve glissa le trousseau de clés dans sa poche, défiant

son neveu d'ajouter le moindre commentaire, puis elle s'assit sur le lit.

— Tu pars ?

— Des affaires à régler.

— Comme ça ? Soudainement ?

Elle leva un sourcil étonné devant le fouillis de la valise.

— Ce n'est vraiment pas une façon de traiter un costume à cinq mille dollars.

Drake sentit les démangeaisons redoubler, sur ses cuisses. Il serra les dents.

— J'enverrai tout au pressing, une fois sur place.

— C'est où, sur place ?

— New York, répondit-il, pris d'une inspiration soudaine. Tu es ma cliente préférée, Eve, mais pas la seule. J'ai… disons… quelques détails à régler concernant un contrat avec la télévision.

Eve pencha la tête, observa son neveu.

— Tu dois être très perturbé pour mentir aussi mal.

Il aurait voulu ne montrer que de l'agacement, mais la panique l'emporta.

— Ecoute, Eve, je suis désolé de ne pas avoir eu l'occasion de te mettre au courant de mes projets, mais j'ai des obligations qui n'ont rien à voir avec toi.

— Allons droit au but, d'accord ?

La voix d'Eve était agréable, l'expression de son visage très dure.

— Je sais que c'est toi qui t'es introduit dans le pavillon des invités en fin de matinée.

— Moi ?

Il se mit à transpirer. Et lorsqu'il voulut rire, il ne put produire qu'une sorte de croassement.

— Pourquoi voudrais-tu que je fasse une chose pareille ?

— C'est la question que je me pose, justement. Je suis

certaine que c'est toi qui as cambriolé la maison, la première fois, et qui m'as volé. Tu ne peux pas savoir à quel point je suis déçue, Drake, que l'un des rares parents qu'il me reste trouve nécessaire de voler.

— Je n'accepterai pas que tu m'accuses de cette façon.

Drake referma la valise d'un coup sec.

— Regarde autour de toi, Eve. Crois-tu vraiment que j'ai besoin d'aller te voler quelques babioles ?

— Oui. Lorsqu'un homme s'entête à vouloir vivre au-dessus de ses moyens, il s'expose tôt ou tard à voler.

Eve poussa un long soupir et alluma une cigarette.

— C'est encore le jeu ?

— Je t'ai dit que j'avais laissé tomber, lança-t-il d'un ton presque indigné.

Eve souffla la fumée de sa cigarette vers le plafond, puis elle baissa de nouveau les yeux vers Drake.

— Tu es un menteur, Drake. Et sauf à courir le risque que j'aille te dénoncer à la police, je te conseille d'arrêter tout de suite de mentir. A combien s'élève ta dette ?

Drake s'effondra, comme un château de cartes sous le souffle d'un enfant.

— Quatre-vingt-trois mille dollars, sans les intérêts.

Eve pinça les lèvres.

— Imbécile. A qui ?

Drake s'essuya la bouche d'un revers de main.

— Delrickio.

Eve se leva, attrapa une chaussure sur le lit et la brandit dans la direction de Drake. Il geignit et se protégea la tête de ses deux bras.

— Pauvre imbécile ! Je te l'avais dit ! Je t'avais prévenu ! Il y a quinze ans, je t'ai sorti des griffes de cette ordure. Et encore une fois il y a dix ans.

— Je n'ai pas été en veine, ces derniers temps.

— Pauvre crétin ! Pas une fois dans ta vie tu n'as été en veine. Delrickio ! Doux Jésus ! Il ne fait qu'une bouchée de petits minables de ton espèce.

Furieuse, Eve jeta sa cigarette et l'écrasa par terre avant d'empoigner Drake par la chemise.

— C'était pour lui, que tu venais chercher les enregistrements, hein ? Sale traître, tu allais les lui fournir pour sauver ta peau !

— Il me tuera.

Drake pleurait, reniflait, et bafouillait comme un môme.

— Il le fera, Eve. Il m'a déjà fait infliger une correction par un de ses sbires. Il veut écouter les bandes, c'est tout. Ça n'empêchera pas le livre de se faire ! Et ça effacera une partie de ma dette ! J'ai seulement…

La gifle partit, suffisamment forte pour lui dévisser la tête.

— Ressaisis-toi, Drake. Tu me fais pitié.

Eve le lâcha, se mit à arpenter la pièce tandis que Drake sortait un mouchoir, et s'épongeait le visage.

— J'ai paniqué. Nom de nom, Eve, tu ne sais pas ce que c'est que de vivre dans l'angoisse de ce qu'il peut me faire. Tout ça pour ces foutus quatre-vingt mille dollars !

— Ces foutus quatre-vingt mille dollars que tu n'as pas, précisément.

Calmée, Eve se tourna vers lui.

— Tu m'as trahie, Drake. Tu as trahi ma confiance, mon affection. Je sais que tu as eu une enfance difficile, mais ce n'est pas une raison pour trahir qui t'a donné ta chance.

— J'ai peur.

Drake se remit à pleurer.

— Si je ne lui remets pas l'argent dans deux jours, il me tuera. Je le sais.

— Et les enregistrements étaient supposés le faire patienter. Pas de chance, mon chéri, c'est raté.

— On n'a pas besoin… des vrais.

Drake se releva.

— On peut en fabriquer des faux et les lui refiler.

— Et il te tuera un peu plus tard pour lui avoir menti. Les mensonges refont toujours surface, Drake. Crois-moi.

La panique de Drake redoubla. Il jeta un regard complètement affolé autour de lui.

— Je vais partir. Quitter ce pays…

— Tu vas rester ici et affronter la situation. En homme. Pour une fois dans ta vie pitoyable, tu vas assumer les conséquences de tes actes.

— Je serai mort, dit-il, les lèvres tremblantes.

Eve ouvrit son sac et sortit son carnet de chèques. Elle savait à quoi s'attendre, en venant.

— Cent mille, dit-elle, s'asseyant et écrivant. Cela devrait suffire à couvrir ta dette, intérêts compris.

— Oh… Oh, mon Dieu, Eve.

Il tomba à ses pieds, enfouit le visage dans son giron.

— Je ne sais pas quoi dire.

— Ne dis rien. Ecoute-moi. Tu vas prendre ce chèque. Tu ne dépenseras pas un centime de cet argent au jeu. Tu l'apporteras à Delrickio.

— Oui.

Le soulagement métamorphosait le visage baigné de larmes de Drake. Un visage qui rayonnait maintenant comme celui d'un saint frappé par la grâce.

— Je te le jure.

— Et ce sera ta dernière transaction avec cet homme. Si jamais j'entends dire que tu fais encore des affaires avec lui, c'est moi qui te tuerai. Et d'une façon qui forcera l'admiration de Delrickio lui-même.

Drake hocha frénétiquement la tête. Il était prêt à promettre n'importe quoi, tout ce qu'on voulait, pour sauver sa peau.

— Et je ne saurais trop te conseiller de voir un thérapeute.

— Inutile. Je suis guéri du jeu. Je te le jure.

— Comme tu l'as déjà juré tant de fois. Mais c'est ton problème, après tout.

Ecœurée, Eve le repoussa sur le côté et se leva. L'affection, l'espoir qu'elle avait nourris pour l'enfant de sa sœur s'étaient envolés. Elle savait que Drake ne changerait pas. Et qu'une fois le dégoût et la colère estompés, elle n'éprouverait alors pour lui que de la pitié. Rien de plus.

— Je me moque éperdument que tu gâches ta vie, désormais, Drake. Je viens de te sauver la mise pour la dernière fois. Tu es viré.

— Eve, tu ne parles pas sérieusement ?

Drake se releva précipitamment, se composa son plus beau sourire.

— J'ai déconné, je l'admets. Cela ne se reproduira pas.

— Tu as déconné ?

Presque amusée, Eve martela son sac du bout des doigts.

— L'expression est commode, elle couvre beaucoup de terrain. Déconné ? Tu t'es introduit chez moi, tu m'as volée, tu as détruit des choses que j'aimais, violé l'intimité d'une femme qui a beaucoup d'importance pour moi, une femme que je respecte et que j'admire, et qui est mon invitée.

Il allait l'interrompre. Eve l'arrêta d'un geste.

— Tu ne travailleras plus pour moi.

Pour Drake, le soulagement, le bonheur, tout cela était déjà dissipé. Il aurait pu accepter une leçon de morale et même quelques menaces. Mais la punition qu'Eve lui imposait là était pire encore que les coups de ceinturon donnés autrefois derrière la grange. Jamais ! Jamais il ne tolérerait qu'une femme puisse encore le châtier ainsi !

— Tu n'as pas le droit de me traiter de cette façon, de me jeter comme si j'étais un moins que rien.

— J'ai parfaitement le droit de virer un employé qui ne me donne pas satisfaction.

— Je t'ai bien rendu service, et plus d'une fois.

Eve leva un sourcil, surprise de son audace.

— Dans ce cas, nous sommes quittes. Ce chèque est le dernier que tu recevras de moi. Considère cet argent comme ton héritage.

— Tu ne peux pas me faire ça.

Il la saisit par le bras avant qu'elle ait eu le temps de quitter la pièce.

— Je suis ton neveu, ta seule famille. Tu ne peux pas me rejeter ainsi.

— Si, Drake, je le peux. Crois-moi. J'ai travaillé pour gagner chaque sou de ce que je possède — ce que tu ne peux évidemment pas comprendre. Et ce qui est à moi ira où je le voudrai.

Eve dégagea son bras.

— Je ne récompense pas la trahison, Drake, et en ce qui te concerne, je ne vais même pas la punir. Je vais seulement cesser de m'occuper de toi. Et te souhaiter de faire quelque chose de ta vie.

Il se précipita derrière elle alors qu'elle quittait l'appartement, commençait à descendre les marches.

— Tu ne vas pas tout léguer à ce salaud de Winthrop ? J'espère que tu te retrouveras en enfer avant !

Eve fit volte-face au bas de l'escalier. Et le regard qu'elle lança à Drake le glaça sur place.

— Tu m'y rejoindras, sois-en sûr. En attendant, toi et moi c'est fini.

Drake se laissa tomber sur les marches, la tête dans les mains tandis que le bruit de la porte claquée se répercutait dans la cage d'escalier. Non, c'était impossible ! Une telle catastrophe ne pouvait pas se produire ! Il allait montrer à Eve qu'on ne pouvait pas l'acheter, lui, Drake Morrison, avec un pauvre chèque de cent mille dollars.

18

Assis sur le lit de la belle et spacieuse chambre de la Résidence, Brandon regardait sa mère faire ses bagages.

— Comment ça se fait que les femmes emportent toujours beaucoup plus de trucs que les hommes ?

— Ça, mon chéri, c'est l'un des mystères de l'univers.

Julia mit un autre chemisier dans sa valise.

— Tu ne serais pas un peu contrarié de ne pas m'accompagner à Londres, Brandon ?

— Sûrement pas. Je m'amuserai certainement plus chez les McKenna que toi à parler avec un vieil acteur. Ils ont un Nintendo.

— En effet… Rory Winthrop ne peut pas rivaliser avec un Nintendo.

Julia ferma sa valise, jeta un coup d'œil dans son grand sac fourre-tout pour vérifier qu'il ne manquait aucun produit de toilette ou de maquillage. Elle le soupesa et hocha la tête. Ce n'était pas du tout un mystère, que d'emporter tant de choses…, songea-t-elle. C'était de la vanité pure et simple.

— CeeCee sera là dans une minute. Tu as pensé à ta brosse à dents ?

— Oui, m'man.

Brandon leva les yeux au ciel.

— Tu as déjà vérifié deux fois mon sac.

— Tu devrais peut-être prendre un autre blouson au cas où il pleuvrait.

Ou au cas où Los Angeles serait brusquement prise dans une tempête de neige, une tornade. Un tremblement de terre. Oh, mon Dieu, et s'il y avait un tremblement de terre pendant son absence ? Assaillie par la peur, la culpabilité qu'elle éprouvait chaque fois qu'elle laissait Brandon, elle se tourna vers lui. Il sautait tranquillement sur le lit en fredonnant, sa casquette des Lakers enfoncée sur la tête.

— Tu vas me manquer, mon bébé.

A ces mots, il se crispa, comme tout gamin de dix ans qui se respecte. Heureusement qu'elle ne l'avait pas appelé bébé en public.

— Tout ira bien, je t'assure. Ne te fais pas de souci.

— Si, je m'en fais. Les mères s'en font toujours.

Julia s'approcha pour le prendre dans ses bras, ravie de sentir son fils l'enlacer très fort.

— Je serai de retour mardi.

— Tu me rapporteras quelque chose ?

Elle lui souleva le menton.

— Peut-être bien.

Puis elle l'embrassa sur les deux joues.

— Ne grandis pas trop pendant que je serai partie.

Un large sourire illumina le visage de Brandon.

— Si ça se trouve…

— Je serai quand même la plus grande des deux. Bon, il serait peut-être temps de nous mettre en route.

Elle s'empara de son attaché-case, se rappela encore une fois qu'elle avait rangé son passeport dans telle poche, et son billet d'avion à tel endroit… Puis elle mit son sac en bandoulière, prit sa valise. Brandon posa sur son épaule son sac de sport bourré de tout ce dont un petit garçon moderne a besoin pour aller passer quelques jours chez des amis.

Il ne leur vint même pas à l'idée, ni à l'un ni à l'autre, de sonner pour qu'on descende leurs bagages.

— Je t'appellerai tous les soirs, à 19 heures. Juste après le dîner. J'ai glissé dans ton sac un papier avec le nom et le numéro de téléphone de l'hôtel.

— Je sais, m'man.

Julia sentit percer l'impatience dans la voix de son fils. Mais elle s'en moquait. Une mère, se disait-elle, a parfaitement le droit de se comporter ainsi.

— Tu peux m'appeler à n'importe quelle heure si tu as besoin de moi. Si je ne suis pas là, la réception prendra le message.

— Je sais comment faire. C'est pareil que lorsque tu pars en tournée de promotion.

— Oui.

Mais cette fois, l'océan Atlantique les séparerait…

Nina se précipita vers eux lorsqu'ils arrivèrent dans le hall.

— Julia ! Il ne fallait pas porter tout ça.

— J'ai l'habitude. Vraiment.

— Laissez, à présent.

Déjà, elle s'emparait de la valise de Julia, faisait glisser de son épaule le grand sac fourre-tout.

— Lyle va les mettre dans la limousine.

— C'est très gentil à vous, mais il n'est pas nécessaire qu'il m'accompagne à l'aéroport.

Julia avait déjà la chair de poule à l'idée de se retrouver seule avec lui.

— Je peux très bien…

— Vous êtes l'invitée de Miss B, répondit Nina d'un ton ferme. Et vous vous rendez à Londres dans le cadre de votre travail pour elle. Donc, vous empruntez sa voiture et son chauffeur.

Pour Nina, l'affaire était réglée. Elle se tourna vers Brandon, lui sourit.

— La maison va nous paraître bien vide et affreusement calme, pendant ces quelques jours, mais je suis certaine que tu vas bien t'amuser chez les McKenna.

— Ils sont très gentils.

Brandon ne jugea pas nécessaire d'ajouter que Dustin McKenna avait promis de lui apprendre à faire des pets avec ses dessous de bras… Les femmes ne comprennent pas ce genre de choses.

Lorsque la sonnette de l'entrée retentit, il se rua vers la porte.

— Ah, enfin ! cria-t-il à CeeCee.

— Oui, me voilà. Allez, en route pour trois jours de rigolade et de file d'attente pour la salle de bains. Bonjour, mademoiselle Soloman. Merci pour la journée de congé.

— Vous la méritez amplement.

Elle sourit, l'air absent, songeant aux différentes choses qu'il y avait à faire.

— De toute façon, avec tout le monde parti à droite et à gauche, il n'y aurait pas eu beaucoup de travail pour vous. Amuse-toi bien, Brandon. Bon voyage, Julia. J'appelle Lyle pour qu'il avance la voiture.

— Sois sage, promis ? dit Julia, serrant une dernière fois son fils dans ses bras. Ne te dispute pas avec Dustin.

— D'accord.

Il passa la bandoulière du sac de sport à son épaule.

— Au revoir, m'man.

— Au revoir.

Elle se mordit la lèvre en le regardant s'éloigner.

— Nous nous occuperons bien de lui, Julia.

— Je sais, dit-elle, parvenant à esquisser un sourire.

Par la porte ouverte, elle vit l'énorme limousine noire se garer derrière la Sprint de CeeCee.

— Je crois que voilà mon escorte.

Tandis que Julia gagnait l'aéroport de Los Angeles sous un soleil éclatant, Eve s'étirait dans son lit en écoutant la pluie marteler le toit du bungalow. Aujourd'hui, pas de tournage, songea-t-elle, seulement de longues heures à paresser dans la charmante petite maison que les producteurs avaient louée pour la durée du tournage en extérieurs.

Une journée de congé ne la dérangeait pas, vu les circonstances. Elle s'étira de nouveau, poussant un petit grognement de plaisir tandis qu'une main puissante et chaude caressait son corps.

— Le temps n'a pas l'air décidé à se lever, dit Peter en l'attirant sur lui.

La découvrir si belle le matin ne cessait de l'étonner. Et de l'exciter. Elle paraissait plus âgée, certes, sans maquillage. Mais le dessin très ferme du visage, les yeux, son superbe teint pâle faisaient vraiment qu'il oubliait l'âge d'Eve Benedict.

— Si cela continue, nous allons être bloqués ici toute la journée.

Elle le sentait dur contre elle, excité. Elle se souleva, le prit en elle.

— Je pense que nous saurons nous occuper.

— Oui.

Il referma les mains sur ses hanches, l'incitant à bouger plus vite.

— J'en suis certain.

Eve se redressa, cambra les reins, laissant son corps absorber les délicieux frissons de plaisir qui montaient en elle. Elle ne s'était pas trompée en pensant que Peter serait un amant intéressant. Il était jeune, ferme, énergique, généreux. Et — ce qui ne gâtait rien — elle s'était mise à l'apprécier.

Quant à ce qui se passait entre eux au lit... Quelle femme de son âge n'aurait pas été flattée d'exciter à ce point le désir d'un homme qui n'avait pas quarante ans ? Elle le sentait déjà complètement éperdu, ivre d'elle, la respiration rauque, le corps moite tendu vers le plaisir.

Souriant, la tête renversée en arrière, elle redoubla de fougue, les emmenant tous deux vers le chavirement violent de l'extase...

— Seigneur !

Epuisé, Peter retomba sur le lit. Son cœur battait à se rompre. Il avait connu d'autres femmes, des femmes plus jeunes, mais aucune qui ait un tel don pour l'amour.

— Tu es extraordinaire.

Elle se glissa hors du lit, attrapa un peignoir sur une chaise.

— Et toi, tu es bien, très bien. Avec un peu de chance, tu pourrais même te révéler extraordinaire lorsque tu auras mon âge.

— Si je passe beaucoup de temps à faire l'amour comme ça, je serai mort bien avant d'avoir ton âge.

Il s'étira, tel un félin.

— J'aurai eu une vie courte et très heureuse.

Eve rit, ravie de ces paroles. Elle gagna la coiffeuse, se brossa les cheveux. Contrairement à beaucoup d'hommes jeunes, Peter ne se sentait pas obligé d'épiloguer sur l'âge qu'elle avait. Il ne cherchait pas à la flatter, à embellir de mensonges une histoire de sexe. Oui, elle avait compris très vite que Peter n'était pas hypocrite. Et elle aimait cela.

— Si tu me disais ce que tu penses de ta vie courte et heureuse, jusqu'à présent ?

— Je fais ce que j'aime faire.

Il croisa les bras sous sa tête.

— Si je me souviens bien, j'ai commencé à rêver du métier à seize ans. J'ai joué dans des pièces de théâtre, au lycée, choisi l'art dramatique à l'université et brisé le cœur de ma mère qui voulait que je sois médecin.

Le regard d'Eve croisa dans le miroir celui de Peter, s'attarda sur le corps de l'acteur.

— Tu as les mains pour.

Il sourit.

— Oui, mais je déteste le sang. Et je joue horriblement mal au golf.

Amusée, Eve posa sa brosse et commença à passer de la crème autour de ses yeux. Le bruit régulier de la pluie, le son de la voix de Peter l'apaisaient.

— Donc, rejetant la profession médicale, tu es venu à Hollywood.

— Oui. J'avais vingt-deux ans. J'ai mangé de la vache enragée, décroché quelques publicités.

Il sentait sa force lui revenir. Il se souleva sur un coude.

— Au fait, m'as-tu déjà vu vendre des céréales Blueberry Crunch Granola ?

— Je crains que non.

Il prit une cigarette sur la table de nuit.

— Un rôle inoubliable. Style, punch, passion. Tout y était, comme dans les céréales.

Eve s'approcha du lit pour partager la cigarette avec lui.

— Je vais en faire commander sans tarder par le cuisinier.

— Pour te dire toute la vérité, le goût n'est pas fameux...

Puisqu'on parle bouffe, que dirais-tu si je nous préparais un bon petit déjeuner ?

— Toi ?

— Bien sûr.

Il lui prit la cigarette des mains, la glissa entre ses lèvres.

— Avant de percer dans le mélo, j'ai travaillé au noir dans un snack, comme cuisinier.

— Si je comprends bien, tu proposes de me cuisiner des œufs au bacon ?

— Peut-être, si c'est un moyen de te retenir.

Lentement, elle tira une bouffée de la cigarette. Ma foi, il était en train de tomber amoureux… C'était plaisant et flatteur, et en d'autres circonstances, elle l'aurait peut-être laissé faire. Mais les choses étaient ce qu'elles étaient, et elle n'avait pas besoin de complications supplémentaires.

— Peter… Je crois t'avoir prouvé que tu m'intéresses…

— Mais… ?

Elle se pencha, effleura ses lèvres.

— Mais, répéta-t-elle.

Et ce fut tout.

Accepter les limites imposées fut plus pénible pour Peter qu'il ne l'aurait cru. Pénible, et déboussolant.

— Eh bien…, dit-il, je suppose que ce que tu m'accordes n'est déjà pas si mal.

Très reconnaissante, elle l'embrassa de nouveau.

— C'est beaucoup. Pour tous les deux. Alors, et ce petit déjeuner ?

— J'ai une proposition à te faire…

Il se pencha vers elle, embrassa son épaule, goûtant non seulement le parfum, la texture de sa peau mais aussi sa fermeté.

— Si nous prenions une douche ? Puis, tu pourrais me

regarder faire la cuisine. Ensuite, j'ai une idée géniale sur la façon dont nous pourrions passer l'après-midi.

— Ah bon ?

— Oui.

Il la caressa doucement, sourit.

— Nous pourrions aller au cinéma.

— Au cinéma ?

— Tu en as certainement entendu parler. On s'y assoit, et on y regarde des gens faire semblant. Qu'en dis-tu, Eve ? Nous pourrions aller à la première séance, manger du pop-corn.

Elle réfléchit un instant et se rendit compte que cela pouvait être très amusant.

— C'est parti.

Julia ôta ses chaussures et laissa ses pieds s'enfoncer dans l'épaisse moquette de sa chambre au Savoy. C'était une petite suite très élégante, meublée avec beaucoup de goût. Le chasseur qui lui avait apporté ses bagages était tellement poli qu'il avait l'air presque gêné d'attendre un pourboire.

Julia s'approcha de la fenêtre pour regarder la rivière, laisser s'estomper un peu la fatigue du voyage. Recouvrer son calme prendrait un peu plus de temps. Le vol de Los Angeles à New York ne s'était pas trop mal passé. Mais de Kennedy à Heathrow, les heures passées à survoler l'océan lui avaient paru un enfer absolu.

Mais c'était terminé. Maintenant, elle était enfin en Angleterre. Et il lui plaisait de pouvoir se dire que Julia Summers résidait au Savoy.

Cela la surprenait encore de s'offrir un tel luxe ! Et c'était une bonne chose. La preuve qu'elle n'était pas blasée, qu'elle n'avait pas oublié ce que c'est que de manquer d'argent, de travailler pour gagner sa vie, pour réussir.

Les lumières de la ville clignotaient en cette nuit de mars. Tout lui paraissait irréel : le velours de l'obscurité, le croissant de lune noyé dans la brume, les ombres de l'eau. Et il faisait si bon dans cette chambre, tout était si calme. Elle eut un long bâillement et elle se détourna de la fenêtre, des lumières.

L'aventure attendrait demain.

Elle ne sortit de ses bagages que le strict nécessaire pour la nuit, et vingt minutes plus tard, elle était déjà plongée dans ses rêves.

Le lendemain matin, Julia descendit du taxi à Knightsbridge et paya le chauffeur, se doutant qu'elle lui laissait un pourboire trop généreux. De toute façon, elle était persuadée qu'elle ne comprendrait jamais rien à la monnaie anglaise. Elle pensa à demander un reçu —, son comptable s'arrachait les cheveux lorsqu'il voyait comment elle tenait ses comptes —, puis elle le glissa négligemment dans sa poche.

La maison était telle qu'elle se l'était imaginée. L'énorme bâtisse en brique rouge de style victorien était nichée entre d'immenses arbres au tronc noueux. Ils devaient donner une ombre délicieuse, en été, songea Julia. Mais pour l'instant, le vent agitait leurs branches dénudées et jouait une étrange musique très nostalgique. De la fumée s'échappait des cheminées, en longues écharpes grises aussitôt emportées vers les hauteurs du ciel gris ardoise.

Elle poussa la petite grille en fer forgé, remonta l'allée pavée de galets blancs qui traversait la pelouse jaunie par l'hiver. Puis elle grimpa les marches d'un blanc éclatant qui conduisaient à la porte tout aussi blanche. Elle changea son attaché-case de main, agacée de sentir ses paumes à la fois glacées et moites. Inutile de le nier : en venant voir Rory Winthrop, elle ne pouvait s'empêcher de penser à Paul.

Paul, qui se trouvait à neuf mille kilomètres et qui était furieux contre elle. Elle se demandait ce qu'il penserait en apprenant où elle était, et ce qu'elle s'apprêtait à faire. Il ne verrait sûrement pas d'un très bon œil cette interview de son père… elle en était certaine. Mon Dieu… si seulement il y avait eu moyen de se réconcilier…

Mais le travail passait avant tout.

Julia sonna. Quelques instants plus tard, la gouvernante ouvrait la porte. Julia aperçut alors un immense hall d'entrée dallé et très haut de plafond.

— Julia Summers, annonça-t-elle. J'ai rendez-vous avec M. Winthrop.

— Oui. Il vous attend. Si vous voulez bien vous donner la peine d'entrer.

Le sol formait un damier dans les tons brun et ivoire. Le plafond était agrémenté d'imposants lustres de cuivre et de cristal. Sur la droite, un magnifique escalier montait à l'étage en décrivant une courbe. Julia confia son manteau à la gouvernante, puis elle la suivit, passant devant deux chaises George III disposées de part et d'autre d'une table en acajou sur laquelle étaient posés un vase d'hibiscus et un gant de femme de cuir saphir.

Instinctivement, Julia compara le salon à celui d'Eve. Le décor était plus classique, plus ancré dans la tradition que celui de l'immense pièce baignée de soleil de la Résidence. Le salon d'Eve respirait l'aisance, le style. Celui de Rory Winthrop, l'héritage familial.

— Je vous en prie, mettez-vous à l'aise, madame Summers. M. Winthrop sera là dans un instant.

— Merci.

La gouvernante quitta la pièce sans faire de bruit, refermant derrière elle les lourdes portes d'acajou. Une fois seule, Julia s'approcha de la cheminée, tendit ses mains glacées devant les flammes. L'odeur de bois était accueillante, réconfortante. Elle lui rappela la cheminée de sa maison du Connecticut et elle se détendit.

Sur le manteau sculpté de la cheminée, il y avait de vieilles photos dans des cadres en argent ciselé, impeccablement astiqués. La femme de ménage devait maudire les jours où il lui fallait polir tout cela.

Passant de l'une à l'autre, Julia s'amusa à observer les visages austères des ancêtres de l'homme qu'elle était venue voir.

Elle reconnut Rory Winthrop, qui posait pour la photo en chapeau de poil de castor et col amidonné. Elle se souvint que le film dont était extraite cette photo s'intitulait *Delaney Murders* et que Rory y avait joué avec délectation le rôle d'un meurtrier psychotique à l'air très comme il faut.

Julia ne se satisfit pas de regarder simplement la photo suivante. Elle la prit, la tint entre ses mains. Pour la dévorer des yeux. C'était Paul, elle en était certaine, bien que l'enfant sur la photo n'ait guère plus de dix ou onze ans. Ses cheveux étaient plus clairs, plus rebelles, et à son expression, on devinait qu'il n'était pas très heureux de se retrouver sanglé dans un costume.

Le regard n'avait pas changé. C'était étrange, songeat-elle, qu'il ait déjà eu, enfant, ce regard intense d'adulte. Ses yeux ne souriaient pas, mais vous fixaient comme pour dire qu'il avait déjà vu, entendu et compris plus de choses que quelqu'un du double de son âge.

— Etrange petit bonhomme, n'est-ce pas ?

Julia se retourna, le portrait serré dans sa main. Elle était tellement absorbée dans sa contemplation qu'elle n'avait pas entendu Rory Winthrop entrer. Il la regardait, un sourire charmeur aux lèvres, une main nonchalamment glissée dans la poche de son pantalon gris perle. Physiquement, on l'aurait davantage pris pour le frère de Paul que pour son père. Sa chevelure sombre était rejetée en arrière telle la crinière d'un lion — Rory ne tolérait le gris que sur les tempes, là où cela ajoutait de la classe, pas de l'âge. Son visage était aussi ferme que son corps, aussi tonique. Lui non plus n'était pas étranger à la fontaine de jouvence qu'offrait la chirurgie esthétique. Outre les liftings et autres interventions, il suivait un traitement hebdomadaire qui comprenait masques aux algues et massages faciaux.

— Excusez-moi, monsieur Winthrop. Vous m'avez prise au dépourvu.

— J'aime surprendre une jolie femme.

Rory Winthrop avait apprécié le regard étonné qu'elle avait eu en le voyant. Avec de la volonté et beaucoup d'argent, un homme de son âge pouvait préserver son visage et son corps... mais il appartenait à la femme, surtout lorsqu'elle est jeune, de lui renvoyer une image qui préserve son ego.

— Vous vous intéressez à ma galerie de portraits ?

— Oh...

Julia se souvint du portrait qu'elle tenait encore dans la main et elle le replaça sur la cheminée.

— Oui, elle est très divertissante.

— Cette photo de Paul a été prise juste après mon mariage avec Eve. A l'époque, je ne savais pas plus qu'aujourd'hui que faire de lui. Il m'a parlé de vous.

— Il...

La surprise, le plaisir, l'embarras se succédèrent chez Julia.

— Vraiment ?

— Oui. Je n'ai pas souvenir qu'il ait jamais mentionné

une femme par son nom auparavant. C'est l'une des raisons qui font que je suis heureux que vous ayez pu faire ce voyage pour venir me voir.

Il s'avança vers elle, prit sa main entre les siennes. De près, le sourire qui avait séduit des générations de femmes était toujours irrésistible.

— Allons nous asseoir près du feu, voulez-vous ? Ah, voilà notre thé.

Une domestique entra, poussant un petit chariot tandis qu'ils s'installaient dans de confortables fauteuils devant l'âtre.

— Je tiens à vous remercier d'avoir accepté de me recevoir, surtout un week-end.

— Tout le plaisir est pour moi.

Il congédia la domestique avec un petit signe de tête amical et servit lui-même le thé.

— Je dois être au théâtre à midi. Je joue en matinée. Aussi je crains que mon temps ne soit très limité. Citron ou crème ?

— Citron. Merci.

— Goûtez les scones, surtout. Ils sont délicieux.

Il en prit deux, se servit une généreuse portion de marmelade.

— Alors, il semblerait qu'Eve suscite pas mal de réactions, avec ce livre, non ?

— Disons qu'elle fait beaucoup parler.

— Vous êtes très diplomate…

Il eut de nouveau ce sourire très bref, à faire fondre les femmes.

— Si nous options pour Julia et Rory ? Ce serait moins formel.

— Bien sûr.

— Et comment se porte ma fascinante ex-épouse ?

Julia sentit la pointe d'affection dans le ton de la voix.

— Je dirais qu'elle est plus fascinante que jamais. Elle parle de vous avec beaucoup de tendresse.

Il but son thé avec un murmure de satisfaction.

— Il y avait entre nous une de ces amitiés très rares qui s'intensifient lorsque la passion s'est calmée.

Il rit.

— Ce qui ne veut pas dire qu'il ne lui arrivait pas d'être en rogne contre moi vers la fin de notre mariage. A juste raison d'ailleurs.

— L'infidélité a le don de mettre les femmes en rogne.

Un sourire illumina le visage de Rory Winthrop, si semblable à celui de Paul, à cet instant, que Julia ne put s'empêcher de sourire à son tour.

— Très chère, reprit-il, je suis expert en matière de réactions de femmes à l'infidélité. Fort heureusement, l'amitié a survécu. En grande partie, je pense, parce que Eve adore Paul.

— Ne trouvez-vous pas étrange que votre ex-femme et votre fils soient aussi proches ?

— Pas du tout.

Il goûta un scone, mangeant lentement, appréciant chaque bouchée. Julia imaginait sans peine qu'il avait apprécié chacune de ses épouses ou de ses maîtresses avec ce même plaisir de connaisseur.

— Franchement, j'étais un piètre père. Je crois que je n'avais pas la moindre idée de la façon de m'y prendre avec un petit garçon. Avec un bébé, c'est plus facile : vous vous penchez sur le berceau de temps en temps, vous faites des risettes ou bien vous traversez le parc en poussant sa voiture, l'air fier, un peu suffisant… Je précise que nous avions une nourrice pour prendre en charge les aspects les moins plaisants du métier de parent.

Il sourit devant l'expression de Julia et lui tapota gentiment la main avant de resservir du thé.

— Ne me jugez pas trop sévèrement. J'ai au moins l'honnêteté de reconnaître mes défauts. Le théâtre était ma famille. Paul a eu la malchance de naître de parents affreusement égoïstes, très doués, et qui n'avaient pas la plus petite idée sur la façon d'élever un enfant. Et Paul était effroyablement intelligent.

— A vous entendre, on croirait que c'est un défaut…

Ah, songea Rory, masquant son sourire en s'épongeant discrètement la bouche avec sa serviette. La dame était amoureuse.

— A l'époque, je dois dire que le gamin était une énigme pour moi. Mais Eve était très naturelle, avec lui. Attentive, patiente. Je dois admettre que, grâce à elle, Paul et moi avons profité l'un de l'autre comme jamais auparavant.

— Voyez-vous un inconvénient à ce que je branche mon magnétophone ? demanda alors Julia. Il m'est plus facile d'être précise, ensuite.

Il hésita un instant, puis lui signifia son accord.

— Je vous en prie, faites. Il est important d'être précis.

Julia posa discrètement l'appareil sur la table basse et le mit en marche.

— On a beaucoup écrit sur vous, sur Eve et sur Paul au cours de la première année de votre mariage. Il émerge une sorte de portrait de famille…

— La famille…

Rory prononça le mot en hochant la tête.

— C'était un concept curieux pour moi. Mais le fait est que nous étions une famille. Eve en avait très envie. Peut-être à cause de ce qu'elle pensait avoir manqué jusque-là. Ou peut-être était-ce dû au fait qu'elle avait atteint l'âge auquel la chimie interne d'une femme fait qu'elle rêve de berceaux, de couches, de petits pas dans la maison. Elle m'avait même convaincu que nous devrions faire un enfant ensemble…

Cette information nouvelle et très intéressante attira l'attention de Julia.

— Eve et vous aviez prévu d'avoir un enfant ?

— Ma chère, Eve est une femme qui sait se montrer très persuasive.

Il gloussa, se cala dans son fauteuil.

— Nous avons planifié, élaboré notre stratégie comme deux généraux campés sur la ligne ennemie. Mois après mois, mes spermatozoïdes se sont lancés à l'assaut de son ovule. Les batailles ne manquaient certes pas d'intérêt mais vous ne parvînmes jamais à la victoire totale. Eve se rendit en Europe, en France je crois, pour consulter un spécialiste. Elle est revenue avec une mauvaise nouvelle…

Il posa sa tasse.

— Elle ne peut pas avoir d'enfant. Je dois dire qu'elle a pris la chose — terrible, pour elle — avec beaucoup de cran. Il n'y a pas eu de pleurs ni de lamentations. Elle s'est jetée à corps perdu dans le travail. Je savais qu'elle souffrait. Elle dormait très mal, et pendant plusieurs semaines, elle a perdu tout appétit.

Objective ? se demanda Julia en fixant les flammes qui dansaient dans la cheminée. Sûrement pas. En cet instant, elle était de tout cœur avec Eve.

— Vous n'avez jamais songé à l'adoption ?

— C'est étrange que vous y fassiez allusion…

Rory fronça les sourcils, plongea dans le passé.

— … C'était une option que j'avais envisagée. Je ne supportais pas de voir Eve s'occuper pour oublier combien elle était malheureuse. Et pour tout vous dire, elle m'avait donné envie d'avoir un enfant… Lorsque je lui ai parlé d'adopter, elle n'a rien dit, d'abord. Pire, je l'ai sentie se recroqueviller, comme si je lui avais fait mal. Elle a dit… Comment a-t-elle formulé cela, au juste ? Rory, nous avons tous deux eu notre chance. Puisqu'il n'y a pas de retour en arrière possible, pourquoi ne pas s'employer à aller de l'avant ?

— Ce qui veut dire ?

— Je présume qu'elle voulait dire que nous avions fait de notre mieux pour avoir un enfant. Nous avions échoué, il était donc plus sage de nous en tenir là et de continuer à vivre. C'est ce que nous avons fait. Il se trouve que cela s'est finalement soldé par une séparation. Nous nous sommes quittés bons amis, nous avons même parlé de faire un autre film ensemble…

Il eut un sourire un peu triste.

— Il n'est peut-être pas trop tard.

Julia songea alors que si Eve s'était intéressée à Brandon, si elle s'était aussi intéressée à la jeune fille enceinte qu'elle avait été autrefois, c'est qu'elle-même n'avait jamais pu avoir d'enfant. Une question à laquelle Rory pouvait répondre…

Elle ramena la conversation vers un domaine qui le touchait plus directement.

— Votre mariage était considéré comme solide. Beaucoup de gens ont été surpris lorsque vous avez rompu.

— Nous avons vécu des moments extraordinaires, Eve et moi. Mais le rideau finit toujours par tomber, tôt ou tard.

— Vous ne croyez pas au serment « … jusqu'à ce que la mort nous sépare » ?

Il sourit. Un sourire au charme fou.

— J'y crois, Julia. J'y ai toujours cru et de tout mon cœur, chaque fois que je l'ai dit… A présent, je crains que vous ne deviez m'excuser. Le théâtre est la plus exigeante des maîtresses.

Julia éteignit le magnétophone, le rangea dans son attaché-case.

— Merci pour votre hospitalité, monsieur Winthrop, et pour le temps que vous avez bien voulu me consacrer.

— Rory, lui rappela-t-il, prenant sa main tandis qu'il se levait.

— J'espère que ceci n'est qu'un au revoir. Je serai ravi de parler encore avec vous. Le théâtre fait relâche, demain : nous pourrions poursuivre cette conversation en dînant ensemble.

— J'en serais enchantée mais je ne voudrais pas bouleverser vos projets.

— Mes projets sont à tout instant modifiables pour une jolie femme.

Il porta la main de Julia à ses lèvres. Elle souriait lorsque la double porte du salon s'ouvrit soudain.

— Toujours aussi charmeur, je vois !

C'était Paul…

Rory garda la main brusquement crispée de Julia dans la sienne et se tourna vers son fils.

— Paul… ! Quelle délicieuse surprise ! Quoique assez inopportune… Inutile de te demander ce qui t'amène.

Paul garda les yeux rivés à Julia.

— Inutile, en effet. N'y a-t-il pas de matinée, aujourd'hui ?

— Si. Absolument.

Rory se retint de rire. C'était la première fois qu'il lisait un tel désir dans le regard de son fils.

— Je prenais justement congé de cette charmante jeune femme. Il va donc falloir que j'use de mes prérogatives pour obtenir deux billets pour la représentation de ce soir. Vous me feriez un très grand plaisir en y assistant.

— Merci. Je…

— Nous y serons, coupa Paul.

— Excellent. Je les ferai déposer à votre hôtel, Julia. A présent, je vais vous laisser en ce que je crois être de très bonnes mains.

Rory gagna la porte, s'arrêta un instant auprès de son fils.

— Tu me donnes enfin l'occasion de te dire que tu as un goût parfait. S'il n'y avait pas Lily, mon garçon, je peux t'assurer que je me mettrais sur les rangs pour te la piquer.

Paul esquissa un petit sourire qui disparut aussitôt que son père eut quitté la pièce.

— Fuir jusqu'à Londres pour m'éviter… Vous ne croyez pas que vous exagérez ?

— Venir jusqu'à Londres pour me parler… Vous ne croyez pas que vous exagérez ?

— Peu pratique, je dirais.

Il traversa la pièce d'une foulée tranquille, assurée, tel un chasseur ayant flairé une trace. Il fit le tour du fauteuil, vint la rejoindre devant le feu. Une bûche se rompit soudain, lançant une gerbe d'étincelles.

— Pourquoi ne m'avez-vous pas dit que vous veniez voir mon père ?

— Je n'ai pas jugé nécessaire de vous informer de mes projets.

— Vous avez eu tort.

— Je ne vois aucune raison de vous tenir au courant.

— Dans ce cas, je vais vous en donner une.

Il l'attira brusquement contre lui, pressa follement ses lèvres, enflammant son corps en un instant. Ce fut si soudain, si violent, qu'elle n'eut même pas le temps de protester. C'est à peine si elle parvint à reprendre son souffle.

— Ce n'est pas une…

Il prit sa bouche de nouveau, la faisant taire. Elle poussa un petit gémissement, laissa tomber son attaché-case, et elle s'abandonna totalement.

— Suis-je suffisamment clair ?

— Taisez-vous, murmura-t-elle, refermant les bras autour de son cou. Taisez-vous.

Il ferma les yeux, bouleversé par la façon dont elle avait posé la tête au creux de son épaule. Ce geste, le petit soupir qui lui échappa soudain lui donnèrent envie de l'emmener dans un endroit où elle serait en sécurité, un endroit tranquille.

— Vous m'inquiétez, Julia.

— Parce que je suis venue à Londres ?

— Non. Parce que je suis venu vous y rejoindre.

Il l'écarta légèrement de lui, caressa sa joue.

— Vous êtes descendue au Savoy ?

— Oui.

— Alors, allons-y. Je détesterais qu'une des domestiques de mon père ne nous interrompe pendant que je vous fais l'amour.

Ils étaient en sécurité dans le lit et la chambre était tranquille. Le corps de Julia, fluide sous ses doigts, l'enivrait tel un alcool. Chaque frisson, chaque soupir qu'il faisait naître en elle attisait son désir. Il avait voulu les rideaux ouverts alors qu'elle les aurait fermés, pour avoir le plaisir de regarder son visage dans la lumière pâle de l'hiver.

Il ignorait qu'on pût éprouver tant de plaisir. Un plaisir qui l'avait submergé tandis que lentement, avec un soin infini, il la débarrassait de son tailleur très strict, découvrait la douceur de la soie en dessous. Un plaisir qui battait dans ses veines alors qu'il faisait glisser la soie, jeu érotique, centimètre par centimètre. Et elle fut là, délicate, mystérieuse, si désirable, s'abandonnant avec un soupir lorsqu'il la renversa doucement sur le lit.

Maintenant, elle était contre lui, corps moite glissant sur le sien, sa respiration tremblante dans son oreille, ses mains douces, patientes, soudain avides, fébriles. Il sentait vibrer en elle ses envies, monter une frénésie sauvage tandis qu'il les satisfaisait une à une.

Ce fut elle qui changea l'allure, qui se laissa soudain gagner par la fougue, jusqu'à ce que leurs deux corps ne fassent plus qu'un, enchevêtrés, roulant dans les draps, emportés par une passion dévorante.

Le lit n'était plus un endroit sûr, désormais, mais un lieu plein de dangereux délices. La chambre n'était plus paisible, elle bruissait de leurs murmures ardents, de la fougue de leurs gémissements. Dehors, le pâle soleil fut avalé par le rideau de pluie. Et tandis que la pièce s'assombrissait soudain, Paul prit Julia avec une soif dévorante, aveugle, qu'il craignait de ne jamais pouvoir étancher.

Même lorsqu'ils furent allongés dans les bras l'un de l'autre, épuisés et immobiles, à écouter la pluie tomber, il sentait encore cette soif d'elle le tarauder.

— Il faut que j'appelle Brandon, murmura Julia.

— Mmm…

Paul changea de position, lova son corps contre celui de sa compagne.

— Vas-y.

— Non, c'est impossible. Je ne peux pas l'appeler pendant que nous…

Il rit, lui mordilla doucement l'oreille.

— Jules, le téléphone ne transmet que les sons, pas les images.

Peu lui importait d'avoir l'air ridicule, elle secoua la tête, s'écarta.

— Non, vraiment. Je ne peux pas.

Elle jeta un coup d'œil à son peignoir posé sur une chaise, un peu plus loin. Paul surprit son regard et sourit.

— Tu veux que je ferme les yeux ?

— Bien sûr que non.

Mais il ne lui fut pas facile de se lever, de marcher jusqu'à la chaise et de se glisser dans le peignoir en sachant que Paul la regardait.

— Tu es adorable, Julia.

Elle noua la ceinture, fixant ses propres mains.

— Si c'est ta façon de me dire que je manque d'expérience…

— Adorable, vraiment. Je suis suffisamment orgueilleux pour me réjouir que tu n'aies pas l'habitude de ce genre de situation avec un homme.

L'envie de lui demander pourquoi il en était ainsi le titilla un instant, mais il résista, jeta un coup d'œil à la pluie qui ruisselait sur les vitres.

— J'avais pensé te montrer Londres, mais il semblerait que ce ne soit pas le jour. Si je passais dans la pièce à côté pour nous commander à déjeuner ?

— Très bonne idée. Peux-tu vérifier si j'ai des messages ?

Elle attendit qu'il ait enfilé son pantalon avant de composer le numéro. Dix minutes plus tard, elle le rejoignait dans le salon. Il était debout devant la fenêtre, plongé dans ses pensées. Elle franchit ce qui était pour elle un grand pas : s'approchant de lui, elle glissa les bras autour de sa taille, pressa la joue contre son dos.

— Il fait vingt-six degrés à Los Angeles et il y a du soleil. Les Lakers ont perdu contre les Pistons et Brandon est allé au zoo… Où es-tu ?

Il posa une main sur la sienne.

— J'étais en train de me demander pourquoi je me sens

toujours étranger ici alors que j'y suis né. A une époque, nous avions un appartement à Eaton Square et on m'a raconté que ma nourrice m'emmenait souvent en promenade à Hyde Park. Cela ne m'évoque rien. Sais-tu que je n'ai jamais situé un seul de mes romans ici ? Chaque fois que je viens à Londres, j'espère que le déclic va se produire.

— Je ne crois pas que cela ait une très grande importance. Je ne sais même pas où je suis née.

— Et ça ne t'intéresse pas ?

— Non. Enfin, parfois si, à cause de Brandon…

Elle se serra plus fort contre Paul.

— … Mais dans la vie de tous les jours, j'y pense rarement. J'aimais mes parents et ils m'aimaient. Ils m'avaient voulue. Je pense que c'est la partie la plus positive de l'adoption : savoir qu'on a été voulu, désiré à ce point. Cela peut créer le plus solide des liens.

— Je suppose que c'est ce qui s'est passé pour Eve et moi. Je n'ai jamais réellement su ce que c'était qu'être désiré, avant l'âge de dix ans. Avant qu'elle n'entre dans ma vie.

Il se tourna vers elle. Il avait besoin de voir son visage.

— Je me demande si tu peux comprendre que je n'ai jamais vraiment su non plus ce que c'est que désirer une femme, avant de te rencontrer.

Ces quelques paroles firent que Julia s'ouvrit comme une fleur. Plus que les caresses, plus que le plaisir, ces mots très simples venaient de vaincre toutes ses résistances.

— Je…

Elle s'écarta. Qu'elle vît clair dans son propre cœur ne rendait pas la situation moins effrayante.

— Je pensais… j'avais espéré, corrigea-t-elle, lorsque je me suis rendu compte de ce qui risquait de se passer entre nous, que je serais capable de gérer cela comme…

enfin, de la façon dont j'imagine que les hommes gèrent les aventures.

Brusquement nerveux, il enfonça les mains dans ses poches.

— C'est-à-dire ?

— Avec désinvolture, répondit-elle. Sans laisser de place aux émotions.

— Je vois…

Il la regarda arpenter la pièce. Il n'y avait pas que lui qui était nerveux. Julia marchait toujours lorsqu'elle était tendue.

— Penses-tu que pour moi ce soit une aventure ? lui demanda-t-il.

— Je l'ignore. Je ne peux parler que pour moi…

Elle s'obligea à s'arrêter, à se tourner vers lui. Les choses étaient plus faciles, maintenant qu'elle avait pris ses distances.

— … J'aurais voulu être capable de prendre cette relation pour ce qu'elle est : une histoire entre deux adultes qui s'entendent bien physiquement, qui sont attirés l'un par l'autre.

Elle s'obligea à respirer lentement avant de poursuivre :

— J'aurais voulu être certaine de m'en sortir indemne… Hélas, rien ne se passe comme je l'avais voulu. Lorsque tu es entré, ce matin, je me suis rendu compte que tu m'avais manqué, que j'étais très malheureuse que nous soyons fâchés.

Elle s'immobilisa, redressa les épaules. Il lui souriait, se balançait d'avant en arrière comme un gamin insolent.

— J'apprécierais vraiment que tu quittes cet air suffisant. Ce n'est pas…

— Je t'aime, Julia.

Abasourdie, elle s'assit dans un fauteuil. Cet aveu venait de lui couper le souffle.

— Tu… tu n'étais pas censé dire cela. Normalement, tu

aurais dû me laisser finir, et puis me dire qu'il faut savoir savourer l'instant.

— Désolé. Crois-tu réellement que j'ai sauté dans le Concorde avec à peine de quoi me changer dans le seul but de passer l'après-midi au lit avec toi ?

Julia répondit la première chose qui lui vint à l'esprit.

— Oui…

Il rit.

— Tu es très bien, au lit, Jules, mais quand même pas à ce point.

Comment devait-elle prendre cette remarque ? Elle leva le menton, toisa son compagnon.

— Il y a quelques minutes, tu as dit… Enfin, j'étais merveilleuse, prétendais-tu. Oui, dit-elle, croisant les bras d'un geste déterminé. C'était bien le mot. Merveilleuse.

— Vraiment ? Eh bien, c'est tout à fait possible… Mais même la perspective d'un après-midi merveilleux n'aurait pas suffi à m'arracher à l'écriture assez difficile de mon roman. Du moins pas plus d'une heure ou deux.

— Peut-on savoir pourquoi tu es venu, alors ?

— Lorsque tu es en colère, tes yeux deviennent sombres comme du charbon. Ce n'est peut-être pas une description très flatteuse mais elle est fidèle. Je suis venu, poursuivit-il avant qu'elle ait eu le temps de trouver une réponse appropriée, parce que je me faisais du souci pour toi, parce que j'étais furieux que tu sois partie sans moi, parce que je veux être à tes côtés en cas de problème. Et parce que je t'aime au point d'avoir du mal à respirer lorsque tu es loin de moi.

— Oh… Je ne t'attendais pas…

Elle se leva de nouveau, se mit à arpenter la pièce.

— … J'avais tout planifié, de manière logique, raisonnable. Tu n'étais pas censé me faire cet effet-là.

— Quel effet ?

— Cette sensation que j'ai, moi aussi, de ne pas pouvoir vivre sans toi. Oh, Paul, Paul, je ne sais que faire.

— Que dirais-tu de cela ?

Il l'attrapa soudain par le bras, la plaqua contre lui. Le baiser fit le reste. Après s'être débattue un instant, elle s'y abandonna.

— Je t'aime, moi aussi.

Elle se cramponnait à cette certitude, à lui.

— Je ne sais pas ce que je dois faire, mais je t'aime.

— C'en est fini, en tout cas, de tout affronter seule.

Il l'écarta légèrement de lui afin qu'elle voie qu'il était très sérieux.

— Tu comprends, Julia ?

— Je ne comprends plus rien. Mais peut-être n'est-ce pas indispensable de comprendre, pour l'instant.

Satisfait de sa réponse, il se pencha de nouveau vers elle, prit sa bouche. Lorsqu'on frappa à la porte, ils soupirèrent tous deux.

— Je peux renvoyer le garçon, dit Paul.

Elle rit, secoua la tête.

— Non. Je meurs de faim.

— Au moins, le champagne que j'ai commandé ne sera-t-il pas perdu.

Il l'embrassa de nouveau, puis encore une fois, lentement, avec volupté. On frappa un second coup à la porte.

Lorsque Paul fit entrer le garçon, Julia vit qu'il avait également commandé des fleurs. Une douzaine de roses rouges encore en bouton. Elle en prit une dans le vase, la posa contre sa joue pendant que le garçon installait le déjeuner.

— Il y a deux messages pour vous, madame Summers, dit-il, lui tendant deux enveloppes pendant que Paul rédigeait le chèque.

— Merci.

— Bon appétit, dit-il, tandis que le pourboire lui donnait un large sourire.

— Cela fait très décadent, dit Julia lorsqu'ils furent seuls. Champagne, séduction, fleurs, dans un hôtel, au beau milieu de la journée.

Elle rit lorsque Paul fit sauter le bouchon.

— Ça me plaît beaucoup, ajouta-t-elle.

— Il faudra recommencer, alors.

Il leva un sourcil interrogateur en servant le champagne.

— Ce sont les billets pour ce soir ?

— Oui. Premier rang. Au milieu. Je me demande comment ton père a fait…

— Mon père obtient à peu près toujours ce qu'il veut.

— Il m'a beaucoup plu, poursuivit Julia, décachetant la deuxième enveloppe. Ce n'est pas souvent qu'un homme correspond exactement à l'image qu'on a de lui. Charmant, courtois, sexy…

— Je t'en prie.

Elle rit.

— Tu lui ressembles trop pour pouvoir juger. J'espère vraiment que…

Elle s'interrompit brusquement, le visage blême. L'enveloppe lui échappa, tomba sur le sol tandis qu'elle fixait la petite feuille de papier dans sa main.

N'ENFONCEZ PAS LE CLOU.

19

Paul prit Julia par les épaules, l'obligea à s'asseoir sur la chaise la plus proche. Elle s'y affaissa, les jambes en coton. On n'entendait plus dans la pièce que le léger ronronnement du chauffage et le martèlement de la pluie sur les vitres.

Paul s'agenouilla près d'elle, mais elle ne le regarda pas. Elle fixait le papier sur lequel ses doigts se crispaient, tandis que de l'autre main elle pressait son estomac.

— Souffle, ordonna-t-il en se mettant à lui masser les épaules. Tu retiens ta respiration, Jules. Souffle.

L'air s'échappa en un long flot saccadé. Puis, tel un noyé parvenant enfin à sortir la tête du courant, elle avala une autre bouffée d'air qu'elle s'efforça de souffler lentement.

— Très bien. Bon, à présent, que se passe-t-il ?

Elle secoua la tête, incapable de parler et lui tendit le papier.

— N'enfoncez pas le clou ?

Surpris, il leva les yeux vers elle. Elle avait retrouvé un peu de couleur, ce qui le rassura, mais elle ne se détendait pas.

— Ce genre d'aphorisme idiot te met toujours dans cet état ?

— Quand ce genre d'aphorisme idiot me poursuit jusqu'en Europe, oui.

— Tu peux peut-être m'expliquer ?

Ils se levèrent au même moment. Julia se mit à arpenter la pièce.

— Quelqu'un essaie de me faire peur, dit-elle, presque pour elle-même. Et ce qui me rend folle de rage, c'est que ça marche. Ce n'est pas la première mise en garde que je reçois. J'en ai reçu une quelques jours après mon arrivée en Californie. Quelqu'un l'avait posée sur le seuil de la maison. C'est Brandon qui l'a trouvée.

— Le premier après-midi où j'étais là.

— Oui. Comment le sais-tu ?

— Tu avais la même expression paniquée qu'aujourd'hui. Cela ne m'a pas beaucoup plu, à l'époque. A plus forte raison maintenant.

Il jeta un coup d'œil au papier.

— Que disait le précédent message ?

— La curiosité est un vilain défaut… Il s'agissait d'une petite feuille de papier glissée dans une enveloppe.

La peur s'estompait, laissait place à la colère. Cela se sentait à la voix de Julia, à la façon déterminée dont elle s'était mise à marcher, les poings enfoncés dans les poches de son peignoir.

— J'en ai trouvé un autre dans mon sac, le soir du dîner de bienfaisance. Et un troisième entre les pages de mon manuscrit, juste après le premier cambriolage.

Il lui tendit une coupe de champagne lorsqu'elle passa devant lui. S'il ne servait pas à fêter leurs retrouvailles, ni à la séduire, peut-être servirait-il au moins à calmer ses nerfs.

— Pourquoi ne m'en as-tu jamais rien dit ?

Elle but une gorgée, continua d'arpenter la pièce.

— Il m'a semblé plus approprié d'en parler à Eve. Toi, je ne te connaissais pas et…

— Tu n'avais pas confiance en moi.

Elle lui jeta un regard, à la fois embarrassée et certaine de son bon droit.

— Tu t'opposais à ce qu'Eve et moi écrivions ce livre…

— Je m'y oppose toujours.

Il sortit un cigare de la veste qu'il avait abandonnée sur une chaise un moment plus tôt.

— Quelle a été la réaction d'Eve ?

— Elle était bouleversée. Vraiment bouleversée, il me semble. Mais elle l'a caché très vite et très bien.

— Je n'en doute pas.

Paul garda pour lui ses réflexions à ce sujet. Il s'empara de sa coupe de champagne, se mit à observer les bulles. Elles accouraient vers le bord du verre, pleines de vie et d'énergie. Comme Eve, songea-t-il. Et comme Julia aussi, étrangement.

— Je n'ai pas besoin de te demander comment tu as toi-même réagi. Ni ce que ces messages représentent pour toi, je suppose.

— Ce sont des menaces, je crois que c'est clair.

Il sentit l'impatience dans la voix de Julia, mais il se contenta de hausser un sourcil et de boire une gorgée de champagne.

— Ces petites phrases stupides et rebattues deviennent sinistres lorsqu'elles prennent la forme d'une menace anonyme.

Paul ne répondit pas. Elle repoussa les cheveux de son visage d'un geste vif, impatient. Le même geste qu'aurait pu avoir Eve, constata Paul.

— Je n'aime pas du tout le fait que quelqu'un essaie de m'impressionner. Quelqu'un qui m'a suivie à Londres.

— Quelqu'un d'autre que moi ?

— C'est évident…

Elle avait dit cela très vite, d'un ton irrité. Elle s'efforça de se calmer, de respirer lentement. De nouveau, ils étaient comme des étrangers. Qui des deux avait mis tant de distance entre eux ?

— Paul, je ne crois pas que ce soit toi qui m'envoies ces messages. Je ne l'ai jamais pensé. C'est une menace trop indirecte pour quelqu'un comme toi.

Il leva un sourcil étonné, but une gorgée de champagne.

— Dois-je prendre cela pour un compliment ?

— C'est une simple constatation.

Ce fut elle qui franchit la distance, tendit la main, caressa le visage de Paul pour en effacer l'inquiétude.

— Déjà, avant, je ne te pensais pas capable de sournoiserie. Alors, encore moins maintenant.

— Parce que nous sommes amants.

— Non, parce que je t'aime.

L'ombre d'un sourire effleura les lèvres de Paul lorsqu'il tendit la main à son tour, la posa sur celle de Julia.

— Il n'est pas facile de rester fâché contre toi.

— Tu l'es ?

— Oui, répondit-il en embrassant la paume de sa main. Mais nous réglerons nos comptes plus tard. D'abord, il faut essayer de savoir qui a déposé ce message à la réception.

Julia s'en voulut de ne pas y avoir pensé la première. Le problème était là justement : elle n'avait pas les idées suffisamment claires.

Lorsque Paul attrapa le téléphone, elle resta assise, songeant que si elle voulait éclaircir toute cette histoire, si elle le voulait vraiment, elle allait devoir se montrer calme, réfléchie.

Elle but une gorgée de champagne, se souvenant soudain qu'elle n'avait encore rien mangé. Ce n'était guère une façon de garder sa lucidité d'esprit.

— Les billets ont été apportés par un livreur en uniforme,

annonça Paul dès qu'il eut raccroché. La deuxième enveloppe a été déposée sur le bureau. Ils vérifient, mais il y a peu de chance que quelqu'un ait remarqué qui l'y a déposée.

— Cela peut être n'importe qui. N'importe qui sachant que je venais à Londres interviewer ton père.

— Qui, par exemple ?

Julia se leva, s'approcha de la table pour grignoter quelque chose.

— Je n'en ai pas fait un secret. Eve, évidemment. Nina, Travers, CeeCee, Lyle... Drake, je présume. Et puis toute personne susceptible de le leur avoir demandé. N'est-ce pas ce que tu as fait ?

Malgré les circonstances, il s'amusa de la voir transporter avec elle les crevettes sauce homard tandis qu'elle arpentait la pièce, et piquer régulièrement dans le plat avec sa fourchette, comme s'il ne s'agissait pas simplement de dîner mais de reprendre des forces.

— C'est Travers qui m'a dit que tu étais à Londres. Et maintenant, que vas-tu faire ?

— Quoi d'autre sinon ignorer totalement cette histoire ? Je ne me vois pas débarquant à Scotland Yard.

Cette seule idée — et les crevettes — l'avaient revigorée. Plus détendue, elle posa le plat, prit sa coupe de champagne.

— Je vois très bien la scène. Inspecteur, j'ai reçu un message. Non, je ne peux pas franchement parler de menace. Il s'agit plutôt d'une mise en garde... Mettez vos meilleurs hommes sur l'affaire.

— Tu n'avais pas l'air de trouver cela si drôle, en ouvrant l'enveloppe.

— Non. Mais je devrais, peut-être. N'enfoncez pas le clou ! Comment pourrais-je me laisser impressionner par un corbeau qui n'est même pas capable de faire preuve d'originalité ?

— Si quelqu'un démasquait la personne qui envoie ces messages, cela intéresserait à peine la police, n'est-ce pas ? De petits aphorismes inoffensifs. Il serait difficile de prouver que cela constitue une menace. Mais nous savons qu'il en va tout autrement.

— Si tu comptes me convaincre d'abandonner le livre…

— J'y ai renoncé, Julia. Mais ne m'exclus pas de tout ça.

Il posa une main légère sur ses cheveux.

— Fais-moi écouter les enregistrements. Je veux t'aider.

Cette fois, elle ne put refuser. Parce qu'il n'agissait pas sous le coup de l'arrogance ou de l'orgueil, mais par amour.

— D'accord. Dès que nous serons rentrés en Californie.

Même en l'absence de Julia, Lyle trouva largement de quoi s'occuper, avec les allées et venues autour du pavillon des invités. Une équipe de nettoyage avait passé deux journées complètes sur place. Des camions avaient emporté les meubles cassés, le verre brisé, les rideaux déchirés.

Il avait jeté un petit coup d'œil à l'intérieur avant que l'équipe n'arrive. Visiblement, on s'en était donné à cœur joie.

Il regrettait d'avoir manqué ça. Vraiment. Le nom du plaisantin aurait pu se monnayer pour une coquette petite somme. Mais cet après-midi-là, il était en train de se faire la petite bonne du premier étage. Il se rendait compte à présent que cette partie de jambes en l'air lui avait probablement coûté quelques milliers de dollars.

Enfin… il y avait d'autres façons de gagner sa vie. Lyle nourrissait de grandes espérances. Et il avait une liste de caprices à satisfaire. En tête de liste, il y avait la Porsche. Rien n'impressionnait davantage les nanas qu'un type super cool dans ce genre de caisse. Il voulait sa place au soleil. Il voulait une maison sur la plage d'où il pourrait mater tous les petits Bikinis et ce qu'il y avait dedans. Il voulait aussi une Rollex et la garde-robe qui va avec. Une fois qu'il serait équipé, draguer des nanas riches serait aussi facile que d'attraper des mouches.

Lyle était persuadé de tenir le bon bout. Il lui semblait déjà sentir l'ambre solaire chatouiller ses narines.

Il prenait toutes sortes de notes — des pattes de mouche. Ce qu'on avait emporté du pavillon des invités, ce qu'on y avait amené... Qui avait effectué les livraisons. Il s'était même fait faire une clé, pour pouvoir aller y mettre son nez tout à loisir. S'introduire dans la Résidence n'avait pas été aussi simple, mais il avait bien choisi son moment et s'était débrouillé pour photocopier le carnet de téléphone de Nina Soloman — et son agenda !

Travers avait failli le surprendre en train de fouiner dans la chambre d'Eve. Cette salope, à l'air toujours constipé, surveillait la maison comme un chien de garde. Il avait été déçu qu'Eve n'ait pas d'agenda personnel, qu'elle ne tienne pas de journal intime. Ça, ça aurait pu valoir du fric. Mais il avait trouvé des drogues assez intéressantes dans le tiroir de sa table de nuit et d'étranges messages dans celui de sa coiffeuse.

Nom de nom, que fabriquait-elle avec des bouts de papier qui disaient des trucs comme : « Il ne faut pas réveiller le chat qui dort » ? Lyle décida de garder pour lui les pilules et les messages en attendant de savoir quelle valeur ils pouvaient avoir.

Tirer les vers du nez au gardien, à la grille, avait été un jeu d'enfant. Joe aimait parler et pour peu qu'on lui offre une bière et qu'on lui raconte quelques histoires, on ne l'arrêtait plus : Michael Torrent était reparti après avoir appris qu'Eve tournait en extérieurs pendant deux semaines ; Gloria Dubarry était passée pour la voir, puis elle s'était rabattue sur Julia, absente elle aussi (d'après Joe, en repartant, elle avait les larmes aux yeux de n'avoir trouvé personne) ; deux paparazzi avaient tenté de s'introduire dans la propriété déguisés en livreurs, mais Jœ les avait repérés (la capacité de Joe à flairer la presse était admirée de tous les habitants de Beverly Hills) ; il avait laissé entrer Victor Flannigan, lequel était ressorti vingt minutes plus tard. L'agent d'Eve, Maggie Castle, était entrée elle aussi. Elle était restée deux fois plus longtemps...

Lyle conservait soigneusement toutes ces informations. Il avait, prêt à servir, ce qu'il considérait comme un rapport très professionnel. Peut-être devrait-il se lancer dans le métier de détective privé ? songea-t-il en s'habillant pour la soirée. Dans les films, à la télévision, ce genre de types se sortaient toujours toutes les minettes.

Il choisit un string de soie noire et donna à son membre préféré une petite tape amicale. Ah, il existait quelque part une femme qui allait avoir de la chance cette nuit ! Il se tortilla pour enfiler son pantalon de cuir noir et remonta la fermeture Eclair du blouson assorti par-dessus son T-shirt rouge hypermoulant. Les femmes craquaient pour les types en cuir, il le savait.

Voilà, il allait déposer son rapport, ramasser le fric. Puis il passerait dans quelques clubs jusqu'à ce qu'il trouve la veinarde.

Julia ne savait pas très bien à quoi s'attendre en rencontrant l'épouse de Rory Winthrop. Mais elle n'imaginait certainement pas qu'elle allait non seulement apprécier mais également admirer Lily Teasbury.

A l'écran, l'actrice jouait les blondes évaporées, écervelées, ce qui s'accordait parfaitement avec son physique et ses grands yeux bleus candides. Au premier regard, on était tenté de la ranger dans la catégorie des femmes qui se trémoussent et gloussent beaucoup.

Mais il fallut moins de cinq minutes à Julia pour réviser son jugement.

Lily était une femme ambitieuse, fine, pleine d'esprit et qui avait *choisi* très délibérément d'exploiter son corps. On la sentait tout à fait à l'aise dans le salon très chic de la maison de Knightsbridge, l'air détendu, parfaite maîtresse de maison très anglaise et très raffinée dans son tailleur bleu tout simple de chez Givenchy.

— Je me demandais quand vous alliez finalement nous rendre visite, dit-elle à Paul en servant l'apéritif. Il y a trois mois que nous sommes mariés, votre père et moi.

— Je ne viens pas souvent à Londres.

Julia avait déjà fait l'expérience du regard glacial que lui décocha Paul, et elle admira Lily pour l'apparente sérénité qu'elle conserva malgré tout.

— C'est ce que l'on m'a dit, en effet. Eh bien, vous n'avez pas choisi la bonne saison. Est-ce votre premier séjour à Londres, madame Summers ?

— Oui.

— Quel dommage que nous ayons cette pluie glacée. Cela dit, je crois qu'il faut voir une ville sous son aspect le plus défavorable. Comme un homme. C'est la seule façon de savoir si l'on peut s'accommoder de tous ses défauts.

Lily s'assit, sourit et but une gorgée de vermouth.

— C'est la manière très subtile qu'a Lily de me rappeler qu'elle connaît tous les miens, dit Rory.

— Je ne cherchais pas à être subtile, répondit Lily.

Elle effleura à peine la main de Rory, mais Julia sentit beaucoup d'affection dans ce geste.

— La subtilité ne me semble pas de mise alors que je

suis sur le point de voir révélée au grand jour l'une des grandes histoires d'amour de mon mari…

Elle adressa un sourire rayonnant à Julia.

— Ne vous faites aucun souci, je ne suis pas jalouse, seulement très curieuse. La jalousie est un sentiment ridicule, surtout en ce qui concerne le passé. Quant à l'avenir, j'ai déjà prévenu Rory — au cas où il serait tenté de répéter les erreurs d'autrefois — que je ne suis pas du genre à pleurer, me lamenter, lui faire des scènes ou courir chez mon avocat.

Elle but une autre gorgée de vermouth, avec délicatesse.

— Je le tuerai, simplement, de sang-froid et sans le moindre regret.

Rory se mit à rire et porta un toast à son épouse.

— Elle me terrifie.

Tandis que la conversation suivait son cours, Paul se mit à écouter avec davantage d'intérêt. Jamais il n'aurait cru cela possible, mais visiblement un lien solide unissait son père à la femme qu'il avait épousée. Une femme qui aurait pu être sa fille et qu'on aurait, à première vue, très facilement rangée dans la catégorie des ravissantes idiotes avec lesquelles son père aimait à s'amuser d'habitude.

Mais Lily Teasbury n'était pas comme les autres. Après avoir mis de côté le ressentiment qu'éprouve souvent un fils à l'égard de la nouvelle épouse de son père, il se mit à l'observer avec l'œil de l'écrivain, à l'écouter avec l'oreille du romancier. Il découvrit les gestes, les regards complices, il entendit les intonations de voix, surprit les rires. Ça, c'était un mariage, constata-t-il, non sans étonnement.

Il existait entre eux un bien-être, une camaraderie qu'il n'avait jamais sentis entre son père et sa propre mère. Une amitié qu'il n'avait connue qu'une seule fois lors des différents mariages de son père. Lorsque Eve avait été sa femme.

Quand ils passèrent dans la salle à manger pour le dîner, Paul était à la fois soulagé et étonné par ce qu'il avait vu. Le soulagement vint de ce que Lily ne prétendait pas — comme avant elle les autres épouses de Rory — qu'ils formaient désormais une famille, tous les trois. Et aussi de ce qu'elle ne lui signifiait pas, discrètement, qu'elle était ouverte à une relation plus intime avec lui... L'étonnement vint de ce qu'il sentait d'instinct : son père avait peut-être enfin trouvé la femme de sa vie.

Julia goûta le canard au sang. Un feu crépitait dans la cheminée, derrière Rory, et un lustre de cristal cascadait du plafond. La pièce, avec ses tapisseries, ses vitrines étincelantes, aurait pu avoir un côté guindé. Mais la table Régence avait été dressée sans solennité, on y avait disposé un bouquet de fleurs sauvages, et l'odeur du feu de bois, le crépitement de la pluie contre les vitres créaient une atmosphère chaleureuse.

De bien-être, Julia ôta discrètement ses chaussures...

— Je ne vous ai pas encore dit combien je vous ai trouvé merveilleux hier soir, dit-elle à Rory. Ni combien j'ai apprécié que vous preniez la peine de nous faire envoyer les places.

— Ce n'était rien, vraiment. J'ai été ravi que Paul et vous braviez les éléments pour venir assister à la représentation.

— Je ne l'aurais manquée pour rien au monde.

— Vous aimez *Le Roi Lear* ? demanda Lily.

— C'est une pièce très puissante, très émouvante. Tragique.

— Tous ces corps entassés, à la fin, et cela par le seul fait de la vanité et de la folie d'un vieil homme...

Elle adressa un clin d'œil à son mari.

— Rory est merveilleux dans le rôle mais je crois que je préfère la comédie. Au moins, lorsqu'on quitte la scène, c'est avec des rires plein les oreilles plutôt que des concerts de lamentations.

— Lily aime les fins heureuses, dit Rory à Julia. Au début de notre idylle, je l'ai emmenée voir *A Lond Day's Journey into Night*.

Il piqua quelques grains de riz sauvage.

— A la sortie, elle m'a dit que si je voulais passer des heures assis à absorber du malheur, il faudrait que je le fasse avec quelqu'un d'autre. La fois suivante, je l'ai emmenée à un festival Marx Brothers.

— Je l'ai donc épousé, dit Lily.

Elle tendit la main par-dessus la table, effleura les doigts de son mari.

— Et cela, après m'être rendu compte qu'il connaissait des passages entiers du film des Marx Brothers, *A Night at the Opera*.

— Et moi qui croyais que tu m'avais épousé parce que je suis terriblement sexy.

Elle sourit. Une petite fossette se creusa au coin de sa bouche.

— Chéri, le sexe se limite au lit. Un homme qui comprend et apprécie le génie comique est un homme auprès duquel on peut se réveiller le matin.

Elle se cala de nouveau contre son dossier, se tourna vers Julia.

— Qu'en pensez-vous, Julia ?

— Le seul endroit où Paul ait jamais proposé de m'emmener, c'est à un match de basket, dit-elle sans réfléchir.

Avant qu'elle ait eu le temps de regretter ses paroles, Lily éclatait de rire.

— Rory, quel père lamentable tu as dû être si ton fils ne peut pas offrir mieux à une femme !

— Certainement. Mais Paul a toujours eu ses propres idées sur tout. Y compris sur les femmes.

— Et que reproche-t-on au basket, au juste ? demanda Paul, tout en continuant de manger tranquillement.

Comme son regard était dirigé vers Julia, elle jugea plus prudent de s'en tenir à un haussement d'épaules.

Paul songea qu'elle était incroyablement belle ainsi troublée. Le rouge lui montait aux joues et elle avait cette habitude tout à fait irrésistible de se mordiller la lèvre inférieure. Humm… il avait envie de la lui mordiller à son tour. De la mordiller à bien d'autres endroits encore. Il n'y manquerait pas, tout à l'heure…

— Tu as refusé de m'accompagner, lui rappela-t-il.

— Oui.

— Si je t'avais invitée à… disons, une rétrospective des Three Stodges, tu serais venue ?

— Non.

Un sourire effleura ses lèvres.

— A l'époque, tu me rendais nerveuse.

Il tendit la main par-dessus la table, joua un instant avec les doigts de la jeune femme.

— Et si je te le demandais aujourd'hui ?

— Tu me rends toujours aussi nerveuse, mais je courrais sans doute le risque.

Paul prit son verre de vin et se tourna vers son père.

— Il semblerait que mes méthodes ne marchent pas trop mal, tu vois, père… Lily, le canard est excellent.

— Merci.

Elle rit, but une gorgée de vin.

— Merci beaucoup.

Ce n'est qu'une fois le café et le cognac servis dans le confortable salon qu'on reparla d'Eve Benedict. Julia cherchait désespérément le moyen d'introduire avec tact le sujet lorsque Lily l'y invita elle-même.

— J'ai regretté que nous ne puissions nous rendre à la soirée donnée par Eve, récemment. J'étais surprise d'être invitée et désolée de ne pouvoir être présente.

Elle s'installa douillettement sur le canapé, repliant sous elle ses longues et belles jambes.

— D'après Rory, elle a toujours donné des fêtes superbes.

— En avez-vous donné beaucoup lorsque vous étiez mariés ensemble, Eve et vous ? demanda Julia à Rory.

— Pas mal. De différentes sortes, en fait. Des dîners intimes, des barbecues très informels, des soirées somptueuses. Ta soirée d'anniversaire, Paul… Tu te souviens ?

— Ce serait difficile à oublier.

Conscient qu'il s'agissait d'une interview, il se tourna vers Julia. Lily écoutait attentivement.

— Elle avait engagé des artistes de cirque. Des clowns, des jongleurs, un funambule. Et un éléphant !

— Et le jardinier a failli démissionner quand il a vu l'état de la pelouse le lendemain.

Rory se mit à rire, fit tourner le cognac dans son verre.

— La vie avec Eve comportait peu de moments tristes.

— Si vous deviez la décrire d'un mot ?

— Eve ?

Il réfléchit un moment.

— Invincible, je crois. Rien ne pouvait l'arrêter. Je me souviens d'un rôle que lui avait soufflé Charlotte Miller. C'était une pilule très dure à avaler, pour Eve… Eh bien, en contrepartie, elle a joué Sylvia dans *Spider's Touch,* remporté le prix d'interprétation à Cannes cette année-là et éclipsé complètement Charlotte ! Il y a vingt-cinq, trente ans de cela, il devenait difficile de trouver de bons rôles. Les actrices d'un certain âge n'étaient guère courtisées par les studios. Eve est partie pour New York et elle a fait un tabac dans *Madam Requests* à Broadway. La pièce est restée un an à l'affiche. Eve a obtenu un Tony, et Hollywood l'a suppliée de revenir… Si vous passez sa carrière en revue, vous verrez qu'elle n'a jamais choisi un mauvais scénario. Oh, il y en a eu de valeur inégale au début, certainement. Les studios la poussaient à tourner et elle n'a pas toujours pu dire non. Néanmoins, dans chaque rôle, même le plus pauvre, son jeu a toujours été celui d'une star. Il faut plus que du talent, plus que de l'ambition, même, pour parvenir à cela. Il faut une force extraordinaire.

— Rory souhaiterait travailler de nouveau avec elle, intervint Lily. J'aimerais bien les voir jouer ensemble.

— Ce ne serait pas gênant pour vous ?

— Pas le moins du monde. Si je ne connaissais pas le métier, peut-être. Ou si je n'étais pas certaine de l'attachement de Rory.

Elle rit, croisa ses jambes au galbe parfait.

— Quoi qu'il en soit, je ne peux que respecter une femme qui reste amie, véritablement amie, avec un homme auquel elle a été mariée. Mon ex et moi, nous nous détestons toujours.

— Voilà pourquoi Lily refuse l'option divorce, en ce qui me concerne.

Il tendit la main, entrelaça les doigts à ceux de sa femme.

— Eve et moi, nous nous apprécions beaucoup, vous savez. Notre rupture fut très courtoise, très calme. La faute m'incombait, j'aurais eu mauvaise grâce de tenir rigueur à Eve.

— Vous dites : la faute m'incombait… Parce que vous étiez infidèle ?

— Principalement. J'imagine que… le manque de

jugeote dont j'ai fait preuve explique que Paul soit si prudent, aujourd'hui. Vous ne croyez pas ?

— Sélectif, corrigea Paul.

— Je n'étais pas un bon mari. Je n'étais pas un bon père. Dans un cas comme dans l'autre, je ne donnais pas l'exemple.

Paul changea de position, gêné.

— Je m'en suis bien sorti.

— Mais pas grâce à moi. Julia se doit de dire la vérité. N'est-ce pas, Julia ?

— Oui. Cependant, si je puis me permettre… je crois que vous avez été meilleur père que vous ne le pensez. A ce qu'on m'a dit, vous n'avez jamais prétendu être autre chose que ce que vous étiez.

L'émotion réchauffa un instant le regard de Rory.

— Merci. J'ai appris qu'un enfant peut tirer bénéfice du mauvais exemple aussi bien que du bon. Tout dépend de l'enfant. Paul a toujours été très brillant. D'où son discernement en ce qui concerne les femmes et son peu de patience envers le joueur insouciant que je suis… C'est de mon insouciance, qu'Eve s'est lassée.

— J'ai entendu dire que vous vous intéressiez aux courses. Vous possédez des chevaux ?

— Quelques-uns. J'ai toujours eu de la chance aux jeux de hasard, c'est sans doute la raison pour laquelle j'ai du mal à résister au casino, à un pur-sang, à l'envie de retourner une carte… Eve ne voyait pas d'inconvénient à ce que je joue. Il ne lui déplaisait pas de jouer, elle aussi, de temps en temps. Le problème vient plutôt des gens que l'on rencontre dans le milieu du jeu. Les bookmakers ne font pas le gratin de la société. Eve évitait les joueurs professionnels. Encore que quelques années après notre divorce, elle ait eu une liaison avec un homme très proche de ce milieu. Encore une erreur de ma part : c'est moi qui les ai présentés l'un à l'autre. A l'époque, j'ignorais que ce monsieur faisait exactement. Plus tard, j'ai été amené à regretter de lui avoir fait rencontrer Eve.

Julia fronça les sourcils, but une gorgée de café.

— Ainsi, Eve a été mêlée au milieu des jeux…

— Pas au milieu des jeux à proprement parler. Comme je vous le disais, elle n'a jamais éprouvé de plaisir particulier à parier de l'argent. Quant à l'homme dont je vous parle, on ne peut guère dire de lui qu'il est joueur. L'est-on, quand on a systématiquement tous les atouts en main ? Non… C'est plutôt un homme d'affaires.

Julia jeta un bref coup d'œil à Paul. Et aussitôt, un nom lui vint à l'esprit.

— Michael Delrickio ?

— Oui. Un homme effrayant. Je l'ai rencontré à Las Vegas au cours d'une de mes plus fabuleuses nuits de jeu. Je jouais aux dés au Desert Palace et la chance était au rendez-vous, comme une belle femme décidée à passer la nuit à me séduire.

— Rory fait souvent référence au jeu en utilisant cette image, expliqua Lily. Surtout lorsqu'il perd.

Elle lui adressa un sourire plein d'indulgence avant de se lever pour resservir du cognac.

— Quel temps épouvantable ! Etes-vous certaine de ne rien vouloir de plus fort que du café, Julia ?

— Non, vraiment. Merci beaucoup.

Et Julia relança la conversation.

— Vous me parliez de Michael Delrickio…

— Hmm.

Rory étendit les jambes et prit son verre de cognac à deux mains. Julia eut le temps de constater qu'il avait tout du parfait gentleman anglais au repos, à chauffer ainsi le cognac entre ses mains tandis que le feu crépitait dans son dos. Il ne lui manquait plus qu'un chien somnolant à ses pieds.

— Oui, j'ai rencontré Delrickio au Palace après avoir gagné gros. Il a proposé de m'offrir un verre, prétendant être un fan. J'avais envie de refuser. Ce genre d'intermède peut être parfois très inconfortable, mais je savais qu'il était propriétaire du casino. Ou plus exactement que son organisation était propriétaire de ce casino et de bien d'autres.

— Vous avez dit qu'il était effrayant. Pourquoi ?

— Il devait être environ 4 heures du matin lorsque nous avons pris un verre, dit Rory, lentement. Pourtant, il avait l'air… l'air d'un banquier pendant la pause du déjeuner. Il s'exprimait avec une aisance extraordinaire. C'était un fan, en effet, pas seulement de mes films mais du cinéma en général. Nous avons passé près de trois heures à discuter de films, de tournage, de production. Il m'a dit que financer une société de production indépendante l'intéressait et qu'il serait à Los Angeles le mois suivant…

Rory s'interrompit pour boire une gorgée de cognac et réfléchir.

— Je l'ai de nouveau rencontré dans une soirée où nous nous étions rendus ensemble, Eve et moi. Nous n'avions de liaison ni l'un ni l'autre, à l'époque, et nous sortions assez souvent ensemble. En fait, Paul habitait chez Eve. Il suivait des cours en Californie.

— J'étais étudiant en seconde année à U.C.L.A, expliqua Paul.

Il eut un petit haussement d'épaules, sortit un cigare.

— Mon père ne m'a toujours pas pardonné d'avoir boudé Oxford.

— Tu étais déterminé à trahir la tradition familiale.

— Et toi, comme par hasard, tu te faisais l'avocat de la tradition, dans ces moments-là.

— Tu as brisé le cœur de ton grand-père.

Paul sourit, alluma son cigare.

— Il n'en a jamais eu.

Rory se redressa dans son fauteuil, prêt à riposter. Mais il se réinstalla aussitôt et se mit à rire.

— Tu as tout à fait raison. Et tu étais mieux auprès d'Eve qu'avec moi ou ta mère. Si tu avais cédé, si tu étais allé à Oxford, le vieil homme aurait fait son possible pour te rendre la vie aussi insupportable qu'à moi.

Paul se contenta de boire une gorgée de cognac.

— Je crois que Julia s'intéresse davantage à Eve qu'à nos histoires de famille..., dit-il enfin.

Rory sourit et secoua la tête.

— Les deux sujets présentent un intérêt non négligeable. Mais tu as raison, concentrons-nous sur Eve, pour l'instant. Elle était époustouflante, ce soir-là.

— Mon chéri, roucoula Lily. Comment oses-tu dire une chose pareille devant ton épouse ?

— La vérité, je me dois de dire toute la vérité, répondit Rory.

Il prit la main de Lily, embrassa ses doigts.

— Julia y tient... Je crois qu'Eve venait juste de rentrer de thalassothérapie, ou quelque chose comme ça. Elle avait une mine superbe. Nous étions divorcés depuis plusieurs années déjà et très copains. Nous étions tous les deux ravis à l'idée de ce que la presse n'allait pas manquer de raconter après nous avoir vus ensemble. En un mot, nous nous amusions bien. Nous aurions pu... Excuse-moi, ma chérie, murmura-t-il à sa femme. Nous aurions pu passer la nuit à nous remémorer le bon vieux temps, mais je l'ai présentée à Delrickio. L'attirance fut immédiate. Le vieux cliché du coup de foudre, de son côté à lui, du moins. Quant à Eve, elle était intriguée. Bref, toujours est-il que ce fut Delrickio qui la raccompagna chez elle. Ce qui s'est passé après…

— Vous n'avez pas répondu à ma question, dit Julia, reposant sa tasse vide. Pourquoi était-il effrayant ?

Rory poussa un petit soupir.

— Je vous ai dit qu'il avait des vues sur une certaine société de production. La société n'était pas intéressée, au départ. Moins de trois mois après, il… son organisation l'avait rachetée. La société rencontrait des problèmes financiers, du matériel avait été endommagé, il y avait eu un certain nombre d'accidents… J'ai appris par des relations professionnelles que Delrickio avait des liens très forts avec… Comment appelle-t-on cela de nos jours ?

— Il fait partie de la mafia, dit Paul d'un ton agacé. Inutile de tourner autour du pot.

— Je m'efforçais d'être plus subtil, murmura Rory. Quoi qu'il en soit, on l'a suspecté, seulement suspecté, d'entretenir des liens avec le crime organisé. Rien n'a jamais été prouvé. Ce que je sais, c'est qu'Eve l'a fréquenté discrètement pendant quelques mois, puis brusquement, elle a épousé ce joueur de tennis.

— Damien Priest, dit Julia. Eve m'a dit que c'était Michael Delrickio qui les avait présentés.

— C'est fort possible. Delrickio connaît beaucoup de monde… Je ne peux pas vous dire grand-chose sur cette relation. Le mariage fut de courte durée. Eve n'a jamais évoqué les raisons pour lesquelles il s'était terminé aussi soudainement.

Il se tourna vers son fils.

— Du moins, pas avec moi.

*
* *

— Je ne veux pas parler de Delrickio, dit Paul, à peine entré dans la suite de Julia.

Il ôta sa veste.

— Tu as passé l'essentiel de la soirée en interview. Tu peux faire une pause, non ?

— Je veux ton point de vue.

Julia ôta ses chaussures.

— Je veux ta vision des choses.

A la façon dont il dénoua sa cravate, elle sut qu'il contenait de la colère.

— Je hais Delrickio. Cela ne te suffit pas ?

— Non. Que tu le hais, je le sais. Ce que je veux savoir, c'est comment tu en es arrivé là.

— Disons que j'ai une aversion très nette pour les seigneurs du crime.

Julia fronça les sourcils, ôta les épingles de ses cheveux.

— C'est une réponse dont je pourrais me satisfaire si je ne t'avais pas vu face à lui, si je n'avais pas constaté qu'il s'agit d'une aversion… toute personnelle.

Les épingles lui piquèrent la paume. Elle ouvrit la main, les regarda, se rendant compte combien cette sorte d'intimité s'était naturellement installée entre Paul et elle. Oter ses chaussures, libérer ses cheveux, tous ces gestes si familiers aux amants. Mais l'autre intimité, celle du cœur, lui échappait encore, insaisissable. Elle fut assaillie d'une profonde amertume, mélange de douleur et de colère.

— Je croyais que nous nous faisions confiance, dit-elle.

— Ce n'est pas une question de confiance.

— Ce n'est que cela, au contraire.

Il s'assit, crispé.

— Tu ne laisseras pas tomber, c'est cela ?

— Je fais mon travail, lui rappela-t-elle.

Elle gagna la fenêtre, tira les rideaux d'un geste sec sur la tempête.

— Eve me dira tout ce que j'ai besoin de savoir au sujet de Michael Delrickio. Je ne te demande que ton avis.

— Très bien. Mon avis, c'est que cette ordure qui se pavane en costume italien est la pire qui soit parce qu'il est heureux d'être ce qu'il est.

Le regard de Paul étincelait de haine.

— Il tire profit de la détresse du monde, Julia. Et lorsqu'il vole, fait du chantage, estropie quelqu'un ou tue, il est convaincu de « faire des affaires ». Rien d'autre que des affaires.

Julia s'assit mais ne prit pas son magnétophone.

— Et pourtant, Eve et lui…

— Elle ne s'est pas rendu compte de ce qu'il était vraiment, avant de devenir sa maîtresse. De toute évidence, elle le trouvait attirant. Il peut certainement avoir beaucoup de charme. Il parle bien, il est cultivé… Elle appréciait sa compagnie, et aussi, je crois, son pouvoir.

— Tu habitais avec elle à l'époque.

— J'allais à l'école en Californie et j'étais, disons, basé chez elle. Mais avant ce soir, j'ignorais de quelle façon elle avait rencontré Delrickio.

Un petit détail, songea-t-il. Un petit détail de peu d'importance. Il connaissait le reste. L'essentiel, du moins. Et grâce à sa ténacité, Julia aussi allait le connaître.

— Il a commencé à venir chez elle, pour un bain dans la piscine, une partie de tennis, un dîner. Eve est allée une ou deux fois à Las Vegas avec lui… Il lui envoyait sans arrêt des fleurs, des cadeaux. Une fois, il a même amené à la Résidence le chef cuisinier d'un de ses restaurants et lui a fait préparer un somptueux repas italien.

— Il possède des restaurants ? demanda Julia.

Paul lui jeta un bref regard.

— Que ne possède-t-il pas, dit-il d'un ton sec. Il y avait toujours deux de ses hommes avec lui. Il ne conduisait jamais lui-même, ne venait jamais sans escorte… Je ne l'aimais pas, je n'aimais pas la façon dont il regardait Eve, comme si elle avait été l'une de ses foutues orchidées.

— Pardon ?

Paul se leva, alla à la fenêtre. Nerveux, il entrouvrit les rideaux. La pluie avait cessé mais le temps était sinistre, il le devinait à travers les vitres — il n'est pas toujours nécessaire de voir la laideur pour la reconnaître.

— Il cultive des orchidées. Une véritable manie. Eve aussi l'obsédait. Il rôdait autour de chez elle, insistait pour savoir où elle était, avec qui. Elle aimait cela, d'autant qu'elle refusait de lui rendre le moindre compte et que cela le rendait fou.

Paul se tourna vers Julia. Elle souriait.

— Tu trouves cela amusant ?

— Je suis désolée. C'est seulement… Enfin, je suppose que j'envie Eve pour la façon dont elle a su mener les hommes.

— Pas toujours avec succès, murmura-t-il, l'air grave. Je suis arrivé en pleine dispute, un jour où il était furieux contre elle, où il la menaçait. Je lui ai ordonné de sortir de la maison, j'ai même tenté de le jeter dehors moi-même, mais ses gardes du corps se sont précipités sur moi. Eve a dû intervenir.

Toute trace d'amusement avait disparu. Julia eut un frisson. Elle se souvint brusquement de la réflexion de Delrickio qui regrettait qu'Eve ne l'ait pas laissé enseigner le respect à Paul.

— Tu devais avoir une vingtaine d'années… ?

— Oui, à peu près. Ce fut moche, très humiliant mais aussi très révélateur. Eve était en colère contre lui, mais elle l'était tout autant contre moi. Elle pensait que j'étais jaloux et peut-être l'étais-je. J'avais le nez qui saignait, plusieurs côtes contusionnées…

— Ils t'ont frappé ? coupa Julia, profondément choquée.

Paul ne put s'empêcher de sourire.

— On n'entraîne pas ce genre de gorilles à faire des caresses. Cela aurait pu être pire, bien pire. J'étais sur le point de saisir ce salaud à la gorge. Il ne me déplaît pas d'avoir recours à la violence de temps à autre, peut-être l'ignores-tu ?

— Oui, dit Julia d'un ton calme que démentait sa tension intérieure. Est-ce à la suite de… de cet épisode qu'Eve a rompu avec Delrickio ?

— Non.

Il était fatigué de parler, de penser.

— Eve ne mélangeait pas tout. Et elle avait raison.

Lentement, comme s'il traquait une proie, il s'avança vers elle. Elle eut un petit frisson et son cœur se mit à battre plus vite.

— As-tu idée de l'air que tu as, assise bien droite sur ta chaise, les mains sur les genoux, le regard grave, inquiet ?

Julia se sentit brusquement ridicule. Elle changea de position.

— Je veux savoir…

— Le problème est là, justement, murmura-t-il, se penchant pour lui emprisonner le visage entre ses mains. Tout ce qui t'intéresse c'est « savoir »… alors que tu devrais te laisser aller à ce que tu ressens. Quel effet cela te fait-il, si je te dis qu'en cet instant précis, je ne songe qu'à une seule chose : te débarrasser de cette petite robe bien sage, t'embrasser dans le cou pour vérifier si le parfum que je t'ai vue mettre là, juste sous l'oreille, s'attarde encore sur ta peau… ?

Lorsque les doigts de Paul caressèrent sa joue, son cou, Julia s'écarta, se leva. Ce fut une erreur. Il la plaqua contre lui.

— Tu essaies de me distraire, dit-elle.

— Exactement.

Il fit glisser la fermeture Eclair de sa robe et rit lorsqu'elle se débattit pour lui échapper.

— Tout en toi n'a cessé de me distraire depuis que je t'ai rencontrée.

— Je veux savoir, insista-t-elle, le souffle brusquement coupé lorsqu'il arracha sa robe, la dénuda jusqu'à la taille.

Les lèvres de Paul, ses mains coururent sur sa peau, frénétiques, possessives.

— Paul ! Attends ! J'ai besoin de comprendre pourquoi Eve a mis fin à cette relation.

— Il a suffi d'un meurtre.

Le regard brûlant, il lui renversa la tête en arrière et la regarda droit dans les yeux.

— Un meurtre prémédité, commis de sang-froid, pour l'argent. Delrickio avait tout misé sur Damien Priest, alors il a éliminé la concurrence.

L'horreur se peignit soudain dans le regard de Julia.

— Tu veux dire qu'il…

— N'approche pas cet homme, Julia.

Il l'étreignit. Elle sentit la chaleur de son corps irradier sa peau nue.

— Ce que j'éprouvais pour Eve à l'époque n'est rien en comparaison de ce que j'éprouve pour toi, de ce que je serais capable de faire pour toi.

Il saisit ses cheveux, les maintint dans son poing crispé.

— Rien.

Alors, un long frisson de désir la parcourut tandis qu'il roulait avec elle à même le sol…

20

Drapée dans son peignoir, Julia buvait un brandy, le corps lourd de fatigue, repu d'amour. Etait-ce ce qu'elle éprouverait si la mer la rejetait sur le rivage après une longue et violente bataille contre la tempête ? Epuisée, enivrée, elle se sentait encore tout étourdie d'avoir survécu à la violence, à l'étrange et mystérieuse beauté de quelque chose d'aussi primitif, et d'aussi éternel.

Lorsqu'elle eut repris son souffle, recouvré un esprit clair, le mot que Paul avait prononcé avant de l'entraîner dans cet océan tumultueux résonna soudain dans sa tête.

Meurtre.

Elle comprit, même s'ils étaient assis côte à côte sur le canapé, complices dans le silence, que cet équilibre entre eux pouvait chavirer à tout instant. Quelle qu'ait été la force de leur passion, c'était maintenant, dans le calme revenu, qu'il leur fallait se rejoindre. Et ce n'était pas qu'une question de contact physique, mais encore et toujours de confiance mutuelle.

— Comme tu le disais tout à l'heure..., commença-t-elle.

Il sourit.

— Tu sais, Jules, certains diraient que tu as de la suite dans les idées. D'autres que tu es vraiment casse-pieds.

— Je suis une casse-pieds qui a de la suite dans les idées.

Elle posa une main sur son genou.

— Paul, j'ai besoin que tu me dises exactement ce qu'il en est. Si tu penses qu'Eve voit la moindre objection à ce que tu me parles de cette histoire, on en reste là. Ce sont les termes de notre accord.

— L'intégrité, murmura Paul. N'est-ce pas ce qu'Eve dit admirer en toi ?

Il caressa ses cheveux. Ils restèrent un moment ainsi, puis Julia se mit à parler de nouveau, tranquillement.

Bouleversée, Julia se leva pour resservir un peu de cognac. Elle n'avait pas dit un mot pendant que Paul lui racontait comment l'adversaire de Damien était mort. Eve soupçonnait un meurtre, un meurtre commandité par Delrickio.

— Nous n'en avons plus jamais reparlé, dit Paul en conclusion. Eve refusait. Priest gagna le championnat et prit sa retraite. Leur divorce fit pas mal de bruit sur le coup, puis les choses se tassèrent. Quelque temps après, j'ai commencé à comprendre pourquoi Eve avait agi ainsi. Rien n'aurait pu être prouvé et Delrickio l'aurait fait supprimer si elle avait tenté quoi que ce soit.

Julia but une gorgée de cognac et laissa la force de l'alcool agir, calmer un peu son émoi.

— Est-ce pour cette raison que tu étais opposé à la rédaction de sa biographie ? Tu craignais qu'Eve ne raconte cette histoire et mette sa vie en danger.

Paul leva les yeux vers elle.

— Je sais qu'elle le fera… Elle n'a pas oublié. Elle n'a pas pardonné. Et si Delrickio pense qu'elle t'a parlé de cet épisode et que tu envisages de le publier, ta vie ne vaudra pas plus cher que la sienne.

Julia l'observa, vint se rasseoir près de lui. Elle allait devoir faire attention à ce qu'elle disait. Toutes ces années où elle avait vécu seule, pris seule les décisions selon son propre code de conduite, ne rendaient pas simple de s'expliquer.

— Paul, si tu avais pensé sincèrement que ton témoignage pouvait faire inculper Delrickio, serais-tu allé trouver la police ?

— Là n'est pas la question…

— C'est possible, et peut-être est-il trop tard pour ce genre de question. Tout se résume en fait à un problème d'instinct, de sentiment profond face à ce qu'il est juste ou non de faire. Eve croit en ce qu'elle fait, avec ce livre. Et moi aussi.

Paul attrapa un cigare, craqua une allumette d'un geste sec.

— Mettre ta vie en danger pour un mort n'a aucun sens.

Elle observa son visage, en partie dissimulé par l'ombre de la lampe, et par la fumée.

— Si je te soupçonnais de penser vraiment ce que tu dis, je ne resterais pas près de toi. Non, dit-elle très vite, l'arrêtant d'un geste alors qu'il s'apprêtait à parler. Ce qui nous lie n'est pas seulement physique. Je te *comprends,* Paul. Voilà pourquoi je craignais que nous devenions amants, ou davantage. Car vois-tu, une fois déjà, j'ai laissé mes sentiments me dicter mes actes et cela n'a rien donné de bon. Sauf Brandon, que je ne peux pas regretter. Ce qui nous lie, Paul…

Elle posa une main sur celle de Paul, entrelaça lentement ses doigts aux siens.

— … Est plus important, moins superficiel que ce qui m'a unie au père de Brandon. Je t'aime, Paul. Mais justement… T'aimer, pour moi, cela veut dire aussi agir selon ma conscience, et mon instinct. Avec toi. Mais également dans la vie.

Paul fixait le bout incandescent de son cigare, touché par les paroles de Julia.

— Tu ne me laisses pas le choix.

— Je ne me le laisse pas non plus. C'est cela, la confiance.

Elle leva les yeux, le regarda.

— Tu ne m'as posé aucune question au sujet du père de Brandon.

— Non.

Il poussa un soupir. Il allait lui falloir mettre ses objections de côté pour l'instant. Il était possible — mais peu probable — qu'il ait davantage de succès avec Eve. En revanche, que Julia prenne l'initiative de lui parler du père de Brandon signifiait que leur relation venait de progresser.

— Je n'ai rien demandé parce que j'espérais que tu le ferais de toi-même.

Il lui sourit.

— Et j'étais suffisamment orgueilleux pour être certain que tu le ferais.

Elle rit. Un rire doux, tranquille, qui détendit l'atmosphère.

— Et moi, j'aurais été suffisamment orgueilleuse pour refuser de te répondre, si tu avais posé des questions.

— Oui, je le sais.

— Aujourd'hui, il n'est plus aussi important de garder secrètes les circonstances de la naissance de Brandon. Jusque-là, ma discrétion visait à protéger Brandon... mais aujourd'hui, s'il me pose la question — et il le fera un jour —, je lui dirai la vérité. J'ai aimé son père comme une jeune fille de dix-sept ans aime, avec idéalisme, passion, romantisme. Il était marié et je regrette que mes émotions me l'aient fait oublier. A l'époque où notre relation a commencé, il était séparé de sa femme — du moins c'est ce qu'il disait. Je n'étais que trop heureuse de le croire et de me persuader qu'il m'enlèverait, qu'il m'épouserait.

— Il était plus âgé ?

— De quatorze ans.

— Il aurait fallu lui nouer la queue, pour l'empêcher de nuire.

Julia resta un instant interdite. Puis, que Paul, si raffiné, pût être aussi cru la fit éclater de rire.

— Oh, mon père t'aurait adoré ! Je suis certaine qu'il aurait pu dire la même chose !

Elle l'embrassa très fort, puis se cala de nouveau dans le canapé, fixant la pénombre.

— Je sais que le père de Brandon s'est montré irresponsable… mais à sa décharge, je dirai qu'une fille de dix-sept ans peut se montrer très persuasive.

Tranquillement, en détails, elle lui parla de Lincoln, de la passion qu'elle avait éprouvée pour lui et qui l'avait précipitée dans cette aventure, de sa peur lorsqu'elle s'était retrouvée enceinte, du chagrin lorsque Lincoln l'avait laissée tomber.

— J'ai fait ce qu'il fallait faire. Je n'ai rien dit à mes parents, pour ne pas risquer d'ajouter encore à la douleur de mon père qui considérait Lincoln comme un fils. Et puis… je ne regrette pas non plus cet épisode assez maladroit sur le canapé du bureau. Je lui dois Brandon.

Julia sourit, sûre d'elle, le visage serein.

— Il m'a donné les dix plus belles années de ma vie.

Paul voulait comprendre, mais il ne parvenait pas à dépasser la colère qui l'étreignait. Julia n'était qu'une enfant, à l'époque, une enfant qui avait assumé ses responsabilités avec plus de cran et de dignité que l'homme qui avait le double de son âge.

— Il n'a pas gardé le contact avec toi ?

— Non, et j'en suis très heureuse. Brandon est mon enfant.

— Dommage, dit Paul d'un ton détaché. Je l'aurais volontiers tué pour toi.

— Mon héros, dit-elle, glissant les bras autour de sa taille. A quoi bon ? Tout cela, c'est du passé. Aujourd'hui, j'ai tout ce qu'il me faut.

Il prit son visage entre ses mains, caressa tendrement sa joue avec son pouce.

— Mieux vaut s'en assurer, murmura-t-il.

Et il l'embrassa.

21

Eve trouvait si bon d'être rentrée chez elle qu'elle avait même eu hâte de reprendre les séances avec Fritz. En fait, faire travailler son corps, souffrir et transpirer lui avait beaucoup manqué — plus qu'elle ne l'admettrait jamais devant son professeur. Le tempérament bougon de Travers, l'obsession de l'organisation de Nina, la compagnie de Julia lui avaient manqué également. Décidément, constata-t-elle non sans une certaine aigreur, elle vieillissait, pour chérir ainsi ce quotidien auquel elle ne prêtait pas la moindre attention auparavant.

Le tournage en extérieurs s'était bien passé. Beaucoup mieux qu'elle ne l'avait espéré. Elle pouvait être reconnaissante à Peter, non seulement pour les grands moments passés au lit, mais pour sa patience et son enthousiasme sur le tournage, son sens de l'humour, même lorsque les choses allaient au plus mal. Voici quelques années encore, elle aurait pu commettre l'erreur de vouloir faire durer leur aventure, et même se croire amoureuse…

Et elle aurait certainement utilisé tous les moyens en son pouvoir pour que Peter tombe amoureux.

Seulement, le bon sens avait prévalu, et d'un commun accord, ils avaient décidé de laisser les amants en Géorgie et de rentrer sur la côte Ouest comme des amis, et des collègues.

Avec le recul, elle se rendait compte à présent que Peter lui rappelait Victor — le Victor séduisant, plein d'énergie et de talent dont elle était si désespérément tombée amoureuse. Oh, mon Dieu, comme il lui manquait… ! De toutes les peurs qu'elle éprouvait, celle de gâcher le temps qu'il leur restait était la plus terrifiante.

Julia entra cinq minutes plus tard. Elle était essoufflée d'avoir couru. Elle avait éprouvé le besoin de se presser.

Lorsqu'elle vit Eve penchée, en plein exercice, époustouflante, son corps magnifique moulé dans un justaucorps bleu saphir, elle comprit pourquoi. Eve lui avait manqué. Ses commentaires acides, ses confidences, sa démesure, son arrogance. Tout.

Eve leva les yeux, vit Julia qui souriait et lui sourit à son tour. Fritz marqua un temps d'arrêt, son regard allant de l'une à l'autre. Il leva un sourcil interrogateur mais ne dit rien. Un courant passait entre elles dans ce silence, un courant auquel elles ne s'attendaient ni l'une ni l'autre. Et lorsque Eve se redressa, Julia fut prise de l'envie irrésistible d'aller vers elle, de la serrer dans ses bras, sachant très bien qu'Eve l'aurait elle aussi étreinte. Pourtant, quand elle traversa la pièce, elle se contenta de tendre les mains, et leurs doigts se joignirent pour une brève pression.

— Alors, c'était comment les marais ?

— Il a fait chaud.

Eve scruta le visage de Julia, ravie de ce qu'elle y voyait. Une femme détendue, satisfaite.

— Et Londres ?

— Il a fait froid.

Julia posa son sac de sport.

— Rory vous envoie le bonjour.

— Hmm. Vous savez bien que ce que je veux, c'est votre opinion sur sa nouvelle femme.

— Je pense qu'elle est parfaite pour lui. Elle me fait un peu penser à vous.

Julia réprima un rire en voyant la surprise se peindre sur les traits d'Eve.

— Julia, voyons. Vous savez bien qu'il n'en existe qu'une comme moi.

— Vous avez raison.

Au diable la retenue, songea Julia. Cédant à son instinct, elle prit Eve dans ses bras, la serra affectueusement contre elle.

— Vous m'avez manqué.

Les larmes brillèrent soudain dans les yeux d'Eve, inattendues, difficiles à contrôler.

— J'aurais aimé vous avoir avec moi, Julia, répondit-elle. Vos observations pertinentes auraient égayé les longues heures d'ennui entre les prises. Mais j'ai le sentiment que vous avez apprécié la compagnie à Londres…

Julia s'écarta.

— Vous saviez que Paul était avec moi.

— Je sais tout.

Eve effleura d'un doigt la joue de Julia.

— Vous êtes heureuse.

— Oui. Nerveuse, un peu abasourdie, mais heureuse aussi.

— Dites-moi tout.

— On travaille, intervint Fritz. Vous pouvez parler mais en travaillant. Pas question de ne faire marcher que vos langues.

— On ne peut pas parler et faire des assouplissements en même temps, se plaignit Julia. C'est à peine si on peut respirer pendant ce genre d'exercice.

Fritz se contenta de sourire.

Lorsqu'il la mit à soulever des poids, Julia était déjà en nage mais elle avait encore tout son souffle. Entre deux injonctions de Fritz, elle raconta Londres à Eve, elle lui parla de Paul, des sentiments qui l'agitaient. C'était si facile qu'elle s'abandonna tout naturellement aux confidences. Des années auparavant, il lui avait été impossible de parler de Lincoln à sa mère. Aujourd'hui, elle n'éprouvait ni crainte ni honte.

A plusieurs reprises, Julia aurait pu orienter la conversation sur Delrickio, mais elle sentait que le moment ne s'y prêtait pas. Et avec Fritz dans les parages, ce n'était pas non plus le lieu. Elle choisit un sujet qui lui paraissait moins sensible.

— Cet après-midi, j'ai rendez-vous avec le prédécesseur de Nina, Kenneth Stockley.

— Ah bon ? Il est en ville ?

— Non. Il est toujours à Sausalito. Je vais faire l'aller-retour en avion. Y a-t-il quelque chose que vous souhaiteriez me dire à ce propos ?

— A propos de Kenneth ?

Eve pinça les lèvres en terminant sa série d'abdominaux.

— Vous risquez de trouver l'interview difficile. C'est un homme extrêmement poli mais très peu expansif. Je l'aimais beaucoup. J'ai beaucoup regretté son départ.

— Je croyais que vous vous étiez accrochés.

— C'est exact. Il n'empêche que c'était un assistant hors pair.

Eve prit la serviette que lui tendait Fritz et s'épongea le visage.

— Il n'avait pas une très bonne opinion de mon mari. Le numéro quatre de la liste. J'ai eu du mal à lui pardonner d'avoir eu raison à ce point.

Eve eut un haussement d'épaules et se débarrassa de la serviette.

— Nous avons décidé qu'il valait mieux ne plus travailler ensemble. Kenneth a l'âme frugale, il a touché assez d'indemnités pour vivre très à l'aise. Vous partez seule ?

— Oui. Je devrais être de retour vers 17 heures. CeeCee s'occupera de Brandon après l'école. J'ai un vol vers midi.

— C'est ridicule. Vous allez prendre mon avion privé. Nina va s'en occuper.

Eve leva la main avant que Julia ait eu le temps de protester.

— Personne ne s'en sert. De cette façon, vous pourrez partir et revenir à l'heure qui vous arrangera. Voilà qui devrait satisfaire votre esprit pratique.

— En effet. Merci… J'aimerais également vous parler de Gloria Dubarry. Elle ne veut prendre aucun de mes appels.

Eve se baissa pour masser sa cheville, dissimulant son expression au regard de Julia. Mais l'hésitation, bien que brève, fut évidente.

— Je me demandais si vous parleriez de votre petite… altercation avec elle.

Julia haussa un sourcil.

— C'est inutile, visiblement, répondit-elle. Comme vous l'avez si bien dit tout à l'heure, vous êtes au courant de tout.

— Oui.

Eve souriait en se redressant, mais Julia crut déceler une certaine tension.

— Nous parlerons plus tard de Gloria et d'un certain nombre d'autres choses. Mais si vous insistez, j'imagine qu'elle se montrera plus coopérative.

— Très bien. Et il y a Drake…

— Laissez-le de côté pour l'instant, coupa Eve. Qui d'autre avez-vous interviewé ?

— Votre agent, bien que nous ayons dû écourter notre entretien. Nous devons nous revoir. J'ai réussi aussi à contacter par téléphone Michael Torrent. Il vous considère comme « la dernière des déesses ».

— Ça ne m'étonne pas, marmonna Eve, assaillie d'une violente envie de cigarette.

Julia gémit. Ses muscles tremblaient sous l'effort.

— Anthony Kincaide refuse catégoriquement de me parler, poursuivit-elle. Damien Priest s'est montré extrêmement poli et évasif.

Elle déclina une liste de noms si longue qu'Eve haussa les sourcils, impressionnée.

— On ne peut vraiment pas dire que vous perdiez de temps.

— Il me reste encore beaucoup à faire. Je comptais sur vous pour m'obtenir un rendez-vous avec Delrickio.

— Non.

— Non… ?

— Je m'y refuse. Et je vous demanderai de garder vos distances avec lui. Pour l'instant, du moins. Hé ! Fritz, ne l'épuisez pas.

— Je n'épuise personne, répondit Fritz. Au contraire. Je donne de la force.

Eve partit se doucher tandis que Julia enchaînait une série de flexions. Elle venait de terminer lorsque Nina parut.

— Tout est réglé, dit-elle, ouvrant son agenda et s'emparant d'un crayon. Le studio envoie une voiture pour Miss B, Lyle est donc à votre disposition. L'avion décollera dès que vous le souhaiterez. Un chauffeur vous attendra à l'arrivée pour vous conduire sur le lieu de votre rendez-vous.

— J'apprécie beaucoup, mais il ne faut pas vous donner toute cette peine.

— Ce n'est vraiment pas un problème.

Nina cocha sa liste et sourit.

— C'est tellement plus pratique ainsi. Votre avion aurait pu avoir du retard, vous auriez pu avoir des difficultés à trouver un taxi et… Oh, j'allais oublier : votre chauffeur à Sausalito appartient à la Top Flight transportation. Il faut environ vingt minutes pour se rendre de l'aéroport à la marina. Bien entendu, il restera à votre disposition pour vous reconduire à l'heure que vous souhaiterez.

— Elle est merveilleuse, n'est-ce pas ? dit Eve, entrant en coup de vent. Je serais perdue, sans elle.

— Seulement parce que vous vous l'imaginez. Votre voiture devrait être là. Dois-je leur dire d'attendre ?

— Non, j'arrive. Fritz, mon seul véritable amour, je suis heureuse de voir que tu n'as pas perdu ton merveilleux toucher.

Elle lui donna un long baiser qui le fit rougir jusqu'aux pectoraux.

— Je vous accompagne, dit Julia, coiffant Nina sur le poteau.

Nina eut un instant d'hésitation et céda.

— Je m'en vais de ce pas répondre au demi-million de coups de fil que nous avons reçus. Nous vous voyons vers 19 heures, Miss B ?

— Si Dieu le veut.

— Je suis désolée, dit Julia tandis qu'elles traversaient la cour centrale. Je sais que ce n'était pas très subtil, mais j'avais besoin d'une minute de plus en tête à tête avec vous.

— Nina ne se vexe pas facilement. Qu'aviez-vous à me dire que ni elle ni Fritz ne devait entendre ?

Eve s'arrêta pour admirer les pivoines rouge sang sur le point de s'ouvrir.

— … On a déposé ce message à la réception de mon hôtel à Londres.

Eve regarda le carré de papier que Julia sortait de son sac. Elle n'eut pas besoin de le déplier, pas besoin de le lire.

— Bon sang !

— Visiblement, quelqu'un s'est donné beaucoup de mal pour le faire parvenir jusqu'à moi. Paul se trouvait avec moi, Eve…

Julia attendit qu'Eve la regarde de nouveau.

— … je l'ai mis au courant, pour les autres messages.

— Je vois.

— Je regrette. Vous pensez peut-être que j'aurais dû garder le silence à ce sujet, mais…

— Non, non, dit-elle, interrompant Julia d'un geste de la main, main qu'elle porta ensuite à sa tempe. Non. Peut-être est-ce mieux ainsi. Je persiste à croire qu'il n'y a là rien de dangereux.

Julia remit la feuille de papier dans son sac. Le moment était probablement mal choisi pour poursuivre la conversation… mais si elle voulait donner le temps à Eve de réfléchir avant qu'elles ne se revoient, il fallait qu'elle parle tout de suite.

— Je suis au courant pour Delrickio, Damien Priest et Hank Freemont, dit-elle.

Eve baissa la main. Le seul signe de tension fut la brève et instinctive crispation de ses doigts.

— Parfait. Cela m'évitera d'avoir à rabâcher toute cette histoire.

— J'aimerais pourtant entendre votre version.

— Très bien. Mais il y a d'autres choses dont je tiens à vous parler avant.

Eve reprit le chemin de la sortie, passant devant la fontaine, les premières roses, les énormes massifs d'azalées.

— J'aimerais que vous dîniez avec moi ce soir. A 20 heures.

Elle bifurqua pour passer par le hall d'entrée de la Résidence.

— J'espère que vous viendrez dans de bonnes dispositions d'esprit. Et de cœur.

— Bien sûr.

Eve hésita devant la porte, puis l'ouvrit, sortit dans la lumière éclatante du soleil.

— J'ai commis des erreurs, dit-elle. Il en est peu que je regrette. J'ai vécu très confortablement avec les mensonges.

Julia attendit un instant pour répondre, choisit avec soin ses mots :

— Ces derniers temps, je me reproche de n'avoir ni accepté mes propres erreurs, ni assumé mes mensonges… Voyez-vous, Eve, je ne suis pas venue ici pour vous juger. Et maintenant que je vous connais, je m'y risquerais encore moins.

— J'espère que vous ne changerez pas d'avis, après le dîner de ce soir.

Elle posa une main sur la joue de Julia.

— Vous êtes exactement, très exactement la personne que j'espérais.

Elle se détourna, gagna rapidement la voiture. Elle était profondément bouleversée. C'est à peine si elle remercia le chauffeur lorsqu'il lui ouvrit la portière. Puis tout reprit tranquillement sa place.

— J'espère que je ne te dérange pas, dit Victor. Tu m'as terriblement manqué.

Eve se glissa dans la voiture, puis dans les bras de son amant.

Julia s'était fait de Kenneth Stockley l'idée d'un homme maigre, le cheveu gris, plutôt collet monté. Certainement très organisé. Conservateur au point d'en être vieillot. Au téléphone, sa voix était douce, d'une politesse extrême et raffinée.

Mais quand Julia vit la péniche, elle commença à se dire qu'elle aurait peut-être à réviser son jugement.

Charmante, romantique, la péniche était d'un bleu légèrement délavé avec de jolis volets blancs. Des géraniums rouge sang débordaient des jardinières placées sous les fenêtres. Au faîte d'un étrange toit pointu se trouvait un grand vitrail. Julia fixa le bateau en fronçant les sourcils et finit par distinguer la silhouette d'une sirène nue au sourire séduisant.

Son amusement devant l'originalité de la chose se calma un peu lorsqu'elle aperçut l'étroite passerelle suspendue qui reliait la péniche au quai. Elle ôta ses chaussures. A mi-chemin, elle entendit monter par les fenêtres ouvertes les accents passionnés de *Carmen*.

Et soudain la porte s'ouvrit.

Il aurait pu doubler Cary Grant dans les années soixante-dix.

Très soigné, le cheveu argenté, le teint bronzé, il avait un charme fou, vêtu de ce pantalon large en toile blanche et de ce grand pull bleu. Oui, vraiment, Kenneth Stockley était le genre d'homme à bouleverser n'importe quelle femme normalement constituée.

Julia faillit perdre l'équilibre — et lâcher ses chaussures —, lorsqu'il s'avança à sa rencontre pour l'aider.

— J'aurais dû vous prévenir… au sujet de la passerelle.

Il la débarrassa de son attaché-case et recula fort gracieusement en la tenant par la main.

— Elle est peu commode, j'en conviens. Mais elle a l'avantage de décourager les représentants en aspirateurs les plus acharnés.

— C'est un endroit tout à fait charmant.

Julia poussa un petit soupir de soulagement lorsqu'elle put enfin prendre appui sur le pont.

— C'est la première fois que je monte sur une péniche.

— C'est costaud. Et cela laisse toujours la possibilité de lever l'ancre pour voguer vers l'horizon embrasé au coucher du soleil, si l'envie vous en prend. Entrez, je vous en prie.

Julia entra. Au lieu du décor nautique d'ancres et de filets de pêche auquel elle aurait pu s'attendre, elle pénétra dans une vaste pièce très élégante, agrémentée de canapés bas dans des couleurs vibrantes de pêche et de vert menthe. Tek et merisier réchauffaient la pièce ainsi que le très beau tapis aux tons un peu fanés, probablement un Aubusson. Un mur entier était couvert d'étagères croulant sous les livres. Un escalier circulaire montait vers une mezzanine occupant toute la longueur de la pièce. Le soleil jouait à travers le vitrail représentant la sirène, projetant un kaléidoscope de couleurs sur les murs pâles.

— C'est ravissant, dit Julia.

L'étonnement, l'admiration qui perçaient dans sa voix firent sourire Kenneth.

— Merci. Comme vous le voyez, vivre sur une péniche n'empêche pas d'apprécier le confort. Asseyez-vous, je vous en prie, madame Summers. J'étais justement en train de préparer du thé glacé.

— J'en prendrai très volontiers, merci.

Julia ne s'attendait pas à se sentir aussi à l'aise. Mais assise sur ce confortable canapé, entourée de livres et baignée dans la musique de *Carmen,* comment aurait-il pu en être autrement ? Et ce n'est que lorsque Kenneth eut disparu dans la cuisine attenante qu'elle se rendit compte qu'elle n'avait pas encore remis ses chaussures.

— J'ai beaucoup regretté de manquer la dernière petite

folie d'Eve, dit-il, élevant la voix pour pouvoir être entendu et couvrir la musique. J'étais parti en voyage du côté de Cozumel pour faire de la plongée.

Il revint, portant un plateau émaillé sur lequel il avait posé deux verres et un gros pichet. Des rondelles de citron et des glaçons nageaient dans le thé doré.

— Eve donne toujours des fêtes étonnantes.

Eve. Pas Miss Benedict ou Miss B, remarqua Julia.

— Etes-vous toujours en contact avec elle ?

Il se déchargea du plateau, tendit à Julia un verre, avant de prendre place en face d'elle.

— Ce que vous demandez, fort poliment, c'est si Eve et moi nous nous parlons toujours… ? Après tout, au sens très strict du mot, elle m'a viré.

— J'avais l'impression qu'il y avait eu désaccord, en effet.

Il sourit. Un sourire chaleureux, plein de bonne humeur.

— Avec Eve, la vie était remplie de désaccords. A vrai dire, il est plus simple de parler d'elle, depuis que je ne suis plus à son service.

— Voyez-vous un inconvénient à ce que j'enregistre vos propos ?

— Non, pas le moindre.

Il la regarda sortir son magnétophone, le poser entre eux, sur la table.

— J'ai été surpris d'apprendre qu'Eve avait été l'instigatrice de ce livre. Jusqu'à présent, tout ce qu'on a écrit sur elle l'a beaucoup agacée.

— Justement. Une femme comme Eve ne veut pas qu'on écrive sur elle. Elle veut être son propre maître d'œuvre en la matière.

Kenneth leva un sourcil argenté.

— Et avoir le contrôle de la narration.

— Oui, dit Julia. Dites-moi comment vous avez été amené à travailler pour elle…

— Elle me l'a proposé à une époque où je songeais moi-même à changer de job. Et comme pour me faire quitter Miss Miller — avec qui elle était en compétition —, Eve m'offrait un pont d'or, j'étais très tenté. Et puis, il y avait un autre avantage à travailler pour Eve : celui d'être logé. Cependant… j'ai hésité. Parce que je savais qu'Eve était une grande séductrice. Et personnellement, je souhaitais une relation purement professionnelle. Je m'en suis ouvert à elle…

Il sourit de nouveau, tendrement, chérissant ces souvenirs.

— … Elle a ri. Ce rire plein de vie, d'énergie, qui est le sien. Elle avait un verre à la main. Je me souviens, c'était une flûte de champagne. Nous nous trouvions dans la cuisine de Miss Miller où Eve était venue me débusquer au cours de cette soirée. Elle a pris un autre verre sur la table, me l'a tendu et a trinqué avec moi en faisant tinter le cristal.

— C'est très simple, Kenneth, m'a-t-elle dit, vous vous tenez hors de mon lit et je me tiendrai hors du vôtre.

Il leva les mains et conclut :

— Comment aurais-je pu résister plus longtemps ?

— Et vous avez tous deux tenu l'engagement ?

Si la question le surprit ou l'offensa, il n'en laissa rien paraître.

— Oui, nous nous en sommes tenus à notre accord. Je me suis mis à l'aimer, madame Summers, mais je n'ai jamais été amoureux d'elle. A notre façon, nous avons forgé une amitié que le sexe n'est jamais venu compliquer. Bien sûr, à certains moments, j'ai regretté les termes de notre accord…

Il s'éclaircit la voix.

— Et au risque de paraître immodeste, je crois qu'Eve

a pu avoir certains regrets, elle aussi. Mais nous avions pris un engagement et nous l'avons respecté.

— Vous avez dû commencer à travailler pour elle à peu près à l'époque où elle a épousé Rory Winthrop ?

— C'est exact. Dommage que ce mariage n'ait pas marché. Ils paraissaient meilleurs amis que partenaires. Et puis il y avait le gamin. Eve s'y est tout de suite attachée. Et même si pour certains c'est difficile à imaginer, elle fut une excellente mère pour lui. Moi-même je me suis beaucoup attaché à Paul. Je l'ai vu grandir.

— Vraiment ? Comment était-il…

Julia se reprit.

— Je veux dire, comment étaient-ils ensemble ?

Mais Kenneth avait très bien entendu la première question, très bien vu l'expression de Julia lorsqu'elle l'avait posée.

— J'en déduis que vous connaissez Paul.

— Oui. J'ai rencontré la plupart des proches d'Eve.

Kenneth sourit. Pour un homme comme lui, qui avait passé l'essentiel de sa vie à servir les autres, c'était en quelque sorte une seconde nature que de savoir interpréter les gestes, les intonations…

— Je vois, dit-il.

Et il sourit de nouveau. Puis il reprit :

— Paul a très bien réussi. Je possède tous ses romans.

D'un geste, il désigna la bibliothèque.

— Je me souviens de l'habitude qu'il avait de griffonner des histoires puis de les lire à Eve. Elle y prenait un immense plaisir. Tout ce qui concernait Paul la ravissait, et en retour, il l'aimait sans ambiguïté, sans réserve. Chacun comblait un vide dans la vie de l'autre. Et même lorsque Eve a divorcé de son père et s'est finalement remariée, ils sont restés proches.

— Remariée à Damien Priest, dit Julia, se penchant pour reposer son verre sur la table. Paul ne l'appréciait guère.

— Qui aimait Eve ne pouvait apprécier Damien Priest, déclara simplement Kenneth. Eve était persuadée que si Paul gardait ses distances avec lui, c'est qu'il était jaloux. La vérité, c'est que même à cet âge précoce, Paul était un excellent juge de l'âme humaine. Il avait détesté Delrickio au premier regard et éprouvait pour Priest un immense mépris.

— Et vous ?

— Moi aussi, je sais jauger les individus. Que diriez-vous de passer sur le pont ? J'ai pensé que nous pourrions prendre un repas léger.

Le repas léger se révéla un petit festin de succulent homard, de petits légumes et de pain croustillant aux herbes, le tout rehaussé d'un chardonnay moelleux servi très frais. La baie s'étendait devant eux, semée de bateaux aux voiles gonflées par la brise chargée d'effluves marins. Julia attendit qu'ils soient arrivés au fromage et aux fruits avant de sortir de nouveau son magnétophone.

— A ce qu'on m'a dit, j'ai cru comprendre que le mariage d'Eve avec Damien s'était terminé plutôt aigrement. On m'a également donné certains détails concernant sa relation avec Michael Delrickio.

— Mais vous souhaiteriez avoir mon point de vue.

— Oui.

Il resta un moment silencieux, le regard perdu sur l'eau, fixant un spinnaker rouge vif.

— Croyez-vous au mal, madame Summers ?

Quelle étrange question tout à coup, dans cette atmosphère si légère de soleil et de brise marine…

— Oui, je présume que oui.

— Delrickio est l'incarnation du mal.

Kenneth la regarda de nouveau.

— Il l'a dans le sang. Le meurtre, l'anéantissement de l'espoir, de la volonté font partie de son métier. Il est tombé amoureux d'Eve — même un homme foncièrement mauvais peut tomber amoureux. Sa passion l'a dévoré, et je l'avoue, cela m'a fait peur, à un moment. Vous savez, Eve pensait contrôler parfaitement la situation — elle en avait contrôlé bien d'autres, cela fait partie de son orgueil et de son charme. Mais on ne contrôle pas le mal.

— Qu'a-t-elle fait ?

— Pendant trop longtemps, elle s'est contentée de jouer avec. Elle a épousé Priest. Il flattait sa vanité, son ego. Elle s'est enfuie avec lui sur un coup de tête, en partie pour prendre ses distances avec Delrickio qui devenait extrêmement exigeant. Et dangereux. Il y a eu cet incident avec Paul. Il avait surpris une scène au cours de laquelle Delrickio menaçait de lever la main sur Eve. Lorsqu'il a voulu s'interposer, de manière un peu trop impétueuse dirais-je, les gardes du corps de Delrickio lui sont tombés dessus. Dieu sait ce qu'ils auraient pu lui faire si Eve ne les avait arrêtés.

Julia se souvenait de la description que Paul lui avait faite de cette scène. Elle fixa Kenneth.

— Vous voulez dire que vous étiez là ? Vous avez vu ces hommes frapper Paul. Et vous n'avez pas bougé ?

— Eve avait la situation parfaitement en main, je vous assure.

Il se tamponna les lèvres avec une serviette de papier jaune citron.

— Ma présence — et celle de mon 32, que je tenais à la main — étaient tout à fait superflues.

Il rit, resservit du vin.

— Lorsque j'ai compris que je n'aurais pas à intervenir, je suis resté à l'écart. Il valait mieux pour l'orgueil de Paul, ce jeune mâle, que je ne me manifeste pas trop. Vous ne croyez pas ?

Julia ne savait que dire. Elle fixait ce monsieur débonnaire dont l'élégante chevelure argentée était balayée par la brise.

— Vous seriez-vous servi du revolver ?

— Sans l'ombre d'une hésitation ni d'un regret. Hélas, Eve a épousé Priest peu de temps après cet incident. Remplaçant le mal par l'ambition aveugle. J'ignore ce qui s'est passé à Wimbledon. Eve ne m'en a jamais parlé. Mais Priest a gagné le tournoi et perdu sa femme. Elle l'a complètement éliminé de sa vie, après cette histoire.

— Vous n'avez donc pas été viré à cause de Priest ?

— Hmm… Ce ne fut pas indifférent. Car Eve n'a pas bien accepté de s'être trompée à son sujet, tandis que j'avais eu raison. Mais… la véritable cause de notre rupture professionnelle, c'est un autre homme. Un homme qui comptait beaucoup plus.

— Victor Flannigan.

Cette fois, il ne prit pas la peine de dissimuler sa surprise.

— Eve vous a parlé de lui ?

— Oui. Elle veut un livre qui dise toute la vérité.

— J'ignorais jusqu'où elle avait l'intention d'aller, murmura-t-il. Victor est-il au courant… ?

— Oui.

— Ah. Il faut dire qu'Eve a toujours eu un certain goût pour les feux d'artifice. Au cours des trente dernières années et malgré deux mariages, il n'y a eu qu'un seul homme qu'Eve Benedict ait réellement aimé. Le mariage de Victor, sa lutte acharnée contre son Eglise, sa culpabilité par rapport à l'état de sa femme ont rendu impossible toute relation officielle avec Eve. La plupart du temps, elle l'acceptait. Mais parfois… Je me souviens de l'avoir trouvée un jour assise, toute seule, dans le noir. Elle m'a dit : « Kenneth, la personne qui a dit qu'une bouchée de pain vaut mieux que rien ne devait pas avoir très faim. » Voilà qui résumait tout à fait sa relation avec Victor. Et parfois, Eve avait suffisamment faim pour aller chercher de quoi se sustenter ailleurs.

— Qu'en pensiez-vous ?

— De ses aventures ? J'ai toujours pensé qu'elle se gaspillait, et de façon souvent très insouciante. Victor l'aime aussi profondément qu'elle l'aime. C'est peut-être pour cette raison qu'ils se font tant de mal. La dernière fois que nous avons parlé de lui, c'était très peu de temps après que la nouvelle de son proche divorce se fut répandue. Victor était venu la voir à la Résidence. Ils se sont disputés. Je les entendais crier, de mon bureau. J'étais en train de travailler avec Nina Soloman. Elle venait d'arriver et Eve souhaitait que je la forme. Je me souviens combien Nina était intimidée, gauche. Elle n'avait rien de commun avec la femme brillante et sûre d'elle qu'elle est aujourd'hui. A cette époque, elle n'était qu'un petit chiot égaré, peureux, qui avait reçu trop de coups de pied. Les cris d'Eve et Victor l'avaient complètement bouleversée. Elle en avait les mains qui tremblaient.

» Une fois Victor parti, de son propre gré ou jeté dehors, Eve a fait irruption dans le bureau. Elle était hors d'elle. Elle s'est mise à lancer des ordres à Nina jusqu'à ce que la pauvre petite, n'y tenant plus, se sauve en pleurant. Alors, Eve et moi avons eu une explication. J'ai oublié la position dans laquelle je me trouvais et je lui ai dit qu'elle avait été idiote d'épouser Priest, qu'elle aurait eu tout intérêt à papillonner et à se contenter du grand amour qu'elle avait déjà. J'ai dit plusieurs autres choses, probablement impardonnables, sur son style de vie, son caractère, son manque de goût... Lorsque ce fut terminé, nous étions de nouveau très calmes tous les deux, mais tout retour en arrière était impossible. J'en avais trop dit et elle m'avait laissé trop en dire. J'ai choisi de quitter mes fonctions.

— Et Nina a pris votre place.

— Eve s'est radoucie, avec elle. Elle éprouvait une très grande compassion à son égard, compte tenu des choses terribles qu'elle avait traversées. Nina lui était très reconnaissante, consciente qu'Eve lui donnait une chance que beaucoup n'auraient jamais. L'un dans l'autre, tout s'est bien terminé pour tout le monde.

— Eve parle de vous avec beaucoup de tendresse.

— Eve n'est pas femme à tenir rigueur aux gens honnêtes. Je suis fier de pouvoir dire que nous sommes amis depuis près de vingt-cinq ans.

— J'espère que vous, vous ne me tiendrez pas rigueur de vous poser cette question : avec le recul, ne regrettez-vous pas de ne pas avoir été son amant ?

Il sourit avant de boire une gorgée de vin.

— Je n'ai jamais dit que je n'avais pas été son amant, madame Summers, seulement que je ne l'avais pas été pendant que je me trouvais à son service.

— Oh...

Elle rit.

— Je ne pense pas que vous souhaitiez développer ce point... ?

— Non. Si Eve choisit de le faire, cela la regarde. Moi, mes souvenirs m'appartiennent.

*
* *

Julia partit, légèrement grisée par le vin, ravie du moment qu'elle venait de passer et satisfaite du travail de sa journée. Elle profita de la brève attente au terminal pour étiqueter son enregistrement et mettre une cassette neuve dans son magnétophone.

Un peu honteuse de son manque de courage, elle glissa deux comprimés de Dramamine sur sa langue et se leva pour les avaler avec un peu d'eau à la fontaine. Lorsqu'elle se redressa, elle eut l'impression qu'on l'observait... Un homme, là-bas, de l'autre côté du hall... mais elle pensa aussitôt s'être trompée en le voyant tourner la page d'un magazine qui de toute évidence le passionnait.

Pourtant, quelque chose en lui l'intriguait. Il y avait un rien de familier dans ces cheveux décolorés par le soleil, ce bronzage parfait, cette allure de beach boy décontracté...

Le signal d'embarquement l'obligea à oublier cette histoire.

Elle s'installa dans l'avion, boucla sa ceinture et se prépara au court vol de retour vers Los Angeles. Elle pensa qu'Eve serait certainement ravie d'avoir ses impressions sur Kenneth, ce soir, au dîner.

Et avec un peu de chance, songea-t-elle encore pendant que l'avion cahotait pour rejoindre la piste de décollage, ce vol serait le dernier avant celui qui la ramènerait chez elle...

Chez elle...

Elle s'agrippa aux accoudoirs alors que l'avion quittait le sol.

Une part d'elle-même était impatiente de retrouver le calme de la maison, les habitudes. Et pourtant, quel effet cela ferait-il de partir seule, d'abandonner l'amour maintenant qu'elle l'avait trouvé ? Qu'adviendrait-il de sa relation avec Paul, quand toute la largeur des Etats-Unis les séparerait ? Comment même pourraient-ils continuer de s'aimer ?

Voilà que Julia, la femme indépendante, la mère qui élevait seule son fils, la professionnelle rigoureuse, avait besoin de quelqu'un. Un besoin épidermique.

Elle ferma les yeux, tenta de s'imaginer rentrant chez elle, reprenant les choses où elle les avait laissées, avançant tranquillement, seule, pour le restant de ses jours.

Non, c'était impossible.

Elle poussa un soupir, posa la tête contre le hublot. Qu'allait-elle faire ? Ils avaient parlé d'amour, avec Paul, pas de vivre ensemble, pas de sécurité…

Oh, elle voulait de Paul dans sa vie, elle voulait une famille pour Brandon. Mais elle ne voulait pas risquer la proie pour l'ombre.

Elle s'assoupit, le vin et la fatigue aidant…

… La première secousse la réveilla en sursaut. Elle maudit la panique qui l'assaillit aussitôt. Elle tentait de se ressaisir lorsque l'avion vira brusquement à gauche. Elle sentit un goût de sang dans sa bouche. Elle s'était mordu la langue. Mais pire encore, elle sentit le goût désagréable, métallique, de la peur.

— Restez assise, madame Summers. Nous perdons de l'altitude.

— De l'altitude ?

Elle réprima l'envie de hurler qui la gagnait. Dans la voix du pilote, elle sentait de la tension.

— Que se passe-t-il ?

— Nous avons un petit problème. Nous ne sommes qu'à une quinzaine de kilomètres de l'aéroport. Gardez votre calme et ne débouclez pas votre ceinture.

— Je ne bouge pas…

Elle cala sa tête entre ses genoux. La nausée se calma, la panique diminua un peu. Et lorsque Julia s'obligea à ouvrir les yeux, elle vit une feuille glisser sous le siège tandis que l'avion descendait en piqué.

MEURS, DISPARAIS, LUEUR ÉPHÉMÈRE…

Oh, mon Dieu… Elle attrapa le papier, le froissa entre ses doigts. Brandon, oh mon Dieu, Brandon.

Elle n'allait pas mourir. Elle ne pouvait pas. Brandon avait besoin d'elle. Elle ravala la nausée qui l'assaillait. L'unique coffre à bagages s'ouvrit soudain. Oreillers et couvertures dégringolèrent. La tête pleine de prières, elle n'entendait plus que les hoquets du moteur et le pilote qui hurlait dans la radio. Ils descendaient vite, très vite.

Julia se redressa, attrapa son bloc-notes dans son attaché-case. Elle sentit la vibration quand ils traversèrent soudain une fine couche de nuages. Son temps était compté. Elle griffonna quelques mots pour Paul, lui demandant de prendre soin de Brandon, lui disant combien elle était heureuse de l'avoir connu… Et elle jura sans la moindre retenue parce que sa main tremblait trop fort pour tenir le stylo. Soudain, ce fut le silence. Il lui fallut quelques instants pour comprendre, mesurer ce que cela signifiait.

— Oh, mon Dieu.

— Il n'y a plus de carburant, annonça le pilote. Les moteurs sont coupés. Mais le vent nous est favorable. Je vais amener gentiment le bébé à bon port. Ils nous attendent.

Julia prit une grande inspiration. Elle avait toujours été persuadée que la volonté, la détermination peuvent faire des miracles.

— Mettez la tête entre les genoux, croisez très fort les mains sur la nuque. Et récitez toutes les foutues prières que vous connaissez.

Julia inspira une dernière fois à fond.

— Il y a déjà un moment que j'ai commencé.

22

— Tu ferais bien de surveiller ton ballon, lança Paul, essoufflé, en feintant par-dessus l'épaule de Brandon.

Le gamin marmonna et s'écarta en pivotant, dribblant de ses petites mains agiles avec une concentration implacable.

Ils transpiraient tous les deux, Paul davantage que Brandon. L'âge, songea-t-il, esquivant soudain le coude pointu du gamin. Il battait Brandon en taille et en allonge, aussi, délibérément, ne donnait-il pas toute sa mesure. Après tout, ce n'eût pas été très fair play de…

Brandon plongea sous le bras de Paul et marqua aussi sec un panier. Le sourcil froncé, Paul s'arrêta, les mains sur ses hanches, pour reprendre son souffle.

— Egalité ! hurla Brandon, exécutant une petite danse de sioux avec flexion de genoux écorchés et force tortillements du derrière. Ça fait six partout, mec !

— Inutile de frimer, mec.

Paul épongea la transpiration qui coulait sous le bandana noué sur son front. Pour faire plus décontracté, Brandon portait sa casquette des Lakers la visière à l'arrière. Il eut un large sourire lorsque Paul récupéra le ballon.

— Si j'avais placé le panier à hauteur réglementaire…

— Ouais, ouais. Cause toujours.

— Tu es un petit malin, toi.

Immensément flatté, Brandon se mit à rire. Il s'amusait comme un fou. Il ne parvenait toujours pas à croire que Paul était venu pour le voir, lui, et qu'il avait apporté un panier de basket, un ballon, et lui avait lancé un défi !

Et sa joie ne diminua pas lorsque Paul passa devant lui comme une flèche et marqua — le ballon glissant dans le filet avec un bruissement à peine audible.

— Coup de chance.

— C'est ça !

Paul passa le ballon à Brandon. Il avait acheté ce panier de basket sous l'impulsion du moment. Il l'avait fixé sur la porte du garage, pensant que Brandon aimerait s'exercer à marquer quelques paniers de temps en temps. L'idée de lui lancer un défi lui était venue sur le moment, également. Mais à présent, lui aussi s'amusait comme un fou.

Même si la visite de cet après-midi n'était pas tout à fait innocente. Car si Paul était venu, aujourd'hui, c'est qu'il aimait la mère de Brandon, voulait partager sa vie… et que Brandon faisait partie de cette vie. Alors, Paul se demandait ce qu'il éprouverait s'il se retrouvait soudain avec un fils, s'il devait vivre avec l'enfant d'un autre homme, l'accueillir dans son cœur…

Le score était maintenant à huit, en sa faveur, et Paul avait décidément tout oublié de ces préoccupations. Il se régalait.

— Super !

Brandon brandit un poing triomphant après avoir marqué encore une fois. Son T-shirt Bart Simpson collait à ses omoplates.

— Je te talonne, lança-t-il à Paul.

— Alors, apprête-toi à mordre ma poussière.

— Rêve toujours !

Distrait par son propre rire, Paul perdit le ballon. Vif

comme l'éclair, Brandon s'en saisit. Il manqua son premier tir, récupéra précipitamment le rebond et marqua au deuxième essai.

En fait de mordre la poussière ! Le score était sans appel. Douze à dix pour Brandon.

— Je suis le plus fort !

Brandon se mit à sautiller, bras tendus, doigts pointés vers le ciel.

Le sourcil froncé, les mains posées sur les genoux, Paul récupérait son souffle.

— Je ne me suis pas donné à fond. Tu n'es qu'un gamin.

— Tu parles !

Aux anges, Brandon se mit à courir en cercle autour de lui, sa peau légèrement hâlée toute moite de transpiration avec le sourire narquois de Bart Simson plaqué dessus.

— C'est moi qui y suis allé molo, lança-t-il. Tu es assez vieux pour être mon père !

Il s'interrompit soudain, embarrassé par ce qu'il venait de dire, bouleversé par ce qu'il venait d'exprimer. Il cherchait un moyen de se rétracter, mais déjà Paul bloquait sa tête par une prise.

— O.K., grande gueule. Le premier qui arrive à trois.

Brandon ouvrit de grands yeux, le fixa.

— Trois ?

Nom de nom, songea Paul, voilà qu'il craquait pour ce môme. Ces grands yeux avides, ce sourire timide. Tout cet espoir, tout cet amour. S'il existait un homme capable de résister à un regard pareil, son nom n'était pas Paul Winthrop.

— Tu te dégonfles ? dit-il au petit.

— Moi ?

Il aimait être tenu ainsi, par des bras d'homme, des bras

virils, sentir ces odeurs de sueur et d'effort, se lancer des défis entre hommes. Il ne chercha pas à échapper à Paul.

— Jamais de la vie.

— Prépare-toi à perdre. Cette fois, je vais te laminer. Le perdant paie à boire.

Sitôt que Paul le lâcha, Brandon se précipita sur le ballon. Il riait encore lorsqu'il aperçut sa mère qui s'avançait dans l'allée.

— M'man ! Hé, m'man ! Regarde ce que Paul a installé. C'est pour moi. J'ai gagné la première partie.

Elle marchait lentement. Il fallait qu'elle marche lentement. L'état de choc se dissipait peu à peu, la laissant bouleversée, nerveuse. Elle vit son enfant, tout maculé de poussière et de transpiration, souriant et les yeux brillants de joie. Et là, elle se mit à courir. Elle le souleva dans ses bras, le serra contre elle, enfouit son visage au creux du petit cou moite et tendre.

Elle était vivante. Vivante. Et elle tenait sa vie dans ses bras.

— Hé, m'man !

Brandon ne savait pas s'il devait se laisser aller au même élan de tendresse ou jouer les durs devant Paul. Alors, optant pour un compromis, il se laissa complaisamment câliner, en jetant à Paul un regard qui voulait dire : « C'est ma mère, qu'est-ce que tu veux ! »

Julia dut ravaler un sanglot, se forcer à desserrer son étreinte. Elle hésitait à parler de peur de pleurer et d'effrayer son fils.

— Ça va, m'man ?

— Très bien. Je suis heureuse de te retrouver.

— Tu m'as vu ce matin.

La surprise de Brandon se mua en profond étonnement lorsque sa mère le lâcha pour prendre Paul dans ses bras, le serrer farouchement contre elle. Paul sentit le cœur de Julia battre violemment contre sa poitrine.

— Je suis seulement heureuse de vous retrouver tous les deux, parvint-elle à dire.

Sans un mot, Paul la prit par le menton, leva son visage vers le sien. Il y vit les signes d'un choc profond, d'une extrême tension. Elle était au bord des larmes. Il l'embrassa d'un long baiser très doux, sentit ses lèvres trembler sous les siennes.

— Ferme la bouche, Brandon, dit-il gentiment, attirant la tête de Julia contre son épaule et lui caressant les cheveux. Il va falloir que tu t'habitues à me voir embrasser ta mère.

Il vit le petit garçon changer d'expression. Prudence, méfiance, déception s'y succédèrent. Eh bien, il allait devoir s'occuper et de la mère et du fils…

— Si tu rentrais t'asseoir un peu, Jules ? Et boire quelque chose de frais. J'arrive dans une minute.

— D'accord.

Elle avait besoin d'être seule. Il lui fallait un peu de temps pour rassembler ses forces.

— Je vais voir si j'ai de quoi préparer un pichet de citron pressé.

Paul attendit qu'elle soit rentrée pour se tourner vers Brandon. Il avait les mains enfoncées dans les poches de son short et il fixait le bout de ses Nike usées.

— Il y a un problème ?

Le gamin se contenta de hausser les épaules. Paul récupéra la chemise qu'il avait ôtée dans le feu de l'action. Il prit un cigare dans la poche, se bagarra un instant avec les allumettes humides.

— J'imagine qu'il est inutile que je t'explique ces histoires entre homme et femme, commença-t-il. Ni pourquoi on aime tant s'embrasser.

Brandon regardait ses chaussures si fixement qu'il en louchait presque.

— Non, c'est pas la peine.

Pour gagner un peu de temps, Paul tira une bouffée de son cigare, expulsa lentement la fumée.

— Il faut que je t'explique ce que j'éprouve pour ta mère.

Brandon ne disait toujours rien, muré dans son silence, désorienté.

— Je l'aime beaucoup.

Cette affirmation eut au moins pour effet de faire lever la tête au petit, qui regarda Paul. Un regard qui n'était pas particulièrement amical.

— Il va peut-être falloir un peu de temps pour t'y habituer. Mais ce n'est pas grave, parce que justement j'ai tout mon temps, avec ta mère.

— Maman ne sort pas beaucoup avec des hommes et tous ces trucs-là.

— Non. Je présume que j'ai de la chance.

Nom de nom, existait-il quelque chose de plus difficile que d'affronter le regard direct, grave, d'un enfant ?

— Ecoute, tu te demandes sans doute si je ne vais pas semer la pagaille, lui faire du mal. Je ne peux pas jurer que non, mais je te promets que je ferai tout mon possible pour que ce ne soit pas le cas.

Brandon avait du mal à penser à sa mère autrement que comme à une maman. Elle était avant tout sa maman. Et il ne lui était jamais venu à l'esprit qu'on pût lui faire du mal. Cette seule perspective lui nouait l'estomac. Pour compenser ce trouble soudain, il leva le menton, à la manière de Julia.

— Si jamais tu la frappes, je…

— Non.

Paul s'accroupit aussitôt, le regarda droit dans les yeux.

— Ce n'est pas du tout ce que je voulais dire. Jamais

je ne ferai une chose pareille, je te le jure. Je parlais de lui faire de la peine, de la rendre malheureuse.

Cette pensée éveilla soudain quelque chose que Brandon avait presque oublié. Sa gorge se serra, les larmes jaillirent dans ses yeux. Il se souvenait de la réaction de Julia lorsque ses grands-parents étaient morts. Et avant aussi, quelque part dans ce passé un peu flou, lorsqu'il était encore trop petit pour comprendre.

— Comme mon père l'a fait, dit-il d'une voix tremblante.

C'était un terrain trop dangereux pour que Paul s'y aventure.

— C'est quelque chose dont il faudra que tu parles avec ta mère, lorsque vous serez tous les deux prêts.

— Je pense qu'il ne voulait pas de nous.

Paul posa une main ferme sur l'épaule de Brandon.

— Moi, je veux de vous.

Le regard de Brandon se perdit de nouveau dans le lointain. Un oiseau traversa le jardin dans un éclair bleu vif.

— Je suppose que si tu traînes toujours dans les parages, si tu joues avec moi, c'est parce qu'il y a maman, dit-il.

— En partie. Mais il n'y a pas que cela. Peut-être bien qu'au début j'ai pensé qu'il valait mieux être copain avec toi, si je voulais avoir une chance avec ta mère. Mais il se trouve que je t'aime bien. Même si tu es moche, bête et que tu me bats au basket.

Brandon était un enfant calme, très perspicace. Il fut sensible à la simplicité de la réponse de Paul, il la comprit. Et il lut dans son regard qu'il pouvait lui faire confiance. Ses craintes se dissipèrent et il sourit.

— Je ne serai pas toujours bête.

— Non. Mais tu seras toujours moche.

— Et je te battrai toujours au basket.

— J'ai l'intention de te prouver le contraire très bientôt.

Mais pour l'instant, je pense que quelque chose a bouleversé ta mère et j'aimerais lui parler.

— Seul ?

— Oui. Peut-être pourrais-tu aller à la Résidence et faire du charme à Travers pour qu'elle te donne des cookies ? Une fois de plus…

Le rose monta aux joues de Brandon.

— Elle n'était pas censée le dire.

— Elle n'était pas censée le dire à ta mère. Moi, les gens me disent tout. Et pour ne rien te cacher, Travers m'en donnait en cachette, à moi aussi, quand j'étais petit.

— Ah bon ?

— Oui.

Paul se redressa.

— Donne-moi une demi-heure, d'accord ?

— D'accord.

Brandon partit en direction de la Résidence et se retourna à la lisière du jardin. Un petit môme au regard clairvoyant — le regard si déconcertant de l'enfance.

— Paul ? Je suis content que ma mère ne soit pas sortie avec des hommes et tous ces trucs-là avant aujourd'hui.

Paul ne se souvenait pas qu'on lui ait jamais fait plus beau compliment.

— Moi aussi. File, à présent.

Il écouta rire Brandon, puis gagna la maison.

Julia se trouvait dans la cuisine. Lentement, d'un geste mécanique, elle pressait des citrons. Elle avait ôté sa veste de tailleur, ses chaussures. Son bustier saphir faisait paraître ses épaules très blanches, très douces, très fragiles.

— J'ai presque fini, dit-elle.

Sa voix était calme, mais il perçut la nervosité sous-jacente. Sans rien dire, il la conduisit jusqu'à l'évier, l'obligea à se rincer les mains sous l'eau fraîche.

— Que fais-tu ?

Il les sécha lui-même, puis il éteignit la radio.

— Je vais finir. Assieds-toi, respire une ou deux fois à fond et dis-moi ce qui s'est passé.

— Je n'ai pas besoin de m'asseoir, protesta-t-elle.

Mais elle s'appuya néanmoins à la table.

— Brandon ? Où est Brandon ?

— Te connaissant, j'ai pensé que tu ne dirais rien devant lui. Il est allé pour un petit moment à la Résidence.

Apparemment, Paul Winthrop n'avait que trop vite, trop bien, appris à la connaître.

— Pour que Travers puisse lui donner des cookies en douce.

Paul sucrait le jus de citron. Il leva brusquement la tête.

— Tu as caché une caméra ?

— Non, pure sensibilité de mère. Je repère quelqu'un qui a mangé un cookie à dix pas.

Elle ébaucha un faible sourire, s'assit finalement.

Il prit une cuillère, mélangea. Lorsqu'il fut satisfait, il remplit un verre de glace puis versa le jus. Les glaçons craquèrent.

— Est-ce l'interview avec Kenneth qui t'a bouleversée ?

— Non.

Julia but une première gorgée.

— Comment sais-tu que je me trouvais avec Kenneth cet après-midi ?

— CeeCee. Elle me l'a dit lorsque je suis venu la remplacer.

— Oh…

Julia jeta un regard vide autour d'elle, prenant soudain conscience que CeeCee n'était pas là.

— Tu l'as renvoyée chez elle ?

— Je voulais passer un peu de temps avec Brandon. Tu y vois un inconvénient ?

Elle but une deuxième gorgée, s'efforçant de garder son calme. Elle n'avait pas eu l'intention de parler aussi sèchement.

— Je suis désolée. Non, ça ne me dérange pas, bien sûr. Brandon avait l'air de beaucoup s'amuser. Je ne suis pas une adversaire très valable au basket et…

— Julia, dis-moi ce qui est arrivé.

D'un geste nerveux, elle reposa son verre, croisa ses mains sur ses genoux.

— En fait, tout s'est très bien passé.

Avait-elle mis la cassette dans le coffre ? Elle décroisa les doigts, se frotta les yeux. Tout lui paraissait si confus depuis l'instant où elle avait adopté la position de sécurité, dans l'avion, et attendu l'atterrissage catastrophe. Elle voulut se lever, aller vers Paul, mais ses jambes ne la portaient plus. Etrange, que cela se produisît maintenant, alors que tout était rentré dans l'ordre. La cuisine sentait bon le citron, son fils mangeait des cookies en douce et la brise faisait tinter doucement le carillon suspendu à la porte…

Tout allait bien, de nouveau.

Paul repoussa sa chaise, alla chercher une bière dans le réfrigérateur. Il ôta la capsule, but une longue gorgée.

— J'ai du mal à coordonner mes pensées, dit alors Julia. Peut-être ferais-je mieux de reprendre depuis le début.

Il s'assit à la table, en face d'elle, s'efforçant de se montrer patient.

— C'est ça. Reprends depuis le début.

— Nous revenions de Sausalito, commença-t-elle lentement. Je me disais que j'avais bouclé l'essentiel du travail de recherche, et que, dans quelques semaines, je serais de nouveau chez moi. Je me demandais ce que cela me ferait d'être là-bas… alors que toi tu serais ici.

— Mais enfin, Julia…

Mais elle ne l'entendit même pas.

— J'avais dû m'endormir. J'avais pris de la Dramamine et bu du vin chez Kenneth. Je me suis réveillée lorsque l'avion… Je ne t'ai peut-être pas dit que j'ai peur en avion. En fait, ce n'est pas tant voler qui me fait peur, que l'idée d'être coincée dans un avion, impuissante. Cette fois, lorsque l'appareil s'est mis à avoir des ratés, je me suis dit qu'il ne fallait pas que je panique. Mais le pilote a dit…

Julia passa la main sur ses lèvres.

— Il a dit que nous avions un problème. Et nous descendions si vite…

— Oh, mon Dieu…

Paul s'était levé, trop terrifié pour se rendre compte de la brusquerie avec laquelle il attirait Julia à lui. Ses mains l'exploraient, s'assuraient qu'elle était bien vivante.

— Tu n'es pas blessée, Julia, tu n'es pas blessée ?

— Non, non.

Elle se rappelait vaguement du goût du sang, de la peur dans sa bouche.

— Je crois que je me suis mordu la langue, c'est tout. Jack a dit que nous allions nous en sortir. Le carburant… Il y avait un problème avec la jauge. Je m'en suis vraiment rendu compte lorsque le silence s'est fait brusquement. Les moteurs étaient coupés. Je n'ai plus pensé qu'à Brandon. Il a déjà été privé d'un père. Je ne supporte pas l'idée qu'il puisse se retrouver orphelin. J'entendais Jack jurer et les voix grésiller dans la radio.

Elle tremblait, à présent, violemment. Il la serra plus fort contre lui.

— J'avais tellement peur. Je ne voulais pas mourir dans

ce fichu avion. Jack m'a hurlé de tenir bon. Puis nous avons touché le sol. J'ai eu l'impression que c'était moi qui touchais la piste, pas l'avion, tant le choc était violent. J'ai entendu le crissement du métal qui cède, le vent qui s'engouffre dans la carcasse éventrée. Il y a eu des sirènes. Nous glissions sur le ventre de l'avion comme une voiture dont on aurait perdu le contrôle glisserait sur la glace. Tout autour, les sirènes hurlaient. Puis nous nous sommes immobilisés, tout simplement. Je devais avoir défait ma ceinture parce que j'étais déjà debout lorsque Jack m'a embrassée de joie. Et moi aussi je l'ai embrassé.

Paul enfouit son visage dans les cheveux de Julia.

— Si j'en ai l'occasion, moi aussi, je l'embrasserai.

Sa remarque la fit rire.

— Puis je suis sortie et rentrée ici. Je n'avais envie de parler à personne.

Elle poussa un soupir, et encore un autre, avant de prendre conscience qu'il la tenait très fermement dans ses bras.

— Tu n'es pas obligé de me porter.

— Ne me demande pas de te lâcher, pas maintenant.

— Non…

Elle nicha la tête au creux de son épaule. Elle se sentait à l'abri, en sécurité.

— Jamais, murmura-t-elle, je n'ai éprouvé ce que j'éprouve dans tes bras.

Lorsque ses nerfs lâchèrent soudain, lorsque le barrage se rompit, elle pleura dans le cou de Paul.

— Je suis désolée.

— Il ne faut pas. Pleure tant que tu voudras.

Paul n'était pas très assuré sur ses jambes. Il emmena tant bien que mal Julia jusqu'au salon. Il s'assit sur le canapé, l'étreignit de nouveau. Les sanglots de Julia s'apaisaient déjà. Il aurait dû savoir qu'elle n'était pas femme à s'abandonner longtemps à la faiblesse.

Dire qu'il avait failli la perdre… Cette pensée tournait dans sa tête, réveillait sa peur, sa colère. Dire qu'elle aurait pu lui être arrachée soudainement, dans des circonstances horribles…

— Ça va mieux maintenant, assura-t-elle.

Elle s'écarta de Paul, essuya ses larmes du revers de la main.

— J'ai vraiment pris conscience de ce qui s'était passé lorsque je vous ai vus, toi et Brandon.

— Moi, Julia, je ne vais pas mieux.

Les mots étaient hachés. Il prit sa bouche, avec moins de tendresse qu'il ne l'aurait voulu. Puis il agrippa ses cheveux, les serra dans son poing.

— La vie n'aurait plus de sens, sans toi. J'ai besoin de toi, Julia.

— Je sais, dit-elle, se blottissant contre lui. Moi aussi, j'ai besoin de toi. Et je découvre que ce n'est pas aussi difficile à vivre que je l'imaginais.

Elle lui caressa la joue. C'était merveilleux de n'avoir qu'à tendre la main pour le toucher. Et quel immense soulagement que de pouvoir avoir confiance.

— Il y a autre chose encore, Paul. Que tu ne vas pas aimer du tout.

— Tant que tu ne m'annonces pas que tu as l'intention de t'enfuir avec Jack…

La remarque ne la fit même pas sourire.

— De quoi s'agit-il ?

— J'ai trouvé ça sous mon siège, dans l'avion.

Elle se leva. Avant même d'avoir sorti le papier de la poche de sa jupe et de le lui avoir tendu, elle savait quelle serait la réaction de Paul.

La rage. La peur née de l'impuissance. Et une colère profonde, plus durable et plus dévorante. Julia lut tout cela dans le regard de son amant.

— Cette fois, c'est un peu plus direct, commença-t-elle. Tous les précédents messages n'étaient que des avertissements. Celui-ci signe un crime.

— Tu crois ?

Paul observait le message. Manifestement, Julia avait froissé ce papier dans une main moite de peur. L'encre avait taché la feuille.

— Alors, c'est de meurtre qu'il s'agit, Julia.

Elle humecta ses lèvres sèches.

— Je ne suis pas morte.

Il se leva. La pièce vibrait de sa colère.

— Disons, dans ce cas, de tentative de meurtre. La personne qui a écrit cela a saboté l'avion. On voulait te tuer, Julia.

— Peut-être.

Elle l'arrêta d'un geste de la main avant qu'il n'explose.

— Il est plus vraisemblable qu'on voulait me faire peur. Si on avait vraiment voulu m'éliminer, pourquoi aurait-on pris la peine de glisser ce mot dans l'avion ?

La fureur enflamma le regard de Paul.

— Je n'ai pas l'intention d'éclaircir des mystères !

— C'est pourtant ce que tu fais tous les jours. Lorsque tu écris.

Paul eut un rire sec, sarcastique.

— Ce qui vient de se produire n'est pas de la fiction, Julia.

— Mais les mêmes règles s'appliquent. Tes intrigues obéissent à une logique, ton criminel, à des mécanismes psychologiques. Qu'il soit mû par la passion, l'appât du gain, la vengeance… Il y a toujours un mobile, une opportunité, un raisonnement même tortueux. Nous devons nous servir de notre logique pour comprendre ce qui se passe.

— Je me fous de la logique, Jules. Et je veux que tu prennes le prochain avion pour le Connecticut.

Elle resta un moment silencieuse. Si Paul se montrait tellement intransigeant, c'est qu'il avait peur pour elle.

— Je l'ai envisagé. J'ai essayé, tout du moins. Si je repartais…

— Tu vas repartir, un point c'est tout.

Elle se contenta de secouer la tête.

— Quelle différence cela ferait-il ? Le processus est lancé, Paul. Je ne peux pas gommer ce qu'Eve m'a dit. Je ne peux pas non plus faire abstraction de l'obligation que j'ai envers elle.

— Elle a pris fin…

Il brandit le papier qu'il tenait toujours à la main.

— … Avec ça.

Julia fuit son regard. Peut-être était-ce une forme de lâcheté mais elle refusait de se mettre à l'épreuve.

— Retourner dans le Connecticut n'arrêtera pas la machine. Je connais déjà trop de choses et sur trop de gens. Secrets, mensonges, situations gênantes… Qui me dit que les menaces cesseraient, si je me taisais ? Paul, je n'ai aucune envie de passer le reste de ma vie — sans parler de celle de Brandon —, à avoir peur. Alors, autant aller jusqu'au bout.

Il fallait reconnaître qu'elle n'avait pas tort. Mais Paul se fichait bien de la logique. Il aimait Julia, il la voulait en sécurité.

— Tu peux annoncer publiquement que tu abandonnes le projet.

— Je ne le ferai pas. Parce que c'est contraire à mon éthique, et parce que je pense que cela ne servirait à rien.

Je pourrais publier une annonce dans *Variety,* dans le *Publishers Weekly,* dans *L.A* et le *New York Times.* Je pourrais rentrer chez moi, me lancer dans un autre projet. Dans quelques semaines, quelques mois, je commencerais peut-être à me détendre. Et un jour, il y aurait un accident, et Brandon se retrouverait orphelin.

Elle serra le poing.

— Non, j'irai jusqu'au bout de tout ça, et je le ferai ici, où j'ai une certaine prise sur les événements.

Il avait envie d'argumenter, d'imposer son point de vue, de les traîner, Brandon et elle, dans le premier avion qui les emmènerait le plus loin possible. Mais le raisonnement de Julia se tenait parfaitement.

— Dans ce cas, allons montrer les messages à la police, et faisons-leur part de nos soupçons.

Elle acquiesça d'un signe de tête. Le soulagement lui ôtait toute force, à présent.

— Il vaudrait mieux attendre qu'Eve soit en possession du rapport sur l'accident. Si les enquêteurs trouvent des traces de sabotage, nous serons nettement plus crédibles.

— Je ne veux plus te quitter des yeux.

Reconnaissante, elle lui tendit ses deux mains.

— Moi non plus.

— Tu es donc d'accord pour que je reste ici ce soir ?

— Non seulement je suis d'accord, mais j'irai moi-même préparer le lit dans la chambre d'amis.

— La chambre d'amis ?

Elle s'excusa d'un sourire.

— Brandon…

— Brandon, répéta Paul en l'attirant de nouveau dans ses bras.

Brusquement, elle se sentit petite, fragile. Totalement sienne.

— Voilà le marché que je te propose. Le temps que Brandon s'habitue, dit-il, je ferai semblant de dormir dans la chambre d'amis.

Julia réfléchit à la proposition, lui caressant machinalement le dos.

— Je suis en général assez favorable aux compromis.

Elle s'écarta brusquement, le sourcil froncé.

— Où est ta chemise ?

— Je me demande dans quel état tu étais pour ne pas remarquer l'exceptionnelle beauté de mon torse nu. Brandon et moi jouions au basket. Il fait chaud, dans ces cas-là…

— Oh, oui. Le basket. Et le panier. Il n'y en avait pas, avant.

— La voilà qui revient sur terre…, murmura Paul avant de l'embrasser. Le panier, je l'ai installé en arrivant tout à l'heure.

— Tu l'as fait pour Brandon ?

— En quelque sorte, dit-il avec un haussement d'épaules tout en jouant avec ses cheveux. Je comptais l'impressionner avec ma technique. Mais il m'a pris en traître et il m'a battu. C'est un dur.

Profondément émue, Julia emprisonna son visage entre ses mains.

— Je n'avais jamais pensé, jamais imaginé, pouvoir un jour aimer quelqu'un autant que je l'aime lui. C'était avant de te rencontrer.

— Julia ! Julia !

Nina traversa la cuisine en trombe, fit irruption dans le salon sans se donner la peine de frapper. C'était la première fois que Julia lui voyait un air aussi fatigué. Elle était pâle, les yeux cernés, et décoiffée.

— Mon Dieu, ça va, Julia ? Je viens juste d'apprendre ce qui s'est passé.

Julia s'écarta de Paul. Nina la serra dans ses bras tremblants.

— Le pilote a appelé. Il voulait s'assurer que vous étiez rentrée chez vous. Il m'a dit…

Elle ne termina pas sa phrase, serra un peu plus fort Julia contre elle.

— Ça va, dit Julia.

— Je ne comprends pas ce qui a pu se passer. Je ne comprends absolument pas…

Elle s'écarta, tenant fermement Julia par les épaules.

— Jack est un excellent pilote et le mécanicien d'Eve est l'un des meilleurs de la profession. Je ne vois vraiment pas comment un tel pépin a pu se produire…

— Je suis certaine que nous aurons la réponse dès que les enquêteurs auront fini d'examiner l'avion.

— Ils vont le passer au peigne fin. Pas un centimètre carré ne leur échappera. Je suis désolée, vraiment.

Sa voix tremblait.

— Je me doute que vous avez besoin de calme, pas de quelqu'un qui s'affole. Mais vous savez, quand j'ai appris la nouvelle, j'ai voulu m'assurer tout de suite que vous n'étiez pas blessée.

— Pas une égratignure. Vous avez raison, Jack est un excellent pilote.

— En quoi puis-je vous être utile ? demanda Nina, recouvrant son efficacité habituelle.

Elle jeta un coup d'œil circulaire dans le salon nouvellement remis à neuf, ravie qu'Eve lui ait laissé la responsabilité de la décoration.

— Vous voulez que je vous serve un verre, que je vous fasse couler un bain ? Je peux appeler le médecin d'Eve. Il vous donnera un tranquillisant pour dormir.

— Merci, mais je ne crois pas que j'en aurai besoin.

Julia était complètement remise, à présent. Elle se mit à rire.

— En fait, c'est plutôt vous qui donnez l'impression d'avoir besoin de boire quelque chose.

— De m'asseoir, peut-être, dit Nina, se laissant tomber sur l'accoudoir du canapé. Vous êtes d'un calme…

— Maintenant, dit Julia. Il y a quelques minutes, c'était une tout autre histoire.

Nina frissonna, se frotta les bras pour se réchauffer.

— La dernière fois que j'ai pris l'avion, nous avons essuyé un orage. J'ai passé les quinze minutes les plus terrifiantes de ma vie à dix mille mètres d'altitude. J'imagine d'autant mieux ce que cela a dû être pour vous !

— C'est une expérience que j'espère ne jamais revivre.

Julia entendit claquer la porte de la cuisine.

— C'est Brandon. Je ne tiens pas à ce qu'il soit au courant.

— Bien sûr.

Nina se leva péniblement.

— Je comprends que vous ne vouliez pas l'inquiéter. Je retourne à la Résidence pour tâcher d'intercepter Eve et de lui raconter calmement ce qui s'est passé avant que Travers ne lui débite n'importe quoi.

— Merci, Nina.

— Je suis contente que vous alliez bien.

Elle pressa une dernière fois la main de Julia.

— Prenez soin d'elle, dit-elle à Paul.

— Vous pouvez compter sur moi.

Elle sortit par la porte qui donnait sur la terrasse et Julia la vit remettre de l'ordre dans ses cheveux. Puis, comme elle se tournait, elle aperçut Brandon dans l'encadrement de la porte. Il avait un air méfiant et une moustache chocolatée très suspecte au-dessus de la lèvre.

— Pourquoi doit-il prendre soin de toi ? demanda-t-il à sa mère.

— Ce n'est qu'une façon de parler..., répondit Julia.

Elle fronça le sourcil.

— Cookies ?

Brandon couvrit son sourire en s'essuyant d'un revers de main.

— Travers en avait fait. J'ai pensé que ce ne serait pas poli de refuser.

— Je n'en doute pas.

— Ça donne faim, de jouer au basket, dit Paul.

— Oui, lança Brandon. Surtout quand on gagne.

— Ça commence à bien faire, minus. Je ne jouerai plus avec toi, si tu continues.

Julia les vit échanger des regards de défi typiquement masculins avant que Brandon ne saute sur une chaise.

— Ça va, m'man ? Paul a dit qu'il y avait quelque chose qui t'avait peut-être contrariée.

— Non, tout va bien. En fait, je me sens en pleine forme. Je crois que je pourrais même préparer quelques maxi Brandonburgers.

— Hé, super ! Avec des frites et tout et tout ?

— Je crois que... Oh, j'avais oublié.

Elle posa la main sur la tête de son fils.

— Je suis censée dîner avec Eve, ce soir. Je le lui avais promis.

La déception de Brandon fut manifeste. Julia chercha aussitôt une solution.

— Je peux peut-être l'appeler et repousser ?

— Ne te fais pas de souci pour nous, dit Paul en adressant un clin d'œil à Brandon. Nous pouvons parfaitement nous occuper du dîner.

— Oui, mais...

Brandon se sentait soudain très concerné.

— … Tu sais faire la cuisine ?

— Si je sais faire la cuisine ? Je peux faire mieux que ça : t'emmener chez McDonald's.

— Super !

Brandon bondit de sa chaise. Puis il se souvint qu'il lui fallait peut-être l'autorisation de sa mère et il jeta à celle-ci un regard implorant. Aller chez McDonald's était synonyme de tas de choses merveilleuses. Comme de n'avoir ni à ranger ni à faire la vaisselle.

— C'est d'accord ?

— Oui.

Julia posa un baiser sur sa tête et sourit à Paul.

— C'est d'accord.

23

Julia s'octroya un long bain chaud avec huiles parfumées, crèmes et lotions, puis quinze minutes délicieuses à ne s'occuper que de poudres et de maquillage. Aussi, lorsqu'elle se glissa dans son tailleur pantalon de soirée rose thé, avait-elle totalement récupéré. Au point qu'elle s'amusa de l'insistance de Paul à vouloir l'accompagner jusqu'à la Résidence.

— Tu sens merveilleusement bon, dit-il, humant son poignet.

Il se mit à le mordiller doucement.

— Que dirais-tu de venir me rejoindre dans la chambre d'amis tout à l'heure ?

— Cela pourrait se faire.

Elle s'arrêta devant la porte d'entrée, se retourna, noua les bras autour de son cou.

— Si tu commençais à réfléchir au moyen de me convaincre ? dit-elle, effleurant ses lèvres.

Soudain, elle se surprit elle-même et causa l'enchantement de Paul en prenant sa bouche en un baiser qui leur coupa le souffle.

— Tu peux aller t'acheter un hamburger, maintenant, conclut-elle.

Paul avait la sensation que son cerveau était vide, que seul subsistait le désir qui lui taraudait les reins.

— Deux choses avant de te quitter, dit-il. Expédie le dîner…

Elle sourit.

— Et la deuxième ?

— Je te montrerai lorsque tu rentreras.

Il s'éloignait déjà.

— Expédie vraiment le dîner, lança-t-il par-dessus l'épaule.

Julia riait toute seule lorsqu'elle frappa à la porte. La tentation était grande d'obéir à Paul…

— Bonsoir, Travers.

Pour une fois, la gouvernante ne grommela pas. Elle regarda Julia, d'abord avec inquiétude, puis d'un air de reproche.

— Vous l'avez indisposée.

— Eve ? dit Julia tandis que la porte se refermait derrière elle. J'ai indisposé Eve ?

L'espace d'un instant, elle ne sut plus s'il fallait rire ou se mettre en colère.

— A cause de l'incident… de l'avion ? Vous pouvez difficilement m'en vouloir d'avoir failli mourir dans un accident, Travers.

Mais visiblement, Travers le pouvait. D'un geste sec, elle désigna le salon avant de regagner la cuisine de son pas lourd.

— C'est toujours un plaisir de parler avec vous, lança Julia avant de se diriger vers le salon.

Eve s'y trouvait, arpentant la pièce. De long en large, tel un fauve rare dans une cage élégante. Son allure trahissait son émotion — si forte, si intense. Ses yeux brillaient mais les larmes ne coulèrent que lorsqu'elle aperçut Julia.

Et là, toute sa volonté l'abandonna. Elle secoua la tête d'un air de totale impuissance. Puis elle se laissa tomber sur le canapé et se mit à pleurer.

— Oh, non, je vous en prie…

En un instant, Julia fut auprès d'elle, l'enveloppant de ses bras, la rassurant. Dans un froissement de soie, Eve se serra contre elle. Leurs parfums se mêlèrent…

— Tout va bien, dit Julia, tout en rassurant Eve de paroles et de caresses. Tout va bien, maintenant.

— Vous auriez pu mourir. Je ne sais pas ce que j'aurais fait…

Eve s'efforçait de se reprendre. Elle s'écarta de Julia. Elle voulait voir le visage de la jeune femme, elle en avait besoin.

— Je vous le jure, Julia, jamais je n'ai pensé que quelqu'un irait aussi loin. Je savais qu'on tenterait de m'arrêter, mais je n'ai pas imaginé un instant qu'on pourrait s'en prendre à vous, vous faire du mal.

— On ne m'en a pas fait et on ne m'en fera pas.

— Non. Parce que nous allons en rester là.

— Eve…

Julia chercha un mouchoir dans sa poche, le lui tendit.

— … J'ai déjà discuté de tout cela avec Paul. Si nous nous arrêtons maintenant cela ne changera rien, vous le savez.

Eve prit le temps d'essuyer ses larmes.

— C'est vrai.

Lentement, soudain consciente du poids des années, elle se leva, se dirigea vers le bar pour se servir une coupe de champagne.

— Vous en savez déjà trop.

Sa bouche rouge, magnifique, se fit amère.

— Tout cela à cause de moi. De mon égoïsme.

— A cause de mon travail, rectifia Julia.

Eve but une longue gorgée avant de servir une seconde coupe pour Julia. Elle avait de jolies épaules, songea-t-elle. Presque fragiles, en apparence, et pourtant assez solides pour assumer la situation.

— Vous ne voulez pas vous arrêter ?

— Même si je le voulais, je ne le pourrais pas. Et il se trouve que je ne le veux pas.

Elle accepta la coupe que lui tendait Eve, trinqua avec elle, cristal contre cristal.

— J'irai jusqu'au bout.

Eve la saisit par le poignet, les yeux soudain très secs, le regard intense.

— Vous risquez de me détester avant que nous ayons terminé.

Eve serrait si fort que Julia sentait son pouls battre sous les doigts de la star.

— Non, c'est impossible.

Eve se contenta de hocher la tête. Sa décision était prise, pour le meilleur ou pour le pire.

— Prenez la bouteille, vous voulez bien ? Nous allons dîner dehors, sur la terrasse.

On avait accroché des guirlandes électriques dans les arbres, disposé des chandeliers sur la table. Et tout autour, le jardin était plongé dans l'obscurité. On n'entendait que l'air bruissant à travers les feuilles des arbres, le chant de l'eau tombant dans le bassin de la fontaine. Les gardénias commençaient à fleurir et leur parfum embaumait toute la terrasse.

— J'ai tant de choses à vous dire, ce soir…

Eve s'interrompit lorsque Travers les servit.

— Vous penserez peut-être que cela fait beaucoup à la fois, mais j'ai le sentiment de n'avoir déjà que trop attendu.

— Je suis ici pour vous écouter, Eve.

La star hocha la tête.

— Victor m'attendait dans la voiture, ce matin. Je ne peux pas vous dire à quel point c'était merveilleux de le retrouver, de savoir que nous étions réunis, dans nos cœurs. C'est un homme très bien, Julia. Piégé par les circonstances, l'éducation, la religion. Existe-t-il dilemme plus grand que de tenter de suivre son cœur et sa conscience ? Malgré tous les problèmes, et le chagrin, j'ai connu plus de bonheur avec lui que certaines femmes au cours de toute une vie.

— Je comprends.

La voix de Julia était comme les ombres. Douce, réconfortante.

— Quelquefois, on peut aimer sans la promesse de lendemains heureux. L'histoire n'en est pas moins importante, moins vitale.

— Ne renoncez pas aux lendemains heureux, Julia. Je veux que vous les connaissiez.

Travers arriva avec les salades. Elle fronça le sourcil devant l'assiette qu'Eve avait à peine touchée mais ne dit rien.

— Dites-moi ce que vous avez pensé de Kenneth.

— Eh bien…

Julia se rendit compte qu'elle mourait de faim et elle savoura sa salade.

— … Premièrement, il ne correspondait pas du tout à ce que j'avais imaginé. Il est beaucoup plus décontracté, beaucoup plus séduisant que je ne m'y attendais.

Pour la première fois depuis des heures, Eve fut capable de rire.

— C'est vrai… ! Je me souviens que cela me mettait hors de moi qu'il puisse avoir autant de charme et être aussi coincé ! Jamais un mot plus haut que l'autre. Sauf la dernière fois…

— Il m'a raconté.

Un sourire effleura les lèvres de Julia.

— Je suis étonnée qu'il ait réussi à sauver sa peau.

— Ce fut épique. Il avait raison, bien entendu, sur toute la ligne. Il n'empêche que dire ses quatre vérités à une femme qui joue éternellement les back-street… c'est dur. Malgré cela, j'ai toujours su que je pouvais compter sur Kenneth.

Julia écouta le bruissement de l'air dans les feuilles, les premiers cris des oiseaux de nuit.

— Savez-vous, dit-elle, qu'il se trouvait là, en retrait, le jour où Delrickio a perdu le contrôle, où ses gorilles ont failli donner une correction à Paul ?

Le regard vert d'Eve fixa Julia.

— Kenneth ? demanda-t-elle.

— Oui, Kenneth. En haut de l'escalier. Armé. Et prêt à se servir de son revolver. Vous avez tout à fait raison lorsque vous dites que vous pouvez compter sur lui…

— Eh bien… !

Eve posa sa fourchette, prit son verre.

— Il ne m'en a jamais rien dit.

— Et ce n'est pas tout, si je puis me permettre.

— Allez-y.

— Je crois qu'il vous a aimée. Toute sa vie.

Eve rit, et Julia l'observa tranquillement. Des souvenirs, des moments, des bribes de conversation semblaient lui revenir à la mémoire, et sa belle main tremblait un peu lorsqu'elle reposa son verre.

— Mon Dieu, Julia, comme nous pouvons être négligents, parfois, avec les autres.

— Je doute qu'il regrette un instant de ce qu'il a vécu.

— Moi, j'ai des regrets.

Eve se tut tandis que Travers servait le saumon. Dans sa tête résonnaient des voix insistantes. Des menaces, des promesses. Elle avait peur de trop en dire, peur de se taire aussi.

— Julia, avez-vous apporté votre magnétophone ?

— Oui. C'était prévu.

— Je voudrais commencer tout de suite. Maintenant, vous connaissez mon sentiment sur beaucoup de gens. Vous savez comment ma vie s'est trouvée liée à la leur. Comment Travers et Nina ont abouti chez moi après des débuts catastrophiques dans la vie. Comment j'ai volé Kenneth à Charlotte par pur dépit. Michael Torrent, Tony, Rory, Damien... Des erreurs. Michael Delrickio qui flattait ma vanité, mon arrogance. A travers lui, j'ai perdu Drake.

— Je ne comprends pas.

— C'est Drake qui s'est introduit chez vous, qui a volé. C'est lui qui voulait les enregistrements.

— Drake ?

— Peut-être n'est-il pas juste de rejeter entièrement la faute sur Michael. Après tout, Drake était déjà mal parti bien avant de le rencontrer. Mais je préfère en tenir rigueur à Michael. Il connaissait la faiblesse de Drake pour le jeu. Ses faiblesses pour toutes sortes de choses en fait, et il s'en est servi. Drake était faible, calculateur, déloyal, mais il faisait partie de ma famille.

— Faisait ?

— Je l'ai viré, dit Eve très simplement. De son travail d'attaché de presse et de ma vie.

— Voilà pourquoi il ne m'a jamais rappelée. Je suis désolée, Eve.

Elle eut un petit geste impatient de la main.

— Je n'ai pas l'intention de m'appesantir sur Drake. Ce que je veux souligner, c'est que toutes les personnes qui ont traversé ma vie l'ont influencée, et sont liées entre elles. Rory m'a amené Paul, Dieu merci, et cela nous lie tous les trois. Et si vous ne vous êtes pas trompée à propos de cette Lily, je lui suis également liée, d'une certaine manière.

Julia ne put s'empêcher de sourire.

— Je suis persuadée qu'elle vous plairait.

— C'est possible, dit Eve, écartant cette idée d'un haussement d'épaules. Rory m'a également fait connaître Delrickio et Delrickio m'a présenté Damien. Vous voyez comme chaque personnage, dans l'histoire d'une vie, la modifie… Si on enlevait ne serait-ce que l'un des protagonistes, l'intrigue prendrait un tour entièrement différent.

— Diriez-vous que Charlie Gray a changé votre vie ?

— Charlie ?

Eve eut un sourire mélancolique.

— Charlie a précipité l'inévitable. Si je pouvais revenir en arrière, changer quelque chose, ce serait mes relations avec Charlie. Peut-être que si j'avais été plus gentille, moins égocentrique, les choses auraient été différentes… Mais on ne peut pas corriger le passé.

Le regard d'Eve changea, s'assombrit lorsqu'elle se tourna vers Julia.

— Voilà aussi ce que je voulais dire ce soir : de toutes les personnes que j'ai connues, les deux qui m'ont le plus marquée sont Victor et Gloria.

— Gloria Dubarry ?

— Oui. Elle est folle de rage contre moi. Elle se sent trahie parce que je suis sur le point de révéler ce qu'elle considère comme son enfer personnel. Je ne le fais pas pour de mauvaises raisons. Je ne le fais pas à la légère… Ecoutez… C'est assez délicat à dire… Pourtant, c'est indispensable.

— Dès le départ, j'ai affirmé que je ne jugerais pas. Je ne vais pas commencer aujourd'hui.

— Mais vous le ferez, dit Eve, sans agressivité.

Puis elle se lança.

— A ses débuts, lorsque Gloria jouait les jeunes filles innocentes, les angéliques, elle a rencontré un homme. Il était beau, il avait du succès, c'était un séducteur et il était marié. Elle s'est confiée à moi, pas seulement parce que nous étions amies, mais parce que j'étais moi aussi tombée sous le charme de cet homme, à une époque. Michael Torrent.

— Dubarry et Torrent ? Quelle insolite association… J'ai lu tout ce qu'on a écrit sur l'un comme sur l'autre. Pas une ligne qui fasse allusion à cette liaison.

— Ils faisaient très attention. Je les ai aidés à être prudents. Il faut que vous sachiez que Gloria était follement amoureuse. Et à l'époque, elle n'était pas encore prisonnière de son image. Cela se passait environ deux ans avant qu'elle ne rencontre Marcus et ne l'épouse. Il y avait une passion en elle, une fureur de vivre extraordinaire. Je regrette vraiment qu'elle l'ait totalement perdue…

Julia se contenta de secouer la tête. Gloria Dubarry, fougueuse et passionnée ? Elle avait du mal à l'imaginer.

— Torrent devait être marié avec…

Elle fit un rapide calcul.

— … Amelia Gray.

— La première femme de Charlie, en effet, confirma Eve. Leur mariage battait sérieusement de l'aile. Il reposait sur des bases peu solides, d'ailleurs : la culpabilité de Michael. Michael avait usé de toute son influence pour tenir Charlie à l'écart des rôles principaux… et il n'a jamais pu assumer cette sournoise manœuvre.

Julia était interloquée. Gloria amoureuse, et adultère… Michael Torrent, perfide et même traître…

— Vous êtes en train de me dire que Torrent a saboté la carrière de Charlie ? Bon sang, Eve, ils étaient amis ! Leur partenariat à l'écran est devenu une légende. Et Torrent, un des noms les plus vénérés de l'industrie cinématographique...

— Vénéré, répéta Eve. Oui. Il aurait certainement aussi bien réussi, s'il était resté loyal. Mais il a trahi un ami... Parce qu'il avait peur. Il était terrifié à l'idée que Charlie puisse lui faire de l'ombre. Il a fait pression sur le studio, comme certains acteurs en avaient le pouvoir, et on a cantonné Charlie dans les seconds rôles.

— Charlie le savait-il ?

— Il a peut-être eu des soupçons. Mais de toute façon, il ne l'aurait jamais cru. Ce n'est pas tout... Michael s'est également bien diverti avec les femmes de Charlie. Il me l'a avoué peu de temps après que Charlie se fut suicidé. Voilà pourquoi j'ai divorcé de Michael — sans nier le fait que je m'ennuyais à mourir avec lui. Alors, il a épousé Amelia. Et sa culpabilité l'a fait tenir tranquille quelques années. Jusqu'à ce qu'il rencontre Gloria.

— Et vous les avez aidés ? Après ce qu'il avait fait, ce que vous saviez de lui ?

— J'ai aidé Gloria. Charlie était mort et elle était vivante. Je sortais à peine de mon mariage catastrophique avec Tony et toute cette intrigue me changeait les idées... Ils se retrouvaient au Bel Air, comme tous les couples qui avaient une liaison clandestine...

Elle eut un léger sourire.

— ... Moi y compris.

Intriguée, Julia se fit plus attentive encore.

— N'était-il pas difficile d'empêcher les gens de se trahir ? Quand je pense au nombre de chasseurs qui ont dû devenir millionnaires grâce aux pourboires !

Eve rit, se détendit un peu.

— C'était une époque délicieuse.

Tout cela amusait Julia, apparemment, songea Eve. Il

y avait de l'intérêt dans son regard, aucune réprobation. Pas encore.

— Une époque très excitante.

— Le péché l'est, en général.

Julia imaginait très bien les beautés, les gloires d'Hollywood, les amants passionnés jouant à cache-cache avec les journalistes des rubriques à scandale et les épouses jalouses. Les amants éphémères s'offrant un après-midi clandestin, pour le plaisir du fruit défendu plus que pour le sexe en lui-même.

— Que n'ai-je été femme de chambre…, murmura-t-elle.

— Au Bel Air, le maître mot était discrétion, dit Eve. Mais bien entendu, tout le monde savait que c'était l'endroit où venir partager quelques heures d'intimité avec le conjoint d'un ou d'une autre. Et Amelia Gray Torrent n'était pas idiote… Aussi, la peur d'être découverts avait amené Gloria et Michael à se rencontrer plutôt dans de petits hôtels minables. Mon pavillon des invités était encore en construction, sinon je le leur aurais prêté. Cela dit, ils se sont fort bien débrouillés. Quand je pense que tandis qu'ils vivaient cette passion, ils tournaient un film ensemble !

— The *Blushing Bride,* se souvint Julia. Et il jouait le rôle du père. Ah, j'imagine ce que les journalistes Hedda Hopper et Louella Parsons auraient pu faire de cela dans leur chronique mondaine.

Elle éclata de rire, ce fut plus fort qu'elle.

— Je suis désolée. Je suis certaine que le film était très poignant, très fort, à l'époque. Mais aujourd'hui, cette histoire est juste assez dérisoire pour être drôle. Toute cette frustration chez le père, ces gamineries chez la fille… Puis à la ville, on se précipite pour louer une chambre à l'heure ! Vous vous rendez compte s'ils s'étaient trompés dans leur texte ?

La tension se dissipa un instant chez Eve. Elle rit à son tour.

— Oh, mon Dieu, ça ne m'est même jamais venu à l'esprit.

— C'eût été extraordinaire. La caméra avance au moment où il dit : « Jeune fille, je devrais vous prendre sur mes genoux et vous donner une bonne fessée ! »

— Et le regard de la jeune fille brille soudain, ses lèvres tremblent. « Oui, oh oui, papa. S'il vous plaît. »

— Coupez. On garde ! dit Julia, se calant contre le dossier de sa chaise. Ce serait devenu un classique.

— Dommage qu'aucun des deux n'ait le moindre sens de l'humour. Cela leur éviterait pourtant de faire tant d'histoires des années plus tard.

Julia se sentait bien. Elle resservit du champagne.

— Ils ne peuvent croire sérieusement qu'une aventure datant d'il y a tant d'années parviendra à choquer le public, tout de même ! Cela aurait pu faire un scandale il y a trente ans. Mais, honnêtement, Eve, qui s'en soucie de nos jours ?

— Gloria. Et son mari. Il est du genre très strict. Le genre à jeter sans hésiter la première pierre.

— Ils sont mariés depuis plus de vingt-cinq ans. Je ne l'imagine pas la traînant devant les tribunaux pour divorcer à cause d'une erreur de jeunesse.

— Non, moi non plus. Mais Gloria voit les choses différemment. Personnellement, je pense que Marcus supportera l'épreuve. Cette épreuve-là… et l'autre.

Eve demeura un moment silencieuse, consciente que ses paroles feraient l'effet d'une avalanche emportant avec elle la tranquillité apparente de deux vies. Une avalanche dont on n'arrêterait pas la désastreuse progression…

— Le jour de la première du film, Gloria découvrit qu'elle était enceinte de Michael Torrent.

Le visage de Julia se figea. C'était une douleur qu'elle ne comprenait que trop bien.

— Pauvre Gloria. Se retrouver enceinte d'un homme marié…

— … Ne vous laisse pas beaucoup de possibilités, termina Eve. Elle était terrifiée, anéantie. Son aventure avec Michael montrait déjà des signes de faiblesse. Elle était allée le voir tout de suite, dans un état d'hystérie totale, je présume. Lui, son mariage se terminait, et enfant ou pas, il n'avait pas l'intention de se laisser emprisonner dans un autre filet conjugal.

— La pauvre, répéta Julia, assaillie par le souvenir de sa propre histoire. Elle devait être dans tous ses états.

— Ils avaient tous les deux peur du scandale, peur d'assumer cette responsabilité, d'être enchaînés l'un à l'autre pour Dieu sait combien de temps. Elle est venue me voir. Elle n'avait personne d'autre.

— Et vous l'avez aidée, de nouveau ?

— Je suis restée à ses côtés, en tant qu'amie, en tant que femme. Elle avait déjà pris la décision d'avorter. C'était illégal à l'époque et souvent dangereux.

Julia ferma les yeux. Un frisson la parcourut, venu du plus profond d'elle-même.

— Ça a dû être horrible pour elle.

— Oui. J'avais entendu parler d'une clinique en France, c'est là que nous sommes allées. Ce fut très douloureux et pas seulement physiquement. Faire ce choix n'est jamais facile.

— Elle a eu de la chance de vous avoir. Si elle avait été seule…

Julia ouvrit les yeux. Ils étaient brillants de larmes. Un velours gris mouillé de pluie.

— Quel que soit le choix que fait une femme, c'est si difficile de le faire seule.

— C'était un endroit impersonnel, très calme, poursuivit Eve. Je me suis assise dans une petite salle d'attente aux murs blancs, et j'ai feuilleté des magazines de luxe. Puis j'ai vu passer Gloria : on l'emmenait sur le chariot. Elle avait replié un bras sur ses yeux, et elle pleurait. Ce fut très rapide. Ensuite, on m'a autorisée à rester avec elle dans la chambre. Pendant très longtemps elle n'a rien dit. Des heures, en fait. Puis elle a tourné la tête vers moi et m'a regardée.

— Eve, m'a-t-elle dit, je sais qu'il n'y avait rien d'autre à faire. Mais je sais aussi que cela restera le moment le plus pénible de toute ma vie.

Julia essuya une larme.

— Etes-vous sûre qu'il soit nécessaire de publier cela ?

— Je pense que oui, mais je vous en laisse seul juge. Ce sera à vous de décider lorsque vous aurez entendu le reste.

Julia se leva. Elle ignorait d'où lui venait cette nervosité soudaine, mais c'était irrépressible.

— Ce n'est pas à moi de prendre une telle décision, Eve. Seule une personne touchée de près par cette histoire peut le faire, pas un observateur extérieur.

— Vous n'avez jamais été un pur observateur, Julia, pas depuis que vous êtes arrivée ici. Je sais que vous avez tenté de n'être que cela, que vous auriez préféré qu'il en soit ainsi, mais c'est impossible.

— Peut-être ai-je perdu mon objectivité. J'espère que cela me permettra d'écrire un livre meilleur. Mais il ne m'appartient pas de décider d'inclure ou de laisser de côté quelque chose d'aussi intime.

— Qui serait mieux placée ? murmura Eve.

Elle désigna la chaise.

— Asseyez-vous, je vous en prie. Je vais vous raconter le reste.

Elle hésita, sans trop savoir pourquoi. La nuit était tombée très vite. On ne voyait plus que les petites lumières dispersées dans les arbres, la lueur des bougies.

Eve était entourée d'un halo de lumière. Un hibou hulula dans l'ombre. Julia s'assit, attendit.

— Allez-y, je vous écoute, dit-elle finalement.

— Gloria est rentrée chez elle. Elle a repris sa vie. Dans l'année qui a suivi, elle a rencontré Marcus et une nouvelle vie a commencé. La même année, j'ai rencontré Victor. Nous n'avons pas vécu notre aventure dans des hôtels discrets ni dans des motels minables. Ce ne fut pas une flambée de passion, mais une flamme lente et solide qui nous a réunis, liés l'un à l'autre. Sur d'autres points, je présume que notre relation présentait beaucoup de similitudes avec celle de Gloria et Michael. Il était marié et bien que son mariage ne fût pas heureux, nous n'avons pas rendu notre liaison publique. Je savais, quoiqu'il m'ait fallu des années pour l'accepter, que nous ne serions jamais officiellement un couple.

Eve jeta un regard autour d'elle. Julia demeurait silencieuse. Le rectangle de lumière de la cuisine éclaboussait les géraniums. Le clair de lune transformait en mercure l'eau argentine de la fontaine. Autour de tout cela, il y avait un mur qui l'enfermait ici, laissait les autres dehors.

— Nous nous sommes aimés ici, dans cette maison, et seuls quelques proches en qui nous avions confiance connaissaient notre secret. Je ne prétendrai pas que je n'en ai jamais voulu à la vie, à Victor, à sa femme pour tout ce que je n'ai pas eu, tout ce qui m'a été volé. Tous les mensonges avec lesquels j'ai vécu. Un mensonge en particulier. Un, qui compte plus que tous les autres.

Eve se leva. Elle s'avança vers les fleurs, respirant leur parfum à pleins poumons, comme si elle pouvait y puiser la force qu'elle n'avait pas trouvée ailleurs. Elle en arrivait au vif du sujet. Au cœur de l'histoire. Au point d'équilibre. Au-delà duquel il n'y aurait plus de retour en arrière possible. Lentement, elle revint sur ses pas, mais ne s'assit pas.

— Gloria épousa Marcus un an après notre voyage en France. Deux mois plus tard, elle était enceinte et au comble du bonheur. Quelques semaines plus tard, j'étais enceinte moi aussi et au comble du désespoir.

— Vous ?

Julia absorba le choc. Puis elle se leva, prit la main d'Eve.

— Je suis vraiment désolée.

— Ne le soyez pas.

Eve serra très fort sa main.

— Asseyez-vous près de moi. Laissez-moi terminer.

Mains unies, elles s'assirent. La flamme de la bougie dansait entre elles, projetant ombre et lumière sur le visage d'Eve. Julia n'aurait su dire exactement ce qu'il exprimait. Du chagrin, de la douleur, de l'espoir.

— J'avais presque quarante ans et j'avais depuis longtemps abandonné l'idée d'avoir un jour des enfants. La maternité m'effrayait, pas seulement à cause de mon âge mais à cause des circonstances. Je ne craignais pas l'opinion publique, Julia, du moins pas pour moi-même…

— C'était l'enfant de Victor, murmura Julia.

— Oui, c'était son enfant. Et Victor était lié par la loi et par l'Eglise à une autre femme.

— Mais il vous aimait.

Julia porta la main d'Eve à sa joue en un geste de réconfort.

— Comment a-t-il réagi lorsque vous lui avez annoncé la nouvelle ?

— Je ne le lui ai pas dit. Je ne le lui ai jamais dit.

— Oh, Eve, comment avez-vous pu le lui cacher ? C'était son enfant autant que le vôtre. Il avait le droit de savoir.

— Savez-vous à quel point il avait envie d'enfants ?

Eve se pencha plus près.

— Il ne s'était jamais, jamais pardonné d'en avoir perdu un. Oui, les choses auraient pu être différentes si je le lui avais dit. Et je l'aurais piégé avec cet enfant aussi sûrement que sa femme l'avait piégé avec sa culpabilité, son Dieu et son chagrin. Je ne pouvais pas. Je ne voulais pas faire ça.

Julia attendit pendant qu'Eve servait du champagne d'une main tremblante.

— Je comprends. Du moins, je crois, corrigea-t-elle. Je n'ai jamais dit à mes parents le nom du père de Brandon pour des raisons très proches. Ils auraient fait pression sur lui pour qu'il m'épouse. Et je ne pouvais pas supporter l'idée que cet homme ne reste qu'à cause d'un enfant conçu par accident.

Eve but une gorgée, puis une autre.

— Cet enfant était en moi. J'ai senti — et mon sentiment n'a pas changé — que le choix m'appartenait. Je brûlais de le lui dire, de partager cela avec lui, ne serait-ce que l'espace d'un jour. Mais c'eût été pire qu'un mensonge. J'ai décidé de me rendre en France. Travers devait m'accompagner. Je ne pouvais pas demander cela à Gloria, je ne pouvais même pas lui en parler alors qu'elle était tranquillement en train de choisir un nom et de tricoter des chaussons.

— Eve, vous n'avez pas besoin de m'expliquer. Je sais ce que c'est.

— Oui, je m'en doutais. Seule une femme qui a eu un jour à faire face à ce choix peut comprendre.

Eve batailla avec une allumette. Elle se cala contre son dossier, reconnaissante, lorsque Julia l'alluma pour elle.

— Travers comprenait, elle aussi.

Elle souffla lentement la fumée de sa cigarette.

— Elle avait un enfant, mais en réalité, elle n'avait jamais pu vraiment l'avoir avec elle. Alors, avec Travers, je suis retournée en France.

Rien ne lui avait jamais paru aussi froid, aussi dénué d'espoir que les murs blancs de cette salle d'examen. Le médecin avait une voix douce, des gestes doux, un regard doux. Mais peu lui importait. Eve supporta l'examen physique, répondit d'une voix éteinte à toutes les questions d'usage. Mais elle ne quitta jamais des yeux ce mur blanc.

C'était à cela que ressemblait sa vie. A ce mur vide, désespérément vide. Si elle l'avait dit, personne ne l'aurait crue, bien sûr. Vide, la vie d'Eve Benedict, la star, la déesse du cinéma, la femme que les hommes désiraient et que les femmes enviaient ? Allons donc ! Qui aurait pu comprendre qu'elle aurait donné n'importe quoi, en cet instant-là, pour être une femme ordinaire. La femme ordinaire d'un homme ordinaire qui allait avoir un enfant ordinaire.

Parce qu'elle était Eve Benedict, parce que le père était Victor Flannigan, l'enfant ne pouvait pas être ordinaire. L'enfant ne pouvait pas être du tout.

Elle ne voulait même pas se demander si elle attendait un garçon ou une fille. Pourtant, elle le fit. Elle ne pouvait pas se permettre d'imaginer que la vie aurait pu se développer en elle. Pourtant, trop souvent, elle imagina. Que l'enfant aurait eu les yeux de Victor… Elle se sentait presque défaillir d'amour et de désir d'être mère.

Mais semblable amour, semblable désir ne pouvaient exister.

Elle était assise et écoutait le médecin lui expliquer la

simplicité de l'opération, lui promettre de sa voix douce, rassurante, qu'elle ne sentirait presque rien. Une larme roula sur sa joue. Elle en perçut le goût sur ses lèvres.

Une telle émotion était ridicule, tout à fait inutile, songea-t-elle. D'autres femmes avaient eu à affronter cette situation. Si regrets il y avait, elle pourrait vivre avec. Du moment qu'elle était persuadée d'avoir fait le bon choix.

Elle ne dit pas un mot lorsque l'infirmière vint pour la préparer. De nouveau des mains douces et compétentes, de nouveau des paroles rassurantes. Eve frissonna en pensant à toutes celles qui n'avaient pas les mêmes ressources qu'elle. Ses sœurs d'infortune qui avortaient dans quelque obscure arrière-salle.

Elle était allongée sur le chariot. Elle sentit la brève piqûre de l'aiguille. Pour la détendre, lui dit-on.

Ils l'emmenèrent. Elle regardait le plafond. Dans un instant, elle se trouverait dans la salle d'opération. Puis, en moins de temps qu'il ne faut pour le dire, elle en sortirait, et elle récupérerait dans l'une des jolies chambres privées avec vue sur les montagnes.

Elle se souvint alors de Gloria, de son bras rabattu sur ses yeux… de ses larmes.

Eve secoua la tête. Le produit faisait son effet. Elle se sentait flotter, elle avait envie de dormir. Elle crut entendre crier un bébé. Mais c'était impossible. Son bébé n'était pas encore un bébé, ne le serait jamais.

Elle vit les yeux du médecin, ce regard doux, compréhensif, au-dessus du masque de chirurgie. Elle tendit la main pour attraper la sienne, mais elle ne la sentit pas.

— S'il vous plaît… Je ne peux pas… Je veux ce bébé.

Lorsqu'elle se réveilla, elle était allongée dans un lit, dans l'une de ces jolies chambres. Le soleil projetait des rais de lumière vive entre les lames du store. Travers était assise à son chevet. Eve ne parvint à articuler aucun son. Elle ne put que tendre la main.

— Tout va bien, dit Travers, prenant sa main. Vous les avez arrêtés à temps.

— Vous avez eu le bébé, murmura Julia.

— C'était l'enfant de Victor, conçu dans l'amour. Rare et précieux. Et tandis qu'ils m'emmenaient vers la salle d'opération, j'ai pris conscience que ce qui était bien pour Gloria ne l'était pas pour moi. Si je n'avais pas traversé cette expérience avec elle, je ne sais pas si j'aurais été capable de faire le bon choix pour moi-même.

— Comment avez-vous pu avoir cet enfant et le garder secret pendant tant d'années ?

— Lorsque ma décision de mener cette grossesse à terme fut prise, j'ai commencé à mettre un plan sur pied. Je suis rentrée aux Etas-Unis, mais à New York. J'ai réussi à convaincre des gens de me donner un rôle dans une pièce à Broadway. Cela a pris du temps, pour trouver la pièce, le metteur en scène, le rôle qui convenaient. Et le temps, c'était ce dont j'avais besoin. Lorsque je fus enceinte de six mois et qu'il devint difficile de cacher mon état, je suis partie pour la Suisse, dans un château que j'avais fait acheter par mes avocats. J'y ai vécu, avec Travers, sous le nom de Mme Constantine. En gros, j'ai disparu pendant trois mois. Victor a failli devenir fou, à me chercher, mais je vivais au calme. A la fin du huitième mois, je suis allée passer un examen dans un hôpital privé, sous le nom d'Ellen Van Dyke, cette fois. Les médecins étaient inquiets. A l'époque, il n'était pas très courant pour une femme d'avoir son premier enfant aussi tard.

… Et seule, songea Julia.

— La grossesse fut difficile ?

— Fatigante, répondit Eve avec un sourire. Et difficile, oui, parce que j'avais envie que Victor soit là, et que c'était impossible. Il y eut quelques complications. Je n'ai découvert que quelques années plus tard que cet enfant serait le seul. Je ne pouvais pas en concevoir d'autre.

Eve balaya d'un geste cette pensée.

— Deux semaines plus tard, j'ai accouché. Ce fut relativement rapide, m'a-t-on dit, pour un premier enfant. Seulement dix heures. J'ai eu l'impression que cela durait dix jours.

On en était aux confidences entre femmes sur l'accouchement et la douleur, aussi Julia se détendit-elle un peu.

— Je sais. Brandon a mis treize heures à naître. J'ai cru que cela ne finirait jamais.

Leurs regards se croisèrent par-dessus la lueur dansante des bougies.

— Et le bébé ?

— C'était une fille. Elle était petite : à peine trois kilos. Belle. Rose et parfaite, avec de grands yeux sages. Ils m'ont laissé la tenir un petit moment. C'était la vie qui avait grandi en moi… Elle s'est endormie et je l'ai regardée dormir. Je n'ai jamais autant souffert de l'absence de Victor qu'à ce moment-là de ma vie.

— Je sais…

De ses mains, Julia couvrit les mains d'Eve.

— … Je n'étais plus amoureuse de Lincoln lorsque Brandon est né, mais j'avais envie qu'il soit là, besoin qu'il soit là. Aussi merveilleux qu'aient pu être mes parents pendant toute cette période, ce n'était pas la même chose. Heureusement que vous aviez Travers.

— J'aurais été perdue sans elle.

— Pouvez-vous me dire ce qu'est devenu le bébé ?

Eve baissa les yeux, fixa leurs mains entrelacées.

— Il me restait trois semaines en Suisse. Ensuite, je devais rentrer pour commencer les répétitions de *Madame Requests*. J'ai quitté l'hôpital, laissé l'enfant. Il valait mieux couper au plus tôt le lien. C'était mieux. Mes avocats avaient plusieurs demandes d'adoption. Je les ai examinées moi-même. J'ai exigé cela, Julia. J'aimais cette enfant. Je voulais ce qu'il y avait de mieux pour elle.

— Je n'en doute pas. J'imagine combien vous avez dû souffrir de l'abandonner.

— J'ai cru mourir. Mais je savais qu'elle ne pourrait jamais être mon enfant. La seule latitude que j'avais, c'était de m'assurer qu'elle ait le meilleur départ possible dans la vie. J'ai choisi moi-même les parents, et au fil des années, bien que mes avocats aient été farouchement contre, je les ai obligés à m'envoyer régulièrement des rapports sur son évolution.

— Oh, Eve, vous ne pouviez que prolonger votre douleur en agissant ainsi.

— Non, non, rétorqua vivement Eve. Je m'assurais ainsi que j'avais fait le bon choix. Cette petite fille devenait tout ce que j'avais espéré. Intelligente et belle, forte et affectueuse. Et elle était bien trop jeune quand, à son tour, elle a connu une douleur semblable à la mienne.

Les doigts d'Eve se crispèrent sur ceux de Julia.

— Mais elle n'a jamais baissé les bras. Voyez-vous, je n'avais pas le droit de la mêler de nouveau à mon existence. Seulement, là non plus, je n'ai pas eu le choix.

Davantage que les paroles d'Eve, ce fut son regard qui saisit Julia, la laissa sans souffle. Un regard avide qui l'effraya, un regard transparent comme du verre mais profond comme un abîme. Instinctivement, elle voulut ôter sa main ; Eve serra plus fort.

— Eve, vous me faites mal…

— Je vous l'ai dit : je n'ai pas le choix.

— Je ne comprends pas…

— Si je vous ai demandé de venir ici, de raconter l'histoire de ma vie, c'est que vous avez le droit de l'entendre. Plus que n'importe qui au monde.

Le regard d'Eve soutenait celui de Julia, aussi implacable que l'étreinte de ses doigts.

— Tu es ma fille, Julia. Mon seul enfant.

Julia dégagea sa main, se leva d'un mouvement si brusque que sa chaise se déroba.

— Je ne vous crois pas. C'est ignoble ce que vous faites, dit-elle.

— Tu me crois, je le sais.

— Non !

Julia recula d'un pas, passa une main tremblante dans ses cheveux. Elle suffoquait, le souffle coupé par la colère qui étreignait sa poitrine.

— Comment pouvez-vous ? Comment pouvez-vous profiter de moi de cette façon ? Vous savez que j'ai été adoptée. Vous avez monté toute cette histoire pour me manipuler.

— Tu sais très bien que non.

Eve se leva lentement, empoigna le bord de la table. Ses jambes tremblaient.

— Tu sais que c'est la vérité.

Leurs regards se croisèrent, se soutinrent.

— Parce que tu le sens, tu le vois. Je pourrais t'apporter des preuves — le registre de l'hôpital, les documents d'adoption, la correspondance avec mes avocats. Mais tu n'en as pas besoin, tu sais déjà que ce que je dis est vrai. Julia…

Eve tendit la main. Son regard s'emplit de larmes lorsqu'elle vit soudain pleurer sa fille.

— Ne me touche pas ! hurla Julia.

Puis elle referma la main sur sa bouche comme si elle craignait de ne jamais pouvoir s'arrêter de hurler.

— Ma chérie, je t'en prie, essaie de comprendre. Je n'ai jamais voulu te faire de mal.

— Pourquoi, alors ? Pourquoi ?

L'émotion était à son comble. Julia avait l'impression qu'elle allait exploser. Cette femme, cette femme qui quelques mois plus tôt encore n'était qu'un visage sur un écran, un nom dans un magazine, cette femme était sa mère ? Elle aurait voulu hurler que non… mais elle regarda Eve. Et elle sut.

— Tu m'as fait venir ici, partager ta vie, tu t'es jouée de moi, de tout le monde…

— J'avais besoin de toi.

— Tu avais *besoin* de quelqu'un…

La voix de Julia trancha l'air comme un couperet.

— … Toi ?

Ivre de douleur, elle donna un grand coup dans la table qui vacilla, se renversa dans un bruit de cristal et de porcelaine brisés.

— Qu'est-ce que tu veux que ça me fasse ? Tu t'imaginais peut-être que j'allais te sauter au cou. Tu croyais sans doute que j'allais éprouver un irrésistible élan d'amour pour toi ?

D'un geste brusque, Julia essuya les larmes sur son visage.

— Eh bien, non ! Je te déteste. Je te hais de m'avoir dit ça, je te hais pour tout ! Je te jure que je pourrais te tuer tellement je t'en veux !

Julia se tourna brusquement vers Nina et Travers qui venaient de faire irruption.

— Allez-vous-en d'ici. Cette histoire ne vous regarde pas. Allez-vous-en !

— Retournez à l'intérieur, dit Eve doucement, sans

même les regarder. Rentrez, je vous en prie. C'est entre Julia et moi.

— Il n'y a rien entre toi et moi, parvint à articuler Julia tandis qu'un sanglot montait dans sa gorge. Rien !

— Tout ce que je te demande, c'est de me donner une chance, Julia.

— Tu l'as eue, lança Julia. Peut-être devrais-je te remercier de ne pas avoir avorté ? O. K., merci beaucoup. Mais ma gratitude s'arrête au moment où tu as signé les papiers pour te débarrasser de moi. Et pourquoi ? Je ne cadrais pas avec ton style de vie ! J'étais une erreur, un accident. C'est ce que nous sommes l'une pour l'autre, Eve : une catastrophe.

Les larmes étranglèrent sa voix mais elle les refoula.

— J'avais une mère qui m'aimait. Tu ne pourras jamais la remplacer. Et je ne te pardonnerai jamais de m'avoir révélé ce que je ne voulais pas savoir — que je n'ai jamais eu besoin de savoir !

— Je t'aimais, moi aussi, dit Eve, avec toute la dignité qu'elle put rassembler.

— Cela ne fait qu'un mensonge de plus dans une longue série. Ne m'approche pas ! lança Julia lorsque Eve fit mine de s'avancer vers elle. Je ne sais pas de quoi je serais capable si jamais tu me touchais…

Elle fit volte-face, se sauva dans le jardin, fuyant loin du passé.

Eve enfouit son visage entre ses mains, s'arc-bouta contre la douleur qui la déchirait. Et elle suivit Travers sans réagir lorsque celle-ci glissa un bras autour de ses épaules et l'entraîna à l'intérieur.

24

Julia fuyait… mais on ne fuit pas la colère, la peur, l'horrible sentiment de gâchis, de la trahison. Toutes ces émotions, elle les emportait avec elle, mêlées au chagrin, à la confusion qui lui donnaient la nausée.

Eve.

Elle ne pouvait chasser de son esprit le visage d'Eve, le regard farouche, intense, de ses yeux sombres, la bouche large à l'expression dure, figée. Un sanglot s'étrangla dans sa gorge tandis qu'elle portait les doigts à ses propres lèvres. Oh, mon Dieu, mon Dieu… c'était le même dessin, la même plénitude sensuelle. Ses doigts se mirent à trembler. Elle serra le poing, courut de plus belle.

Elle ne vit pas Lyle, debout sur l'étroit balcon, au-dessus du garage, les jumelles autour du cou, un sourire satisfait aux lèvres.

Elle fit irruption sur la terrasse. Elle avait mal. Elle voulut ouvrir la porte. Sa main moite glissa sur le loquet. Elle pesta, donna un coup de pied, saisit de nouveau le loquet. De l'intérieur, Paul ouvrit brusquement la porte, la rattrapant de justesse dans ses bras au moment où elle trébuchait.

— Eh bien ! s'exclama-t-il en riant. J'ai dû sacrément te manquer…

Il quitta aussitôt ce ton léger. Il la prit par le menton, vit son expression défaite.

— Que se passe-t-il ? Il est arrivé quelque chose à Eve ?

— Non.

Son expression perdue, désespérée, céda la place à la fureur.

— Eve va très bien. Elle est même en pleine forme ! Pourquoi en serait-il autrement, d'ailleurs ? C'est elle qui tire toutes les ficelles !

Julia tenta de se dégager mais Paul la retint d'une main ferme.

— Lâche-moi, Paul.

— Pas avant que tu ne m'aies dit ce qui t'a mis dans un état pareil. Je t'écoute.

Il l'entraîna dehors.

— Tu sembles avoir besoin d'un peu d'air.

— Brandon…

— Il dort profondément. Et de là-haut, il n'entendra rien. Si tu t'asseyais, non ?

— Je n'ai pas envie de m'asseoir. Je n'ai pas besoin d'être dans tes bras, ni dorlotée ni rassurée. Je veux que tu me lâches.

Paul obtempéra.

— Voilà, c'est fait. Que puis-je d'autre pour toi ?

— Mettre de côté ton ironie. Je ne suis pas d'humeur.

— Très bien, Jules.

Il s'assit sur le coin de la table.

— Tu es d'humeur à quoi, alors ?

— Je pourrais la tuer.

Julia arpentait le patio d'un pas saccadé, passant de la lumière à l'ombre, et de l'ombre à la lumière encore. Elle arracha une tête de géranium d'un blanc de neige et la broya. Les pétales froissés tombèrent sur le sol.

— Cette histoire tout entière n'est qu'une vaste manœuvre. Elle a tout calculé, absolument tout. Me faire venir ici, me faire partager ses confidences, m'amener à lui faire confiance, à m'attacher à elle… Et elle était sûre de son coup, tellement sûre que je tomberais dans le piège. Comment a-t-elle pu penser que je serais reconnaissante, honorée, flattée ?

Paul la regarda.

— Comment veux-tu que je sache ce qu'elle a pu penser, si tu ne me dis pas de quoi il retourne ?

Julia leva brusquement la tête. Elle avait oublié la présence, l'existence de Paul. Nonchalamment assis sur le coin de la table, il l'observait. Ils avaient cela en commun, songea-t-elle amèrement. Ils appartenaient à la catégorie de ceux qui observent l'existence et les émotions de personnages qui avancent dans la vie manipulés par un malin destin. Mais cette fois, c'était elle qu'on manipulait.

— Tu savais !

Une nouvelle vague de colère monta en elle.

— Depuis le début, tu savais. Elle te dit tout. Et tu es resté là à attendre, sachant pertinemment qu'elle allait me faire ça. Quel rôle t'a-t-elle attribué, Paul ? Tu es chargé de ramasser les morceaux ?

Paul commençait à perdre patience. Il s'écarta de la table, fit face à Julia.

— Je ne peux ni confirmer ni nier tant que tu ne me dis pas ce que je suis censé savoir.

— Qu'elle est ma mère ! lança Julia, éprouvant le goût amer de chaque mot sur sa langue. Que Eve Benedict est ma mère !

Paul attrapa fermement Julia par les épaules. Ce fut un geste instinctif, à peine conscient.

— Qu'est-ce que tu racontes ?

— Elle me l'a dit ce soir.

Julia ne chercha pas à se dégager. Elle agrippa la chemise de Paul à pleines mains, attira son compagnon à elle.

— Elle a dû penser qu'il était temps d'avoir une petite conversation mère-fille ! Cela ne fait jamais que vingt-huit ans…

Il la secoua une fois, violemment. Il la sentait au bord de la crise de nerfs et il préférait de loin la colère.

— Que t'a-t-elle dit ? Que t'a-t-elle dit exactement ?

Julia leva lentement la tête. Sans lâcher la chemise de Paul, elle parla calmement, clairement, comme si elle expliquait un problème particulièrement complexe à un enfant qui s'efforce en vain de comprendre.

— Il y a vingt-huit ans, en Suisse, elle a donné naissance, en secret, à un enfant. N'ayant pas de place pour ce genre de fardeau, elle l'a abandonné. C'était moi. Elle m'a abandonnée.

Paul aurait ri, trouvant cela grotesque, s'il n'avait lu le désespoir dans les yeux de Julia. Ses yeux…

Les prunelles n'étaient pas vertes, mais le dessin des paupières rappelait les yeux de Eve. Lentement, il glissa les doigts dans les cheveux de la jeune femme. La même douceur. Et cette bouche…

— Bon sang…

Il la fixa comme s'il la voyait pour la première fois. Comment la ressemblance avait-elle pu lui échapper ? Elle était subtile, certes, mais elle était là. Comment avait-il pu aimer ces deux femmes et ne rien voir, ne se douter de rien ?

— Elle te l'a dit elle-même ?

— Oui. Encore que je m'étonne qu'elle ne l'ait pas fait noter par Nina dans son agenda. « 20 heures. Dire à Julia le secret de sa naissance au dîner. »

Julia se détacha soudain de lui, lui tourna le dos.

— Oh, je la hais ! Je la hais pour tout ce dont elle m'a privée.

Elle fit volte-face. Ses cheveux volèrent autour de ses épaules. Elle ne tremblait plus, droite, immobile tandis que la tension s'évaporait peu à peu.

— Ma vie, toute ma vie a changé en l'espace d'un instant. Rien ne sera plus jamais comme avant.

Que pouvait-il dire ? Il n'y avait rien à répondre. Il était encore sous le coup, s'efforçant d'assimiler la révélation que Julia venait de lui faire. La femme qu'il aimait depuis tant d'années était la mère de celle qu'il voulait aimer jusqu'à la fin de ses jours.

— Il va falloir que tu me donnes une minute pour digérer tout ça. Je crois savoir ce que tu peux ressentir, mais…

— Non !

Le mot avait jailli des lèvres de Julia. En fait, tout en elle était tendu, proche du point de rupture. Son regard, sa voix, ses poings serrés.

— Non, tu ne peux même pas imaginer ce que ça représente. Parfois, lorsque j'étais enfant, je m'interrogeais. Rien de plus normal, n'est-ce pas ? Qui étaient-ils, ces gens qui n'avaient pas voulu de moi. Pourquoi m'avaient-ils abandonnée ? Comment étaient-ils ? Je m'inventais des histoires. Ils s'aimaient passionnément, mais lui était mort, la laissant seule, dans le dénuement le plus total. Ou bien, elle était morte en me donnant le jour et il était arrivé trop tard pour la sauver, me sauver. Je me racontais des tas d'histoires. Mais je les oubliais aussitôt parce que mes parents…

Julia fit une pause, déchirée par la douleur.

— … Mes parents m'aimaient, ils m'avaient voulue. Je ne pensais pas souvent au fait que j'étais une enfant adoptée. Il m'arrivait même de l'oublier pendant de longues périodes parce que ma vie était très normale. Mais parfois, cela revenait en force. Lorsque j'attendais Brandon, je me suis demandé si ma mère avait eu peur, comme moi. Si elle avait été triste, si elle s'était sentie aussi seule que moi.

— Jules…

— Non, laisse-moi, je t'en prie.

Elle s'écarta aussitôt, refermant les bras autour de son corps pour se protéger.

— Je ne veux pas que tu m'enlaces. Je ne veux pas de ta compréhension, de ta compassion.

— Que veux-tu, alors ?

— Retourner en arrière.

Le désespoir s'était glissé dans sa voix, subrepticement.

— Je voudrais pouvoir revenir en arrière, juste avant qu'elle ne se mette à me raconter cette histoire. Je voudrais l'arrêter, lui faire comprendre que ce mensonge-là, elle doit vivre avec. Pourquoi ne l'a-t-elle pas compris ? Pourquoi n'a-t-elle pas vu que la vérité allait tout briser ? Elle m'a pris mon identité, elle a marqué à tout jamais mes souvenirs, elle m'a laissée sans racines. Je ne sais plus qui je suis, ce que je suis.

— Tu es très exactement la même personne que tu étais il y a une heure.

— Non. Tu ne vois pas ?

Julia tendit les mains. Des mains vides. Sans héritage.

— Tout ce que j'étais reposait sur ce mensonge, et sur tous ceux qui ont suivi. Eve m'a donné naissance en secret, sous un nom emprunté à un scénario. Puis elle est partie reprendre sa vie exactement là où elle l'avait laissée. Elle n'a même jamais dit…

Les mots s'étranglèrent dans la gorge de Julia.

— … Victor. Victor Flannigan est mon père, murmura-t-elle d'une voix rauque.

Ce fut la seule chose qui ne surprit pas Paul. Il prit sa main. Elle était raide, glacée. Il referma les doigts autour des siens pour les réchauffer.

— Il n'est pas au courant ?

Elle fut incapable de répondre. Elle se contenta de secouer la tête. Le visage de Paul était pâle ; son regard, sombre. Savait-il ? se demanda-t-elle. Savait-il qu'il regardait une étrangère ?

— Mon Dieu, Paul, qu'a-t-elle fait ? Que nous a-t-elle fait, à tous ?

Il la prit dans ses bras, malgré sa résistance.

— J'ignore quelles seront les conséquences, Julia. Mais je sais que, quoi que tu éprouves en ce moment, tu surmonteras cette épreuve. Tu as survécu au divorce de tes parents, à leur mort, à la naissance de Brandon et à la solitude.

Julia ferma les yeux, très fort, espérant effacer l'image insistante du visage d'Eve. Les larmes jaillirent, désespérées.

— Comment puis-je la regarder et ne pas la haïr ? La haïr d'avoir été capable de vivre aussi facilement sans moi ?

— Tu crois que ce fut facile ? murmura Paul.

— Pour elle, oui.

Julia s'écarta, essuya ses larmes d'un geste rageur. Elle refusait de ressentir la moindre compassion.

— Je sais ce qu'elle a traversé. L'incrédulité, la panique, le désespoir, je connais tout cela, Paul. Je sais combien il est douloureux de se retrouver enceinte d'un homme qui ne bâtira jamais de famille avec vous.

— C'est sans doute pour cela qu'elle a pensé pouvoir t'en parler.

— Eh bien, elle s'est trompée.

Julia se calmait lentement, méthodiquement.

— Si j'avais pris la décision d'abandonner Brandon,

jamais je ne serais reparue dans sa vie. Je n'aurais pas voulu qu'il s'interroge, qu'il se remette en question, qu'il doute de sa propre valeur.

— Si elle a fait une erreur…

— Elle en a fait une, oui, dit Julia avec un rire très dur. Et cette erreur, c'est moi.

— Ecoute, ça suffit !

Si elle ne voulait pas de sa sollicitude, il n'avait pas l'intention d'insister.

— Toi au moins, reprit-il, tu sais que tu as été conçue dans un moment d'amour. Tout le monde ne peut pas en dire autant. Moi, je suis le rejeton d'un homme et d'une femme qui se sont toujours très courtoisement détestés. Voilà mon héritage. Tu as été élevée par des gens qui t'aimaient, Julia, et conçue par des gens qui s'aiment encore. Tu peux appeler cela une erreur, mais crois-moi, tu n'as pas été la plus mal lotie.

Julia aurait pu lui répondre, lui crier toutes les choses qui lui venaient à l'esprit et lui faire mal. Mais la honte, le dégoût d'elle-même s'emparèrent d'elle.

— Je suis désolée.

Sa voix n'était plus douloureuse. Elle était seulement tendue.

— Je n'ai aucune raison de m'en prendre à toi ni de m'apitoyer sur mon propre sort.

— Au contraire. Bon… Si tu t'asseyais à présent, si tu me parlais vraiment ?

Julia essuya ses larmes et secoua la tête.

— Non, ça va. Je déteste me mettre en colère.

— Tu ne devrais pas détester cela…

Il écarta tendrement les cheveux de son visage.

— … Tu es si belle, en colère.

Le moment lui sembla opportun, et il la prit dans ses bras, posa la joue sur ses cheveux.

— Tu as eu une rude soirée, Jules. Peut-être devrais-tu aller te reposer.

— Je n'y arriverai pas… Par contre, j'ai besoin d'un peu d'aspirine.

— Allons en chercher.

Un bras glissé autour des épaules de Julia, Paul l'entraîna vers la cuisine. La lumière brillait gaiement et il flottait encore une bonne odeur de beurre. Le hamburger avait dû être suivi d'un bol de pop-corn, songea Julia.

— Où est l'aspirine ? demanda Paul.

— Je vais l'attraper.

— Non, laisse. Dis-moi seulement où elle est.

Julia se sentait vidée, à bout de forces. Elle s'assit à la table.

— Placard de gauche. Etagère du haut.

Elle ferma les yeux, entendit la porte du placard s'ouvrir, se refermer, l'eau couler dans le verre. Elle rouvrit les yeux avec un soupir, esquissa un faible sourire.

— Les crises me donnent toujours mal à la tête.

Il attendit qu'elle ait avalé les comprimés.

— Que dirais-tu d'une tasse de thé ?

— J'en boirais volontiers une. Merci.

Julia se cala contre le dossier de sa chaise, pressant ses doigts contre sa tempe, décrivant lentement de petits cercles. Brusquement, elle se souvint que c'était l'un des gestes familiers d'Eve. Elle croisa promptement les mains sur ses genoux, observa Paul tandis qu'il préparait les tasses, ébouillantait la théière.

C'était étrange d'être assise, là, pendant que quelqu'un d'autre prenait la situation en main. D'habitude, c'était elle qui s'occupait de résoudre les problèmes, de recoller les pots cassés. En cet instant précis, il lui fallait toute sa force de caractère, toute son énergie pour résister à l'envie de poser la tête sur la table et de se mettre à pleurer.

Pourquoi ? Voilà la question qui ne cessait de l'obséder. Pourquoi ?

— Après tout ce temps, murmura-t-elle. Toutes ces années. Pourquoi m'a-t-elle dit ça aujourd'hui ? Elle prétend ne jamais m'avoir perdue de vue. Pourquoi a-t-elle tant attendu ?

Paul se posait exactement la même question.

— Tu le lui as demandé ?

Julia fixait ses mains, effondrée, les yeux encore pleins de larmes.

— Je ne me rappelle même plus ce que je lui ai dit. J'avais tellement mal, j'étais folle de rage. Je peux être… horrible lorsque je suis aveuglée de colère. Voilà pourquoi j'essaie d'éviter…

— Toi, Jules ? dit Paul d'un ton léger en lui caressant les cheveux. Toi, horrible ?

— Oui.

Elle ne parvint pas à lui rendre son sourire.

— La dernière fois, c'était il y a deux ans. L'institutrice de Brandon l'avait puni. Il était resté au coin plus d'une heure. Il était mortifié, il ne voulait même pas en parler. J'ai donc demandé un rendez-vous. Je voulais mettre les choses au point parce que Brandon n'est pas un enfant indiscipliné.

— Je sais.

— Il est apparu qu'ils étaient en train de confectionner des cartes pour la fête des pères. Brandon ne voulait pas en faire. Il… Bref, il n'avait pas envie.

— C'est compréhensible, dit Paul.

— L'institutrice a dit que cela faisait partie des activités obligatoires et elle l'a puni. J'ai tenté de lui expliquer la situation. Je lui ai dit que c'était un point sensible chez Brandon. Avec un sourire pincé, ironique, elle m'a répondu qu'il était trop gâté, têtu, et qu'il adorait manipuler les autres. Elle a ajouté que si on ne lui apprenait pas à accepter la situation, il continuerait à se servir de l'accident de sa naissance — ce sont exactement les termes qu'elle a employés — pour devenir un parasite de la société.

— J'espère que tu l'as frappée.

— Tu ne crois pas si bien dire.

— Non, dit Paul avec un large sourire. Tu l'as fait, vraiment ?

— Ce n'est pas drôle, commença Julia.

Mais elle sentit le rire la gagner.

— Je ne me souviens pas de l'avoir frappée. Par contre, je me souviens des insultes que je lui ai lancées tandis que les gens accouraient pour nous séparer.

Paul prit sa main, l'embrassa.

— Mon héroïne…

— Ce ne fut pas aussi satisfaisant que cela peut paraître aujourd'hui. J'étais très bouleversée, j'avais la nausée, et elle, elle menaçait de me poursuivre en justice. Lorsqu'ils ont su ce qui s'était passé, ils l'en ont dissuadée. J'ai enlevé Brandon de cette école et acheté une maison dans le Connecticut. Plus jamais je ne voulais qu'il ait affaire à ce genre de raisonnement, de méchanceté.

Julia laissa échapper un long soupir.

— J'ai ressenti exactement la même chose ce soir. Je savais que si Eve m'approchait, je ne répondrais plus de moi.

Julia fixa la tasse que Paul venait de poser devant elle.

— Je me suis toujours demandé d'où je tenais ce caractère. Je crois que je sais, maintenant.

— Ce qu'elle t'a dit ce soir t'a fait peur ?

Julia but une longue gorgée de thé.

— Oui.

Il s'assit à côté d'elle, lui massa doucement la nuque, sachant d'instinct où s'était logée toute la tension.

— Ne crois-tu pas qu'elle avait peur, elle aussi ?

Julia reposa soigneusement sa tasse, leva les yeux vers Paul.

— Je crains de ne pas pouvoir m'intéresser à ce qu'elle ressent.

— Je vous aime toutes les deux.

Julia vit alors ce qu'elle avait été incapable de voir jusqu'à présent. Paul était sous le choc, il souffrait lui aussi. Et il avait de la peine pour elles deux.

— En dépit de tout, elle sera toujours ta mère, Paul. Plus qu'elle n'est la mienne. Et j'imagine, puisque nous t'aimons toutes les deux, qu'il nous faudra trouver le moyen de nous accommoder de cette situation. Mais ne me demande pas d'être raisonnable ce soir.

— Je ne te le demande pas. Par contre, il y a autre chose que je veux te demander.

Il prit ses mains, l'obligea à se lever.

— Laisse-moi te faire l'amour.

C'était si facile, si simple de se glisser dans ses bras.

— Je commençais à me dire que tu ne me le demanderais jamais.

La chambre était plongée dans l'obscurité. Elle alluma les bougies tandis qu'il descendait les stores. Alors, ils furent seuls dans la pénombre propice aux amants. Elle lui tendit les bras, l'accueillit. Elle avait besoin de lui.

Il la serra contre lui, comprenant, sans que les paroles soient nécessaires, qu'elle avait besoin de réaffirmer son existence, de recouvrer la sensation d'être. Aussi lorsqu'elle pressa son corps contre celui de Paul, lui offrit sa bouche, il la prit doucement, lentement, voulant que chaque instant reste gravé dans sa mémoire.

Il l'embrassa. Ses lèvres, sa peau avaient toujours le même goût. Il la pressa contre lui, d'une brève caresse possessive, des reins aux hanches. Il nicha son visage au creux de son cou, en respira la chaleur. Et derrière les notes subtiles de son parfum, il reconnut l'odeur de Julia.

Non, elle n'avait pas changé.

Il ne permettrait pas qu'on la change. Qu'on la lui change.

La veste glissa lentement le long de ses épaules. Déboutonnant un à un chaque bouton minuscule, il dégrafa son corsage, s'écarta pour voir peu à peu se dénuder la peau. La même fièvre, le même désir irrépressible s'empara de lui lorsqu'il écarta les pans du corsage, le fit descendre le long de ses épaules, tomber sur le sol en un troublant froissement de soie.

— Tu es tout ce dont j'ai toujours rêvé, lui dit-il. Tout ce que j'ai pu désirer.

Il posa un doigt sur ses lèvres au moment où elle allait parler.

— Non. Laisse-moi te dire. Laisse-moi te montrer.

Il posa les lèvres sur celles de Julia, les caressa doucement, les mordilla. Puis il prit sa bouche en un baiser profond qui la laissa ivre de désir. Et tandis que ses doigts légers, experts, la dévêtaient, il murmurait des mots magnifiques à son oreille, des paroles insensées. La tension qu'elle éprouvait commença à se dissiper. Elle se détendit, tandis qu'une onde de chaleur irradiait son corps, le faisait frissonner.

C'était magique. Paul était un magicien. Avec lui, elle réussissait à effacer hier, à oublier demain. Plus rien n'existait d'autre que l'éternité de l'instant présent.

Comment avait-il pu deviner que c'était exactement

ce dont elle avait besoin ? De la souplesse de son corps, quand elle le caressait ; du parfum des fleurs dans la nuit chaude ; des prémisses de la passion…

Eperdue, elle renversa la tête en arrière, ne put retenir les gémissements qui montaient de sa gorge tandis que les lèvres de Paul caressaient son cou, glissaient voluptueusement vers ses seins…

— Dis-moi de quoi tu as envie, murmura-t-il contre sa peau. Dis-moi ce que tu aimerais que je te fasse.

— Tout ce que tu voudras, répondit-elle. Tout ce que tu voudras.

Un bref sourire effleura les lèvres de Paul. Puis, du bout de la langue, il caressa la pointe dressée d'un sein, la prit entre ses dents, la mordilla…

Tout ce qu'il voulait, vraiment ?

Julia avait l'impression de se trouver pour la toute première fois avec un homme. Elle secoua la tête, voulant dissiper la langueur qui la gagnait, répondre aux caresses par des caresses. Mais Paul l'ensorcelait et son corps n'était plus qu'un frisson, une vague déferlante de plaisir.

Elle chercha son souffle, haleta. Ses seins étaient si lourds, leurs pointes si sensibles que lorsque Paul les prit de nouveau dans sa bouche, elle poussa un cri, surprise par la brusque et violente jouissance qu'il lui donnait.

— Je ne peux pas…

Chancelante, elle s'agrippa à ses épaules tandis que ses lèvres glissaient, brûlantes, sur son torse.

— Il faut que…

— Ne dis rien. Laisse-toi aller, murmura-t-il, caressant sa chair palpitante.

Il s'agenouilla devant elle, referma les mains sur ses hanches tandis qu'il plongeait entre ses cuisses. La caresse fit naître des ondes douces, puis puissantes…

Elle jouit de nouveau. Laissant échapper un sanglot étranglé, elle enfouit les doigts dans les cheveux de son amant, l'attira contre elle. Ses hanches ondulaient, encourageant Paul à poursuivre. Lorsqu'il caressa de la langue l'intimité de sa chair, elle s'immobilisa, bouleversée, le corps comme traversé par un éclat de feu. Elle sentit ses jambes se dérober. Et elle aurait peut-être perdu conscience, s'il ne l'avait retenue, l'obligeant à rester debout.

Implacable, il poursuivit, faisant monter le plaisir en elle, encore une fois, son propre désir se nourrissant de celui de Julia. Il voulait qu'elle ne soit plus que sensations, il voulait sentir son corps vibrer sous l'effleurement, sentir monter en elle un désir aussi violent que celui qu'il éprouvait lui-même.

Lorsqu'il sut, lorsqu'il fut certain, il l'entraîna sur le sol avec lui, poursuivit sa caresse, la poussa plus loin encore.

Elle allait mourir, s'il s'arrêtait. Mais elle mourrait aussi s'il n'arrêtait pas... Tandis qu'ils roulaient sur le tapis, elle s'accrocha à lui, le corps un instant alangui, tendu l'instant d'après. Elle avait cru, jusque-là, qu'ils s'étaient donné tout ce qu'il est possible de se donner. Désormais, elle découvrait qu'il existe une confiance plus profonde encore. Là, dans l'ombre de cette chambre, il n'était rien qu'elle aurait pu lui refuser, s'il le lui avait demandé...

Ce fut elle qui demanda la première, elle qui supplia.

— Je t'en prie, maintenant. Je te veux.

C'était exactement ce qu'il avait espéré entendre.

Le regard plongé dans le sien, il s'allongea sur elle. Lentement, jouissant de son trouble, du plaisir qu'il lisait dans ses yeux, il prit ses jambes, les noua autour de sa taille. Puis il vint en elle, tout doucement, leurs deux corps tendus, palpitants, jusqu'à ce qu'ils soient profondément unis. Avec un gémissement étranglé, elle se cambra alors, l'accueillant, l'absorbant en elle, éperdue, heureuse.

Lorsque les premiers frissons furent passés, elle revint à elle, joignit ses lèvres à celles de Paul tandis que leurs corps soudés bougeaient ensemble. De la passion, de la fièvre du désir vint une nouvelle sensation — une sensation qui rassurait, apaisait, agissait comme un baume sur une blessure.

Un sourire de bonheur aux lèvres, Julia tint Paul serré contre elle, et elle l'étreignit ainsi jusqu'à ce qu'ils sombrent dans le velours noir de l'oubli.

Plus tard, bien plus tard, tandis qu'elle dormait, il s'approcha de la fenêtre, fixa longuement la seule lumière de la Résidence qui brillait encore à travers les arbres. Eve ne dormait pas. Comment pouvait-il, lui, si attaché à chacune d'elles, trouver le moyen de les réconforter toutes deux ?

… Il entra par la porte sur le côté. Avant qu'il ait eu le temps de traverser le hall d'entrée baigné du parfum des roses fanées et de grimper l'escalier, Travers fut là. Elle se précipita vers lui.

— Ce n'est pas le moment de lui rendre visite. Elle a besoin de repos.

Paul s'immobilisa, la main sur le pommeau de la rampe.

— Elle ne dort pas. Sa lumière est allumée.

— Peu importe. Elle a besoin de repos.

Travers serra d'un geste sec la ceinture de son peignoir.

— Elle ne se sent pas très bien, ce soir.

— Je sais. J'ai parlé avec Julia.

Comme un combattant défiant l'adversaire, Travers leva le menton.

— Elle a laissé Eve dans un état épouvantable. Cette

fille n'avait pas le droit de dire des choses pareilles, de crier, de casser la vaisselle.

— Cette fille, dit Paul d'une voix calme, a subi un sacré choc. Vous saviez, n'est-ce pas ?

— Ce que je sais ne regarde que moi.

Lèvres fermement scellées sur ses secrets, elle pointa du menton le haut de l'escalier.

— Et ma fonction est de m'occuper d'elle. Quoi que vous ayez à lui dire, ça peut attendre demain. Elle a eu suffisamment de chagrin pour aujourd'hui.

— Travers…

Eve sortit de l'ombre, descendit deux marches. Elle portait un long peignoir fluide de soie rouge intense qui flattait malgré tout son teint ivoire.

— Ça va, Travers. J'aimerais parler avec Paul.

— Vous m'avez dit que vous alliez dormir…

Eve lui adressa un bref sourire.

— J'ai menti. Bonne nuit, Travers.

Eve se détourna, remonta, sachant très bien que Paul suivrait.

Paul respectait la loyauté. Il adressa un dernier regard à la gouvernante.

— Je veillerai à ce qu'elle se couche bientôt, lui dit-il.

— Je vous en tiendrai pour responsable, si ce n'est pas le cas, rétorqua-t-elle.

Après un dernier regard vers le haut de l'escalier, elle fit demi-tour et s'éloigna. Ses mules claquèrent sur le sol.

Eve attendait Paul dans le salon contigu à sa chambre. Un salon confortable avec ses gros coussins, ses fauteuils accueillants… Il y régnait un désordre en rapport avec la soirée qu'Eve venait d'y passer : des magazines abandonnés çà et là, un fond de champagne, des chaussures qu'on avait ôtées, l'éclair violet et pourpre du peignoir jeté dans un fauteuil, après le bain. Tout était coloré, vif, vivant… Paul la regarda, assise au beau milieu de tout cela, et il constata pour la première fois qu'elle avait vieilli.

Cela se voyait à ses mains qui paraissaient soudain transparentes et fragiles ; aux rides qui avaient griffé subrepticement le contour des yeux, depuis la dernière intervention du chirurgien. Cela se voyait également à la lassitude qui marquait son visage.

Elle leva les yeux, lut dans le regard de Paul tout ce qu'elle avait besoin de savoir et se détourna de nouveau.

— Comment va-t-elle ?

— Elle dort, maintenant.

Il s'assit en face d'elle. Ce n'était pas la première fois qu'il venait ici, tard la nuit, pour parler. Les coussins étaient différents, les rideaux aussi. Eve passait son temps à tout changer. Mais l'essentiel subsistait. Les odeurs qu'il s'était mis à aimer, enfant. Odeurs de poudres, parfums, fleurs qui clamaient que cette pièce était celle d'une femme et que les hommes n'y étaient admis que sur invitation.

— Comment vas-tu, Princesse ?

L'inquiétude, dans la voix de Paul, faillit de nouveau faire jaillir les larmes. Et Eve qui pensait en avoir fini pour ce soir…

— Je suis très en colère contre moi, j'ai déclenché une catastrophe. Je suis heureuse que tu aies été là pour t'occuper de Julia.

— Moi aussi, je suis heureux d'avoir été là.

Il ne dit rien de plus. Il savait qu'elle parlerait lorsqu'elle serait prête, sans qu'il ait besoin de l'y pousser. Et parce qu'il la réconfortait par sa seule présence, elle lui parla avec une confiance qu'elle réservait à quelques très rares personnes.

— J'ai porté ce secret en moi pendant presque trente ans, comme j'ai porté Julia pendant neuf mois.

Ses doigts caressaient l'accoudoir du fauteuil. Et comme si ce léger bruissement suffisait à la déranger, elle s'arrêta brusquement, posa sa main à plat.

— Douloureusement, avec une sorte de désespoir qu'aucun homme ne peut comprendre. J'ai toujours pensé qu'en prenant de l'âge, qu'en vieillissant — n'ayons pas peur des mots —, ces souvenirs s'estomperaient. Les transformations de mon corps, les mouvements du bébé dans mon ventre, le bonheur extraordinaire de la pousser hors de moi, de la mettre au monde… Eh bien, non…

Elle ferma les yeux.

— … Non, ces souvenirs-là ne s'effacent jamais.

Elle prit une cigarette dans le coffret Lalique, sur la table, la fit glisser plusieurs fois entre ses doigts avant de l'allumer.

— Je ne nie pas que j'ai vécu pleinement, que j'ai été heureuse sans elle. Je ne prétendrais pas que j'ai souffert, pleuré chaque jour de ma vie pour une enfant que je n'avais tenue qu'une heure dans mes bras. Je n'ai jamais regretté ce que j'avais fait, mais je ne l'ai jamais oublié non plus.

Elle leva les yeux vers Paul, chercha son regard, le défiant de l'accuser, attendant qu'il ose. Il se contenta de poser une main sur sa joue.

— Pourquoi l'as-tu fait venir ici, Eve ? Pourquoi le lui as-tu dit ?

Le fragile équilibre menaça de se rompre. Elle s'y accrocha, comme à la main de Paul qu'elle pressa un instant dans la sienne. Elle la lâcha aussitôt, et poursuivit :

— Je l'ai fait venir ici parce que… cela satisfaisait mon goût de l'ironie, ma vanité aussi peut-être, que ce soit précisément ma fille qui se charge du récit de ma vie. Qui lui donne du sens.

Eve souffla lentement la fumée de sa cigarette. Derrière ce léger voile, et malgré sa pâleur, son regard était plein de force, de détermination.

— Et j'avais besoin de ce contact. J'avais besoin de la voir, de la toucher. De me rendre compte par moi-même. Et l'enfant — mon petit-fils —, je voulais avoir quelques semaines pour faire sa connaissance. Si je dois aller en enfer pour avoir commis ce péché, eh bien, soit ! Cela vaudra la peine, au moins — beaucoup plus que pour les autres fautes que j'ai pu commettre.

— Lui as-tu dit tout ça ?

Elle rit, écrasa sa cigarette à moitié consumée.

— Elle a du caractère et elle est orgueilleuse. Je n'ai pas eu le temps de lui dire grand-chose avant qu'elle m'agresse. Avec juste raison, d'ailleurs. Je n'ai pas rempli le contrat. Je l'ai abandonnée et je n'avais aucun droit d'aller la rechercher.

Elle se leva, marcha jusqu'à la fenêtre. Dans la vitre sombre, elle vit son reflet, pareil au fantôme qu'elle se sentait devenir.

— Mais mon Dieu, Paul, plus je passais de temps avec elle, plus elle prenait de l'importance. Je me retrouvais en elle, je retrouvais Victor. Jamais encore, je n'ai éprouvé à ce point le besoin de quelqu'un — de quelqu'un qui ne soit pas un amant. Je n'ai jamais ressenti pour personne d'amour si total, si désintéressé. Personne d'autre que toi, précisa-t-elle.

Elle se retourna, les yeux pleins de larmes.

— Elle fut l'enfant que je ne pouvais pas avoir. Tu as été l'enfant que j'ai toujours voulu.

— Et tu as été ma mère, Eve. Julia en a eu une, elle aussi. Elle aura besoin de temps.

— Oui, je sais.

Elle se détourna de nouveau, le cœur soudain très lourd.

— Je sais.

— Eve, pourquoi n'as-tu jamais rien dit à Victor ?

Très lasse, elle posa la main sur la vitre.

— J'y ai songé à l'époque, et une bonne centaine de fois depuis. Il aurait peut-être quitté sa femme. Il serait peut-être venu vivre avec moi. Mais quel que soit l'amour qu'il aurait pu avoir pour cette enfant, je me demande s'il me l'aurait jamais pardonné. Et moi, je ne me serais jamais pardonné de me l'être attaché par ce biais.

— Le lui diras-tu, à présent ?

— Je pense que la décision appartient à Julia.

Eve jeta un coup d'œil par-dessus son épaule.

— Sait-elle que tu es là ?

— Non.

— Le lui diras-tu ?

— Oui.

— Tu l'aimes…

Ce n'était pas une question, mais il répondit.

— Plus que je me croyais capable d'aimer. Je veux vivre avec elle, et avec Brandon. Je suis prêt à tout pour cela.

Satisfaite, Eve hocha la tête.

— Alors, ne laisse rien se mettre en travers de ton chemin. Rien. Surtout pas moi.

Elle tendit les mains, attendant qu'il se lève, vienne les prendre.

— J'ai un certain nombre de choses à régler demain. Des détails. En attendant, je compte sur toi pour prendre soin d'elle.

— J'en ai la ferme intention, que cela lui plaise ou non.

— Retourne auprès d'elle, alors. Ça va aller, maintenant.

Eve lui tendit sa joue pour qu'il l'embrasse. Elle le retint un instant.

— Je serai éternellement reconnaissante à la vie de t'avoir eu, Paul.

— Moi aussi. Ne te fais pas de souci pour Julia.

— D'accord. Bonne nuit, Paul.

— Bonne nuit, Princesse.

Lorsque Paul fut parti, elle se dirigea tout droit vers le téléphone, composa le numéro.

— Greenburg, c'est Eve Benedict.

Elle rejeta la tête en arrière, prit une cigarette.

— Oui, je sais l'heure qu'il est. Vous pouvez doubler le prix exorbitant que vous exigez de toute façon, vous autres notaires. Je vous veux chez moi dans moins d'une heure.

Elle raccrocha, sourde aux protestations, et sourit. Elle se sentait presque redevenue elle-même.

25

Moins de vingt-quatre heures après l'accident de Julia, Paul avait rendez-vous avec le pilote.

Jack Brakerman travaillait pour Eve depuis plus de cinq ans. C'était par l'intermédiaire de Paul qu'il avait obtenu ce travail. Au cours d'une recherche qu'il effectuait pour un livre où il était question de pirates de l'air et de contrebande, Paul avait été impressionné par les connaissances de Jack et ses capacités. Au terme de cette enquête, il possédait suffisamment d'informations pour écrire au moins deux livres… et Jack Brakerman avait cessé de transporter des marchandises pour s'occuper de passagers privés. Eve avait été sa première cliente.

Paul le retrouva dans un café près de l'aéroport où la cuisine était grasse, le café trop chaud et le service expédié. La table consistait en un plateau rond de contreplaqué couvert d'une couche de linoléum façon marbre. Quelqu'un avait sélectionné de la musique country dans le juke-box et Hank William Jr. gémissait sur la femme qui l'avait laissé tomber.

— Sacré tripot, hein ?

Jack arracha une serviette en papier du distributeur en métal et essuya la table encore sale des verres pris par les clients précédents.

— Il ne paie pas de mine mais ils ont la meilleure tarte aux myrtilles de toute la Californie. Vous en voulez une part ?

— Volontiers.

Jack fit signe à la serveuse et passa la commande d'un seul geste : deux doigts levés. Quelques minutes plus tard, elle leur apportait deux grosses parts de tarte et deux chopes de café noir fumant.

— Vous avez raison, dit Paul après la première bouchée. Elle est délicieuse.

— Je viens ici depuis des années rien que pour cette tarte. Alors, dites-moi, commença Jack. Vous écrivez un autre livre ?

— Oui, mais ce n'est pas de cela que je veux vous parler.

Jack hocha la tête, but avec précaution une gorgée de café.

— Vous voulez parler d'hier. J'ai déjà lu le rapport. Visiblement, ils ont l'intention d'attribuer l'accident à une défaillance mécanique.

— Ça, c'est la version officielle. Quelle est votre opinion, Jack ?

— Quelqu'un a bricolé le réservoir. Du travail de pro. Impeccable. Pour que ça ressemble à s'y méprendre à un incident mécanique. Nom de nom, s'il s'agissait de l'avion de quelqu'un d'autre et qu'on me demande de vérifier, je ferais le même diagnostic. Le câble d'alimentation était tendu à l'extrême — d'où la fuite. Nous avons perdu la quasi-totalité du carburant au-dessus de la Sierra Madres.

Paul préférait ne pas penser à la montagne, à ce que les pics acérés, impitoyables, auraient pu faire de l'avion.

— Je connais mon matériel, Winthrop, reprit Jack. Le mécanicien et moi, nous maintenons cet appareil en parfait état. Ce câble n'était pas usé. Il n'a pu en aucun cas favoriser une fuite. Quelqu'un l'a saboté. Quelqu'un qui savait comment s'y prendre.

Il piqua le dernier morceau de tarte, l'avala avec un plaisir mêlé de regret.

— C'est ce que me dit mon instinct, conclut-il.

— Je lui fais entièrement confiance, Jack. Reste à savoir maintenant ce que nous devons faire.

Paul réfléchit un moment. Le juke-box passait K.D. Lang et sa belle voix grave apportait un peu de classe à ce café minable.

— Dites-moi exactement ce que vous avez fait hier après avoir atterri à Sausalito.

— C'est très simple. Je suis resté un moment dans l'aérogare à parler boutique avec des gars, puis j'ai déjeuné avec deux autres pilotes. Julia m'avait dit qu'elle serait de retour à 15 heures. J'ai liquidé la paperasse, relu mon plan de vol. Elle était pile à l'heure.

— Oui, dit Paul, presque pour lui-même. Elle est très exacte. Pouvez-vous vous renseigner, voir si quelqu'un aurait remarqué une personne aux alentours de l'avion ?

— C'est déjà fait. Les gens ne remarquent pas grand-chose quand ils n'ont pas de raison précise de regarder.

Le sourcil froncé, Jack dessina de la pointe de sa fourchette des arabesques dans le fond de son assiette.

— Vous savez ce qui me frappe, c'est que celui qui a fait ça connaît les avions. Il aurait très bien pu s'arranger pour que nous perdions de l'altitude encore plus tôt, disons au-dessus de la baie, là où nous n'aurions pas pu nous poser. C'était fait de façon à ce que le carburant s'écoule lentement, régulièrement. Vous me suivez ?

— Continuez.

— S'il avait voulu nous tuer, il y avait d'autres façons de saboter l'avion. J'en conclus que ce n'était pas son intention. Voyez-vous, les choses auraient pu mal tourner si nous avions dû atterrir quinze minutes plus tôt. Il a fait en sorte que nous ayons suffisamment de carburant pour arriver quasiment à destination et qu'un pilote avec mon expérience puisse poser l'avion.

— Son but était donc de vous faire peur ?

— Je l'ignore. Mais si c'était le cas, c'était réussi.

Une grimace plissa son visage rond, aimable.

— J'ai fait tellement de transactions avec Dieu pendant les cinq dernières minutes qui ont précédé l'atterrissage, que je suis endetté jusqu'à la fin de mon existence ! Et je peux vous dire que Julia aussi a prié.

Il jeta un regard à la tarte de Paul, et commanda un second café.

— Allez-y, dit Paul en poussant l'assiette vers lui. Servez-vous.

— Merci…

Puis il reprit :

— Il est facile de repérer les gens nerveux en avion même lorsqu'ils prétendent être à l'aise. Julia n'aime pas ça, pas du tout, mais elle se domine sans pour autant fumer, ou prendre de l'alcool, ou encore des somnifères. Lorsque je l'ai mise au courant de la situation, je peux vous dire qu'elle avait peur, très peur. Elle est devenue tellement pâle que j'ai cru qu'elle allait s'évanouir. Mais elle a tenu bon. Pas un cri, pas une larme, elle s'est contentée de me parler. Elle a fait tout ce que je lui ai dit de faire. Vous pouvez l'admirer.

— C'est le cas.

— Quelqu'un a voulu l'impressionner. L'impressionner vraiment. Je ne peux pas le prouver, mais je le sais.

— Je parviendrai à le prouver, dit Paul. Comptez sur moi.

*
* *

Lyle se balançait d'un pied sur l'autre dans le salon de Delrickio. Il n'avait pas envie de s'asseoir, pas en présence de ce gorille au visage de marbre qui observait ses moindres gestes. Ça mis à part, le mec portait des fringues extra. Ouais. Il était prêt à parier sa prochaine paye que ce costard noir très souple était en pure soie. Et pourtant le type n'était qu'un sous-fifre ! Ça donnait une idée du fric que le patron devait se faire en une année…

Pour donner le change, Lyle sortit une cigarette. Il venait de s'emparer de son authentique Zippo plaqué or lorsque son chien de garde parla.

— M. Delrickio n'autorise pas que l'on fume dans cette pièce.

— Ah bon ?

Lyle s'efforça de prendre un air ironique en rabattant d'un geste sec le couvercle du briquet.

— Pas de problème, mec. Je m'en passe à l'aise.

Il sifflotait discrètement lorsque le téléphone posé sur une jolie petite table en marqueterie sonna. Le gorille décrocha, répondit par un grognement.

— Au premier, dit-il à Lyle après avoir reposé le combiné.

Lyle hocha sèchement la tête, et garda un regard froid — ça donnait un petit côté Bogart. Il fallait bien se rattraper un peu, non ? Après l'humiliation qu'on lui avait fait subir en le fouillant, la grille d'entrée à peine franchie. Et dire qu'il n'avait même pas de flingue… Ça aurait fait plus sérieux.

Mais avec ce qu'allait lui rapporter l'information qu'il avait sous le coude, il aurait de quoi s'acheter tout un arsenal !

Le gorille frappa un coup léger à la porte, en haut de l'escalier. Puis il fit un signe de tête à Lyle qui entra.

Delrickio l'invita à s'asseoir.

— Bonsoir, dit-il d'un ton très doux.

Puis il ajouta :

— Je croyais que nous étions d'accord pour que ce soit moi qui vous contacte quand je le jugerais nécessaire.

La voix était trop douce, trop aimable. Lyle sentit ses paumes devenir moites.

— Oui, monsieur, en effet, mais…

— Je présume donc que vous vous êtes senti obligé d'aller contre ma volonté.

Une boule grosse comme une balle de tennis s'était formée dans la gorge de Lyle. Il avala sa salive.

— Oui, monsieur. Mais j'ai une information qui ne pouvait pas attendre.

— Et vous n'avez pas trouvé de téléphone en état de marche ?

— Je… Enfin, j'ai pensé que vous voudriez l'entendre en face-à-face.

— Je vois.

Delrickio laissa le silence s'étirer en longueur. Lyle eut le temps d'humecter deux fois ses lèvres sèches.

— Je tiens à vous rappeler que vous êtes payé pour observer, transmettre l'information, mais si je me souviens bien, pas pour penser. Toutefois, je jugerai du fait que vous ayez ou non judicieusement pensé, une fois que j'aurai entendu ce que vous avez à me dire.

— Julia Summers se trouvait hier dans un avion qui a failli s'écraser.

Devant cette révélation, Delrickio se contenta de lever un sourcil. Dieu du ciel, comment avait-il pu imaginer une seconde que cet abruti lui serait utile… ?

— Je suis au courant. Je n'aime pas beaucoup que l'on me fasse perdre mon temps.

— Ils pensent que l'avion a été niqu… saboté, corrigea

Lyle très vite. Je les ai entendus parler, Winthrop et elle. Elle était dans tous ses états lorsque je l'ai récupérée à l'aéroport. Ce que j'ai fait, c'est que j'ai attendu qu'ils envoient le gamin à la Résidence et je me suis approché de la maison pour écouter.

Delrickio pianotait sur le bureau. Lyle accéléra le mouvement.

— Ils pensent que quelqu'un a voulu la tuer. Il y a eu le message et…

Il s'interrompit lorsque Delrickio leva la main.

— Quel message ?

— Quelque chose qu'elle avait trouvé dans l'avion. A la façon dont elle en parlait, ce n'était pas le premier qu'elle recevait. Il a tenté de la convaincre de repartir chez elle mais elle a refusé.

— Que disait ce message ?

— Je ne sais pas.

Lyle pâlit, s'éclaircit la voix.

— Je ne l'ai pas vu. Je les ai seulement entendus en parler.

Il se demanda s'il devait montrer les messages qu'il avait trouvés dans la chambre d'Eve et décida finalement d'attendre un moment plus opportun.

— Tout ceci est très intéressant mais ne vaut pas qu'on accapare mon temps par une aussi belle matinée.

— Ce n'est pas tout.

Lyle marqua une pause. Toute la nuit, il avait réfléchi à la façon dont il jouerait cette carte maîtresse.

— C'est important, monsieur Delrickio, plus important que ce pour quoi vous me payez.

— Dans la mesure où je vous ai payé pour des informations de très peu d'intérêt, cela me laisse froid.

— Je vous garantis que celle-ci va vous intéresser. Il me semble qu'elle mérite un bonus. Un bonus conséquent.

Peut-être même un emploi définitif. Je n'ai pas l'intention de passer le restant de mes jours à conduire une voiture et à habiter au-dessus d'un garage.

— Vraiment ?

La répugnance se lut un bref instant sur les traits de Delrickio.

— Dites-moi ce que vous avez, je vous dirai ce que ça vaut.

Lyle passa encore une fois la langue sur ses lèvres sèches. Il savait qu'il prenait un risque mais ça pouvait rapporter très gros. Des visions de fric et de petites poules sexy dansaient dans sa tête.

— Monsieur Delrickio, je sais que vous êtes un homme de parole. Si vous me promettez de payer cette information à sa juste valeur, je m'en tiendrai à cette promesse.

C'est ça ou je t'élimine, songea Delrickio avec un soupir las.

— Entendu.

Voulant ménager son effet, Lyle laissa retomber le silence.

— Eve benedict est la mère de Julia Summers.

Delrickio fronça les sourcils. Son regard s'assombrit.

La colère lui fit venir le sang au visage. Et le ton était tranchant, redoutable, lorsqu'il parla.

— Vous pensez peut-être pouvoir venir me déranger chez moi, me servir pareil mensonge et vous en tirer vivant ?

— Monsieur Delrickio…

La langue de Lyle était à présent râpeuse comme de la toile émeri. Et que Delrickio ait sorti un petit 22 n'arrangeait pas les choses.

— Je vous en prie, non.

Il recula fébrilement contre le dossier du fauteuil.

— Allez-y, répétez-moi ça.

— Je vous jure que c'est vrai.

Des larmes de terreur roulèrent des yeux de Lyle.

— Eve et Julia étaient sur la terrasse. Moi j'étais caché dans le jardin de façon à pouvoir entendre tout ce qui se disait, comme vous me l'aviez demandé. Et… et Eve a commencé à raconter cette histoire au sujet de Gloria Dubarry comme quoi elle aurait eu une aventure avec Michael Torrent.

— Gloria Dubarry a eu une aventure avec Michael Torrent ? De mieux en mieux. Vous avez l'imagination fertile, ajouta Delrickio en caressant la gâchette du revolver.

La terreur faisait paraître ce calibre 22 gros comme un canon.

— C'est Eve qui l'a dit. Pourquoi est-ce que j'inventerais une chose pareille ?

— Vous avez une minute pour me raconter très exactement ce qu'Eve a dit…

Delrickio se tourna vers l'imposante pendule de son grand-père, dans l'angle de la pièce.

— … Allez-y.

Nerveux, balbutiant, Lyle débita tout ce dont il se souvenait. Ses yeux exorbités ne quittaient pas un instant le canon du 22 braqué sur lui. Au fur et à mesure qu'avançait l'histoire, Delrickio se calmait, réfléchissait.

— Ainsi, Gloria Dubarry a avorté de l'enfant de Torrent…

C'était une information intéressante, qui pouvait même se révéler utile. Marcus Grant était à la tête d'une affaire très florissante. Sans doute n'aimerait-il pas voir étalée au grand jour l'erreur de jeunesse de son épouse. Delrickio rangea l'idée dans un coin de sa mémoire. Puis il relança :

— Par quel tour de passe-passe en arrive-t-on au fait que Julia Summers est la fille d'Eve ?

— C'est Eve qui le lui a dit. Elle lui a dit que environ

un an plus tard, elle s'était retrouvée enceinte de Victor Flannigan.

La voix de Lyle grimpa sans effort d'une octave, comme un chanteur d'opéra aurait pratiqué ses gammes.

— Elle avait décidé d'avorter, elle aussi, mais elle a changé d'avis et elle a eu l'enfant. Ensuite, elle l'a fait adopter. Elle a dit à Summers, je vous assure que c'est vrai, elle lui a dit qu'elle était sa mère. Elle a même dit qu'elle avait des papiers, des trucs d'avocats pour le prouver.

Lyle était trop terrifié pour oser bouger, essuyer son nez qui coulait.

— Summers est devenue folle. Elle a commencé à crier, à balancer des affaires. Les deux autres, Travers et Soloman, ont rappliqué. C'est là que je suis retourné au garage, pour observer à la jumelle. Je l'entends encore crier. Et Eve pleurait. Après, Summers est partie en courant vers le pavillon des invités. Je ne mens pas, je le jure.

Non, il ne mentait pas, songea Delrickio. Ce type n'était pas suffisamment intelligent pour avoir inventé tout ça — la clinique française, l'hôpital privé en Suisse… Il rangea le revolver, sans plus prêter la moindre attention à Lyle qui avait enfoui son visage entre ses mains et sanglotait.

Eve avait donc un enfant…

Un enfant qu'elle allait sans aucun doute vouloir protéger.

Alors, Delrickio sourit, se cala dans son fauteuil.

Lyle était un porc immonde. Mais à quelque chose malheur est toujours bon.

Julia en resta muette. De toute évidence, Gloria avait demandé à son décorateur un bureau douillet et de style très rétro, et elle l'avait obtenu. Sans doute au-delà de ses espérances. Ce n'étaient que rideaux roses à fanfreluches et volants, fauteuils profonds à s'y perdre, tapis épais, et pots-pourris de fleurs séchées. De minuscules tables croulaient sous les bibelots et les miniatures.

Un véritable cauchemar de femme de ménage.

L'ensemble était tellement chargé que le visiteur devait se livrer à une véritable course d'obstacles, et louvoyer habilement pour ne rien accrocher.

Et surtout pas les chats.

Ils étaient trois, dormant dans un rayon de soleil, emmêlés les uns aux autres en une pelote lascive de poils blancs et brillants.

Gloria était assise à un petit dos-d'âne de boudoir.

Elle portait une robe rose pâle à manches longues avec un col haut très strict. Habillée ainsi, elle était l'image même de la pureté, de la santé physique et morale, de l'équilibre. Mais les anxieux se reconnaissent entre eux. Julia remarqua tout de suite les ongles rongés. Rongés comme les siens, après l'heure qu'elle avait passée le matin même à se demander si elle allait ou non maintenir ce rendez-vous.

— Madame Summers…

Gloria se leva avec un sourire chaleureux, accueillant.

— Vous êtes très exacte. J'en déduis que vous n'avez eu aucun mal à nous trouver.

— Aucun.

Julia se tourna légèrement afin de se glisser entre une table et un repose-pieds.

— Je vous remercie d'avoir accepté de me recevoir.

— Eve est une de mes amies les plus anciennes et les plus chères. Comment aurais-je pu refuser ?

Julia accepta son invitation à s'asseoir. De toute évidence, il ne serait pas fait allusion à l'incident survenu au cours de la soirée chez Eve. Mais toutes deux savaient que cela donnait l'avantage à Julia.

— On m'a dit que vous ne seriez pas en mesure de prendre un brunch, mais peut-être souhaiteriez-vous boire un café, un thé ?

— Non, rien. Merci.

Julia avait déjà bu suffisamment de café pour rester éveillée une semaine.

— Vous souhaitez donc que nous parlions d'Eve, commença Gloria d'une voix de nonne enjouée. Je connais Eve depuis… Mon Dieu, cela doit faire quelque chose comme trente ans. Je dois avouer que lorsque nous nous sommes rencontrées la première fois, elle me fascinait et me terrifiait. Voyons, c'était juste avant qu'elle commence à travailler sur…

— Mademoiselle Dubarry, coupa Julia, d'une voix posée qui contrastait avec le ton léger et pétillant de Gloria. Il y a beaucoup de choses dont j'aimerais parler avec vous, beaucoup de questions que j'ai besoin de vous poser, mais je crois que nous serions nettement plus à l'aise si nous éclaircissions d'emblée un premier point.

— Vraiment ?

S'il était une chose dont Julia était certaine ce matin, c'était de ne pas vouloir jouer au chat et à la souris.

— Eve m'a tout raconté.

— Tout ?

Le sourire resta en place, mais les doigts de Gloria se crispèrent.

— A quel sujet ?

— Michael Torrent.

Gloria cilla à deux reprises avant que son visage ne prenne une expression de totale innocence. S'il s'était agi d'un tournage et que le metteur en scène lui eût demandé d'exprimer une légère surprise teintée d'embarras poli, l'actrice n'aurait pas eu besoin d'une seconde prise.

— Michael ? Mais oui, naturellement. Dans la mesure où il a été son premier mari, il est tout à fait logique qu'elle vous en ait parlé.

Gloria était une actrice nettement plus douée que ne l'avait reconnu la profession.

— Je suis au courant de votre aventure, dit-elle d'un ton catégorique. Et du séjour à la clinique, en France.

— Je crains de ne pas vous suivre.

Julia s'empara de son attaché-case et le posa sur le petit bureau.

— Ouvrez-le, dit-elle. Fouillez-le. Pas de caméra cachée, pas de micro. Ceci restera entre nous, mademoiselle Dubarry. Je vous donne ma parole que rien de ce qui se dira ne sortira de cette pièce.

Bien qu'ébranlée, Gloria Dubarry continuait de jouer l'ignorance.

— Veuillez pardonner ma confusion, madame Summers, mais je pensais que vous étiez venue parler d'Eve en vue d'écrire son livre…

La colère de Julia, difficilement contenue, explosa soudain. Elle se leva, empoigna son attaché-case.

— Vous savez pertinemment pourquoi je suis ici. Si vous avez l'intention de rester assise à votre bureau à jouer les ingénues, nous perdons notre temps.

Julia tourna les talons, gagna la porte.

— Attendez…

Gloria était au supplice. Que faire ? Si Julia partait maintenant, de cette façon, Dieu sait jusqu'où pourrait se répandre cette vilaine histoire. Cependant… comment pouvait-elle être sûre qu'il n'était pas déjà trop tard ?

— Pourquoi devrais-je vous faire confiance ?

Julia tenta de recouvrer son calme. En vain.

— J'avais dix-sept ans lorsque je me suis retrouvée

enceinte, pas mariée, seule ! s'écria-t-elle. Je serais la dernière à vous jeter la pierre !

Les lèvres de Gloria se mirent à trembler. Les taches de rousseur qui avaient fait d'elle la petite chérie de l'Amérique lui donnaient un air juvénile.

— Elle n'avait pas le droit.

— C'est possible.

Julia revint s'asseoir, posa son attaché-case.

— Les raisons pour lesquelles elle m'en a parlé étaient très personnelles.

— Vous la défendez, bien entendu.

Julia se raidit.

— Pourquoi le ferais-je ?

— Parce que vous voulez écrire ce livre.

— Oui, dit Julia lentement. Je veux écrire ce livre.

J'ai besoin de l'écrire, songea-t-elle.

— Mais je ne défends pas Eve. Je vous fais simplement part de ce que je sais. Eve a été très marquée par ce que vous avez traversé. Il n'y avait rien de vindicatif, aucun jugement, dans sa version des événements.

— Il ne lui appartient pas de raconter cette histoire.

Gloria leva son menton tremblant.

— Pas plus qu'à vous.

— Peut-être. Eve a le sentiment…, bredouilla Julia.

Que lui importaient les sentiments d'Eve ?

— … Que traverser ces moments avec vous a changé sa vie, influé sur les décisions qu'elle a prises par la suite.

Et elle-même était le fruit d'une de ces décisions… Si elle se trouvait là aujourd'hui, à vivre et souffrir si violemment, c'était à cause du malheur qu'avait connu Gloria trente ans plus tôt.

— Ce qui vous est arrivé a dépassé le cadre de cette clinique française, poursuivit Julia. Le fait de vous avoir assistée dans cette épreuve a changé Eve. Et le destin d'autres personnes s'en est trouvé bouleversé…

Mon destin, celui de mes parents, celui de Brandon, songea Julia. Lorsque l'émotion étreignit soudain sa gorge, elle inspira profondément.

— Cela nous lie, mademoiselle Dubarry, d'une façon que je ne peux pas encore vous révéler. Voilà pourquoi Eve m'a raconté cette histoire. Voilà pourquoi elle a éprouvé le besoin de le faire.

Mais Gloria ne pouvait voir au-delà du petit monde qu'elle s'était créé. Celui qu'elle voyait s'écrouler autour d'elle.

— Qu'allez-vous écrire ?

— Je ne sais pas. Vraiment pas.

— Je ne vous dirai rien. Je ne vous laisserai pas ruiner ma vie.

Julia se leva, secoua la tête. Elle manquait d'air. Il fallait absolument qu'elle quitte cette pièce oppressante, qu'elle respire.

— Croyez-moi, mon intention n'est pas de vous nuire.

— Je vous briserai.

Gloria se leva d'un bond, renversant sa chaise sur les chats qui, brusquement dérangés, poussèrent des miaulements aigus.

— Je trouverai le moyen de vous briser.

Avait-elle déjà essayé ? se demanda Julia.

— Je ne suis pas en cause, répondit-elle seulement.

… On ne peut en dire autant d'Eve, songea alors Gloria en se laissant tomber sur sa chaise. Eve.

Drake estimait avoir laissé s'écouler suffisamment de temps pour que Eve revienne à de meilleurs sentiments à son égard. Ils étaient du même sang, que diable !

Bien, songea-t-il, grimpant les marches, sa douzaine de roses à la main. Il afficha son plus charmant sourire, légèrement contrit — il faut ce qu'il faut, se disait-il —, puis il frappa à la porte.

Travers ouvrit, l'aperçut, et fronça les sourcils.

— Elle n'a pas le temps aujourd'hui.

Toujours en « travers » de son chemin, cette garce, songea Drake. Mais il rit et se glissa à l'intérieur.

— Pour moi, elle en a toujours. Elle est en haut ?

— Tout juste.

Travers ne put réprimer un sourire satisfait.

— Avec son notaire. Si vous voulez attendre, patientez dans le salon. Et inutile d'essayer de piquer quoi que ce soit, je vous ai à l'œil.

Mais Drake n'avait même plus l'énergie de répondre. Le seul mot de « notaire » lui avait coupé le souffle.

Travers l'abandonna, planté au milieu du hall, les roses lui pendant des mains.

Son notaire... Les doigts de Drake se crispèrent involontairement, mais il ne sentit même pas la piqûre des épines.

Eve modifiait son foutu testament ! Cette salope sans cœur allait le déshériter...

Elle ne s'en sortirait pas comme ça.

La rage, la peur s'emparèrent de lui. Il avait déjà grimpé comme un fou la moitié de l'escalier. Puis il s'avisa de se ressaisir.

Ce n'était pas de cette façon qu'il atteindrait son but.

Il s'adossa à la rampe, inspira profondément.

Pas en faisant irruption dans la pièce, en hurlant, et en risquant que son sort soit définitivement réglé.

Il n'allait tout de même pas laisser tous ces millions lui filer entre les doigts. Il les avait gagnés, nom de Dieu, et il entendait bien en profiter.

A son pouce perlait une goutte de sang. Distraitement, il le porta à sa bouche. Ce qu'il fallait c'était du charme, des excuses, quelques promesses sincères. Il passa une main sur ses cheveux pour les remettre en place, se demandant s'il valait mieux gravir les dernières marches ou redescendre et attendre en bas.

Il n'avait pas encore décidé de l'attitude la plus efficace à adopter lorsque Greenburg parut. La face du notaire était impassible, mais les cernes sous ses yeux témoignaient d'une nuit sans sommeil.

— Monsieur Greenburg…, dit Drake.

Le regard du notaire se posa un instant sur les fleurs, remonta vers le visage de Drake. Il haussa imperceptiblement le sourcil, et après un bref signe de tête, continua de descendre l'escalier.

Le trou du cul ! songea Drake, s'efforçant d'oublier la peur qui lui nouait l'estomac. Il vérifia une dernière fois ses cheveux, son nœud de cravate et monta de son plus bel air repenti.

Parvenu devant la porte d'Eve, il redressa les épaules. Il ne fallait pas qu'il ait l'allure d'un vaincu, tout de même. Elle n'aurait aucun respect pour lui s'il rampait.

Il frappa doucement.

N'obtenant aucune réponse, il frappa une seconde fois.

— Eve, dit-il avec la pointe de remords qui convenait. Eve, je voudrais…

Il tourna la poignée. Fermée à clé. S'efforçant de garder son calme, il fit une seconde tentative.

— Eve, c'est Drake. Je voudrais m'excuser. Tu sais combien tu comptes pour moi. Je ne supporte pas cette brouille entre nous.

Il avait envie d'enfoncer cette foutue porte et d'étrangler sa tante.

— Je veux rattraper mes erreurs, Eve. Pas seulement l'argent — je te le rendrai jusqu'au dernier centime —, mais tout ce que j'ai fait, tout ce que je t'ai dit. Si seulement tu voulais…

Il entendit une porte s'ouvrir, se refermer doucement, au bout du couloir. Alors, il se retourna, plein d'espoir, faisant rapidement perler quelques larmes dans ses yeux. Peine perdue. C'était Nina.

— Drake, dit-elle, fort embarrassée. Je suis désolée, Eve m'envoie vous dire… qu'elle est très occupée ce matin.

— Je ne lui prendrai que quelques minutes de son temps.

— Je crains… Drake, je suis désolée, elle ne veut pas vous voir. Du moins, pas maintenant.

Il s'efforça de dissimuler sa colère sous un assaut de charme.

— Nina, ne pouvez-vous pas intercéder en ma faveur ? Vous, elle vous écoutera.

— Pas cette fois.

Elle posa une main réconfortante sur celle de Drake.

— En réalité, le moment est mal choisi pour tenter de vous raccommoder. Elle a eu une nuit difficile.

— Son notaire était là.

— Oui, et…

Nina détourna un instant les yeux, manqua la lueur meurtrière qui traversa au même moment le regard de Drake.

— … Je ne peux vous faire part de ses affaires privées. Mais si vous voulez mon avis, attendez deux ou trois jours. Elle n'est pas abordable, en ce moment. Je ferai ce que je pourrai, dès que ce sera possible.

Drake la gratifia agressivement des roses.

— Tenez. Et dites-lui que je reviendrai. Que je ne laisse pas tomber.

Il s'éloigna d'un pas décidé. Il reviendrait, pour sûr. Et là, il ne lui laisserait pas le choix.

Nina attendit d'entendre claquer la porte d'entrée avant de frapper.

— Il est parti, Eve, murmura-t-elle.

Alors, la clé tourna dans la serrure, et la porte s'ouvrit.

— Désolée de vous laisser le sale boulot, Nina.

Eve retournait déjà à son bureau.

— Je n'ai ni le temps ni la patience de le voir aujourd'hui.

— Il vous a laissé ça.

Eve jeta un bref regard aux roses.

— Faites-en ce que vous voulez. Julia est revenue ?

— Non, je suis désolée.

— Ce n'est pas grave, dit-elle en balayant sa déception d'un revers de main.

Elle avait encore beaucoup à faire avant de renouer avec sa fille.

— Ne me passez aucun coup de fil. A moins que ce ne soit Julia. Ou Paul. Je veux être tranquille pendant encore une heure. Disons deux.

— J'ai besoin de vous parler…

— Navrée, ce n'est pas le moment.

Nina regarda les fleurs qu'elle tenait dans ses bras, puis elle les posa sur le bureau. Là où se trouvait une pile de cassettes audio.

— Vous commettez une erreur.

— Si c'est le cas, je l'assume.

Agacée, Eve leva les yeux.

— Et de toute façon, ma décision est prise. Si vous voulez en débattre, nous le ferons. Mais pas maintenant.

— Plus cette situation se durcira, plus il sera difficile de remettre de l'ordre.

— Je fais tout ce que je peux pour mettre de l'ordre, justement.

Eve traversa la pièce afin d'aller vérifier la caméra vidéo qu'elle avait installée sur un pied.

— Deux heures, Nina.

— Très bien.

Elle sortit, laissant les roses rouges éparpillées sur le bureau, telle une flaque de sang.

26

Paul était tellement absorbé par son travail qu'il n'entendit pas sonner le téléphone. Le répondeur se mit en marche.

— Paul, c'est Julia. Je voulais seulement…

Il décrocha immédiatement.

— Bonjour…

— Oh, dit Julia, totalement prise au dépourvu. Tu es là.

Paul regarda de nouveau l'écran de son ordinateur, le curseur qui clignotait impatiemment.

— Plus ou moins.

Il s'écarta délibérément du bureau, s'empara du téléphone portable et passa sur la terrasse.

— As-tu réussi à dormir ?

— Je…

Elle ne pouvait pas lui mentir, même en sachant qu'il n'avait accepté de la laisser seule qu'à la condition expresse qu'elle reste au lit toute la matinée sans répondre au téléphone.

— En fait, j'ai décidé de continuer mes interviews.

— Tu…

Elle fit la grimace tandis que la colère de Paul explosait dans le combiné.

— … Nom de nom, Julia ! Tu avais promis de rester chez toi ! Tu n'avais pas à sortir seule !

— Je n'avais pas vraiment promis et je…

— Quasiment.

Il changea le téléphone d'oreille, passa une main dans ses cheveux.

— Où es-tu ?

— Dans une cabine, au Beverly Hills Hotel.

— J'arrive.

— Paul, non. Je t'en prie, cesse de jouer les chevaliers une minute, et écoute-moi.

Elle se massa le front, espérant calmer le mal de tête qui l'enserrait comme un étau.

— Tout va bien. Je suis dans un lieu public.

— Tu te conduis comme une idiote.

— Très bien, je me conduis comme une idiote.

Elle ferma les yeux, posa la tête contre la paroi de la cabine. Elle avait été incapable de fermer la porte. Elle n'avait pas pu s'enfermer dans cette cage de verre. Du coup, elle était obligée de parler à voix basse.

— Paul, il fallait que je sorte. Je me sentais prise au piège, là-bas. Et je pensais, j'espérais que, en parlant avec Gloria, les choses s'éclairciraient un peu pour moi.

Paul étouffa un juron et s'adossa à la balustrade. Il entendait le bruit des vagues qui venaient se briser sur le sable, pas très loin.

— Et c'est le cas ?

— Oh, je ne sais pas. Par contre, je sais qu'il faut que je parle avec Eve. J'ai encore besoin de rester un peu seule… ensuite je rentrerai et j'essaierai de lui parler.

— Tu veux que je vienne te rejoindre ?

— Pourrais-tu…

Elle s'éclaircit la voix.

— … Pourrais-tu attendre que je t'appelle ? CeeCee emmène Brandon chez elle, après l'école… pour me donner le temps de parler avec Eve. J'ignore ce que je vais lui dire ou comment je vais m'y prendre. Mais si je savais que je peux t'appeler une fois que j'aurai fini, ce serait plus facile pour moi.

— J'attendrai ton coup de fil, Jules. Je t'aime.

— Je sais. Ne t'inquiète pas pour moi. Je finirai par y arriver.

— Nous finirons par y arriver, corrigea Paul. Ensemble.

Après avoir raccroché, Julia resta un moment immobile dans la cabine. Elle n'était pas certaine de pouvoir rentrer, de pouvoir affronter Eve. Il y avait encore trop de colère en elle, trop de douleur. Elle ignorait combien de temps serait nécessaire pour que ses émotions se calment.

Lentement, elle retraversa le hall, sortit. L'air commençait à se faire plus lourd, avec la chaleur.

Telle une ombre, l'homme qui la surveillait déjà à l'aéroport lui emboîta le pas.

Drake décida que c'en était fini de tergiverser, de jouer les types sympa. Il était suffisamment en colère pour monter sur le toit de sa voiture sans se soucier d'érafler la superbe peinture rouge. Et il n'eut qu'une pensée fugace pour les risques qu'il faisait courir à son costume acheté dans Savile Row, à Londres, lorsqu'il escalada très maladroitement le mur de la propriété d'Eve.

Elle le prenait pour un imbécile, songea-t-il, excédé, en s'éraflant les paumes sur les pierres du mur. Mais il n'en était pas un. Il avait été suffisamment malin pour faire un petit détour et débrancher le système de sécurité avant de quitter la maison.

Etre prévoyant, c'était le plus important. Et prévoyant, il l'était justement. Il songeait à son avenir.

La boucle de sa ceinture cliqueta contre les pierres tandis

qu'il rampait à plat ventre sur le mur. Il n'acceptait pas qu'elle le fasse flanquer à la porte par sa fichue secrétaire. Elle allait écouter ce qu'il avait à dire et elle allait comprendre une bonne fois pour toutes qu'il parlait sérieusement.

Il sauta, et lorsqu'il toucha le sol il poussa un grognement tandis que sa cheville gauche se dérobait. Il s'effondra dans les buissons. Les épines lui griffèrent le dessus des mains alors qu'il tentait de se redresser.

Il transpirait, le souffle court. Elle n'allait pas le déshériter, ça jamais de la vie, songeait-il en traversant le green de golf. Il allait le lui faire clairement comprendre. Pour de bon.

L'homme qui filait Julia faisait le tour de la propriété après avoir vu Julia franchir la grille. Il avait décidé de passer le reste de l'après-midi en planque, un peu plus bas, au cas où elle ressortirait.

C'était un travail fastidieux mais qui payait bien. On peut tolérer quelques désagréments — la chaleur, l'ennui, et même être obligé de pisser dans une bouteille en plastique — pour six cents dollars par jour.

Soudain, il reconnut la Porsche, et s'approcha, poussé par la curiosité. Elle était fermée à clé et impeccablement propre — exception faite des traces qu'avaient laissées les escarpins de Julia sur le toit, quand elle les avait ôtés avant de monter en voiture. Il sourit, fit un bond pour jeter un coup d'œil par-dessus le mur…

… Et voir Drake courir en clopinant entre le green et les courts de tennis.

Alors, il n'hésita pas longtemps avant de sauter le mur. Un type intelligent doit savoir saisir sa chance, et il était évident qu'il trouverait plus de choses intéressantes dedans que dehors. Et plus il en trouvait, plus il gagnait d'argent.

*
* *

Julia franchit la grille à l'instant même où la Mercedes de Gloria sortait comme une flèche. Sans lui jeter un seul regard, Gloria écrasa l'accélérateur, faisant crisser ses pneus sur l'asphalte.

— Elle a failli y laisser son pare-chocs, lança Joe.

Il secoua la tête, souriant à Julia.

— Elle conduit encore plus mal que mon gamin.

— Elle avait l'air très contrariée.

— Comme en arrivant.

— Elle est restée longtemps ?

— Non.

Joe sortit un bonbon à la cerise du rouleau qu'il avait à la main et l'offrit à Julia. Lorsqu'elle refusa poliment, il le fourra dans sa bouche.

— Quinze minutes, peut-être. Ça n'arrête pas d'entrer et de sortir, depuis ce matin. Je me serais fait une fortune si je me faisais payer à chaque passage !

Julia savait qu'il attendait un sourire et elle s'exécuta.

— Eve a-t-elle de la visite, en ce moment ?

— J'pense pas.

— Merci, Joe.

— Pas de problème. Bonne fin de journée.

Julia conduisit lentement, ne sachant s'il valait mieux bifurquer en direction de la Résidence ou suivre la route qui menait au pavillon des invités. Elle laissa son instinct la guider et continua tout droit. Elle n'était pas prête, en fait. Il lui fallait encore un peu de temps, un peu d'air.

Lorsqu'elle sortit de la voiture, elle se dirigea vers le jardin, se laissant guider par ses pas. Derrière elle, on écarta un rideau d'un geste sec, puis on le referma.

C'était un petit plaisir qu'elle s'accordait de s'asseoir

sur le banc de pierre, de laisser son esprit faire le vide. Elle ferma les yeux, entièrement réceptive aux sons, aux parfums du jardin. Le bourdonnement léger des abeilles, le bruissement du vol des oiseaux dans les arbres. Le laurier-rose, le jasmin, le lilas, toutes ces fragrances subtiles mêlées à celle — plus riche, profonde — de la terre que l'on vient juste d'arroser.

Julia avait toujours aimé les fleurs. A l'époque où elle habitait Manhattan, elle mettait des géraniums sur le bord de sa fenêtre à chaque printemps. Peut-être avait-elle hérité d'Eve cet amour, ce besoin des fleurs…

Mais elle ne voulait pas penser à cela maintenant.

Au fur et à mesure que passaient les minutes, elle recouvrait son calme. Et tandis que ses pensées vagabondaient, elle se mit à jouer avec la broche qu'elle avait épinglée au revers de sa veste ce matin-là. La broche que sa mère, la seule mère qu'elle ait jamais eue, lui avait laissée. Une petite balance symbolisant la justice. Ses parents avaient consacré leur vie à la justice. Comme ils lui avaient consacré leur vie, à elle, Julia, leur fille.

Tant de souvenirs lui revenaient à l'esprit… Lorsqu'ils l'avaient emmenée à l'école, la toute première fois, et tenue dans leurs bras, bercée, alors qu'elle avait si peur… Les histoires qu'on lui racontait le soir, avant de s'endormir… Le Noël où on lui avait offert cette magnifique petite voiture à deux roues… Et la douleur, le désarroi lorsque le divorce avait séparé les deux personnes qu'elle aimait le plus au monde et sur lesquelles elle comptait… La façon dont ils avaient uni leurs efforts pour la soutenir pendant sa grossesse — elle se souvenait combien ils étaient fiers de Brandon, combien ils l'avaient aidée pour qu'elle termine ses études. Comme les perdre avait été douloureux ! Comme cela l'était encore…

Mais rien ne pouvait ternir ces souvenirs heureux. Sauf, peut-être — et voilà ce qu'elle redoutait — la révélation des circonstances exactes de sa naissance. Et l'amoindrissement du lien qui avait existé entre elle et ceux qui l'avaient élevée.

Mais cela ne se produirait pas.

Se sentant plus solide, à présent, elle se leva. Non, quoi qu'elles se disent, Eve et elle, quoi qu'il se passe entre elles, rien ne viendrait altérer le lien qui l'attachait à ses parents adoptifs.

Et elle demeurerait toujours une Summers.

Maintenant, le moment était venu d'affronter le reste de son héritage…

Elle se dirigea vers le pavillon des invités. Eve pourrait venir l'y rejoindre, elles seraient plus tranquilles pour parler. Elle s'arrêta à la porte, fouilla dans son sac à la recherche de ses clés. Quand apprendrait-elle enfin à ne pas les laisser tomber négligemment au fond de son sac ? Lorsque ses doigts les sentirent soudain, elle poussa un petit soupir de satisfaction. Et tandis qu'elle ouvrait la porte, elle échafauda rapidement un plan pour la suite des événements.

Elle allait d'abord se servir un verre de vin blanc, mettre du poulet à mariner pour le dîner, puis elle appellerait Eve. Elle ne préparerait rien, elle laisserait la conversation s'installer naturellement. Lorsque tout serait dit, elle téléphonerait à Paul. Elle lui raconterait tout, pour qu'il l'aide à y voir plus clair.

Peut-être pourraient-ils même emmener Brandon passer le week-end quelque part, pour se détendre, pour le plaisir d'être ensemble. Oui, il serait salutaire de mettre un peu de distance entre Eve et elle.

Julia laissa tomber son attaché-case et son sac sur une chaise et se détourna pour gagner la cuisine.

C'est alors qu'elle *l'*aperçut.

Elle resta pétrifiée, incapable de crier. Comment aurait-elle pu alors qu'elle avait cessé de respirer ?

L'idée lui traversa vaguement l'esprit qu'il devait s'agir d'une mise en scène. Le rideau allait tomber d'une seconde à l'autre, c'était évident. Et Eve saluerait, le visage illuminé de son sourire éblouissant.

Mais elle ne souriait pas, elle ne faisait pas mine de se lever. Elle était étendue sur le sol, son corps superbe couché de manière un peu gauche, sur le côté. Son visage très pâle était posé sur son bras tendu, comme si elle s'était installée là pour s'assoupir.

Mais elle avait les yeux ouverts.

Grands ouverts, fixes, vides de toute expression, de toute vie.

Absorbé au fur et à mesure par le joli tapis posé devant la cheminée, le sang sombre s'écoulait par la plaie ouverte à la base du crâne.

— Eve !

Julia se précipita vers elle, tomba à genoux, prit sa main glacée entre les siennes.

— Eve, non !

Affolée, elle tenta de la soulever, de faire tenir debout son corps mou, affaissé. Le sang trempa son chemisier, macula sa veste.

C'est alors qu'elle se mit à hurler.

Dans sa course précipitée vers le téléphone, elle buta sur quelque chose. Hébétée, sous le choc, elle se baissa pour ramasser le tisonnier de cuivre qui gisait sur le sol. Le sang encore frais luisait sur le métal. Elle poussa un cri d'horreur, le lâcha aussitôt. Ses doigts tremblaient, elle sanglotait lorsqu'elle parvint à composer le 911 pour appeler la police.

— J'ai besoin d'aide, dit-elle, prise d'une nausée soudaine. Je vous en prie, je crois qu'elle est morte. Venez vite.

La respiration saccadée, elle écouta les instructions que lui donnait le policier d'une voix calme, rassurante.

— Venez, je vous en prie. Venez vite, répéta Julia.

Elle parvint à donner l'adresse, puis laissa retomber le combiné. Sans même prendre le temps de réfléchir, elle décrochait de nouveau le téléphone, composait le numéro de Paul.

— Paul, j'ai besoin de toi.

Elle ne put en dire davantage. La voix de Paul résonnait dans le téléphone lorsqu'elle raccrocha pour se précipiter auprès d'Eve. Et prendre sa main.

Il y avait des policiers en uniforme postés à la grille lorsque Paul arriva. Mais il était déjà au courant. Ne parvenant pas à joindre Julia de sa voiture, il avait appelé la Résidence où il était tombé sur une domestique hystérique.

Eve était morte.

Il s'était dit que ce devait être une erreur, une horrible plaisanterie. Mais au fond de lui-même, il sentait qu'il n'en était rien. Tout le long du chemin, il avait tenté d'ignorer cette main glacée qui lui étreignait la poitrine, cette boule qui se formait dans sa gorge. A l'instant où il franchit la grille, il sut que c'était sans espoir.

— Je suis désolé, monsieur…

Le policier s'avança.

— … Personne n'est autorisé à entrer.

— Je suis Paul Winthrop, dit-il d'un ton ferme. Le beau-fils d'Eve Benedict.

Le policier hocha la tête et se détourna, s'emparant du

talkie-walkie fixé à sa ceinture. Après une brève conversation, il fit signe d'ouvrir la grille.

— Veuillez gagner directement le pavillon des invités, dit-il.

Il se glissa à la place du passager.

— Je suis en devoir de vous accompagner.

Paul ne dit rien. Il fixait cette allée parcourue tant de fois. Il aperçut d'autres policiers en uniforme déployés un peu partout et qui inspectaient la propriété. A la recherche de quoi ? De qui ?

Il y avait d'autres voitures, encore d'autres policiers autour du pavillon des invités. L'air bourdonnait de la voix nasillarde des radios. On entendait pleurer. Travers était effondrée sur l'herbe et elle sanglotait dans le tablier qu'elle tenait pressé contre son visage. Nina était là, elle aussi, un bras glissé autour des épaules de Travers, le visage humide de larmes, blême, sous le choc.

Paul descendit de la voiture. Il fit un pas en direction de la maison. Le policier l'arrêta aussitôt.

— Je suis désolé, monsieur Winthrop, vous ne pouvez pas entrer.

— Je veux la voir.

— Seule la police a le droit de pénétrer sur les lieux du crime.

Paul connaissait la routine. Bon Dieu, il la connaissait aussi bien que ce jeune morveux à peine en âge de se raser. Il se retourna, le glaça d'un seul regard.

— Je veux la voir.

— Ecoutez, je... je vais me renseigner, mais il faudra que vous attendiez que le médecin légiste donne le feu vert.

Paul sortit un cigare de sa poche. Il avait besoin de chasser ce goût amer, dans sa bouche.

— Qui est chargé de l'enquête ?

— Le lieutenant Needlemeyer.

— Où est-il ?

— A l'arrière de la maison. Hé ! lança-t-il, voyant Paul se diriger vers l'arrière. Il est en train de mener une enquête.

— Il acceptera de me parler.

Ils se trouvaient sur la terrasse, assis à la table, au milieu des fleurs. Le regard de Paul passa brièvement sur Needlemeyer, se posa sur Julia. Son visage était de glace. Si pâle, presque transparent. Elle tenait un verre entre ses mains, les doigts tellement crispés qu'on les aurait crus soudés.

Et il y avait du sang. Sur sa jupe, sa veste. Chez Paul, la peur prit soudain le pas sur le chagrin.

— Julia…

Elle était si tendue que le seul fait de prononcer son nom lui fit faire un bond. Le verre lui échappa des mains, se brisa sur les dalles de la terrasse. L'espace d'un instant, elle chancela dans l'air devenu soudain épais et gris. Puis elle courut vers lui, se jeta dans ses bras.

— Paul ! Oh mon Dieu, Paul !

Elle tremblait lorsqu'il la serra contre lui.

— Eve…

Ce fut tout ce qu'elle parvint à articuler.

— Eve…, répéta-t-elle encore une fois.

— Tu es blessée ?

Il aurait voulu s'écarter, vérifier par lui-même, mais il était incapable de desserrer son étreinte.

— Dis-moi si tu es blessée.

Elle secoua la tête, respira. Le contrôle. Il fallait qu'elle reprenne le contrôle. Maintenant. Sinon, elle n'y parviendrait plus jamais.

— Elle se trouvait dans la maison lorsque je suis entrée.

Dans la maison, par terre. Je l'ai trouvée par terre, Paul. Je suis tellement mal. Tellement mal…

Paul jeta un coup d'œil à Needlemeyer. Il n'avait pas bougé. Il était assis tranquillement et il observait.

— Est-il indispensable de l'interroger maintenant ? demanda Paul.

— C'est toujours le meilleur moment.

Ils se connaissaient, depuis plus de huit ans, devenus amis à l'occasion d'une recherche qu'effectuait Paul.

Frank T. Needlemeyer avait toujours voulu être flic. Et il avait toujours cet air d'éternel étudiant. A près de quarante ans, il conservait un visage de bébé. Professionnellement, il n'ignorait plus rien des horreurs que recèle l'humanité. Et dans la vie privée, il avait essuyé deux mariages ratés. Pourtant, il s'en était sorti sans une ride, sans un cheveu blanc et avec une inébranlable confiance dans le fait qu'on peut rendre la vie meilleure en traquant le mal sans relâche.

Et comme ils se connaissaient très bien, Frank savait combien Eve Benedict comptait pour Paul.

— C'était une sacrée bonne femme, Paul. Je suis vraiment désolé.

— Ouais…

Paul n'était pas prêt pour les condoléances. Pas encore.

— J'ai besoin de la voir.

Frank hocha la tête.

— Je vais arranger ça.

Il poussa un soupir. De toute évidence, la jeune femme dont Paul lui avait parlé la dernière fois qu'ils avaient bu un verre ensemble était Julia Summers. Comment l'avait-il décrite… ? Frank chercha dans ses souvenirs…

— Elle est têtue, avait dit Paul en souriant. Elle aime tout diriger. Ça vient probablement de ce qu'elle a dû élever son fils seule. Elle a un rire superbe, mais elle ne rit pas assez. Ça me désespère. Je crois que je suis complètement fou d'elle.

— Je vois. Je vois.

Le regard un peu embrumé par la bière, Frank avait souri à son tour.

— Mais moi, je voudrais savoir comment elle est physiquement. Commence par les jambes.

— Epoustouflantes. Absolument époustouflantes.

... Frank revint au présent et nota que Paul avait raison. Mais en cet instant précis, ces jambes ne donnaient pas l'impression de pouvoir soutenir Julia très longtemps.

— Vous ne voulez pas vous asseoir, madame Summers ? Si vous n'y voyez pas d'objection, Paul peut rester pendant que nous parlons.

— Non, je... S'il te plaît.

Elle agrippa la main de Paul.

— Ne t'inquiète pas, je reste, dit-il, s'asseyant à côté d'elle.

— Très bien. Maintenant, nous allons reprendre les choses depuis le début. Voulez-vous encore un peu d'eau ?

Julia secoua la tête. Plus que tout, elle avait hâte d'en finir.

— A quelle heure êtes-vous rentrée ?

— Je ne sais pas.

Elle prit une longue inspiration pour se calmer.

— Joe, à la grille, pourra certainement vous le dire. J'avais un rendez-vous avec Gloria Dubarry, ce matin. Après, j'ai roulé un moment...

— Tu m'as appelé vers midi, dit Paul. Du Beverly Hills Hotel.

— Oui, je t'ai appelé et ensuite j'ai roulé un moment.

— Cela vous arrive souvent de rouler ainsi ? demanda Frank.

— J'étais préoccupée.

Frank la regarda échanger un coup d'œil avec Paul, et attendit.

— Je suis arrivée ici en même temps que Gloria partait…

— Gloria Dubarry était ici ? coupa Frank.

— Oui. Je présume qu'elle était venue pour… pour voir Eve. Elle franchissait la grille juste au moment où je suis arrivée. J'ai discuté quelques instants avec Joe, puis j'ai garé ma voiture devant la maison. Je n'avais pas envie d'entrer. Je…

Julia laissa ses mains tomber sur ses genoux, crispées l'une à l'autre. Sans rien dire, Paul les couvrit des siennes.

— J'ai fait quelques pas dans le jardin, je me suis assise sur un banc. Je ne sais pas combien de temps je suis restée là. Ensuite, je suis entrée dans la maison.

— Par où êtes-vous entrée ?

— Par-devant. J'ai ouvert la porte de devant.

La voix de Julia se brisa soudain. Elle pressa une main sur sa bouche.

— J'avais l'intention de me servir un verre de vin, de mettre du poulet à mariner pour le dîner. C'est alors que je l'ai vue.

— Continuez.

— Elle était étendue sur le tapis. Et le sang… Je crois que je suis allée vers elle, que j'ai essayé de la réveiller. Mais elle…

— Votre appel au 911 est parvenu à 1 h 22.

Julia fut parcourue d'un frisson.

— J'ai appelé le 911 et ensuite j'ai appelé Paul.

— Qu'avez-vous fait ensuite ?

Julia détourna le regard. Des papillons volaient au-dessus des géraniums. Tout semblait normal…

— Je suis restée assise à côté d'elle jusqu'à ce que la police arrive.

— Madame Summers, savez-vous pour quelle raison Miss Benedict se trouvait chez vous ?

— Elle m'attendait sans doute. Je… nous travaillions sur le livre.

— Sa biographie, dit Frank avec un hochement de tête. Au cours de la période pendant laquelle vous avez travaillé avec elle, Miss Benedict a-t-elle fait allusion à des personnes qui auraient pu lui vouloir du mal ?

— Ce livre inquiétait beaucoup de monde. Eve savait énormément de choses.

Julia fixa un instant ses mains, avant de regarder Frank Needlemeyer droit dans les yeux.

— Je possède des cassettes, lieutenant. Des cassettes de mes entretiens avec Eve.

— Je vous serais reconnaissant de me les donner.

— Elles sont à l'intérieur.

Les doigts de Julia se crispèrent sur ceux de Paul en un bref mouvement convulsif.

— Ce n'est pas tout.

Elle lui parla des messages qu'elle avait reçus, du cambriolage, de l'accident d'avion. Tandis qu'elle parlait, Frank griffonnait des notes dans son carnet tout en l'observant attentivement. Il la sentait prête à exploser mais déterminée à ne pas le faire.

— Pourquoi ce cambriolage n'a-t-il pas été signalé à la police ?

— Eve souhaitait s'occuper elle-même de cette affaire. Plus tard, elle m'a dit que c'était Drake qui en était l'auteur. Drake Morrison, son neveu, et qu'elle avait mis les choses au point avec lui.

Frank nota les initiales D.M. et les entoura.

— Je vais avoir besoin de ces messages.

— Je les ai. Ils sont dans le coffre, avec les cassettes.

Il leva légèrement le sourcil, seul signe de son intérêt manifeste.

— Je sais que ce doit être très pénible pour vous, madame Summers, mais il n'y a pas grand-chose que je puisse faire pour alléger la procédure.

Du coin de l'œil, il vit l'un des policiers en uniforme paraître à la porte de la cuisine…

— Lorsque vous aurez récupéré un peu, j'aurais besoin que vous fassiez une déposition officielle. Il faudra également que je prenne vos empreintes.

— Nom de nom, Frank ! protesta Paul.

Frank lui jeta un bref regard.

— C'est l'usage. Nous devons identifier toutes les empreintes relevées sur les lieux du crime. Il est évident que les vôtres s'y trouveront, madame Summers. Les éliminer nous aidera.

— Il n'y a pas de problème, lieutenant. Je ferai tout ce qui sera nécessaire. Mais il faut que vous sachiez…

Julia lutta pour avaler la boule qui de nouveau étreignait sa gorge.

— … Eve était davantage que le sujet de mon livre, lieutenant. Bien davantage. Eve Benedict était ma mère.

Quel bordel…

Frank ne songeait pas au lieu du crime — il en avait assez vu pour ne pas se laisser impressionner par la scène sur laquelle s'est joué un homicide. Il détestait le meurtre, le méprisait, le tenait pour le plus sombre des péchés. Mais il était flic avant tout et son métier n'était pas de philosopher. Son job, c'était de donner prise à la justice, dans ce genre d'affaires.

Non, c'était à son ami Paul qu'il pensait. En le voyant

debout près du corps enveloppé dans la housse. En le regardant se pencher pour caresser le visage de la morte.

Frank avait fait sortir tout le monde et les assistants du laboratoire médico-légal n'étaient pas très contents. Ils n'avaient pas fini leurs prélèvements. Mais en certaines circonstances, il fallait savoir enfreindre les règles. Paul avait le droit de passer une ou deux minutes seul avec la femme qu'il avait aimée depuis vingt-cinq ans, tout de même !

Il entendit du bruit à l'étage. Il y avait envoyé Julia accompagnée d'un policier. Elle avait besoin de se changer, de prendre les effets qui pourraient leur être nécessaires, à elle et à son gamin. Pendant quelque temps, seules les personnes portant un badge de la police seraient autorisées à pénétrer dans la maison.

Eve n'avait rien perdu de sa beauté, songea Paul. D'une certaine façon, c'était réconfortant. La personne qui l'avait tuée n'avait pas réussi à lui prendre ça.

Elle était trop pâle, bien sûr. Trop immobile. Il ferma les yeux, luttant contre le chagrin violent qui le submergeait soudain. Oh, Eve n'aurait pas voulu ça. Il lui semblait presque l'entendre rire ; il lui semblait presque sentir sa main tapoter sa joue.

— Mon chéri, eût-elle dit, j'ai bien rempli ma vie, alors ne verse pas de larmes pour moi. Maintenant, j'espère… Mon Dieu, non, *j'exige* que mes fans pleurent abondamment, que les studios ferment et décrètent une journée de deuil en mon honneur. Mais je veux que les gens que j'aime boivent et fassent la fête.

Tendrement, il prit sa main dans la sienne, la porta à ses lèvres pour la dernière fois.

— Adieu, Princesse.

Frank posa la main sur son épaule.

— Allez, viens à présent. On sort.

Paul acquiesça d'un hochement de tête et se détourna. C'est vrai qu'il avait besoin d'air. Et lorsqu'ils se retrouvèrent sur la terrasse, il prit une grande inspiration.

— Comment ? demanda-t-il simplement.

— Un coup à la base du crâne. Probablement avec le tisonnier. Je sais que cela n'aide pas beaucoup, mais sache que… elle n'a pas souffert. D'après le légiste, la mort a été instantanée.

— Non, ça n'aide pas.

Paul fourra les poings dans ses poches. Il se sentait inutile.

— Je vais devoir prendre des dispositions. Quand seras-tu… quand seras-tu en mesure de me la rendre ?

— Je te le ferai savoir, je ne peux rien te dire de plus. Il va falloir que, toi aussi, tu fasses une déposition.

Il sortit une cigarette.

— Je peux venir ici ou tu peux passer à mon bureau.

— Il faut que j'éloigne Julia d'ici.

Paul accepta la cigarette que lui offrait Frank. Il se pencha vers la flamme de l'allumette.

— Brandon et elle vont venir habiter chez moi. Elle va avoir besoin de temps.

— Je lui donnerai ce que je pourrai, Paul, mais il faut que tu comprennes. C'est elle qui a trouvé le corps. Elle est la fille retrouvée d'Eve. Elle sait ce qu'il y a là-dedans.

Il montra le sac où se trouvaient les cassettes qu'il était allé chercher dans le coffre après que Julia lui en eut indiqué le lieu et la combinaison.

— Elle est la seule piste que nous ayons pour l'instant.

— Elle est peut-être la seule piste que vous ayez, mais son équilibre ne tient plus qu'à un fil. Si on tire dessus, elle va craquer. Pour l'amour du ciel, Frank, donne-nous un jour ou deux.

— Je ferai ce que je pourrai.

Il souffla la fumée de sa cigarette entre ses dents serrées.

— Ça ne va pas être facile. Les journalistes font le siège de la propriété.

— Merde.

— Tu l'as dit. Je vais faire tout mon possible pour que rien ne filtre sur les liens qui l'unissent à Eve, mais ça finira par se savoir. Et ce jour-là, ils ne la lâcheront plus.

Frank leva les yeux lorsque Julia parut sur le seuil.

— Sors-la d'ici.

A bout de souffle, Drake se précipita à l'intérieur, referma la porte à clé derrière lui. Merci, mon Dieu, merci, mon Dieu, ne cessait-il de se répéter en passant frénétiquement ses mains tremblantes sur son visage en sueur. Il avait réussi à rentrer chez lui. Il était sauvé.

Il avait besoin de boire quelque chose.

Prenant garde à sa cheville, il traversa le salon, clopina jusqu'au bar et saisit une bouteille au hasard. Il dévissa le bouchon d'un coup sec et avala d'un trait la vodka. Il fut parcouru d'un frisson et ouvrit grand la bouche pour respirer avant d'engloutir une nouvelle gorgée d'alcool.

Morte. La reine était morte.

Il eut un gloussement nerveux qui se termina en sanglot pitoyable. Comment cela avait-il pu se produire ? Pourquoi ? S'il ne s'était pas sauvé avant que Julia revienne…

Ça n'avait pas d'importance. Il refusa même d'envisager cette éventualité, pressa la main contre son front. La tête lui tournait. Hé ! La seule chose qui importait, c'est que personne ne l'ait vu. A présent, il suffisait de laisser faire, de ne pas s'affoler et tout irait bien. Mieux que bien. Elle n'avait pas pu avoir le temps de bouleverser son testament.

Il était un homme riche désormais.

Un magnat.

Il leva de nouveau la bouteille pour porter un toast, mais elle lui échappa des mains tandis qu'il courait vers les toilettes. Là, cramponné à la cuvette, il vomit toute sa nausée et toute sa peur.

Maggie Castle apprit la nouvelle de la façon la plus abrupte qui soit : un coup de fil d'un journaliste souhaitant recueillir ses réactions, ses commentaires.

— Comment osez-vous ? lança-telle, se redressant brusquement dans son fauteuil de cuir sable. Je pourrais vous faire payer très cher votre petite plaisanterie.

Elle raccrocha d'un geste sec. Avec la pile de scénarios qu'elle avait à lire, les contrats à revoir et les innombrables coups de fil à passer, elle n'avait pas de temps à perdre avec ce genre de canular morbide.

— Le sale crétin, dit-elle, jetant au téléphone un regard courroucé.

Son estomac gargouilla, la distrayant soudain. Elle y posa la main, pour se calmer. Elle mourait de faim et aurait tué père et mère pour un sandwich de pain de seigle au rosbeef. Mais elle s'était promis de rentrer dans ce tailleur taille 38 qui lui avait coûté trois mille dollars et les Oscar étaient dans moins d'une semaine.

Elle posa trois photos sur le bureau comme si elle distribuait des cartes à jouer, et étudia les visages sensuels, provocants. Elle devait choisir une candidate pour un casting en or. Le tournage commençait bientôt.

Le film était fait pour Eve, songea-t-elle en soupirant.

Si Eve avait eu vingt-cinq ans de moins. Hélas, même Eve Benedict ne pouvait pas être éternellement jeune.

Maggie leva à peine la tête lorsque la porte s'ouvrit.

— Qu'y a-t-il, Sheila ?

— Madame Castle…

Sheila se tenait dans l'encadrement de la porte, une main sur la poignée, l'autre agrippée au chambranle.

— Oh mon Dieu, madame Castle…

La voix de Sheila tremblait. Alors Maggie leva brusquement la tête. Ses lunettes glissèrent sur le bout de son nez.

— Eh bien, Sheila, que se passe-t-il ?

— Eve Benedict… Elle a été assassinée.

— Ce sont des foutaises !

La colère la reprit brusquement. Elle se leva d'un bond, repoussant violemment le fauteuil.

— Si ce crétin a encore appelé…

— La radio, parvint à articuler Sheila, fouillant dans la poche de sa jupe pour en tirer un mouchoir en papier. Je viens de l'entendre à la radio.

Ne décolérant pas, Maggie attrapa la télécommande et la brandit en direction de la télévision. Elle zappa sur deux chaînes et tomba sur le journal.

« Hollywood et le monde entier sont sous le choc après l'annonce de la mort d'Eve Benedict. La fascinante, l'éternel féminin, l'héroïne de dizaines de films, a été retrouvée dans sa propriété, victime d'un homicide.

Le regard rivé à l'écran, Maggie s'assit lentement dans son fauteuil.

— Eve, murmura-t-elle. Oh, mon Dieu, Eve.

Enfermé dans son bureau, à des kilomètres de là, Michael Delrickio fixait l'écran de télévision, regardant défiler tristement les images. Eve à vingt ans, éclatante, pleine de vie. A trente ans, sensuelle, envoûtante.

Il ne bougea pas. Il ne dit pas un mot.

Partie, gâchée, finie.

Il aurait pu tout lui donner ! Même la vie. Si elle l'avait aimé suffisamment, si elle avait cru en lui, si elle lui avait fait confiance, il aurait pu tout empêcher. Au lieu de cela, elle l'avait méprisé, défié, haï. Et elle était morte. Mais même morte, elle pouvait encore causer sa perte.

Gloria était allongée dans sa chambre, volets fermés, un masque glacé posé sur ses yeux gonflés. Le Valium ne lui faisait aucun effet. D'ailleurs, rien n'aurait pu agir sur elle. Aucune pilule, aucun stratagème, aucune prière n'aurait eu le pouvoir de la ramener en arrière.

Eve avait été son amie la plus proche. Elle aurait voulu effacer les souvenirs qu'elles avaient partagés, oublier l'intimité qui avait été la leur.

Bien sûr, elle avait été blessée, furieuse, et elle avait eu peur. Mais elle n'avait jamais souhaité de mal à Eve. Non, jamais elle n'avait souhaité que les choses se terminent ainsi.

Mais Eve était morte. Elle était partie.

Les larmes ruisselèrent.

Qu'allait-il advenir d'elle, à présent ?

Dans sa bibliothèque, entouré par les livres qu'il avait aimés et rassemblés tout au long de sa vie, Victor fixait la bouteille de whisky irlandais qu'il n'avait pas encore entamée. Le whisky, tel que le faisaient les irlandais, c'était ce qu'il y avait de mieux pour se soûler.

Et il avait envie de se soûler.

Au point d'être même incapable de penser, de ressentir, de respirer. Combien de temps pourrait-il rester dans cet état ? Une nuit, une semaine, un an ? Serait-il possible d'y rester suffisamment longtemps pour, une fois revenu à la conscience, ne plus éprouver de douleur ?

Il n'y aurait jamais assez de whisky, ni assez de temps pour guérir. Si le destin choisissait de le faire vivre encore dix ans, dans dix ans la douleur serait toujours la même.

Eve. Seule Eve pouvait stopper la douleur. Et plus jamais il ne la tiendrait dans ses bras, plus jamais il ne l'aimerait, plus jamais il ne rirait avec elle ou ne s'assoirait tranquillement dans le jardin à côté d'elle, pour le simple bonheur d'être avec elle.

… Mais ce n'était pas du tout ce qu'il avait prévu ! Au plus profond de lui-même, il savait que tout aurait pu changer ! Comme dans un mauvais scénario, mal écrit, on aurait pu revoir la fin !

Mon Dieu… Elle l'avait quitté, et cette fois, il n'y aurait ni réconciliation, ni compromis, ni promesses. Tout ce qu'il lui restait, à présent, c'étaient des souvenirs et des jours et des nuits vides pour les revivre.

Victor prit la bouteille, la balança contre le mur où elle explosa. L'odeur âcre du whisky lui coupa le souffle. Il enfouit son visage entre ses mains et maudit Eve de tout son cœur.

Anthony Kincaide exultait. Il était heureux. Il riait tout haut. Et tout en s'empiffrant de crackers recouverts de pâté, il gardait le regard rivé à la télévision. Dès qu'une chaîne reprenait sa programmation normale, il passait sur une autre à la recherche d'un nouveau bulletin d'information, d'un nouveau résumé de l'événement.

La salope était morte et rien ne pouvait le rendre plus heureux. Désormais, ce n'était plus qu'une question de temps avant qu'il s'occupe de cette Summers et qu'il récupère les fameuses cassettes avec lesquelles Eve le narguait.

Sa réputation, son argent, sa liberté étaient saufs. Eve n'avait eu que ce qu'elle méritait.

Il espérait seulement qu'elle avait souffert.

Lyle ne savait que penser. D'ailleurs, il avait trop peur pour prendre la peine de réfléchir. Pour lui, Delrickio avait refroidi Eve. Et lui, il était mouillé avec Delrickio. Certes, il n'avait rien fait de plus qu'espionner pour son compte, mais les types comme Delrickio ne tombaient jamais. Ils faisaient en sorte que quelqu'un tombe pour eux.

Certes, il pouvait toujours faire ses valises. Mais où irait-il se cacher ? Quant à son alibi… Il avait passé l'après-midi à dormir après s'être fumé un méga joint. Pas très crédible, aux yeux d'un flic.

Nom de Dieu, pourquoi fallait-il qu'elle se soit fait liquider maintenant ? Si elle avait attendu quelques semaines, il aurait été loin, déjà, et les poches pleines de blé, la belle vie devant lui. C'était bien sa chance ! Sa foutue chance…

Nu, il s'assit sur le lit. Il fallait qu'il se trouve un alibi en béton.

Il but une gorgée, se tritura un instant les méninges, et soudain… il sourit. Il avait les cinq mille dollars que lui avait refilés Delrickio. S'il ne parvenait pas à s'acheter un alibi avec un ou deux mille dollars et son inépuisable engin, la vie ne valait plus la peine d'être vécue.

*
* *

Travers était inconsolable. Nina eut beau faire, la gouvernante refusait de manger, de se reposer, de prendre le moindre calmant. Assise sur la terrasse, prostrée, elle regardait fixement le jardin. Impossible de la faire rentrer. Nina cajola, gronda : rien n'y fit.

Les policiers avaient passé la maison au peigne fin, ouvrant les tiroirs, posant leurs grosses pattes sur les effets personnels d'Eve, souillant tout.

Nina, quant à elle, observait Travers de ses yeux gonflés, cernés de rouge. Qu'est-ce qu'elle croyait ? Qu'elle était la seule à souffrir ? La seule à être malade, perdue ? La seule à avoir peur ? Nina se détourna, rentra. Seigneur, elle avait besoin de parler, de s'arrimer à quelqu'un. Elle pouvait décrocher le téléphone, composer une bonne douzaine de numéros, mais tous ceux dont elle était proche allaient lui poser des questions sur Eve. Après tout, la vie de Nina Soloman n'avait véritablement commencé que le jour où Eve Benedict l'avait prise à son service…

Mais aujourd'hui, Eve avait disparu et il ne lui restait plus personne. Comment un être humain pouvait-il se trouver si dépendant d'un autre ? Ce n'était pas normal. Ce n'était pas juste.

Elle s'approcha du bar, se servit un bourbon sec. Le goût la fit grimacer. Il y avait des années qu'elle n'avait rien bu de plus fort qu'un verre de vin blanc.

Mais ce goût ne fit pas resurgir les mauvais souvenirs. Au contraire, il l'apaisa, lui donna du courage. Elle but une deuxième gorgée. Elle allait avoir besoin de tout le courage, toute la force qu'elle pourrait rassembler pour affronter les semaines à venir. Et le reste de son existence…

Et il allait déjà falloir passer cette première nuit.

Comment allait-elle trouver le cran de dormir ici, dans

cette grande maison, alors que la chambre d'Eve se situait à deux pas de la sienne ?

Elle pouvait toujours aller dormir à l'hôtel, mais ce serait une preuve de lâcheté. Non, elle resterait, elle affronterait cette première nuit. Ensuite, il serait temps de penser à la suivante. Et aux autres.

Lorsque Julia émergea du sommeil lourd provoqué par le calmant, il était plus de minuit. Il n'y eut pas de moment d'hésitation, pas d'instant où elle aurait pu se convaincre qu'il ne s'agissait que d'un horrible cauchemar.

Elle sut, à l'instant même où elle reprit conscience, où elle était et ce qui s'était passé.

Elle se trouvait dans le lit de Paul. Et Eve était morte.

La douleur l'assaillit soudain. Elle se tourna vers lui. Elle avait besoin de la vie en lui, de presser son corps contre sa chaleur… Mais la place à côté d'elle était vide.

Elle se redressa, se leva, malgré la tête qui lui tournait et son corps qui flottait.

Elle se souvint qu'ils étaient allés chercher Brandon. C'était elle qui avait insisté. Elle ne supportait pas l'idée qu'il puisse apprendre la nouvelle par la télévision. Toutefois, elle n'avait pas eu le courage de lui dire toute la vérité. Elle lui avait seulement dit qu'il y avait eu un accident.

Il avait un peu pleuré, émotion attendue de la part d'un enfant qui découvre la disparition d'une femme qui a toujours été gentille avec lui. Julia se demandait comment elle s'y prendrait — et quand — pour lui dire que cette femme avait été sa grand-mère.

Mais cela, c'était pour plus tard. Brandon dormait, en sécurité. Peut-être un peu triste, mais à l'abri. Paul, lui, ne dormait pas.

Elle le trouva sur la terrasse, à regarder la mer rouler ses flots noirs sur le sable noir. Elle sentit son cœur se briser. Il était là, debout, silhouette immobile dans le clair de lune, les poings enfoncés dans les poches de son jean.

Elle n'avait pas besoin de voir son visage ni ses yeux. Elle n'avait pas besoin d'entendre sa voix pour savoir qu'il souffrait.

Ne sachant pas si sa présence l'aiderait ou s'il était préférable de le laisser seul, elle demeura où elle était.

Paul sut qu'elle était là à l'instant où elle sortit sur la terrasse. Il sentit son parfum, et le chagrin en elle. Pendant une grande partie de la nuit, il avait réglé ce qui devait l'être, donné les coups de fil nécessaires, tel un automate. Il avait mangé le potage qu'elle avait insisté pour lui faire réchauffer, et lui l'avait obligée à prendre un calmant.

Et maintenant, il n'avait même plus la force de dormir.

— J'allais avoir seize ans, c'était juste avant mon anniversaire, commença-t-il, le regard fixé sur la crête noire des vagues, Eve m'a appris à conduire. J'étais venu la voir. Un jour, elle a montré la voiture. C'était une somptueuse Mercedes. Elle a dit : « Vas-y, grimpe. Autant que tu apprennes tout de suite à conduire du bon côté de la route. »

Paul sortit un cigare de sa poche. La lueur de l'allumette éclaira un instant son visage douloureux avant qu'il ne plonge de nouveau dans l'obscurité.

— J'étais terrifié et tellement excité que mes pieds tremblaient sur les pédales. Pendant une heure, j'ai conduit dans Beverly Hills, calant, malmenant la voiture, butant dans les trottoirs. J'ai même failli emboutir une Rolls, mais Eve n'a pas bronché. Elle a renversé la tête en arrière et éclaté de rire.

La fumée lui brûlait la gorge. Il jeta le cigare pardessus la balustrade à laquelle il s'accouda.

— Mon Dieu que je l'aimais.

— Je sais.

Julia s'approcha, referma les bras autour de lui. Et ils restèrent ainsi, silencieux, à penser à Eve.

27

Le monde entier était en deuil, et Eve aurait adoré cela.

Elle faisait la couverture de *People* et le magazine lui consacrait un article de six pages. *Nightline* lui dédiait tout un dossier. Les rétrospectives Eve Benedict remplaçaient les programmes habituels sur quasiment toutes les chaînes, y compris le câble. Le *National Inquirer* clamait que son esprit hantait les studios de cinéma dans lesquels elle avait tant tourné. Des vendeurs très opportunistes inondaient déjà le marché de T-shirts, chopes et posters qu'on s'arrachait dès les sorties d'usine.

On était à la veille des Oscar et la magnificence d'Hollywood était drapée de noir. Oui, vraiment, Eve aurait bien ri de voir cela.

Paul tentait d'oublier son chagrin, imaginant comment Eve aurait réagi aux hommages à la fois clinquants et sublimes. Mais la distraction était de courte durée. Il y avait tant de choses qui la lui rappelaient…

Et il y avait Julia.

Elle avançait, jour après jour, faisant ce qui devait être fait avec un courage et une énergie constants. Pourtant, son regard était habité par un désespoir qu'il ne parvenait pas à soulager. Elle avait fait sa déposition auprès de Frank, passant des heures au commissariat à revenir sur chaque détail. Calme et maîtresse d'elle-même, elle n'avait craqué qu'une fois — la première fois où Frank avait passé la bande d'un de ses entretiens avec Eve. Lorsque Julia avait entendu la voix chaude, légèrement rauque d'Eve, elle s'était levée brusquement, s'excusant, et elle avait couru aux toilettes, prise de violentes nausées.

Ensuite, elle avait réussi à écouter tous les enregistrements, corroborant ce qui se disait, précisant la date, les circonstances de l'entretien, l'état d'esprit dans lequel il avait eu lieu, ajoutant ses propres commentaires.

Et pendant ces trois jours particulièrement difficiles, Brandon et elle avaient séjourné à Malibu tandis que Paul organisait l'enterrement selon les volontés circonstanciées de Eve.

Eve qui n'avait pas fait dans la simplicité... Mais en avait-il jamais été autrement ? Elle avait laissé ses instructions à l'intention de Paul entre les mains de ses avocats. Des instructions parfaitement claires. Elle avait acheté une concession — placement foncier de premier choix, avait-elle dit —, près d'un an plus tôt. Elle avait choisi le cercueil. Une laque bleu saphir, un habillage de soie blanche. Même la liste des invités — et ses préséances — était dressée. Comme si Eve avait planifié et ordonné cette ultime réception.

La musique avait été choisie, de même que les musiciens. Et la robe également — une robe du soir émeraude que la star n'avait jamais portée en public. Pour une première, l'occasion était grandiose.

Bien entendu, il était précisé qu'elle devait être coiffée par Armando.

Le jour de l'enterrement, la foule débordait les rues et se pressait à l'entrée de l'église. Certains pleuraient, d'autres prenaient des photos. Des têtes se dévissaient dans le but d'apercevoir les célébrités venues accompagner Eve jusqu'à sa dernière demeure. Les caméras vidéo tournaient. On vola des portefeuilles. Çà et là, quelqu'un s'évanouissait. C'était, comme Eve l'aurait aimé, du grand spectacle. Il ne manquait que le feu des projecteurs…

Les limousines se succédaient, déversant avec solennité la brillante distribution du spectacle. Les riches, les célèbres, les beautés d'Hollywood et ceux qui portaient vraiment le deuil. Le tout habillé par les meilleurs stylistes qui avaient rivalisé d'originalité sur le thème du noir.

La foule retint un instant son souffle et murmura lorsque Gloria Dubarry descendit, s'appuyant lourdement sur le bras solide de son mari, en tailleur Saint-Laurent et voile noir.

Il y eut de nouveaux murmures et quelques gloussements tandis que Anthony Kincaide extrayait d'une limousine sa masse de chair obscène.

Travers et Nina traversèrent la foule, protégées par leur anonymat.

Peter Jackson garda la tête baissée, ignorant les fans excités qui criaient son nom. Il pensait à une femme avec laquelle il avait passé quelques nuits inoubliables, à la beauté de son visage un certain matin où il pleuvait en Géorgie…

La foule acclama Rory Winthrop à sa descente de voiture. Ne sachant trop comment se comporter, il se tourna vers sa femme pour l'aider à descendre, puis il attendit sur le trottoir que Kenneth vienne les rejoindre.

— Seigneur, quel cirque, marmonna Lily, hésitant à tourner carrément le dos ou à présenter son meilleur profil aux caméras omniprésentes.

— En effet, dit Kenneth avec un sourire ironique, balayant du regard la foule qui se pressait, poussait le cordon de police. Et une fois de plus, c'est Eve qui mène le jeu.

Lily se tourna vers son mari, glissa son bras sous le sien pour le soutenir.

— Ça va ?

Il hocha la tête, incapable de répondre. Il sentait son parfum exotique, la fermeté de son bras qui le guidait. L'ombre noire de l'église semblait se tendre vers eux, les agripper de ses mains glacées.

— Pour la première fois de ma vie, je me sens mortel, ajouta-t-il.

Avant de monter les marches, il aperçut Victor. Que lui dire ? Il n'existait pas de parole qui puisse soulager l'immense chagrin qu'on lisait dans son regard. Rory se pencha vers sa femme.

— Allez, en avant pour la représentation, lui dit-il.

Pendant ce temps, Julia se persuadait qu'elle aurait la force d'affronter cette épreuve. Il le fallait. Elle se raccrochait à un calme apparent, mais intérieurement, toute cette cérémonie la paniquait. A quoi ce rite était-il destiné : à honorer la morte ou à distraire les vivants ? La limousine s'arrêta devant l'église et Julia ferma un instant les yeux, très fort. Lorsque Paul tendit la main, prit la sienne, elle voulut se croire prête.

Mais une vive émotion l'assaillit à l'instant où elle aperçut Victor à l'entrée de l'église. Il la vit, lui aussi, mais son regard ne s'attarda pas.

Il ignorait encore…, songea-t-elle. Et ses doigts se crispèrent soudain. Il ignorait à quel point elle aussi avait été intime avec la femme qu'ils venaient tous deux enterrer.

Il y avait trop de monde, et elle se sentit prise d'une brusque panique. Trop de gens partout autour d'elle et qui se rapprochaient encore. Des gens qui regardaient, criaient. Elle sentait leur odeur, l'odeur de chair chaude, de souffle chaud. Elle les sentait vibrer de cette étrange énergie née d'un mélange de chagrin et d'exaltation.

Les tremblements la reprirent. Elle hésita un instant. Paul glissa un bras autour de sa taille. Il murmura quelque chose mais ses oreilles bourdonnaient et elle n'entendit rien. Elle était oppressée. Elle tenta de le lui dire mais il l'entraînait déjà à l'intérieur.

Il y avait de la musique, à présent. Non pas le son solennel de l'orgue mais les accents clairs et doux du violon mêlés aux notes élégantes d'une flûte. L'église était pleine à craquer, de monde et de fleurs. Cependant, l'air lui parut soudain plus léger, plus frais. Parce qu'il y avait des fleurs. Pas des couronnes mortuaires tressées pour l'occasion, non. Mais des brassées de camélias, des buissons de roses, et des magnolias. Le spectacle était à la fois beau et plein de panache. Et au centre de la scène — fidèle à elle-même —, il y avait Eve. Dans son cercueil d'un bleu éclatant.

— Comme tout cela lui ressemble, murmura Julia.

La panique s'était envolée. Et malgré le chagrin, elle ressentit soudain une vive admiration.

— Je me demande pourquoi elle ne s'est jamais essayée à la mise en scène.

— Elle vient de le faire.

Julia sourit à Paul. Il lui enlaça plus étroitement la taille, tandis qu'ils entamaient la longue marche dans l'allée de l'église. Paul vit des larmes, des regards graves, mais tout autant de regards curieux et de poses très étudiées. Çà et là, de petits groupes murmuraient entre eux. On discutait de projets, on parlait contrats. A Hollywood, toutes les occasions étaient bonnes. Eve aurait très bien compris cela et l'aurait approuvé.

Julia, elle, ne vit que Victor.

Elle n'avait pas prévu de s'approcher du cercueil — peut-être par lâcheté. Mais lorsqu'elle aperçut Victor, qui fixait poings serrés et dos voûté la femme qu'il adorait, elle ne put se glisser simplement à sa place.

— Tu veux que je t'accompagne ? demanda Paul.

— Non, je… je crois qu'il faut que j'y aille seule.

Faire le premier pas fut le plus difficile. Lorsqu'elle fut enfin à côté de Victor, elle laissa son cœur parler. Voilà les gens qui lui avaient donné la vie : la femme qui dormait là, si belle, dans son écrin de soie blanche, et l'homme qui la regardait dormir, le visage ravagé de chagrin. Peut-être ne pouvait-elle pas les considérer comme ses parents, mais elle pouvait se permettre d'être émue. Alors, répondant à l'élan de son cœur, elle posa sa main sur celle de Victor.

— Elle vous a aimé plus qu'elle n'a jamais aimé personne. L'une des dernières choses qu'elle m'ait dites, c'est combien vous l'aviez rendue heureuse.

Les doigts de Victor se crispèrent sur les siens.

— Je ne lui ai jamais donné assez. Je n'ai jamais pu.

— Vous lui avez donné plus que vous ne croyez, Victor. Pour le monde entier, elle a été une star, un produit, une image. Pour vous, elle était une femme. La seule.

Julia hésita un instant. Elle espérait que ce qu'elle faisait, ce qu'elle disait était bien.

— Elle m'a dit un jour que son seul regret avait été d'avoir attendu la fin du film.

Victor leva la tête, se tourna vers celle dont il ignorait qu'elle était sa fille. C'est alors que Julia se rendit compte qu'elle avait hérité des yeux de son père, de ce gris pur, profond, qui, selon les émotions, passait si facilement de la sombre intensité de l'orage à la clarté de la glace. Troublée, elle fit un pas en arrière mais déjà la main de Victor se refermait sur la sienne pour la retenir.

— Elle va me manquer, à chaque seconde de ce qu'il me reste à vivre.

Alors, Julia mêla ses doigts aux siens et le conduisit vers le banc où les attendait Paul.

La file des voitures qui roulaient lentement en direction de Forest Hills s'étendait sur des kilomètres tel un long ruban noir. A l'intérieur des voitures, certains pleuraient Eve, profondément affectés. D'autres, installés dans le luxe confortable des limousines de location, pleuraient à la façon de ceux qui avaient entendu parler de la disparition de la star aux informations. Ils pleuraient la disparition d'un nom, d'un visage, d'une personnalité. Ce n'était pas une insulte à la personne d'Eve ; seulement un hommage à ce qu'elle avait représenté pour eux.

Certains lui étaient seulement reconnaissants d'avoir pensé à les compter parmi les invités. Car, à n'en pas douter, l'événement allait faire la une des journaux. Cela non plus n'était pas une insulte. Il fallait se montrer, c'était le métier qui voulait ça, tout simplement.

Il en était d'autres qui ne pleuraient pas et qui, au contraire, du fond de leur siège, dans le confort de leurs grosses voitures, se réjouissaient.

Cela aussi, d'une certaine façon, pouvait être considéré comme un hommage.

Julia n'entrait dans aucune de ces catégories.

Elle descendit de la voiture et franchit la courte distance qui la séparait de la tombe d'Eve. Elle avait déjà enterré ses parents, déjà franchi cette étape douloureuse qui avait fait d'elle une orpheline. Pourtant, à chacun de ses pas, la douleur était là, aiguë. Aujourd'hui, elle allait enterrer sa mère, être de nouveau confrontée à sa propre humanité, son état de mortelle.

Debout devant la tombe, assaillie par l'odeur de terre et d'herbe mêlée au lourd parfum des fleurs, elle occulta le présent, laissa son esprit dériver.

Elle se revit riant avec Eve au bord de la piscine, buvant un peu trop de champagne, parlant trop librement d'elle. Comment avait-elle pu se confier si simplement ?

Elle se revit transpirant avec Eve tandis que Fritz les faisait travailler. Jurons étouffés, protestations. L'étrange intimité de deux femmes à demi nues prisonnières d'une même envie de rester belles.

Elle songea aussi aux secrets partagés, aux confidences qu'elles s'étaient faites, aux mensonges qu'elles n'avaient même pas cherché à déguiser. Comme il leur avait été facile de devenir amies…

Et n'était-ce pas ce qu'Eve avait voulu, qu'une amitié naisse entre elles ? Elle avait voulu compter pour Julia, que Julia voie en elle une véritable personne, complexe, vulnérable. Et puis…

Oh, quelle importance cela avait-il, à présent ? Eve était morte. Le reste de la vérité, s'il restait quelque chose, était perdu à tout jamais.

Et Julia pleurait Eve tout en se demandant si elle pourrait jamais pardonner.

— Merde.

Frank frotta vigoureusement son visage à deux mains. Son enquête le poussait irrémédiablement dans une seule et même direction. Et cette direction le conduisait droit à Julia Summers.

Tout au long de sa carrière, Frank s'était toujours

beaucoup fié à son instinct. Une solide intuition logée dans les tripes pouvait guider un flic dans le labyrinthe des suspects, des preuves et de la procédure. Mais jamais encore, dans toute sa carrière, son instinct ne s'était trouvé aussi diamétralement opposé aux faits.

Les suspects, ils étaient tous là, devant lui, dans ce dossier qu'il avait constitué au cours des trois jours précédents.

Rapport de l'identité judiciaire, autopsie, dépositions dactylographiées et signées des personnes qui avaient été entendues.

Et l'enchaînement des faits ce jour-là, ce foutu enchaînement des faits qu'il ne pouvait pas ignorer.

La gouvernante et la secrétaire avaient toutes deux vu Eve Benedict avant 13 heures, le jour du meurtre. Gloria Dubarry était partie un peu avant, à l'issue d'une brève conversation avec Eve. Julia Summers s'était présentée à la grille aux environs de 13 heures. Elle avait discuté avec le gardien, puis elle était entrée. Son coup de fil à la police avait été enregistré à 13 h 22.

Julia n'avait aucun alibi pour occuper ce laps de temps, ces vingt-deux minutes d'une importance capitale pendant lesquelles il détenait la preuve que le crime avait été commis.

Le tisonnier avait crocheté la base du crâne. La blessure et le coup avaient provoqué la mort. Et sur le tisonnier, il n'y avait pas d'autres empreintes que celles… de Julia Summers.

Toutes les portes étaient fermées à l'exception de la porte d'entrée que Julia reconnaissait avoir ouvert elle-même. Aucune clé n'avait été retrouvée sur le corps d'Eve. Elément accessoire, peut-être, mais accablant. Déjà accablant. Avant même que Frank n'évalue l'importance à donner à la dispute dont il était fait état dans les deux dépositions…

Et s'il en tenait compte…

Apprendre qu'elle était la fille illégitime d'Eve Benedict avait apparement mis Julia Summers dans un état de rage folle. « Elle criait, elle menaçait », lut-il de nouveau dans la déposition de Travers. « Je l'ai entendue hurler et je suis arrivée en courant. Elle a bousculé la table et toute la vaisselle s'est brisée sur les dalles de la terrasse. Son visage était blanc comme un linge et elle a prévenu Eve de ne pas s'approcher d'elle. Elle a dit qu'elle pourrait la tuer. »

Bien sûr, il arrivait souvent que les gens disent ce genre de choses, songea Frank en se frottant la nuque. Mais ce n'était vraiment pas de chance qu'Eve ait justement été assassinée après que cette petite phrase apparemment anodine eut été prononcée.

Malheureusement, il ne pouvait pas n'y voir qu'un hasard. Et la pression exercée par le Gouverneur pour que l'enquête avance ne lui laissait pas la possibilité d'écouter son instinct plutôt que de s'en tenir aux faits.

Or les faits allaient l'obliger à convoquer Julia.

Pour l'interroger.

Le notaire s'éclaircit la voix, balayant la pièce du regard. Tout était exactement comme Eve l'avait souhaité. Est-ce que par hasard elle aurait pressenti combien le temps lui était compté, pour lui intimer ainsi de mettre ses affaires en ordre ?

Greenburg se leva. Il n'était pas homme à laisser vagabonder son imagination. Si Eve s'était montrée si pressée, c'était qu'elle l'était tout le temps. La férocité avec laquelle elle avait décidé de ce nouveau testament était bien la même que celle dont elle faisait preuve en tout. Quant aux changements, ils étaient draconiens — et draconienne, Eve savait l'être quand son humeur s'y prêtait.

Dès qu'il se mit à parler, tout le monde se tut. Même Drake, qui était en train de se servir un second whisky, suspendit son geste. Puis, comme il constatait que la lecture du testament commençait par la liste habituelle des legs aux domestiques et aux œuvres, il se remit à verser.

Les legs personnels étaient très précis. A Maggie, Eve léguait une paire de boucles d'oreilles en émeraude, un triple rang de perles et un tableau de Wyeth que son agent avait toujours admiré.

A Rory Winthrop, elle léguait une paire de chandeliers en porcelaine de Saxe qu'ils avaient achetée au cours de leur première année de mariage, et un volume de Keats.

Gloria se mit à sangloter contre l'épaule de son mari lorsqu'elle entendit qu'elle héritait d'une boîte à bijoux très ancienne.

— Nous étions chez Sotheby's, il y a des années, dit-elle d'une voix brisée.

Culpabilité et chagrin se livraient une guerre féroce en elle.

— Et elle avait renchéri sur moi pour l'avoir. Oh, Marcus…

Il lui murmura quelque chose tandis que Greenburg s'éclaircissait de nouveau la voix et poursuivait :

A Nina, elle léguait une collection de boîtes en porcelaine de Limoges et allouait dix mille dollars par an pour une durée égale à celle qu'elle avait passée à son service. A Travers, elle léguait une maison à Monterey, assortie des mêmes arrangements financiers que pour Nina, plus une somme d'argent destinée à pourvoir aux soins nécessaires à son fils.

A sa sœur qui n'était pas là et n'avait pas assisté à l'enterrement, elle laissait un petit immeuble d'appartements à louer. Drake était seulement mentionné comme ayant déjà touché sa part d'héritage de son vivant.

Sa réaction était prévisible, suffisamment prévisible pour faire naître des sourires ironiques sur les visages de certaines personnes présentes. Il renversa son verre, répandant dans la pièce une odeur de whisky cher. Son cri de saisissement fut ponctué par le tintement des glaçons tombant du verre sur la surface polie du bar.

Tandis que les gens l'observaient avec des degrés variables d'intérêt ou de dégoût, il entra dans une rage folle, jurant, geignant, bafouillant tour à tour pour finir par jurer de nouveau.

— L'infâme garce !

Il faillit s'étouffer. L'air lui manquait. Il était livide.

— Je lui ai consacré des années, près de vingt ans de ma vie. Je n'accepterai pas d'être rayé de son testament de cette manière ! Pas après tout ce que j'ai fait pour elle !

— Ce que vous avez fait pour elle ? s'exclama Maggie avec un rire rauque. Vous n'avez jamais rien fait pour Eve si ce n'est alléger son compte en banque.

Drake s'avança, suffisamment soûl pour envisager de frapper Maggie devant témoins.

— Et vous, tout ce que vous avez fait, c'est venir lécher vos quinze pour cent. Je faisais partie de sa famille. Si vous croyez que vous allez pouvoir embarquer des émeraudes et je ne sais quoi encore alors que moi je n'ai rien…

— Monsieur Morrison, intervint le notaire, vous êtes bien entendu libre de contester ce testament…

— Putain de testament ! Je ne vais pas m'en priver.

— Toutefois, poursuivit le notaire sans se départir de sa dignité, je dois vous signaler que Mlle Benedict a discuté très précisément avec moi de ce qu'elle souhaitait. Je dispose également de la copie d'une vidéo qu'elle a elle-même réalisée et dans laquelle elle réaffirme, de façon moins conventionnelle, ce qu'elle veut exactement. Contester ce document se révélera très onéreux et probablement inefficace. Si, néanmoins, vous persistez dans votre intention, il vous faudra attendre que j'en aie terminé avec la lecture du testament. Donc, en ce qui concerne…

Suivait un legs pour Victor, qui comprenait notamment une série de recueils de poèmes et un petit presse-papiers — une neige abritant un traîneau rouge tiré par huit rennes.

Puis venait le plus étonnant…

— « A Brandon Summers, que je trouve adorable, je lègue la somme d'un million de dollars, pour son éducation et ses distractions, somme qui sera administrée jusqu'à ses vingt-cinq ans, âge où il sera libre de disposer de l'argent qu'il restera. »

— C'est absurde ! lança Drake. Elle laisse un million à un môme. Une espèce de petit morveux pratiquement trouvé dans la rue.

Avant que Julia ait eu le temps de dire quoi que ce soit, Paul s'était levé. Son expression glaça la jeune femme, et elle se demanda comment on pouvait survivre à un regard aussi foudroyant.

On s'attendait à une correction. Quelques coups de poing en guise de leçon n'auraient pas surpris. Beaucoup en auraient été ravis, d'ailleurs. Même Gloria avait cessé de pleurnicher et observait la scène. Mais Paul, le regard implacable, se contenta d'une phrase.

— Je ne veux plus vous entendre, Morrison.

C'était dit d'un ton calme. Mais la détermination, la menace implicite n'échappèrent à personne. Et lorsque Paul se rassit, Greensburg hocha simplement la tête, comme si on venait d'apporter la réponse adéquate à une question particulièrement épineuse…

— Le reste…, lut-il alors. Le reste, incluant les propriétés immobilières, personnelles, les capitaux, les actions, valeurs, titres et rentes, je le lègue à Paul Winthrop et Julia Summers qui se le partageront à leur convenance.

Julia n'entendit pas la suite.

La voix monotone du notaire ne parvenait plus à franchir le bourdonnement qui emplissait ses oreilles. Elle voyait les lèvres de Greenburg former les mots, elle voyait ses yeux sombres au regard acéré posés sur elle. Soudain, elle sentit une sorte de picotement dans son bras, comme s'il était endolori et reprenait vie. Ce n'était que la main de Paul qui venait de s'y poser.

Alors, sans même s'en rendre compte, Julia se leva. Comme une aveugle tâtonnant pour trouver son chemin, elle quitta la pièce, sortit sur la terrasse.

… Enfin, elle retrouva la vie. Les teintes vibrantes des fleurs, le chant insistant et gai des oiseaux. Et l'air. L'air qu'elle inspira à pleins poumons, l'air qu'elle sentit entrer en elle, comme si même cet air était palpable, comme s'il avait une texture, une couleur, un son. Elle inspira de nouveau, avec avidité, mais sentit aussitôt la douleur bloquer son estomac.

— Garde ton calme.

Paul avait posé les mains sur ses épaules. Sa voix était douce, rassurante.

— Je ne peux pas.

Elle ne reconnut pas sa propre voix, tremblante, si frêle.

— Comment le pourrais-je ? Il n'est pas juste qu'elle m'ait tout laissé.

— Elle a dû penser que si.

— Tu ne sais pas ce que je lui ai dit, comment je l'ai traitée, l'autre soir. Et en plus… Pour l'amour du ciel, Paul, elle ne me devait rien.

Il la prit par le menton, l'obligea à le regarder.

— Je pense que tu as surtout peur de ce que tu crois lui devoir.

— Monsieur Winthrop ? Excusez-moi, dit Greenburg en s'approchant. Je sais qu'aujourd'hui est un jour pénible pour vous, pour vous tous, mais il y a encore une chose à laquelle Mlle Benedict m'a demandé de veiller pour elle.

Il tendit une enveloppe matelassée.

— Il s'agit d'une copie de la cassette qu'elle a enregistrée. Elle a demandé que vous la regardiez tous les deux après la lecture du testament.

Paul prit l'enveloppe.

— Merci. Elle aurait beaucoup apprécié votre… efficacité.

— Sans doute.

Une ombre de sourire effleura le visage maigre de Greenburg.

— C'était une femme de caractère, agaçante, exigeante, très arrêtée dans ses opinions. Elle va me manquer.

Le sourire s'évanouit comme s'il n'avait jamais existé.

— Si vous avez besoin de moi pour quoi que ce soit, je vous en prie, n'hésitez pas à m'appeler. Il se peut que vous ayez des questions au sujet de certains biens de son portefeuille. Et lorsque vous serez prêts, il y aura quelques papiers dont il vous faudra prendre connaissance. Toutes mes condoléances.

— J'ai l'intention de ramener rapidement Mme Summers chez elle, lui dit Paul. Mais au préalable, nous souhaiterions rentrer et pouvoir visionner tranquillement ceci. Puis-je vous demander de… de faire en sorte que nous ne soyons pas dérangés ?

Une lueur qui aurait pu être de l'amusement brilla dans l'œil de Greenburg.

— Ce sera avec plaisir.

Paul attendit d'être de nouveau seul avec Julia sur la terrasse. Par les portes vitrées que Greenburg avait refermées derrière lui filtraient des éclats de voix, des pleurs amers. Le vieil homme allait avoir du pain sur la planche, songea Paul avant de se tourner vers Julia. Elle avait les yeux secs et son visage avait recouvré sa calme apparence. Mais sa peau était si pâle, si transparente qu'on y voyait presque passer l'émotion…

— Il vaudrait mieux que nous montions dans la chambre d'Eve pour regarder cette cassette.

Julia fixa l'enveloppe. Toute une part d'elle — la part lâche, qui voulait fuir —, avait envie de laisser tomber, d'aller chercher Brandon et de se réfugier dans l'Est. Mais parviendrait-elle à se convaincre que tout cela n'avait été qu'un rêve — depuis le premier coup de fil, depuis la première rencontre avec Eve, jusqu'à aujourd'hui ?

Elle leva les yeux, croisa le regard de Paul. Appartenait-il à ce rêve… ? Tout ce qu'ils avaient partagé, était-ce du rêve ? Et tout ce qu'ils avaient construit également ? Ces nouveaux espoirs si fragiles allaient-ils être balayés, envolés comme poussière… ?

— D'accord, répondit-elle.

— Accorde-moi une minute.

Il lui mit la cassette entre les mains.

— Passe par-derrière. Je te rejoins.

Il ne fut pas facile d'entrer, d'ouvrir la porte et de pénétrer dans la chambre où Eve avait dormi, aimé. La pièce sentait les fleurs, et la cire mêlée au parfum troublant, provocant, qu'Eve laissait toujours dans son sillage.

Travers avait rangé, évidemment.

Julia ne put résister. Elle laissa ses doigts glisser sur l'épais dessus-de-lit de satin saphir. Eve avait choisi un cercueil de la même couleur, se rappela-t-elle soudain en ôtant prestement sa main. Cela avait-il un sens ?

Elle ferma les yeux, posa un instant le front sur le bois frais du lit sculpté. Et l'espace d'un moment, un moment seulement, elle se laissa aller.

Non, ce n'était pas la mort qu'elle sentait tout autour d'elle. Mais la vie. Les souvenirs d'une vie.

Lorsque Paul la rejoignit, il ne dit rien. Au cours des derniers jours, il avait vu Julia devenir de plus en plus frêle, fragile. Il se représentait son propre chagrin comme une sorte de petit animal vorace qui rongeait tout son être, déchirait sa chair. La vidait insidieusement de toute force, de toute vie.

Il leur servit un whisky à chacun, et lorsqu'il parla, sa voix était volontairement froide, détachée.

— Il va falloir que tu te sortes de tout ça rapidement, Jules. Ce n'est bon ni pour toi ni pour Brandon de t'installer dans cet état.

— Je vais bien.

Elle prit le verre, le fit passer plusieurs fois d'une main dans l'autre.

— J'ai hâte que tout soit fini. Complètement terminé. Lorsque la presse aura eu vent des termes du testament…

— Nous nous occuperons de cela.

— Je ne voulais pas son argent, Paul, ni ses biens ni…

— Son amour, termina Paul.

Il posa son verre, prit l'enveloppe.

— Eve a toujours voulu avoir le dernier mot. Maintenant, c'est à toi qu'elle laisse tout.

Les doigts de Julia se crispèrent sur le verre.

— Tu crois que parce que je viens d'apprendre qu'elle est ma mère, je devrais me sentir des obligations à son égard, me sentir liée à elle, lui être reconnaissante ? Elle a manipulé ma vie dès avant ma naissance, et maintenant encore, depuis sa tombe, elle continue de me manipuler.

Paul déchira l'enveloppe, sortit la cassette vidéo.

— Je ne m'attends à rien. Et si au cours des deux derniers mois, tu as appris à la connaître, tu sais qu'elle n'attendait rien non plus de toi.

Il glissa anxieusement la cassette dans le magnétoscope.

— Je peux la regarder seul, si tu préfères, dit-il, le dos tourné.

Julia pesta intérieurement. C'était très fort de sa part de l'obliger à éprouver cette brusque bouffée de honte ! Elle ne répondit rien, prit place sur le canapé et but une gorgée de whisky. Il la rejoignit. Ils étaient tout près l'un de l'autre, et pourtant un fossé semblait les séparer.

Une simple pression de la télécommande… et Eve creva l'écran comme elle l'avait fait tant de fois dans sa vie. Aussitôt, Julia sentit son cœur se serrer.

— Mes chéris, je ne peux pas vous dire combien je suis heureuse que vous soyez là tous les deux. J'avais espéré m'adresser à vous de manière un peu plus élaborée, et sur film, plutôt qu'en vidéo. C'est tellement plus flatteur…

Le rire chaud d'Eve envahit la pièce. Elle se pencha pour attraper une cigarette et se réinstalla dans son fauteuil. Elle s'était maquillée avec beaucoup de soin, dissimulant les cernes sous ses yeux, la tension autour de sa bouche. Elle portait une chemise fuchsia de coupe masculine — celle qu'elle portait lorsqu'elle l'avait retrouvée étendue, morte, devant la cheminée, nota tout de suite Julia.

— Cette cassette deviendra inutile si, dans les jours qui viennent, je trouve le courage de vous parler à tous les deux, face à face. Si ce n'est pas le cas, je vous en prie, pardonnez-moi de ne pas vous avoir mis au courant. Ma maladie — cette tumeur — m'est apparue comme une imperfection insupportable que j'ai préféré garder secrète. Encore un de mes mensonges, Julia. Mais celui-ci n'était pas vraiment égoïste.

— Que veut-elle dire ? murmura Julia. De quoi parle-t-elle ?

Paul se contenta de faire signe qu'il n'était pas au courant, mais la tension qu'il éprouvait monta d'un cran.

— Lorsqu'on m'a annoncé le diagnostic, les pronostics, tous ces mots en ic, j'ai connu toute la gamme d'émotion qu'on connaît dans ce genre de situation. Le refus, la colère, le désespoir… Vous savez, s'entendre dire qu'on a moins d'un an à vivre, encore moins que cela à vivre normalement, c'est une expérience terrible. J'avais besoin d'agir, de ne pas subir passivement… J'avais besoin de célébrer la vie, je présume. Ma vie. C'est ainsi que j'ai eu l'idée d'écrire ma biographie. De dire qui j'étais exactement, ce que j'avais fait, non seulement pour le public toujours avide de révélations, mais pour moi. Et j'ai voulu que ce soit ma fille, une part de moi-même, qui l'écrive.

Eve se pencha vers la caméra, le regard soudain plus intense.

— Julia, je sais combien tu étais en colère lorsque je t'ai dit que tu es ma fille. Crois-moi, je comprends que tu puisses me détester. Je ne me cherche pas d'excuses. J'espère seulement que depuis, maintenant que tu regardes cette cassette, nous sommes parvenues à nous comprendre un peu mieux. Quand je t'ai fait venir, j'ignorais combien tu allais compter pour moi, combien Brandon…

Elle secoua la tête, tira une longue bouffée de sa cigarette.

— … Allez, je n'ai pas l'intention de me lamenter. Des pleurs et des grincements de dents, j'espère qu'il y en aura beaucoup à l'annonce de ma mort ! Lorsque tu regarderas cette cassette, Julia, il y en aura déjà eu suffisamment ! Cette horloge dans mon cerveau…

Un sourire effleura ses lèvres tandis qu'elle massait sa tempe.

— … Il me semble vraiment l'entendre égrener les secondes. Elle m'a obligée à regarder ma mort en face. Mes erreurs et mes responsabilités également. Je suis déterminée à quitter ce monde sans regrets. Si nous ne nous sommes pas réconciliées d'ici là, Julia, il me restera au moins la consolation de savoir que nous avons été amies pendant un temps. Et je sais également que tu écriras le livre. Bon… Si tu as hérité de mon entêtement, il se peut que tu ne veuilles plus jamais me parler. Aussi ai-je pris la précaution d'enregistrer le reste de ce que j'ai à dire. Je suis quasiment certaine de n'avoir rien oublié d'important.

Eve écrasa sa cigarette, sembla mettre quelques secondes à retrouver le fil de ses pensées.

— Paul, inutile que je te dise l'importance que tu as eue pour moi. Pendant vingt-cinq ans, tu m'as donné l'amour que je ne méritais pas toujours. Tu seras en colère, je le sais, que je ne t'aie rien dit de ma maladie. C'est peut-être égoïste de ma part, mais une tumeur incurable est une affaire très personnelle. Vois-tu, je voulais profiter du temps qui me restait sans que les autres m'observent, soient aux petits soins, se fassent du souci. Maintenant, je veux que tu ne te souviennes que d'une seule chose : rappelle-toi combien nous nous sommes amusés. Tu as été le seul homme dans ma vie qui ne m'ait jamais causé le moindre chagrin… Le tout dernier conseil que je te donnerai, c'est celui-ci : si tu aimes Julia, ne la laisse pas se sauver loin de toi. Oh, elle essaiera, sans doute. Sachez aussi, tous les deux, que je vous ai laissé le plus gros de ma fortune pas seulement parce que je vous aime, mais parce que cela va vous compliquer la vie. Parce que cela va vous obliger à avoir affaire l'un à l'autre pendant pas mal de temps.

Les lèvres d'Eve tremblèrent une seule fois. Elle reprit aussitôt le contrôle. Ses yeux brillaient de larmes. Des yeux plus verts que jamais.

— Et tâchez de me faire d'autres petits-enfants, tous les deux ! Je veux savoir que vous avez trouvé ce qui m'a toujours échappé : l'amour. Celui qu'on ne se contente pas de célébrer dans l'ombre mais qui peut vivre au grand jour. Julia, tu as été l'enfant que j'aimais, mais que je n'ai pas pu garder. Paul, tu as été l'enfant qu'on m'a donné et qu'on m'a permis d'aimer. Ne me décevez pas.

Elle rejeta la tête en arrière, leur adressa un dernier et beau sourire.

— Et ce ne serait pas mal si vous donniez mon nom à la première fille.

La bande se brouilla soudain. Eve avait disparu. Julia but une longue gorgée de whisky avant de pouvoir parler.

— Elle était sur le point de mourir. Pendant tout ce temps, elle était sur le point de mourir.

D'un geste sec, Paul éteignit la cassette. Eve avait raison. Il était en colère, furieux.

— Elle n'avait pas le droit de me cacher ça.

Les poings serrés, il se leva d'un bond, se mit à arpenter la pièce.

— J'aurais pu l'aider. Il existe des spécialistes, des médecines parallèles, des guérisseurs même…

Il s'immobilisa, passa une main lasse dans ses cheveux, se rendant soudain compte de ce qu'il était en train de dire. Eve était morte…

… Mais ce n'était pas une tumeur au cerveau qui l'avait tuée.

— Ça n'a plus d'importance, n'est-ce pas ? Elle a

enregistré cette cassette pour que nous la regardions après qu'elle se serait éteinte tranquillement dans un lit d'hôpital. Et au lieu de cela…

Et tandis qu'il parlait, l'image revint le hanter : Eve, morte, étendue sur le tapis ensanglanté.

— Si, cela a de l'importance, dit Julia. Tout a de l'importance.

Elle posa son verre, se leva.

— J'aimerais parler à son médecin.

— A quoi bon ?

— J'ai un livre à écrire.

Paul fit un pas vers elle et s'immobilisa. Il était bien trop en colère pour prendre le risque de l'approcher.

— Tu peux penser à ça, maintenant ?

Elle lut de l'amertume dans ses yeux, elle la sentit dans sa voix. Comment lui expliquer qu'écrire ce livre, lui donner toute son importance, était le seul moyen pour elle de payer Eve de retour ? De ne pas être ingrate — pas pour l'héritage, mais pour la vie qu'elle lui avait donnée.

— Oui, je dois y penser, répondit-elle.

— Bien.

Il sortit une cigarette, l'alluma lentement.

— Si ce livre est publié avant la fin de l'année, tu vas tripler les ventes ! Une morte… Et quelle morte ! Eve Benedict ! Ce sera le coup éditorial du siècle.

Le visage de Julia se figea sous l'insulte.

— Oui, répondit-elle avec froideur. C'est exactement ce que j'espère.

Ce qu'aurait pu dire Paul, les mots cinglants qu'il sentait monter dans sa gorge, tout cela fut ravalé. On venait de frapper un coup sec à la porte, et il se détournait pour répondre.

Julia se décomposa. Elle lutta de toutes ses forces pour ne pas s'écrouler.

— Frank… ?

— Désolé, Paul, je sais que c'est une journée difficile.

Frank demeura sur le seuil. Signe que sa visite était officielle, il n'entra pas, attendit qu'on l'y invite.

— Travers m'a dit que Mme Summers et toi vous trouviez ici.

— Nous sommes occupés. Ça ne peut pas attendre ?

— Je crains que non.

Frank jeta un coup d'œil par-dessus l'épaule de Paul et baissa la voix.

— J'agis déjà en dehors des règles, Paul. Je vais essayer d'être le moins procédurier possible, mais la situation ne se présente pas très bien.

— Tu as une piste ?

Frank enfonça les mains dans ses poches.

— Oui, on peut dire ça. Il faut que je lui parle et j'aimerais autant que ça se fasse en une seule fois.

Paul sentit une brusque tension dans sa nuque, une sensation désagréable qui lui donna envie de fermer la porte, de repousser Frank. Mais ce dernier secoua la tête en le voyant hésiter, et déclara, comme s'il avait deviné les pensées de son ami :

— N'empêche rien. Tu ne ferais qu'aggraver les choses.

Julia avait recouvré un calme apparent. Elle se tourna, salua Frank.

— Lieutenant Needlemeyer…

— Madame Summers… Je suis désolé, mais je vais avoir besoin de vous poser quelques questions.

A ces mots, elle se sentit de nouveau vaciller, mais elle se contenta de répondre :

— Très bien…

— Vous allez devoir venir au commissariat.

— Au commissariat, vraiment… ?

— Oui.

Il sortit une carte de sa poche.

— J'ai l'obligation de vous lire vos droits, mais auparavant je vous conseille d'appeler un avocat. Un très bon avocat.

28

C'était exactement comme si elle avait été prisonnière d'un épouvantable labyrinthe. Chaque fois qu'elle croyait avoir trouvé la sortie, elle trébuchait, venait buter contre un mur, dans une impasse…

Julia fixait le grand miroir de la salle d'interrogatoire. Elle s'y voyait, vêtue de son tailleur de deuil noir, le visage trop pâle, assise sur la chaise de bois à l'unique table de la pièce. Elle voyait aussi la fumée de cigarette monter vers le plafond en une brume bleue, et les trois tasses contenant un café amer à l'odeur comme au goût, et les deux hommes en bras de chemise qui lui faisaient face.

Elle se regarda.

Quelle femme était-elle ? Quelle femme croiraient-ils ?

Elle savait qu'il y avait d'autres visages derrière le miroir sans tain. D'autres yeux qui la fixaient eux aussi, tentaient de voir en elle.

Ils lui avaient donné un verre d'eau mais elle semblait ne rien pouvoir avaler. Ils surchauffaient volontairement la salle — plusieurs degrés de trop. Elle avait la peau moite sous son tailleur et elle sentait l'odeur de sa propre peur. Parfois, sa voix se mettait à trembler mais elle luttait pied à pied contre la tension qui la gagnait.

Ils étaient si obstinés, d'une patience tenace. Et polis, tellement polis.

Madame Summers, vous avez bien menacé Eve Benedict de la tuer ?

Saviez-vous qu'elle avait modifié son testament, madame Summers ?

Madame Summers, Eve Benedict n'est-elle pas venue vous rendre visite le jour du meurtre ? Vous êtes-vous disputées de nouveau ? Avez-vous perdu votre sang-froid ?

Combien de fois déjà avait-elle répondu à ces questions ? Ils n'en tenaient pas compte, insistaient, l'obligeaient de nouveau à répondre.

Elle avait perdu toute notion de temps. Etait-elle enfermée dans cette petite pièce sans fenêtre depuis une heure ? où une journée ? Son esprit flottait, s'évadait quand la tension était trop pénible à supporter.

... Brandon avait-il bien mangé ?... Il fallait qu'elle l'aide à réviser sa géographie, il avait une interrogation...

Tandis que son esprit se livrait à ces retours à la vie simple, ordinaire, elle continuait de répondre aux hommes assis en face d'elle.

Oui, elle s'était disputée avec Eve. Oui, elle était en colère et très contrariée. Non, elle ne se souvenait pas exactement de ce qu'elle avait dit. Elles n'avaient jamais discuté ensemble des modifications de son testament. Non, jamais. Oui, il se pouvait qu'elle ait touché l'arme du crime. Il lui était difficile de se souvenir avec exactitude. Non, elle n'était pas au courant des détails du testament d'Eve. Oui, oui, la porte était fermée à clé lorsqu'elle était arrivée chez elle. Non, elle ne savait pas si quelqu'un l'avait vue après qu'elle eut franchi la grille.

Inlassablement, elle revenait sur ses moindres faits et

gestes le jour du crime, avançant avec précaution dans le labyrinthe, marchant sur ses propres traces.

Julia s'efforça d'isoler son esprit de son corps pendant la procédure de fichage. Elle regarda droit devant elle quand on le lui ordonna, cligna des yeux à cause du flash lorsqu'on prit sa photo pour les fiches, se mit ensuite de profil.

Ils lui avaient pris ses bijoux, son sac, sa dignité. Elle n'avait plus que les lambeaux de son orgueil auxquels se raccrocher.

Ils la conduisirent dans la cellule où il lui faudrait attendre que sa caution soit fixée et réglée. Meurtre, songea-t-elle, prise de vertige. Ils l'avaient inculpée pour meurtre au second degré. Elle avait dû faire un sacré faux pas dans le labyrinthe.

Au bruit métallique des portes de la cellule, la panique s'empara d'elle. Elle faillit crier, se mordit la lèvre et sentit soudain le goût du sang dans sa bouche. Oh, mon Dieu, ne me mettez pas là-dedans. Ne m'enfermez pas dans cette cage.

Oppressée, elle s'assit sur le banc, croisa les mains sur ses genoux, s'efforçant de tenir bon. Elle était certaine que l'air n'entrait pas dans la cellule…

Quelqu'un jurait à côté, débitant un long chapelet d'obscénités. Elle entendait les plaintes des drogués, les invectives des prostituées. On pleurait doucement quelque part, sanglots pitoyables qui se répercutaient inlassablement à travers les cellules.

Il y avait un évier fixé au mur, face au banc, pourtant elle avait peur de l'utiliser. Elle sentait monter la nausée mais elle préférait la ravaler plutôt que d'aller se pencher sur cet évier souillé.

Elle ne serait pas malade. Elle ne craquerait pas.

Mais combien de temps la presse mettrait-elle à s'emparer de la nouvelle ? Elle voyait déjà les gros titres…

LA FILLE D'EVE BENEDICT ARÊTÉE
POUR LE MEURTRE DE SA MÈRE
LA VENGEANCE D'UNE ENFANT ABANDONNÉE
LE SECRET QUI A TUÉ EVE

Eve se serait-elle félicitée de toute cette publicité… ?

Julia pressa la main sur sa bouche pour étouffer une brusque et nerveuse envie de rire. Non, malgré son art consommé de la manipulation, son talent pour manœuvrer les gens, Eve n'aurait pu prévoir et imaginer pareille ironie…

Ses mains se mirent à trembler. Elle se blottit dans l'angle où était fixé le banc, puis posa la tête sur ses genoux repliés. Et elle ferma les yeux.

Meurtre. Le mot ne cessait de résonner. Le souffle lui manqua soudain. Dans sa tête, la scène se déroulait telle qu'on la lui avait décrite dans la salle d'interrogatoire…

… La dispute avec Eve… La fureur qui montait en elle… Elle se saisissait du tisonnier de cuivre. Elle frappait une fois… Un coup abominable. Il y avait du sang. Plein de sang partout. Elle poussait un cri tandis qu'Eve s'écroulait à ses pieds.

— Summers.

Julia leva brusquement la tête. Les yeux hagards, elle cilla. S'était-elle endormie ? Tout ce qu'elle savait, c'est qu'elle était réveillée, à présent, et toujours dans cette cellule. Mais la porte était ouverte. Et le gardien se tenait sur le seuil.

— Vous êtes en liberté sous caution.

***

Paul n'eut qu'une envie en l'apercevant : courir vers elle et la serrer dans ses bras. Mais un seul regard lui suffit pour se rendre compte qu'elle risquait de se briser comme du verre entre ses mains. Plus que de réconfort, c'était de force qu'elle avait besoin.

— Prête ? dit-il, glissant la main dans la sienne.

Elle sortit sans rien dire. Dehors, ce fut un choc. Elle ne s'attendait pas à ce qu'il fasse encore jour. Des files de voitures ramenaient les gens chez eux après leur journée de travail. Quelques heures auparavant — quelques heures seulement —, dans la lumière bleue du matin, ils avaient enterré Eve. Et maintenant, elle était accusée de l'avoir tuée.

— Brandon ?

Il la prit par le bras lorsqu'elle vacilla, mais elle continua de marcher comme si elle ne se rendait pas compte de sa faiblesse.

— Ne t'inquiète pas, CeeCee s'occupe de tout. Il peut passer la nuit chez elle, à moins que tu ne préfères aller le chercher.

Mon Dieu, comme elle avait envie de le voir. De le serrer dans ses bras. De respirer son odeur. Mais elle se souvint du reflet que lui avait renvoyé le miroir, lorsqu'on l'avait libérée : elle était pâle, elle avait les yeux cernés. Elle avait l'air traqué.

— Je ne veux pas qu'il me voie avant que j'aie… Plus tard.

Désorientée, elle s'arrêta près de la voiture de Paul. C'était étrange, songea-t-elle, à présent qu'elle était dehors, sortie de cette cage, elle ne savait plus par quoi commencer.

— Il faudrait… il faudrait que je l'appelle. Je vais avoir besoin de lui expliquer… d'une certaine manière.

Elle vacilla de nouveau. Il la rattrapa, l'installa dans la voiture.

— Tu peux l'appeler plus tard.

— Plus tard, répéta-t-elle avant de fermer les yeux.

Elle ne dit plus rien. Il espérait qu'elle s'était endormie. Mais en conduisant, il remarqua la façon dont sa main posée sur ses genoux se crispait par moments. Il s'était préparé à la voir pleurer, à ce qu'elle soit outrée, furieuse — pas à faire face à cette extrême fragilité.

Lorsqu'elle huma l'odeur de la mer, elle ouvrit les yeux. Elle se sentait comme droguée, comme si elle se réveillait d'une longue maladie.

— Où allons-nous ?

— A la maison.

Elle semblait avoir du mal à s'accrocher à la réalité.

— Chez toi ?

— Oui. Tu y vois un inconvénient ?

Lorsqu'il la regarda, elle s'était détournée et il ne put voir son visage. Il freina trop brusquement en s'arrêtant devant la maison et ils firent tous deux un bond en avant. Il descendit pour aller lui ouvrir la portière mais elle était déjà sortie.

— Dis-moi où tu voudrais aller.

— Je n'ai nulle part où aller.

Le regard blessé, elle se tourna vers lui.

— Ni personne vers qui aller. Je ne croyais pas que tu… tu m'emmènerais ici. Que tu voudrais de moi ici. Ils pensent que je l'ai tuée, Paul.

Ses mains tremblaient si violemment qu'elle laissa échapper son sac. Elle s'accroupit pour le ramasser mais n'eut pas la force de se relever.

— Ils pensent que je l'ai tuée, répéta-t-elle.

— Julia…

Il tendit la main pour l'aider mais elle s'écarta.

— Non, s'il te plaît. Ne me touche pas. Je ne suis pas

certaine de pouvoir conserver le peu de fierté qu'il me reste si tu me touches.

— Et alors ?

Il se pencha vers elle, la souleva dans ses bras. Les premiers sanglots secouèrent son corps tandis que Paul l'emmenait à l'intérieur.

— Ils m'ont mise dans une cellule. Ils n'ont cessé de me poser des questions et ils m'ont mise dans une cellule. Ils ont fermé la porte à clé et ils m'ont laissée là. Je ne pouvais pas respirer, là-dedans.

Paul se sentait tendu, mais il murmura tout de même des paroles rassurantes.

— Tu as besoin de t'allonger un moment. De te reposer.

— Je ne cessais de penser à elle étendue, devant la cheminée. Ils supposent que c'est moi qui lui ai fait ça. Mon Dieu, ils vont m'enfermer de nouveau. Que va-t-il advenir de Brandon ?

— Ils ne t'enfermeront pas.

Il l'aida à s'asseoir sur le lit, prit son visage entre ses mains.

— Ils ne te remettront pas dans une cellule. Tu dois le croire.

Elle aurait voulu le croire, mais elle était envahie par le souvenir aigu de l'espace minuscule, des barreaux, de l'emprisonnement…

— Ne me laisse pas seule. Je t'en prie.

Elle agrippa ses mains. Les larmes lui brûlaient les yeux.

— Fais-moi l'amour. S'il te plaît.

Elle attira son visage vers le sien, sa bouche vers la sienne.

— S'il te plaît.

Plutôt que du réconfort, des paroles rassurantes, de la douceur — impuissants à apaiser son désespoir — elle avait besoin de passion. De passion violente, fulgurante, immédiate. C'était le seul moyen de vider son esprit, de combler son corps. Ses mains cherchèrent Paul avidement. Les yeux encore brillants de larmes d'angoisse et de peur, elle se cambra contre lui, se mit à lui ôter fébrilement ses vêtements.

Ils n'échangèrent pas un seul mot. Elle ne voulait pas. Même les plus doux l'auraient obligée à penser. Et pendant ce court moment, elle ne voulait être que sensations brutes.

Alors, Paul oublia aussitôt tout besoin de la rassurer. La peur s'était exilée du corps de la femme qui roula sur le lit avec lui. Sa bouche exigeante, ses doigts fébriles faisaient surgir le plaisir dans tout son être. Aussi enfiévrée qu'elle, il lui arracha ses vêtements, impatient de la retrouver. De retrouver sa peau chaude, moite, frémissante ; l'odeur de son désir, le parfum troublant de la féminité.

La lumière entrait à flots dans la pièce, colorée de l'annonce du couchant. Julia se redressa. Son visage n'était plus pâle mais enflammé par le désir. Elle emprisonna les poignets de Paul, amena ses mains sur ses seins. Puis, la tête renversée en arrière, elle le prit en elle, profondément, totalement.

Son corps se figea, parcouru d'un long frisson, tandis que la jouissance la traversait. Le regard plongé dans celui de Paul, elle lui prit la main, lui embrassa les doigts. Puis, avec une violence désespérée, elle lui fit l'amour comme si sa vie même en dépendait.

Epuisée, elle dormit une heure d'un sommeil sans rêves. Puis, la réalité s'insinua progressivement en elle et elle se réveilla brusquement. Etouffant un cri d'angoisse, elle s'assit dans le lit. Elle était persuadée de se trouver encore dans cette cellule. Seule. Enfermée à double tour.

Paul se leva du fauteuil où il s'était installé pour l'observer. Il s'approcha du lit, prit sa main.

— Je suis là.

Il fallut quelques instants à Julia pour reprendre son souffle.

— Quelle heure est-il ?

— Il est encore très tôt. Je m'apprêtais justement à descendre pour cuisiner quelque chose pour dîner.

Elle allait protester. Il prit son visage entre ses mains.

— Tu as besoin de manger.

Evidemment. Elle avait besoin de manger, de dormir, de marcher et de respirer. De faire toutes ces choses normales pour se préparer à ce qui ne l'était pas. Et ce n'était pas tout…

— Paul, il faut que je parle à Brandon.

— Ce soir ?

Saisie d'une brusque envie de pleurer, elle se détourna vers la fenêtre, le grondement des vagues.

— J'aurais dû aller le voir directement, mais je n'étais pas certaine d'avoir le courage de lui parler. J'ai peur qu'il n'apprenne la nouvelle par hasard, en entendant parler les gens, ou en allumant la télévision. Je dois lui expliquer ce qu'il en est moi-même.

— Je vais appeler CeeCee. Si tu prenais une bonne douche chaude et deux aspirines ? Je t'attendrai en bas.

Julia remonta doucement les draps tandis qu'il gagnait la porte.

— Paul… merci. Pour ça, et pour avant.

Il s'adossa au chambranle, croisa les bras, le sourcil levé.

— Serais-tu en train de me remercier d'avoir fait l'amour avec toi, Jules ? dit-il de ce ton anglais tellement distingué et légèrement amusé qu'elle connaissait si bien.

Mal à l'aise, elle eut un haussement d'épaules.

— Oui.

— Dans ce cas, laisse-moi te dire qu'il n'y a pas de quoi. Ne te gêne surtout pas pour faire appel à moi. A n'importe quel moment.

Et tandis qu'il descendait l'escalier, elle se surprit à faire ce qu'elle n'imaginait plus possible : sourire.

La douche lui fit du bien, ainsi que les quelques bouchées d'omelette qu'elle parvint à avaler. Paul n'attendait pas d'elle qu'elle lui fasse la conversation et elle lui en fut reconnaissante. Apparemment, il comprenait parfaitement qu'elle ait besoin de réfléchir à ce qu'elle allait dire à son fils. Comment allait-elle pouvoir expliquer à son petit garçon que sa mère était accusée de meurtre… ?

Elle arpentait le salon lorsqu'elle entendit la voiture. Les mains crispées, elle se tourna vers Paul.

— Je crois que ce serait mieux si…

— Si tu lui parlais seule. Je serai dans mon bureau. Et ne me remercie pas de nouveau, ajouta-t-il lorsqu'elle ouvrit la bouche. Ça risque d'être beaucoup plus difficile pour toi, cette fois.

Paul grimpa l'escalier, jurant entre ses dents.

Rassemblant tout son courage, Julia ouvrit la porte. Brandon était là, son petit sac à dos en bandoulière et il lui souriait. Il parvint à se retenir de lui raconter tout ce qu'il avait fait dans sa journée. Il se souvenait de ce qu'elle avait fait, elle : elle était allée à un enterrement et son regard était triste.

Derrière lui, CeeCee tendit la main, la posa sur le bras de Julia. Ce petit geste de réconfort, de confiance, lui fit venir les larmes aux yeux.

— Appelez-moi, dit CeeCee. Si vous avez besoin de quoi que ce soit.

— Je… merci.

— N'hésitez pas, insista CeeCee.

D'un geste affectueux, elle ébouriffa les cheveux de Brandon.

— A bientôt, toi.

— Au revoir, dit Brandon. Dis à Dustin qu'on se retrouve à l'école.

— Brandon…, commença Julia.

Oh, mon Dieu, songea-t-elle. Elle qui se croyait prête ! Mais il la regardait, avec son petit visage si enfantin, tellement confiant. Elle referma la porte, l'entraîna vers la terrasse.

— Viens ici une minute.

Brandon savait tout de la mort. Sa maman lui avait tout expliqué lorsque ses grands-parents étaient morts. Les gens s'en allaient, montaient dans les cieux comme les anges et tout le bazar. Parfois ils étaient très malades ou ils avaient un accident. Ou ils étaient découpés en rondelles comme les enfants dans la vidéo *Halloween* que Dustin et lui avaient regardée en cachette, un soir, quand tout le monde les croyait couchés.

Il n'aimait pas beaucoup y penser, mais il se doutait que sa maman allait encore lui en parler.

Elle tenait sa main. Elle la serrait très fort. Et elle fixait l'obscurité, là où l'on distinguait à peine l'écume blanche qui roulait sur le sable. Les lumières étaient éclairées dans la maison, derrière eux…

— C'était une dame très gentille, commença Brandon. Elle me parlait souvent, de l'école et de tas d'autres choses. Et elle riait toujours à mes blagues. Je regrette qu'elle ait dû mourir.

— Oh, Brandon, moi aussi.

Julia poussa un long soupir.

— C'était une personne très importante et tu vas

entendre dire beaucoup de choses à son sujet, à l'école, à la télévision, dans les journaux.

— Ils disent que c'était une déesse, mais c'était une vraie personne.

— Oui, c'était une vraie personne. Et les vraies personnes font des choses, elles prennent des décisions, commettent des erreurs. Elles tombent amoureuses, aussi.

Brandon se tortilla. Julia savait qu'il était à l'âge où entendre parler d'amour met mal à l'aise. D'ordinaire, la réaction de son petit garçon l'aurait fait sourire.

— Eve est tombée amoureuse, il y a longtemps. Et elle a eu un bébé. La situation n'a pas pu trop bien s'arranger avec l'homme qu'elle aimait et elle a dû faire ce qu'elle pensait être le mieux pour le bébé. Il y a beaucoup de gens très bien qui ne peuvent pas avoir de bébés eux-mêmes.

— Ils en adoptent, comme grand-mère et grand-père t'ont adoptée.

— Exactement. J'aimais tes grands-parents et ils m'aimaient. Et toi aussi, ils t'aimaient.

Julia s'accroupit, prit entre ses mains le petit visage de Brandon.

— Mais j'ai découvert, il y a seulement quelques jours, que ce bébé que Eve avait fait adopter… c'était moi.

Il ne recula pas, ne fut pas choqué. Il secoua la tête comme s'il tentait d'y voir clair, de démêler le sens de ces paroles.

— Tu veux dire que Miss B était ta vraie maman ?

— Non. Ta grand-mère était ma vraie maman, la personne qui m'a élevée, aimée, qui s'est occupée de moi. Mais Eve était la femme qui m'a mise au monde. Elle était ma mère biologique.

Julia poussa un soupir, passa la main dans les cheveux de son fils.

— Ta grand-mère biologique. Tu es devenu très important

pour elle dès l'instant où elle a fait ta connaissance. Elle était fière de toi et je sais qu'elle aurait aimé avoir le temps de te dire tout cela elle-même.

Les lèvres de Brandon se mirent à trembler.

— Comment ça se fait, si tu étais son bébé, qu'elle ne t'ait pas gardée ? Elle avait une grande maison, de l'argent, tout ce qu'il fallait.

— L'argent et une grande maison ne font pas tout, Brandon. Il existe des raisons, des raisons très importantes, qui peuvent amener quelqu'un à prendre ce genre de décision.

— Tu ne m'as pas abandonné, toi.

— Non.

Elle posa la joue contre celle de son enfant et l'amour fut là, aussi fort, solide, que lorsqu'elle portait encore Brandon en elle, lorsqu'il grandissait en elle.

— Ce qui est valable pour une personne ne l'est pas forcément pour une autre. Elle a fait ce qu'elle croyait être bien, Brandon. Comment pourrais-je lui en vouloir ? Cela m'a permis d'avoir ton grand-père et ta grand-mère.

Julia posa les mains sur les épaules de son fils.

— Je te dis tout cela aujourd'hui parce qu'on va raconter beaucoup de choses. Je veux que tu saches que tu n'as pas à avoir honte de quoi que ce soit, que tu n'as rien à regretter. Tu peux être fier qu'Eve Benedict ait été ta grand-mère.

— Je l'aimais beaucoup.

— Je sais.

Julia sourit, le conduisit vers le banc installé le long de la rembarde.

— Ce n'est pas tout, Brandon, et ça va être très difficile. J'ai besoin que tu sois courageux et que tu me fasses confiance si je te dis que tout ira bien.

Elle attendit, le regard plongé dans celui du petit, jusqu'à ce qu'elle soit certaine de pouvoir parler calmement.

— La police pense que j'ai tué Eve.

Il n'eut même pas un mouvement de surprise. Mais son regard s'emplit de colère. Sa petite bouche se pinça.

— C'est stupide.

Le soulagement envahit Julia. Elle rit, étreignit son fils.

— Oui, tu as raison. C'est stupide.

— Tu n'es même pas capable de tuer une araignée. Je peux le leur dire, moi.

— Ils découvriront la vérité. Cela risque toutefois de prendre un peu de temps. Il se peut même que je passe en jugement.

Brandon se blottit contre elle.

— Comme à la télé, dans le Juge Wapner ?

Lorsqu'il se mit à trembler, elle le berça, ainsi qu'elle le faisait quand il était bébé.

— Pas tout à fait. Mais je ne veux pas que tu te fasses de souci. Parce qu'ils finiront par trouver le coupable.

— Pourquoi on ne part pas, pourquoi on ne rentre pas tout simplement à la maison ?

— C'est ce que nous ferons. Lorsque tout sera fini.

Julia le serra très fort dans ses bras.

— Je te le promets.

Dans sa chambre — où il s'était réfugié pour boire et ruminer sur son sort —, Drake s'apprêtait à passer un coup de fil. Il était sacrément content que cette garce de Julia soit dans les ennuis jusqu'au cou. Rien ne pouvait lui faire davantage plaisir que de voir sa « cousine » coffrée pour meurtre.

Mais, même une fois Summers éliminée, un obstacle se dressait encore entre lui et l'argent : Paul. N'existait-il donc aucun moyen de casser ce testament, aucun moyen de récupérer l'héritage pour lequel il avait tant travaillé ?

En tout cas, il y avait toujours moyen de tirer son épingle du jeu. Et il avait prévu le coup.

Il but à même la bouteille de vodka, composa le numéro de téléphone, et sourit lorsqu'on décrocha.

— C'est Drake, dit-il sans préambule. Il faut que nous fassions un petit marché, vous et moi… Pourquoi ? Eh bien, c'est très simple. Je dispose d'informations que vous allez sûrement me demander de garder pour moi. Par exemple, votre petite visite dans la maison de ma chère cousine Julia… Oh, et un autre fait qui pourrait beaucoup intéresser la police. Pourquoi le système de sécurité était-il débranché le jour où Eve a été assassinée… Comment je le sais ?

Il sourit de nouveau, comptant déjà l'argent qu'il allait ramasser.

— Je sais toutes sortes de choses. Je sais que Julia se trouvait dans le jardin, ce jour-là. Je sais que quelqu'un d'autre est entré dans le pavillon des invités, où Eve attendait — et que cette personne est ressortie seule. Toute seule.

Il écouta, souriant aux anges. Nom de Dieu, quel bonheur de maîtriser de nouveau la situation !

— Oh, je suis certain que vous avez des tas de raisons à avancer, des tas d'explications. Vous pourrez les fournir aux flics. Ou… vous pouvez me convaincre de tout oublier. Un demi-million de dollars. Pour l'instant… Raisonnable ? s'exclama-t-il en riant. Croyez-moi, je vais l'être. Je vous donne une semaine pour rassembler la somme. Une semaine à compter de ce soir. Disons minuit. Ça sonne bien. Vous l'apporterez ici. La totalité de la somme ou je file directement voir la police pour sauver ma pauvre cousine.

Il raccrocha, puis décida d'ouvrir son petit carnet noir, et d'y sélectionner une fille. Il avait envie de fêter ça.

Rusty Haffner cherchait lui aussi un moyen de toucher le gros lot. Toute sa vie, il avait tenté sa chance, et bien qu'il ait plus souvent perdu que gagné, il se sentait quand même encore dans la course. Dès le lycée terminé, son père l'avait contraint de s'engager dans les Marines. Il avait joué serré, réussissant de justesse à venir à bout de son engagement sans se faire virer comme un malpropre.

Mais il avait appris à balancer du « Yes, Sir ! », à lécher le cul des gens qui comptent et à se tenir à l'écart des ennuis.

Son boulot actuel l'ennuyait et il l'aurait volontiers laissé tomber… Si la paye n'avait pas été aussi juteuse. Parce que six cents dollars par semaine pour surveiller une femme, ça se refuse difficilement.

Mais à présent, ce vieux Rusty se demandait s'il n'était pas possible de mettre un peu plus de beurre dans les épinards.

Installé devant la télévision avec un yaourt à la myrtille, il regardait le journal de 23 heures. Il y avait tout ce qu'il fallait pour servir son plan. La ravissante Julia Summers qu'il filait depuis des semaines. C'était pas croyable de découvrir qu'elle était la fille d'Eve Benedict ! Et qu'en plus, elle était suspect numéro un dans le meurtre ! Mais le plus intéressant pour Rusty P. Haffner, c'était qu'elle allait hériter du gros d'une fortune que la rumeur évaluait à plus de cinquante millions de dollars.

Une jolie petite nana comme Summers serait certainement reconnaissante envers qui l'aiderait à se sortir de ce pétrin. Une reconnaissance qui se chiffrerait certainement à plus de six cents dollars la semaine. Une reconnaissance suffisante, s'imaginait Haffner en léchant sa cuillère, pour mettre un gars comme lui définitivement à l'abri du besoin.

Son client actuel risquait de ne pas apprécier, et de faire quelques vagues. Mais pour… disons deux millions cash, Rusty ferait face.

29

En sueur, revigoré, et content de vivre, Lincoln Hathoway entra dans la cuisine, de retour de son jogging matinal. La cafetière Krupps venait juste de se mettre en route et il jeta un coup d'œil à sa montre. 6 h 25. Pile à l'heure.

S'il était une chose sur laquelle Lincoln Hathoway et Elisabeth, son épouse depuis quinze ans, étaient d'accord, c'était bien l'ordre. Leur vie se passait tout en douceur. Il lui plaisait d'être l'un des avocats en affaires criminelles les plus respectés de la côte Est et il lui plaisait, à elle, d'être l'épouse d'un homme qui avait réussi. Ils avaient deux enfants intelligents et très bien élevés qui n'avaient connu que la richesse et la stabilité.

Certes, dix ans auparavant, ils avaient traversé une période difficile, mais ils en étaient sortis sans que cela laisse de traces. Et si, au fil des années, s'était installée une routine qui confinait à la fade monotonie, il n'y trouvait rien à redire.

Comme d'habitude, Lincoln sortit du placard la chope où l'on pouvait lire : « Méfiez-vous des avocats, ce sont tous des baratineurs ! », cadeau rigolo que lui avait fait sa fille Amélia pour ses quarante ans. Il buvait toujours seul sa première tasse de café de la journée en regardant le journal, et avant d'aller prendre sa douche.

« J'ai la bonne vie », songea-t-il en allumant la télévision.

Au même moment qu'apparaissait l'image, le présentateur annonçait un rebondissement dans l'enquête sur le meurtre d'Eve Benedict.

Au même moment aussi, la chope que tenait Lincoln lui échappa des mains et se brisa. Le café colombien, noir et chaud, se répandit sur les carreaux blancs étincelants.

— Julia…

Il murmura son nom, puis tendit la main vers une chaise pour s'asseoir.

Julia était assise, seule, recroquevillée dans un coin du canapé. Le bloc sur lequel elle avait essayé d'écrire pendait de ses mains. Elle s'était dit qu'il fallait dresser une liste, inscrire ses priorités, ce qu'il y avait à faire.

Elle avait besoin d'un avocat, bien sûr. Le meilleur qu'elle puisse s'offrir. Besoin aussi, autrement dit, de prendre une seconde hypothèque sur la maison. Voire, la vendre. L'argent d'Eve — si elle avait seulement songé à l'utiliser —, ne pouvait lui être d'aucun secours. Car tant qu'elle était suspectée de meurtre, elle ne pouvait rien toucher.

Les héritages… Elle avait toujours trouvé cela très délicat. Encore plus aujourd'hui.

Il fallait qu'elle prenne des dispositions pour Brandon. Pour qu'on s'occupe de lui pendant le procès. Et après, si… — mais ce n'était pas le moment de penser au « si… ». Elle n'avait pas de famille. En revanche, elle avait des amis dont beaucoup avaient déjà essayé de la joindre. A qui pouvait-elle confier son fils ?

Elle butait sur cette question.

Et elle ne pouvait rien faire d'autre que de lui chercher une improbable réponse.

Régulièrement, le téléphone sonnait. Elle entendait le répondeur se mettre en route et la voix de Paul informer le correspondant. En plus des journalistes, il y avait ceux qui s'inquiétaient. CeeCee, Nina, Victor. Mon Dieu, Victor. Lorsqu'elle entendit sa voix, elle ferma les yeux. Savait-il ? Se doutait-il de quelque chose ? Que pouvaient-ils se dire désormais, sans se causer davantage de chagrin encore ?

Elle était partagée entre l'envie de voir Paul rentrer, et celle de rester seule le plus tard possible. Il lui avait seulement dit qu'il avait des choses à faire. Il n'avait donné aucune précision et elle ne lui en avait pas demandé.

Et il avait lui-même conduit Brandon à l'école.

Brandon. Il fallait qu'elle prenne des dispositions pour Brandon.

Lorsque le téléphone sonna de nouveau, elle voulut l'ignorer. Mais ce fut le ton urgent de la voix qui attira son attention. Et quand elle identifia le correspondant, elle resta interdite.

— Julia, s'il te plaît, appelle-moi dès que possible. J'ai annulé tous mes rendez-vous pour la journée et je reste chez moi. Je viens juste d'entendre la nouvelle. Je t'en prie, contacte-moi. Je ne peux pas te dire comment… Il faut que tu m'appelles. Mon numéro ici est le…

Lentement, a peine consciente de s'être levée et d'avoir traversé la pièce, Julia décrocha.

— Lincoln, c'est Julia.

— Oh, merci, mon Dieu ! Je n'étais pas certain qu'ils m'aient donné le bon numéro. J'ai vraiment fait jouer toutes les relations que j'avais à la Police de Los Angeles.

— Pourquoi m'appelles-tu ?

Il ne sentit ni amertume ni reproche dans sa voix, seulement une profonde perplexité. Alors, un sentiment de honte presque insoutenable l'envahit.

— Parce que tu vas avoir à affronter un procès difficile. Je ne peux pas le croire, Julia. Je ne peux pas croire qu'ils disposent de preuves suffisantes pour te faire passer en jugement !

Elle trouva que la voix de Lincoln ne s'était pas altérée malgré le temps écoulé. Claire et distinguée. Pour des raisons qui lui échappaient, Julia se demanda soudain s'il faisait toujours repasser ses sous-vêtements…

— Apparemment, ils pensent en avoir suffisamment, répondit-elle. Je me trouvais sur les lieux. Il y avait mes empreintes sur l'arme du crime. Je l'avais menacée.

— Seigneur…

— Qui te représente ?

— Greenburg. En fait, il cherche quelqu'un d'autre. Il ne s'occupe pas d'affaires criminelles.

— Ecoute-moi, Julia. Ne parle à personne. Tu m'entends ? Ne parle à personne.

Elle faillit sourire.

— Tu veux que je raccroche, alors ?

Il n'avait jamais compris son humour. Il enchaîna aussitôt :

— Je vais prendre le premier avion. Je suis membre du Barreau Californien, tu sais… Maintenant, donne-moi l'adresse où tu te trouves.

— Pourquoi ? Pourquoi veux-tu venir ici, Lincoln ?

Il était déjà en train de formuler mentalement des explications — des explications pour sa femme, pour ses collègues, pour la presse.

— Je te le dois, dit-il d'un ton tendu.

— Non, tu ne me dois rien.

Elle serra un peu plus fort le téléphone.

— Te rends-tu compte ? Te rends-tu seulement compte que tu ne m'as pas demandé de ses nouvelles ? Tu ne m'as même pas demandé de ses nouvelles !

Dans le silence qui suivit, elle entendit la porte s'ouvrir. Elle se retourna. Paul la regardait.

— Julia…

La voix de Lincoln était calme, tout à fait sereine.

— … Je veux t'aider, Julia. Quoi que tu penses de moi, tu sais que je suis le meilleur. Laisse-moi faire ça pour toi. Et pour l'enfant.

L'enfant, songea-t-elle. Il ne pouvait même pas l'appeler par son nom. Elle ferma un moment les yeux, tentant de maîtriser les émotions qui l'assaillaient. Lincoln avait dit une chose très juste, songea-t-elle : il était le meilleur dans sa partie. Et elle ne pouvait pas se permettre de jouer sa liberté sur une question d'orgueil.

— Je suis à Malibu, dit-elle.

Et elle lui donna l'adresse.

— Au revoir, Lincoln. Merci.

Paul ne dit rien. Il attendit. Il ne savait pas très bien ce qu'il éprouvait. Ou plutôt si. Lorsqu'il était entré et qu'il avait deviné l'identité du correspondant de Julia, il avait eu l'impression de recevoir un coup de poignard. Et maintenant, il sentait saigner la blessure.

— Tu as entendu…, commença Julia.

— Oui, j'ai entendu. Je croyais que nous étions d'accord ? Tu ne devais pas répondre au téléphone.

— Je suis désolée. Je n'ai pas pu faire autrement.

— Il t'ignore pendant dix ans, mais tu ne peux pas faire autrement que de lui répondre.

Inconsciemment, Julia porta la main à sa gorge. Sa gorge qui se serrait déjà.

— Paul, il est avocat.

— J'ai cru le comprendre, en effet.

Il s'approcha du bar, mais jugea préférable de s'en

tenir à une eau minérale. L'effet de l'alcool, en pareille circonstance, n'eût contribué qu'à jeter de l'huile sur le feu.

— Et bien entendu, il est le seul avocat de tout le pays à pouvoir s'occuper de ton cas. Il va débouler ici comme un chevalier dans son armure d'argent et t'arracher à ceux qui te veulent du mal.

— Je ne peux pas me permettre de refuser de l'aide, d'où qu'elle vienne.

Julia s'efforça de garder son calme. Mais elle n'avait qu'une envie, se précipiter vers la porte, et fuir.

— Sans doute m'estimerais-tu davantage de l'avoir envoyé promener. Moi aussi, certainement, je m'en estimerais davantage. Mais si on me jette en prison, je ne suis pas certaine d'en réchapper. Et j'ai peur, très peur pour Brandon.

Paul posa son verre et s'approcha d'elle. Il posa les mains sur ses bras, les caressa doucement.

— Voilà ce que nous allons faire, Jules. Nous allons le laisser te sortir de là, accomplir son miracle. Et lorsque tout sera terminé, nous l'enverrons promener tous les deux.

Julia referma les bras autour de son compagnon, pressa la joue contre sa poitrine.

— Je t'aime…

— Ah, il y avait longtemps que tu ne me l'avais pas dit.

Il lui souleva le menton, l'embrassa. Puis il la conduisit jusqu'au canapé.

— Maintenant, assieds-toi, que je te raconte ce que j'ai fait.

— Ce que tu as fait ?

Julia ne parvint même pas à sourire. Etait-il encore possible d'avoir une conversation normale ?

— J'ai joué au détective. Un détective sommeille en tout écrivain de roman policier, tu sais ? Au fait, tu as mangé ?

— Pardon ? Paul, tu changes de sujet.

— J'ai décidé que nous allions discuter dans la cuisine. En mangeant.

Il se leva, la prit par la main, l'entraîna vers la cuisine.

— Ça me distrait de mon propos de te voir fondre à vue d'œil pendant que je te parle… Ah, je crois que Brandon a laissé du beurre de cacahuètes.

— Tu vas me faire un sandwich au beurre de cacahuètes ?

— Et à la confiture, dit-il en attrapant le pot. C'est bourré de protéines.

Elle n'eut pas le cœur de lui dire qu'elle n'avait pas faim.

— Je vais m'en occuper.

— C'est ma spécialité, lui rappela-t-il. Assieds-toi. Si je suis un jour accusé de meurtre, tu me chouchouteras.

Cette fois, elle parvint à sourire.

— Marché conclu.

Elle le regarda tartiner le pain, se demandant s'il se souvenait de ce premier matin où il avait fait la connaissance d'Eve. Elle poussa un petit soupir… Sur le bord de la fenêtre, la plante verte renaissait à la vie. Paul ne se rappelait sûrement déjà plus dans quel état de dessèchement était cette pauvre plante, au moment où il les avait installés chez lui, Brandon et elle. Un peu d'eau, une goutte d'engrais… Il fallait si peu de chose pour maintenir la vie.

Elle sourit de nouveau lorsqu'il posa l'assiette devant elle. Du beurre de cacahuètes, de la confiture et un homme amoureux. On aurait dit un scénario de publicité.

— Le sandwich… Tu ne l'as pas coupé en triangle.

Il haussa les sourcils.

— Les hommes, les vrais, ne mangent pas de sandwichs coupés. Ça ne fait pas viril.

— Heureusement que tu me le dis. Dire que j'humilie

Brandon en les lui coupant… Alors, comment t'y es-tu pris pour jouer les détectives ?

— J'ai fait ce qu'on appelle du travail d'investigation.

Il s'assit en face d'elle, lui caressa le visage.

— J'ai parlé à Jack, le pilote. Il est formel, l'avion a bel et bien été saboté. Ça ne nous mène peut-être pas très loin mais ça prouve tout de même que quelqu'un préparait un coup, te menaçait. Et menaçait Eve aussi, peut-être.

Julia se mit à espérer.

— Je crois qu'il serait très important de convaincre la police que quelqu'un m'envoyait des menaces à cause du livre. Quant aux cassettes… S'ils les ont écoutées, je ne comprends pas comment ils peuvent penser que…

Elle secoua la tête.

— … Hélas, on n'a aucun moyen de prouver que, Eve et moi mises à part, quelqu'un d'autre en connaissait le contenu.

— Cela s'appelle un « doute bien fondé ». C'est tout ce qu'il nous faut. Je suis également allé voir Travers, ajouta Paul.

Il marqua un temps d'arrêt. Sur ce sujet, il voulait être honnête et choisir ses mots.

— Elle est encore effondrée, Jules. Toute sa vie tournait autour d'Eve, autour de ce que Eve avait fait pour elle, pour son fils.

— Et Travers croit que je l'ai tuée.

Il se leva pour aller se chercher quelque chose à boire. Le chablis lui tomba sous la main. Cela irait très bien avec le beurre de cacahuètes…

— Peinée comme elle est, elle a besoin d'accuser quelqu'un. De t'accuser, toi. Mais l'important, c'est que très peu de choses pouvaient se produire dans cette maison sans que Travers soit au courant. D'ailleurs, je ne sais par quel prodige Eve a réussi à lui cacher sa maladie !... Julia, quelqu'un d'autre se trouvait dans la propriété le jour où Eve a été tuée. Quelqu'un d'autre se trouvait dans le pavillon des invités. Et Travers est la mieux placée pour nous aider à découvrir qui.

— Si seulement... Si seulement elle pouvait comprendre que les mots ont dépassé ma pensée, ce fameux soir.

La voix de Julia se brisa soudain.

— ... et que j'aurais voulu qu'Eve emporte avec elle un autre souvenir de moi. Et moi d'elle. Je le regretterai jusqu'à la fin de mes jours, Paul.

— Ce serait une erreur.

Il posa la main sur la sienne, la pressa tendrement.

— Elle t'a fait venir ici afin que vous appreniez à vous connaître. Cela va bien au-delà d'une soirée, d'une dispute... Julia, je suis allé voir son médecin...

Elle lia ses doigts aux siens. En ces instants difficiles, tout contact devenait précieux.

— Tu n'aurais pas dû y aller seul.

— Si, j'y tenais... En fait, le diagnostic est tombé un peu avant Thanksgiving, l'année dernière. A l'époque, elle nous avait dit qu'elle ne se sentait pas d'humeur pour la dinde et les tartes au potiron et qu'elle partait une semaine ou deux en cure de remise en forme.

Paul s'interrompit, luttant contre les émotions qui l'étreignaient.

— La vérité, c'est qu'elle entrait à l'hôpital pour faire des examens. Apparemment, elle souffrait depuis un moment déjà de maux de tête, de troubles de la vue, de brusques changements d'humeur. La tumeur était... Enfin, pour résumer, il était trop tard. On pouvait lui donner des médicaments pour calmer la douleur, et continuer à mener une vie normale, mais on ne pouvait pas la guérir.

Paul leva les yeux vers Julia. Dans son regard, elle lut un chagrin profond, infini.

— Ils étaient impuissants devant la progression du mal. On lui a dit qu'elle avait une année à vivre, au mieux. Elle s'est rendue directement chez un spécialiste à Hambourg, a fait procéder à d'autres examens. Même diagnostic. A mon avis, elle a décidé aussitôt de ce qu'elle voulait faire. Nous étions début décembre lorsqu'elle nous a parlé du livre, à Maggie et à moi. Et parlé de toi, également. Elle voulait vivre sa vie jusqu'au bout et que ceux qu'elle aimait ne sachent pas le peu de temps qu'il lui restait.

Le regard de Julia se posa de nouveau sur la plante verte derrière Paul, tout épanouie dans un rayon de soleil.

— Elle ne méritait pas qu'on lui vole le temps qu'il lui restait.

— Non.

Il but, portant un toast en silence. Un nouvel adieu.

— Et elle serait drôlement furieuse si celui qui l'a tuée s'en tirait. Je ne laisserai pas cela se produire.

Il fit tinter son verre contre celui de Julia, réaffirmant par ce geste sa pleine et entière solidarité avec elle. Elle en eut les larmes aux yeux.

— Bois, lui dit-il. C'est bon pour le moral. De plus, cela te détendra et il me sera plus facile de te séduire.

Julia refoula ses larmes.

— Un sandwich au beurre de cacahuètes et confiture et l'amour avec toi… tout cela en un seul après-midi. Je ne sais pas si je vais tenir.

— Vérifions, dit Paul en la prenant par la main et en l'entraînant vers la chambre.

* * *

Il espérait qu'elle dorme une heure ou deux et il la laissa dans la chambre, stores baissés, le ventilateur du plafond tournant doucement pour rafraîchir l'air.

Comme la plupart des écrivains, Paul pouvait ficeler une intrigue n'importe où — dans sa voiture, dans la salle d'attente du dentiste, lors d'une soirée. Mais au fil des années, il avait découvert que c'était dans son bureau qu'il y parvenait le mieux.

Il avait aménagé ce bureau comme il avait aménagé toute sa maison : pour son plus grand confort. Cet espace très aéré, situé au second niveau de la maison, était l'endroit où il passait le plus de temps. Et comme l'un des murs était entièrement vitré — immense perspective de mer et de ciel —, ceux qui ignoraient tout du processus de création devaient croire qu'il travaillait en restant simplement assis là à fixer le paysage, à observer les changements d'ombre et de lumière, à suivre le vol des mouettes.

Pour compenser l'effort qu'il y avait à fournir pour élaborer une histoire, Paul avait fait de son espace de travail un endroit agréable. Les murs étaient couverts de livres — indispensables au travail, ou simplement au plaisir. Deux ficus s'épanouissaient dans de gros pots de pierre — une année, Eve avait envahi son sanctuaire et accroché des boules rouges et vertes aux branches pour lui rappeler que, travail ou pas, Noël allait arriver.

Paul travaillait sur un petit PC très performant. Il n'en continuait pas moins à griffonner des notes sur des bouts de papier qu'il perdait souvent. Il avait fait installer une chaîne stéréo ultra sophistiquée, persuadé qu'il lui plairait de travailler sur fond de Mozart ou de Gershwin. Il lui avait fallu moins d'une semaine pour convenir qu'il ne supportait pas cette distraction.

Il disposait aussi d'un petit réfrigérateur dans lequel il stockait des boissons non alcoolisées et de la bière.

Si bien que, lorsqu'il était en plein travail, il pouvait s'écouler dix-huit heures avant qu'il ne sorte du bureau en titubant pour replonger dans la réalité.

Aussi, ce fut dans son bureau qu'il se rendit pour réfléchir à Julia et au casse-tête que constituait la perspective de prouver son innocence.

Dans une intrigue simple, Julia aurait été une parfaite coupable. Calme, maîtresse d'elle-même, aimant peu le changement, elle aurait vu Eve faire irruption et bouleverser la vie rangée, bien ordonnée, qu'elle s'était construite. Le tempérament bouillonnant de l'héroïne Julia Summers aurait eu raison de cette apparence de sérénité et de maîtrise et, dans un moment de rage aveugle et de désespoir, elle aurait commis l'irréparable, et tué…

L'accusation présenterait sûrement les choses ainsi, songea Paul. En se faisant un plaisir d'ajouter plusieurs millions de dollars d'héritage dans la balance comme mobile supplémentaire. Bien entendu, il serait difficile de prouver que Julia connaissait les termes exacts du testament… En revanche, le jury se laisserait convaincre sans grande résistance que Julia était dans la confidence d'Eve.

La reine du cinéma, vieillissante et malade, en quête d'un passé perdu, de l'amour d'une enfant qu'elle avait abandonnée… l'accusation ne manquerait pas de faire jouer à Eve le rôle de la victime affrontant seule la maladie avec courage, et cherchant désespérément à créer un lien avec sa fille.

… Un scénario lamentable. Dont Eve aurait souri.

Matricide, songea-t-il. Un crime particulièrement horrible. Nul doute que le procureur réclamerait une inculpation pour meurtre au second degré.

Paul alluma un cigare, ferma les yeux, repassa dans son esprit toutes les raisons qui faisaient que ce scénario ne tenait pas.

D'abord, Julia était incapable de meurtre. C'était une opinion personnelle qui, bien évidemment, ne pouvait faire office de défense. Mieux valait compter sur des faits tangibles et objectifs plutôt que sur ses convictions intimes.

Les messages, par exemple. Ils existaient bien, ces messages. D'ailleurs, Paul se trouvait avec Julia lorsqu'elle en avait reçu un, à Londres.

Le sabotage, ensuite. L'avion avait été trafiqué. Pouvait-on sérieusement croire qu'elle aurait risqué sa propre vie, risqué de faire de son propre enfant un orphelin, simplement pour donner le change ?

Et les enregistrements... Il les avait écoutés et ils contenaient des révélations explosives. Lequel de ces secrets valait-il qu'on tuât Eve ?

Car pour Paul, cela ne faisait aucun doute : Eve était morte pour qu'un mensonge n'éclate pas au grand jour.

Lequel ? L'avortement de Gloria, les perversions de Kincaide, les ambitions de Torrent, la cupidité de Priest ?

Et Delrickio ? De tout son cœur, Paul aurait voulu qu'il soit responsable. Mais l'hypothèse ne tenait pas non plus. Comment un homme qui disposait aussi froidement de la vie des autres aurait-il pu perdre le contrôle et tuer sans prendre la moindre précaution ?

Or, ce crime n'avait pas été prémédité ; il s'était décidé sur l'instant. Celui ou celle qui l'avait perpétré ne pouvait savoir à quel moment reviendrait Julia, ni savoir s'il ne serait pas dérangé, par le jardinier, ou par n'importe qui d'autre...

Tout cela n'expliquait pas la défaillance de la sécurité.

Seuls les membres du personnel se trouvaient dans la propriété. Et pourtant, quelqu'un était entré.

Paul se demanda ce qu'il aurait fait s'il avait voulu avoir une explication avec Eve, seul à seul, sans que personne ne le sache. Il aurait pu lui rendre visite au vu et au su de tout le monde, puis s'éclipser et, sur le chemin de la sortie, faire un petit tour du côté du système de sécurité et couper l'alarme. Ensuite, il serait revenu sur ses pas, aurait affronté Eve…

Il aimait ce scénario. Il l'aimait beaucoup. A un détail près : c'est que le système de sécurité était branché lorsque la police avait vérifié.

Il allait donc falloir qu'il parle de nouveau avec Travers, Nina et Lyle. Et avec tout le personnel de la propriété, sans oublier personne.

Oui, il fallait qu'il parvienne à prouver que quelqu'un avait pu s'introduire dans la propriété. Quelqu'un qui avait suffisamment peur pour envoyer des menaces. Quelqu'un qui était prêt à tout, même à tuer.

Pris d'une impulsion soudaine, il attrapa le téléphone, composa le numéro de Nina.

— Nina, c'est Paul.

— Oh, Paul. Travers m'a dit que vous étiez venu. Je regrette de vous avoir manqué.

Elle jeta un regard circulaire à son bureau, aux cartons qu'elle était en train de remplir méticuleusement.

— Je suis en train de tout mettre en ordre, de déménager mes affaires. J'ai loué une maison pas très loin en attendant de… de décider de ce que je vais faire.

— Vous savez que vous pouvez rester aussi longtemps que vous voulez.

— C'est très gentil.

Elle plongea la main dans sa poche à la recherche d'un mouchoir.

— Je me fais du souci pour Travers, mais je ne supporte pas de rester ici en sachant que Miss B ne fera plus jamais irruption dans mon bureau pour me demander des folies ! Oh, mon Dieu, Paul, pourquoi a-t-il fallu que tout cela arrive ?

— C'est ce qu'il va nous falloir découvrir, Nina. Je sais que la police vous a interrogée…

— Ils n'ont pas cessé, dit-elle avec un soupir. Et maintenant, c'est le procureur. De toute évidence, il me faudra témoigner à la cour au sujet de la dispute. Au sujet de Julia.

Il remarqua l'altération de sa voix, sa tension.

— Vous pensez qu'elle l'a tuée, n'est-ce pas ?

Nina baissa les yeux vers son mouchoir déchiré. Elle le jeta, en prit un autre.

— Je suis désolée, Paul. Je comprends les sentiments que vous éprouvez pour elle. Mais oui, je le pense. Je ne vois pas d'autre explication. Je ne pense pas qu'elle l'ait prémédité. Je ne pense même pas qu'elle en ait eu l'intention. C'est arrivé, voilà tout.

— Quoi que vous pensiez, Nina, vous allez peut-être pouvoir m'aider. Je voudrais vérifier une petite théorie. Pouvez-vous me dire qui est venu voir Eve le jour où elle a été tuée ? La veille, également.

— Oh, mon Dieu, Paul.

— Je sais que c'est difficile, mais cela va m'être très utile.

— Dans ce cas…

D'un geste vif, elle sécha ses yeux, posa le mouchoir et prit l'agenda qu'elle n'avait pas encore emballé.

— Drake est venu, et Greenburg. Maggie et Victor sont passés la veille au soir. Oh, et vous, bien sûr. Travers m'avait dit que vous deviez passer, et je l'avais noté dans l'agenda.

— Toujours aussi efficace, Nina.

Paul songeait à une autre possibilité.

— Y avait-il quelque chose entre Eve et le chauffeur ?

— Lyle ?

Pour la première fois depuis des jours, Nina se mit à rire.

— Non. Miss B avait trop de classe pour ce genre d'individu. Elle trouvait qu'il allait très bien avec la voiture, ça s'arrêtait là.

— Encore une chose. Le jour du meurtre, avez-vous eu le moindre problème avec le système de sécurité ? Quelqu'un serait-il venu le contrôler, par hasard ?

— Le système de sécurité ? Non. Pourquoi y aurait-il eu un problème ?

— Je vérifie seulement, Nina. Ecoutez, faites-moi savoir quand vous serez installée. Et ne vous inquiétez pas pour Travers, je m'occuperai d'elle.

— Je sais. Je vous tiens au courant. Paul… je suis désolée, ajouta-t-elle, sans grande conviction. Désolée pour tout.

— Moi aussi.

Il raccrocha, le sourcil froncé. Il composa le numéro suivant plus lentement, avec plus de détermination, puis attendit qu'on lui passe Frank.

— Une minute, Paul, pas plus. Les choses s'accélèrent.

— Julia ?

— Notamment. Une grosse pointure débarque tout spécialement pour assurer sa défense.

— Oui, je sais.

— Je m'en doutais un peu… Enfin, quoi qu'il en soit, il veut voir toutes les pièces dont nous disposons sur l'affaire. Il impressionne son monde, même ici. Le procureur tient à ce que rien ne cloche. Hathoway nous a déjà mis un privé sur le dos.

— Il va vite en besogne.

— Ouais.

Il baissa la voix.

— Du coup le procureur se remue, je peux te le dire. Il veut gagner ce procès, à tout prix. On trouve tout dans cette affaire, l'argent, le pouvoir, la gloire, le scandale… Ça va faire de lui un héros dans les journaux.

— Dis-moi quelque chose, Frank. Aurais-tu un moyen de vérifier si le système de sécurité a été débranché à un moment donné, ce jour-là ?

Frank fronça les sourcils et farfouilla dans ses papiers.

— Il fonctionnait lorsque nous avons vérifié.

— Mais aurait-il pu être coupé, plus tôt dans la journée, puis remis en service ?

— Bon Dieu, Paul, tu perds ton temps.

Voyant que Paul ne lui répondait pas, Frank marmonna un juron.

— O.K. Je vais me renseigner, mais je ne crois pas que tu tiennes une piste.

— Dans ce cas, donne-m'en une autre. Tu as l'intention d'interroger de nouveau le chauffeur ?

— L'étalon du siècle ? Pour quoi faire ?

— Une intuition.

— Merde, épargne-moi tes intuitions d'écrivain de polar.

Mais Frank notait déjà : convoquer le chauffeur.

— Sûr, je peux le titiller encore un peu, tâcher de lui tirer les vers du nez.

— J'aimerais être dans les parages lorsque tu le feras.

— Bien sûr, pourquoi pas ? Bientôt, ce ne sera même plus la peine que j'aie cotisé pour la retraite. Je n'aurai qu'à vivre de bonnes actions.

— Encore une chose.

— Vas-y carrément. Qu'est-ce que tu veux ? Que je te remette les fiches de police ? Que je perde une preuve ? Que je soudoie un témoin ?

— Si tu le proposes si gentiment… Et tant que tu y seras, jette donc un petit coup d'œil aux listings des compagnies aériennes. Je voudrais savoir si un proche de Eve a fait un petit saut à Londres, le mois dernier. Aux alentours du douze.

— Pas de problème. C'est simple, je n'ai qu'à mettre une équipe là-dessus. Tu as une raison particulière de vouloir savoir ça ?

— Je te le dirai plus tard. Merci.

Et maintenant, songea Paul en raccrochant, il ne restait plus qu'à attendre les réponses, brasser le tout, et voir s'il en sortait une intrigue plausible.

30

Le voyage était long, de Philadelphie à Los Angeles. Et l'effectuer en première classe n'éliminait pour autant ni le décalage horaire, ni la fatigue. Pourtant, lorsque Lincoln Hathoway descendit de l'avion, il semblait sortir d'une boîte. Son costume de gabardine bleu marine finement rayé de blanc ne présentait pas un pli. Ses chaussures cousues main brillaient comme un miroir. Et ses cheveux blonds, coupés très classiquement, étaient parfaitement en place.

En le voyant débarquer, Paul préféra penser que c'était cette allure impeccable — et rien d'autre — qui le lui rendait tellement antipathique.

— Lincoln Hathoway, dit-il, tendant une main parfaitement manucurée. Je viens voir Julia.

— Paul Winthrop.

— Oui, je sais. Je vous ai reconnu.

Pas grâce à la photo qui figurait en général au dos des livres de Paul — Lincoln n'avait pas de temps à consacrer à la lecture de romans. En fait, il avait demandé à sa secrétaire de rassembler toutes les coupures de presse des six derniers mois concernant Julia. Il savait donc très bien qui était Paul et quelle était la nature de ses relations avec la victime et avec l'accusée.

— Je suis ravi que Julia ait un endroit discret où

demeurer jusqu'à ce que cette affaire soit terminée. C'est mieux pour sa réputation.

— En fait, répliqua Paul, je me préoccupe davantage de sa tranquillité d'esprit que de sa réputation.

Il fit signe à Lincoln d'entrer, décidant qu'il allait vraiment se faire un plaisir de le détester.

— Je peux vous offrir quelque chose à boire ?

— Un verre d'eau minérale avec un zeste de citron serait parfait, merci.

Lincoln était un homme qui se forgeait très vite une opinion. Parce qu'il lui était souvent nécessaire d'évaluer un jury sur les seules apparences, en se fiant au langage des corps. Aussi jaugea-t-il Paul d'un regard. Riche, impatient, soupçonneux… Il se demanda aussitôt quel parti tirer de ces traits de personnalité si l'affaire venait à passer en jugement.

— Monsieur Winthrop, comment va Julia ?

Paul se retourna, affichant cet air distant qu'il devait à ses origines anglaises.

— Pourquoi ne pas le lui demander vous-même ?

Ce fut au tour de Lincoln, de se retourner.

Julia était entrée. Elle se tenait dans l'encadrement de la porte. Elle serrait contre elle un enfant mince, aux yeux sombres. Dix années l'avaient changée, songea Lincoln. Elle ne respirait plus l'enthousiasme, la confiance, mais la prudence et la maîtrise de soi. Les cheveux qu'elle portait libres autrefois étaient aujourd'hui tirés en arrière, et dégageaient un visage qui s'était affiné, avait gagné en élégance.

Il regarda le gamin, se rendant à peine compte qu'ils s'étaient tous immobilisés, silencieux et tendus. Il chercha un signe, un trait physique qui lui rappelât qu'il était le père de cet enfant jamais vu auparavant, jamais voulu.

Mais il ne vit rien de lui, chez ce petit garçon frêle aux

cheveux ébouriffés. Et cela le soulagea, balaya le soupçon de mauvaise conscience et l'appréhension qui s'étaient glissés en lui durant le voyage. L'enfant était de lui, Lincoln n'en avait jamais douté, mais ce n'était pas le sien.

A ce constat, tout rentra dans l'ordre — son monde, sa famille, sa perception des choses. En un court instant, il avait successivement regardé, évalué, et rejeté.

Rien de tout cela n'échappa à Julia… la façon dont le regard de Lincoln se posa sur Brandon, l'étudia rapidement, l'écarta définitivement. Elle étreignit plus fort son fils, le protégeant de coups invisibles. Puis elle se détendit. Son fils ne risquait rien. Et toute velléité de lui révéler l'identité de son père s'envola aussitôt.

— Bonjour, Lincoln.

Sa voix était aussi froide et réservée que le petit signe de tête qu'elle lui adressa.

— C'est très généreux à toi d'avoir entrepris ce voyage.

— Je regrette seulement que ce soit en de telles circonstances.

— Moi aussi.

La main de Julia glissa le long de l'épaule de Brandon, se posa sur sa nuque.

— Brandon, voici M. Hathoway. Il est avocat et il a travaillé avec ton grand-père il y a longtemps. Il est venu pour nous aider.

— Bonjour.

Brandon trouva l'homme grand, pas relax. Il trouva ses chaussures drôlement cirées. Il trouva aussi qu'il avait l'expression un peu bête que certains adultes se croient obligés de prendre dès qu'ils se retrouvent face à un enfant.

— Bonjour, Brandon. Ne te fais aucun souci surtout, nous allons nous occuper de toute cette affaire.

Paul ne put en supporter davantage. Tant de froideur…

d'indifférence… S'il restait là, il allait casser la figure à ce type.

— Allez, viens, dit-il en prenant Brandon par la main. Montons voir quelles bêtises nous pourrions imaginer !

Lincoln prit un siège, ne se donnant même pas la peine de jeter un regard à Brandon lorsque celui-ci disparut dans l'escalier.

— Bien…, déclara-t-il. Si nous commencions ?

— Ça n'a vraiment rien éveillé en toi, n'est-ce pas ? dit Julia d'une voix calme. Le voir ne t'a rien fait du tout.

Lincoln porta les doigts à son nœud de cravate impeccable. Il avait craint, en arrivant, qu'elle ne lui fasse… une sorte de scène. Bien entendu, il s'y était préparé.

— Julia, comme je te l'ai dit à l'époque, je ne peux pas me permettre de faux pas. Je te suis très, très reconnaissant d'avoir eu la maturité de ne pas aller tout raconter à Elisabeth. Je regrette ton entêtement à n'accepter aucune aide financière, mais je suis heureux que tu sois parvenue à une réussite qui te permet de t'en passer. Naturellement, je suis conscient de te devoir beaucoup et suis désolé, profondément désolé, que tu te trouves dans une situation où tu aies besoin de mes services.

Julia se mit à rire. Pas le rire nerveux d'une femme au bord de la crise de nerfs mais un rire franc, sincère, qui déconcerta totalement Lincoln.

— Navrée, dit-elle. Tu n'as pas changé. Tu sais, Lincoln, je me demandais ce que j'allais éprouver en te revoyant. Crois-moi, je ne m'attendais pas à rester de marbre. C'est pourtant le cas.

Elle poussa un petit soupir.

— Bon, laissons de côté les témoignages de gratitude et venons-en au fait. Mon père avait le plus grand respect pour tes compétences d'avocat, et dans la mesure où son avis a toujours eu beaucoup de poids pour moi, tu pourras compter sur mon entière coopération. Et pour le temps que durera cette affaire, sur toute ma confiance.

Lincoln se contenta de hocher la tête. Il appréciait le bon sens.

— As-tu tué Eve Benedict ?

Un éclair traversa le regard de Julia. Lincoln fut surpris de voir une colère si vive, si soudaine, surgir dans ses yeux.

— Non. Et crois-tu vraiment que je te le dirais si je l'avais fait ?

— Tu es la fille des deux meilleurs avocats que j'aie jamais connus, tu n'es donc pas sans savoir qu'il serait insensé de me mentir si tu veux que je te représente. Bien…

Il sortit un bloc, un stylo Mont Blanc noir.

— Je veux que tu me racontes tout ce que tu as fait, à qui tu as parlé, tout ce que tu as vu le jour où Eve Benedict a été assassinée.

Julia passa tout en revue une fois, puis une deuxième. Et une autre encore, sans s'interrompre, guidée par les questions de Lincoln. Il fit peu de commentaires, se contentant de hocher la tête de temps en temps tandis qu'il prenait des notes de son écriture soignée, précise.

— Je n'ai malheureusement pas eu beaucoup de temps pour prendre connaissance des témoignages retenus contre toi. Bien entendu, j'ai prévenu le procureur et le commissaire chargé de l'enquête que j'assurais ta défense, désormais. J'ai pu obtenir copie de certains rapports de l'accusation, mais je n'y ai jeté qu'un bref coup d'œil dans le taxi.

Il s'interrompit, croisa les mains sur ses genoux. Elle se souvenait qu'il avait toujours eu ces manières calmes, réservées. Cela, et la tristesse dans ses yeux, avaient attiré l'adolescente romantique, sensible et très impressionnable qu'elle était à l'époque. Aujourd'hui, les gestes étaient les mêmes mais la tristesse avait laissé la place à la sagacité.

— Julia, es-tu certaine d'avoir ouvert toi-même la porte pour entrer dans la maison, cet après-midi-là ?

— Oui. J'ai dû m'arrêter pour chercher mes clés. Depuis le cambriolage, je faisais beaucoup plus attention, et je verrouillais la porte lorsque je m'en allais.

Le regard de Lincoln demeura impassible, sa voix, calme.

— En es-tu absolument certaine ?

Elle allait répondre vivement, mais elle se reprit, se cala contre son dossier.

— Tu veux que je mente, Lincoln ?

— Je veux que tu réfléchisses avec beaucoup de soin. Ouvrir une porte est un acte machinal, automatique, le genre de geste que l'on pense avoir accompli. Surtout après un choc. Le fait que tu aies déclaré à la police que tu avais ouvert la porte d'entrée — tandis que toutes les autres portes étaient fermées de l'intérieur lorsqu'ils sont arrivés sur les lieux —, cela est accablant. Ils n'ont trouvé aucune clé sur le corps, aucune clé aux alentours de la maison. Par conséquent, soit la porte était ouverte ; soit quelqu'un, quelqu'un qui possédait la clé, a fait entrer Eve.

— Ou quelqu'un a pris la clé après avoir tué Eve, dit Paul du haut de l'escalier.

Lincoln lui jeta un bref regard. Seule la légère crispation de ses lèvres révéla l'agacement qu'il éprouvait à être interrompu.

— C'est une piste que nous pouvons tenter de creuser. Mais dans la mesure où tout semble s'orienter vers un crime perpétré sous l'empire de la passion, nous risquons d'avoir des difficultés à convaincre un juge que quelqu'un se trouvait dans la maison avec Eve, l'a tuée et a eu la présence d'esprit de prendre la clé et de fermer la porte en partant.

— C'est votre travail de convaincre, je crois ?

Paul gagna le bar. Il allait attraper la bouteille de bourbon, mais il se ravisa, opta pour un soda. Il avait déjà du mal à se contrôler, il n'avait pas besoin d'un verre d'alcool en plus.

— C'est mon travail d'assurer à Julia la meilleure défense possible.

— Dans ce cas, reprit Julia, je suis désolée de te compliquer la tâche, Lincoln. C'est moi qui ai ouvert la porte, avec ma clé.

Lincoln pinça les lèvres, passa ses notes en revue.

— Tu ne dis pas avoir touché l'arme du crime, le tisonnier.

— Parce que je ne sais pas si je l'ai fait.

Lasse brusquement, Julia passa une main dans ses cheveux.

— J'ai dû le toucher, puisque mes empreintes sont dessus.

— Il suffirait que tu aies fait un feu les jours précédents pour qu'elles s'y trouvent.

— Ce n'est pas le cas. Les soirées ont été très douces.

— L'arme a été retrouvée assez loin du corps.

Il sortit un dossier de son attaché-case.

— Te sens-tu capable de regarder quelques photos ?

Elle savait de quelles photos il s'agissait… Rassemblant son courage, elle tendit la main, prit les photos. Eve était là, effondrée sur le tapis, et pourtant d'une grande beauté. Et tout ce sang.

— De cet angle, disait Lincoln, tu vois que le tisonnier se trouve assez loin.

Il se pencha, posa un doigt sur le cliché.

— Comme si quelqu'un l'avait jeté là, ou laissé tomber en s'éloignant du corps.

— J'ai trouvé Eve comme ça, murmura Julia.

Elle sentait sa voix se briser, sa tête bourdonner tandis qu'elle luttait contre la nausée qui l'assaillait soudain.

— Je me suis approchée d'elle, j'ai pris sa main. Je crois avoir prononcé son nom. J'ai compris qu'elle était morte, je me suis relevée, j'ai trébuché. J'ai ramassé le tisonnier, je pense, il y avait du sang dessus. Sur mes mains aussi. Je l'ai jeté parce qu'il fallait que je fasse quelque chose. Que j'appelle quelqu'un.

Julia lança la photo sur la table et se leva, chancelante.

— Excuse-moi. Je dois aller dire bonne nuit à Brandon.

Dès que Julia eut disparu dans l'escalier, Paul se tourna vers Lincoln.

— Etait-il nécessaire de lui faire subir ça ?

— Oui, je le crains. Et il y aura pire, avant que tout soit terminé.

D'un geste sobre, Lincoln tourna une page de son bloc.

— Le procureur est un homme très déterminé, très capable. Et comme tout individu élu à ces hautes fonctions, il est ambitieux et conscient de la valeur d'un procès de cette envergure. Il nous faudra avancer des explications plausibles pour contrecarrer tous les témoignages dont il dispose. Nous allons tenter d'introduire le doute non seulement dans l'esprit du juge et des jurés — si l'affaire va jusque-là —, mais aussi du public, de l'opinion. Permettez-moi… Je crois me rendre compte que Julia et vous avez une relation intime…

— Vous l'avez deviné ?

Un sourire glacé effleura les lèvres de Paul. Il s'assit sur l'accoudoir du canapé.

— Laissez-moi vous dire clairement les choses. Julia et Brandon font partie de ma vie, à présent. Rien ne me plairait davantage que de vous faire payer ce que vous leur avez fait. Mais si vous êtes aussi bon avocat qu'on le prétend, si vous êtes sa meilleure chance de s'en sortir, alors quoi que vous me demandiez, je m'exécuterai.

Lincoln relâcha ses doigts crispés sur le stylo.

— Dans ce cas, je suggère que nous oubliions ce qui s'est passé entre Julia et moi il y a plus de dix ans.

— Impossible, rétorqua Paul avec un sourire.

— Vos sentiments personnels à mon égard ne pourront que blesser Julia.

— Non. Rien ne peut plus la blesser désormais. Même pas vous. Si je n'en étais pas persuadé, vous n'auriez jamais franchi cette porte.

Sans quitter Lincoln du regard, il sortit un cigare, et conclut :

— J'ai déjà travaillé avec des salauds.

— Paul, dit Julia, qui descendait l'escalier. Cela ne sert à rien…

— Mettre les choses au point n'est jamais inutile, Julia. Ainsi, Hathoway sait qu'il a tout mon mépris, et toute ma confiance.

— Je suis venu pour apporter mon aide, pas pour qu'on juge des erreurs de dix ans.

— Attention, Lincoln, déclara alors Julia un peu brusquement. L'une de ces erreurs est là-haut, endormie. Si j'accepte ton aide, ce n'est pas seulement pour moi mais pour lui. Il n'a jamais eu de père. Je ne supporte pas l'idée qu'il puisse maintenant se retrouver sans mère.

La légère rougeur qui monta aux joues de Lincoln indiqua que Julia avait fait mouche.

— Si nous parvenons à laisser nos sentiments personnels de côté, nous éviterons le pire, observa-t-il.

Satisfait d'avoir réglé le problème, Lincoln poursuivit :

— Vous connaissiez tous les deux la défunte. Vous étiez au courant de ce qui se passait chez elle. Vous connaissiez ses amis, ses ennemis. Vous m'aideriez beaucoup en me disant tout ce que vous savez concernant ses proches. Qui avait à gagner à ce qu'elle meure ?

— En dehors de moi ? dit Julia.

— Peut-être allons-nous commencer par toi et M. Winthrop. Juste une ébauche, si vous voulez bien. J'ai réservé une suite au Beverly Hills Hotel où je vais installer mon PC. Meyers, Courtney et Lowe sont d'accord pour m'envoyer deux de leurs employés, et ma secrétaire arrive demain.

Il jeta un coup d'œil à sa montre, déjà réglée à l'heure de la côte Ouest, et fronça le sourcil.

— J'aurais besoin de vous interroger de manière plus approfondie, une fois que je serai installé. Mais avant toute chose, lundi, je vais déposer une demande de report de l'assignation à comparaître.

— Non.

Parcourue d'un frisson glacé, Julia s'enveloppa de ses bras.

— Je suis désolée, Lincoln, mais je ne supporte pas l'idée de faire traîner les choses en longueur.

— Julia, j'ai besoin de temps pour construire ta défense. Avec un peu de chance, nous éviterons le procès.

— Ne crois pas que je m'interpose, mais il faut que j'en finisse. Les ajournements ne feraient que donner davantage de temps aux médias pour s'emparer de l'affaire. Brandon est assez grand pour lire les journaux, regarder les actualités télévisées. Et je… pour être tout à fait franche, je ne supporte plus cette attente.

— Bon, nous avons tout le week-end pour y réfléchir.

Tout le week-end pour la convaincre, songea Lincoln.

— Pour l'instant, parle-moi d'Eve Benedict.

Lorsque Lincoln prit congé, il était près de 2 heures du matin et Paul dut reconnaître que les compétences de l'avocat forçaient le respect. Notamment, il avait vu son œil briller quand Julia avait évoqué les messages de menace, et surtout quand elle avait parlé de Delrickio.

Mais l'organisation, la méticulosité de Lincoln Hathoway l'agaçaient souverainement. Il ne raturait pas ses notes ; utilisait une fourchette à dessert pour manger les brownies que Julia avait servis avec le café ; pas une seule fois, au cours de cette soirée longue et éprouvante, il n'avait desserré son nœud de cravate. Et en quittant la maison, il leur avait souhaité une bonne nuit avec une courtoisie inattendue chez un homme qui n'a pas fermé l'œil depuis vingt-quatre heures…

— Je suppose que cela ne me regarde pas, déclara-t-il à Julia. Mais…

Elle se crispa, craignant d'avoir à s'expliquer sur sa relation avec Lincoln, d'avoir à évoquer de nouveau le passé.

— … Mais il faut que je sache.

Il s'avança vers elle, écarta une mèche de cheveux de son visage.

— Est-ce qu'il pendait ses vêtements et pliait ses chaussettes avant de faire l'amour ?

Son propre rire la surprit, et elle éprouva un grand réconfort à poser la tête au creux de l'épaule de Paul.

— Tu n'es pas loin de la vérité.

— Dans ce cas, Jules, je te félicite. Tes goûts se sont considérablement améliorés.

Il posa un petit baiser sur ses lèvres. Puis il la souleva dans ses bras et l'emporta vers l'escalier.

— Et lorsque tu auras dormi au moins douze heures, je me ferai un plaisir de te le prouver.

— Peut-être pourrais-tu me le prouver d'abord ?

— Excellente idée.

*
* *

Savoir que Brandon se trouverait bientôt à des milliers de kilomètres de la tourmente ne suffit pas à consoler Julia quand elle mit le petit garçon dans l'avion. Il lui manquait déjà.

Elle voyait Lincoln chaque jour, passait des heures assise dans sa suite au Beverly à boire des litres de café noir qui lui donnaient des aigreurs d'estomac. Elle s'entretenait avec le détective qu'il avait engagé, nouvelle intrusion dans sa vie, nouvel étranger venu dénouer les fils ténus de ce qui avait été son intimité.

Tout était si professionnel… constitution de dossiers, consultation de livres de droit, appels téléphoniques incessants. Elle finissait par se laisser porter par ce rythme. Jusqu'au moment où elle tombait sur un gros titre ou entendait un flash d'information qui la ramenait brusquement à la réalité. C'était d'elle qu'il s'agissait, de son visage, de sa vie, examinés au microscope, disséqués. C'était son destin qui se trouvait entre les mains de la justice. Une justice que l'on disait aveugle — aveugle à l'innocence, parfois.

Paul l'empêchait de sombrer. Elle aurait voulu ne pas s'appuyer sur lui ; rester fidèle à la promesse qu'elle s'était faite de ne jamais dépendre de personne pour son bonheur, sa sécurité, son équilibre… Pourtant, sa seule présence lui donnait l'illusion d'être heureuse, à l'abri du danger. Et justement, terrifiée à l'idée qu'il ne puisse s'agir que d'une illusion, elle s'éloignait, creusant chaque jour davantage la distance qui les séparait.

Paul était épuisé, découragé. Ses relations dans la police ne l'aidaient en rien à découvrir la vérité. Frank lui avait fait signe alors qu'il s'apprêtait à interroger Lyle une deuxième fois. Mais le chauffeur d'Eve persistait dans ses déclarations. Il n'avait rien vu, rien entendu et se refusait à dire le moindre mal de qui que ce soit.

Quant à Drake… Que l'état de ses finances fût alarmant ne constituait pas une preuve de culpabilité. Qui plus est, qu'elle lui eût donné, quelques jours avant sa mort, une importante somme d'argent, jouait en sa faveur. Pourquoi aurait-il tué la poule aux œufs d'or ?

Le seul entretien que Paul eut avec Gloria n'arrangea rien, au contraire. En larmes, tremblante, elle reconnut s'être disputée avec Eve le jour de sa mort. Elle s'en voulait terriblement. Elle avait dit des choses horribles, puis elle était partie, folle de rage, pour tout raconter à son mari. Au moment même où Julia découvrait le corps d'Eve, Gloria pleurait dans les bras de Marcus, implorant son pardon…

Dans la mesure où Marcus Grant, la gouvernante et l'employé de la piscine, très indiscret, avaient tous entendu Gloria sangloter à 1 h 15 et que le trajet entre les deux propriétés ne pouvait être parcouru en moins de dix minutes, il était impossible que Gloria puisse être mêlée au meurtre.

Paul demeurait persuadé que la clé de l'énigme résidait dans la biographie. En l'absence de Julia, il écoutait les enregistrements, les réécoutait, cherchant inlassablement la phrase, le nom qui ouvriraient enfin la porte.

Et ce jour-là, quand Julia rentra d'une séance avec Lincoln, elle entendit la voix d'Eve.

« Il nous menait à la baguette sur le plateau. Je n'ai jamais connu personne agissant aussi brutalement et obtenant d'aussi bons résultats. Je crois que je l'ai détesté — j'en suis certaine en fait —, pendant toute la durée du tournage. Mais lorsque McCarthy et son comité de minables s'en sont pris à lui, j'ai été scandalisée. C'est pour cette raison que je me suis jointe à Bogart, Betty et les autres qui se rendaient à Washington. Je n'ai jamais eu la moindre patience pour discutailler politique, mais cette fois-là, j'étais prête à me battre bec et ongles. Je ne sais pas si cela a changé quelque chose, mais nous avons dit ce que nous avions à dire. C'est ce qui compte, n'est-ce pas, Julia ? Etre certain que l'on s'est fait entendre clairement. Je ne veux pas que l'on ait de moi l'image de quelqu'un qui serait resté sur la touche en laissant aux autres le soin de faire le travail. »

— Ce ne sera pas le cas, murmura Julia.

Paul se retourna. Il était tellement concentré qu'il croyait voir Eve assise dans un fauteuil, prête à lui demander d'allumer sa cigarette et d'ouvrir une bouteille de champagne.

— Non, ce ne sera pas le cas.

Il éteignit le magnétophone et observa Julia. Au cours de la semaine qui venait de s'écouler, elle ne lui avait pas souvent donné à voir ce visage pâle, cet air traqué. Non. Elle se cachait derrière un masque d'impassibilité. Et chaque fois que le masque menaçait de se fissurer, elle se repliait sur elle-même.

— Assieds-toi, Julia.

— J'allais justement préparer du café.

— Assieds-toi, répéta Paul.

Elle le fit, mais sur le bord de la chaise, comme pour mieux pouvoir se sauver s'il s'approchait trop.

— J'ai reçu une assignation à comparaître, aujourd'hui. Je vais devoir témoigner à l'audition, demain.

Julia ne le regarda pas, les yeux dans le vague.

— Je vois. Toutefois, cela n'a rien de surprenant.

— Ça ne va pas être facile, ni pour toi ni pour moi.

— Je sais. Je suis désolée. En fait, je me demandais si je ne ferais pas mieux de m'installer à l'hôtel. Ma présence ici alimente les commentaires de la presse et envenime une situation déjà impossible à vivre.

— Tu dis des bêtises.

— Non, c'est la réalité.

Julia se leva, espérant se sauver. Mais c'était mal connaître Paul. Il lui barra le passage.

— Essaie.

Le sourcil froncé, le regard sévère, il empoigna le revers de sa veste, l'attira vers lui d'un geste sec.

— Tu es ici pour un bon bout de temps.

— T'est-il jamais venu à l'idée que je pourrais avoir envie d'être seule ?

— Si, bien sûr. Mais je fais partie de ta vie. Tu ne peux pas m'exclure comme tu le fais.

— Ma vie ? Je n'en ai peut-être plus ! hurla soudain Julia. Si demain ils décident de me faire passer en jugement…

— Tu y passeras et tu t'en sortiras. Nous nous en sortirons. Il faut que tu me fasses confiance, nom de nom ! Je ne suis pas un gamin de dix ans que tu dois protéger. Je ne suis pas non plus un salaud prêt à te laisser tout assumer seule pendant que je me réfugie dans ma petite vie tranquille.

Le regard de Julia devint sombre comme l'orage.

— Cela n'a rien à voir avec Lincoln.

— Tiens donc ! Et tâche de ne plus jamais nous comparer dans ta jolie petite tête.

Julia avait les joues en feu, à présent. Et pour Paul, ce brusque accès de colère valait tous les mots d'amour.

— Lâche-moi.

— Certainement.

Il la lâcha, enfonça les mains dans ses poches.

— Cela n'a rien à voir avec Lincoln, répéta-t-elle. Ni avec toi. Cela ne concerne que moi, mets-toi bien ça dans la tête. C'est ma vie qui sera en danger demain, à la cour. Tu peux toujours jouer les Tarzan, te frapper la poitrine et hurler à la lune, tu ne pourras rien y changer. Je n'ai pas beaucoup de latitude, Paul, mais si je décide de partir d'ici, je le ferai !

— Essaie, lança-t-il de nouveau comme une provocation.

Piquée au vif, elle fit volte-face. Il la rattrapa avant qu'elle n'atteigne l'escalier.

— Je t'ai dit de me lâcher.

— Je n'ai pas fini de jouer les Tarzan.

Il sentit qu'elle était prête à le gifler. Il lui emprisonna les poignets, les lui bloqua derrière le dos.

— Du calme, Jules, bon sang.

Elle se débattit. Craignant qu'ils ne dévalent tous deux l'escalier, il la plaqua contre le mur.

— Regarde-moi. S'il te plaît. Tu as raison, tu n'as pas beaucoup de latitude.

Il la prit par le menton, l'obligea à lever la tête.

— Tu veux me quitter ?

Elle plongea son regard dans le sien et vit qu'il la laisserait faire. Peut-être. Seulement si elle partait maintenant, si elle se détournait de lui, elle le regretterait jusqu'à la fin de ses jours. On peut survivre à ses erreurs, disait Eve, mais il y a des erreurs qu'on ne peut pas se permettre de commettre.

— Non, je ne veux pas te quitter.

Elle l'embrassa, sentit sa chaleur, sa force irradier en elle.

— Je suis désolée. Vraiment désolée.

— Ne t'excuse pas.

Son baiser se fit plus pressant, plus exigeant.

— Ne me quitte pas, c'est tout ce que je te demande.

— J'ai tellement peur, Paul. Tellement peur.

— Nous allons faire éclater la vérité. Il faut y croire.

Et elle y crut. L'espace de ce moment.

Drake se sentait en super forme. Un demi-million de dollars ! Dans vingt-quatre heures, il aurait l'argent en main et le monde à ses pieds. Il ne faisait aucun doute que Julia allait passer en jugement. Avec un peu de chance, elle serait inculpée. Une fois cette affaire réglée et avec l'argent qu'il aurait en banque, il ne lui serait sans doute pas très difficile de faire valoir ses droits sur l'héritage d'Eve. Il n'appréciait guère que Paul en touche la moitié mais il fallait s'y résoudre. D'autant que, avec un bon avocat, il se faisait fort de sucrer la part de Julia.

La loi ne l'autoriserait pas à la toucher. Et de toute façon, là où elle allait, elle n'en aurait pas besoin.

Bref, l'un dans l'autre, les choses ne tournaient pas trop mal.

Content de lui, Drake monta à fond le volume de la stéréo et s'installa avec les journaux des courses. D'ici au week-end, il allait se concocter un petit pari tranquille. Il avait un tuyau sur une pouliche. Quelques milliers de dollars sur son joli petit museau et le tour était joué. Ce premier versement allait lui rapporter le pactole.

Bien entendu, son sponsor ignorait qu'il ne s'agissait que d'un premier versement !

Drake fredonna sur la musique, accompagnant la voix de Gloria Estefan.

Il entendait bien le faire cracher pendant une année ou deux. Ensuite, il toucherait l'héritage, et salut tout le monde ! Il mettrait les bouts. La Riviera, les Caraïbes... N'importe où, du moment que les plages et les filles sont chaudes.

Il attrapa une coupe de champagne. Du Dom Pérignon pour fêter tous ces beaux projets. Il avait rendez-vous avec un petit lot super sexy chez Tramp, mais les choses ne démarreraient pas avant une heure ou deux.

Seigneur, il avait envie de danser. Tandis qu'il amorçait

une petite conga, du champagne se renversa sur ses doigts. Il le lécha avec allégresse.

Et lorsque la sonnette de la porte d'entrée retentit, il songea tout d'abord à ne pas répondre, puis il rit sous cape. C'était probablement l'élue de la soirée. Comment lui en vouloir d'avoir envie de démarrer les choses au plus tôt ? Au lieu de se retrouver au club comme prévu, ils allaient pouvoir se jeter tout de suite dans le feu de l'action.

Quand la sonnette retentit de nouveau, il se passa la main sur les cheveux, et dans l'inspiration du moment, déboutonna sa chemise. Puis il ouvrit la porte, sa coupe de champagne à la main. Ce n'était pas l'élue de la soirée. Mais il porta tout de même un toast.

— Je ne m'attendais pas à vous voir avant demain. Mais c'est très bien ainsi. Je me sens tout à fait disponible pour parler affaires. Entrez, nous allons régler tout cela en buvant une coupe de champagne.

Il sourit en s'approchant du bar. Finalement, il avait eu le nez creux en ouvrant du Dom Pérignon.

— Si nous buvions à la santé de cette chère Julia ?

Il servit une seconde coupe de champagne, à ras bord.

— Cette chère cousine Julia. Sans elle, nous serions sacrément dans la merde tous les deux.

— Pourquoi, vous pensez en être sorti ?

Drake se retourna, trouvant la plaisanterie excellente. Il riait encore lorsqu'il vit le revolver. Et quand la balle vint se loger entre ses deux yeux.

31

Spectateurs et journalistes se pressaient sur les marches du palais de justice. La première épreuve de la journée pour Julia consistait à traverser cette foule. Lincoln lui avait donné quelques instructions à ce sujet. Marcher d'un pas vif mais ne pas avoir l'air de se presser. Ne pas baisser la tête, tel un coupable. Ne pas marcher tête haute, non plus, cela faisait arrogant. Elle ne devait rien dire, même pas le célèbre « pas de commentaire » quelles que soient les questions qu'on lui lancerait.

La matinée était chaude et ensoleillée. Julia aurait voulu qu'il pleuve. La pluie aurait peut-être découragé certains curieux, certains de ceux venus pour l'accuser. Au lieu de cela, elle descendit de la limousine dans la lumière éclatante d'une journée californienne sans nuages. Encadrée par Lincoln et Paul, elle fendit la masse de ceux qui voulaient son histoire, ses secrets ou sa peau. Seule la crainte de trébucher, d'être engloutie par la foule lui fit ignorer les crampes qui lui nouaient l'estomac, le tremblement incontrôlable de ses jambes.

A l'intérieur, il y avait davantage d'air, davantage d'espace. Elle refoula la nausée qui l'assaillait. Ce serait fini, bientôt. Elle tournerait la page.

Car ils allaient la croire, il fallait qu'ils la croient. Alors, elle serait libre, libre de vivre. Libre de saisir cette toute petite chance de commencer une vie nouvelle.

Il y avait des années qu'elle n'était pas entrée dans une salle de tribunal. De temps en temps, pendant les vacances d'été, elle avait eu l'autorisation d'aller voir plaider son père ou sa mère. Il ne lui semblait plus alors avoir affaire à ses parents. Ils étaient si impressionnants… De véritables acteurs sur scène, joignant le geste à l'éloquence, manipulateurs, brillants. Peut-être était-ce auprès d'eux qu'elle avait contracté cette envie de devenir actrice… ?

Mais non, songea-t-elle. Cela, elle l'avait hérité d'Eve. Cela coulait dans son sang.

Sur un signe de Lincoln, Paul se pencha vers Julia, prit ses mains.

— Il est temps de nous séparer. Je serai assis juste derrière toi.

Elle hocha la tête, porta ses doigts crispés à la broche qu'elle avait fixée au revers de sa veste. La balance de la justice.

La salle du tribunal était comble. Au milieu des visages inconnus, elle en reconnut d'autres. CeeCee lui adressa un bref sourire d'encouragement. Travers était assise à côté de sa nièce, raide, le visage figé, haineux. Nina baissa les yeux vers ses mains croisées sur ses genoux, incapable de rencontrer le regard de Julia. Delrickio, flanqué de ses deux gardes du corps, la regarda, impassible. Les yeux de Gloria brillaient, pleins de larmes, tandis qu'elle tordait son mouchoir entre ses doigts, blottie contre l'épaule protectrice de son mari.

Maggie, qui ne cessait de se mordre les lèvres, leva les

yeux, puis se détourna. Kenneth se pencha devant elle pour dire quelque chose à Victor.

Ce fut ce regard, ce regard empreint de douleur, de chagrin, qui bouleversa Julia. Elle eut envie de s'arrêter, de crier son innocence, sa rage, sa terreur. Mais il lui fallait avancer. Alors elle gagna sa place, et s'assit.

— Rappelle-toi, lui dit Lincoln. Il ne s'agit que d'une audience préliminaire. Le but est de déterminer s'il y a ou non suffisamment de preuves contre toi pour justifier un procès.

— Oui, je sais, dit-elle doucement. Ce n'est que le début.

— Julia… ?

Elle se tendit en entendant la voix de Victor et se retourna lentement. Il avait vieilli. En quelques semaines, les années l'avaient rattrapé, accusant les poches sous ses yeux, creusant des rides profondes autour de sa bouche. Julia posa une main sur la rembarde de bois qui les séparait.

— Je ne sais que te dire…

Il inspira profondément, souffla lentement.

— Si j'avais su, si elle m'avait dit… à ton sujet, les choses auraient été différentes.

— Non, Victor. Je n'aurais pas voulu, vraiment pas, qu'elle se serve de moi pour les changer.

— J'aimerais…

Revenir en arrière, songea-t-il. Trente ans, trente jours. Impossible…

— Je n'ai pas pu t'épauler, jusqu'à présent…

Il baissa les yeux, posa la main sur celle de Julia.

— … Mais je veux que tu saches que j'y suis prêt, aujourd'hui. Ainsi qu'à soutenir Brandon.

— Il… il lui manque un grand-père. Lorsque tout ceci sera terminé, nous parlerons. Tous ensemble.

Il hocha la tête, ému, avant d'ôter sa main.

— La cour !

Une rumeur courut dans la salle et envahit la tête de Julia. L'assistance se leva. Elle regarda le juge entrer d'un pas décidé, prendre place. Il avait le type irlandais. Avec une bonne tête, ronde et rougeaude, songea-t-elle, prise d'un espoir un peu ridicule. Il reconnaîtrait sûrement la vérité lorsqu'il l'entendrait.

Le procureur, quant à lui, était un homme sec, énergique, le cheveu coupé en brosse et légèrement argenté aux tempes, le teint hâlé et l'œil bleu pâle.

Il avait la voix d'un évangéliste. Et sans entendre ce qu'il disait, Julia en écoutait la mélodie, les inflexions.

Les rapports furent présentés comme preuves. L'autopsie, les conclusions du légiste… Les photos, bien sûr… L'arme du crime. Le tailleur que Eve portait ce jour-là et qui était maculé de sang séché.

Elle regarda les experts se succéder à la barre, puis se retirer. Ce qu'ils disaient ne lui semblait pas important. Apparemment, Lincoln n'était pas de cet avis car il se levait de temps à autre pour faire objection, choisissant avec soin ses mots tandis qu'il se livrait à un contre-interrogatoire.

Mais l'impression persistait : les mots n'avaient aucune importance ; les photos disaient tout. Eve était morte.

Lorsque le procureur appela Travers à la barre, la gouvernante s'avança en traînant les pieds exactement comme elle le faisait dans les couloirs de la Résidence. Comme si elle répugnait à dépenser l'énergie nécessaire pour les lever.

Elle avait les cheveux tirés en arrière et portait une robe très ordinaire, d'un noir uniforme. Elle s'accrochait à son sac et regardait droit devant elle.

Même lorsque le procureur l'amena avec doigté à répondre aux premières questions, elle ne se détendit pas. Sa voix se fit au contraire de plus en plus dure tandis qu'elle évoquait sa relation avec Eve.

— Et en tant qu'amie fidèle et employée, poursuivit le procureur, avez-vous eu l'occasion d'accompagner Miss Benedict en Suisse, en…

Il jeta un coup d'œil à ses notes avant de donner la date.

— Oui.

— Quel était le but de ce voyage, madame Travers ?

— Eve était enceinte.

Un murmure parcourut l'assistance. Le juge réclama le silence.

— A-t-elle eu un enfant, madame Travers ?

— Votre Honneur !

Lincoln s'était levé.

— La défense est prête à prouver que Miss Benedict a eu un enfant qu'elle a abandonné et qui a été adopté. Cet enfant est Julia Summers. Pourquoi le ministère public ferait-il perdre son temps à la cour en voulant prouver des faits qui sont depuis longtemps établis ?

— Monsieur Williamson ?

— Très bien, Votre Honneur. Madame Travers, Julia Summers est-elle la fille naturelle d'Eve Benedict ?

— Oui.

Travers jeta un bref regard chargé de haine à Julia.

— Eve a été déchirée par cette adoption. Elle a fait ce qu'elle pensait être le mieux pour l'enfant. Elle ne l'a jamais perdue de vue pendant toutes ces années. Elle était dans une rage folle lorsqu'elle s'est à son tour retrouvée enceinte. Elle ne pouvait pas supporter l'idée qu'elle puisse traverser l'épreuve qu'elle-même avait traversée.

Lincoln se pencha vers Julia.

— Je la laisse continuer. Cela établit un lien entre Eve et vous.

— Et elle était très fière, poursuivit Travers. Très fière lorsque sa fille a commencé à écrire des livres. Elle m'en parlait toujours. Personne d'autre que moi n'était au courant.

— Vous étiez la seule à savoir que Julia Summers est la fille d'Eve Benedict ?

— Oui. Personne d'autre ne le savait.

— Pouvez-vous nous dire dans quelles circonstances Julia Summers est venue vivre dans la propriété d'Eve Benedict ?

— A cause du livre. Ce maudit livre ! Je ne savais pas, à l'époque, pourquoi elle s'était mis cette idée en tête, mais rien de ce que j'ai pu lui dire n'est parvenu à l'en dissuader. C'était faire d'une pierre deux coups, disait-elle. Elle voulait raconter son histoire et faire la connaissance de sa fille. Et de son petit-fils.

— Et a-t-elle dit à Mme Summers la vérité sur le lien qui les unissait ?

— Pas à son arrivée, ni au cours des semaines qui ont suivi. Elle craignait sa réaction.

— Objection !

Lincoln se leva.

— Votre Honneur, Mme Travers ne peut pas savoir ce que pensait Eve Benedict.

— Je la connaissais, lança Travers. Je la connaissais mieux que personne.

— Je vais formuler autrement ma question, Votre Honneur. Madame Travers, avez-vous été témoin de la réaction de Julia Summers lorsque Eve Benedict lui a appris qu'elle était sa mère ?

— Elles se trouvaient sur la terrasse, en train de dîner. Eve s'était montrée d'une nervosité incroyable toute la journée. J'étais dans le salon. Je l'ai entendue crier.

— Qui avez-vous entendu crier ?

— Elle ! s'exclama Travers en désignant Julia du doigt. Elle criait après Eve. Lorsque j'ai accouru, elle avait renversé la table. Toute la vaisselle et le cristal étaient cassés. Il y avait une lueur meurtrière dans son regard.

— Objection !

— Objection retenue.

— Madame Travers, pouvez-vous nous dire ce que Mme Summers a dit au cours de cet incident ?

— Elle a dit à Eve de ne pas l'approcher, qu'elle ne lui pardonnerait jamais. Elle a dit…

Travers décocha un regard noir, plein de haine, à Julia.

— … Elle a dit qu'elle pourrait la tuer.

— Et le lendemain, Eve Benedict a été assassinée.

— Objection !

— Objection retenue.

Le juge prit un air légèrement sévère.

— Monsieur Williamson…

— Très bien, Votre Honneur. Je n'ai plus de question.

Ce fut au tour de Lincoln d'entrer en scène. C'était un champion du contre-interrogatoire, et il l'exerça avec art sur Travers. Le témoin pensait-il sérieusement qu'il fallait prendre à la lettre les menaces de mort proférées par Julia Summers dans un accès de colère ? Quel type de relation Eve et Julia avaient-elles établi au cours des semaines pendant lesquelles elles avaient travaillé ensemble ? Au cours de la dispute, née d'un choc bien légitime, Julia avait-elle esquissé le moindre geste agressif à l'égard d'Eve ?

Lincoln était habile.

Mais il était évident que Travers était absolument convaincue de la culpabilité de Julia.

Nina vint ensuite à la barre. Elle s'approcha, élégante, l'air très professionnel en tailleur Chanel rose. Elle donna sa version de la dispute. Lincoln estima que ses doutes, son incertitude étaient beaucoup plus préjudiciables que le témoignage à l'emporte-pièce de Travers.

— Ce même soir, Miss Benedict convoqua son notaire chez elle, n'est-ce pas ?

— Oui, répondit Nina. Elle insista même pour qu'il vienne immédiatement. Elle souhaitait modifier son testament.

— Vous étiez au courant ?

— Oui. Après l'arrivée de M. Greenburg, Eve m'a demandé de prendre les modifications en sténo et de préparer la nouvelle version. J'étais également présente quand elle a rédigé son premier testament. Je savais donc qu'elle laissait l'essentiel de sa fortune à Paul Winthrop et une somme d'argent conséquente à son neveu, Drake Morrison.

— Et dans la deuxième version ?

— Elle léguait à Brandon une somme à administrer. Une fois les autres legs déduits, elle laissait tout le reste de sa fortune à Julia et Paul.

— Et quand M. Greenburg est-il revenu pour faire signer ce testament à Eve Benedict ?

— Le lendemain matin.

— Savez-vous si quelqu'un d'autre était au courant de ces changements ?

— Je ne peux pas le dire avec certitude.

— Vraiment, mademoiselle Soloman ?

— Drake est venu voir Eve, ce jour-là, mais elle a refusé de le recevoir. Je sais qu'il a vu Greenburg sortir de chez elle.

— A-t-elle reçu de la visite ?

— Oui, Gloria Dubarry est passée. Elle est partie juste avant 13 heures.

— Miss Benedict avait-elle prévu d'autres entretiens ?

— Je…

Nina se mordit la lèvre.

— Je sais qu'elle a appelé le pavillon des invités.

— Là où résidait Julia Summers.

— Oui. Elle m'a dit de ne pas prévoir de rendez-vous pour elle de tout l'après-midi. C'était juste après le départ de Mme Dubarry. Elle est alors montée dans sa chambre pour appeler Julia.

— Je ne lui ai pas parlé, murmura Julia, affolée, à l'oreille de Lincoln. Je ne lui ai plus jamais parlé après cette fameuse soirée sur la terrasse.

Lincoln ne répondit pas, lui tapota doucement la main.

— Et après le coup de fil ?

— Elle m'a paru très nerveuse. Je ne sais pas si elle avait joint Julia, mais elle n'est restée dans sa chambre qu'une minute. Lorsqu'elle est sortie, elle m'a dit qu'elle se rendait chez Julia pour lui parler. Elle a dit…

Elle jeta un regard inquiet en direction de Julia.

— … Elle a dit qu'elles allaient avoir une explication.

— Quelle heure était-il ?

— 13 heures. A une ou deux minutes près.

— Comment pouvez-vous en être certaine ?

— Eve m'avait donné plusieurs lettres à dactylographier. Lorsqu'elle est partie, je me suis rendue dans mon bureau pour le faire et j'ai regardé ma pendule.

Julia cessa d'écouter. Si elle n'était pas en mesure de se lever et de quitter la salle, au moins pouvait-elle laisser son esprit s'évader. Elle s'imagina de retour dans le Connecticut… Elle planterait des fleurs… Elle y passerait même une semaine si elle en avait envie ! Elle achèterait un chien à Brandon — il y avait un moment déjà qu'elle y pensait, mais elle repoussait toujours sa visite au refuge de peur d'avoir envie d'emmener toute une meute !

Et elle achèterait une balancelle pour mettre sous le

porche. Elle en rêvait. Elle s'y installerait le soir, quand tout serait calme, et elle se balancerait doucement en regardant la nuit tomber.

— Le ministère public appelle Paul Winthrop à la barre.

Elle avait dû sursauter, car Lincoln pressa brusquement sa main sous la table. Pas pour la réconforter mais pour la mettre en garde.

Paul répondit brièvement aux questions préliminaires, pesant ses mots, tout en fixant Julia.

— Voulez-vous expliquer à la cour la nature exacte de vos relations avec Mme Summers ?

— J'aime Mme Summers.

Un sourire imperceptible effleura les lèvres de Paul.

— Profondément.

— Et vous aviez également une relation très proche avec Miss Benedict.

— Oui, en effet.

— N'était-il pas difficile de gérer vos relations avec ces deux femmes très proches ? Des femmes qui étaient en réalité mère et fille.

— Votre Honneur !

Lincoln bondit sur ses pieds, incarnation d'une juste indignation.

— Je souhaite répondre, déclara Paul d'une voix calme qui calma l'assistance. Son regard avait brusquement quitté Julia pour accrocher celui du procureur.

— Ce n'était pas difficile du tout. Eve était comme ma mère et Julia est la seule femme avec qui j'aie jamais eu envie de passer ma vie.

Williamson joignit les mains, tapotant ses index l'un contre l'autre.

— Ainsi vous n'aviez aucun problème. Je me demande

s'il en allait de même pour deux femmes aussi… dynamiques, contraintes de partager le même homme.

La colère enflamma le regard de Paul mais sa voix était froide, méprisante, lorsqu'il répondit.

— Ce que vous insinuez n'est pas seulement ridicule, c'est révoltant.

Mais il aurait tout aussi bien pu s'abstenir de répondre. Lincoln faisait déjà objection et couvrait de sa voix le brouhaha de la salle.

— Je retire, dit Williamson sans faire de difficulté. Monsieur Winthrop, étiez-vous présent lors de la dispute entre la défunte et Mme Summers ?

— Non.

— Mais vous vous trouviez dans la propriété.

— Oui. Dans le pavillon des invités. Je gardais Brandon.

— Vous étiez donc présent lorsque Mme Summers est rentrée.

— Oui.

— Vous a-t-elle fait part de ce qu'elle ressentait ?

— Oui. Julia était bouleversée, choquée. Elle ne savait plus où elle en était.

— Bouleversée ? répéta Williamson, se délectant du mot. Deux témoins ont affirmé que Mme Summers avait quitté la terrasse dans un état de rage folle. Prétendez-vous que, en quelques secondes, cette rage s'était calmée et que Mme Summers n'était plus que « bouleversée ? »

— Je suis écrivain, monsieur Williamson, je sais choisir mes mots. Et le mot rage n'est pas le terme que j'emploierais pour décrire l'état dans lequel Julia se trouvait lorsqu'elle est rentrée. Blessée me semble infiniment plus proche de la vérité.

— Nous n'allons pas faire perdre son temps à la cour

avec des finesses ! Avez-vous reçu un coup de téléphone de Mme Summers le jour du meurtre ?

— Oui.

— A quelle heure ?

— Aux environs de 13 h 20.

— Vous souvenez-vous de la conversation ?

— Il n'y a pas eu de conversation. Julia pouvait à peine parler. Elle m'a demandé de venir, de venir tout de suite. Elle avait besoin de moi.

— Elle avait besoin de vous, répéta Williamson en hochant la tête. Ne trouvez-vous pas étrange qu'elle ait éprouvé le besoin de téléphoner alors que sa mère gisait morte à quelques pas ?

… Quand la cour se retira pour une pause de deux heures, Lincoln emmena Julia dans une petite salle. Il avait fait apporter une assiette de sandwichs et du café.

Elle ne toucha à rien. Dans deux heures, ce serait son tour…

Et jamais deux heures ne passèrent aussi vite.

— La défense appelle Julia Summers à la barre.

Julia se leva, consciente que tous les regards étaient fixés sur elle et qu'on murmurait dans son dos. Parvenue à la barre, elle se retourna, fit face à tous ces regards. Puis elle leva la main droite et jura de dire la vérité, toute la vérité.

— Madame Summers, saviez-vous, lorsque vous êtes arrivée en Californie, que Eve Benedict était votre mère naturelle ?

— Non.

— Pourquoi avez-vous traversé le pays pour venir vivre dans sa propriété ?

— J'avais accepté d'écrire sa biographie. Elle souhaitait

apporter son entière coopération à ce projet tout en exerçant un certain contrôle. Nous avons décidé que mon fils et moi viendrions vivre en Californie, chez elle, jusqu'à ce que le premier jet soit terminé et approuvé par elle.

— Pendant l'élaboration de ce projet, Miss Benedict a-t-elle partagé avec vous des moments de sa vie privée ?

Julia se revit avec Eve au bord de la piscine, puis dans la salle de gym. Elle revit Eve, en robe vive, agenouillée à côté de Brandon, en train de construire un port de l'espace... Ces images traversant soudain son esprit lui firent venir les larmes aux yeux.

— Elle était très franche avec moi, très ouverte. Il était important pour elle que le livre soit honnête, qu'il dise toute la vérité, murmura Julia. Elle ne voulait plus de mensonges.

— Avez-vous eu l'occasion d'enregistrer vos conversations avec elle ou avec ses proches ?

— Oui. Je travaille à partir d'enregistrements et de notes.

Lincoln regagna la table pour prendre une boîte de cassettes.

— S'agit-il là des copies des entretiens que vous avez conduits depuis le mois de janvier de cette année ?

— Oui. Ce sont mes propres étiquettes.

— Je souhaiterais présenter ces pièces comme preuves.

— Votre Honneur, le ministère public s'y oppose. Ces enregistrements contiennent les commentaires et les souvenirs de la défunte, et ses observations personnelles sur de nombreux individus. De plus, il ne peut être apporté aucune preuve de leur authenticité.

Julia les laissa argumenter... Elle ne voyait pas l'intérêt de produire les cassettes. La police avait écouté les originaux sans en tirer de conclusions déterminantes.

— M. Hathoway n'étant pas en mesure d'établir un lien direct entre ces enregistrements et la défense de l'accusée, ils ne seront pas pris en compte au cours de cette audience, décida le juge. Les écouter ne pourrait que troubler la justice. Veuillez poursuivre.

— Madame Summers, pendant que vous meniez ces entretiens, avez-vous reçu des menaces ?

— J'ai reçu des messages. Le premier fut déposé sur le seuil du pavillon des invités.

— Reconnaissez-vous là les messages que vous avez reçus ?

Julia regarda les papiers que lui tendait Lincoln.

— Oui.

Il l'interrogea sur la réaction d'Eve à ce sujet, sur l'accident d'avion, sur la dispute, ses sentiments et finalement sur ses faits et gestes le jour du meurtre.

Elle répondit calmement, brièvement comme il le lui avait recommandé.

Puis ce fut au tour du procureur.

— Madame Summers, quelqu'un se trouvait-il avec vous lorsque vous avez reçu ces messages ?

— Paul Winthrop se trouvait avec moi lorsque j'ai reçu celui de Londres.

— Il était présent lorsqu'on vous l'a remis ?

— C'est un garçon qui l'a monté dans ma chambre d'hôtel.

— Mais personne n'a vu qui l'a apporté ni quand.

— On l'avait laissé à la réception.

— Je vois. Dans ce cas, n'importe qui aurait pu le laisser à la réception. Y compris vous.

— N'importe qui, en effet. Mais ce n'est pas moi.

— Je trouve difficile de croire que quelqu'un puisse se sentir menacé par des phrases aussi stupides.

— Même ce qui est stupide peut sembler menaçant lorsque c'est anonyme, surtout au moment où Eve me faisait des révélations délicates, particulièrement explosives, sur bien des gens.

— Ces messages anonymes n'ont pas été trouvés en votre possession mais dans le tiroir de la coiffeuse de la défunte.

— Je les lui avais donnés. Eve souhaitait s'occuper elle-même du problème.

— Eve, répéta le procureur. Parlons d'elle, justement, et de ces révélations explosives. Diriez-vous que vous lui faisiez confiance ?

— Oui.

— Que vous vous étiez attachée à elle ?

— Oui.

— Et que vous vous êtes sentie trahie lorsqu'elle vous a révélé que vous étiez l'enfant qu'elle avait conçu hors des liens du mariage, en secret, puis abandonné pour être adopté ?

— Oui, dit Julia, qui sentit Lincoln se crisper. J'étais abasourdie, blessée.

— Vous avez utilisé le mot « manipulée », ce soir-là, n'est-ce pas ? Vous avez dit qu'elle avait manipulé votre vie.

— C'est le sentiment que j'ai eu… Je ne suis pas certaine de l'avoir dit.

— Vous n'en êtes pas certaine ?

— Non.

— Parce que vous étiez dans un tel état de rage que vous ne pouviez plus penser clairement ?

— Objection !

— Objection retenue.

— Etiez-vous en colère ?

— Oui.

— Avez-vous menacé de la tuer ?

— Je ne sais pas.

— Vous ne savez pas ? Madame Summers, éprouvez-vous souvent des difficultés à vous souvenir de vos paroles et de vos actes lors de crises violentes ?

— Je ne suis pas coutumière de crises violentes.

— Mais vous en avez eu. N'avez-vous pas agressé une institutrice qui avait puni votre fils ?

— Votre Honneur, vraiment ! s'insurgea Lincoln.

— Je ne fais qu'établir le portrait psychologique de la prévenue au vu d'agressions physiques dont elle s'est déjà rendue coupable.

— Objection rejetée. La prévenue va répondre.

— J'ai frappé une institutrice qui avait rabaissé, mortifié mon fils parce qu'il n'avait pas de père.

Julia regarda Lincoln droit dans les yeux.

— Il ne méritait pas d'être puni à cause des circonstances de sa naissance.

— Comme vous avez eu le sentiment de l'être vous-même ? Vous êtes-vous sentie rabaissée, mortifiée par les révélations d'Eve Benedict ?

— J'ai eu le sentiment qu'elle m'avait volé mon identité.

— Et vous l'avez haïe pour cela.

— Non.

Julia leva la tête, croisa le regard de Victor.

— Je ne la hais pas. Je ne hais pas l'homme qu'elle a aimé au point de concevoir un enfant avec lui.

— Deux témoins ont juré, sous serment, que vous aviez hurlé votre haine à l'encontre de votre mère.

— A ce moment précis, je l'ai haïe.

— Et le lendemain, lorsqu'elle s'est rendue au pavillon des invités pour, selon ses propres termes, s'expliquer avec vous, vous vous êtes emparée du tisonnier et, mue par cette haine, vous l'avez frappée.

— Non, murmura Julia. Ce n'est pas moi.

*
* *

L'affaire irait en procès sur la foi des témoignages à charge. La caution fut fixée à cinq cent mille dollars.

— Je suis désolé, Julia.

Lincoln écrivait déjà un mot à transmettre à son adjoint.

— Nous allons te faire sortir en moins d'une heure. Je te garantis qu'un jury t'acquittera.

— Combien de temps tout cela va-t-il durer ?

Elle jeta un regard désespéré vers Paul lorsqu'on lui passa les menottes. Elle entendit le cliquetement métallique et songea à la porte de la cellule se refermant sur elle.

— Brandon... Oh, mon Dieu, appelle Ann, s'il te plaît. Je ne veux pas qu'il sache.

— Tiens bon, ça va aller.

Paul ne pouvait l'atteindre, la toucher. Il ne put que la regarder, impuissant, tandis qu'on l'emmenait. Il attrapa Lincoln par le col de sa veste. La violence de son regard reflétait toute l'intensité de son émotion.

— Je vais régler la caution. Vous, vous la sortez d'ici au plus vite. Et faites en sorte qu'on ne la mette pas dans une cellule. Vous avez compris ?

— Je ne crois pas...

— Débrouillez-vous, c'est tout !

La foule ne s'était pas dispersée quand on relâcha Julia. Julia qui avançait comme dans un rêve. Etait-elle déjà morte ? Elle croyait encore sentir l'emprise glacée des menottes refermées autour de ses poignets.

Non, elle n'était pas morte. La limousine était là. La limousine d'Eve. Mais pas Lyle. Il y avait un nouveau chauffeur. Elle se glissa à l'intérieur. Il faisait frais.

Enfin en sécurité... Elle ferma les yeux, entendit le bruit

d'un liquide coulant dans un verre. Du brandy, constata-t-elle, lorsque Paul lui mit le verre dans la main.

— Julia, c'est toi qui l'as tuée ? dit-il soudain d'une voix froide et détachée.

Alors, la colère succéda au choc. Une colère si violente que Julia se rendit à peine compte de son geste. Elle arracha ses lunettes de soleil, les jeta par terre…

… Mais avant qu'elle ait pu dire un mot, Paul la saisit fermement par le menton.

— C'est cette expression-là que je veux voir sur ton visage.

Sa voix avait changé, s'était durcie.

— Qu'est-ce que tu crois, que je vais rester assis tranquillement à les regarder t'anéantir ? Tu ne te bats pas que pour ta vie, Julia.

Elle s'écarta d'un geste brusque, but une gorgée de brandy pour se calmer.

— C'est toute la solidarité que tu as à me proposer ?

Paul se crispa, vida son verre.

— Quand on t'a emmenée, j'ai cru qu'on me mutilait de la moitié de moi-même. Ça te suffit ?

Julia ferma les yeux.

— Je suis désolée. Ça n'arrange en rien la situation, que je m'en prenne à toi.

— Si, justement. Tu n'as plus l'air d'une morte, maintenant.

Il posa une main sur la nuque de Julia, la massa doucement pour éliminer la tension. Il vit ses doigts se crisper sur ses genoux tandis qu'elle s'efforçait de reprendre le contrôle. Des doigts fins dont elle avait furieusement rongé les ongles. Et qu'il embrassa.

— Sais-tu quelle est la première chose qui m'a attiré en toi ?

— Je jouais les indifférentes ?

Ce petit sourire provocateur, sur les lèvres de Julia, le rassura. Oui, elle se battrait. Aussi fragile soit-elle, il savait qu'elle se battrait.

— Eh bien, il y avait effectivement cette distance. Très troublante. Mais, plus encore, l'expression de ton visage, la toute première fois, lorsque tu es entrée dans le salon d'Eve. Et ce vague, dans tes yeux.

— C'était le décalage horaire.

— Tais-toi et laisse-moi terminer.

Il l'embrassa doucement, la sentit se détendre un peu.

— Ton regard disait clairement : je n'aime pas ce genre de petit dîner où on bavarde, mais je me sortirai d'affaire. Et si quelqu'un s'avise de m'attaquer, je rendrai coup pour coup.

— Et tu m'as attaquée, je me souviens.

— Oui. Je n'approuvais pas ce projet de livre.

Julia ouvrit les yeux, regarda Paul.

— Quoi qu'il arrive, je l'écrirai.

— Je le sais.

Et comme il la sentait au bord des larmes, il posa un baiser sur ses paupières puis attira sa tête contre son épaule.

— Maintenant, oublie tout. Nous serons bientôt à la maison.

Le téléphone sonnait lorsqu'ils entrèrent. D'un commun accord, ils décidèrent de ne pas répondre.

— Je crois que je vais prendre une douche, dit Julia.

Elle était à mi-chemin de l'escalier lorsque le répondeur se mit en marche.

— Julia Summers…

La voix était amicale, légèrement amusée.

— … Ah, vous n'êtes peut-être pas encore rentrée.

C'était le grand jour, aujourd'hui. Alors, rendez-vous à vous-même un joli petit service en me donnant un coup de fil. Je m'appelle Haffner et j'ai une information intéressante à vendre. Cela vous plairait peut-être de savoir qui d'autre rôdait dans la propriété le jour où Eve Benedict a été tuée ?

Julia se figea, la main sur la rampe. Lorsqu'elle se retourna, Paul avait déjà décroché, mis le haut-parleur.

— Mon numéro est…

— Winthrop à l'appareil, coupa Paul. Bon Dieu, qui êtes-vous ?

— Un observateur intéressé. Je vous ai vu avec la jolie Julia, quitter le palais de justice. C'est pas de chance ce procès !

— Je veux savoir qui vous êtes et quelle information vous détenez.

— Je serai ravi de vous le dire, l'ami. Moyennant finance. Disons que… deux cent cinquante mille dollars, cash devraient couvrir mes frais.

— Qu'est-ce que j'ai pour ce prix-là ?

— De quoi éviter à cette jolie dame de se retrouver derrière les barreaux. Rendez-vous avec la moitié de l'argent et la dame sur la colline, à côté du panneau Hollywood, à 21 heures. Et si vous voulez que je parle aux flics ou à un juge, vous prévoyez l'autre moitié.

— Les banques sont fermées.

— Oh, c'est pas de veine, ça ! Moi, je peux attendre. Mais elle, Winthrop, elle peut attendre ?

Paul jeta un coup d'œil à Julia, debout, immobile, à quelques pas du téléphone. Elle le fixait, et dans son regard, il vit une émotion qu'il n'avait plus vue depuis des jours : de l'espoir.

— J'aurai l'argent. 21 heures, comme convenu.

— Et on laisse les flics en dehors de ça pour l'instant. Si j'en sens un, je me tire.

Julia suivit le combiné des yeux lorsque Paul le reposa. Elle avait presque peur de parler, de prononcer les mots qui s'imposaient.

— Crois-tu que... pourrait-il vraiment avoir vu quelqu'un ?

Mais avant que Paul ait eu le temps de rassembler ses esprits, le téléphone sonnait de nouveau.

— Winthrop à l'appareil.

— Paul, c'est Victor. Comment va-t-elle ?

Paul jeta un coup d'œil à sa montre.

— Victor, combien de liquide pouvez-vous rassembler dans les deux heures ?

— Du liquide ? Pour quoi faire ?

— C'est pour Julia.

— Mon Dieu, elle n'a pas l'intention de fuir ?

— Non. Je n'ai pas le temps de vous expliquer. Combien pouvez-vous vous procurer ?

— En deux heures ? Quarante mille dollars, cinquante peut-être.

— Ça ira. Je passerai les prendre. Avant 20 heures.

— Très bien. Je m'en occupe.

Julia secoua la tête, abasourdie.

— Il accepte ? Tout simplement..., dit-elle. Sans poser la moindre question, la moindre condition. Je ne sais pas quoi dire...

— Tu sauras, le moment venu. Je peux compléter jusqu'à hauteur de cent mille. Tu crois que ton agent pourrait te fournir le reste ?

— Oui, certainement.

Julia décrocha, des larmes plein les yeux. Des larmes d'espoir. Un espoir insensé.

— Paul, je te revaudrai tout ça. Je ne parle pas seulement de l'argent.

— Dépêchons-nous, à présent. Je veux appeler Frank.

— La police ? Mais il a dit que…

— Frank ne se fera pas repérer.

Une lueur traversa le regard de Paul. Sombre, dangereuse.

— Je ne cours pas le risque de lui remettre l'argent pour le voir filer ensuite. Ça ne l'a pas gêné d'attendre, de laisser l'affaire aller jusqu'au procès. Téléphone, Jules. Il faut que nous mettions le piège en place.

Haffner alluma une cigarette, puis il s'adossa à la barre de l'énorme H blanc du panneau « Hollywood ». Il aimait cet endroit. C'était le lieu idéal pour faire ses petites affaires. Isolé. Tranquille.

Il écarta du pied une boîte de Coca-light, se demandant combien de nanas étaient déjà venues ici emmener des mecs au paradis.

Les lumières scintillaient, juste en dessous. Mais ici, en haut, à condition d'attendre assez longtemps, sans faire de bruit, on entendait parfois un lointain coyote hurler à la lune qui commençait juste à se lever.

Haffner songea qu'il allait peut-être empocher son fric, tout simplement, et s'offrir une petite randonnée. Yosemite, Yellowstone, le Grand Canyon… Il avait toujours pris son pied dans la nature. Et il aurait bien mérité ces vacances honnêtement gagnées. Un super témoin comme lui, ça se payait, voilà tout.

Il entendit le moteur de la voiture et écrasa sa cigarette sur le sol. Il s'écarta du panneau, se fondit dans l'obscurité. Si Winthrop et la fille avaient combiné quelque chose, il se glisserait discrètement jusqu'à sa voiture et filerait.

Ils approchaient en silence, côte à côte. Un large sourire éclaira le visage d'Haffner lorsqu'il aperçut la mallette dans la main de Paul. Comme sur des roulettes, songea-t-il.

— Il n'est pas là.

Julia semblait si tendue que Haffner eut presque pitié d'elle.

— Il ne va pas tarder.

Elle hocha la tête, inspectant les alentours.

— Peut-être aurait-il été plus prudent d'avertir la police. C'est dangereux de venir seuls ici.

— Tout ce qui l'intéresse, c'est l'argent, dit Paul d'un ton rassurant. Mieux vaut faire comme il a dit.

— Bien…

Haffner s'avança vers eux. Il leva une main pour se protéger de la lumière trop vive de la torche et se mit à rire.

— Baissez votre lampe, l'ami. Inutile de m'aveugler.

— Haffner ?

— En personne. Eh bien, Julia, ça fait plaisir de vous revoir.

Julia glissa la main dans son sac tout en observant l'homme.

— Je vous connais. Je vous ai déjà vu.

— Je m'en doute. Il y a des semaines que je vous file. Un petit travail pour un client. Je suis détective privé. Enfin, je l'étais.

— Dans l'ascenseur, au bureau de Drake. Et à l'aéroport de Sausalito.

— Bravo ! Vous avez l'œil.

— Pour qui travaillez-vous ? demanda Paul.

— Pour qui je travaillais avant, vous voulez dire. Parce que c'est fini. On n'a plus besoin de mes services maintenant que Eve est morte et que Julia est dans les ennuis jusqu'au cou.

Paul attrapa Haffner par le col de sa chemise.

— Si vous avez quelque chose à voir avec le meurtre d'Eve…

— Du calme, du calme. Vous pensez que je serais là si c'était le cas ?

Il leva les mains pour calmer le jeu, un large sourire aux lèvres.

— Tout ce que j'ai fait, moi, c'est un peu de filature pour quelqu'un que ça intéressait.

— Qui ?

Haffner réfléchit un instant.

— Puisque je ne suis plus à son service, je peux vous le dire, je suppose. Kincaide. Anthony Kincaide. Il voulait que je vous surveille de très près, Julia. Le livre que vous écriviez avec Eve le faisait transpirer à grosses gouttes.

— Les messages, dit Julia. C'est lui qui envoyait les messages ?

— Des messages ? Je ne suis pas du tout au courant. Il voulait que je vous suive, il voulait savoir très exactement avec qui vous parliez. Il m'avait acheté du matériel sacrément sophistiqué. J'ai même pu écouter certains de vos entretiens. On ne s'ennuyait pas. C'était un sacré scoop, l'avortement de Dubarry. Qui l'aurait cru ? Je vous ai suivie quand vous êtes sortie de chez elle. Vous étiez dans un drôle d'état, ce jour-là. Ça devait tourner dans votre tête. Ensuite, j'ai fait le tour de la propriété et…

Il s'interrompit, hilare.

— Je me ferai un plaisir de vous raconter la suite… dès que j'aurai vu l'argent.

Paul lui tendit la mallette d'un geste sec.

— Comptez.

— Allons, l'ami…

Haffner posa la mallette sur un rocher et l'ouvrit. Puis

il sortit une petite lampe de poche, inspecta les liasses de billets. Une manne du ciel !

— Je vous fais confiance. En fait, nous nous rendons mutuellement service, c'est tout.

— Vous prétendez avoir vu quelqu'un d'autre dans la propriété, le jour du meurtre, dit Julia. Comment avez-vous pu entrer ? Joe était à la grille.

— Les types comme moi sont rarement invités à entrer par la grande porte, à Beverly Hills…

Haffner s'amusait bien, faisait durer le suspense. Il prit un rouleau de pastilles aux fruits, en croqua une. Julia sentit se répandre une forte odeur d'orange.

— J'ai aperçu une voiture garée le long du mur. Ça a piqué ma curiosité. Je suis monté sur le toit, j'ai jeté un coup d'œil par-dessus le mur… et devinez quoi ?

Il regarda tour à tour Julia et Paul.

— Vous ne voyez pas ? Drake Morrison traversait le green de golf en boitillant. Nom de nom, vous vous rendez compte, avoir un green dans son jardin !

— Drake ?

Julia prit la main de Paul, la serra.

— Vous avez vu Drake ?

— Il n'était pas beau à voir, poursuivit Haffner. Il avait dû se faire mal en sautant le mur. Ces types qui travaillent dans les bureaux… ce ne sont pas des sportifs.

— Et l'alarme ? demanda Paul.

— Ça, je ne sais pas. Mais j'imagine qu'il s'en était occupé sinon il n'aurait pas pu sauter le mur. Comme la voie semblait libre, j'ai sauté à mon tour. Je me suis dit que Kincaide alignerait sûrement un bon paquet de fric histoire de savoir ce qui se passait à l'intérieur. Je ne pouvais pas m'approcher beaucoup — c'est très dégagé à cet endroit-là. Morrison se dirigeait vers la maison, la grande, mais il s'est brusquement arrêté et a tenté de se dissimuler derrière un palmier, comme s'il avait vu quelqu'un. Puis il s'est dirigé vers la petite maison. Là non plus je n'ai pas pu m'approcher beaucoup. Il tournait autour, cherchait à s'approcher d'une fenêtre. Et soudain, je l'ai vu faire un bond en arrière et détaler comme s'il avait le diable aux trousses. J'ai dû me planquer dans les buissons. Et je m'apprêtais à aller jeter un coup d'œil moi-même lorsque je vous ai vue arriver, vous.

Il regarda Julia, hocha la tête.

— Je vous ai vue descendre de la voiture, entrer dans le jardin. Je me suis dit qu'il valait mieux que je file avant que quelqu'un rebranche le système de sécurité.

— Vous m'avez vue.

Julia écarta Paul pour s'approcher d'Haffner.

— Vous m'avez vue. Vous saviez que je disais la vérité depuis le début et vous n'avez rien fait.

— Hé, je suis là, non ? Et si vous apportez le complément de fric, j'irai raconter ma petite histoire au procureur. Cela dit, je ne peux lui raconter que ce que j'ai vu. Pour ce que j'en sais, vous êtes revenue sur vos pas et vous avez frappé Eve Benedict.

La gifle s'abattit sur la joue de Haffner, suffisamment violente pour envoyer l'homme buter contre le rocher.

— Vous savez parfaitement que je ne l'ai pas tuée, lança Julia. Vous savez que Drake a vu la personne qui a frappé Eve. Et vous avez attendu que je sois au désespoir, prête à vendre mon âme !

Haffner s'essuya la bouche d'un revers de main et se releva.

— Continuez comme ça, et je dirai au procureur que vous avez tenté de me soudoyer pour que je vous fournisse un alibi. Vous ne m'êtes rien du tout. Alors tâchez de vous calmer, ou je pourrais très bien décider de ne pas faire mon devoir de citoyen.

— Son devoir de citoyen ! s'exclama Paul. Ça te suffit, Frank ?

— Amplement.

Frank sortit de sa cachette, un sourire rayonnant aux lèvres.

— Fils de pute ! lança Haffner.

Il fit un pas en avant, mais Paul l'interceptait déjà d'un direct du droit dans la mâchoire.

— Mais c'est Rusty… Cette ordure de Rusty Haffner, dit Frank d'un ton moqueur en obligeant l'autre à se mettre debout. Je me souviens de toi. Et toi, tu me reconnais ? Lieutenant Francis Needlemeyer. Tu es en état d'arrestation pour extorsion, refus de témoigner, et parce que tu es un salopard. Je vais te lire tes droits dans une minute.

Après avoir bouclé les menottes, Frank s'empara de son talkie-walkie.

— Lieutenant Needlemeyer. Venez me débarrasser de cette ordure.

— On arrive, Lieutenant. Message reçu.

32

— Le procureur veut voir Morrison tout de suite. Et plus vite que ça ! ironisa Frank.

Il sifflotait tout en bifurquant dans l'allée qui menait à l'appartement de Drake.

— Vous avez pu joindre votre avocat ?

— Oui, répondit Julia.

Elle essuya ses mains moites sur sa jupe.

— A l'heure qu'il est, il doit être en train de harceler votre chef. Il était persuadé que vous ne nous laisseriez jamais vous accompagner pour cueillir Drake.

— Je n'y peux rien, si vous vous êtes pointés, répondit Frank en adressant un clin d'œil à Paul. En fait, je pense que Morrison craquera plus vite en face de vous.

— C'est sa carcasse que je ferais volontiers craquer, dit Paul.

— Tu feras ce que tu voudras, mais attends d'abord qu'on ait sa déposition. Nom de nom, comment fait-il pour écouter la musique aussi fort ?

Frank sonna, puis martela la porte à coups de poing.

— Ce salaud a vu l'assassin, dit Paul, serrant si fort la main de Julia à lui faire mal. Tout ce qu'il a, il le doit à Eve. Et en plus, il se sert de sa mort pour faire du fric !

— Ses chances de récupérer une partie de l'héritage sont nettement plus grandes si Julia est condamnée.

Frank martela de nouveau la porte.

— A présent, il va être condamné pour entrave à la justice. Il est là, ce salaud. Sa voiture est là. La lumière est allumée et il y a de la musique.

— Morrison ! hurla Frank. Police ! Ouvrez !

Il glissa un regard à Paul. Aussitôt, Paul posa une main sur l'épaule de Julia.

— Julia, il vaut mieux que tu ailles nous attendre dans la voiture.

Elle comprit tout de suite, et le repoussa.

— Pas question.

— Ecartez-vous, dit Frank.

Il se jeta à trois reprises sur la porte avant qu'elle ne cède.

— Je manque de pratique, murmura-t-il pour lui-même.

Puis il sortit son revolver.

— Tu ne la laisses entrer que si je donne le signal.

Mais dès que Frank eut disparu, Julia échappa aux bras de Paul.

— Tu crois vraiment que je vais rester dehors à attendre ? Il sait qui l'a tuée ! Il sait qui a tué ma mère.

Se rendait-elle compte que c'était la première fois qu'elle l'admettait ? Il hocha la tête, prit sa main.

— Reste près de moi, dans ce cas.

La musique s'arrêta brusquement. Lorsqu'ils pénétrèrent dans l'entrée, il régnait un silence total. Paul jeta un coup d'œil vers le haut de l'escalier, s'arrangeant pour que Julia reste derrière lui, à l'abri.

— Frank ?

— Par ici. Merde. Empêche-la d'entrer.

Mais Julia était déjà entrée. Et pour la deuxième fois de sa vie, elle se trouva confrontée à la scène d'un crime.

Drake était étendu sur le dos, à l'endroit exact où il était tombé. Il y avait du cristal brisé tout autour de lui. Ça sentait le sang et le champagne éventé. La petite fête avait horriblement mal tourné.

— Il faut que je sache.

Une heure plus tard, assise dans le salon de Paul, Julia luttait de toute la force de sa volonté pour garder son calme.

— Ils pensent que je l'ai tué, c'est ça ? demanda-t-elle, observant attentivement le visage de Lincoln.

— Non. Il n'y a pas de mobile. Et lorsqu'ils auront établi l'heure de la mort, il ne subsistera plus le moindre doute. Tout porte à croire qu'il s'agit d'un travail de professionnel.

— Un travail de professionnel ?

— Un seul coup, très propre. Nous en saurons davantage dans un jour ou deux.

— Un jour ou deux, répéta Julia.

Elle qui n'était même pas sûre de pouvoir tenir encore une heure. Elle massa ses tempes.

— Il aurait pu me disculper, Lincoln. Il est mort et je ne peux m'empêcher de me dire que, à deux jours près, il aurait pu me disculper.

— C'est peut-être encore possible. Avec la déposition d'Haffner et le fait que Drake ait été tué, les accusations contre toi apparaissent nettement moins solides. Cela prouve déjà que quelqu'un se trouvait dans la propriété, que le système d'alarme était inopérant. Haffner confirmera qu'il t'a vue partir en direction du jardin et non de la maison. Et que quelqu'un, probablement Eve, se trouvait déjà à l'intérieur. Drake n'aurait pas regardé par la fenêtre, il n'aurait pas eu peur au point de fuir, si la maison avait été vide.

Julia osait à peine se raccrocher à cet espoir ténu.

— Si l'affaire passe malgré tout en jugement, c'est là-dessus que tu t'appuieras ?

— Si l'affaire passe malgré tout en jugement, oui. C'est plus qu'il n'en faut pour établir un doute bien fondé, Julia. Le procureur le sait. Maintenant, je veux que tu ailles te reposer.

— Merci.

Elle se leva pour le raccompagner à la porte. Le téléphone se mit à sonner.

— J'y vais, dit-elle à Paul.

— Laisse sonner.

— Si c'est un journaliste, j'aurai la satisfaction de lui raccrocher au nez. Allô, oui ?

Son visage se figea soudain.

— Oui, bien sûr. Un instant. Lincoln, c'est ton fils.

— Garrett ?

Il avait déjà fait un pas vers le téléphone lorsqu'un brusque sentiment de honte l'envahit.

— Ma… euh… ma famille a décidé de venir me rejoindre quelques jours. Ce sont les vacances de printemps des enfants.

Julia ne répondit pas. Il prit le combiné.

— Garrett ? Vous êtes bien arrivés ? Oui, je sais que l'avion a eu du retard. Ça fait plaisir de t'entendre.

Il rit, tourna délibérément le dos. A Julia.

— Il n'est jamais que 11 h 30, ici, tu sais. Ce n'est pas très tard. Oui, je vous emmènerai voir un match et visiter Disneyland. Dis à ta mère et à ta sœur que je pars tout de suite. Attendez-moi. Oui, oui, très bientôt. A tout à l'heure, Garrett.

Lincoln raccrocha, s'éclaircit la voix.

— Je suis désolé, j'avais laissé ce numéro pour qu'on

puisse me joindre. Le vol avait été retardé, à St Louis. J'étais légèrement inquiet.

Julia soutint son regard.

— Il n'y a pas de problème. Tu ferais bien d'y aller, à présent.

— Oui. On reste en contact.

Il sortit. Précipitamment, constata Julia.

— Quelle ironie, n'est-ce pas ? dit-elle une fois seule avec Paul. Cet enfant n'a que quelques mois de moins que Brandon. Lorsque Lincoln a découvert que j'étais enceinte, il a eu si peur de ce qui pourrait se produire qu'il est vite retourné vers sa femme. On peut dire que j'ai sauvé son mariage et que je suis en partie responsable de la naissance du demi-frère de Brandon… Il a l'air d'un gamin très intelligent, très bien élevé.

Paul écrasa son cigare d'un geste sec.

— Il n'empêche que je serais très heureux de lui infliger une correction pour ce qu'il t'a fait.

— Tu lui en veux encore alors que moi j'ai cessé de lui en vouloir.

Elle s'approcha, se glissa sur les genoux de Paul.

— Vraiment, je ne lui en veux plus, Paul, et je sais exactement de quand cela date. De cette nuit, à Londres, lorsque nous sommes restés si tard à discuter et que je t'ai tout dit. Tous les secrets que je pensais ne jamais pouvoir confier à un homme.

Julia se pencha vers lui, effleura ses lèvres.

— Aujourd'hui, je n'ai même pas envie que tu lui infliges une correction.

Elle poussa un soupir, l'embrassa tendrement dans le cou.

— Ou alors une toute petite.

Paul l'étreignit si fort, si passionnément qu'elle suffoqua.

— Ça va aller, tu verras, murmura-t-il contre ses cheveux.

Ils s'endormirent ainsi, tout habillés, serrés l'un contre l'autre sur le canapé.

Un coup frappé à la porte, un peu après 6 heures, les réveilla en sursaut.

C'était Frank.

Ils passèrent dans la cuisine, préparèrent un petit déjeuner.

— J'ai une bonne nouvelle et une mauvaise, commença-t-il. La mauvaise, c'est que le procureur maintient les charges contre vous.

Julia ne dit rien.

— La bonne, c'est que l'enquête est rouverte. La déposition d'Haffner vous est favorable. Il nous faut vérifier quelques points, apporter la preuve qu'il travaillait pour Kincaide. Dommage que ce vieux Rusty n'ait pas jeté lui-même un coup d'œil à l'intérieur puisque Morrison n'est plus là pour raconter ce qu'il a vu… Mais le fait qu'ils se soient trouvés sur place tous les deux change beaucoup les choses. Ce qui joue encore contre vous, c'est votre emploi du temps, au moment du crime, et le fait que tous ceux qui se trouvaient dans la propriété à ce moment-là ont un alibi. Seulement, si la justice accepte la version d'Haffner, tout ça ne tient plus.

— Que de « si », conclut Julia.

— Ecoutez, ce salaud voudrait bien se rétracter. Il vous en veut de l'avoir piégé, mais il sait également ce qu'il lui en coûtera. La situation risque d'être beaucoup plus difficile pour lui s'il refuse de coopérer. Quant au procureur… il aimerait bien démolir l'histoire de Haffner, mais voilà, elle tient debout. Une fois que nous aurons établi qu'il travaillait bien pour Kincaide, qu'il vous filait, le procureur sera obligé d'avaler le reste : Morrison se trouvait dans la propriété à l'heure du meurtre, il a vu quelque chose, et maintenant il est mort.

Frank remercia Paul d'un signe de tête lorsque ce dernier posa devant lui une chope de café.

— Nous nous occupons de vérifier ses appels téléphoniques. Il serait intéressant de voir avec qui il était en contact, depuis le meurtre d'Eve.

Ils parlaient de meurtre, songea Julia. Pourtant, tout autour d'eux trois, tout semblait normal, banal. Le bacon grésillait dans la poêle, le café noir fumait. Dehors, posé sur la rambarde de la terrasse, un oiseau chantait à tue-tête… A cinq mille kilomètres de là, Brandon était à l'école, à faire des fractions ou une dictée. Et c'était rassurant de savoir que, là-bas, la vie poursuivait son cours paisible alors qu'ici un tourbillon infernal menaçait de l'emporter.

— Vous vous donnez beaucoup de mal pour m'aider à me sortir de là, dit Julia.

— Je n'aime pas aller contre mon instinct. Or, jusque-là, j'ai dû le faire…

Frank ajouta juste assez de lait dans son café pour qu'il ne lui brûle pas la langue. Il but une gorgée, savoura.

— Et je me fais difficilement à l'idée qu'un criminel puisse s'en tirer, ajouta-t-il. Votre mère était une femme extraordinaire.

Julia songea aux deux mères qu'elle avait eues. L'avocate toute dévouée à son métier mais qui trouvait quand même le temps de faire des gâteaux ou de recoudre un ourlet. L'actrice débordante d'énergie qui avait mordu dans la vie à belles dents.

— Oui, vous avez raison, dit-elle. Comment voulez-vous vos œufs, lieutenant ?

— Très cuits, dit-il en lui rendant son sourire. Durs comme du bois. Je me suis procuré l'un de vos livres,

Julia. Celui que vous avez écrit sur Dorothy Rogers. Il y a des trucs étonnants là-dedans !

Julia cassa les œufs dans la poêle, regarda les blancs crépiter.

— Oui. Elle avait vécu des expériences étonnantes, c'est le mot.

— Eh bien, moi qui gagne ma vie en interrogeant des gens, je voudrais connaître votre astuce. Comment faites-vous pour arracher leurs secrets à ces vedettes ?

— Il n'y a pas d'astuce. Vous, vos interlocuteurs n'oublient jamais que vous êtes flic. Tandis que moi… ils m'oublient. Si je fais bien mon travail, ils se laissent prendre à leur propre histoire et je disparais de leur champ de vision.

— Si vous commercialisiez vos enregistrements, vous feriez fortune ! Qu'en faites-vous une fois que le livre est écrit ?

— Je les archive. Ils n'ont pas beaucoup d'intérêt sans l'histoire qui les lie.

Paul reposa brusquement sa chope avec un claquement sec.

— Attendez un instant.

Julia se retourna, le vit se précipiter dans l'escalier.

— Ne vous en faites pas, dit Frank en se levant pour attraper le plat. Je mangerai sa part.

Cinq minutes plus tard, Paul l'appelait du haut de l'escalier.

— Frank, viens voir, j'ai quelque chose à te montrer !

Frank quitta la table en bougonnant, entassant plusieurs tranches de bacon dans l'assiette qu'il emporta avec lui. Julia le suivit, une chope de café dans chaque main.

Paul était dans son bureau. Debout, face à l'écran de télévision. L'image d'Eve envahissait l'écran. Il prit la chope que lui tendait Julia.

— Merci.

Puis il désigna l'écran d'un signe de tête.

— Jules, écoute attentivement.

« … J'ai pris la précaution d'enregistrer les autres cassettes. »

Il appuya sur la touche « pause » et se tourna vers Julia.

— Quelles autres cassettes ?

— Je ne sais pas. Elle ne m'en a jamais donné d'autres.

— Exactement ! s'exclama-t-il, l'embrassant soudain avec fougue. Où sont-elles passées, alors ? Elle les a enregistrées entre le moment où tu l'as vue pour la dernière fois et celui où elle a été assassinée. Elle ne les a pas remises à Greenburg. Elle ne te les a pas données. Mais elle en avait l'intention.

— Elle en avait l'intention, répéta Julia en s'asseyant. Et elle s'était rendue au pavillon des invités pour me voir. Elle m'y attendait.

— Pour te les remettre. Pour gommer les derniers mensonges.

— Nous avons fouillé la maison de fond en comble, dit Frank en posant son assiette. Il n'y avait pas d'autres cassettes que celles qui se trouvaient dans le coffre.

— Non, parce que quelqu'un les avait prises. Quelqu'un qui savait ce que contenaient ces cassettes.

— Comment quelqu'un aurait-il pu le savoir ?

Julia se tourna vers l'écran, vers le portrait figé d'Eve.

— Elle les a enregistrées cette nuit-là ou le lendemain matin. Et elle n'a pas quitté la Résidence.

— Qui est venu à la Résidence ?

Frank sortit son carnet, feuilleta rapidement les pages.

— Flannigan, son agent, Dubarry. Elle a très bien pu dire à l'un d'entre eux quelque chose qu'il n'avait pas envie d'entendre.

Julia se détourna. Non, ce ne pouvait pas être Victor. Le sort ne pouvait pas être aussi cruel avec elle.

— Eve était encore en vie après leur départ. Comment auraient-ils pu revenir sans que Joe s'en aperçoive ?

— Par le même chemin que Morrison, dit Frank, songeur. Mais j'ai peine à croire que quelqu'un d'autre ait pu sauter ce mur.

— Cela n'a peut-être pas été nécessaire.

Le regard rivé sur Eve, Paul caressa les cheveux de Julia.

— La personne en question n'a peut-être pas eu à se préoccuper d'entrer ou de sortir. Parce qu'elle se trouvait déjà à l'intérieur. Parce qu'elle était avec Eve et qu'il était normal qu'elle y soit. Parce que c'était quelqu'un qui comptait suffisamment pour qu'elle lui explique ce qu'elle faisait.

— Tu penses à une domestique ? marmonna Frank, tournant de nouveau les pages de son carnet.

— Je pense que c'est quelqu'un qui vivait dans la propriété. Quelqu'un qui n'avait pas à se soucier de la sécurité. Quelqu'un qui a suivi Eve jusqu'au pavillon des invités et qui l'a tuée dans un moment de colère, et a ensuite supprimé Drake de sang-froid.

— Ça nous laisse le cuisinier, le jardinier, l'assistant du jardinier, deux bonnes, le chauffeur, la gouvernante, la secrétaire. Ils ont tous un alibi en béton pour l'heure du crime.

L'impatience commençait à gagner Paul.

— La personne a très bien pu se fabriquer un alibi. Ça colle, Frank.

— Nous ne sommes pas dans l'un de tes romans, Paul. Dans la réalité, les meurtres sont beaucoup plus complexes. Les pièces du puzzle ne se mettent pas aussi facilement en place.

— Tout concorde, Frank. Haffner a dit qu'elle était sortie de la maison, que Morrison avait changé de direction et pris celle du pavillon des invités. Qu'il ne s'était pas arrêté au garage, ce qui, malgré tout le plaisir que j'aurais à voir inculper cette petite frappe de Lyle, le disculpe probablement. Et je pense qu'il s'agit d'un proche d'Eve. Quelqu'un qui connaissait l'emploi du temps de Julia et a donc pu lui transmettre les messages.

— C'est peut-être Haffner ? dit Julia.

— Pourquoi aurait-il pris la peine de nier ? Il nous a avoué tout le reste. Je veux savoir qui t'a suivie à Londres et à Sausalito.

— J'ai passé en revue la liste de tous les passagers des vols sur Londres, Paul. Je t'ai déjà dit que je n'avais rien trouvé.

— Tu as la liste des noms ?

— Elle est dans le dossier.

— Sois sympa, Frank, fais-la-moi faxer ici.

— Nom de Dieu, Paul ! s'exclama Frank.

Puis il regarda Julia, et Eve en gros plan sur l'écran de télévision. Alors il hocha la tête.

— D'accord. Pourquoi pas, après tout ? De toute façon, j'en ai marre de me trimbaler avec une plaque de flic.

D'une certaine façon, à présent, la situation était encore plus pénible, songea Julia. Attendre. Attendre que Frank téléphone pendant que Paul arpentait la pièce en fumant. Attendre que la machine se mette en route et leur envoie ce fax inestimable…

Elle regarda défiler les feuilles. Des centaines de noms. Parmi lesquels, peut-être…

Ils s'organisèrent. Elle étudierait une page qu'elle passerait ensuite à Paul. De son côté, il en étudierait une qu'il passerait à Frank.

Julia éprouva une sensation étrange en tombant soudain sur son nom au mileu des noms inconnus. Puis elle vit celui de Paul sur la liste du Concorde. Il avait voulu venir la retrouver au plus vite, songea-t-elle, émue. Elle se souvenait combien il était en colère. Il s'était montré exigeant, l'avait poussée dans ses derniers retranchements. Et entre-temps, il était devenu l'homme de sa vie.

Julia passa une main lasse sur ses yeux fatigués, prit une nouvelle feuille. Très méthodique, elle observait chaque nom, essayait d'imaginer un visage, une personnalité…

Alan Breeezewater. La cinquantaine dégarnie. Courtier en Bourse réputé. Peut-être.

Marjorie Breezewater, sa jolie épouse, très férue de bridge.

Carmine Delinka. Organisateur de combats de boxe, mégalomane.

Helene Fitzhug-Pryce. Divorcée londonienne venue dépenser son argent en emplettes dans Rodeo Drive.

Donald Frances. Jeune publicitaire de talent en pleine ascension.

Susan Frances. Son épouse britannique, très charmante, cherchant à se faire une place au soleil dans la production télévisée.

Matthew John Frances. Leur fils de cinq ans, tout excité à l'idée de rendre visite à ses grands-parents.

Charlene Gray.

Julia bâilla, s'efforçant de s'éclaircir les idées et de se concentrer…

… Charlene Gray.

— Oh, mon Dieu.

— Que se passe-t-il ?

Paul se précipitait déjà à côté d'elle, combattant l'envie de lui arracher la feuille des mains.

— Charlie Gray.

Frank leva la tête, les sourcils froncés. Il avait les yeux rouges, fatigués.

— Je croyais qu'il était mort ?

— Il l'est. Il s'est suicidé à la fin des années quarante. Mais il avait un enfant. Eve m'a dit qu'elle ignorait ce qui était advenu de cet enfant.

Paul était certain de tenir une piste.

— Charlene Gray. Je ne crois pas beaucoup à une coïncidence. Comment peut-on retrouver cette personne ?

— Donne-moi une heure ou deux.

Frank prit la feuille, deux tranches de bacon froid et se dirigea vers la porte.

— Je t'appelle.

— Charlie Gray, murmura Julia. Eve était très attachée à lui et lui l'aimait comme un fou. Elle a brisé son cœur en épousant Michael Torrent. Il lui a offert des rubis… et son premier bout d'essai. Il fut aussi son premier amant…

Un frisson parcourut Julia.

— Oh, mon Dieu, Paul, crois-tu que son enfant ait pu tuer Eve ?

— S'il a eu une fille, quel âge a-t-elle à présent ?

— Quarante, quarante-cinq ans.

Julia s'immobilisa brusquement.

— Paul, tu ne crois pas sérieusement…

— As-tu une photo de lui ?

Les mains de Julia se mirent à trembler d'excitation.

— Oui, Eve m'a donné des centaines de photos. C'est Lincoln qui a tout.

Paul s'apprêtait à décrocher le téléphone mais il se ravisa.

— Attends.

Il se tourna vers l'étagère qui courait le long du mur, suivit du doigt les titres sur les tranches des cassettes vidéo.

— *Desperate Lives*, murmura-t-il. Le premier film d'Eve, avec Michael Torrent et Charlie Gray.

Il pressa la main de Julia.

— On se fait une petite séance de cinéma ?

— Oui.

Elle parvint à esquisser un sourire.

— Le pop-corn ne sera pas indispensable.

Puis elle retint son souffle tandis que Paul sortait la cassette, la glissait dans le magnétoscope. Il passa en accéléré avertissements et générique.

Puis vint la première scène. Eve marchait sur le trottoir d'une ville — New York, sans doute —, un chapeau rabattu sur le côté, ombrant un œil. La caméra s'approcha, saisit en gros plan ce visage jeune, ardent, puis suivit le mouvement d'Eve tandis qu'elle se penchait vers l'arrière, laissait glisser un doigt le long de la couture de son bas.

— Elle était née star, dit Julia. Et elle le savait.

— Tu sais ce que nous allons faire ? Nous regarderons ce film en entier pendant notre lune de miel.

— Notre lune…

— Nous en reparlerons plus tard.

Et tandis que Julia s'interrogeait, Paul faisait avancer le film en accéléré.

— Je veux un gros plan. Allez, Charlie ! Voilà !

Sur ce dernier mot, Paul pressa la touche « pause ». Charlie Gray, cheveux coiffés en arrière, sourire ironique aux lèvres, les regardait fixement.

— Oh, mon Dieu, Paul…

Les doigts de Julia se crispèrent sur son bras.

— … Elle a ses yeux.

Le visage soudain grave, Paul éteignit la télévision.

— Allons voir Travers.

Traînant les pieds, Dorothy Travers passait d'une pièce à l'autre dans la maison vide, traquant la poussière, polissant les meubles, alimentant sa haine.

Anthony Kincaide avait définitivement tué en elle toute velléité de croire en une relation saine avec un homme. Aussi avait-elle reporté tout son amour sur deux personnes. Son pauvre fils qui l'appelait toujours maman, et Eve.

Il n'y avait rien de sexuel dans l'amour qu'elle vouait à Eve. Elle était déjà écœurée du sexe avant même que Kincaide en ait fini avec elle. Eve avait été une sœur, une mère, une fille pour elle. Et bien qu'elle fût très attachée à sa propre famille, la disparition d'Eve avait causé en elle une telle douleur qu'elle ne voyait pas d'autre moyen de la supporter qu'en se réfugiant dans l'amertume et la haine.

Aussi, lorsqu'elle vit Julia entrer dans la maison, elle se précipita vers elle, toutes griffes dehors.

— Salope ! Je te tuerai ! Tu n'as pas le droit de venir ici !

Paul s'interposa.

— Ça suffit. Travers, cette maison appartient à Julia.

— Jamais elle ne mettra les pieds ici.

Les larmes jaillirent de ses yeux tandis qu'elle se débattait pour se libérer.

— Elle lui a brisé le cœur ! Et comme si cela ne suffisait pas, elle l'a tuée !

— Ecoutez-moi. Drake a été assassiné.

Travers cessa de se débattre.

— Drake, mort ?

— On lui a tiré une balle dans la tête. Nous l'avons trouvé hier soir. Un témoin l'a vu ici, dans la propriété, le jour où Eve a été assassinée. Travers, l'alarme était débranchée. Drake a sauté par-dessus le mur.

— Vous voudriez me faire croire que Drake a tué Eve ?

Elle l'écoutait, à présent, mais Paul ne desserra que légèrement sa prise.

— Non, mais il a vu qui l'a fait. Voilà pourquoi il est mort.

Travers jeta un regard plein de haine à Julia.

— Elle a pu tuer sa propre mère. A plus forte raison son cousin.

— Julia n'a pas tué Drake. Elle était avec moi. Elle a passé toute la nuit avec moi.

Les rides amères autour de la bouche de Travers se creusèrent.

— Elle vous a aveuglé. Aveuglé avec le sexe.

— Je veux que vous m'écoutiez.

— Pas tant qu'elle sera là.

Julia secoua la tête avant même que Paul ait eu le temps de protester.

— Je vais aller attendre dehors. C'est beaucoup mieux ainsi.

Une fois seule avec Paul, Travers se détendit un peu.

— Comment pouvez-vous coucher avec cette salope ?

Travers farfouilla dans sa poche à la recherche d'un mouchoir.

— Je croyais qu'Eve comptait, pour vous.

— Vous savez pertinemment combien elle comptait pour moi. Venez vous asseoir, il faut que nous parlions.

Et quand il l'eut installée dans un fauteuil, Paul s'accroupit devant elle.

— J'ai besoin que vous me parliez de la fille de Charlie Gray.

Travers baissa les yeux trop tard. Il avait eu le temps d'y voir passer un trouble, une question.

— Je ne vois pas de quoi vous voulez parler.

— Eve savait. Elle avait une entière confiance en vous. Elle a dû vous en parler.

— Si elle avait tellement confiance en moi, pourquoi ne m'a-t-elle pas dit qu'elle était malade ?

Submergée par le chagrin, Travers enfouit son visage entre ses mains.

— Pourquoi ne m'a-t-elle pas dit qu'elle était en train de mourir ?

— Parce qu'elle vous aimait. Et parce qu'elle ne voulait pas que le temps qui lui restait soit gâché par la pitié ou le chagrin des autres.

— Même ça, on le lui a pris. Le peu de temps qui lui restait.

— C'est exact. Et je veux que la personne qui le lui a pris le paie très cher. Julia est hors de cause.

Il bloqua ses mains avant qu'elle ne le repousse.

— L'assassin aimait Eve. Partageait sa vie. Elle avait retrouvé la fille de Charlie, n'est-ce pas, Travers ?

— Oui.

33

Le soleil éclaboussait l'eau bleu intense de la piscine. Julia regardait naître, s'élargir, puis disparaître, les cercles concentriques qui se formaient à la surface, là où le jet de la fontaine d'angle retombait en pluie drue. Quelqu'un viendrait-il encore se baigner ici, en riant dans l'eau ?

Elle éprouva l'envie soudaine de le faire, tant qu'elle était seule, pour rendre hommage à celle qu'elle avait aimée un bref moment.

Mais au lieu de cela, elle suivit la course d'un oiseau-mouche, petite plume colorée, qui vint se poser pour boire sur un pétunia rouge vif.

— Julia…

Le sourire qui effleurait ses lèvres se figea. Son cœur fit un bond et elle sentit sa gorge se serrer. Lentement, elle desserra ses doigts qui s'étaient crispés, et faisant appel à tout le talent d'actrice qu'Eve avait pu lui transmettre, elle se retourna pour affronter la fille de Charlie Gray.

— Nina, je ne vous ai pas entendue venir. Je pensais d'ailleurs que vous aviez déménagé.

— C'est tout comme. J'avais encore quelques petites choses à emballer. C'est incroyable, ce que l'on peut accumuler en quinze ans. Vous avez appris, pour Drake ?

— Oui. Si nous allions rejoindre Paul ? Il est à l'intérieur.

— Je sais.

Nina eut une brève inspiration, comme une sorte de petit sanglot étranglé.

— Je les ai surpris qui parlaient, Travers et lui. J'étais en haut… Rien de tout cela n'aurait dû se produire. Rien.

Elle plongea la main dans son grand sac de cuir fauve et en sortit un 32. Le soleil frappa le métal.

— J'aurais préféré qu'il en soit autrement, Julia. Très sincèrement.

L'œil noir de l'arme éveilla chez Julia plus de colère que de peur. Non qu'elle se considérât comme invulnérable — elle admettait même parfaitement la possibilité qu'une balle la frappe, lui ôte la vie. Mais la façon dont Nina la menaçait, l'incroyable politesse avec laquelle elle le faisait lui donnaient une impression d'irréalité et lui fit oublier toute prudence.

— Vous êtes là, face à moi, en train de vous excuser comme si vous aviez manqué un rendez-vous. Enfin, Nina, vous l'avez tuée !

— Je n'en avais pas l'intention.

Elle pressa une main contre sa poitrine.

— Dieu m'est témoin, j'ai tout fait pour la ramener à la raison. J'ai demandé, supplié. Je lui ai envoyé des messages de menaces pour essayer de lui faire peur. Lorsque j'ai vu que cela ne prenait pas, je m'en suis prise à vous. D'autres messages… Le sabotage de l'avion…

Quelque part dans le jardin, un oiseau se mit à chanter.

— Vous avez tenté de me tuer.

— Non. Je sais que Jack est un pilote hors pair et mes instructions étaient très précises. Je ne cherchais qu'à vous effrayer, à vous faire comprendre qu'il fallait laisser tomber la biographie.

— A cause de votre père.

— En partie.

Elle battit des cils. Son regard se fit plus intense.

— Eve a ruiné sa vie, causé son suicide. Je l'ai longtemps haïe pour cela. Mais comment continuer à lui en vouloir alors qu'elle faisait tant pour m'aider ? Je lui étais très, très attachée, Julia. J'ai essayé de lui pardonner. Il faut me croire.

— Vous croire ? Alors que vous l'avez tuée et que vous vous apprêtiez à me laisser accuser.

L'expression de Nina devint dure.

— Eve m'a enseigné la survie. Quel que soit le prix à payer, je me sortirai de là.

— Paul est au courant et Travers aussi. La police est déjà en train de rechercher Charlene Gray.

— Je serai loin lorsqu'ils feront le lien avec Nina Soloman.

Elle jeta un coup d'œil en direction de la maison, satisfaite que Paul et Travers soient toujours à l'intérieur, en train de discuter.

— Je n'ai pas eu beaucoup de temps pour planifier tout cela, mais je ne vois qu'une solution.

— Me tuer ?

— Il faut que cela passe pour un suicide. Nous allons nous rendre au pavillon des invités. Le retour sur les lieux du crime, la police devrait aimer ça. Vous rédigerez une lettre très brève dans laquelle vous avouerez avoir tué Eve et Drake. Ce revolver est celui dont je me suis servie. Il n'est répertorié nulle part. On ne pourra faire aucun rapprochement avec moi. Ce sera très vite fait, ne vous inquiétez pas. J'ai appris à tirer avec un expert en la matière.

Nina lui fit signe d'avancer.

— Dépêchons, Julia. Si Paul sortait trop tôt, je serais obligée de le tuer lui aussi. Et Travers. Ce sera un véritable massacre.

L'oiseau-mouche quitta soudain le pétunia, fonçant au-dessus de la piscine à tire d'aile. Ce fut ce brusque éclair rouge et la colère qui s'empara soudain de Nina qui la firent trébucher, et tirer un premier coup qui manqua sa cible.

Alors, mue par une rage aveugle, Julia se jeta sur elle, la heurtant avec une telle violence qu'elles perdirent toutes deux l'équilibre et tombèrent dans la piscine.

Accrochées l'une à l'autre, elles touchèrent le fond, remontèrent aussitôt, se débattant à coups de pied, à coups d'ongles, et suffoquant. Julia hurla de douleur quand Nina l'attrapa par les cheveux — une douleur qui lui brouilla la vue, et attisa sa fureur. Sous l'eau, elle vit le visage grimaçant de Nina, et le nuage de bulles scintillantes qui les enveloppait dans leur lutte.

Alors, elle referma les mains sur le cou de Nina. Et elle serra. Puis elle garda l'air dans ses poumons, avant d'être de nouveau entraînée vers le fond.

Dans les yeux de Nina, elle lut la panique. Elle la frappa à l'estomac. Se cogna violemment contre le fond de la piscine, et serra les dents. Des particules de lumière dansaient devant ses yeux. Mais elle avait encore la force de lancer son pied aussi fort que le lui permettait la résistance de l'eau, et de meurtrir la chair vulnérable. Peu lui importaient les coups, les griffures ! Au contraire, la pression qui martelait ses tempes, la brûlure qui lui déchirait la poitrine la firent se débattre de plus belle pour aller retrouver l'air à la surface.

Les cris, les hurlements résonnèrent dans sa tête lorsqu'elle plongea de nouveau, saisit Nina par son chemisier alors qu'elle s'efforçait de gagner le bord de la piscine. Julia pleurait. Et elle n'aurait su dire quand les sanglots avaient commencé.

— Garce ! lança-t-elle.

Elle la frappa encore. Un coup de poing en plein visage.

Puis, lui emprisonnant les cheveux, elle lui tira la tête en arrière d'un coup sec, et la frappa de nouveau.

— Arrête, Julia ! Arrête !

Prenant garde à ne pas glisser, Paul tenta de l'attraper, finit par refermer la main sur son bras.

— Elle est évanouie !

Julia retint alors Nina pour l'empêcher de couler.

— Elle t'a griffée, reprit Paul. Tu as le visage en sang.

Julia renifla, essuya d'un revers de main l'eau et le sang.

— Elle se bat comme une fille !

Il eut envie de rire tant le ton était méprisant.

— Travers est en train d'appeler la police. Tu vas arriver à sortir toute seule de cette piscine ?

— Oui.

Dès qu'elle fut sur le bord, Julia fut prise de haut-le-cœur et toussa. Paul allongea Nina, toujours inconsciente, puis s'approcha de sa compagne.

— Vas-y, crache toute cette eau, dit-il d'une voix douce en l'aidant. Quelle femme !

Il écarta les cheveux de son visage, la rassura tandis que les hoquets s'espaçaient, qu'elle tentait de reprendre son souffle.

— C'est la première fois que je te vois en action, championne.

Il l'attira dans ses bras, la serra contre lui.

— Tu es une redoutable amazone. Rappelle-moi de ne jamais te provoquer.

Julia aspira un peu d'air. L'oxygène brûla sa gorge à vif.

— Elle avait un revolver.

— Tout va bien à présent. J'ai récupéré l'arme. Rentrons, tu veux bien ?

— Je vais m'occuper de Julia ! lança soudain Travers.

Le visage sévère, elle allait vers Julia, et lui jeta une énorme serviette de bain sur les épaules.

— Occupez-vous de celle-là, ajouta-t-elle en désignant Nina. Venez avec moi, Julia.

Et elle glissa un bras solide autour de sa taille.

— Je vais vous donner des vêtements secs et vous faire une bonne tasse de thé.

Paul s'essuya le visage et regarda Travers emmener la fille d'Eve à l'intérieur. Puis il se redressa pour s'occuper de celle de Charlie.

Enveloppée dans un peignoir de soie, revigorée par le thé arrosé de brandy, Julia récupérait, calée contre les coussins que Travers avait installés pour elle.

— Je ne me suis pas sentie aussi dorlotée depuis l'époque où je m'étais cassé le poignet en rollerskate. J'avais douze ans.

— Ça aide Travers, dit Paul en allumant un cigare. Elle se sent coupable.

— Elle a tort. Elle croyait sincèrement que j'avais tué Eve. Elle s'est trompée, c'est tout. Mon Dieu, à certains moments, j'ai failli le croire, moi aussi.

Julia se redressa, et grimaça.

— Tu devrais me laisser appeler un médecin, Jules.

— Les infirmiers ont dit que ce n'était rien, lui rappela-t-elle. Egratignures et ecchymoses, c'est tout.

— Et une blessure par balle.

Julia jeta un coup d'œil à son bras, au pansement posé juste au-dessus du coude.

— « Bon Dieu, Rocky, ce n'est qu'une égratignure ! » s'exclama-t-elle, parodiant un film.

Et comme Paul ne souriait même pas, elle lui tendit la main.

— Ce n'est qu'une éraflure. Mon épaule, là où cette furie m'a mordue, me fait bien plus mal.

Elle l'effleura du bout des doigts, grimaça encore.

— Je veux rester ici, avec toi.

— Fais-moi une petite place, ordonna-t-il, s'asseyant à côté d'elle dès qu'elle se fut poussée.

Il prit ses mains, les porta à ses lèvres.

— Tu sais vraiment t'y prendre pour me faire peur, Jules. Lorsque j'ai entendu ce coup de feu, j'ai vieilli de dix ans en une fraction de seconde.

— Si tu m'embrasses, je ferai de mon mieux pour te rendre ta jeunesse.

Il se pencha vers elle, prêt à ne faire qu'effleurer ses lèvres. Mais elle referma les bras autour de son cou, l'attira contre elle. Le fit gémir. Alors, la soulevant contre lui, il prit sa bouche, mettant dans ce baiser tout son désir, toute sa gratitude, et des milliers de promesses.

— Sincèrement désolé de vous interrompre, dit Frank en paraissant à la porte.

Paul ne se retourna pas. Il apaisait de ses lèvres les égratignures sur la joue Julia.

— Dans ce cas, abstiens-toi ! observa-t-il.

— Je n'ai pas le choix. Mission officielle. Madame Summers, je viens vous informer que toutes les charges retenues contre vous ont été levées.

Paul sentit un frisson parcourir Julia, et son corps se tendre. Il leva la tête vers Frank.

— Evidemment. Elle a coincé le meurtrier pour toi.

— La ferme, Winthrop. Je viens également présenter toutes nos excuses à Julia pour l'épreuve qu'elle a traversée. Je peux prendre un sandwich ? Je meurs de faim.

Paul jeta un coup d'œil au plat que Travers avait posé sur la table.

— Prends-le et va-t'en.

— Non, Paul, dit Julia.

Elle le repoussa gentiment.

— J'ai besoin de savoir. Qu'a dit Nina ? Elle vous a parlé, n'est-ce pas ?

— Oui, elle a parlé.

Frank se pencha et se fit un énorme sandwich au poulet, surmonté de trois tranches de fromage et de grosses rondelles de tomate.

— Elle savait que nous la tenions. Il y a quelque chose à boire avec ça ?

— Regarde dans le bar, dit Paul.

Julia se leva pour aller lui chercher une boisson.

— Lorsqu'elle a parlé de me tuer, elle m'a dit que ce serait vite fait, qu'elle avait appris avec un expert en la matière. Qui ?

Frank prit la bouteille qu'elle lui tendait et hocha la tête.

— Michael Delrickio.

— Delrickio ? Nina connaissait Delrickio ?

— C'est par son intermédiaire que Eve l'avait rencontré, dit Paul. Asseyez-vous, je vais vous dire ce que m'a raconté Travers.

— Je crois qu'il vaut mieux que je sois assise, en effet, conclut Julia.

Et elle prit place, involontairement, juste au-dessous du portrait d'Eve.

— Il semblerait que les circonstances de sa vie n'aient pas été exactement celles qu'elle t'a décrites, Julia. C'est vrai, elle a une mère abusive. Charlie lui avait laissé pas mal d'argent. Seulement, ce n'était pas suffisant pour effacer sa haine. Alors elle a reporté cette haine sur sa fille. Il y eut bien un beau-père, aussi, pendant un temps. Jusque-là, tout est vrai. Ce qu'elle a omis de te dire c'est que sa mère a tout fait pour la monter contre Eve. Elle lui a raconté que Eve avait trahi Charlie, qu'elle était responsable de sa mort. Lorsque Nina a quitté la maison, à seize ans, elle était déjà très perturbée, très vulnérable. Elle s'est prostituée pendant un temps puis elle est partie pour Las Vegas. Là-bas, elle dansait et elle faisait des passes. C'est là qu'elle a rencontré Delrickio. Elle devait avoir vingt ans, à l'époque, et on ne la lui faisait pas. Il a vu tout de suite qu'elle avait de l'avenir, et il l'a engagée comme hôtesse pour ses plus gros clients. Ils ont eu une liaison de plusieurs années. A un moment, elle s'est même amourachée de lui. Elle ne voulait plus distraire ses clients. Et puis, elle voulait un vrai travail et attendait de Delrickio davantage qu'une aventure.

— Elle manquait pour le moins de goût, observa Frank en mordant dans son sandwich. Et du plus élémentaire bon sens. Delrickio l'a gardée à Vegas et le jour où elle s'est rebellée, il lui a fait donner une leçon par un de ses sbires. Ça l'a calmée pendant un temps. Mais de son propre aveu, elle l'avait dans la peau. Un jour, elle a découvert qu'il prenait du bon temps avec une autre fille. Elle est allée la trouver et l'a pas mal amochée. Alors, Delrickio a apprécié l'initiative et il lui a laissé croire que c'était reparti.

— C'est à ce moment-là qu'Eve entre en scène, reprit Paul.

Il posa la main sur le bras de Julia, le caressa doucement, comme s'il craignait de rompre le contact.

— Ce fut au tour de Delrickio de tomber amoureux fou. Et quand Nina a refusé de lâcher prise, il lui a envoyé un de ses gardes du corps la rendre raisonnable. Eve l'a appris… Et comme l'affaire Priest venait de lui révéler jusqu'où

Delrickio pouvait aller, elle a rendu visite à Nina. Nina était à l'hôpital, dans un sale état. Elle a vidé son sac…

— Et lorsque Eve a appris que Nina était la fille de Charlie, dit Julia, elle l'a amenée ici.

— Exact.

Paul leva les yeux vers le portrait.

— Eve lui a donné son amitié et la chance d'un nouveau départ. Elle a demandé à Kenneth de la former. Et pendant toutes ces années, elle a tenu secrète l'identité de Nina. Et menti. Mais lorsqu'elle a décidé que c'en était fini des mensonges, que le moment était venu de faire toute la lumière sur sa vie, Nina a paniqué. Eve lui a promis d'attendre d'être en complète confiance avec toi, Julia, avant de se risquer à révéler l'histoire. En revanche, elle ne cédait pas sur l'essentiel : elle estimait devoir dire la vérité.

— Nina n'a pas pu supporter l'idée que son image, à elle, allait être bousculée, ajouta Frank. Celle de la femme qui a réussi, compétente, efficace. Elle ne voulait surtout pas que ses relations — la bonne société — apprennent qu'elle s'était autrefois prostituée pour un parrain de la mafia. Son intention n'était pas d'éliminer Eve pour la faire taire, non. Cependant, quand elle s'est aperçue que toute son histoire se trouvait déjà enregistrée sur une cassette — une cassette que Eve s'apprêtait à vous remettre, Julia —, elle a perdu les pédales. La suite est très simple…

— Elle a suivi Eve jusqu'au pavillon des invités, murmura Julia. Elles se sont disputées. Nina a attrapé le tisonnier et a frappé. Elle a certainement eu très peur, ce qui ne l'a pas empêchée d'agir avec méthode. Elle a effacé ses empreintes, récupéré les clés.

— Elle a entendu arriver votre voiture, lui dit Frank. Et elle vous a vue vous rendre dans le jardin. C'est alors qu'elle a décidé de vous faire porter le chapeau… Elle s'est sauvée très vite. En découvrant que le système de sécurité était débranché, elle s'est d'abord demandé quoi faire… Puis elle l'a rebranché, et elle n'a rien signalé, de crainte de compliquer les choses. Oh… et elle n'a pas oublié d'appeler la cuisine de façon à ce que Travers et la cuisinière sachent qu'elle était dans son bureau, occupée à rédiger du courrier.

— Mais elle ignorait que Drake l'avait vue, dit Julia.

Elle posa la tête sur le dossier du canapé, ferma les yeux.

— Il a essayé de la faire chanter.

Frank secoua la tête tout en se préparant un autre sandwich.

— Elle pouvait se permettre de payer Drake, mais pas de risquer qu'il parle un jour. Lui mort et vous en prison, elle était définitivement tranquille. D'autant qu'elle avait l'absolue certitude que Travers, par fidélité à Eve, ne trahirait jamais le secret de son identité et de ses activités passées. D'ailleurs, quelle raison aurait-elle eue de le faire ?

— Je les ai entendus, se souvint alors Julia. Dans le jardin, au cours d'une soirée que donnait Eve. Les deux personnes qui se disputaient, c'était Delrickio et Nina. Elle pleurait…

— Le revoir l'a bouleversée, dit Frank. Elle aimait encore cette ordure. Il l'a mise au défi de le lui prouver en empêchant Eve d'écrire le livre. C'est à partir de là qu'elle a dû commencer à débloquer sec. J'imagine qu'elle avait encore dans le sang un peu de ce venin que sa mère y avait injecté. Voyant qu'elle ne pouvait pas arrêter Eve par la persuasion, elle s'y est pris autrement.

— C'est étrange, dit Julia presque pour elle-même, tout a commencé avec Charlie Gray. C'est lui qui a lancé Eve. C'est de lui qu'elle m'a parlé la toute première fois. Et c'est avec lui que s'achève l'histoire.

— Ah, au fait, reprit Frank en se levant. Le procureur a

averti Hathoway. Il a dit que vous pouviez l'appeler, Julia, si vous aviez des questions. Il emmenait son fils voir un match. A un de ces jours !

— Lieutenant…, dit Julia. Merci.

— Je vous en prie… Vous savez… je n'avais encore jamais remarqué à quel point vous lui ressembliez.

Il mordit à belles dents dans son sandwich.

— On peut dire que c'était une belle femme, conclut-il.

Et sur ces mots, il tourna les talons et sortit.

— Ça va ? demanda Paul.

— Oui.

Julia inspira profondément. Ses poumons la brûlaient encore un peu, mais cette vive sensation lui rappelait qu'elle était vivante et libre.

— Tu sais ce qui me ferait plaisir ? dit-elle doucement. Une coupe de champagne.

— Ce n'est jamais un problème, dans cette maison.

Il passa derrière le bar.

Julia se leva, le rejoignit. Le peignoir d'Eve glissa, dénuda son épaule. Elle le remit en place. Ses doigts lissèrent le tissu, s'attardèrent un moment avec tendresse. Paul sourit en la voyant faire mais ne dit rien. Alors Julia se demanda s'il avait remarqué que la soie était encore tout imprégnée du parfum d'Eve…

— J'ai une question, murmura-t-elle.

— Je t'écoute.

Il dégagea le bouchon.

— As-tu vraiment l'intention de m'épouser ?

Le bouchon sauta brusquement. Libéra la mousse.

Paul fixa Julia. Sonda son regard — ce regard grave, un peu méfiant, qu'il adorait.

— J'en ai l'intention, oui, répondit-il.

— Bien.

De nouveau, ses doigts glissèrent sur la soie du peignoir. Et elle se dit que, en dépit de tout, elle était seule à pouvoir décider de son destin.

Elle prit une grande inspiration, s'efforçant de maîtriser son émotion.

— Que dirais-tu de vivre dans le Connecticut ?

— Eh bien, pour tout avouer…

Il s'interrompit et remplit deux coupes.

— … Je pensais justement qu'il serait peut-être temps de changer de décor. J'ai entendu dire que le Connecticut ne manquait pas de charme. Les feuilles y tombent en automne, on y fait du ski, et les femmes y sont particulièrement sexy.

Il lui tendit une coupe.

— Tu penses avoir assez de place pour m'accueillir ?

— Si tu n'es pas trop exigeant.

Il trinqua avec elle.

— Un petit garçon de dix ans, observa-t-elle très sérieusement, c'est bruyant, parfois vindicatif, et peu respectueux de l'intimité des autres…

— Brandon et moi avons déjà conclu un accord…

Il s'appuya au bar, se pencha et respira le parfum de Julia. Seulement le sien…

— … Il pense que c'est une très bonne idée que j'épouse sa mère.

— Tu veux dire que…

— Et, poursuivit Paul, avant que tu ne commences à t'inquiéter du fait que je ne suis pas son père, je te rappelle que je n'ai trouvé ma propre mère qu'à l'âge de dix ans.

Il glissa sa main dans celle de Julia.

— Je prends le lot, Jules. Toi et ton fils.

Elle lui caressa la joue.

— De plus, ajouta-t-il, il a l'âge idéal pour faire du

baby-sitting. Pour les frères et sœurs que nous allons lui fabriquer.

— D'accord. Le marché, c'est deux pour un.

De nouveau, ils firent tinter leurs verres.

— Tu fais une sacrée bonne affaire, conclut-elle.

— Je le sais.

— Nous aussi, nous le savons… Dis-moi, Paul, est-il dans tes projets de faire enfin le tour du bar pour venir m'embrasser ?

— J'y réfléchissais, justement.

— Alors réfléchis vite.

Elle se mit à rire, lui ouvrit les bras. Il vint à elle, la souleva et l'embrassa. Au-dessus d'eux, l'admirable portrait d'Eve leur rappelait qu'il faut vivre sans regret.

Best-Sellers n°502 • suspense

Je ne t'ai pas oublié - Karen Harper

Deux ans ont passé depuis que Tara Kinsale, détective privée, est sortie de longs mois de coma. De ces mois d'inconscience, elle n'a conservé que le souvenir vague d'un voile blanc. Et au réveil, ce terrible choc : pendant ce temps, son mari avait obtenu le divorce. Alors qu'elle reprend à peine le fil de sa vie, elle se retrouve de nouveau en état de choc quand un médecin lui annonce qu'elle a mis au monde un bébé pendant son coma. Un enfant ? Impossible. Et pourtant, le doute s'insinue dans son esprit. Pourquoi ses proches refusent-t-ils de répondre à ses questions s'il n'y a rien à cacher ? De son chalet perdu au cœur de la luxuriante vallée de Shadow Mountain, épaulée par Nick MacMahon, un homme qu'elle connait depuis peu mais en qui elle a spontanément eu confiance, Tara se lance dans une enquête sur ce long coma au cours duquel l'impensable s'est produit.

Best-Sellers n°503 • suspense

Le cercle brisé - Nora Roberts

Emma a trois ans quand elle est arrachée par son père, riche et célèbre musicien de rock vivant à Los Angeles, aux bas-fonds de Londres ainsi qu'aux mauvais traitements d'une mère alcoolique et droguée. Alors que la vie paraît enfin sourire à la petite Emma, c'est le drame : elle assiste, impuissante, au meurtre de Darren, son demi-frère de deux ans. Sous le choc, Emma enfouit au plus profond de sa mémoire le souvenir du visage du ravisseur, tandis que grandit en elle un terrible sentiment de culpabilité : elle n'a pas su protéger son petit frère adoré. D'autant que, malgré une longue enquête, le meurtrier n'a jamais été retrouvé. Adulte, Emma devient une photographe célèbre. Mais la petite fille en elle n'a jamais oublié le drame. L'image imprécise du meurtrier hante ses cauchemars. Pour vivre enfin en paix, Emma va devoir le démasquer. Mais pour y parvenir, il lui faudra provoquer un scandale retentissant, et mettre en danger sa propre vie…

Best-Sellers n°504 • suspense

L'île du mystère - Heather Graham

En décidant de racheter le musée Beckett de l'île de Key West, en Floride, pour le restaurer et le rouvrir au public, Katie O'Hara s'apprête à réaliser l'un de ses souhaits les plus chers, dans ce lieu auquel elle reste profondément attachée. Un attachement que le crime commis là dix ans plus tôt ne peut en rien diminuer. Mais rapidement, un obstacle inattendu se dresse devant elle : le propriétaire, le photographe David Beckett, décide soudainement de s'opposer à la vente, et de revenir s'installer à Key West. Malgré le choc que lui cause cette nouvelle, Katie décide de convaincre le séduisant David du bien-fondé de son projet. Jusqu'à ce qu'elle apprenne qu'il a lui-même été soupçonné du meurtre dix ans plus tôt…

Best-Sellers n°505 • féminin

L'enfant du scandale - Barbara Delinsky

Hugh et Dana forment un couple harmonieux malgré leurs différences. Si Dana vient d'un milieu modeste et n'a jamais connu son père, Hugh, issu de la bourgeoisie bostonienne, a dû lutter pour faire accepter son épouse dans sa famille. Alors que l'arrivée d'un enfant semble apaiser les passions, c'est un véritable scandale que déclenche la naissance de la petite fille. Car, alors que rien ne le laissait prévoir, la fillette a la peau noire. Abasourdis, déchirés entre la joie et la soif de réponses, les jeunes parents décident d'explorer leurs racines… au risque de déterrer les secrets du passé…

Best-Sellers n°506 • féminin

Jusqu'au bout du rêve - Sherryl Woods

Bouleversée par sa rupture douloureuse avec Connor O'Brien, Heather Donovan quitte Baltimore pour s'installer à Chesapeake Shores avec Mick, leur petit garçon de un an. En choisissant de vivre dans ce petit paradis en bordure de mer, elle espère se reconstruire, et surtout, permettre à son fils de s'épanouir au grand air. Mais rien ne se déroule comme Heather l'avait prévu. Car Connor, qui a toujours refusé avec entêtement de se marier avec elle, lui préférant sa brillante carrière d'avocat, cherche désormais à la reconquérir. Déstabilisée par cette attitude, mais déterminée à se tenir aussi loin que possible de celui en qui elle n'a plus confiance, Heather se consacre entièrement à son fils et à la petite boutique qu'elle vient d'ouvrir. Jusqu'à ce qu'un choc violent et inattendu vienne à nouveau bouleverser sa vie…

Best-Sellers n°507 • suspense

La mémoire volée - Beverly Barton

Quels secrets se cachent entre les murs de l'imposante demeure de la plus ancienne famille du Mississippi ? Missionné par G.W Wesbrook, le patriarche du clan, pour retrouver sa petite fille Leslie Anne qui vient de fuguer, Dante Moran a la sensation gênante de faire intrusion dans une affaire de famille complexe, douloureuse. Une histoire à laquelle il se sent complètement étranger, jusqu'au jour où il rencontre Tessa, la mère de Leslie Anne. Troublé d'abord par la beauté fragile de Tessa, Dante reçoit un choc lorsqu'elle plonge ses yeux dans les siens. Car ce regard réveille en lui l'éclat d'un autre regard, le souvenir d'une autre femme, perdue il y a longtemps…

Best-Sellers n°508 • historique

La princesse celte - Helen Kirkman

Angleterre, Royaume de Northumbrie, 716

Après avoir échappé au mariage que son père, le roi des celtes, voulait lui imposer, Alina s'est réfugiée dans un couvent isolé où elle mène une existence simple, au mépris de son titre de princesse. Mais sa vie est bouleversée lorsqu'un matin, un sombre guerrier fait irruption dans le couvent, l'épée à la main et l'éclat de la vengeance dans les yeux. Car cet homme, cet être d'ombre et de lumière, n'est autre qu'Athelbrand le saxon avec lequel elle s'est enfuie la veille de son mariage et qu'elle a ensuite quitté sans explications, le condamnant au déshonneur et à l'exil. Brand, qu'elle a aimé de tout son cœur et de toute son âme mais qu'elle a trahi malgré elle…

Best-Sellers n°509 • historique

Le secret de lady Scarlet - Nicola Cornick

Fortune Folly, Yorkshire, 1810

Pour empêcher Nat Waterhouse, son ami d'enfance, de faire un mariage d'intérêt avec une riche héritière, lady Elizabeth Scarlet est prête à tout. Y compris à élaborer un plan aussi audacieux que scandaleux pour y parvenir : kidnapper et enfermer Nat dans un manoir désert la veille de la cérémonie.

Et tout se déroule comme prévu jusqu'au moment où Nat comprend qu'il a été piégé. Furieux, il l'accuse de se comporter en petite fille gâtée et capricieuse. Pis encore ! il sous-entend qu'elle est amoureuse de lui depuis toujours et qu'elle jalouse sa fiancée. Blessée dans son orgueil, profondément gênée par les insinuations de Nat, Lizzie décide de lui prouver qu'elle ne le laisse pas aussi indifférent qu'il veut le faire croire…

www.harlequin.fr

Du nouveau dans vos collections poche dès le 1er janvier 2012 !

Découvrez tous les mois le meilleur des Éditions Harlequin grâce à la Sélection de l'Éditeur :

Sélection de l'Éditeur

Retrouvez tout l'univers des Éditions Harlequin sur

www.harlequin.fr

GRATUITS !

2 romans

et 2 cadeaux surprise !

Pour vous remercier de votre fidélité, nous vous offrons 2 merveilleux romans **Best-Sellers** entièrement GRATUITS et 2 cadeaux surprise ! Bénéficiez également de tous les avantages du Service Lectrices :

- **Vos romans en avant-première**
- **5% de réduction**
- **Livraison à domicile**
- **Cadeaux gratuits**

En acceptant cette offre GRATUITE, vous n'avez aucune obligation d'achat et vous pouvez retourner les romans, frais de port à votre charge, sans rien nous devoir, ou annuler tout envoi futur, à tout moment. Complétez le bulletin et retournez-le nous rapidement !

☐ **OUI !** Envoyez-moi mes 2 romans Best-Sellers et mes 2 cadeaux surprise gratuitement. Les frais de port me sont offerts. Sauf contrordre de ma part, j'accepte ensuite de recevoir tous les deux mois 3 livres Best-Sellers inédits au prix exceptionnel de 6,64€ le volume (au lieu de 6,99€), auxquels viennent s'ajouter 2,95€ de participation aux frais de port. Dans tous les cas, je conserverai mes cadeaux.

N° d'abonnée (si vous en avez un) ☐☐☐☐☐☐☐☐☐ EZ2F09

Nom : .... Prénom : ....

Adresse : ....

CP : ☐☐☐☐☐ Ville : ....

Téléphone : ☐☐☐☐☐☐☐☐☐☐

E-mail : ....

☐ Oui, je souhaite être tenue informée par e-mail de l'actualité des éditions Harlequin.

☐ Oui, je souhaite bénéficier par e-mail des offres promotionnelles des partenaires des éditions Harlequin.

Renvoyez cette page à : Service Lectrices Harlequin – BP 20008 – 59718 Lille Cedex 9

Date limite : **30 novembre 2012.** Vous recevrez votre colis environ 20 jours après réception de ce bon. Offre soumise à acceptation et réservée aux personnes majeures, résidant en France métropolitaine. Offre limitée à 2 collections par foyer. Prix susceptibles de modification en cours d'année. Conformément à la loi Informatique et libertés du 6 janvier 1978, vous disposez d'un droit d'accès et de rectification aux données personnelles vous concernant. Il vous suffit de nous écrire en nous indiquant vos nom, prénom et adresse à : Service Lectrices Harlequin - BP 20008 - 59718 LILLE Cedex 9. Harlequin® est une marque déposée du groupe Harlequin. Harlequin SA – 83/85, Bd Vincent Auriol – 75646 Paris cedex 13. SA au capital de 1 120 000€ - R.C. Paris. Siret 31867159100069/APE5811Z

LECTURE EN LIGNE GRATUITE

sur

www.harlequin.fr

Des romans à lire gratuitement
sur notre site internet.

Chaque lundi et chaque jeudi,
nous mettons à votre disposition
un nouveau chapitre !

Rendez-vous vite sur

www.harlequin.fr

TUITS !

2 CADEAUX surprise !

2 **romans offerts*** de la collection que j'ai
urprise gratuitement.
j'accepte ensuite de recevoir chaque mois
choisie, simplement en consultation.
Les Historiques et pour l'offre Maxi.

tion choisie et renvoyez cette page au
quin – BP 20008 – 59718 Lille Cedex 9

	Z2F56	6 romans par mois 25,45€
❑ **HORIZON**	OZ2F54	2 volumes doubles par mois 15,11€
❑ **BLANCHE**	BZ2F53	3 volumes doubles par mois 21,19€
❑ **LES HISTORIQUES**	HZ2F52	2 romans par mois 15,31€
❑ **BEST SELLERS**	EZ2F53	3 romans tous les deux mois 22,87€
❑ **NOCTURNE**	TZ2F52	2 romans par mois 15,31€
❑ **MAXI**	CZ2F54	4 volumes triples tous les deux mois 28,47€
❑ **PRÉLUD'**	AZ2F54	4 romans par mois 25,75€
❑ **PASSIONS**	RZ2F53	3 volumes doubles par mois 22,87€
❑ **BLACK ROSE**	IZ2F53	3 volumes doubles par mois 22,87€

N° d'abonnée Harlequin (si vous en avez un) |_|_|_|_|_|_|_|_|_|

Mme ❑ Mlle ❑ Nom : ____________________

Prénom : ____________________ Adresse : ____________________

____

Code Postal : |_|_|_|_|_| Ville : ____________________

Tél. : |_|_|_|_|_|_|_|_|_|_|

E-mail : ____________________

❑ Oui, je souhaite recevoir par e-mail les offres promotionnelles des éditions Harlequin.
❑ Oui, je souhaite recevoir par e-mail les offres promotionnelles des partenaires des éditions Harlequin.

Date limite : 30 novembre 2012. Vous recevrez votre colis environ 20 jours après réception de ce bon. Offre soumise à acceptation et réservée aux personnes majeures, résidant en France métropolitaine, dans la limite des stocks disponibles. Offre limitée à 2 collections par foyer. Prix susceptibles de modification en cours d'année.Conformément à la loi Informatique et libertés du 6 janvier 1978, vous disposez d'un droit d'accès et de rectification aux données personnelles vous concernant. Par notre intermédiaire, vous pouvez être amenée à recevoir des propositions d'autres entreprises. Si vous ne le souhaitez pas, il vous suffit de nous écrire en nous indiquant vos nom, prénom et adresse à : Service Lectrices Harlequin BP 20008 59718 LILLE Cedex 9.

Harlequin® est une marque déposée du groupe Harlequin. Harlequin SA – 83/85, Bd Vincent Auriol – 75646 Paris cedex 13. SA au c

Composé et édité pa

éditions HARLE

Achevé d'imprimer en déc

BRODARD & TAUPIN

La Flèche

Dépôt légal : janvier 2

N° d'imprimeur : 66

Imprimé en France